인터넷서비스와 저작권법
: IT와 法律의 衝突과 調和

유대종 | 신재호 | 김형렬 | 김윤명

경인문화사

인터넷서비스와 저작권법
: IT와 法律의 衝突과 調和

시작하는 글

인터넷의 본질은 보다 효과적이고 의미 있는 결과를 만들고자 하는 인류의 유산이라고 할 수 있습니다. 물론 그 시발이 군사적인 목적이었다고 하겠지만 그 또한 인류의 유산이고, 이는 효과적인 대응을 위한 방편을 우선으로 하는 군사적 목적에서 태동한 것은 어쩌면 당연한 것이 아니었나 생각합니다. 인터넷은 공개公開와 공유公有라는 철학이 담겨 있습니다. 그 결과 다양한 이슈가 발생하고 있습니다. 기존의 오프라인과 달리 인터넷의 실시간 연동에 따른 온라인 사회가 이루어졌습니다. 오프라인과 다른 새로운 법질서가 온라인 사회에서는 구축되어야 한다는 주장에서부터 기존의 법체계를 통하여 적용가능하다는 주장 등 다양한 규제 논리가 제시되었습니다. 양쪽 모두 타당한 주장이라고 할 수 있습니다. 다만 인터넷이 상업적으로 공개된 1990년대 중반 이후 10여년이 넘게 흐른 지금 돌이켜 보건데 새로운 법체계가 정리되기도 하였지만 기존의 법제도를 활용하는 경우가 상당합니다. 결국 인터넷이라는 새로운 흐름에는 기존의 법질서와 이의 흠결을 보완하기 위한 법제도의 개정 그리고 이를 통하여 포섭하지 못한 영역에서의 새로운 법제도의 제정 등을 통하여 적용하고 있습니다. 이는 점진적인 적용이라는 점에서 합리적인 규제라고 볼 수 있을 것입니다.

이러한 합리적 규제에 근거한 법제의 적용은 인터넷 서비스에 있어서 무엇보다도 중요하다고 봅니다. 저작권, 명예훼손, 프라이버시, 온라인 게임 등 인터넷에서 발생할 수 있는 분쟁과 법적 문제점은 다양합니다. 이러한 문제를 해결하고 대안을 찾는 것이 인터넷 사회에서 기본적인 정책방향이 아닌가 생각합니다. 인터넷에 대한 즉흥적이고 선정적인 규제보다는 기존의 법제도의 해석을 통하여 문제점을 찾고 대안을 강구하는 것이 합리적인 사회의 운용이 아닌가 생각합니다.

이 책은 인터넷과 관련된 이슈와 문제점들에 대해 고민하고, 그 해결을 위한 합리적인 가능성을 찾고자 하는 고민의 결과입니다. 즉 인터넷을 이용하면서 나타나거나 앞으로 나타날 수 있는 법률 문제에 대한 대응 방안을 찾고자 하는 것입니다. 특히 지적재산권 분야가 다른 분야보다 많은 문제를 나타내고 있기 때문에 이를 중심으로 논의의 방향을 정하였습니다.

지적재산권은 그 이용이 없는 경우에는 의미가 있는 권리라고 보기 어렵습니다. 지적재산권은 절대적인 권리라고 보기 어렵습니다. 헌법은 권리의 내재적 한계를 인정하고 있습니다. 권리남용은 어떠한 경우라도 금지되어야 합니다. 이러한 측면에서 이 책은 기본적으로 이용과 보호라는 균형점에서 이탈하고 있는 보호의 '제한制限'에 가치를 부여하고자 하였습니다.

법은 균형점을 찾는 도구입니다. 인터넷 서비스를 활성화 시키기 위해서는 경쟁자로부터의 무단이용을 규제하는 것이 필요할 뿐 일반 이용자(user)의 의도하지 않은 행위가 처벌을 받는 것은 인류가 만들어낸 법제도가 의도한 바가 아닙니다. 그것을 해석하여 알려주는 것이 법률가들의 몫일 것입니다. 다행스럽게도 저자들은 IT(Information Technology)와 인터넷 그리고 지적재산권 분야를 전공하거나 관련된 일을 하면서 최전선에서 경험하고 고민하였고, 이를 글로써 외부에 기고하였습니다. 그 글들을 모은 결과물이 이 책인 '인터넷서비스와 저작권법'입니다.

저자들은 지금은 운영하지 않지만 오리진(orizine.net)이라는 지적재산권 웹진을 십 수년 전에 운영한 적이 있습니다. 지적재산권법을 전공한 지 몇 년 정도 되었을 때로 기억하는데, 지적재산권에 대해 공부하고 그것을 공유하고자 하는 의도하였습니다. 오리진도 공유를 위해서 만들었듯이 본 서도 작지만 저자들의 경험을 공유하고자 만들었습니다. 다른 분들도 나름대로의 경험을 공유하기를 희망합니다.

본 서를 만듦에 있어서 몇 가지를 기록으로 남기고자 합니다. 먼저 저자들의 지적재산권법의 토대를 마련해 주신 경희대학교 국제법무대학원장이신 이상정 교수님께 충심으로 감사드립니다. 저자들의 석사학위 지도교수로, 박사학위 지도교수 또는 심사위원으로 참여하셔서 많은 가르침을 주셨습니다. 이는 저자들에게 참 큰 행운이었습니다.

아울러 한양대학교의 윤선희 교수님, 성균관대학교 이해완 교수님, 홍익대학교 오승종 교수님은 저자들의 지도교수이시거나 학위논문 심사위원으로서 학위논문의 완성도를 위해 애써주셨고 지적재산권법에 대한 깊이를 더해주신 분들입니다. 이에 깊이 감사드립니다.

이 책은 선인先人들의 지식과 경험에 바탕을 두고 있으며, 이들의 노고가 없었다면 만들어질 수 없었을 것입니다.

끝으로 법학분야의 다양한 전문서를 발간하시는 경인문화사의 한정희 대표님께도 감사드립니다. 편집은 신의 영역이라는 얘기를 들은 적이 있습니다. 그 만큼 절대적인 작업이 아닐 수 없다는 의미로 생각됩니다. 본 서를 비로소 책이라는 모습으로 만들기 위해 편집과 교정에 많은 수고를 해주신 관계자분들께도 감사드립니다.

본 서에 대한 책임은 마땅히 저자들에게 있습니다. 많은 애정어린 질정叱正을 부탁드립니다.

2010. 2. 16
'아침햇살'이 무척이나 새롭게 느껴지는 '오늘', 저자들을 대표하여
김윤명 드림

목차

제4장 저작권의 제한과 공정이용

제5장 저작권과 표현의 자유

제1장
기술의 발전과 지적재산권법

제1절 지적재산법과 기술의 긴장관계

I. 들어가며

오늘날 정보화 시대에 있어 지적재산법의 역할은 정보의 질적·양적 성장을 도모하여 다양하고 수준 높은 정보를 향유하게 함으로써 인간의 삶을 풍요롭게 하는데 있다. 또한 기술은 그 자체로서 가치 있는 정보일 뿐만 아니라 정보의 유용성을 향상시킨다는 점에서 기술발전은 기본적으로 지적재산법의 취지에 부합한다.

그럼에도 불구하고 기술발전에 가장 민감하게 반응하는 지적재산법 분야에서 기술 발전에 의한 새로운 지적재산의 출현과 이용환경의 변화는 지적재산법의 기본 전제가 되는 조건을 변화시켜 지적재산법의 적용을 곤란하게 하며, 기술 발전에 의한 변화를 반영함에 있어 뒤처질 수밖에 없는 지적재산법 분야에서 이러한 상황은 계속될 수밖에 없다.

기술의 발전은 종래 지적재산법 체계에서 예상치 못한 새로운 지적재산 즉 이용을 통제함으로써 공공의 이익을 창출시킬 수 있는 다양한 정보를 창출하고, 기존의 보호시스템에서 수용하기 곤란한 한계 상황을 발생시키기도 한다. 또한, 기술발전은 이용환경의 변화를 야기하는데, 디지털화와 네트워크화로 대변되는 IT 기술의 발전은 지적재산의 재산적 가치를 활용하여 새로운 수익을 창출할 수 있는 가상공간이라는 또 다른 세상을 창조하고, 이러한 가상공간의 출현은 지적재산법 체계에 커다란 혼란을 야기하고 있다.

즉 권리자와 이용자의 균형점을 모색하고 있는 지적재산법에서 기술의 발전은 때론 지적재산권에 의한 정보의 이용통제범위를 과도하게 확장시키는

가 하면, 때론 지적재산권의 존재를 무력화시킴으로써 권리자와 이용자간에 현저한 불균형을 야기할 수 있다.

본 논문에서는 최근 지적재산법 분야에서 기술발전에 의하여 야기되고 있는 몇 가지 문제에 대하여 검토함으로써 기술과 지적재산법의 긴장관계 속에서 우리의 대응방안을 모색해 보고자 한다. 기술발전에 순응하는 법제도의 변화를 위하여 일정한 원칙과 기준에 입각한 합목적적 해석론과 입법론적 대응이 무엇보다도 절실한 분야가 바로 지적재산법 분야일 것이다. 또한 기술발전에 대한 지적재산법의 대응은 어느 정도 일관성을 유지할 필요가 있지만, 기술은 악용될 수 있을 뿐 기술 자체는 가치중립적이라는 점에서 법제도가 기술발전을 가로막거나 기술발전의 혜택을 거부하여서는 아니 되며, 결국 기술발전에 대해 법제도는 순응하여 변화할 수밖에 없을 것이다.

Ⅱ. 기술발전에 따른 지적재산법의 변화

1. 새로운 지적재산의 출현

기술발전에 의한 새로운 보호대상의 출현은 지적재산법의 변화를 요구하고 있다. 종래 지적재산법 체계에서 예상치 못한 새로이 발생한 지적재산 즉 이용을 통제함으로써 공공의 이익을 창출시킬 수 있는 다양한 정보들이 지적재산의 보호대상으로 거론되고 있으며, 일부 새로운 보호대상에 대해서는 기존의 보호시스템에서 수용하기 곤란한 한계가 노출되었다.

먼저 공공의 이익을 창출할 수 있는 지적재산의 새로운 보호근거가 사회적으로 승인받기 시작하였다. 소위 투자유도를 통하여 지적재산의 생산을 촉진하고 관련 산업을 육성하고자 하는 것이다.[1] 이러한 목적으로 보호의 필요성이 인정되는 새로운 지적재산은 기존의 창작물과 다른 별도의 보호요건

(예컨대 상당한 규모의 인적·물적 투자)이 요구되기 때문에 기존의 지적재산법 체계 안에서 수용하기 곤란하게 되었다. 다만, 저작인접권의 경우에도 보호의 근거를 이러한 취지에서 찾을 수 있어[2] 저작인접권의 일종으로 투자결과물을 수용하는 방안도 논의되고 있다. 2003년 우리나라 저작권법에 도입된 데이터베이스제작자의 권리도 저작인접권의 일종으로 파악할 수 있을 것이다.[3]

이와 별개로 문화와 산업의 경계가 허물어지면서 문화산업도 산업의 중요한 한 분야로 분류됨에 따라 문화발전을 궁극적 목적으로 하는 저작권법과 산업발전을 목적으로 하는 산업재산권법의 구분은 애매하게 되었다. 실제로 저작권법의 특별법으로 취급되었던 컴퓨터프로그램보호법[4] 제1조에서는 "관련 산업과 기술을 진흥함으로써 국민경제의 건전한 발전에 이바지함을 목적으로 한다"고 천명하고 있었고, 2009년 7월 시행되는 통합된 개정 저작

---

1) 1996년 데이터베이스의 법적 보호를 위한 유럽연합의 지침의 목적은 데이터베이스 작성과 관련된 투자를 보호하기 위한 것이다(송영식·이상정, 「저작권법개설」, 세창출판사, 2007, 234면).

2) 저작인접권자는 투자에 대한 보호를 향유하는 것으로, 기술의 발전과정에서 보호의 필요성이 대두되었고 법이 수용한 결과로서 권리가 부여되었다(최진원, 방송콘텐츠의 보호와 공개재현, 연세대박사학위논문, 2008, 19면).

3) 현행 저작권법상 영상제작자의 권리에 대하여 그 본질에 대한 논란이 있는 바와 같이 저작인접권과 별도로 규정되어 있는 데이터베이스제작자의 권리에 대하여도 논란의 여지가 있으나, 대부분 저작인접권의 일종으로 보고 있다. 예컨대, 박익환, "데이터베이스제작자의 보호," 「산업재산권」, 제15호, 2004, 301~302쪽에서는 "데이터베이스제작자에게 저작인접권 법리에 입각하여 배타적 권리를 부여하고 있다"고 하고 있으며, 이상정, "데이터베이스제작자의 보호," 「저작권」, 제63호, 2004, 24쪽, 26~27쪽에서도 "데이터베이스제작자의 권리는 독자적 권리이며 저작권은 아니다. 우리 법은 데이터베이스제작자에게 EU와 마찬가지로 저작인접권을 부여한다"고 하고 있다. 정상조, 「지적재산권법」, 홍문사, 2004, 269쪽에서도 "2003년에 개정된 저작권법(2003.5.27. 공포, 법률 제6881호)은 데이터베이스의 보호에 관한 별도의 장을 신설하여 데이터베이스 제작자에게 저작인접권을 부여하고 있다"고 하고 있다.

4) 컴퓨터프로그램보호법은 2009년 4월 개정 저작권법과의 통합으로 2009년 7월 23일 폐지된 바 있다.

권법에서는 "문화 및 관련 산업의 향상발전에 이바지"하는 것으로 그 목적 규정을 개정하였다[2009.4.22, 개정 저작권법(법률 제9625호) 제1조]. 저작권법 목적규정의 개정으로 문화 관련 산업의 육성이 가능한 분야의 투자결과물을 저작권법의 보호대상(정확히는 저작인접권의 보호객체)으로 보다 유연하게 포섭할 수 있게 된 것이다. 다만, 실연자, 음반제작자 및 방송사업자가 저작인접권자로 승인된 로마협약이 체결된 1965년 이래로 새로운 저작인접권자의 유형을 추가하기 위한 국제적 합의나 논의가 거의 이루어지지 않고 있는데, 이는 각 국가의 사정에 따라 저작인접권의 위상이나 역할을 달리하면서 도입·정착해 온 역사적 배경에 기인한 것으로 보인다.5)

2. 이용환경의 변화

디지털화와 네트워크화로 대변되는 오늘날 정보화 사회는 정보의 이용환경에 있어서도 많은 변화를 야기하였다. 즉 과거에는 예측할 수 없었던 가상공간이라는 또 다른 세상을 통하여 지적재산의 재산적 가치를 활용하여 새로운 수익을 창출할 수 있게 되었다. 과거에도 기술발전에 따른 이용환경의 변화에 대응하여 지적재산법은 꾸준히 변화하여 왔지만,6) 이러한 가상공간의 출현은 지적재산법 체계에 커다란 혼란을 야기하였다.7) 먼저, 모든 정보에

---

5) 최진원, 앞의 논문, 13~27쪽 참조.

6) 기술의 변천과 법의 대응에 관한 자세한 설명은 Paul Goldstein, Copyright's Highway: The Law and Lore of Copyright from Gutenberg to the Celestial Jukebox, Hill and Wang, 1994 참조.

7) 사이버 공간이란 현재 인터넷과 같은 온라인 컴퓨터 환경속에서 상호 작용하고 의사를 교환하는 공간으로 정의되고 있으며(Todd H. Flaming, The Rule of Cyberspace: Informal Law in a New Jurisdiction, 85 Ill. B. J., 1997, p.174), 사이버 공간은 실제로 존재하는 공간과 상이하여 실제 공간의 행위를 규율하는 법률은 효과적으로 사이버 공간에서 일어나는 행위를 규제할 수 없고(Jonathan J. Rusch, Cyberspace and Devil's Hatband, 24 Seattle U. L. Rev., 2000, p.591) 이를 반대로 해석하면 사이버

대하여 디지털화가 진행되면서 지적재산의 복제는 물론 자신의 필요에 따른 수정이나 변경이 그 어느 때보다도 용이해졌으며, 복제물과 원본의 질적 차이는 더 이상 존재하지 않게 되었다. 또한 디지털 정보가 네트워크를 통하여 개인의 PC까지 자유롭게 이동됨에 따라 지적재산 생산자로부터 최종 이용자에게 직접 전달되고, 이용자들은 다양한 정보를 취합 정리한 새로운 정보를 생산하여 가상공간이라는 거대한 시장을 통해 아주 손쉽게 상품화할 수 있게 되었다.

또한 가상공간의 룰(rule)은 소프트웨어를 통하여 구현될 수 있다. 즉 현실세계와 달리 가상공간에서 새로운 아이디어를 실현하기 위해서는 소프트웨어를 통해 특정되고 구체화되어야 한다. 이러한 차이에서 현실공간에서는 보호받지 못하는 아이디어가 특허법상 소프트웨어의 보호를 통하여 통제될 수 있는지 여부에 대해 논란이 되고 있다. 소위 BM(Business Method)발명의 문제이다. BM발명은 정보통신망을 매체로 이용하는 영업발명이지만 컴퓨터프로그램으로 구현되기 때문에 그것이 전체로서 기술적 특성과 기술적 기여가 인정되는 경우 컴퓨터프로그램발명과 마찬가지로 특허법상 발명개념과 모순되는 것은 아니지만,[8] 특허성이 인정되어 아이디어를 구현하는 방법이 아닌 아이디어 그 자체까지 실질적으로 보호범위가 확장될 수 있기 때문이다.

가상공간과 현실공간의 관계도 명확히 설정하기 어렵다. 현실세계의 연장에서 가상공간을 인식하여 현실공간의 재산적 가치를 그대로 가상공간에서 활용하거나 가상공간에서 창출한 가치를 현실공간에서 실현하는 등 상호 밀접한 관계를 구축하는 한편, 가상공간의 규모가 성장하면서 현실공간에 의존하지 않고 가상공간에서 창출된 가치를 가상공간에서 직접 실현하는 독립된 영역으로 정착되어 가고 있다. 이러한 가상공간에서는 현실공간의 모든 존재

공간에서는 기존의 법률에 의해 규제될 수 없는 행위가 일어난다는 결론에 도달하게 된다[육소영, "인터넷 관련 상표보호의 동향과 과제," 「인터넷 법제의 동향과 과제(II)」, 한국법제연구원, 2001, 45쪽].

8) 송영식 外, 「송영식 지적소유권법(상)」, 육법사, 2008, 300~301쪽.

가 디지털 정보로 대체되고, 가상공간의 시민(netizen)들이 인적·물적 투자를 통해 얻고자 하는 가치는 일반적 경제법칙으로 이해하기 곤란한 경우도 적지 않다는 점에서 이러한 무형의 가치를 지적재산법에서 모두 수용할 수 있는지 의문이다.

결국 이러한 가상공간의 출현은 지적재산의 범위, 지적재산의 이용형태, 지적재산권자와 이용자의 적절한 균형점 등 지적재산체계 전반에 새로운 변화를 요구하고 있다. 즉 ⅰ) 가상공간에서 인정되는 가치를 새로운 지적재산으로 보호하여야 할 것인지, ⅱ) 가상공간에서 또는 이러한 가상공간을 통하여 지적재산을 이용하는 경우 기존의 지적재산법상 "실시", "사용", "이용" 개념으로 통제하여야 하는지 그리고 통제할 수 있는지, ⅲ) 가상공간에서의 지적재산의 이용에 있어 지적재산권자와 이용자의 적절한 균형점은 어디에 있는지 문제시된다. 이러한 문제에 대한 대안으로 작게는 권리의 내용을 추가하거나 제한하는 규정을 도입하는 것부터 크게는 가상공간의 지적재산 보호를 위한 별도의 법을 제정하자는 주장까지 다양한 논의가 진행되고 있다.9)

3. 저작권법의 딜레마

지적재산법의 역할이 정보의 질적·양적 성장을 도모하여 인간의 삶을 풍요롭게 하는데 있다면, 저작권법은 저작권자와 이용자의 이해관계를 적절히 조정하여 향유할 수 있는 정보의 양적 성장을 도모하고 있다. 문제는 저작권법이 저작권자와 이용자의 적절한 균형점을 유지하고 있는지 여부이며, 저작권법에 대한 모든 논의가 이러한 균형점을 찾기 위한 시도이고, 실제 이 균형점을 재조정하기 위하여 저작권법은 끊임없이 변천하였고 앞으로도 계속

---

9) 손경한, "사이버지적재산권의 개념과 과제," 「사이버지적재산권의 보호와 이용」 (KITAL 세미나 자료집), 기술과 법 연구소, 2003, 11쪽 이하; 박진아, 사이버스페이스에 있어서 지적재산권의 보호, 이화여대 박사학위논문, 2003 참조.

변화할 수밖에 없을 것이다.

그런데 이러한 균형점을 모색하는 과정에서 가장 큰 딜레마는 오늘날 저작권법이 커버하고 있는 보호대상이 지나치게 광범위하고 다양하다는 점에서 비롯된 것이라고 감히 말하고 싶다.

사실 저작자의 자연법상 권리를 발전시킨 대륙법계에서의 초기의 저작권법은 순수 예술작품에 적합한 보호방법이라 생각할 수 있다. 순수 예술품 수준의 창작성에서 저작인격권의 부여가 타당해질 수 있다. 별도의 저작인격권을 두어 인격적 이익의 보호에 특별히 배려하고 있는 점 이외에도 디자인권의 존속기간보다 몇 배 이상 장기간 저작물이 보호된다는 점, 순수 예술품의 경우 별도의 등록·공시절차가 없다 하여도 비교적 자신의 권리를 입증하기 용이하기 때문에 권리부여 및 확인절차를 생략하면서 권리화에 필요한 사회적 비용을 최소화하고 권리행사를 가능하게 한 점 등을 고려할 때, 저작권 제도를 순수 예술작품에 적합한 권리부여방식으로 설명함이 가장 타당할 것이다.

그러나 창작성의 수준은 계속 완화되어, 오늘날 창작성 개념은 학문적 가치 또는 예술적 가치의 고저와는 무관하며, 타인의 것을 베낀 것이 아니라 (have not copied it from another) 당해 저작물의 기원이 저작자에게 있다는 것(have originated with him)을 의미하는 것으로 일반화되면서, 소위 기능저작물과 같은 몰개성沒個性적인 성과물에 대해서도 독자적인 표현이라는 이유로 순수예술작품과 동일하게 저작권에 의한 보호를 받게 되었다.

뿐만 아니라 창작성 없는 데이터베이스와 같은 투자결과물도 저작권법상 보호대상으로 확장하려는 것이 최근의 추세라 할 것이며, 저작권 행사에 무관심한 저작자의 저작물도 상당하다는 점도 고려하여야만 한다.

이러한 다양한 보호객체에 대해 저작권자와 이용자의 균형점을 일률적으로 결정하는 것이 불합리하다는 것은 쉽게 짐작할 수 있으며, 이를 구분하려 하여도 명확한 기준을 설정하는 것이 한 것이 매우 곤란하다는 점, 이것이 바로 오늘날 저작권법의 가장 큰 딜레마가 아닌가 생각한다.

4. 소　결

기술발전에 따라 지적재산법은 꾸준히 변하고 있다. 먼저 지적재산의 이용환경의 변화에 따라 권리자와 이용자의 이해관계를 재조정하게 되고, 이러한 결과를 권리의 내용과 제한에 있어서 반영하고 있으며, 변화된 환경하에서도 권리화 비용이나 권리화 시간 측면을 고려한 실질적 보호가 가능하도록 보호방법에 있어서도 새로운 접근방법들이 시도되고 있다. 이와 함께 새로운 보호객체를 지적재산법 체계에 흡수하고자 하는 노력이 계속되고 있는데, 기존 법체계에서 이를 수용하고자 기존 개념을 탄력적으로 해석할 수 있도록 정비하는 한편, 이러한 새로운 지적재산의 특성상 기존의 법체계 내에서는 실질적 보호가 어렵고 또한 기본 개념에 대한 새로운 해석이 법체계 전반을 왜곡시킬 우려가 있다는 이유에서 독자적 입법이 논의되거나 모델 법안이 제시되고 있다.

Ⅲ. 기술발전에 대한 지적재산법의 대응

1. 지적재산의 새로운 개념 : 콘텐츠

콘텐츠는 지적재산법과 밀접한 관계를 가지고 있는데, 이를 설명하기 위하여 지적재산의 인접 개념으로서 정보, 콘텐츠, 디지털콘텐츠에 대하여 검토가 필요하다.

오늘날 지적재산의 개념은 지적 창작물이나 영업상 표지에 한정되지 않는다. 저작권법의 보호대상으로 새로이 편입된 데이터베이스와 같이 창작과 무관한 투자결과물이 지적재산의 한 유형으로 자리매김하였을 뿐만 아니라 장차 어디까지 그 영역이 확장될지는 아무도 예상하기 힘든 상황이다. 때문에 최근에는 지적재산을 정보의 개념으로 포섭하여 발명을 기술정보(technical information), 상표를 상징정보(symbolic information), 저작물을 표현정보(expression information)라 하면서[10] 지적재산법을 정보(보호)기본법으로 설명하는 것은 어느 정도 일반화된 듯하다.[11] 비경합성, 비배타성, 가치의 상대성 등 경제재로서의 정보는 지적재산과 공통된 특성을 가지고 있어 지적재산의 특성[12]을 중심으로 개념을 정의하는 경우 유용하게 활용될 수 있기 때문일 것이다.[13]

이러한 정보와 지적재산의 관계에서 새로이 콘텐츠라는 개념이 등장하여 법적 용어로도 사요되고 있는데, 사실 정보, 콘텐츠, 디지털콘텐츠의 개념은 다의적으로 사용될 뿐만 아니라 그 개념이 사회적으로 계속 변천하고 있기 때문에 이를 정의함에 있어 정답이 있는 것 같지 않으며, 더 나아가 이를 구별하는 것도 결코 쉬운 작업이 아니다.[14]

---

10) Paul Goldstein, Copyright, Patent, Trademark and Related State Doctrines, Cases and Materials on the Law of Intellectual Property, Foundation Press, 1993, p.1; 박희섭·김원오, 「특허법원론」, 세창출판사, 2005, 4쪽.

11) 지적재산법은 타인의 정보를 부당하게 이용하는 것을 배제하고 정보의 재산적 가치를 보호한다는 점에서 공통점을 갖고 있다[中山信弘, 「工業所有權法(上)」(第二版), 弘文堂, 1998, 6頁].

12) 지적재산의 특성에 대하여는 신재호, "지적재산의 개념에 관한 고찰," 「산업재산권」, 제17호, 2005, 166~169쪽 참조.

13) 野口悠紀雄, 「情報の經濟理論」, 東京經濟新報社, 1974에서는 경제재로서의 정보를 "정보의 본질적인 성질로서 복제가 가능하며 복제해도 원래의 형태가 파괴되지 않는다는 점에서 사회적 한계비용이 제로이고 거래가 불가결적이며, 어느 개인에게 있어서의 정보의 유용도는 다른 개인의 보유량에 의하여 좌우되므로 강한 외부효과가 일어나며 분할할 수 없는 것이 많고 소비에서 불확실성이 있는 등의 특징을 갖고 있다"고 분석하고 있다[上田修一·倉田敬子 共著(남태우·최희곤 共譯), 「정보의 발생과 전달론」, 경인문화사, 1998, 11쪽].

14) Content의 원래의 사전적 의미는 형식(form)이나 표현(expression)에 반대되는 의미에서 내용을 뜻하며, 보통 복수형(Contents)으로서 내용물이나 서적 등의 내용, 항목 등을 의미하는 단어이다. 콘텐츠라는 용어는 이러한 Contents라는 단어의 의미를 확장 변경하여 새로운 의미로 우리나라에서 사용되고 있다(신재호, "지적재산의

먼저 정보와 콘텐츠의 구별에 대해서는 콘텐츠가 일반적으로 "부호·문자·음성·음향·이미지 또는 영상 등의 자료 또는 정보"라 정의되고 있어,[15] 정보라는 기존의 개념이 존재함에 불구하고 콘텐츠라는 개념이 왜 필요하였을까 생각해 볼 필요가 있다.

콘텐츠라는 용어는 사이버 공간에서 디지털 관련 기술이 발전하면서 발생하였는데, 기존 아날로그 공간에서는 어떠한 정보가 존재하는 형식 즉 매체가 그 내용에 따라 결정되었기 때문에 매체와 내용물에 대한 구분이 의미가 없었으나, 디지털매체에 의하여 존재하는 디지털콘텐츠는 아날로그콘텐츠와 달리 다양한 형식의 디지털매체로 콘텐츠가 존재(표현)할 수 있기 때문에 매체로부터 독립된 개념으로 콘텐츠라는 용어가 발생한 것으로 이해할 수 있다.

사실 아날로그 형식으로 존재하는 콘텐츠의 표현형식은 콘텐츠의 성질에 따라 극히 제한적으로 결정되었다. 예를 들면, 어문저작물은 출판에 의하여, 음악저작물은 음반에 의하여 그리고 영상저작물의 경우에는 영화나 방송으로 이미 표현형식은 결정되어 있었으며, 표현(존재)형식을 별도로 고민할 필요도 없었다.[16] 그러나 사이버 공간에서는 예컨대, 영상물이 avi, mpg, dvd 등 다양한 형식으로 표현되는 것과 같이 특정 내용물이 다양한 형식으로 존재할 수 있어 그 존재형식과 관계없이 변하지 않는 내용물 그 자체를 매체로부

개념에 관한 고찰," 173면).

15) 문화산업진흥기본법 제2조[정의] 제3호 "콘텐츠"란 부호·문자·음성·음향 및 영상 등의 자료 또는 정보를 말한다.

16) 저작권법에서도 저작물의 이용행위로서의 방송과 준물권인 저작인접권의 보호객체로서의 방송을 별도로 정의하지 아니하고 있다. 이용행위로서의 방송은 "매체"적 성격이 있고, 저작권 보호객체로서의 방송(영상저작물)은 "콘텐츠"라 할 수 있으며, 저작인접권 보호객체로서의 방송은 "디지털콘텐츠"와 유사한 개념이라 할 수 있는데, 이러한 개념정립이 법학계에서는 아직 일반화되지 않은 것이다. 다만, 최근 기술발전에 따른 방통융합현상으로 방송의 개념을 재분류하고 저작인접권의 부여대상을 재정립하고자 하는 논의가 있는데, 사견으로는 이용행위로서의 방송과 보호객체로서의 방송을 달리 정의할 수 있다고 본다.

터 분리하여 관념할 필요성이 생기고, 이를 콘텐츠라 지칭하게 된 것이다. 즉 다양한 형태로 콘텐츠가 존재하여도 그 내용은 동일하다는 점에서 표현형식으로부터 독립된 개념이 필요하였던 것이다.[17)]

여기서 콘텐츠라는 개념이 내용과 표현형식을 분리하여 접근하였다는 점에 주목할 필요가 있다. 이는 매체와 구별되는 지적재산의 개념과도 매우 유사하다. 즉 지적재산이 책이나 음반 또는 발명품이 아닌 그 매체에 내재되어 있는 소설이나 음악, 발명품에 구현되어 있는 무형의 기술인 것처럼, 지적재산은 콘텐츠와 매체를 특별히 구별하고 있지 않은 "정보"라는 개념보다는 매체로부터 분리된 "콘텐츠"라는 개념으로 보다 명확히 설명할 수 있다.

이러한 의미에서 문화산업진흥기본법 제2조 제4호에서 "문화적 요소가 체화된 콘텐츠"라 정의하고 있는 "문화콘텐츠"는 저작물과 매우 유사한 개념이다. 다만, 우리나라 저작권법에서는 저작물의 정의에서 이미 "창작성"이 인정되어 저작권이 부여되는 창작물만으로 저작물을 한정하고 있기 때문에, 창작성 인정 여부와 무관하게, 비저작물을 포괄하는 저작권법의 보호대상이 "될 수" 있는 개념으로 문화콘텐츠를 사용할 수 있으리라 생각한다.

이러한 콘텐츠 개념의 연장에서 콘텐츠와 디지털콘텐츠[18)]의 개념도 구별할 수 있다. 결론적으로 말하면, 매체와의 분리현상이 주로 디지털환경에서 발생하기 때문에 디지털콘텐츠와 콘텐츠의 개념도 자주 혼동되고 있지만, 디지털콘텐츠와 콘텐츠는 별개의 것이다. 디지털콘텐츠나 아날로그콘텐츠는 이미 디지털 매체나 아날로그 매체로 표현된 것을 말하고, 이는 더 이상 매체로부터 분리하고자 개념 정의된 콘텐츠가 아니기 때문이다. 결국 디지털콘

---

17) 최근에는 동일한 내용물이라 하여도 존재형식을 어떻게 결정하느냐에 따라 콘텐츠의 운명이 결정되기도 한다. 즉 사용자의 이용환경에 적합하고, 용량을 최소화하기 위한 콘텐츠의 존재방식에 대해서도 콘텐츠와 별도로 고민해야 하는 것이다.

18) 온라인디지털콘텐츠산업발전법 제2조 제1호 "디지털콘텐츠"라 함은 부호·문자·음성·음향·이미지 또는 영상 등으로 표현된 자료 또는 정보로서 그 보존 및 이용에 있어서 효용을 높일 수 있도록 전자적 형태로 제작 또는 처리된 것을 말한다.

텐츠를 "디지털 형태로 이루어진 콘텐츠"라 정의하여서도 아니 되며, "콘텐츠가 디지털 형태로 이루어진 것"으로 정의하여야 할 것이다. 매체로부터 분리된 콘텐츠는 아날로그 형태일수도 또 디지털 형태일수도 없기 때문이다. 문화콘텐츠가 저작물과 유사한 개념이라면, 디지털문화콘텐츠는 오히려 음반이나 방송과 같은 저작인접권의 보호대상과 유사한 개념으로 생각할 수 있다.19)

2. 투자결과물의 보호방안

우리나라 저작권법은 저작권과 별도로 저작인접권을 규정하여 창작성을 인정할 수 없는 특정 성과물에 대해 저작권 유사의 권리를 부여하여 보호하고 있다. 저작인접권제도의 필요성에 대한 논의와는 별개로,20) 저작권과 별도로 이론 구성하여 운용하는 이유에 대하여 일응 저작권의 보호요건인 창작성 요건을 일관성 있게 관철하고자 하는 의도에서 비롯된 것이라 생각해 볼 수 있을 것이다. 노동이론에서 말하는 소위 "이마의 땀"(sweat on the brow)만

---

19) 문화산업진흥기본법 제2조[정의]
  3. "콘텐츠"란 부호·문자·음성·음향 및 영상 등의 자료 또는 정보를 말한다.
  4. "문화콘텐츠"란 문화적 요소가 체화된 콘텐츠를 말한다.
  5. "디지털콘텐츠"란 부호·문자·음성·음향 및 영상 등의 자료 또는 정보로서 그 보존 및 이용의 효용을 높일 수 있도록 디지털 형태로 제작하거나 처리한 것을 말한다.
  6. "디지털문화콘텐츠"란 문화적 요소가 체화된 디지털콘텐츠를 말한다.
20) 1961년에 저작인접권협약이 성립하는 전 단계로서 1957년의 모나코 초안을 작성한 전문가위원회가 초안의 부속 해설에서 기술한 3가지 기본방침은 저작인접권제도 창설취지를 적절히 설명하고 있다. ⅰ) 인간의 정신적 창작활동을 장려하고 예술적인 작품을 공중의 이익과 합치하도록 보급시키는 것, ⅱ) 저작권과 인접하는 권리에 관한 법률에 질서 있고 유기적인 발전을 촉진하는 것, ⅲ) 저작자와 그 저작물의 해석자 및 전달자간에 상호 우호적인 협력을 조성하는 것 등이다(허희성, 「신저작권법 축조해설(하)」, 명문프리컴, 2007, 376면).

으로는 창작성이 충족될 수 없으며, 이러한 정도의 창작성은 인정될 수 없으나 저작물의 원활한 이용에 기여하는 성과물에 대하여 저작권 유사의 보호를 위하여 별도로 저작인접권 제도를 운영한다는 것이다. 그러나 창작성의 개념은 다분히 정책적인 것이어서 상대적이고 가변적인 개념으로 이해되고 있다.21) 또한 저작인접권을 부여하기 위해서도 그 성과물은 타인의 것을 베낀 것이 아니라 독자적으로 생산되었을 것을 요구하여야 하며, 이것이 저작권에서 요구하는 창작성과 어떻게 구별되는지 명확한 기준이 제시되지 못하고 있다.22) 창작성 요건이 일관성 있게 관철되지 못하는 이러한 상황을 고려할 때 저작인접권 제도를 창작성의 문제로만 설명하는 것은 여러 가지로 부족해 보인다.23)

오히려 현시점에서는 저작인접권을 투자결과물을 보호하기 위한 제도로서 이해하는 것이 유용하리라 생각한다. 즉 저작인접권을 투자결과물을 대상으로 하는 권리로서 이해하는 것이다. 이러한 이론구성은 앞서 언급한 콘텐츠와 디지털콘텐츠의 개념 구별과도 유사한데, 일정한 콘텐츠를 유통 내지 상업화하기 위하여 특정한 형태로 구체화한 투자결과물(아날로그콘텐츠 내지 디지털콘텐츠)은 ⅰ) 창작적 요소가 가미될 여지가 극히 적고, ⅱ) 인적·물적 투자를 통하여 가치가 형성되며, ⅲ) 그 가치는 콘텐츠 그 자체가 아닌 콘텐츠의 존

---

21) 창작성 개념의 역할은 보호하여야 하는 것과 보호를 해서는 안 되는 것과의 경계를 획정하는 점에 있다[中山信弘(윤선희 編譯), 「저작권법」, 법문사, 2008, 53쪽].
22) 타인의 것을 베낀 것이 아니라 당해 저작물의 기원이 저작자에게 있다는 것(All that is needed to obtain copyright is originality - that the work have originated with him; the author cannot have copied it from another)을 의미하는 Originality를 보호요건으로 하는 미국 저작권법에서는 저작인접권을 별도로 운영하고 있지 않다. 녹음물 등을 직접 저작물로 취급하여 음반제작자는 저작권자로서 권리행사할 수 있다. 다만, 보호대상에 따라 권리의 내용을 차별화하여 규정하고 있을 뿐이다[Arthur R. Miller·Michael H. Davis, Intellectual Property(3rd Ed.), West Group, 2000, p.294].
23) 신재호, "著作權法의 基本原理에 대한 再照明," 「比較私法」, 제11권 제3호, 2004, 609쪽 이하 참조.

재형식에 있으므로 iv) 존재형식을 변경한 이용은 전면적으로 허용하고, 소위 "데드 카피"(dead copy)와 이를 전제한 이용행위만을 규제하여도 투자자에게 충분한 인센티브가 가능하다는 특성이 있다. 이러한 특성은 투자결과물을 저작물과 별개로 취급하여야 할 충분한 이유가 될 것이다.

한편, 최근 투자유도라는 측면에서 보호대상을 확장시키려는 추세는 창작성을 기본으로 하는 저작권제도의 근간을 위협하는 면이 없지 않다. 저작권법이 창작성을 보호요건으로 하고 있다는 의미는 창작성이 없는 저작물에 대해서는 자유로운 사용을 보장한다는 의미이기도 하다. 그런데, 창작성이 없는 저작물이라도 투자를 보호할 필요성이 있으면 새로운 권리부여를 통하여 다시 이용을 제한하겠다는 것은 저작권법에 의해 보장된 Public Domain 을 훼손하는 것이다. 이러한 논리적 모순을 해결하기 위해서는 저작권의 보호대상과 새로운 보호객체인 투자결과물을 다른 차원으로 분리하는 이론 구성이 필요하다. 즉 (협의의) 저작권과 별개의 보호체계에서 최근 논의되는 투자유인이라는 지적재산법의 새로운 보호근거에 따라 발생하는 보호대상을 포섭하여야 할 것이며, 저작인접권제도가 이러한 역할을 수행할 수 있으리라 생각한다. 이를 달리 말하면, 투자를 보호하고 투자를 유도하기 위해 새로이 이용을 통제할 수 있는 영역은 일정한 콘텐츠를 특정한 형태로 구체화한 투자결과물에 한정되는 것이지, 콘텐츠 그 자체를 보호대상으로 하는 경우에는 보호요건으로서 창작성을 포기할 수 없음을 의미한다.

즉 콘텐츠 그 자체를 보호대상으로 하는 저작권제도하에서는 새로운 저작물의 창작촉진이라는 목적하에 창작성 요건을 유지하고, 이와 구별되는 투자결과물을 대상으로 하는 저작인접권 제도에서는 투자 유도라는 취지에서 창작성과 무관한 요건으로 보호대상을 결정할 수 있다. 실연의 경우 구 저작권법에서 저작물로 취급한 바와 같이 창작적 요소가 충분히 가미될 수 있는 결과물이기는 하지만, 음반,24) 방송 이밖에 국제적으로 논의되고 있는 판면권

---

24) 일본 저작권법 제2조 제1항 제5호에서는 레코드를 "축음기용 음반, 녹음테이프 기

이나 디지털화권의 보호객체도 모두 일정한 콘텐츠를 특정한 형태로 구체화
한 투자결과물이라 할 수 있다.

다만, 모든 투자결과물에 대해 보호의 필요성이 인정되는 것은 아니며, 콘
텐츠를 특정한 형태로 구체화한 투자결과물의 보호를 통해 관련 산업의 투
자가 유도하고 당해 콘텐츠의 이용을 활성화시킬 수 있는 경우 사회적 합의
에 의하여 입법화될 수 있는 것이다. 보호요건으로 창작성까지 요구할 필요
는 없으나 최소한 독자적으로 생산되어야 할 것이며, 투자유도라는 목적에
부합하여야 한다는 점에서 상당한 인적·물적 투자를 요구할 수 있을 것이다.
보호방법에 있어서는 위에서 언급한 존재형식에 가치가 존재한다는 점을 유
의하여야 한다. 원칙적으로 "데드 카피"(dead copy)와 이를 전제한 이용행위만
을 권리의 내용으로 할 것이며, 보호기간도 투자를 회수할 수 있는 최소한의
기간으로 한정되어야 할 것이다.

이러한 측면에서 우리나라 저작인접권제도는 저작권의 복제와 저작인접권
의 복제의 차이를 단지 해석론으로 해결하고 있다는 점,25) 그리고 관련 조약
상 불가피한 면이 없지 않으나 투자를 회수할 수 있는 최소한의 기간으로 보
호기간을 단축하는 문제 등에 대해서는 검토할 필요가 있다.

타 物에 음을 고정한 것(もの) …"이라 정의하고 있는데, 여기서 "もの"라는 표현
을 사용하고 있는 것은 녹음물이라는 유형물을 의미하는 것이 아니라 녹음물에 음
이 고정되어 있는 추상적 존재를 의미하기 때문이다[加戶守行, 「著作權法逐條
講義」(三訂新版), 著作權情報センター, 2000, 26頁].
즉 우리 저작권법에서 음반을 "음이 유형물에 고정된 것"(저작권법 제2조 제5호)으
로 정의하고 있지만, 여기서 "것"이 지칭하는 것은 "유형물"이 아니라 "음"이다.
즉 음이 특정 음반에 의하여 고정된 일정한 존재형태(방식)을 의미한다.

25) 콘텐츠와 콘텐츠의 특정한 존재형태인 투자결과물에 대한 개념구별이 분명해지면
복제의 개념도 명확해질 수 있다. 예컨대 특정인의 실연을 모창할 경우 저작인접권
의 침해가 인정될 수 있는지 논란의 여지가 있는데, 실연의 보호가 콘텐츠 그 자체
를 보호하는 것이라면 침해가 인정될 것이나, 콘텐츠의 존재형태를 보호하는 것이
라면 침해가 인정될 수 없다. 또한 콘텐츠 그 자체를 보호대상으로 하는 경우 2차
적 저작물작성권이 인정될 수 있다.

3. 이용환경 변화에 따른 대응방안

(1) 저작권에 의하여 통제되는 이용행위

저작권은 특허권과 달리 저작물의 특정 이용형태에 대해서만 배타적 권리를 행사할 수 있다는 점에서 차이가 있다. 즉 특허권은 그 특허발명의 실시를 독점하며, 실시란 당해 발명의 생산, 사용, 양도 등의 행위를 말한다. 상표권도 상표를 사용할 권리를 독점하지만, 저작권법에서는 저작물을 특정한 방법으로 "이용"할 권리를 부여한다. 즉 저작권은 당해 저작물의 복제와 유·무형적 전달행위만을 권리의 내용으로 하고 있어 저작물을 보거나 듣거나 감상하는 단순한 사용행위를 제외한 2차적 이용행위에 대해서만 배타적 권리를 행사할 수 있다.[26]

이러한 이유에서 지적재산법을 권리부여형과 행위규제형으로 나누어 설명할 경우 저작권의 위치를 설정하기 어려운 점이 있다. 즉 저작권이라는 권리를 부여하여 저작물을 보호하는 권리부여형 보호방법이기도 하지만, 권리부여를 전제하고 실질적으로는 열거된 일정한 행위규제를 통하여 저작물을 보호하고 있는 것과 크게 다르지 않다.

문제는 저작권으로 통제하고자 하는 이용행위를 제한적으로 열거하고 있으나[27] 그 기준이 명확하지 못하다는 것이다. 당초 저작권법은 최종소비자

---

26) 일본 저작권법은 저작물의 "이용"과 "사용"을 구별하여 별도로 취급하고 있다. 저작권법상 의미 있는 것은 저작물의 이용(exploitation)이며, 저작물의 사용에 대해서는 원칙적으로 저작권법이 관여하지 아니하여 저작권으로부터 자유로운 행위로 되어졌다. 저작권법은 저작물의 이용에 대응하는 형태로 일련의 권리를 정하고 있는데, 이들 각각의 권리가 저작권의 내용이 되며, (일본) 저작권법은 저작권의 내용을 제한적으로 열거하고 있다[齊藤 博, 「著作權法」(第2版), 有斐閣, 2004, 53~54頁].
27) 독일 저작권법은 권리의 내용을 예시적으로 규정하고 있다는 점에서 차이가 있다.
    [이용권 제15조 (통칙)]
    ① 저작자는 자신의 저작물을 유형적인 형태로 이용할 배타적인 권리를 가진다

(end user) 입장에서 저작물을 단순히 향유하는 사용행위에 대해서는 관여나 간섭을 하지 않는 것이 원칙이었다. 이를 통제하기 위한 비용이 저작권자의 경제적 손실을 초과하여 실질적으로 통제가 불가능할 뿐만 아니라,[28] 최종소비자에게 저작물을 매개하여 영리적 이득을 취하는 중간 매개자(출판사, 음반제작자, 방송사업자 등)로부터 경제적 이득을 얻을 경우 최종 소비자의 사용에 의한 경제적 손실은 무시될 수 있을 만큼 경미한 것이었기 때문이다.

이러한 취지에서 복제권의 경우 "사적 이용을 위한 복제"를 규정하여(저작권법 제30조) 영리를 목적으로 하지 아니하고, 개인적으로 또는 한정된 범위에서 이용하는 경우 복제할 수 있도록 복제권을 제한하고 있으며, 무형적 전달행위라 할 수 있는 공연, 방송, 전송, 디지털음성송신에 대하여 저작권법상 개념을 일반 공중을 상대로 전달하는 것으로 한정하여 정의함으로써[저작권법 제2조 제3호(공연), 제8호(방송), 제10호(전송), 제11호(디지털음성송신)] 최종소비자의 사용행위를 저작권의 영역에서 제외하고 있다.

이러한 저작권법의 태도를 이용자측면에서 바라보면, 창작성이 인정되지 않는 저작물과 마찬가지로, 최종소비자의 사용행위에 대해서는 저작권의 영

; 위 권리는 특히 다음 각호를 포함한다.
1. 복제권(제16조)
2. 배포권(제17조)
3. 전시권(제18조)
② 나아가, 저작자는 자신의 저작물을 무형적인 형태로 공개재현할 배타적인 권리를 가진다(공개재현권); 위 권리는 특히 다음 각호를 포함한다.
1. 구술, 공연 및 상영권(제19조)
2. 공중전달권(19조 a)
3. 방송권(제20조)
4. 녹화물 혹은 녹음물을 통한 재현권(제21조)
5. 방송 및 공중전달을 통한 재현권(제22조)-이하 생략-
28) 예컨대 100원의 이용료를 징수하는데 1000원의 거래비용 및 행정비용이 소요된다고 하면, 그러한 이용은 소비자에게 자유롭게 허용하는 것이 모두의 이익에 합치되고 문화의 발전에도 기여할 수 있게 된다고 말할 수 있다(정상조, 앞의 책, 314면).

역에서 제외함으로써 Public Domain의 영역을 확보하고 저작물 이용자의 권리를 보장함으로써 저작권자와 이용자의 균형을 도모하고 있는 것이다.

그러나 최근 이용환경의 변화로 이러한 균형점에 대한 재평가가 필요하게 되었다. 즉 퍼스널 컴퓨터의 보급과 인터넷 관련 통신기술의 발달로 정보 생산자로부터 최종소비자에게 직접 정보가 전달됨에 따라 정보 매개자의 지위가 점차 사라지게 되었고, 저작물의 대부분의 이용형태가 사적이용에 해당될 수 있게 됨에 따라 이러한 저작권법의 전통적인 구조에 수정을 요구하게 된 것이다.

즉 최종소비자의 저작물 이용행위에 대해서도 저작권법의 관여가 시작되었으며, 최근에는 단지 저작물에 접근하는 행위까지 통제할 수 있는지 여부에 대해서도 논란이 되고 있다. 이러한 논의는 저작권의 가장 근원이 되는 복제권이 제한되는 "사적 이용을 위한 복제"와 소위 "접근권"을 중심으로 전개되고 있으나, 그 기준이 사회적 합의에 의해 도출될 때까지 저작권법의 딜레마는 계속될 수밖에 없다.

(2) 사적 이용을 위한 복제

복제기술이 발달하지 않고 복제기기가 널리 보급되지 않은 상황에서 사적 복제는 그 질적인 면에서 원본과 큰 차이가 있을 수밖에 없었으며, 일반적으로 출판업자, 음반제작자, 방송사업자와 같은 전문적인 유통업자를 통하여야만 최종 이용자들이 저작물을 이용할 수 있었기 때문에 저작권자는 이러한 유통업자를 규제함으로써 저작권자의 경제적 이익을 확보할 수 있었다. 그러나 점차 이러한 유통경로를 거치지 않고 최종소비자가 직접 저작물에 접근하여 이용할 수 있게 되었고, 이러한 이용이 개인적 이용이라는 이유로 무차별적으로 허용되고 일반화될 경우 개개의 이용에 의한 경제적 손실은 미비할지 몰라도 전체적으로는 저작권자에게 커다란 경제적 손실을 야기하며, 저작권자는 경제적 이익을 얻을 기회를 완전히 상실할 수도 있다. 이는 사적 복제에 의한 저작권자의 경제적 손실은 미비하다는 기본전제에 반하는 상황 이다.

이러한 상황을 고려하여, 사적이용의 위한 복제의 요건을 추가하거나 사 적이용을 위한 복제의 범위를 축소시키기 위한 새로운 해석들이 논의되고 있는데, 먼저 우리나라가 가입하고 있는 베른협약 제9조 제2항에서 "특별한 경우 동맹국의 입법에 의하여 저작물의 복제를 허용할 수 있으나, 저작물의 통상적인 이용을 방해하지 않고 저작자의 정당한 이익을 불합리하게 해치지 않아야" 할 것을 규정하고 있으므로 설령 사적이용을 위한 복제에 해당하여 도 저작물의 통상적인 이용을 방해하거나 저작자의 정당한 이익을 불합리하 게 해치는 경우 저작권은 제한되지 않는다고 해석하는 견해가 있다.[29] 그러

---

29) 저작권의 제한과 예외에 관한 "3단계 테스트"(three-step test)를 적용 하는 것이 하 나의 해결방안이 될 수 있을 것이다. 3단계 테스트는 베른조약 복제권의 제한과 관 련하여 제9조 제2항의 "특별한 경우에 있어서 그러한 저작물의 복제를 허용하는 것은 동맹국의 입법에 맡긴다. 다만, 그러한 복제는 저작물의 통상적인 이용과 충 돌하지 아니하여야 하며, 저작자의 합법적인 이익을 부당하게 해치지 아니하여야 한다"라는 취지의 내용이 TRIPs 제13조, WCT 제10조, WPPT 제16조 제2항에도 규정되어, 모든 저작물의 사용에 있어서 '제약조건 및 예외사항'으로 발전한 것이 다(윤선희·조용순, "디지털音樂著作物의 利用과 法的問題," 「산업재산권」, 제13 호, 한국산업재산권법학회, 2003 참조).

한편, '저작물의 통상적인 이용'과 '저작자 등의 합법적 이익'에 '특별한 경우'까지 포함하여, 소위 "3단계 테스트"라고 하며, 이 경우 각 단계를 차례로 통과하여야 하기 때문에 "단계"라는 표현을 사용한다. 예를 들어 복제의 경우 '저작물의 통상 적인 이용'과 상충할 경우(예를 들어 복제의 분량이 아주 많은 경우) 복제권의 예 외로 허용되지 아니하며, 통상적으로 이용하나 '저작자등의 합법적인 이익'을 침해 할 경우(소량의 복제나 많은 이들에게 복제해 주는 경우)에는 정당한 대가를 보 상해 주지 않고서는 무료 사용이 어렵고, 개인 목적으로 소량으로 복제하는 '특별 한 경우'에는 무료복사가 허용 할 수 있다는 것이다(헨리 올슨, "디지털환경에서 적용 가능한 저작권 제한과 예외 및 3단계 시험," WIPO 저작권 세미나, 문화관광 부, 2002, 198면).

나 우리나라 저작권법 제27조의 규정의 취지는 입법자가 사적이용을 위한 복제에 해당하는 경우 저작물의 통상적인 이용을 방해하지 않고 저작자의 정당한 이익도 불합리하게 해치지 않는 것이라 판단한 것이고, 이 규정에 해당하는 경우에도 명문의 규정에 반하여 저작권이 제한되지 않는다고 해석하는 것은 불합리하다는 반론도 있다.

명문의 규정 외에 그 취지를 근거로 사적이용의 위한 복제의 요건을 추가하는 견해로 복제부수를 한정하여 해석하거나, 불법 복제물로부터의 사적이용을 위한 복제를 제외하여 해석하는 경우도 있다.30) 독일 저작권법은 명백하게 위법 제작된 복제물에 의한 사적 복제를 명시적으로 제외하고 있다(독일 저작권법 제53조).31) 또한 일본에서는 인터넷을 통해 다운로드를 받는 경우 이러한 사적 복제가 특히 문제가 되기 때문에, 인터넷 등을 통하여 저작권을 침해하는 콘텐츠를 악의적으로 다운로드 받는 행위에 대해서는 단서를 신설하여(2009년 개정 저작권법 제30조 제1항 제3호)32) 그것이 사적 목적에 해당한다 하여도 사적이용을 위한 저작권 제한에 해당하지 않는 것으로 저작권법을 개정하였다.33)

---

30) 사적 복제로 허용되기 위해서는 원본 저작물이 반드시 복제자의 소유물일 필요는 없으나, 복제자는 그 원본저작물을 적법하게 점유하고 있어야 하며, 그 원본저작물 자체가 불법복제물이어서는 아니된다(안효질, "파일공유시스템의 법적 문제점," 「디지털재산법연구」, 제2권 제1호, 한국디지털재산법학회, 2002, 258면).

31) 독일 저작권법 제53조 (사적 사용 및 여타 개인적 사용을 위한 복제)
① 사적 사용을 위하여 자연인이 저작물을 임의의 매체로 개개 복제하는 행위는, 직·간접적으로 영업목적이 아니며 복제를 위해 명백하게 위법 제작된 모형이 사용되지 않는 한도 내에서 허용된다. 복제할 권능이 있는 자는, 무상으로 행해지거나 종이 혹은 임의적인 사진기술적인 절차나 여타 유사한 효과가 있는 절차를 이용한 유사 매체로의 복제가 행해지는 한도에서, 복제본이 또한 타인에 의하여 작성되도록 할 수 있다. −이하 생략−

32) 三 著作權を侵害する自動公衆送信(國外で行われる自動公衆送信であつて、國内で行われたとしたならば著作權の侵害となるべきものを含む。)を受信して行うデジタル方式の錄音又は錄畫を、その事實を知りながら行う場合.

33) 田村 善之, "日本の著作權法の動向と將來像," 조선대·경상대 공동주최 2009년

결국 이용환경의 변화에 따라 "사적이용을 위한 복제"로 인정되는 범위는 보다 축소하는 방향으로 당해 규정에 의한 저작권자와 이용자의 균형점은 재조정되어야 한다는 것에 대하여는 대부분 견해가 일치되고 있으나, 그 명쾌한 해결방안은 여전히 제시되지 못하고 있다.[34]

입법론으로서는 먼저 공정이용과 관련한 일반규정의 도입을 검토할 수 있는데, 그 필요성에 대한 논의는 오래 전부터 있어왔다. 미국의 경우 소위 "4단계 테스트"라 하는 일반 규정을 통해 공정이용(Fair Use)에 해당하는지 여부를 결정하여 왔으며, 새로운 이용환경에 보다 유연하게 대처할 수 있다는 점에서 대륙법 체계에 따라 공정이용에 해당하는 경우를 구체적으로 열거하고 있는 우리나라 저작권법에서도 도입이 가능한지 여부에 관한 논의였다.[35] 즉 공정이용에 해당하는 경우를 확장하기 위한 일반규정의 도입이라 할 수 있는데, 이와 반대로 기존의 공정이용에 대하여 추가로 그 요건을 강화하는 일반 규정도 생각할 수 있다. 새로운 이용 환경하에서 공정이용의 범위를 추가적으로 제한할 필요성이 있다면 이러한 일반규정의 도입도 검토할 수 있을 것이다.

우리나라 법체계상 일반규정의 도입이 어렵다면 사적이용을 위한 복제 규정에서만이라도 "저작권자의 경제적 피해를 야기하지 않는 범위내"로 사적이용을 위한 복제의 범위를 한정하는 것도 그 취지를 훼손하지 않으면서 저작권자와 이용자의 균형점을 재조정할 수 있는 한 방안으로 생각할 수 있다.

국제학술대회 발표집, 2009. 9. 11, 54면.

34) 많은 국가의 저작권법에는 구체적인 사적 복제의 특권이 있으나, 일부 국가에서는 사적 복제 특권이 재평가되고 있으며, 장래에는 그것이 아날로그 복제로 제한될 수도 있다. 또한 사적복제의 적법성은 공정사용의 원칙과 그의 네 가지 요소에 의한 검사를 적용함으로써 결정될 것이다[National Research Council(임원선 譯), 「디지털 딜레마」, 한울 아카데미, 2001, 198쪽].

35) 일반규정을 통한 공정이용법리의 도입의 문제점 및 고려사항에 대해서는 양승두·박익환·이대희, "디지털시대의 저작권 제한규정 검토 연구," 「디지털시대의 주요 외국저작권제도의 도입에 관한 연구」, 문화관광부, 2002, 132~142쪽 참조.

그러나 이용환경의 변화에도 불구하고 개개인의 측면에서 볼 때 저작권자에 미치는 경제적 피해는 여전히 미비하다는 점에서 베른협약에서 요구하는 요건을 당해 규정에 추가하거나 이를 일반규정으로 입법화한다 하여도 근본적인 해결방안이 될 수는 없다. 또한, 이러한 추가적 요건으로 사적이용을 위한 복제의 범위가 불명확해지고 법적 안정성을 해할 우려도 없지 않다.

이 밖에 최근 많이 논의되고 있는 것으로는 "기술적 보호조치"가 있다. 사적 이용을 위한 복제 규정에서 직접 기술적 보호조치가 된 저작물의 사적 이용을 금지하는 규정을 둘 수 있으며, 이러한 규정이 없더라도 기술적 보호조치는 현실적으로 일반 이용자의 사적 이용을 제한한다.36)

다만, 공정이용(Fair Use)과 관련하여 기술적 보호조치의 문제점은 이용자가 저작물을 어떠한 목적으로 사용할 것인지 여부를 불문하고 보호대상이나 보호기간과 무관하게 그 이용을 제한한다는 점이다. 그러나 가치중립적인 기술을 통제하는 것은 저작권법에서 해결할 수 있는 문제가 아니다. 법의 흠결 내지 공백에 대한 스스로의 자구책으로서 발생한 것처럼 저작권법과 무관하게 기술적 보호조치는 현실에 존재할 것이며, 이를 저작권법에서 통제한다는 것은 불가능한 일이기 때문이다. 다만, 우리나라 저작권법은 보호영역에 있는 저작물에 부가된 기술적 보호조치에 대해서 "만" 그 무력화 행위를 제재하는 간접적인 보호형식으로써 양자의 관계를 설정하고 있다.

결론적으로, 사적이용을 위한 복제의 범위에 대하여 재검토가 꾸준히 논의되고 있으나, 이는 기존 아날로그 체계를 중심으로 오랜 기간동안 형성하여 온 권리자와 이용자의 균형에 엄청난 영향을 초래하는 사안이기 때문에 사적이용을 위한 복제의 범위를 재조정하는 해결방안을 모색하는 것은 쉽지 않은 일이며, 그 대안으로 많은 국가들에서 시행하고 있는 제도가 복제보상

---

36) 레식 교수는 사이버스페이스가 개방구조에서 완전히 통제 가능한 공간으로 변경되고 있어서 기술(code)이 지적재산법을 대체하고 있다고 본다[로렌스 레식(김정오 역), 「코드 사이버공간의 법이론」, 나남출판, 2002, 286쪽 이하 참조].

금제도이다.[37)

복제보상금제도란 사적이용을 위한 복제를 현행법처럼 허용하면서 복제의 매개가 되는 복제기기나 복제매체에 일률적으로 일정한 대가를 구입자들로 하여금 추가 부담토록 하고, 이와 같은 복제용 주변기기를 구입한 사적이용을 위한 복제를 할 개연성이 큰 이용자들이 직접 저작권자에게 보상금을 지급하는 것이 아니라 이용자들이 추가 부담한 비용을 제조자가 저작권위탁관리단체에게 지급하고 이 단체가 저작권자의 경제적 손실을 보상하는 시스템이다.

사적이용을 위한 복제에 의하여 저작권자의 경제적 손실이 발생됨에도 불구하고 사적이용을 위한 복제를 허용할 수밖에 없다는 전제하에서 그 손실을 복제보상금을 통하여 보전하는 방식으로, 사적이용을 위한 복제에 대하여 이를 금지시킬 수는 없으나 일정한 한도 내에서 상당한 보상금을 청구할 수 있는 저작권자의 새로운 권리를 창설하는 것이며, 다만 그 권리는 특정단체만이 행사할 수 있도록 하는 것이다.

우리나라에서 복제보상금제도가 도입되기 위해서는 저작권자에게 간과할 수 없는 손해를 야기하는 사적 복제에 사용되는 복제용 주변기기(예를 들면 공CD와 같은 디지털 복제매체)를 확정하여야 할 것이며, 이러한 특정한 복제용 주변기기에 의한 복제의 경우에는 사적 이용을 위한 복제에 해당한다 하여도 저작권자에게 심각한 경제적 손실을 야기하여 그 균형점이 재조정되어야 한다는 일반 이용자들의 이해가 선행되어야 하고, 이와 함께 보상금 결정방법과 보상금의 수령 및 분배구조 또한 투명하게 제시되어야 할 것이다.

---

37) 1965년 독일에서 처음 도입된 이래 2001년 현재 42개국 이상이 이 제도를 시행하고 있고, 1992년 미국, 일본도 제한적으로 이 제도를 도입하였다(오승종, 「저작권법」, 박영사, 2007, 641면). 보다 자세한 제외국의 입법현황에 대해서는 김현철, "디지털환경하에서의 사적 복제문제에 관한 비교법적 고찰," 저작권심의조정위원회, 2004, 23쪽 이하 참조.

(3) 접 근 권

"접근권"38)을 명문으로 인정한 입법례는 아직 없지만, 1998년 미국의 디지털밀레니엄저작권법(Digital Millennium Copyright Act: 이하 "DMCA"라 한다)에서 소위 "접근통제형 기술적 보호조치"를 입법화함에 따라,39) 접근권의 인정여부는 최근 국제적으로 가장 이슈화되고 있는 논의 중의 하나이다. 즉 접근통제형 기술적 보호조치를 저작권법에서 보호할 경우 실질적으로 이용자가 단지 보거나 듣기 위해서 저작물에 접근하는 행위까지 제한되어 저작권법상 소위 "접근권"이라는 새로운 권리를 부여한 것과 동일한 결과를 초래하는 것이 아니냐는 것이다.

저작권법상 기술적 보호조치에 접근통제기술도 포함시킬 것인지 여부에

---

38) 최근의 한 미국 법원은 "저작권법은 저작자에게 저작물에 대한 접근을 통제할 권리(right to control access)를 허용한다"고 판시하였으며(Los Angeles Times v. Free Republic, Civ. No.98-7840, 2000 U.S. Dist LEXIS 5669(C.D. Cal. Apr. 5, 2000), pp.67~68), 콜롬비아 대학의 Jane Ginsburg 교수는 접근권(access right)을 일반인이 저작물을 파악하는(comprehend) 방법을 통제할 권리라고 정의하였고(Jane C. Ginsburg, From Having Copies to Experiencing Works: The Development of an Access Right in U.S. Copyright Law, in United States Intellectual Property: Law and Policy, Hugh C. Hansen ed., 2002, pp.7~8), 보호되는 저작물에 대한 이용자의 접근을 통제할 저작권자의 배타적인 권리(Thomas Heide, Copyright in the EU and U.S.: What "Access- Right?," 48 J. COPY. SOC'Y, 2001, p.363, 365), 또는 창작자가 자신의 콘텐츠에 대한 접근을 통제할 수 있는 수단(Simon Olswang, Accessright: An Evolutionary Path for Copyright into the Digital Era?, EIPR, 1995, p.217)이라고 정의되고 있다. 접근권의 의의에 대하여 보다 자세한 내용은 이대희, "디지털환경 하에서의 접근통제의 의의 및 역할," 「지적재산권의 제문제」(梅山宋永植先生華甲紀念), 세창출판사, 2004, 609~614쪽 참조).

39) 미국 저작권법 제1201조(a)(1)(A).

No person shall circumvent a technological measure that effectively controls access to a work protected under this title. The prohibition contained in the preceding sentence shall take effect at the end of the 2-year period beginning on the date of the enactment of this chapter.

대해서는 찬반양론이 대립된다. 즉 기술적 보호조치는 침해 행위를 규제하기 위해 도입하는 것인 만큼 "금지되는 행위"의 방지가 전제되어야 하며, 이용을 위해 '접근'하는 것에까지 저작권 법리에 따른 보호를 확대할 수는 없다는 입장도 있을 수 있는 반면, 디지털 저작물의 특성상 최초의 접근으로 저작물이 사실상 복제 등의 행위로 이용되어질 수 있기 때문에 디지털 저작물의 효율적 관리 및 보호 방법으로 기술적 보호조치를 확대해서 규정할 '현실적 필요성'이 있다는 입장이 있다.[40]

사실 접근통제형 기술적 보호조치가 일반화되고, 접근통제형 기술적 보호조치를 무력화하는 행위를 당해 저작물의 저작권을 침해하는 행위와 마찬가지로 취급하는 것은 종래 저작물의 향수에 불과한 행위에 대하여 새롭게 저작자의 권리로서 당연히 미치게 하려는 것이기 때문에 저작권 제도 전체에 걸친 심각한 문제가 될 수 있다.[41]

이러한 논란은 한미 자유무역협정(Free Trade Agreement, 이하 "FTA"라 함)에서도 쟁점이 되었으나, 결국 2007년 7월 2일 공개된 최종 협정문에서는 접근통제형 기술조치를 보호대상으로 추가하는 것으로 합의하여(제18.4조 제7항),[42] 한미 FTA를 이행하기 위한 저작권법 개정안에서도 이를 반영하게 되었다.[43]

---

40) 이상정, 기술조치 및 권리관리정보의 보호 연구, 문화관광부, 1999, 114~115쪽.

41) 저작권법은 전통적으로 개인적인 최종 이용자의 행위보다는 잠재적인 경쟁자가 상업적으로 이용하는 것에 관계되는 행위에 관한 것이고, 따라서 비상업적인 목적으로 저작물에 개인적으로 접근하거나 이를 이용하는 것에 대하여 소송을 제기할 수 있는 접근권을 부여하는 것은 저작권법에 있어서 혁명적인 것에 해당한다(이대희, 기술적 보호조치(접근통제) 보호에 관한 연구, 문화관광부, 2001, 87쪽; Kamiel J. Koelman, *A Hard Nut to Crack: The Protection of Technological Measures*, EIPR 2000, 272~288쪽 참조).

42) KORUS FTA 제18.4조[저작권 및 저작인접권] 제7항 바. 효과적인 기술조치라 함은 저작물·실연·음반 또는 그 밖의 보호되는 대상물에의 접근을 통상적인 운영과정에서 통제하거나 저작권 또는 저작인접권을 통상적인 운영과정에서 보호하는 기술·장치 또는 부품을 말한다.

43) 2008.10.10. 저작권법 일부개정법률안 제2조

다만, 최근 기술적 보호조치의 현황을 고려하면, 접근통제형과 복제통제형으로 구분할 실익이 있는지 의문이다. 일부 기술적 보호조치의 경우 저작권이 미치는 이용행위(복제)와 함께 저작권이 미치지 않는 이용행위(접근)를 동시에 통제하고 있기 때문이다. 또한 직접적으로는 저작권이 미치지 않는 저작물에의 접근을 통제하고 있지만, 이를 통하여 궁극적 또는 간접적으로 저작권이 미치는 복제행위를 통제하기 위한 경우도 있다. 결과적으로는 모든 기술조치가 저작권의 보호와 관련이 없을 수 없다. 결국 기술조치가 어떠한 이용행위를 통제하는 것인지에 집착하기 보다는 ⅰ) 저작권 침해로 인정할 수 없는 이용행위까지 직접적으로 통제하는 기술조치나 ⅱ) 저작권 침해로 인정할 수 없는 이용행위만을 직접적으로 통제하는 기술조치를 어떻게 취급할 것인지 결정하여야 할 필요가 있는 것이다.[44)]

또한 저작권 침해로 인정할 수 없는 이용행위를 통제하는 기술조치를 반드시 저작권법에서 규제하여야 하는가도 고민하여야 할 것이다. 즉 기술적 보호조치의 무력화를 규제하는 취지를 저작권의 침해를 예방하여 저작권자의 경제적 이익을 보장하는 것에서 파악하기 보다는 저작물의 원활한 유통과 적법한 이용을 유도하여 인터넷상 저작물의 사업화를 도모하기 위한 것으로 보다 폭넓은 시각에서 접근할 경우 부정경쟁방지적 보호시스템에서 입

---

28. "기술적 보호조치"란 다음 각 목의 어느 하나에 해당하는 조치를 말한다.

가. 저작권, 그 밖에 이 법에 따라 보호되는 권리에 의하여 보호되는 저작물등에 대한 접근을 통제하기 위하여 그 권리자나 권리자의 동의를 받은 자가 적용하는 기술·장치 또는 부품

나. 저작권, 그 밖에 이 법에 따라 보호되는 권리에 대한 침해 행위를 방지 또는 억제하기 위하여 그 권리자나 권리자의 동의를 받은 자가 적용하는 기술·장치 또는 부품

44) 이러한 문제는 PS2-Mod chip 사건(대법원 2006.2.24.선고 2004도2743 판결)에서도 논란이 된 바 있다. 이 사건에 대한 자세한 내용과 평석에 대해서는 강태욱, "PS2-Mod chip 사건을 통해 바라본 기술적 조치의 보호범위," 「디지털재산법연구」, 제5권 제1호, 한국디지털재산법학회, 2006 참조.

법화하는 것이 가능하리라 생각된다.[45] 접근통제형 기술적 보호조치의 긍정적인 역할을 고려한다면, 접근통제형 기술적 보호조치의 무력화 행위 등을 부정경쟁행위의 하나의 유형으로 추가하는 방안을 검토할 필요가 있으며, 이러한 부정경쟁방지적 보호시스템에 의한 접근통제형 기술적 보호조치의 보호는 기술적 보호조치의 실태를 반영함과 동시에 접근권에 관한 논란을 해결할 수 있는 방안이기도 하다.

(4) 지분권에 대한 기본개념의 재정립

저작권의 또 다른 특징은 각각의 이용형태에 대하여 지분권의 형식으로 권리를 구성하고 있다는 점이다.[46] 다른 지적재산권과 같이 배타적 권리가 미치는 이용행위를 열거하고, 저작권을 저작물을 이용할 수 있는 권리로 규정하지 아니하고, 각각 별개의 권리를 규정하고 저작권을 이들 권리의 다발로 구성하고 있다. 이처럼 저작권을 권리의 다발로 구성한 이유는 각각의 지분권을 달리 취급하기 위함일 것이다. 즉 각각의 지분권에 따른 이용행위는 저작권자와 이용자간의 이해관계에 미치는 영향이 상이하며, 실제로 각각의 권리마다 권리를 제한하는 요건이나 범위를 달리하고 있다. 이는 달리 말하면, 이용과정상 기술적인 차이가 발생하여 타법(예컨대 방송법)이나 업계에서는 이를 구별할 필요성이 있다 하여도 저작권자와 이용자간의 이해관계에 특별

---

45) 디지털환경에서 저작물은 주로 정보제공자를 통해 제공되고 있으며, 이 경우 접근권은 저작자 보호가 아닌 정보제공자의 정보제공행위를 보호하는 것을 주된 목적으로 하고 있다고 볼 수 있고, 그렇다면 저작권법에서 배타적 권리로서 인정하기보다는 저작권법 이외의 법률에서의 보호방법도 고려해 볼 수 있는 문제이다(김병일, "기술조치보호와 접근권 인정여부에 관한 고찰," 광운대 비교법연구소 학술세미나 자료집, 2004, 17면).
46) 우리법과 달리 저작권을 예시적으로 규정한 독일 저작권법에서는 새로운 이용행위에 대해 용이하게 대처함으로써 저작권자의 권리를 두텁게 보호하고자 하는 취지에서 예시된 각각 권리를 지분권 형식으로 규정하고 있다(각주 27번 독일 저작권법 제15조 참조).

한 차이가 발생하지 않아 권리를 제한하는 요건이나 범위를 달리 규정할 필요가 없다면, "저작권법상 개념"에 있어서는 이를 별개의 지분권으로 구성할 필요 없이 포괄하는 개념으로 이론 구성할 수 있다는 것이다.

한편, 저작권이 미치는 범위라 할 수 있는 권리의 다발을 구성하고 있는 개개의 지분권은 기술의 진보에 따라 점차 확장되고 있는데, 새로운 이용형태를 별개의 지분권으로 구성할지 아니면, 기존의 지분권에서 포괄할 수 있도록 개념을 확장시킬 것인지는 이러한 관점에서 검토되어야 할 것이다. 이러한 관점에서 현행 저작권법상 각각의 지분권을 살펴보면, 이용형태의 특성에 기인하여 지분권을 제한하는 요건이나 범위를 달리하고 있음을 알 수 있다.

배포의 경우 유형적 형태의 이용행위로 배포에 의한 이용자는 한정될 수밖에 없으며, 소위 최초판매이론에 의해 배포권이 제한된다는 점에서 별개의 권리로 취급할 필요가 있으며, 전시의 경우에는 소유권자와의 이해조정이 필요하다는 점에서 달리 규정한 실익을 찾을 수 있다.47)

다만, 무형적 행태의 이용행위에 대해서는 이러한 취지가 반영되고 있는지 검토할 필요가 있다. 과거 공연, 방송, 전송으로 이용행위를 구별하여 규정하고 있었던 지분권이 2006년 저작권법 전면개정에 의하여 새로운 이용형태인 디지털음성송신을 추가하고,48) 방송, 전송, 디지털음성송신 등을 포괄하는 개념인 공중송신에 대하여 새로이 지분권으로 규정하였다.49)

과거 공연권, 방송권, 전송권은 무형적 이용행위를 시·공간적 제한이 있는

---

47) 저작물의 소유자는 저작권자의 허락없이 개방되지 않은 장소에서 원본에 의하여 전시할 수 있다(저작권법 제35조 제1항 참조).

48) 저작권법 제2조 제11호 "디지털음성송신"은 공중송신 중 공중으로 하여금 동시에 수신하게 할 목적으로 공중의 구성원의 요청에 의하여 개시되는 디지털 방식의 음의 송신을 말하며, 전송을 제외한다.

49) 저작권법 제2조 제7호 "공중송신"은 저작물, 실연·음반·방송 또는 데이터베이스(이하 "저작물등"이라 한다)를 공중이 수신하거나 접근하게 할 목적으로 무선 또는 유선통신의 방법에 의하여 송신하거나 이용에 제공하는 것을 말한다.

제18조 (공중송신권) 저작자는 그의 저작물을 공중송신할 권리를 가진다.

공연, 시간적 제한만이 있는 방송, 시·공간적 제한이 없는 전송으로 구별한 것으로 시·공간적 제한으로 인한 이용의 파급효과를 고려할 때 저작권자와 이용자간에 미치는 이해관계는 현저한 차이가 발생할 수밖에 없고, 그 결과 공연보다는 방송이, 방송 보다는 전송이 권리제한에 있어 요건을 엄격히 하고 제한범위를 한정할 필요가 있다.[50]

사실 시·공간적 제한 여부 '만'으로 고려요소를 최소화하여 무형적 이용 행위를 분류하는 것은 디지털 환경하에서 새로이 등장하는 이용형태를 보다 유연하게 포괄할 수 있는 장점이 있었다. 그러나 최근 IT 관련 기술의 발전에 따른 방송과 통신의 융합현상에 의하여 "일방향성=동시성," "쌍방향성(주문형)=이시성" 이라는 전통적 관념이 붕괴되면서 ⅰ) 이용과정상의 기술을 감안할 때 기존의 개념으로는 방송이라 볼 수 없는 이용행위를 동시성을 이유로 저작권법상 방송으로 취급할 수밖에 없는 모순, ⅱ) 주문형 여부가 복제물의 대체효과에 커다란 영향에 미치는 점, ⅲ) 저작인접권제도의 취지를 고려할 때 방송사업자의 범위를 재조정할 필요성 등을 고려하여 새로이 디지털음성송신과 공중송신의 개념을 도입하게 된 것으로 볼 수 있다.

이는 "공중의 구성원의 요청에 의하여 개시"되는지 여부 즉 쌍방향성 여부를 무형적 이용행위를 분류하는 고려요소로 추가하고, 새로운 유형의 이용행위에 대처할 수 있도록 방송, 전송 및 디지털음성송신을 포괄하는 최상위 개념인 공중송신의 개념을 신설한 것이다. 그러나 이러한 개정 내용에 있어 ⅰ) 별개의 지분권으로 구성할 실익이 있는지 여부에 대한 검토가 선행되었는지 여부,[51] ⅱ) 분명한 관계설정으로 각각의 지분권이 명확히 구별되는지 여부,[52] 또 ⅲ) 배타적 허락권이 미치는 이용행위와 보상금청구권이 미치는

---

50) 저작권법 제29조 참조.
51) 저작권의 종류(저작권법 제16조 내지 제22조)에서는 방송권, 전송권, 디지털음성송신권을 별도로 열거하고 있지 않지만, 저작재산권의 제한 등에서는 전송, 방송, 디지털음성송신을 구별하여 규정하고 있어 방송권, 전송권, 디지털음성송신권이 저작권의 지분권인지 여부도 명확하지 않다.

이용행위가 합리적인 근거로 구분되었는지 여부 등은 보다 많은 연구가 필요할 것이다. 사견으로는, 무형적 이용행위를 구별할 수 있는 여러 요소들 예컨대, 동시성/이시성, 쌍방성/일방향성, 주문형/비주문형, 복제의 수반여부 등에 대하여 저작권자와 이용자간의 이해관계에 차이를 야기하는 요인이 무엇인지 확정하여 이러한 고려요소를 중심으로 개념 정의하면서, 지분권간에 서로 중첩 내지 저촉이 발생하지 않도록 무형적 이용행위를 분류하여야 한다고 생각한다.

한편, 저작인접권자로서의 방송사업자의 범위는 오히려 저작인접권제도의 취지를 고려하여 저작물의 이용행위로서의 방송과는 별개로 독자적으로 결정할 필요가 있다고 본다.[53]

IV. 저작권 패러다임의 변화를 기대하며

P2P 서비스에 대한 최근의 논란으로 급변하는 기술에 대해 지적재산법이 적절하게 대응할 수 있는지 여부에 관하여 회의적인 시각이 없지 않으며, 때문에 기술과 법의 갈등관계가 부각되고 있는 것도 사실이다. 그러나 기술발전에 가장 민감한 지적재산법 분야에서 기술과 법의 충돌현상은 향후에도 계속될 수밖에 없고, 기본적으로 기술발전 상황을 미리 예견하고 이를 입법화하는 것은 현실적으로 불가능하기 때문에 합목적 해석론과 입법론적 대응은 지적재산법의 해석 및 적용에 있어 영원한 숙제일 수밖에 없으며, 이러한

---

52) 예컨대, 현행법에서 동시성만을 요건으로 하는 '방송'과 동시성 외에 공중의 구성원의 요청에 의하여 개시되어야 한다는 요건을 추가한 '디지털음성송신'의 관계가 모호하다. '전송'과 '디지털음성송신'의 관계가 문제되는 것이 아니라 오히려 '방송'의 개념에서 '디지털음성송신'이 제외되어야 하는 것이 아닌지 의문이다.

53) 각주 16번 참조.

관점에서 저작권 패러다임의 변화를 고려할 필요가 있다.

앞서 오늘날 저작권법의 가장 큰 딜레마로서 오늘날 저작권법이 담당하고 있는 보호대상이 지나치게 광범위하고 다양하다는 점을 지적한 바 있으며, 이를 해결하기 위해서는 결국 i) 순수 예술작품과 같이 상당한 수준의 창작성이 인정되는 저작물과 ii) 합리적인 경제적 보상이 전제된다면 그 이용이나 개작을 무제한 인정할 수 있는, 저작인격권의 의한 보호가 불필요한 몰개성적 저작물, iii) 투자결과물, 그리고 iv) 저작권 행사에 무관심한 저작자의 저작물에 대해서는 각각 별개로 권리자와 이용자의 균형점을 모색하여야만 할 것이다.

먼저 투자결과물은 반드시 저작권의 보호대상과 다른 차원으로 분리하여야 한다. 국제적으로 저작인접권제도가 통일화되어 있지 않고 영미법계 국가에서는 저작인접물의 일부를 저작권으로 보호하고 있어 저작물과 저작인접물의 개념 구별이 명확하지 않지만,54) 투자결과물을 저작물과 별개로 취급하여야만 이유와 저작인접권제도를 일정한 콘텐츠를 특정한 형태로 구체화한 투자결과물을 보호하는 역할로서 정착시키는 방안에 대한 검토가 필요하다는 점은 이미 언급한 바 있다.

문제는 저작자의 인격적 이익보다는 시장 수요에만 관심을 가지는 순수 상업적 창작물, 몰개성적인 기능적 저작물 등(이하 현대적 저작물이라 함)을 어떠한 기준으로 순수 예술품과 구별하여 균형점을 재조정할 것인가이다.

현대적 저작물의 특징은 i) 처음부터 영리 목적으로 이용하고자 하는 의도에서 창작되기 때문에 저작물을 이용하여 사업화할 수 있도록 보다 안정적인 권리가 요구되며, ii) 유행성이 강하여 일정기간 경과 후 보호가치가 현격히 감소하는 경향이 있고, iii) 상당부분 몰개성적 표현이어서 일반 인격권에 의하여 명예훼손적 이용만을 규제하여도 충분하며, iv) 공정한 거래관행에 합

---

54) 저작물과 저작인접물의 개념 구별은 콘텐츠와 디지털콘텐츠의 개념 구별과 유사하다.

치되는 이용조건을 제시할 경우 저작물의 이용을 거절할 합리적인 명분을 찾을 수 없다는 점이다.

이러한 저작물을 구분하기 위해서는, 현실적으로 예술성을 판단하는 것이 불가능하기 때문에 권리자에 의하여 보호방법이 선택되어야 할 것이나, 원칙적으로 무방식주의에 의하여 권리가 발생하는 저작권 제도에서는 여기에도 어려움이 있다. 결국 이러한 보호대상에 적합한 보호방법을 마련하기 위해서는 무방식에 의하여 저작권을 발생시키는 베른협약과의 관계를 고려할 때, 저작권자의 자발적인 의사를 기초로 새로운 권리로 전환시키는 방법 이외에는 대안이 없을 것이다.

이러한 새로운 보호방법에 의하여 이용자가 관철시키고자 하는 것은 우선 보호기간의 단축과 보상금청구권과 같은 채권적 권리에 준하는 형식으로 권리를 약화시키는 것이고, 이를 위해서는 새로운 권리로의 전환이 저작권자에게 충분한 인센티브가 될 수 있도록 저작권을 보다 안정적인 권리로 강화시켜야 할 것이다.[55]

또한 언젠가는 무방식주의도 고집할 수 없으리라는 생각도 해 본다. 현재와 같은 저작권 시스템에서 오히려 보호받고자 하는 일정한 의사표시를 요구하는 것이 적합한 건 아닌지, 즉 권리행사 의도가 없는 적지 않은 저작물에 대하여 일정 부분 권리포기의사를 표시하게 하는 것 보다 보호받고자 하는 자가 보호받고자 하는 의사를 밝히는 것이 자연스러운 것이 아닌지 고민해 볼 필요가 있다.

이러한 논의의 실효성은 현시점에서 매우 의심스럽지만, 저작권 제도는

---

55) 사견으로 제시할 수 있는 새로운 보호방법은 저작권의 포기를 조건으로 타인의 저작권을 침해하지 않았을 것을 요건으로 하여 디지털 사본 등을 납부토록 하여 이를 공고함으로써 접근가능성을 추정하고 이에 대한 입증책임을 침해자에게 전환시켜 특허권과 크게 차이 없이 권리행사가 가능하게 하고, 차단효를 부여하는 방안이다. 보다 자세한 내용은 신재호, 지적재산의 보호방법론에 관한 연구, 한양대 박사학위논문, 2004, 259면 이하 참조.

현대적 저작물을 중심으로 그 역할을 변경하고 있으며, 현대적 저작물에 있어 저작권제도가 사회의 희생 이상으로 공공의 이익을 창출하고 있는지에 대한 의문은 계속하여 제기되고 있다. 결국 현대적 저작물을 중심으로 하는 권리자와 이용자의 균형점은 재평가되어야 할 것이며, 공공의 이익을 창출하기 위한 저작권제도의 대개혁은 불가피한 선택일 수밖에 없을 것이다.

제2장
디지털콘텐츠와 저작권법

제2절 인터넷음악 서비스와 저작권 문제

Ⅰ. 서 론

인터넷은 이제 우리가 정보를 얻기 위한 생활의 필수품일 뿐만 아니라 경제 주체들의 경제활동을 위한 공간으로서의 역할을 수행하고 있다. 인터넷이 경제활동의 공간으로서 활용되면서 저작물을 포함한 정보가 가지는 경제제로서의 가치는 더욱 증대되고 이에 따라 이러한 정보의 성격 즉 사유재냐, 공공재이냐에 대한 많은 논의들이 있어 왔다. 또한, 인터넷이 저작물 유통시장으로 활용되면서 저작물 이용과 관련된 저작권자와 이용자간의 공방攻防은 현재 진행형이다.

이러한 공방은 디지털기술과 통신기술의 발전에 기인하다. 디지털기술은 저작물의 복제와 개변을 용이하게 하고, 통신기술은 이와 같이 복제·개변된 저작물의 유통을 촉진하고 있다. 저작권자들은 불법 복제되거나 개변된 저작물이 P2P 등 인터넷 서비스를 통해 유통되는 것에 대해 법적으로 통제할 수 있는 권리의 신설과 기술적으로 저작물에 대한 접근을 제한함으로써, 이용자는 이러한 접근제한 조치를 우회하거나 무력화할 수 있는 기술개발을 통해 저작권자들의 여러 규제들을 회피하고 있다.

인터넷을 통한 저작물 또는 정보의 공유 내지 유통은 링크를 기본으로 한다. 링크는 인터넷을 다른 매체와 구별되게 하는 가장 기본적인 특징이다. 인터넷 이용자는 링크를 이용하여 다른 웹사이트에 존재하는 정보로 쉽게 이동하는 것이 가능하다. 링크를 통한 저작물의 공유 내지 유통이 저작권법상 저작권자의 권리를 침해하는지 여부에 대해서는 많은 논의들이 있어 왔다. 또한, 인터넷 산업은 웹2.0이라고 하는 공유와 개방의 패러다임을 반영하면서 저작물 또는 정보의 복제와 개변을 통한 새로운 저작물 내지 정보의 생성을 가속화시키고 있다. 이러한 변화로 인하여 저작인격권 중 성명표시권과 동일성유지권에 대한 침해의 위험성이 더욱 더 높아지고 있는 것이 현실이다. 그러나 인터넷을 통한 저작물 또는 정보의 이용 및 확산은 새로운 창작활동을 위한 토대라는 측면을 고려한다면, 인터넷상에서 이루어지는 저작물 내지 정보의 개변을 모두 동일성유지권 침해라고 파악하는 것은 자칫 창작활동의 위축시킬 수도 있다. 인터넷상에서의 저작물 또는 정보의 이용에 대해 저작인격권 중 동일성유지권을 엄격하게 적용할 경우에는 새로운 창작활동의 제약을 가져오지만, 그 반대의 경우에는 저작자가 저작물을 통해 표현하고자 했던 사상과 감정의 왜곡 내지 변형을 용이하게 할 위험이 크다.

이하에서는 인터넷의 기본적인 특징인 링크를 이용한 배경음악(Back Ground Music)검색 서비스와 통화연결음(일명 : 컬러링) 서비스에 대한 사건을 중심으로 인터넷상에서의 음악서비스에서 발생할 수 있는 링크의 저작권법상 문제와 동일성유지권에 관한 문제를 살펴보기로 한다.

II. 배경음악(Back Ground Music) 검색과 공중송신권 : 서울중앙지방법원 2008. 6. 9. 2007 카합 3973결정1)을 중심으로

1. 공중송신권의 개념

저작재산권 중 공중송신권은 저작권자가 자신의 저작물을 공중이 수신하거나 접근하게 할 목적으로 무선 또는 유선통신의1)방법에 의하여 송신하거

---

1) 피신청인은 미니홈피 또는 블로그 등의 배경음악을 검색하여 무료로 들을 수 있는

나 이용에 제공할 수 있는 권리로서 방송[2], 전송 및 디지털음성송신[3]을 포괄하는 상위개념의 권리이다. 따라서 공중송신권은 무선·유선, 방송형 및 주문형 등 공중에 대하여 저작물을 송신하는 모든 형태의 이용행위를 배타적으로 통제할 수 있다.

공중송신권은 기술의 발달에 따라 방송과 통신이 융합되어 가고 있고 이로 인한 새로운 형태의 저작물 이용방법들이 개발되고 있으나, 개정 전 저작권법[4]은 송신을 방송과 전송의 이원적 범주만으로 설정하고 있어 실시간 웹캐스팅을 방송으로 볼 것인지, 전송으로 볼 것인지 해석상 논란이 있어 방송과 전송 및 디지털 음성송신 등 모든 유형의 송신행위를 포괄할 수 있는 최상위 개념으로 도입되었다.

공중송신 중 방송은 전통적인 의미의 방송 개념 즉 공중파 방송과 케이블방송 및 위성방송에 한정하고 동시성을 핵심적인 요소로 하고 있으며, 전송은 공중송신 중 공중의 구성원이 개별적으로 선택한 시간과 장소에서 접근할 수 있도록 저작물을 이용에 제공하는 것(그에 따라 이루어지는 송신을 포함한다)을 말한다. 여기서 "이용제공"의 대표적인 행위는 서버에 저작물을 업로드시키

서비스를 제공하였다. 이에 신청인인 한국음악저작권협회는 신청인의 서비스가 미니홈피 또는 블로그의 방문 자체를 목적으로 하는 것이 아니라 음악을 들을 목적으로 특정한 배경음악이 등록되어 있는 미니홈피나 블로그를 검색하여 그 음악을 실행하는 기능을 제공하는 것이므로, 이는 배경음악의 이용허락의 범위를 넘어서서 신탁저작물인 음악저작물을 공중송신함으로써 신청인의 저작권을 침해하는 행위라고 하여 가처분을 신청하였다. 이에 대하여 피신청인은 자신이 적법한 이용허락에 따라 공개되어 있는 미니홈피 등의 배경음악을 검색하여 그 배경음악이 등록되어 있는 미니홈피나 블로그의 주소를 안내하는 검색서비스를 제공하는 것에 불과하여 신청인의 저작권을 침해한 바 없다고 주장하였다.

2) 방송은 공중송신 중 공중이 동시에 수신하게 할 목적으로 음·영상 또는 음과 영상 등을 송신하는 것을 말한다(저작권법 제2조 제8호).

3) 디지털음성송신은 공중송신 중 공중으로 하여금 동시에 수신하게 할 목적으로 공중의 구성원의 요청에 의하여 개시되는 디지털 방식의 음의 송신을 말하며, 전송을 제외한다(저작권법 제2조 제11호).

4) 법률 제8101호로 전부개정 전 저작권법을 말한다.

는 것이다. 이용제공행위는 기본적으로 저작물에 대한 복제를 수반하게 됨으로 복제권 침해를 수반하게 된다. 공중송신권 중 복제권 침해를 수반하지 않는 경우로는 디지털음성송신에 해당되는 인터넷 음악방송 또는 실시간 웹캐스팅이라고 볼 수 있다. 개정 전 저작권법상의 전송의 개념은 "송신 또는 이용제공"을 주된 개념으로 하고 있으나, 현행 저작권법에서는 "이용제공"을 주된 개념하고 "송신"을 부수적인 개념으로 하고 있다. 또한, 공중송신 중 전송은 그 입법과정에서 전송 개념의 확장해석 내지 유추해석을 방지하기 위하여 주문형5), 쌍방향성6), 이용제공7) 3자의 결합만이 전송에 포섭되는 것으로 파악하였다.8)

공중송신 중 복제권 침해를 수반하지 않으면서 전송에 해당될 수 있는 유형과 관련하여, 우리 저작권법상으로는 디지털음성송신을 제외하고는 그 유형을 파악하기가 곤란하다. 그러나 우리 저작권법상의 전송과 유사한 개념인 "송신가능화권"9)을 규정하고 있는 일본 저작권법 제2조 제9호의5호10) 가목

---

5) 주문형이란 이용자가 선택한 시간과 장소에서 접근하거나 이용할 수 있는 서비스를 의미한다.

6) 쌍방향성은 인터넷상에서 서비스 이용자와 제공자가 서로 상대방에 대하여 일정한 작용을 가할 수 있는 것을 의미한다. 즉 서버와 클라이언트간의 쌍방향성으로 서버는 성공적인 송신을 확인하기 위해 클라이언트와 항시 접속을 하고 있다(WIPO Doc. SCCR/7/8, April 4, 2002).

7) 이용제공은 인터넷에서 저작물을 이용할 수 있도록 업로드하는 행위를 의미한다.

8) 문화관광부, 『저작권법 전문 개정을 위한 공청회 자료집』, 2005, 6면.

9) 일본 저작권법상 송신가능화권은 우리 저작권법상 전송과 동일한 개념이기는 하나, 우리 저작권법상 전송이 이용제공과 송신을 포함하는 것으로 보고 있는 것과는 달리 이용제공행위 그 자체만을 송신가능화로 보고 있다(오승종, 『저작권법』, 박영사, 2007, 446면).

10) 일본 저작권법 제2조 제9의 5호 : 송신가능화란 다음 어느 것엔 가에 게시되는 행위에 의하여 자동 공중송신할 수 있도록 하는 것을 말한다.
    가. 공중용에 제공되어 있는 전기통신회선에 접속되어 있는 자동공중송신장치[공중용에 제공되는 전기통신회선에 접속하는 것에 의하여, 그 기록매체 중 자동공중송신용에 제공하는 부분(이하 본호에서 "공중송신용 기록매체"라 한다)에 기록되

의 해석상 ①공중의 이용에 제공되고 있는 전기통신회선에 접속하고 있는
자동공중송신장치의 공중송신용 기록매체에 정보를 기록하는 경우[11], ② 정
보가 기록된 기록매체를 자동공중송신장치의 공중송신용 기록매체로 부가하
는 경우[12], ③정보가 기록된 기록매체를 자동공중송신장치의 공중송신용 기
록매체로 변환하는 경우[13], ④자동공중송신장치에 정보를 입력하는 경우[14]
로 유형화하고, ② 내지 ④의 경우를 복제권 침해를 수반하지 않는 송신가능
화권 침해로 해석하고 있다. 또한, 동조 동호 나목의 경우는 서버에 송신용
컴퓨터가 네트워크에 아직 접속하지 않고 있는 상태에서 그 컴퓨터를 네트
워크에 접속시킴으로써 그 안에 저장된 저작물이 네트워크에 업로드되는 경
우로서 이 경우에도 복제권 침해를 수반하지 않는 경우에 해당된다.

이와 같은 일본 저작권법상의 송신가능화권 해석론에 비추어본다면, 우리
저작권법상의 전송이란 저작물이 공중에서 송신될 수 있는 상태에 있지 않
았던 것을 송신될 수 있는 상태로 하는 경우이다. 따라서 그 침해판단에 있

거나 또는 당해 장치에 입력되는 정보를 자동공중송신하는 기능을 가진 장치를 말
한다. 이하 같다]의 공중송신용 기록매체에 정보를 기록하고, 정보가 기록된 기록
매체를 당해 자동공중송신장치의 공중송신용 기록매체로서 추가, 혹은 정보가 기
록된 기록매체를 당해 자동공중송신장치의 공중송신용 기록매체로 변환하거나 또
는 당해 자동공중송신장치에 정보를 입력하는 것

나. 그 공중송신용 기록매체에 정보가 기록되고 또는 당해 자동공중송신장치에 정
보가 입력되어 있는 자동공중송신장치에 대하여, 공중용에 제공되어 있는 전기통
신회선으로의 접속(배선, 자동공중송신장치의 시동, 송수신용 프로그램의 기동, 기
타 일련의 행위로 행하여지는 경우에는 당해 일련의 행위 중 맨 마지막 것을 말한
다)을 행하는 것

11) 이 경우에는 복제권 침해를 수반하게 된다.
12) 저작물이 저장된 USB를 서버를 통하여 네트워크에 올려지도록 서버에 삽입하는
행위 등이 이에 해당된다.
13) e-mail용으로 사용되던 디렉토리를 그 명칭을 변경하여 미니홈피용 디렉토리로 변
경하는 행위 등이 이에 해당된다.
14) 인터넷방송이나 웹캐스팅처럼 생방송을 네트워크를 통해 송신하는 행위가 이에 해
당된다.

어서는 저작물을 송신가능하게 만들 자가 누구이며 또 그 송신이 이루어지고 있는 과정에서 그 송신을 중개하는 통신설비에서 형식상 전송 유형에 해당될 수 있지만, 이 경우 그러한 통신설비를 단순히 설치·관리·운영하는 자 즉 온라인서비스제공자(OSP)가 저작권 간접침해에 대한 책임을 부담하는지는 별론으로 하고 당해 저작물에 대한 전송의 책임을 물을 수 없다고 보아야 할 것이다.[15)

저작자가 WCT(WIPO Copyright Treaty) 제8조[16)에서 말하는 공중전달권을 향유하기 위해서는 해당 서비스가 완전한 쌍방향성을 갖고 있는 주문형 방식이어야만 한다. 공중전달권을 이렇게 해석하면 웹캐스팅 서비스 중 실시간 스트리밍 서비스는 WCT 제8조의 범주에 포섭될 수 없다.[17) 따라서, 송신의 동시성을 띠면서 매체가 쌍방향성을 지니고 있는 경우에는 방송인지 전송인지 불명확하다. 이러한 이유로 개정 저작권법에서는 송신의 동시성을 갖추면서 음의 송신에 한정된 디지털음성송신을 신설하였다. 공중송신권 중 디지털음성송신은 공중으로 하여금 동시에 수신하게 할 목적으로 공중의 구성원의 요청에 의하여 개시되는 디지털 방식의 음의 송신으로서 온라인을 통해 실시간으로 음악을 서비스하고, 이용자는 흘러나오는 음악을 실시간으로 듣는 것을 기본 개념으로 한다. 여기서, "공중의 구성원의 요청에 의해 개시되는"이라는 법문은 인터넷 등의 쌍방향성을 가진 매체를 이용하는 경우를 의미한다고 볼 수 있을 것이다.[18) 디지털음성송신은 소위 웹캐스팅을 포함하는

---

15) 오승종, 앞의 책, 449~450면.

16) WIPO 저작권조약 제8조(공중전달권) : 베른협약 제11조 제1항 (ii), 제11조의2 제1항 (i) 및 (ii), 제11조의 3 제1항 (ii), 제14조 제1항 (i) 그리고 제14조의2 제1항의 규정에 영향을 미치지 아니하고, 문학·예술 저작물의 저작자는 공중의 구성원이 개별적으로 선택한 장소와 시간에 저작물에 접근할 수 있는 방법으로 공중이 이용할 수 있도록 유선 또는 무선의 수단에 의하여 저작물을 공중에 전달하는 것을 허락할 배타적 권리를 향유한다(조약의 원문 및 번역문은 www.copyright.or.kr /site/page.jsp에서 확인 가능)

17) 최경수·오기석, 『디지털방송과 저작권』, 문화관광부, 2003, 6면.

개념으로서 동시성을 띠면서 이용자의 선택(시간과 장소에 대한)을 기다리지 않는 다는 점 즉 비주문형이라는 점에서 방송과 유사하지만, 기술적으로 쌍방향성 을 가지고 있기 때문에 방송과 구별된다.

2. 링크와 저작권과의 관계

링크는 사전적 의미로 HTML(하이퍼텍스트)를 사용하여 상호연관된 정보를 연결하는 것 또는 단어, 이미지, 정보 개체로부터 다른 곳으로 선택적인 연 결을 제공하는 부분을 의미한다. 링크는 인터넷을 가치 있게 만드는 요체로 서 다른 웹사이트들과의 광범위한 연결이라는 의미 또한 포함되어 있다.

링크는 크게 HTML에 의하여 연결시키는 링크와 인라인 링크(inline link, embedded link)로 구분할 수 있다. HTML에 의하여 연결되는 링크에는 단순링크 (surface link)와 직접링크(deep link)로 구분할 수 있다. 단순링크는 웹사이트 이용 자를 당해 정보가 있는 웹사이트의 홈페이지로 이동시키는 링크로서 원하는 정보를 찾기 위해서는 당해 웹사이트의 내부 페이지로 이동을 해야 한다. 직 접링크는 단순링크처럼 웹사이트 이용자를 당해 웹사이트의 홈페이지로 이 동시키지 않고 바로 해당정보가 있는 내부 웹페이지로 이동시키는 링크로서 가장 널리 이용되는 링크방식이다. 인라인 링크는 웹사이트 이용자가 링크제 공자의 웹페이지를 방문했을 때 링크가 자동적으로 실행되게 하는 링크로서 다른 웹사이트의 정보를 링크제공자의 프레임내에서 이용한다는 측면에서는 프레임 링크와 동일하지만 링크가 이용자의 개입없이 자동적으로 실행되는 점에서 프레임 링크와 차이가 있다.[19] 또한, 인라인 링크는 HTML링크에 있 어서처럼 이용자를 이동시켜 주는 것이 아니라 동일한 웹페이지상의 다른

---

18) 이해완, 『저작권법』, 박영사, 2007, 311면 각주 2.
19) 김현철, "링크제공자의 저작권법상 책임에 관한 소고", 『저작권(제58호)』, 2002년 여름호, 47면.

지점, 동일한 웹사이트상의 다른 페이지, 다른 웹사이트의 홈페이지(surface link), 다른 웹사이트의 어떠한 내부 페이지(deep link) 등으로부터 링크에 의하여 연결된 이미지나 텍스트 또는 음성클립 등을 가져오도록 검색프로그램에게 지시하는 것이다. 즉 HTML링크 명령어(또는 tag)는 검색프로그램으로 하여금 동일하거나 다른 서버에 있는 이미지 등을 어느 웹페이지의 특정한 위치에 나타나도록 지시한다. 인라인 링크는 마치 사진이 신문이나 잡지에 나타나는 것과 같이 동일하거나 다른 서버에 있는 이미지가 마치 그 페이지의 일부분 인 것처럼 나타나기는 하나, 복제행위는 이루어지지 않는다.[20)]

어떤 저작물에 링크제공자가 링크를 한 경우 링크제공자 사이트의 이용자 가 링크를 클릭하면 바로 링크된 저작물이 이용자에게 현시되기 때문에 링 크제공자가 링크된 저작물을 복제하여 자신의 웹사이트에 저장하고 있는 것 처럼 보여진다. 그러나 링크는 저작물의 위치정보(URL)만을 제공할 뿐 이용자 가 링크를 클릭하면 링크된 웹사이트의 저작물은 이용자의 웹브라우저로 전 송되며, 링크제공자의 웹사이트에는 어떠한 복제물도 저장되거나 전송되지 않는다. 링크에 의하여 자료가 전송되는 과정을 보면, 링크를 한 웹페이지가 링크된 웹페이지의 자료를 저장한 후 이를 이용자의 웹브라우저로 전송하는 것이 아니라, 링크를 한 웹페이지는 단지 링크된 웹페이지 상의 자료의 위치 정보만을 이용자에게 제공하고, 이용자 컴퓨터가 이를 기초로 자료의 전송을 요청하면 링크된 웹페이지가 해당 자료를 직접 전송하게 되고, 전송된 자료 는 이용자 컴퓨터의 램에 저장된다. 즉 링크를 한 웹페이지에는 어떠한 복제 물의 저장·전송도 이루어지지 않기 때문에, 이러한 점에서 보면 링크된 웹페 이지에 어떠한 피해를 주는 것이 아니기 때문에 저작권 침해가 되지 않는다 고 하여야 할 것이다.[21)]

---

20) 링크의 유형에 관한 자세한 사항은 이대희, "인터넷상 신기술과 상표법 및 저작권 법", 『지적재산21』, 2000년 1월호 참조.
21) 저작권심의조정위원회, 『홈페이지와 저작권』, 2000. 12., 80~81면.

링크의 저작권 침해와 관련하여, 학설은 링크는 이미 인터넷상에 제공된 저작물을 대상으로 하는 것으로, 링크제공자는 저작물을 컴퓨터 서버에 직접 탑재하는 행위나 실제 저작물을 송신하는 행위를 하는 것은 아니므로 링크 제공행위를 전송에 해당되지 않는다고 보는 것이 다수설이다.[22] 판례[23]는 "인터넷 링크 가운데 이른바 심층링크(deeplink) 또는 직접링크(direct link)는 웹사이트의 서버에 저장된 저작물의 인터넷 주소(URL)와 하이퍼텍스트 태그(tag) 정보를 복사하여 이용자가 이를 자신의 블로그 게시물 등에 붙여두고 여기를 클릭함으로써 위 웹사이트 서버에 저장된 저작물을 직접 보거나 들을 수 있게 하는 것으로서, 인터넷에서 링크하고자 하는 저작물의 웹 위치 정보 내지 경로를 나타낸 것에 불과하다. 따라서 이는 구 저작권법 제2조 제14호에 규정된 "유형물에 고정하거나 유형물로 다시 제작하는 것"에 해당하지 아니하고, 또한 저작물의 전송의뢰를 하는 지시 또는 의뢰의 준비행위로 볼 수 있을지언정 같은 조 제9의2호에 규정된 "송신하거나 이용에 제공하는 것"에 해당하지도 아니한다. 그러므로 위 심층링크 내지 직접링크를 하는 행위는 구 저작권법이 규정하는 복제 및 전송에 해당하지 않는다."고 하여 링크의 저작권 침해를 부정하고 있다. 그러나 링크의 종류 중 판례는 프레임링크와 관련된 사건에서 "피고가 원고의 허락없이 자신의 인터넷 홈페이지에 이 사건 전자지도를 포함한 피고의 지도검색서비스 일체를 프레임 링크한 행위는, 원고의 허락없이 이 사건 전자지도를 자신의 컴퓨터 서버에 복제하여 이를 자신의 인터넷 홈페이지 이용자들에게 전송한 행위와 동일하다."[24]고 하면

---

22) 송영식·이상정·황종환·이대희·김병일·박영규·신재호 공저, 『지적소유권법(하)』, 육법사, 2008, 648면; 오승종, 앞의 책, 618면 ; 岡村久道·近藤剛史 編著, 『イソタ-ネシトの法律實務』, 1997, 91면 ; 이해완, 앞의 책, 320면에서는 "인라인 링크의 경우에는 전송에 해당하는 것으로 보게 될 가능성이 매우 높을 것이다."라고 하여 인라인 링크에 대해서는 다른 견해를 제시하고 있다.
23) 대법원 2009. 11. 26. 선고 2008다77405 판결.
24) 서울지방법원. 2001. 12. 7. 선고 2000가합54067 판결.

서도 저작권법상 전송권 침해는 인정하지 아니하고 민법상 불법행위책임만
을 인정하였다.

3. 배경음악검색 서비스의 공중송신권 침해 여부

배경음악검색 사건[25]에서 법원은 피신청인의 서비스가 서버에 음악저작
물에 관한 음악파일을 저장하고 있지는 아니하나, 그 접속경로에 대한 데이
터베이스의 저장 등 즉 미니홈피 또는 블로그에 등록되어 있는 배경음악들
에 대한 위치정보(URL)의 저장을 통하여 "음악파일을 실질적으로 지배·이용"
하고 있으므로, 피신청인의 이러한 행위는 음악저작물을 공중이 접근하게 할
목적으로 그 이용에 제공하는 행위를 한 것으로 포섭할 수 있다고 보았다.
즉 피신청인의 행위는 저작권자의 복제권을 침해하지 않으면서, 공중송신권
중 하나인 전송에 해당되어 공중송신권을 침해하고 있다고 판단한 것이다.

전술한 바와 같이, 우리 저작권법상 저작권자의 공중송신권은 방송, 전송
및 디지털음성송신으로 구성된 저작재산권 중 하나의 권리이다. 공중송신 중
전송의 기본적인 침해태양은 저작물을 업로드하는 것을 의미한다. 따라서 저
작물을 업로드하는 행위 즉 공중의 이용에 제공하는 행위는 기본적으로 저
작재산권 중의 하나인 복제권 침해를 수반하는 것이 일반적이나, 배경음악검
색 사건에서는 피신청인의 서비스가 음악저작권자의 복제권 침해를 수반하
지 않으면서 공중송신권을 침해하는 서비스 유형에 해당된다고 보았다. 이하
에서는 법원이 이와 같이 판단한 판단근거들에 대해 검토해보기로 한다.

가. 배경음악의 이용권자와 이용허락범위

배경음악검색 사건에서 법원은 신청인이 미니홈피 등의 배경음악으로 음

---

25) 서울중앙지방법원 2008. 6. 9. 2007카합3973결정.

악저작물의 사용을 허락한 것은 "미니홈피 등을 방문하는 것 자체를 목적으로 하는 사람들에게 한정된 것이며, 이 사건 서비스와 같이 미니홈피 등에 배경음악이 등록되어 있음을 기화로 별도의 경로검색 프로그램을 이용하여 음악만을 듣고자 하는 사람들에게까지 이용허락을 한 것으로 볼 수는 없는 점"을 결정의 기초사실로 들고 있다.

신청인이 관리하는 음악저작물을 배경음악으로 이용할 수 있도록 허락한 음악저작물 이용권자는 미니홈피 또는 블로그 개설자이며, 그 이용권자의 음악저작물에 대한 이용허락범위는 미니홈피 등에 배경음악만으로 사용하는 것이다. 따라서 미니홈피 등 개설자가 당해 음악저작물을 미니홈피 등의 배경음악으로 이용하지 아니하고 다른 용도로 이용하였다면, 이용허락범위를 벗어난 이용행위로서 저작권 침해에 해당된다.

그러나 배경음악검색 사건에서와 같이 음악저작물의 이용허락을 얻은 미니홈피 또는 블로그 개설자 이외의 제3자가 당해 배경음악을 검색결과로 이용하여 당해 미니홈피 등에 방문하지 아니하고 검색결과에서 직접 배경음악을 청취할 수 있도록 하는 행위는 신청인의 이용허락범위와는 직접적인 관계가 없다고 할 것이다. 또한, 신청인이 음악저작물을 배경음악으로 사용하는 것을 허락하였다는 것은 당해 음악저작물의 이용허락범위가 다운로드, 벨소리 등이 아닌 배경음악으로의 이용이지, 당해 배경음악의 이용대상 즉 당해 배경음악을 어떠한 경로를 통해 청취하는 청취자까지 이용허락범위에 포함되었다고 해석하는 것이 타당한지는 의문이다.

계약의 해석은 계약내용을 확정하는 것으로서, 통설과 판례[26]는 의사표시 해석에 있어서 당사자의 진정한 의사를 알 수 없다면, 의사표시의 요소가 되는 것은 표시행위로부터 추단되는 효과의사, 즉 표시상의 효과의사이고 표의자가 가지고 있던 내심적 효과의사가 아니므로, 당사자의 내심의 의사보다는 외부로 표시된 행위에 의하여 추단된 의사를 가지고 해석하고 있다. 저작물

---

26) 대법원 2002.6.28.선고 2002다23482 판결.

이용허락계약을 해석함에 있어서, 저작물 이용허락계약 체결 당시 계약의 대상이 불명확한 경우에는 이용허락범위를 제한하여 해석하여야 한다는 입장[27]과 계약체결 동기, 목적, 거래관행 등을 종합적으로 고려하여 판단하여야 한다는 입장[28]으로 나뉘어져 있다.

미니홈피 등의 개설자가 음악저작물을 배경음악으로 사용하는 이용허락계약 체결시 그 용도만 정해져 있을 뿐 그 배경음악의 청취대상자는 정해져 있지 않으나, 미니홈피 등에 접속은 단순링크, 인라인링크 또는 프레임방식 등이 존재할 수 있다. 법원의 판단에 따른 경우 배경음악의 이용허락범위에 포함된 이용대상은 결국 단순링크를 통해 당해 배경음악이 존재하는 미니홈피에 접속한 자만이 그 이용대상이 되고 인라인링크나 프레임방식으로 접속한 자는 그 이용대상에서 제외되어야 한다는 것으로 해석될 수 있다. 그러나 이러한 해석은 저작물 이용허락계약의 제한적 해석 입장에 따른다 하더라도 과도하게 저작권자에게 유리하게 해석하는 것은 아닌지 의문이다.

나. 배경음악 검색DB 수집과 이용

배경음악검색 사건에서 법원은 "피신청인은 이 사건 음악저작물에 관한 음악파일 등을 복제한 바는 없으나, 인터넷상에 산재해 있는 배경음악에 관한 접속경로를 저장하고 배경음악의 존재 여부에 대하여 계속적으로 감시함으로써 이를 손쉽게 검색 및 청취할 수 있게 하고 있는 점, 이 사건 서비스는 뮤프리 프로그램이 실행되는 동안에만 음악을 감상할 수 있으며, 뮤프리 프로그램을 통하여 음량 및 재생 위치의 조절, 재생할 곡의 편집 등이 가능하여, 단순한 링크 또는 포털에서의 검색서비스 제공과는 현저한 차이가 있는

---

27) 정상조, "저작물 이용허락의 범위,"『판례실무연구(Ⅰ)』, 박영사, 1997, 54면 ; 대법원 2002.9.24.선고 2001다60682 판결.

28) 대법원 2006.12.22.선고 2006다21002 판결; 대법원 2007.2.22.선고 2005다74894 판결.

점"을 결정의 기초사실로 들고 있다.

포털사이트에서 검색서비스를 제공하기 위해서는 검색로봇이라고 하는 웹페이지 수집 프로그램을 이용하여 인터넷상에 공개된 웹페이지들의 정보를 수집하여야 한다.[29] 검색로봇을 이용하여 수집된 웹페이지 정보들은 검색에 필요한 형태소 분석 등의 인덱싱 과정을 통해 검색DB로 구성한 후 서버에 저장되고 검색 사이트 이용자의 검색요청시 검색엔진을 이용하여 검색어가 포함되어 있는 웹페이지를 추출하여 웹페이지의 일부 내용과 위치정보(URL)를 검색결과로 제공한다. 또한, 이렇게 제공되는 검색결과에 대해 포털사이트에서는 주기적으로 검색로봇을 이용하여 당해 웹페이지의 내용 또는 위치정보가 변경되었는지 여부를 체크하여 검색결과의 신뢰성을 제고한다.

배경음악검색 사건에서 문제가 된 뮤프리 서비스는 기본적으로 포털사이트에서 제공하는 검색서비스와 동일하게 검색로봇을 이용하여 배경음악에 대한 접속경로를 수집하고 이에 대해 주기적으로 배경음악의 존재 여부를 체크하여 접속경로를 제공하였을 것이다. 피신청인의 이러한 행위에 대해 법원은 배경음악의 존재 여부에 대한 계속적인 감시행위라고 보았으나, 피신청인의 이러한 행위는 정보검색서비스를 제공하는 포털사이트의 행위도 동일한 행위일 뿐만 아니라 이러한 행위 없이는 정확한 배경음악 검색서비스를 제공할 수도 없다.

또한, 법원은 뮤프리 서비스에서 검색결과로 제공된 배경음악을 청취할 수 있는 별도의 프로그램을 제공한 행위가 포털사이트의 검색서비스와 현저

---

29) 이러한 행위를 소위 크롤링(crawling)이라 하며, 검색로봇이 웹페이지를 수집하는 방식은 크게 "넓이 우선 순회(breadth-first traversal)방식"과 "깊이 우선 순회(depth-first traversal)방식"으로 구분할 수 있다. "넓이 우선 순회 방식"은 한 웹페이지에 여러 개의 링크 페이지가 있을 경우 개개의 링크 페이지들에 대해 먼저 웹페이지 정보를 크롤링한 후 한 단계 더 깊이 들어가 검색하는 방식이다. 이에 반하여 "깊이 우선 순회방식"은 한 웹페이지에 여러 개의 링크 페이지가 있을 경우 하나의 링크 페이지에 대해서 계속 따라가면서 크롤링을 하는 방식으로 새로운 웹페이지를 찾는데 주로 사용된다.

한 차이가 있다고 하였으나, 미니홈피 또는 블로그에 직접 접속하여 배경음악을 청취하기 위해서는 당해 미니홈피 또는 블로그 서비스를 제공하는 사업자가 배포하는 청취프로그램을 설치하여야 하며, 이를 설치하지 않는 경우에는 당해 미니홈피 개설자가 미니홈피에 게재한 배경음악을 들을 수가 없다.[30] 뮤프리 서비스의 청취 프로그램은 미니홈피 등의 사업자가 개별적으로 배포하는 청취프로그램을 설치하여야 하는 불편을 해소하기 위해 다수의 사업자가 배포하는 청취프로그램을 하나로 통합한 형태의 청취프로그램일 뿐이지 그러한 통합청취프로그램의 제공이 포털사이트의 검색서비스와 현저한 차이가 있다고 볼 수는 없을 것이다.

다. 배경음악에 대한 지배·관리 여부

배경음악검색 사건에서 법원은 전술한 피신청인의 행위 외에 피신청인이 뮤프리 서비스를 광고함에 있어 "500만곡 스트리밍 무료감상, 최신 인기곡 무제한 감상, 실시간 신규곡 업데이트 등의 광고를 함으로써 자신이 음악파일에 대한 지배를 하고 있다는 표시를 하며 영업하고 있는 점, 피신청인은 이 사건 웹사이트의 회원가입이나 미니홈피 등록 등에 대하여 헤드폰이라고 하는 사이버머니를 제공함으로써 미니홈피 등의 접속경로에 대한 데이터베이스의 확장과 이 사건 서비스의 이용 범위 확대를 위한 인센티브를 주고 있는 점 및 피신청인은 이 사건 웹사이트와 뮤프리 프로그램 등에 광고를 함으로써 수익을 얻고 있는 점을 지적하고, 피신청인은 그 서버에 이 사건 음악저작물에 관한 음악파일을 저장하고 있지는 아니하나, 그 접속경로에 대한 데이터베이스의 저장 등을 통하여 실질적으로 음악파일을 지배·이용하고 있다."고 보았다.

---

30) 미니홈피, 블로그 등 각각의 개인형 서비스에 게재되어 있는 배경음악을 청취하기 위해서는 각각의 서비스 제공자가 배포하는 ActiveX프로그램을 설치하여야 청취가 가능하다.

그러나 미니홈피 등의 배경음악에 대한 링크정보를 제공할 수 있도록 표시한 행위가 음악파일을 지배하고 이용하는 것이라고 볼 수 있는지 의문이다. 음악파일의 지배란 결국 미니홈피 등에서 사용되는 음악파일에 대한 삭제 등에 대한 통제권한이라고 볼 수 있는데 이러한 권한은 미니홈피 또는 블로그 개설자 내지 이를 제공하는 OSP(Online Service Provider)에게 있는 것이지 링크정보를 제공하는 검색서비스제공자가 가지고 있는 것은 아니기 때문이다. 따라서 뮤프리 서비스가 배경음악에 이용된 음악저작물의 링크정보를 통하여 이용하고 있는 것은 사실이나, 배경음악을 지배하고 있다고는 볼 수 없을 것이다.

라. 소결

법원의 결정문상으로는 배경음악검색 서비스가 공중송신 중 전송인지 아니면 다른 유형인지 불명확하나, 결정문의 표현상 "음악저작물을 공중이 접근하게 할 목적으로 그 이용에 제공하는 행위를 한 것으로 포섭할 수 있다." 라고 표현함으로써 전송이 아닌 다른 유형의 공중송신으로 파악하고 있는 것 같다. 왜냐하면, 공중송신 중 전송에 포섭될 수 있는 행위유형은 "주문형, 쌍방향성, 이용제공" 3자의 결합만을 의미함으로 쌍방향성은 지니고 있으나 비주문형[31]인 배경음악검색은 전송에 포함되지 않는다고 보아야 하기 때문이다.

법원의 결정과 같이 배경음악검색 서비스에 활용된 링크방식인 인라인 링크를 저작권법상 공중송신 중 방송, 전송 및 디지털음성송신도 아닌 제4의 유형으로 파악하게 되면, 인터넷에서 링크가 차지하는 비중과 역할을 고려할 경우 링크의 기본적인 기능 자체가 영향을 미침으로써 더 큰 혼란을 초래할

---

31) 미니홈피 등의 배경음악은 인터넷 음악방송과 같이 항시 배경음악이 구동되고 있는 구조를 취하고 있고, 미니홈피에 방문한 경우에는 배경음악이 처음부터 구동되지 않는 경우도 있기 때문이다.

수도 있을 것이다. 따라서 인라인 링크가 공중송신 중 불확정 유형의 침해유형인지 여부에 대해서는 재검토가 필요하다고 보여진다.[32]

Ⅲ. 통화연결음과 동일성유지권

: 서울고법 2008. 9. 23. 선고 2007나70720 판결[33]을 중심으로

1. 동일성유지권의 개념

동일성유지권이란 저작자가 자기의 저작물에 대해서 갖는 인격적 이익의 보호를 목적으로 하는 권리인 저작인격권[34] 중 하나의 권리이다. 저작인격

---

32) 대법원 2009. 11. 26. 선고 2008다77405 판결에서도 링크유형 중 심층링크(deeplink) 또는 직접링크(direct link)만을 언급하고 있어 또 다른 링크 유형인 인라인링크가 저작권 침해에 해당되는 유형인지는 불명확하다.

33) 원고는 대중가요를 작곡 또는 작사한 저작자 겸 저작권자로서 소외 한국음악저작권협회와 이 사건 음악저작물에 관한 저작권신탁계약을 체결하였다가, 2004. 4. 6. 협회와 이에 관한 계약을 해지하였다. 피고들은 원고와 협회간의 음악저작물에 대한 신탁계약의 해지를 통지받지 못 한 채 신탁계약해지일 이후 1년 2개월간 원고의 음악저작물을 전체듣기, 미리듣기, MP3 파일 다운로드, 통화연결음, 휴대폰 벨소리로 서비스하였다. 이에 원고는 피고들의 이러한 행위는 원고의 저작인격권 중 성명표시권 및 동일성유지권, 저작재산권 중 복제권, 배포권 및 전송권을 침해하는 행위라고 하여 손해배상청구의 소를 제기하였다. 본 사건은 상고심(2008다77405)이 진행 중이다.

34) 이러한 저작인격권에 관해서는 민법 등에 의해서 보호되는 일반적 인격권과의 관계가 문제된다. 일반적 인격권과 저작인격권을 동질의 것이라고 보는 소위 일체설과 별개의 것이라고 보는 소위 분리설이 종래부터 주장되고 있으며, 일체설이 다수설로 되어 있다. 보다 자세한 사항은 배대헌, "현행 저작권법상 저작인격권의 법리에 관한 검토", 『산업재산권(제21호)』, 2006. 12., 153~156면 ; 박성호, 『저작권법의 이론과 현실』, 현암사, 2006, 186~191면 참조.

권은 저작자의 인격을 구체화한 것이기 때문에 저작물에 구체화된 저작자의 사상과 감정의 표현을 보호하는 것이 문화발전에 이바지한다는 것을 전제로 하고 있고[35] 또, 문화적 요청의 관점에서 보면, 저작물이 창작되었다면 그것은 저작자 개인의 재산임과 동시에 국민의 문화적 소산이므로 국민의 공통적인 문화적 소산인 저작물의 동일성을 유지하려는 요청에서 인정되는 것이다.[36]

저작인격권은 19세기 초 프랑스 저작권법에서 처음으로 인정된 이래[37] 오늘날 대다수의 국가는 어떠한 방법으로든 저작인격권을 보호하고 있으며[38], 베른조약도 성립 당초에는 저작인격권에 관한 규정이 없었으나 1928년의 로마 개정회의에서 명문으로 인정하고 있다.[39] 우리 저작권법상 저작인격권에는 미공표저작물에 관하여 공표 여부를 결정할 수 있는 권리인 공표권, 저작물의 창작자인 것을 주장할 수 있는 권리인 성명표시권 및 저작물의 내용, 형식 및 제호의 동일성을 유지할 권리인 동일성유지권이 있다. 또한, 저작권법상의 규정 중에는 명시된 위의 저작인격권 이외에도 수정증감권 등 실제로 저작자의 인격적 이익을 보호하는 기능을 하는 규정도 있다.

저작인격권 중 동일성유지권은 저작자가 그 저작물의 내용[40], 형식[41] 및

---

35) 中山信弘 저, 윤선희 편역, 『저작권법』, 법문사, 2008, 343면.
36) 加戶守行, 『著作權法 逐條講義(5訂新版)』, 著作權情報センター, 2006, 170면.
37) 프랑스에서 최초로 저작인격권이 인정된 판례는 1814년 「Billecocq v. Gledaz.」판결(Tri. civ. Seine, August 17, 1814)이라고 한다(J.A.L. Sterling, World Copyright Law(1998), 280면).
38) 종래 저작인격권을 저작권법에서 보호하지 아니하던 영미법계도 최근에는 저작인격권을 인정하고 있다. 또 저작권법에서 저작인격권을 규정하고 있지 않았던 당시에도 저작자의 인격적 이익을 계약, 명예훼손, 프라이버시 보호 등에 의하여 보호하고 있었다.
39) 저작인격권은 1928년 로마 개정 이래 저작인격권을 인정하고 있으나 오늘날과 같이 의무규정으로 된 것은 1948년 브뤼셀 개정부터이다.
베른조약 제6조의2 제1항 : 저작자의 재산권과 독립하여, 그리고 이 권리의 양도 후에도, 저작자는 저작물의 저작자라고 주장할 권리 및 이 저작물과 관련하여 그의 명예나 명성을 해치는 왜곡·절단·기타 변경 또는 기타 훼손행위에 대하여 이의를 제기할 권리를 가진다.

제호의 동일성을 유지할 권리를 의미하며, 저작물 존중권(right to respect for the work), 저작물의 불가침권(right to inviolability of the work)이라고도 한다. 동일성유지권은 저작물의 본질적인 내용을 변경하지 아니하면서 학교교육 목적상 부득이하다고 인정되는 범위 안에서의 표현의 변경 또는 건축물의 증축·개축 그 밖의 변형, 그 밖에 저작물의 성질이나 그 이용의 목적 및 형태 등에 비추어 부득이하다고 인정되는 범위 안에서의 변경인 경우에는 제한된다.[42] 저작인격권은 저작재산권과는 달리 양도가 불가능한 일신전속적 권리라고 보는 것이 주류적인 견해이며, 우리 저작권법도 이러한 입장에 서 있다.

저작물은 저작자의 사상·감정을 표현한 것으로서, 저작물의 수정·개변은 저작자만이 할 수 있다. 동일성유지권의 "동일성 유지"라는 법문상의 용어는 관련 내용을 그대로 유지한다는 점에 안목을 두고 있는 것이 아니라 권한 있는 사람 이외에 제3자에 의한 개변을 허용하지 않는다는 점에 관심을 두고 있는 것이다.[43] 따라서 저작물의 동일성을 해치지 않는 범위 내에서 단순히 오·탈자를 수정하거나 문법에 맞지 않는 부분을 교정하는 정도를 넘어서 저작물의 내용·형식 및 제호에 대한 추가, 삭제, 절단, 개변 등의 변경을 가하는 것은 저작자만이 할 수 있고, 원칙적으로 제3자는 저작자의 동의를 받지 아니한 채 그 의사에 반하여 저작물의 변경 등을 할 수 없다.

2. 동일성유지권의 침해요건

동일성유지권이 침해되기 위해서는 첫째, 저작물의 내용·형식 또는 제호에 개변이 이루어지고 그로 인하여 원저작물의 동일성에 손상이 가해져야

---

40) 저작물에 표현된 사상과 감정을 말한다.
41) 저작물의 구성, 문장형식, 표현방법 등을 말한다.
42) 저작권법 제13조 참조.
43) 배대헌, 앞의 논문, 166면.

한다. 둘째, 그와 같은 개변에도 불구하고, 개변 전 저작물의 표현형식상의 본질적인 특징을 직접적으로 감득할 수 있어야 한다.[44]

우리 저작권법은 1987년 저작권법을 전부 개정하면서 1957년 저작권법상 동일성유지권[45] 침해요건인 "명예와 성망을 해"한다는 요건을 삭제하여 명예와 성망을 해하지 아니하는 변경도 동일성유지권 침해에 해당된다.[46] 예컨대 그림을 사진 복제하는 경우 기술적 제약 때문에 원색대로의 색이 나오지 아니한 경우라든가, 극장용 영화를 텔레비전에 방영함에 있어 텔레비전 수상기의 성질상 그 화면의 네귀퉁이가 잘려진 형으로 되는 경우 등은 개변으로 허용되지만, 극장용 영화를 텔레비전에 방영하기 위하여 필요한 단축 재편집 등을 위해서는 저작자의 동의를 받아야 한다.[47]

동일성유지권 침해가 인정되기 위한 개변의 정도는 그 한계가 애매하나, 동일성유지권이 저작인격권으로 인정되는 것이라면 저작물의 개변이 저작자의 인격적 이익을 침해할 정도에 이르러야하며, 저작물의 내용·형식 및 제호의 동일성에 대한 개변은 인격적 이익이 침해된 것으로 볼 수 있다.[48] 개변의 정도와 관련하여, 프랑스는 사소한 변형도 오자나 탈자의 수정 정도를 벗

---

44) 오승종, 앞의 책, 371면.

45) 1957년 저작권법 제16조(원장유지권) : 저작자는 저작물에 관한 재산적 권리에 관계없이 또한 그 권리의 이전 후에 있어서도 그 저작물의 내용 또는 제호를 개찬, 절제 또는 기타변경을 가하여 그 명예와 성망을 해한 자에 대하여 이의를 주장할 권리가 있다.

46) 영국 저작권법 제80조는「저작물의 훼손적 취급에 대한 항의권」을 규정하면서 동조 제2항(b)에 "저작물의 취급이 저작물의 왜곡 또는 절제가 되거나, 그밖의 저작자 또는 감독의 명예·성망을 해하게 되는 경우에는 훼손적 취급이 된다. 또한 이조 이하의 규정에서 저작물의 훼손적 취급에 대한 언급은 그것에 따라 해석된다."고 규정하고 있다(영국 저작권법 원문 및 번역문은 www.copyright.or.kr/site/page.jsp에서 확인 가능)

47) 송영식·이상정, 『저작권법 개설(제4판 증보판)』, 세창출판사, 2009, 140면.

48) 박익환, "2차적저작물의 이용과 동일성유지권 침해", 『저작권(제84호)』, 2008. 겨울호, 6면.

어나게 되면 동일성유지권 침해로 보는 반면에, 독일은 저작자의 명예나 평판에 확실한 침해가 있어야 비로소 동일성유지권이 침해된다고 본다.

동일성유지권은 저작물의 성질이나 그 이용의 목적 및 형태 등에 비추어 부득이하다고 인정되는 범위안에서의 변경인 경우에는 제한된다.[49] 이 제한 조항은 불확정개념으로 규정되어 있으므로 필요·최소한 한도내에서 엄격하게 해석·적용하여야 하고 확대 해석해서는 안 되는 것이 다수설[50]이다. 그러나 일반조항의 성격을 지니고 있는 저작권법 제13조 제2항 제3호를 엄격하게 해석할 경우 본 예외조항을 둔 취지를 몰각시킬 수 있으며, 또 기술의 발전으로 저작물의 다양한 이용가능성이 제기되고 실제로 이용되고 있는 상황에서 동일성유지권의 예외를 인정하지 않을 수 없는 경우도 증가하고 있으므로 본 예외조항의 적용범위를 확대 내지 완화하여 저작권자와 이용자간의 이익을 조화시키는 방향으로 해석하는 것이 필요하다는 소수설[51]이 존재한다.

3. 통화연결음 서비스의 동일성유지권 침해 여부

통화연결음 사건에서 피고들은 음악저작물을 ①전체듣기, ②MP3 파일 다운로드, ③미리듣기, ④통화연결음, ⑤휴대폰 벨소리로 서비스를 제공하였다. 원고가 협회와의 신탁계약을 해지하였음에도 불구하고, 피고가 원고의 허락없이 ① 내지 ⑤ 형태로 음악저작물을 서비스한 행위는 저작재산권 중 복제권, 공중송신권을 침해한 것은 명백하다. 또한, 피고들이 ① 내지 ⑤ 형태로 서비스를 제공함에 있어 음악의 실연인 가수 및 음반명만을 표시하였을 뿐 검색화면, 가사보기, 악곡 재생화면 등에 작사·작곡자를 표시하지

---

49) 저작권법 제13조 제2항 제3호 참조.
50) 오승종, 앞의 책, 390면 ; 이해완, 앞의 책, 286면 ; 허희성, 『2007 신저작권법 축조 해설(상)』, 명문프리컴, 2007, 136면 ; 박익환, 앞의 논문, 16면.
51) 유상현, "미리듣기, 통화연결음, 휴대폰 벨소리 등 서비스와 저작인격권 침해", 『정 보법학(제12권 제2호)』, 2008. 12., 53~55.

아니한 것은 원고의 성명표시권을 침해한 것 또한 명백하다. 다만, ③ 내지 ⑤형태로 음악저작물을 서비스하는 행위가 저작재산권 침해는 별론으로 하고, 저작인격권 중 동일성유지권 침해로 엄격하게 해석하는 것이 타당한지는 재검토가 필요하다고 보여진다.

통화연결음 사건에서 법원은 저작자로부터 ①잠재적 구매자에게 제공할 미리듣기 서비스의 시간을 어느 정도로 설정할 것인지와 일부만을 재생시키는 경우에도 어느 부분을 제외하고 어느 부분을 샘플로서 제공할 것인지, ② 통화연결음, 휴대폰 벨소리의 음악파일에 발췌, 수록할 음악 부분을 전체 중 어느 부분으로 하고 그 길이를 어느 정도로 할 것인지 등에 대하여 동의를 받지 않았다면, 저작권법 제13조 제2항 제3호의 저작물의 성질이나 그 이용의 목적 및 형태 등에 비추어 부득이하다고 인정되는 범위 안에서의 변경이라고 볼 수 없다고 보았다. 동일성유지권을 이와 같이 엄격하게 해석하는 것은 저작물이 저작자의 사상과 감정을 표현한 것이라는 점에서 또 동일성유지권에 대한 해석상 삭제·발췌도 동일성유지권의 침해태양으로 볼 수 있다는 점에서 법원의 판단은 일견 수긍할 수도 있을 것이다.[52][53]

그러나 동일성유지권을 엄격하게 해석하는 경우, 인터넷음악서비스 사업자는 저작재산권이 양도됨에 따라 저작인격권과 저작재산권의 분리되는 경우 인터넷음악서비스의 보편적 형태인 이러한 서비스 제공을 위해 이중의 이용허락을 받을 수 밖에 없다.[54] 즉 저작인격권은 일신전속적 권리로서 저

---

52) 통화연결음 사건과 같이 저작권법 제13조 제2항 제3호를 엄격하게 적용한 판례로는 서울고등법원 2008. 9. 23. 선고 2007나127567 판결이 있다. 본 사건은 음악저작물을 음악저작권자의 허락없이 방송광고의 배경음악으로 15조 내지 30초로 삽입하여 통화연결음 사건과 같이 저작재산권 및 저작인격권 침해가 문제가 된 사건이다.

53) 통화연결음 사건에서 피고의 음악저작물 이용형태가 저작권법 제13조 제2항 제3호에 해당되어 동일성유지권 침해에 해당되지 않는다고 보는 견해가 있다. 자세한 사항은 유상현, 앞의 논문 참조.

54) 음악저작물에 대한 신탁권리단체인 한국음악저작권협회의 저작물 이용징수 규정에

작재산권을 신탁관리단체에 신탁을 하였다 하더라도 저작인격권은 신탁대상
에서 제외됨으로 저작재산권이 신탁된 상태에서 양도된 경우 이러한 서비스
를 제공하기 위해서는 저작자와 신탁단체로부터 별도의 허락을 얻어야 한다.
또한, 한국음악저작권협회의 국내 음악저작물에 대한 신탁율이 약 96%에 달
하고 있으며, 음악저작물 이용대금 징수규정에 통화연결음 등에 대한 서비스
가 규정되어 이를 통해 저작권료를 분배받아오던 저작자가 신탁계약이 해지
되었다는 이유를 들어 신탁계약해지 후 저작자의 동의없이 신탁이 해지된
음악저작물을 서비스하는 행위에 대하여 저작재산권 침해는 별론으로 하고,
동일성유지권 침해를 주장하는 것은 신의칙에 반하는 것으로 보는 것이 타
당하다고 보여진다.[55]

　　통화연결음 사건에서와 같이 동일성유지권의 엄격하게 적용할 경우 패러
디와 같은 형태로 저작물을 이용함에 있어 동일성유지권 침해 가능성으로
인하여 창작활동에 대한 제약으로 나타날 수도 있다. 나아가 동일성유지권을
포함한 저작인격권의 엄격한 해석은 저작물 이용자, 이용매개자 및 기업의
비용증가를 불러와 사회적 이익보다 손실이 많아지는 결과를 초래할 수도
있을 것이다.[56] 또한, 디지털기술의 진보에 따라 저작물의 개변·가공되는 기

서는 본 사건에서 문제가 된 서비스 형태들에 대한 이용료 징수규정을 두고 있어
명시적 이용허락을 받고 있어 본 사건에서와 같은 동일성유지권 침해 문제는 발생
하지 않는다(음악저작물 이용료 징수규정 제25조(전화를 이용한 서비스) : 벨소리,
통화연결음 등 전화(이동전화, 일반전화 등) 및 휴대용개인정보단말기(PDA) 등을
통해 음악을 이용하는 경우 전송사용료는 다음과 같다. <매출액×9%×음악저작물
관리비율>).

55) 본 사건에서 피고는 이러한 점을 주장하지 아니한 것으로 보여진다. 본 사건의 통
화연결음 서비스는 2002년 SK Telecom이 최초로 서비스를 시작하였음으로 원고가
본 사건에서 문제가 된 음악저작물에 대한 신탁계약을 해지하기 이전부터 서비스
되었던 것이며, 원고는 최소 2년간은 이러한 서비스를 통해 징수된 저작권료를 분
배받았을 것이다.

56) William M. Lands and Richard A. Posner, *The Economic Structure of Intellectual Property
Law*, Belknap Press, 2003, 276.

회는 비약적으로 증대되고 있음에도 개변·가공하는 행위에 대해 동일성유지권을 엄격하게 적용한다면, 저작물의 자유로운 개변·가공을 가능하게 하는 디지털기술의 장점을 활용할 수 없게 되고, 쌍방향적 이용을 특징으로 하는 정보의 공유를 제한함으로써 저작권의 궁극적 목적인 문화의 발전을 저해하는 결과를 초래할 수도 있을 것이다.

법원은 저작자인 원고의 허락없이 1시간 30분 분량의 뮤지컬을 녹화한 후이를 14개의 부분으로 정리하여(모두 합하면 40~50분 분량) 피고의 인터넷 홈페이지에 올려놓고 VOD방식으로 방송한 것이 문제가 된 사건에서 "피고가 뮤지컬의 내용을 삭제하거나 순서를 바꾸는 등의 편집은 하지 않은 채 단순히 전체 뮤지컬의 일부씩을 발췌하여 나열한 것에 불과하고, 또 당시의 기술수준으로는 파일의 용량이나 전송속도의 제한 등으로 인하여 인터넷 방송을 하기 위해서는 전체 뮤지컬을 3~4분씩의 여러 파일로 나누어야 했던 사정이 있었으므로, 위와 같은 피고의 행위는 뮤지컬에 실질적인 개변을 가하여 그 동일성을 손상하였다고 보기 어려울 뿐만 아니라 가사 일부 동일성의 손상이 있다고 하더라도 이는 이용의 형태상 저작권법 제13조 제2항 제3호의 부득이한 변경에 해당된다."고 판시한 바 있다.[57] 또한, 저작권의 제한규정에는 저작물의 전체가 아니라 부분만 이용하여야 한다고 규정하고 있는데, 저작물의 부분 이용이 곧 동일성유지권의 침해로 본다면, 저작권 제한규정의 존재의의를 몰각시키게 되고, 본래 동일성유지권은 저작물을 개변함으로 인해 저작자가 표현하고자 한 사상이나 감정에 잘못된 인식을 일으킬 염려가 있거나 저작자의 창작능력을 의심하거나 하는 것을 방지하기 위한 것인데 그 이용하는 부분이 저작물의 일부분임이 명백한 경우에는 동일성유지권의 보호법익을 침해하지 않는다고 볼 수도 있을 것이다.[58]

---

57) 서울고등법원 2002. 10. 15. 선고 2002나986 판결.
58) 作花文雄, 『著作權法』, 發明協會, 2005, 331면 ; 中山信弘 저, 윤선희 편역, 앞의 책, 356면.

4. 소 결

저작자에게 저작물에 대한 동일성유지권을 인정하는 궁극적인 목적을 저작물에 대한 임의적인 개변으로 인해 저작자가 표현하고자 한 사상이나 감정에 잘못된 인식을 일으킬 우려로 인한 저작자의 정신적·인격적 이익 보호로 파악한다면, 저작물을 개변하지 않고 일부분을 이용하는 것이 명백한 경우에는 저작권법 제13조 제2항 제3호를 엄격하게 적용하기 보다는 제3호의 일반조항성에 근거하여 저작물의 이용목적 및 형태 등에 비추어 부득이하다고 인정되는 범위안에서의 변경에 준하는 것으로 해석하는 것이 디지털환경에서 저작물 이용에 있어 저작자와 저작물 이용자간의 공·사익의 균형점을 제공할 수 있는 해석론이라고 생각된다. 이렇게 해석한다고 하더라도 저작물의 과도한 변경에 의해 저작자의 인격적 이익이 침해되는 경우에 대해서는 제13조 제2항 단서인 "본질적인 내용의 변경"으로 동일성유지권의 보호가 가능할 것으로 생각된다.

Ⅳ. 결 론

정보기술(information technology)의 발달에 따라 저작물의 이용에 대한 저작권자의 기술적·법적 통제는 저작권자의 권리영역은 보다 확대되고 이용자의 영역이라고 볼 수 있는 퍼블릭도메인(public domain) 영역은 그 범위가 축소되어 온 것이 사실이다. 전술한 배경음악검색 사건과 통화연결음 사건은 이러한 기조를 반영하여 저작권법을 너무 엄격하게 해석한 것은 아닌지 의문이다.

저작권법은 창작자에게 독점적인 권리를 부여하여 창작자에게 경제적 이익을 보장하고, 그러한 동기부여를 통해 지적재산의 총량이 지속적으로 증가할 수 있게 한다. 그러나 이는 절대적인 것이라고 볼 수 없다. 왜냐하면, 지적재산의 총량이 증대된다 해도 정보재의 특성상 그것이 널리 전파되고 수용되는 확산과정이 없다면 무의미하기 때문이다. 저작권법은 저작물에 대한 지배권을 인정하여 저작권자의 이익을 도모하는 한편, 일정한 경우에는 일반인의 저작물의 자유이용을 법적으로 허용함으로써 일반 공중의 이익을 도모하는 방법으로 양자의 균형을 맞추고 있다.59)

인터넷상에서의 저작물 이용과 관련된 링크와 동일성유지권을 둘러싼 논의는 현대의 저작권법의 존재이유는 어디에 있는 것인가 하는 중요한 문제와 관련된 문제라고 생각된다. 디지털시대에 있어서도 저작인격권은 중요하지만, 한편으로는 정보화시대에 있어서는 저작물의 경제재 가치가 증대하고 있어 저작인격권에 대한 보호요청과 경제재로서의 요청이 상반되는 경우도 적지 않다. 저작인격권을 강화함으로써 경제재로서 가치를 현저하게 저하시키게 되면, 저작물의 원활한 이용·유통이 저해되어 결국 저작자에게도 경제적 손실이 됨으로 신중한 대응이 요구된다고 할 것이다.

---

59) 오병철, 『디지털정보계약법』, 법문사, 2005, 99면.

제3절 표현의 자유를 위한 저작권법의 역할

Ⅰ. 사안의 개요

1. 사실관계

원고는 대중가요인 하늘색 꿈, 혼자 걷는 거리, 알 수 없네, 바람과 장미 등의 음악저작물을 작곡 또는 작사한 저작자 겸 저작권자로서, 한국음악저작권협회와 저작권신탁계약을 체결하였다가, 이에 관한 계약해지를 통지하였다.

피고들은 인터넷 음악서비스 회사들로서, 원고가 한국음악저작권협회에 저작권신탁계약 해지를 통지한 이후에도, 자신이 직접 음악사이트를 운영하거나, 다른 회사의 음악사이트와 계약관계를 유지·이행하는 등의 방식으로, 저작권자인 원고로부터 음악저작물에 대한 이용허락을 받지 아니한 채, 음악저작물을 디지털압축파일(asf, box, mmf 등의 파일형식)로 변환하여 자신들이 운영하는 음악사이트의 각 해당 서버에 저장한 다음, 인터넷 이용자에게 전체듣기, 미리듣기, MP3 파일 다운로드, 통화연결음, 휴대폰 벨소리와 같은 음원서비스 등을 하였다. 또한 블로그 등을 운영하는 인터넷 이용자들에게 자신의 서버에 대한 링크를 용이하게 할 수 있는 태그(tag, 하이퍼텍스트상의 웹사이트로 자동으로 연결시키는 인터넷상의 기술장치) 등의 정보를 제공하였다.

이에 원고는 피고들에 대해 수회에 걸쳐 음원서비스 제공에 의한 저작권침해의 중지를 통지하였다.

2. 당사자들의 주장

원고는 피고들이 저작권자인 원고로부터 이용허락을 받지 아니한 채, 음악저작물을 디지털압축파일로 변환하여 서버에 저장한 다음, 음악사이트에 접속하는 인터넷 이용자들에 대하여 자신의 서버에 대한 링크를 용이하게 하기 위하여 태그를 제공하는 등 적극적인 기술 지원을 하였고, 자신들의 음악사이트에 직접 접속하지 아니한 제3자에 대하여도 음악저작물에 관한 스트리밍 서비스 등을 제공하는 방법으로, 원고의 복제권 및 전송권을 침해하였다고 주장하였다.

이에 피고들은 인터넷 이용자가 자신의 개인 블로그 등에 링크를 걸어 놓은 것과 관련하여 복제권, 전송권 침해의 책임을 지지 아니한다고 주장하였다.

3. 사건의 경과

원고는 제1심과 제2심에서 저작권 침해를 이유로 손해배상을 청구하였고 일부 승소하였다. 그러나 피고의 링크에 의한 복제권 및 전송권 침해 책임은 인정하지 아니하였다. 이에 원고는 상고하였고 대법원은 이를 기각하였다.

II. 판결 요지 및 쟁점

1. 판결 요지

가. 원심판결(서울고법 2008. 9. 23. 선고 2007나70720 판결)

(1) 링크의 직접적인 행위 주체

링크로 인해 복제권, 전송권 침해가 문제되는 경우에 그 행위의 주체는 누구인지에 대해 원심판결은 "링크(link)라 함은, 특정한 개인(이하 'A'라 한다)이 자신의 블로그상에, 또는 특정한 사이트 운영자(이하 'B'라 한다)가 자신의 웹페이지상에 다른 사이트 운영자(이하 'C'라 한다)가 운영·관리하는 웹사이트의 주소를 하이퍼텍스트(hypertext)의 형식으로 표시하고, A의 블로그 또는 B의 웹사이트에 접속한 제3자가 위 하이퍼텍스트만을 클릭함으로써 곧바로 C의 웹사이트에 연결되거나, C의 서버에 저장된 음악파일 등을 전송받을 수 있는 인터넷상의 연결체계를 의미하는바, 여기서 링크에 의한 타인의 복제권, 전송권 침해책임이 문제되는 직접적인 행위 주체는 그와 같은 링크를 걸어 놓은 위 A, B에 해당하는 것이고, 링크의 대상 사이트를 운영하였음에 불과한 C에 대하여는 원칙적으로 링크에 의한 복제권, 전송권 침해책임을 물을 수 없다"고 전제하고, 해당 사안에 대해 "피고들은 링크의 직접적인 행위 주체가 아니라, 인터넷 이용자들이 개인 블로그 등에 걸어 놓은 링크의 대상 사이트의 운영자의 지위에 있다는 것이므로, 원칙적으로 피고들에 대하여는 링크에 의한 복제권, 전송권 침해책임을 물을 수 없다"고 보았다.

(2) 링크 등의 복제권, 전송권 침해 여부

링크에 의한 복제권, 전송권 침해 및 그 책임 여부에 대해서 원심판결은

"개방성·신속성 등을 특징으로 하는 인터넷의 속성에 비추어 볼 때, 개인이 자신의 블로그에 특정한 웹사이트에 대한 링크를 걸어 놓았다거나, 웹사이트의 운영자가 인터넷 이용자들에게 링크를 용이하게 하는 태그를 제공하였다는 등의 사정만으로 타인의 복제권, 전송권을 곧바로 침해하였다고 단정할수는 없다"고 보았다. 그리고 나아가 "제3자의 링크를 통하여 피고들이 궁극적으로 제공하는 음원서비스는 전체듣기, 미리듣기 등의 스트리밍 서비스라할 것인데, 피고들의 직접적인 행위인 스트리밍 서비스의 제공에 대하여 이미 침해책임을 묻는 이상, 그 방편 내지 예비단계에 불과한 링크 관련 태그지원에 대하여 별도의 복제권, 전송권 침해책임을 묻는 것은 상당하지 아니하다"고 판단하였다.

나. 대상판결(대법원 2009. 11. 26. 선고 2008다77405 판결)

(1) 링크의 복제 및 전송 해당 여부

대상판결에서 대법원은 링크의 복제 및 전송 해당 여부에 대해 다음과 같이 판단하였다.

구 저작권법(2006. 12. 28. 법률 제1801호로 전부 개정되기 전의 것. 이하 같다) 제2조 제14호는 그 법률에서 '복제'라 함은 인쇄·사진·복사·녹음·녹화 그 밖의 방법에 의하여 유형물에 고정하거나 유형물로 다시 제작하는 것을 말하며, 같은 조 제9의2호는 '전송'이란 일반공중이 개별적으로 선택한 시간과 장소에서 수신하거나 이용할 수 있도록 저작물을 무선 또는 유선통신의 방법에 의하여 송신하거나 이용에 제공하는 것을 말한다고 규정하고 있다. 그런데 인터넷에서 이용자들이 접속하고자 하는 웹페이지로의 이동을 쉽게 해주는 기술을 의미하는 인터넷 링크 가운데 이른바 심층링크(deep link) 또는 직접링크(direct link)는 웹사이트의 서버에 저장된 저작물의 인터넷 주소(URL)와 하이퍼텍스트 태그(tag) 정보를 복사하여 이용자가 이를 자신의 블로그 게시물 등에 붙여두고 여기를 클릭함으로써 위 웹사이트 서버에 저장된 저작물을 직접 보거나 들을 수 있게 하는 것으로서, 인터넷에서 링크하고자 하는 저작물의 웹 위치 정보 내지 경로를 나타낸 것에 불과하다. 따라서 이는 구 저작권법 제2조 제14호에 규정된 "유형물에 고정하거나 유형물로 다시 제작하는 것"에 해당하지 아니하고, 또한 저작물의 전송의뢰를 하는 지시 또는 의뢰의 준비행위로 볼 수 있을지언정 같은 조 제9조의2호에 규정된 "송신하거나 이용에 제공하는 것"에 해당하지도 아니한다. 그러므로 위 심층링크 내지 직접링크를 하는 행위는 구 저작권법이 규정하는 복제 및 전송에 해당하지 않는다고 할 것이다.

(2) 링크정보 제공의 복제권, 전송권 침해 여부

대상판결에서 대법원은 "피고 회사들이 운영하는 웹사이트의 서버 등에 저장된 원고의 음악저작물들이 인터넷 이용자에 의하여 링크되었다거나 피고 회사가 자신의 서버에 대한 링크를 쉽게 하도록 인터넷 이용자에게 인터넷 주소(URL) 및 하이퍼텍스트 태그 등의 정보를 제공하였더라도 그러한 사정만으로는 위 침해행위와 별도로 위 피고들이 원고의 음악저작물들에 대한 복제권 내지 전송권을 침해하였다고 할 수 없다"고 함으로써 원고의 주장을 배척한 원심 판결을 인용하였다.

2. 쟁점

본 사안에 있어서 주요 쟁점은 링크(특히 심층링크 내지 직접링크)가 복제 및 전송에 해당하는지 여부이다. 더불어 링크정보 제공이 복제권 내지 전송권의 침해인지,[1] 링크로 인해 복제권, 전송권 침해가 문제되는 경우에 그 행위의 주체는 누구인지 등도 문제된다. 이하에서 각각 살펴본다.

---

1) 이하에서 별도의 언급이 없는 이상 '전송권 침해'는 '공중송신권 중 전송권(능)의 침해' 또는 '전송에 의한 공중송신권의 침해'의 의미를 포함하는 것으로 한다.

Ⅲ. 링크의 의의와 종류

1. 의의

웹(WWW: World Wide Web)은 문자뿐만 아니라 이미지, 소리 및 동영상 등 각종 정보를 하이퍼텍스트(hypertext) 기능을 통해 비선형적인(nonlinear) 방법으로 검색하여 이에 접근할 수 있도록 하는 현재 가장 보편화된 인터넷 정보망 또는 그 서비스라고 할 수 있다. 링크는 바로 그러한 웹을 구현하는데 있어서 가장 필수적인 요소들[2] 중의 하나이다. 요컨대 링크는 웹페이지(또는 웹페이지를 구성하는 일부분), 파일 등을 서로 연결시켜주는 것 그 자체 또는 그러한 기능을 할 수 있도록 제공되는 위치정보(경로), 태그 등으로 이루어진 연결도구라고 할 수 있다.[3]

---

2) 예를 들어 하이퍼텍스트 작성 언어인 HTML(Hypertext Markup Language) 또는 XML(eXtensible Markup Language), 전송 프로토콜인 HTTP(Hypertext Transfer Protocol), 하이퍼텍스트를 볼 수 있도록 하는 Browser 등이 웹을 구성하는 필수요소들이라고 할 수 있을 것이다.

3) 이와 관련해 링크란 두 개의 서로 다른 파일 또는 하나의 파일 내에서의 다른 일부분을 구성하는 콘텐츠를 단순히 연결시키는 것을 말한다는 견해(이해완, "Browsing, Caching, Linking&Framing", 남효순·정상조 공편, 인터넷과 법률, 법문사, 2002, 299면); 갑이라고 하는 WWW 중의 텍스트 '갑1'로부터 을이라고 하는 WWW 중의 텍스트 '을1'로 이동할 수 있도록 '갑1' 속에 '을1'의 URL을 기재하는 것을 '링크한다'고 한다는 견해(송영식·이상정, 저작권법 개설(제5판), 세창출판사, 2009, 433면), 링크란 인터넷 이용자가 웹상의 일정한 사이트에 접속하는 방법 중 하나라는 견해(오승종, 저작권법, 박영사, 2007, 617면), 인터넷 링크라고 하는 것은 인터넷이용자들이 접속(access)하고자 하는 웹페이지로의 이동을 용이하게 해주는 기술을 말한다는 견해(정상조, 지적재산권법, 홍문사, 2004, 379면); 링크란 일반적으로 연결 또는 접속을 의미하는 것이나, 인터넷상으로는 홈페이지를 다른 홈페이지에 연결하는 기능을 말하는 것이라는 견해(허희성, 2007 신저작권법 축조개설(상), 명문프리컴, 2007, 162면); 한 단어나 그림 또는 정보 개체로부터 다른 곳으로 선택적인 연결을 제공하는 부분을 의미한다는 견해(윤경, 저작권법, 육법사, 2005, 729면) 등이 있다.

인터넷은 정보에의 자유로운 접근을 기본적 특성으로 하고 있다. 그리고 링크가 인터넷 이용에 있어 매우 유용한 도구임에는 틀림없다. 오늘날 링크 없는 인터넷은 상상하기 어렵다고 해도 과언이 아닐 것이다.[4] 그럼에도 불구하고 여전히 링크는 저작권 침해 등의 논란으로부터 자유롭지 못하다.[5] 특히 인터넷 홈페이지에 다른 웹사이트(타겟 사이트)를 그 운영자 등의 허락을 받지 아니하고 링크시키는 경우에 법적으로 문제될 수 있을 것이다.[6] 또는 링크에 의한 웹사이트 이동을 인터넷 이용자 관점에서 보면, 링크에 의해서 새로운 웹사이트를 방문한다는 것은 링크에 표시된 그 웹사이트의 주소(URL) 에 있는 서버컴퓨터에 동 웹사이트의 파일을 이용자의 컴퓨터로 전송해 달라는 요청을 하고 그러한 이용자의 요청에 따라서 그 웹사이트의 서버컴퓨터가 웹사이트 파일을 전송해서 이용자 컴퓨터의 일시적 기억장치(RAM)에 기억되면서 동시에 이용자 컴퓨터의 화면에 나타나는 과정으로 이루어진다는 점을 고려하건대, 링크에 의해서 방문하고자 하는 웹사이트 파일이 이용자의 컴퓨터에 일시적으로나마 저장되고 그 컴퓨터 화면에 나타나는 현상은 저작물의 전송과 일시적 복제 등의 행위를 수반하기 때문에 저작권 침해 여부가 문제될 수 있을 것이다.[7] 따라서 링크가 저작권 보호와 관련해 어느 정도까지 허용될 수 있는지를 명확히 할 필요가 있다고 하겠다.

---

4) 물론 링크가 없다고 하여 인터넷상 정보에 대한 접근과 이용이 불가능한 것은 아니다. 그러나 정보의 효율적인 검색에 있어 유용한 기능을 제공하고 있을 뿐만 아니라 그로 말미암아 인터넷의 효용가치가 더욱 높아질 수 있다는 점에서 그 중요성은 매우 크다 할 것이다.

5) 링크로 인해 논란이 될 수 있는 문제로는 직·간접적인 저작권 침해 뿐만 아니라 웹사이트 이용자로 하여금 링크된 웹사이트와 링크를 한 웹사이트간에 출처, 관계 등의 오인·혼동을 일으키게 하는 문제가 있을 수 있다. 또는 그로 인해 부당한 사회적 평가나 비난을 감수해야 하는 일도 발생할 수 있을 것이다. 그리고 직접링크 등을 통해 링크된 웹사이트의 홈페이지상 광고를 우회함으로써 링크된 웹사이트측의 광고 수입에 손실을 줄 수도 있을 것이다.

6) 이해완, 저작권법, 박영사, 2007, 315면.

7) 정상조, 전게서, 379-380면.

2. 링크의 종류

링크는 그 방법에 따라 보통 (i)단순링크(simple link 또는 surface link), (ii)직접링크(내부링크 또는 세부링크, direct link 또는 deep link), (iii)인라인링크(Inlining link 또는 embedded link), (iv)프레임링크(frame link 또는 framing)로 구분된다.[8][9]

단순링크는 다른 웹사이트의 홈페이지(최초의 웹페이지: 초기화면, 메인화면)로 연결되는 것을 말하며, <A HREF="홈페이지 주소 또는 경로(URL)[10]">웹사이

---

8) 같은 분류 방법을 취하고 있는 견해로는 서달주, 한국저작권법, 박문각, 2007, 483면; 김현철, "링크제공자의 저작권법상 책임에 관한 소고", 계간 저작권(제58호), 저작권심의조정위원회, 2002년 여름호, 46-47면(동 견해는 링크된 정보의 위치를 기준으로 링크를 내부링크(internal link), 외부링크(external link)로 나눌 수 있고, 전자는 같은 웹사이트 내에서 관련 정보들을 연결하는 것을 말하며, 후자는 다른 웹사이트 사이에서 관련 정보들을 연결하는 것을 말한다고 한다); 링크를 Surface link(외부링크라고도 한다), Deep link(내부링크라고도 한다), Frame link, Image link로 구분하는 견해로는 오승종, 전게서, 617면(동 견해는 인라인링크를 이미지링크로만 한정하고 있다는 점에서 약간의 차이가 있으나 본고와 거의 동일한 구분을 하고 있다고 보인다); 또는 링크를 하이퍼텍스트에 의하여 연결시키는 링크(hypertext reference links 또는 out link, HREF 링크)와 이미지링크(image link 또는 in-line link, IMG링크)의 두 가지 유형으로 구분하고 이와 별도로 프레이밍을 다루고 있는 견해로는 이대희, 인터넷과 지적재산권법, 박영사, 2002, 278면과 윤경, 전게서, 730면(동 견해는 아웃링크에 단순링크, 직접링크를 포함시키고 있다); 링크를 크게 HTML에 의하여 연결시키는 링크와 인라인 링크(inline link, embedded link)로 구분한 후, 전자는 다시 단순링크(surface link)와 직접링크(deep link)로 구분할 수 있다는 견해(유대종, "인터넷음악 서비스에서의 저작권 문제-배경음악 및 통화연결음 서비스를 중심으로", 선진상사법률연구(제48호), 법무부, 2009.10, 166면)도 있다.

9) 이외에도 링크에 의한 연결 방법은 자신의 웹사이트상의 다른 웹페이지나 동일 웹페이지상의 다른 장소로 연결하는 방법과 다른 웹사이트상의 홈페이지나 서브페이지로 연결하는 방법으로도 구분해 볼 수 있다. 그러나 이하에서는 후자의 경우를 중심으로 살펴보도록 한다. 전자의 경우는 자신의 웹사이트 안에서 연결되는 경우이므로 링크와 관련해 특별히 문제될 것이 없기 때문이다. 다만, 타인의 저작물을 복제하여 웹페이지들을 작성하고 이를 링크하였다면 이때에는 오히려 직접적인 저작권 침해 책임이 문제될 수 있을 것이다.

트명</A>의 형태로 작성된다. 직접링크는 홈페이지를 거치지 아니하고 직접 내부의 특정 웹페이지(또는 내부화면)로 연결되는 것을 말한다. 예를 들어 <A HREF="웹페이지경로(파일명)11)">웹페이지명</A>의 형태로 표현된다. 인라인링크는 링크가 내부적으로 자동실행되어 링크되는 웹페이지의 이미지, 음악파일 등이 마치 링크하는 웹페이지상에 구성요소로서 이미 존재하는 것처럼 보이거나 들리도록 연결해 놓은 경우를 말한다. 대표적인 경우가 이미지링크의 경우에는 <IMG SRC="이미지파일경로(파일명)12)">, 음악파일링크의 경우에는 <BGSOUND SRC="음악파일경로(파일명)13)"> 또는 <EMBED SRC="음악파일경로(파일명)">14) 등이다. 프레임링크는 자신의 웹사이트의 홈페이지 화면을 둘 이상의 영역으로 나누어 하나 이상의 화면에 다른 웹페이지가 나타나도록 하는 경우를 말한다.15) 이 경우 보통 웹사이트 방문자의 웹브라우저 주소란에는 링크한 웹사이트의 주소만 나타나고 링크된 웹사이트의 주소는 나타나지 않는다. 링크된 웹사이트의 웹페이지가 링크한 웹사이트의 웹페이지인 것처럼 보이는 점에서 인라인 링크와 비슷하지만 주로 방문자의 선택에 따라 링크된 웹페이지가 나타나게 된다는 점에서 차이가 있

---

10) URL은 Uniform Resource Locator의 약자이며 인터넷 주소를 말한다.

11) 보통 웹사이트 경로와 함께 ***.html, ***.htm 등의 확장자를 갖는 웹페이지 파일명이 들어간다. 다만, index(main).html(htm) 파일의 경우에는 홈페이지로 연결되는 것이 보통이므로 이때에는 단순링크와 마찬가지라고 하겠다.

12) 일반적으로 웹사이트 경로와 함께 ***.gif, ***.jpg 등의 확장자를 갖는 이미지 파일명을 넣는다.

13) 예를 들어 웹사이트 경로와 함께 ***.wav, ***.mp3, ***.mid, ***.wma 등의 확장자를 갖는 음악 파일명이 들어간다.

14) <BGSOUND SRC="음악파일경로">와 <EMBED SRC="음악파일경로">를 함께 쓰기도 한다.

15) 다시 말하면 프레임링크는 링크하는 웹사이트의 홈페이지 화면을 브라우징 프레임(browsing frame)과 타겟 프레임(target frame)으로 나누어 브라우징 프레임에는 자신의 웹페이지가 나타나도록 하고 타겟 프레임에는 링크되는 다른 사이트의 웹페이지가 나타나도록 하는 링크를 말한다.

다. <A HREF="웹페이지경로(파일명)" TARGET="프레임명16)">웹페이지명</A>의 형태로 작성된다.

Ⅳ. 링크의 복제 및 전송 해당 여부

링크와 관련된 저작권 문제를 판단함에 있어서는 기본적으로 (i)링크하는 웹사이트, (ii)링크되는 웹사이트,17) (iii)링크하는 웹사이트에 방문하여 링크를 클릭하는 인터넷 이용자18) 등19)의 각 당사자의 지위 또는 상호간의 관계, 링크가 구현되는 과정에서 발생하는 기술적 현상과 관련 당사자의 행위가 개입된 경우 그 내용 및 법적 성질 등이 각각 검토되어야 할 것이다. 그러나 본고에서는 링크하는 웹사이트의 입장을 중심으로 링크가 저작권법상의 복제 및 전송에 해당하는지 여부를 살펴보도록 한다.

---

16) 타겟 옵션을 TARGET="_blank"로 지정하는 경우에는 링크된 웹페이지가 분할된 프레임속이 아닌 별개의 새로운 창에 나타나게 된다. TARGET="_top"으로 지정하는 경우에는 현재의 프레임 구분이 없어지고 하나의 창 전체를 사용할 수 있게 된다. 외견상 "_blank" 옵션과 유사해 보이지만 새로운 창이 생기는 것이 아니라는 점에서 차이가 있다.

17) 링크되는 웹사이트는 다시 그 운영자가 저작권자인 경우와 저작권자가 아닌 경우(예를 들어 타인의 음악저작물을 이용하여 스트리밍 서비스 등을 제공하는 자)로 구분해 볼 수 있을 것이다. 그리고 후자에는 정당한 권원을 가지고 저작물 등을 이용하는 경우와 그렇지 않은 경우가 있을 수 있다.

18) 웹사이트의 운영자 스스로가 자신이 만들어 놓은 링크를 클릭하는 경우도 생각해 볼 수 있을 것이다.

19) 또는 링크 정보에 대한 검색 서비스를 제공하는 자(예를 들어 링크 정보 데이터베이스를 구축하고 인터넷 이용자에게 이를 검색하는 프로그램을 제공함으로써 링크되는 웹사이트의 음악 등을 용이하게 감상할 수 있도록 서비스 하는 자)도 별도로 구분하여 살펴볼 필요가 있을 것이다.

1. 단순링크

먼저 단순 링크가 저작권법상의 복제에 해당하는지에 대해 살펴보면, 웹사이트 방문자가 링크표시를 클릭하는 순간 현재의 창이나 새로운 창을 통해 링크되는 웹사이트의 홈페이지의 내용이 나타나게 되는데, 현상적으로는 마치 링크되는 웹사이트의 홈페이지가 복제된 것처럼 보이게 된다는 점에서 문제가 될 수 있다. 그러나 단순링크는 인터넷 이용자로 하여금 웹페이지간 이동 내지는 정보간 접근을 용이하게 하는 웹의 가장 본질적인 기능을 수행하는 도구로서 인터넷에서의 그 이용은 불가피한 것일 뿐만 아니라, 단순히 HTML 등으로 작성된 태그와 링크되는 웹사이트의 홈페이지 주소(URL), 제목(주로 링크되는 웹사이트명) 등의 조합에 불과한 것으로, 링크되는 웹사이트의 홈페이지가 링크하는 웹사이트에 복제되어 있는 것이 아니라는 점에서[20] 링크하는 웹사이트의 운영자가 직접 복제를 하였다고 보기는 어렵다. 복제가 발생하였다고 하더라도 이는 웹사이트를 방문한 접속자의 컴퓨터의 램(RAM)상에 일시적으로 복제되는 경우에 해당할 것이므로, 단순링크의 경우에 적어도 링크하는 웹사이트의 운영자에 의한 복제는 없다고 할 것이다.[21] 복제에 대해

---

[20] 주소나 제목이 문제될 수 있을 것이다. 그러나 주소나 제목 자체는 일반적으로 사상 또는 감정의 창작적인 표현이라고 할 수 없어 저작물로서 보호되기 힘들다는 점(다만, 제목이 창작성을 인정할 수 있을 정도로 길다면 이 경우에는 보호의 여지가 있을 것이다)에서 이 또한 링크로 인한 복제는 없다고 하여야 할 것이다. 그러나 링크되는 웹사이트(웹페이지) 등을 나타내는 제목(이를 링크 포인터라고도 한다)이 단순히 텍스트 형식으로만 되어 있지 아니하고 사진이나 그래픽 이미지 등을 사용한 경우에는 별도로 복제, 전송 등에 의한 저작권 침해 문제가 발생할 수 있을 것이다.

[21] 저작권법상의 복제에 해당하는 것으로 볼 수 없음은 분명하다(이해완, 전게서, 315면); 단순히 링크하는 것만으로는 저작권 침해로 볼 수 없다(송영식·이상정, 전게서, 434면); 애당초 복제권 침해라고 볼 수 없다(정상조, 전게서, 380면); 저작권 침해에는 해당하지 않는다고 보는 일반적인 견해이다(오승종, 전게서, 618면).

구 저작권법(2006. 12.28. 법률 제1801호로 전부 개정되기 전의 것)은 "인쇄·사진·복사·녹음·녹화 그 밖의 방법에 의하여 유형물에 고정하거나 유형물로 다시 제작하는 것"을 말한다(제2조 제14호)고 정의하고, 현행 저작권법은 "인쇄·사진촬영·복사·녹음·녹화 그 밖의 방법에 의하여 유형물에 고정하거나 유형물로 다시 제작하는 것"을 말한다(제2조 제22호)고 정의하고 있으나, "사진촬영"외에는 바뀐 것이 없으므로 기본적으로 개념상 아무런 차이가 없다고 보아도 무방하며, 따라서 단순링크가 복제에 해당하지 않는다고 하는 것은 구 저작권법에 의하든 현행 저작권법에 의하든 그 결과에 있어서 마찬가지라고 하겠다.

다음으로 단순링크가 전송에 해당하는지에 대해 검토한다. 현행 저작권법은 전송을 "공중송신 중 공중의 구성원이 개별적으로 선택한 시간과 장소에서 접근할 수 있도록 저작물등을 이용에 제공하는 것을 말하며, 그에 따라 이루어지는 송신을 포함한다"(제2조 제10호)고 정의하고 있다. 이는 구 저작권법이 "일반공중이 개별적으로 선택한 시간과 장소에서 수신 하거나 이용할 수 있도록 저작물을 무선 또는 유선통신의 방법에 의하여 송신하거나 이용에 제공하는 것을 말한다"(제2조 9의2호)를 개정한 것으로 해석상 양자는 약간의 차이가 있다. 그러나 어느 경우이든 링크가 전송의 개념에 해당하는 것으로는 보이지 않는다. 구체적으로 살펴보면, 링크표시의 클릭과 함께 다른 홈페이지가 나타나는 것은 마치 링크하는 사이트가 인터넷 이용자에게 링크되는 웹사이트의 홈페이지를 전송하는 것과 같은 효과를 가짐으로써 저작재산권자의 공중송신권 또는 저작인접권자의 전송권 침해 여부가 문제될 수 있다. 그러나 링크되는 사이트의 홈페이지 주소와 태그 등을 조합하여 게재하는 행위는 단지 웹브라우저를 통해 링크되는 웹사이트의 홈페이지로의 이동이나 당해 내용의 전송을 지시 또는 요청하는 예비적인 절차 또는 준비에 불과할 뿐이라는 점, 전송이 있었다고 하더라도 당해 전송을 하는 자는 링크하는 웹사이트가 아니라 링크되는 웹사이트의 서버라는 점, 실제로 그 지시 또는 요청을 한 자 역시 링크하는 웹사이트 운영자가 아닌 방문자인 인터넷 이용

자라는 점 등을 고려하건대 적어도 링크하는 사이트의 운영자에 의한 직접
적인 전송은 없다고 하여야 할 것이다.[22] 더욱이 단순링크를 전송에 따른 공
중송신권 또는 전송권 침해로 보아 이를 일률적으로 통제하게 된다면 인터
넷상의 원활한 정보유통의 저해를 가져오고 이는 결국 공공의 이익에도 반
하게 된다는 점을 고려할 필요가 있을 것이다.

2. 직접링크

링크가 홈페이지(메인화면)가 아닌 서브페이지(내부화면)에 연결되는 경우인 직
접 링크는 단순 링크보다 더욱 저작권침해 문제에 근접해 있다고 할 수 있
다. 즉, '링크되는 사이트'의 홈페이지를 거치지 아니하고 서브페이지에 직접
링크됨으로 인하여 홈페이지에 게재된 광고에의 접근 가능성이 차단당하거
나[23] 링크된 서브페이지 내용의 출처가 불명확하게 될 뿐만 아니라 각 웹페
이지가 나타나는 순서를 다르게 함으로써 웹사이트 운영자의 의도를 벗어난
접속·이용이 이루어지게 하는 것이므로 이는 결국 웹사이트 운영자에게 불
이익을 주는 것임은 물론 저작권침해가 문제될 가능성도 높다고 하겠다.

그러나 이 또한 단순링크의 경우와 마찬가지로 링크한 웹사이트상에서 링
크된 웹페이지 자체의 복제 또는 전송이 직접적으로 일어난다고 보기 어렵
다.[24] 그 기본적인 논리는 단순링크와 다를 것이 없다. 따라서 직접링크 역
시 저작권 침해에 해당하지 않는 것으로 보아야 할 것이다.[25] 그러나 저작권

---

22) 이해완, 전게서, 315면(원칙적으로 저작권법상의 '전송'에 해당하지는 않는 것으로
보는 것이 타당하다); 윤경, 전게서, 735면; 송영식·이상정, 전게서, 434면; 오승종,
전게서, 618면 등도 마찬가지 견해로 보인다.
23) 광고를 우회하여 직접링크함으로써 광고 수익이 감소하였다는 이유만으로 직접 저
작권 침해 문제로 연결 짓는 것은 적절한 접근방법이 아니라고 생각한다.
24) 다만, 링크된 웹사이트와 링크하는 웹사이트의 방문자(접속자)간에는 복제나 전송
이 일어난다고 볼 수 있을 것이다.

침해라고 보는 견해도 있다.26) 다만, 성명표시권이 문제되는 경우는 있을 수 있을 것이다.27) 또는 부정경쟁이 문제될 가능성도 배제할 수 없을 것이다.28)

참고로 외국 사례로는 미국 Ticketmaster Corp. v. Tickets.com, Inc. 사건(티켓 판매 서비스 웹사이트의 내부 웹페이지로의 직접링크는 복제를 포함하지 아니하며, 단지 도서관의 카드 색인을 이용하는 것과 유사하다고 함),29) 영국 Shetland Times v. Shetland News 사건(뉴스 서비스 웹사이트의 내부 웹페이지에 직접 링크한 것에 대해 임시금지 명령, 이후 원고의 기사임을 표시하는 등의 조건으로 화해)30) 등이 있다.

한편 저작권침해를 인정하면서도 '공표된 저작물의 인용'에 따른 예외로서 면책가능하다는 사고방식, 홈페이지에의 링크만 허용하는 경우에 그 범위의 모호성으로 인해 법적 안정성을 해할 수 있다는 견해,31) 자유로운 링크가 억제되어 궁극적으로 인터넷 이용자의 편익을 현저하게 위협하게 될 것이라는 주장 등도 가능할 것이다. 또는 광고를 홈페이지뿐만 아니라 서브페이지에도 게재함으로써 광고수입을 확보하거나 서브페이지로의 링크를 기술적으로 방지하는 등의 조치를 통해서도 당해 문제를 해결할 수 있으므로 이 경우

---

25) 이해완, 전게서, 316면; 송영식·이상정, 전게서, 435면; 오승종, 전게서, 618면.

26) 서달주, 전게서, 483면은 단순링크를 제외한 프레임링크, 딥링크, 인라인링크 등은 링크된 저작물이 제3자에 의하여 제공된 것인지 잘 분간되지 않기 때문에 그 웹사이트의 운영자의 것으로 착각하게 하고 일체감을 주게 된다고 하면서, 일체감을 주는 링크는 저작권을 침해하기 때문에 링크에 대해 저작권자의 추단적 동의를 인정할 수 없다고 하고 있다. 따라서 직접링크(딥링크) 등이 저작권 침해라는 입장에 서 있는 것이 아닌가 한다.

27) 2차적저작물 작성권 침해 여부도 문제될 수 있을 것이다. 그러나 단순히 링크(원저작물 그대로 링크)하는 것만으로는 '링크된 웹페이지'를 개작·변형하는 것이라고 할 수 없으므로 2차적 저작물의 작성이라고도 보기 힘들 것이다. 한편 동일성유지권 침해 여부도 다투어질 수는 있을 것이다.

28) 서달주, 전게서, 484면.

29) 2000 U.S. Dist. Lexis 4553 (C.D. Cal. 2000); http://www.internetlibrary.com/ cases/ lib_case25.cfm 참조.

30) 1997 F.S.R. (Ct. Sess. O.H.), 24 October 1996.

31) 자세한 것은 이해완, 전게서, 316면 참조.

직접 링크라는 이유만으로 저작권침해 등을 주장하는 것은 타당하지 않다는 견해도 있을 수 있을 것이다.

3. 인라인링크

<IMG SRC="이미지파일경로(파일명)"> 링크는 다른 웹사이트상의 그래픽 또는 이미지 파일을 마치 자기 웹페이지의 실제 구성요소인 것처럼 나타나도록 하는데, 외관상 '링크하는 웹사이트'에 다른 웹페이지의 파일을 직접 복제하여 인터넷 이용자에게 전송하고 있는 것처럼 보이게 한다. 따라서 복제권 또는 전송권 침해 문제가 제기될 수 있다. 그러나 이 역시 링크하는 웹사이트상에 당해 파일이 직접 복제되어 있거나 또는 이를 전송하고 있는 것은 아니다.[32) <BGSOUND SRC="음악파일경로(파일명)"> 또는 <EMBED SRC="음악파일경로(파일명)"> 링크의 경우도 인터넷 이용자가 웹사이트를 방문했을 때 클릭과 같은 행위가 없어도 자동적으로 배경음악이 흘러나오도록 되어 있다는 점에서 이미지 링크와 크게 다를 것이 없다. 따라서 결론에 있어서 당해 링크가 복제나 전송에 해당하지 않음은 마찬가지라고 할 것이다.[33)

이에 대해 전송에 해당하는 것으로 보게 될 가능성이 매우 높을 것이라는 견해가 있다.[34) 또는 전송행위라고 파악함으로써 타인의 파일을 무단 이용하는 것을 방지해야 한다는 결론 자체는 타당하다고 인정되나 논리적인 면에서는 '전송'의 개념에 맞지 않는 것이 아닌가하는 의문을 제기하는 견해도 있다. 그러나 인라인링크에 대해 학설은 대체적으로 유보적인 입장에 있는 것이 아닌가 한다. 참고로 법원은 '나모 웹에디터 사건'에서 자신의 홈페이

---

32) 그러나 자신의 폴더에 파일을 복제해 놓고 이를 링크하고 있는 경우라면 당연히 복제 및 전송에 해당할 것이다.
33) 다만, 링크된 웹사이트의 경우에는 음악파일의 스트리밍 서비스 등에 의한 저작권 침해가 문제될 수 있을 것이다.
34) 이해완, 전게서, 320면.

지에서 클릭만 하면 인터넷 이용자들이 다른 무료 사이트의 소프트웨어를 다운받을 수 있도록 링크한 사례에서 저작권법상 간접적인 전송·배포에 해당한다며 직접 전송을 해주거나 배포하지는 않았다 하더라도 불법행위에 해당한다고 판결한 사례가 있다.[35] 생각건대 링크한 웹사이트 자체에서는 기술적으로 아무런 복제나 전송이 이루어지지 않았음은 분명해 보인다. 따라서 직접적인 복제권, 전송권 침해 책임을 묻기는 곤란하다고 생각한다.

한편 파일의 외관이 수정됨으로써 2차적저작물이 될 가능성도 있는 것으로 보인다는 견해가 있다.[36] 물론 그럴 가능성을 완전히 배제할 수 없다는 점에서 일부 수긍할 수 있다고 본다. 그러나 링크되는 홈페이지나 파일 자체에 대한 변경이 아니라는 점, 변경되었다고 보더라도 일반적으로 2차적저작물의 성립을 인정할 정도의 창작성이 부가되었다고 보기 어려운 경우가 대부분일 것이라는 점 등을 고려하건대 2차적저작물작성권 침해를 긍정하기는 쉽지 않을 것으로 생각한다.

성명표시가 없는 경우에는 성명표시권 침해 여부, 이미지의 모양이나 형태가 변경되어 나타나는 경우에는 동일성유지권의 침해 여부 등이 다투어질 수 있을 것이다.

4. 프레임링크

프레이밍은 자신의 홈페이지를 2개 이상으로 분할하여 각각의 분할된 화면상에 별개의 웹페이지가 동시에 나타나도록 하는 홈페이지 제작 기법이다. 이때 분할된 화면 중의 하나 또는 그 이상에 타인의 웹페이지를 나타나게 할 수 있는데, 이 경우 복제 및 전송 여부가 문제될 수 있다. 그러나 이 경우 역시 프레임링크한 홈페이지 자체에는 아무런 복제나 전송이 발생하지 않는

---

35) 서울지법, 2000.12.21. 선고, 2000고단8321 판결.
36) 이대희, 전게서, 419면.

다는 점에서 앞서 살펴본 단순링크, 직접링크 등과 크게 다를 것이 없다고 하겠다. 학설 역시 대체적으로 복제 또는 전송에 해당하지 않는다는 입장인 것으로 보인다.[37] 판례는 전자지도를 프레임링크한 사건에서 직접적으로 복제권, 전송권 침해 책임을 묻기 보다는 불법행위책임을 인정하고 있다.[38] 참고로 미국의 경우 Washington Post v. Total News 사건에서 링크는 가능하나 프레이밍은 금지한다는 내용의 화해로 종료한 사례가 있다.[39]

한편 링크된 웹페이지가 원래 의도된 바와 다르게 변형되어 나타난다는 점에서 2차적저작물작성권이나 동일성유지권의 침해가 문제될 수 있을 것이다. 그러나 이에 대해서는 부정적인 견해가 다수인 것으로 보인다.[40] 이와 관련해 미국 법원은 Futuredontis, Inc. v. Applied Anagramics, Inc. 사건에서 프레이밍하는 것이 2차적저작물을 작성하는 것이라는 충분한 증거가 없다고 한 판시한 바 있다.[41] 다른 웹페이지와 새롭게 결합되어 나타난다는 점에서 편집저작물 작성에 따른 저작권 침해 여부도 논의될 수 있을 것이다. 그러나

---

37) 이해완, 전게서, 317면; 송영식·이상정, 전게서, 435면.

38) 서울지방법원 2001. 12. 7. 선고 2005가합54067 판결.

39) No. 97 Civ. 1190 (S.D.N.Y. filed Feb. 20, 1997). 이에 대해 자세한 소개는 이대희, 전게서, 286-287면; 윤경, 전게서, 767-768면 참조. 한편 프레임링크에 대해 복제권 침해를 인정한 사례로는 독일의 Roche Lexikon Medizine v. www.medizinforum.de 사건(OLG Hamburg, 22 February 2001)이 있다고 한다. 이에 대한 소개로는 김현철, 전게논문, 51면.

40) 이와 관련해 프레이밍에 의해서 다소 변경된 웹사이트가 나타나는 것은 그 자체만으로 동일성유지권이나 2차적저작물 작성권의 침해라고 말하기는 어렵고, 프레이밍의 경우도 일정한 경우 공정이용의 법리로 보호받을 수 있다는 견해가 있다(정상조, 전게서, 382면). 이외에 침해라고 보는 것에 부정적인 견해로는 이해완, 전게서 317면; 윤경, 전게서, 744면, 747면(동 견해는 동일성유지권과 관련해 원칙적으로는 침해로 보기 어려우나 예외적으로 타겟프레임에 링크된 웹사이트의 일부만을 나타나게 한 경우에는 동일성유지권 침해로 보아야 한다는 입장이다); 김현철, 전게논문, 55-56면.

41) No. 97-56711, 1988 U.S. App. Lexis 17012 (9th Cir., July 23, 1998). 이에 대한 소개는 김현철, 전게논문, 54-55면; 윤경, 전게서, 766-767면 참조.

학설은 이에 대해서도 부정적이다.[42] 또한 성명표시권 침해도 생각해 볼 수 있을 것이다. 이에 대해서는 프레임링크의 기법을 교묘하게 사용함으로써 링크된 저작물을 마치 자신이 직접 작성한 것처럼 보이게 하는 경우에는 성명표시권의 침해로 볼 수 있는 여지는 있을 것이라는 견해[43]와 성명표시권 침해로 보기 어렵다는 견해[44]가 있다. 타인의 웹페이지가 마치 자신의 홈페이지의 일부인 것처럼 보여지게 하므로 웹사이트 방문자의 오인·혼동을 야기할 소지가 있고, 광고수익의 손실을 가져올 수도 있다는 점에서 상표권 침해나 부정경쟁방지법상의 문제가 발생할 가능성도 크다고 할 것이다.[45] 또는 불법행위가 성립할 수도 있을 것이다.[46]

---

42) 편집저작물작성에 대한 저작권 침해가 성립하려면 소재의 선택 및 배열에 창작성이 있는 편집저작물의 작성이 있어야 할 것인데, 프레임안에서 링크를 설정하는 행위만으로는 그러한 요건을 충족한다고 보기 어렵다는 점에서 쉽게 수긍할 수 없다고 하는 견해가 있다(이해완, 전게서, 317면)

43) 이해완, 전게서, 317면; 허희성, 전게서, 163면; 그 밖에 송영식·이상정, 전게서, 435면; 김현철, 전게논문, 55면(다만, 동 견해는 링크가 저작권법 제12조상의 이용에 해당하는가 여부는 좀더 검토를 요한다고 한다)도 성명표시권의 침해 가능성을 긍정하고 있다.

44) 윤경, 전게서, 747면.

45) 저작권·상표권 침해로 볼 수 없는 경우라 하더라도 일정한 경우 선량한 풍속 기타 사회질서에 반하는 위법한 행위로 볼 수 있는 소지도 있다는 견해가 있다(자세한 것은 정상조, 전게서, 381-382 참조).

46) 송영식·이상정, 전게서, 435면; 이해완, 전게서, 317면 참조.

V. 그 밖의 쟁점에 대한 검토

1. 링크정보 제공[47]의 복제권 내지 전송권 침해 여부

본 사안에서와 같이 자신의 서버에 용이하게 링크되도록 하기 위한 경로 및 태그 등의 정보를 인터넷 이용자에게 제공하는 것만으로 직접적인 복제권 내지 전송권 침해라고 단정 지을 수는 없다고 본다. 링크정보 그 자체는 저작물이라고 할 수 없을 뿐만 아니라 그러한 링크정보 제공이 저작권법상의 복제 또는 전송에 해당한다고 보기도 어렵기 때문이다.[48] 다만, 경우에 따라서는 간접적으로 방조책임 여부가 문제될 수는 있을 것으로 생각한다.

2. 링크의 행위 주체

만약 링크로 인해 복제권, 전송권 침해가 문제된다면 당해 링크의 직접적인 행위 주체는 누구인가? 기본적으로는 링크를 걸어 놓은 웹사이트의 운영자가 될 것이다. 그러나 링크를 한 웹사이트에서 직접적으로 복제 및 전송이 일어나지 않음은 앞서 살펴보았다. 다만, 불법 저작물에 대한 링크를 걸어 놓은 경우에는 방조책임을 질 수도 있을 것이다. 특히 당해 링크를 다수 집적해 놓았다면 간접침해 책임의 가능성은 더욱 클 것이다.

한편 링크의 개념을 어떻게 정의하느냐에 따라 다르겠지만 보다 적극적으

---

47) 넓게는 자신의 웹사이트뿐만 아니라 타인의 웹사이트에 연결되도록 링크정보를 제공하는 경우도 포함한다고 볼 수 있을 것이다.

48) 다만, 링크 정보가 데이터베이스에 해당한다고 볼 수 있는 경우도 있을 것이다. 그렇다고 하더라도 이는 데이터베이스제작자의 권리가 문제될 수 있을 뿐이고 링크되는 저작물과 관련해 직접적인 저작권 침해가 발생하는 것은 아니라고 하여야 할 것이다. 그리고 데이터베이스제작자도 결국은 링크 정보 제공자 자신일 가능성이 높다고 할 것이므로 이와 관련된 침해 문제는 거의 발생하기 어렵다고 본다.

로 링크가 이루어지는 동적인 모습에 초점을 맞춘다면 웹사이트를 방문하여 링크를 클릭함으로써 복제 또는 전송을 요청한 인터넷 이용자도 넓은 의미의 링크 행위의 주체에 해당한다고 볼 수 있는 여지가 전혀 없지는 않을 것이다.[49] 그러나 이 경우에는 불법복제물을 대상으로 하지 않는 이상 공정이용에 해당하는 것으로 보는 경우가 많을 것이다. 마지막으로 단순히 링크되는 사이트를 운영한 것에 불과한 자의 경우는 링크의 행위 주체라고 보기 어려운 측면이 많다.[50] 따라서 원칙적으로 링크로 인한 복제권, 전송권 침해책임을 물을 수는 없다고 하겠다. 그러나 링크 정보를 제공하고 당해 링크에 따른 다운로드나 스트리밍 서비스 등을 하였다면 일정한 경우 링크 행위의 주체성 여부와는 별개로 그 자체로 직접적인 저작권 침해 책임을 질 수 있을 것이다.

---

49) 웹사이트에 링크를 걸어놓은 것만으로는 링크의 특별한 유용성을 찾기 어려울 것이다. 이를 클릭하여 활성화시킴으로써 비로소 링크의 본래적 기능이 완성된다는 점에서 웹사이트 방문자도 나름의 역할을 하고 있다고 본다. 그러나 링크가 자동적으로 활성화되는 경우를 고려한다면 웹사이트 방문만으로 링크 행위의 주체가 된다고 보는 것은 곤란한 점이 있다고 생각한다. 그리고 웹사이트 방문자가 링크를 걸어놓은 주체가 아님은 분명하며, 더욱이 링크 자체에 대한 직접적인 저작권 침해의 주체로 보기도 어렵다고 할 것이다.

50) 그러나 링크의 개념을 넓게 본다면 실질적으로 링크의 기능이 구현되는 것은 링크된 웹페이지나 파일 등이 복제·전송되는 단계를 통해서이다. 이를 제외한다면 사실상 링크 그 자체는 별다른 의미가 없을 것이라는 점을 고려한다면, 링크되는 사이트를 링크 행위의 주체로부터 완전히 배제할 수는 없는 것이 아닌가라는 의문을 가질 수도 있을 것이다. 즉, 링크되는 사이트는 링크의 기능을 완성하도록 도와주는 주체로서의 의미를 갖는다고도 볼 수 있을 것이다. 그러나 이것이 링크 자체에 대한 직접적인 저작권 침해의 주체로까지 확장 해석되는 것은 경계되어야 할 것으로 생각한다.

3. 심층링크 내지 직접링크의 범위

대상판결에서 대법원은 심층링크(deep link) 또는 직접링크(direct link)를 "웹사이트의 서버에 저장된 저작물의 인터넷 주소(URL)와 하이퍼텍스트 태그(tag) 정보를 복사하여 이용자가 이를 자신의 블로그 게시물 등에 붙여두고 여기를 클릭함으로써 위 웹사이트 서버에 저장된 저작물을 직접 보거나 들을 수 있게 하는 것"이라고 보았다. 그런데 문제가 된 사안은 주로 블로그, 미니홈피 등에 배경음악이 흘러나오도록 하는 링크에 대한 것이고, 이는 인라인링크의 형태로 구현되는 경우도 있다는 점에서, 대법원이 심층링크 또는 직접링크라고만 언급하고 인라인링크에 대해서는 따로 판단을 하고 있지 않아, 심층링크 또는 직접링크를 인라인링크도 포함하는 광의의 개념으로 파악한 것인지에 대한 의문을 갖게 한다.[51] 생각건대 판결문에서 심층링크 또는 직접링크가 "클릭"을 전제로 하는 개념임을 명확히 하였으므로 문리상으로는 이를 인라인링크도 포함하는 의미로 해석하기는 어려워 보인다. 다만, "저작물을 직접 보거나 들을 수 있게 하는 것"이라고 한 점,[52] 접속과 동시에 배경 음악이 자동적으로 흘러나오는 경우도 있다는 점, 그 밖의 제반 사항을 고려하건대 인라인링크도 포함하여 복제 및 전송에 해당하지 않는다고 해석할 여지가 전혀 없는 것은 아니지 않은가 한다.

한편 대법원이 심층링크 또는 직접링크에 대해서만 복제 및 전송이 아니라고 판단하고 있지만 논리상 단순링크도 복제 및 전송에 해당하지 않음은 당연하다고 하겠다. 그리고 프레임링크에 있어서도 그 기술적 내용이 적어도 단순링크나 직접링크에 준하는 형태라면 이 경우 역시 복제 및 전송에 해당하지 않는다고 볼 수 있을 것이다.

---

51) 일부 견해 중에는 인라인링크를 직접링크에 포함하여 구분하는 경우도 있다.
52) "클릭"을 자동적으로 클릭되는 경우도 포함하는 의미로 새길 수 있다면 그 논리적 타당성은 더 높아질 수 있을 것이다.

4. 링크의 공중송신 해당 여부

공중송신은 저작물, 실연·음반·방송 또는 데이터베이스(이하 "저작물등"이라 한다)를 공중이 수신하거나 접근하게 할 목적으로 무선 또는 유선통신의 방법에 의하여 송신하거나 이용에 제공하는 것을 말한다(저작권법 제2조 제7호). 그리고 이에는 방송,53) 전송,54) 디지털음성송신55) 등이 포함된다. 그런데 앞서 살펴본 바와 같이 링크 그 자체는 전송에 해당하지 않는다. 그렇다면 그 상위 개념인 공중송신에 포섭될 수 있는지가 문제될 수 있다. 그러나 링크는 그 특성상 동시성이 없으므로 일단 방송이나 디지털음성송신에 해당한다고 볼 수는 없을 것이다. 따라서 그 밖의 유형의 공중송신에 해당하는지를 검토할 필요가 있다. 살피건대 링크는 웹페이지, 파일 등의 주소(경로)와 태그가 조합된 연결 정보로서 그 자체는 "저작물등"에 해당한다고 보기 어려울 뿐만 아니라 그러한 링크를 걸어 놓은 것만으로는 적어도 당해 웹사이트에서 "저작물등"의 송신이나 이용제공이 발생하지 않는다는 점에서 공중송신에 해당하지 않는다고 보는 것이 타당하다고 생각한다. 다만, 링크를 다수 집적해 놓았다면 이 경우 데이터베이스 및 공중송신에 해당한다고 볼 여지가 없지는 않을 것이다.56) 그러나 이는 링크되는 "저작물 등" 그 자체에 대한 것이

---

53) "방송"은 공중송신 중 공중이 동시에 수신하게 할 목적으로 음·영상 또는 음과 영상 등을 송신하는 것을 말한다(저작권법 제2조 제8호). 그 특성을 보면 동시성을 갖고 있으나 쌍방향성은 없다. 주문형은 이에 해당하지 아니한다.

54) 전송의 특징은 동시성은 없으나 쌍방향성을 가진다는 점이다. 주문형 또는 이용제공이 이에 해당하며, 복제를 수반한다.

55) "디지털음성송신"은 공중송신 중 공중으로 하여금 동시에 수신하게 할 목적으로 공중의 구성원의 요청에 의하여 개시되는 디지털 방식의 음의 송신을 말하며, 전송을 제외한다(저작권법 제2조 제11호). 그 특징을 보면 동시성과 쌍방향성 모두를 갖고 있다. 주문형은 이에 해당하지 않는다. 복제를 수반하지 않는다.

56) 유럽의 경우에는 취업정보, 전화번호정보, 주택정보 등의 데이터베이스에 대한 직접링크를 데이터베이스제작자의 권리(sui generis right)를 침해한 것으로 인정한 사

아니라는 점, 단순히 몇몇 링크만를 모아놓은 경우에는 데이터베이스라고 하기 곤란한 점, 데이터베이스로 인정한다고 하더라도 창작성 없는 데이터베이스에 해당할 경우가 많을 것이라는 점, 데이터베이스제작자는 각각의 링크정보를 수집·정리해 이를 집적해 놓은 사이트의 운영자 본인이 될 가능성이 높다는 점, 데이터베이스제작자에게는 전송권 이외에 공중송신권이 부여되어 있지 않다는 점 등을 종합적으로 고려해 보건대 데이터베이스의 측면에서도 권리침해 문제는 거의 발생하기 어려울 뿐만 아니라,[57] 링크를 모아놓았다는 이유만으로 링크되는 "저작물등"을 직접적으로 송신하거나 이용에 제공하였다고 볼 수 없으므로 전송은 물론 그 밖의 공중송신에도 해당하지 않는다고 할 것이다. 다만, 이 경우에도 간접침해의 문제는 남는다고 하겠다.

례가 다수 존재한다. 이에 대해 자세한 것은 김현철, 전게논문, 52-53면 참조; 우리나라의 경우는 '배경음악 검색 서비스 사건'과 관련해 "피신청인은 그 서버에 음악저작물에 관한 음악파일을 저장하고 있지는 아니하나, 그 접속경로에 대한 데이터베이스의 저장 등을 통하여 실질적으로 음악파일을 지배·이용하고 있으며, 이러한 피신청인의 행위를 전체적으로 보면, 음악저작물을 공중이 접근하게 할 목적으로 그 이용에 제공하는 행위를 한 것으로 포섭할 수 있다"고 판단한 하급심 판례가 있다(서울중앙지방법원 2008.6.9. 자 2007카합3973). 이와 관련해 링크정보를 제공하는 것이 공중송신권 침해에 해당하는지 여부 내지는 인라인링크가 전송 이외에 다른 유형의 공중송신 개념을 의미하는 것인지에 대한 논의는 유대종, 전게논문, 168-172면 참조.

57) 만약 링크 정보를 각각의 개인 블로그, 미니홈피 등을 일일이 검색해 수집한 것이 아니라 특정 사이트의 데이터베이스의 전부 또는 상당부분을 복제하는 방법으로 링크를 집적해 놓은 것이라면 이 경우에는 해당 데이터베이스제작자의 권리를 침해하는 것이 된다고 할 것이다. 다만, 저작권법 제93조 제2항 단서가 "데이터베이스의 개별 소재 또는 그 상당한 부분에 이르지 못하는 부분의 복제등이라 하더라도 반복적이거나 특정한 목적을 위하여 체계적으로 함으로써 당해 데이터베이스의 통상적인 이용과 충돌하거나 데이터베이스제작자의 이익을 부당하게 해치는 경우에는 당해 데이터베이스의 상당한 부분의 복제등으로 본다"고 규정하고 있으므로, 링크 정보의 수집행위가 이 경우에 해당하면 역시 데이터베이스제작자의 권리를 침해하는 것이 될 것이다.

VI. 결론

링크와 관련해 주로 복제권, 공중송신권(전송권), 전시권,58) 2차적저작물작성권, 성명표시권, 동일성유지권 등의 침해 여부가 문제된다. 학설은 단순링크, 직접링크의 경우 복제권, 전송권 등의 침해가 되는 것으로 보기 어렵다는 견해가 다수이다. 프레이밍의 경우도 크게 다르지 아니하다. 다만, 인라인링크의 경우는 전송에 해당할 가능성이 상대적으로 높은 것으로 보기도 한다. 그런데 최근 대법원은 위 대상판결에서 심층링크 내지 직접링크는 복제 및 전송에 해당하지 않음을 명확히 하였다. 타당한 판단이라고 생각한다. 그 밖에 썸네일 검색이 문제된 사건에서 링크를 복제, 전송, 전시행위와 동일시할 수 없다고 하여 복제권, 전송권 등의 저작권 침해를 부정한 바 있다.59)

대상판결에서 대법원은 심층링크 내지는 직접링크를 하는 행위에 대해서만 복제 또는 전송에 해당하지 않는다고 있으나 인라인링크도 이에 포함된다고 볼 여지가 전혀 없는 것은 아니지 않은가 한다. 그리고 논리상 단순링크는 당연히 포함된다고 생각한다. 프레임링크도 기본적으로는 크게 다르지 않다고 할 것이다.

또한 링크가 공중송신의 개념에 포섭될 수 있는지 여부에 대해서는 전송

---

58) 미국의 경우 이미지 검색과 관련해 'Kelly v. Arriba Soft 사건'(336 F.3d 811 (9th Cir. 2003))에서 인라인 링크 또는 프레임링크를 현시권(display right, 전시권) 침해로 인정한 바 있다. 여기서 미국의 현시권(전시권)을 우리나라의 전시권과 일치하는 개념으로 보기는 어렵다고 할 것이다. 이에 대해 결국 전송권 침해로 본 것이라는 견해가 있다(김현철, 전게논문, 53면); 한편 링크의 전시권 침해 여부와 관련해 직접링크는 전시권이 침해된다고 보기 어렵지만 이미지링크와 프레임링크는 전시권을 침해할 가능성이 있다는 견해가 있다(윤경, 전게서, 744-745면; 이대희, 전게서, 421-422면).

59) 서울고등법원 2008.11.19. 선고 2008나35779 판결; 이에 대해 자세한 것은 유대종, 전게논문, 167-168면 참조.

은 물론 방송, 디지털음성송신 그 밖의 유형의 공중송신에도 해당하지 않는 것으로 해석하는 것이 타당하다고 생각한다. 링크 행위의 주체는 일차적으로는 링크되는 웹사이트(홈페이지)가 아닌 링크하는 웹사이트(홈페이지)라고 할 수 있으며, 링크정보를 제공하는 것 역시 저작권법상의 복제, 전송에 해당하지 아니하며 따라서 직접적인 저작권 침해라고 볼 수 없다고 할 것이다.

링크는 인터넷 이용자로 하여금 출처등의 오인·혼동을 가져오게 하거나 광고를 제외한 나머지 부분만 나타나도록 함으로써 링크된 웹사이트측에 영업상 손실을 줄 수 있을 뿐만 아니라 타인의 자료를 자신의 웹페이지에 무단 이용함으로써 타인의 노력에 무임승차하거나 링크되는 웹사이트 또는 당해 저작물의 상업적인 가치를 떨어뜨리는 상황도 예상해 볼 수 있다. 따라서 링크와 관련된 문제는 저작권 침해뿐만 아니라 상표권이나 부정경쟁방지 등의 문제로 접근하는 것이 타당한 경우도 많을 것으로 본다. 미국 Ticketmaster v. Microsoft 사건(deep link에 대해 주로 연방 상표법 위반 등이 문제되었으며, 화해로 종결)60) 등이 그러하다. 또는 불법행위나 부당이득의 성립가능성도 배제할 수 없을 것이다. 특히 방조책임 등의 간접책임 법리의 원용이 필요한 경우도 있을 것이다. 한편 저작권 침해가 문제되는 경우라 하더라도 공정이용 법리의 적용이 고려될 수 있을 것이다. 예를 들어 저작권법 제28조(공표된 저작물의 인용)에서 정한 정당한 범위 안에서 공정한 관행에 합치되게 인용한 것인지 여부가 검토될 수 있을 것이다.61)

생각건대 링크의 문제는 복제, 전송 등의 기술적 개념에 초점을 맞출 것인지 아니면 링크에 따른 실질적인 이용 형태나 그 효과에 주목할 것인지에 따라 그 접근 방법과 결과가 달라질 수 있다고 본다. 예컨대 너무 전자의 입장

---

60) No 97-3055 DPP (C.D. filed Apr. 28, 1997).
61) 대법원 2006.2.9. 선고 2005도7793 판결(인터넷 검색사이트에서 원저작자의 허락을 받지 아니하고 그의 사진작품을 이미지검색의 이미지로 사용한 경우, 저작권법상 정당한 범위 안에서 공정한 관행에 합치되게 사용한 것이라고 본 원심의 판단을 수긍한 사례) 참조.

만을 관철하고자 한다면 사실상 손해가 발생하고 있는 경우에도 이를 실효성 있게 제재하거나 구제받는 것이 곤란할 수도 있을 것이다. 또는 후자의 입장을 강조한다면 링크를 복제, 전송, 공중송신 등의 개념 속에 적극적으로 포섭하고자 할 것이고, 이 경우 자칫 정보에 대한 접근과 유통을 과도하게 억압하거나 이용현실을 왜곡하여, 궁극적으로는 공익에 반하는 바람직하지 못한 결과를 낳을 수도 있을 것이다. 따라서 양자 모두 신중을 기할 필요가 있다. 결국은 정보에 대한 자유로운 접근과 공유, 인터넷의 활성화라는 이상을 더 적극적으로 구현할 것인지 아니면 저작권 보호에 더 귀를 기울일 것인지에 대한 정책적 판단에 따를 수밖에 없는 문제가 아닌가 한다. 그러나 실제로 복제와 전송은 링크하는 웹사이트를 방문한 인터넷 이용자의 컴퓨터와 링크되는 웹사이트 서버 간에 일어나는 것이라는 점을 고려한다면 링크 자체에 대해 직접적으로 복제권, 전송권 등의 저작권 침해 책임을 지우는 접근 방법은 가급적 지양되어야 할 것으로 생각한다. 도서관의 카드색인은 도서의 검색과 이용을 용이하게 해 주는 것으로 이를 작성하였다는 이유만으로 저작권을 침해하였다고 보기 어렵듯이 링크도 그것을 걸어두었다는 이유만으로 직접적으로 복제권, 전송권을 침해하는 것이라고 할 수 없다. 링크는 인터넷을 보다 편리하고 유용하게 하는 도구로서 그로 인해 접속의 가능성이 높아지면 높아질수록 연결되는 웹사이트 자체는 물론 인터넷 전체의 효용가치는 더욱 증가하게 될 것이다. 만약 링크를 원하지 않는다면 이를 차단하는 방법도 얼마든지 강구할 수 있는 것이므로[62] 링크 자체를 처음부터 저작권 침해로 보아 이를 필요이상으로 제약하는 것은 득보다는 실이 많을 수 있다는 점이 충분히 고려되어야 할 것으로 생각한다.

---

[62] 우선적으로는 기술적 조치에 의하는 방법이 있을 것이다. 그러나 넓게는 접속규정이나 링크계약에 의한 방법도 고려될 수 있을 것이다. 이 경우에는 묵시적 이용허락이나 권리남용 여부 등이 검토되어야 할 것이다.

제4절 풀브라우징과 콘텐츠이용허락 범위

I. 서론

우리는 90년대 모뎀을 이용한 하이텔, 천리안 등의 PC통신을 통해 정보를 공유하였다. 이러한 PC통신은 특정 PC통신업체내에서만 정보를 공유할 수 있었을 뿐 다른 PC통신업체에 존재하는 정보를 공유하는 것은 불가능하였다. 그러나 2000년대를 넘어서면서부터 하이텔, 천리안 등을 거치지 않고 인터넷의 세계로 들어갈 수 있는 기술이 소개되고, 많은 웹사이트들과 이러한 웹사이트를 검색할 수 있는 검색엔진이 생겨나면서 Walled Garden정책으로 제한되었던 정보에 대한 접근성은 소멸되어졌다.

오늘날 이동전화는 과거 천리안, 하이텔 등과 같은 PC통신 환경과 유사한 모습을 보여주고 있다. 즉 SKT 사용자는 Nate, KTF 사용자는 QOOK, LGT 사용자는 OZ라는 이동통신사의 무선포털(WAP포털)에 접속한 후 이동통신사와 제휴관계를 맺고 있는 콘텐츠제공자의 콘텐츠를 유료로 이용하는 폐쇄망 구조에서 콘텐츠를 이용하고 있다. 이러한 패쇄망 구조에서 서비스되는 웹콘텐츠는 WAP(Wireless Application Protocol)브라우징 방식1)을 취하고 있어 유선 웹

---

1) 휴대 전화기를 사용해서 인터넷상의 정보를 신속히 검색, 표시할 수 있는 통신 규약으로 미국의 Unwired Planet, 스웨덴의 Ericsson, 핀란드의 Nokia, 미국의 모토롤라 등 4개사가 1997년 9월에 기본 규격을 정리·종합했다. WAP은 통신 품질의 불안정으로 전송 속도가 느린 휴대 전화망의 특성을 고려, 게이트웨이 방식을 채용해서 단시간에 많은 정보를 전송할 수 있도록 했다. 게이트웨이는 휴대 전화망과 인터넷 사이에 설치해서 하이퍼텍스트 생성 언어(HTML)를 무선 마크업 언어(WML: Wireless Markup Language)라고 하는 독자 언어로 변환한다. WML 파일의 전송 프로토콜도 하이퍼텍스트 전송 규약(HTTP)이 아닌 독자 규격을 사용한다. WAP은

사이트에서 제공되는 콘텐츠를 무선포털에서 서비스하기 위해서는 HTML로 작성된 유선 웹사이트를 WML(Wireless Markup Language)2)로 변환하여야 한다.

현재 무선인터넷3)을 통해 이용할 수 있는 콘텐츠는 유선인터넷 웹과는 별도로 모바일 표준 규격에 따라 만들어진 WAP 콘텐츠로 외견상으로는 유선인터넷 웹페이지를 일반PC에서 보는 것과 동일하지만 휴대폰용으로 별도로 제작한 콘텐츠들이다.4) 그러나 휴대단말기를 통해 다양한 유선 웹사이트에 직접 URL입력을 통해 접근할 수 있는 풀 브라우징(Full Internet Browsing)5) 방식은 휴대단말기를 통해서도 일반PC로 보는 웹사이트와 동일한 형태로 유선 웹사이트의 콘텐츠를 볼 수 있으며, 모든 유선인터넷의 웹페이지에 대한 서핑이 가능하다. 따라서 네이버, 다음 등과 같은 유선인터넷의 포털사이트의 입장에서는 기존의 웹페이지를 WAP 브라우징 방식을 통해 콘텐츠를 서비스하기 위해 필요했던 WML로 변환하지 않아도 된다.6) 그러므로 포털사이

응용 프로그램 인터페이스(API)를 규정해서 게이트웨이에 여러 가지 다양한 애플리케이션이 실려 있다.

2) 이동 통신용 단말기에 적합하도록 XML기반으로 한 마크업 언어로 WAP 프로토콜 상에서 쓰인다.

3) 본고에서는 무선인터넷의 개념을 CDMA망과 휴대폰을 통해 WAP페이지를 이용하는 것과 HSDPA, WIBRO 등의 다양한 정보통신망 환경에서 다양한 휴대단말기(휴대폰, PDA, 스마트폰 등)를 통해 WAP페이지뿐만 아니라 Web페이지를 이용하는 것을 포함하는 것으로 사용하였다.

4) 통상 포털사이트가 WAP브라우징 방식으로 콘텐츠를 무선인터넷으로 서비스하는 경우에는 콘텐츠 저작권자에게 별도의 콘텐츠 이용료를 지급하는 것으로 알려져 있다.

5) 풀 브라우징은 NTT DoCoMo가 full browser를 서비스표로 출원하면서 붙여진 이름이나 현재는 휴대단말기를 통한 유선 인터넷 사이트에 접속할 수 있는 일반명칭으로 사용되고 있다.

6) 무선인터넷에서 풀 브라우징 방식을 이용하여 콘텐츠 서비스는 2004년 일본의 이동통신사인 KDDI가 'PC Site Viewer'라는 서비스명으로 제공하기 시작하였으며, 유럽은 2005년 T-mobile이 'Web-n-Walk'이라는 서비스명으로 제공하기 시작하였다. 국내에서는 2007년 2월부터 SKT, KTF가 서비스를 제공하고 있다.

트가 콘텐츠 저작권자들과 체결한 콘텐츠 이용허락범위에 풀 브라우징 방식을 통한 서비스도 포함되는 것으로 해석될 수 있는지가 의문이다. 왜냐하면, 풀 브라우징 방식은 유선인터넷에서의 웹페이지 작성언어인 HTML로 작성된 웹페이지를 무선인터넷에 필요한 WML 형태의 웹페이지로 변환할 필요 없이 또 포털사이트가 무선인터넷으로 콘텐츠를 서비스할 의사와는 무관하게 휴대단말기에서 대해 콘텐츠를 이용할 수 있기 때문이다.

이하에서는 콘텐츠 이용허락계약에서 그 이용허락범위가 명시적으로 약정되지 아니한 경우 그 범위기준 및 방법 등에 관한 학설 및 판례의 검토를 통해 풀 브라우징 방식으로 무선인터넷에서 콘텐츠를 서비스하는 것이 콘텐츠 이용허락범위에 포함되는지 여부를 검토하여 본다.

Ⅱ. 풀 브라우징의 개념과 서비스 방식

현재 이동통신사의 무선포털에서 서비스되고 있는 WAP 브라우징 방식의 콘텐츠 서비스는 유선인터넷 웹페이지 또는 콘텐츠를 모바일용으로 변환한 것이다. 그러나 WAP 브라우징 방식은 오로지 WAP 전용 콘텐츠나, Web-WAP 프락시 콘텐츠만 서비스가 가능하기 때문에 무선포털 이용자들은 유선인터넷에서 제공되는 HTML형태의 콘텐츠를 이용할 수 없다. 이러한 WAP 브라우징 방식으로 인하여 기존의 무선인터넷에서는 무선사업자가 제공하는 휴대폰의 버튼을 이용해 각 이동통신 사업자의 무선인터넷 서비스 사이트로 접속, 사업자가 제공하는 휴대단말기용 모바일 콘텐츠만을 이용할 수 밖에 없다. 결국 WAP 브라우징 방식의 서비스는 휴대단말기의 환경에 맞게 제한된 정보만을 표시할 수 있도록 되어 있어 모바일 사진, 동영상, 플래시 기능에 따른 서비스 제약이 따를 수밖에 없었다.

그러나 풀 브라우징 방식의 서비스는 모든 유선인터넷 웹사이트에 자유롭게 접근할 수 있다는 점에서 기존의 WAP 브라우징 방식의 서비스와는 차이점을 보인다. WAP 브라우징 방식은 모바일 환경에 최적화된 규격을 제정한 OMA(Open Mobile Alliance) 및 W3C의 국제 표준, 이통사 자체규격(모바일 제정규격) 등을 기반으로 서비스를 제공하여 왔다. 반면에 풀 브라우징 방식은 유선인터넷 웹사이트에서 사용하는 W3C 규격과 인터넷 익스플로러 규격을 지원해서 일반PC용 콘텐츠를 자유롭게 접근할 수 있는 것이 특징이라 할 수 있다.

풀 브라우징 방식의 콘텐츠 서비스는 유선인터넷상에서 사용되고 있는 ActiveX, 플래시 기반의 다양한 응용프로그램 등에 대해서는 충분한 기능을 제공하지 못하고 있다. 무엇보다도 가장 큰 문제는 국내 웹페이지의 사실상 표준이라고 볼 수 있는 1024×768 웹페이지에 대해서 일반PC와 동일한 환경을 제공하지 못하고 있다는 것이다.[7] 이러한 이유로 현재의 풀 브라우징 방식은 과도기적으로 유선인터넷상의 콘텐츠가 휴대단말기에서 서비스될 수 있도록 중간에 변환서버를 두고 무선인터넷에서 이용 가능하도록 변환하여 서비스되는 방식을 취하고 있다.

Ⅲ. 포털사이트의 콘텐츠 이용계약 유형

포털사이트는 네티즌들이 포털이라는 웹사이트에 들어와 다른 웹사이트로 이동하지 않고 다양한 콘텐츠(저작물)를 접할 수 있도록 하는 것을 목적으로 하는 인터넷비즈니스 모델을 취하고 있다. 이러한 비즈니스 모델이 성공하기 위해서는 포털들이 양질의 다양한 콘텐츠를 확보하고 있어야 한다. 포털사이트는 양질의 콘텐츠를 확보하기 위한 방법으로 콘텐츠 저작권자 또는 이용

---

7) 박민우, "모바일 웹 표준화 논쟁", 『SW Insight 리포트』, 2007. 4월, 31면.

허락권자와 직접 이용허락계약을 체결하고 콘텐츠를 서비스하거나, 콘텐츠를 확보하고 있는 콘텐츠제공자(CP)들을 자사의 사이트에 입점하도록 하여 콘텐츠를 서비스할 수 있도록 하는 방법을 취하고 있다.

포털사이트가 콘텐츠 저작권자와 체결하는 콘텐츠 이용허락계약은 통상 콘텐츠 이용허락범위를 포털사이트내에서 서비스하는 것으로 약정하게 된다. 예를 들어 포털사이트의 URL내에서만 서비스가 가능하며, 그 외 URL에서 서비스하는 경우에는 별도의 이용허락을 받아야 한다. 이러한 계약은 통상, 개별콘텐츠 확보차원에서 이용되고 있는 계약방식으로 드라마, 영화, 사전, 지도 콘텐츠 등이 주류를 이루고 있다. 또한, 포털사이트가 콘텐츠 저작권자로부터 이용허락을 득한 콘텐츠를 이동통신사의 무선포털에서 서비스하기 위해서는 별도의 이용허락을 얻어야 한다. 왜냐하면, 이동통신사의 무선포털은 후술하는 포털사이트가 체결하는 입점계약과 동일한 방식의 계약이라고 볼 수 있고 서비스되는 콘텐츠도 WAP 브라우징 방식에서 이용가능하도록 변환하여야 하기 때문이다.

콘텐츠제공자와의 입점계약은 콘텐츠제공자가 포털업체의 웹사이트에서 일정공간을 임차하여 직접 자신들의 콘텐츠를 이용자들에게 제공하면서 포털사이트에게는 입점료를 지급하는 형태의 콘텐츠 공급 계약을 의미한다. 이러한 계약유형은 오프라인상의 백화점 입점 계약과 유사한 계약방식이라고 볼 수 있다.

전술한 두 가지의 계약방식 외에 포털업체들은 자신이 직접 회원들에게 서비스하는 블로그, 카페, 미니홈피 등의 서비스를 통해 회원들이 서비스에 게시한 콘텐츠에 대한 이용허락을 얻게 된다. 이러한 서비스를 통한 콘텐츠 이용허락은 통상, 서비스 이용약관을 통해 이루어지며, 당해 콘텐츠에 대한 저작권을 가지고 있는 이용자가 포털업체의 서비스 이용계약을 해지하는 경우에는 경우에 따라서는 포털업체가 당해 콘텐츠 이용권을 영구히 확보할 수 있도록 관련 조항을 약관에 명시하고 있기도 하다.

Ⅳ. 콘텐츠 이용허락계약의 해석론

콘텐츠(저작물)는 무체물이기 때문에 기술발전에 따라 그 이용방법이 변화하고 그에 따른 콘텐츠 이용시장의 형성과 수익구조의 변화를 가져오게 된다. 따라서 저작권자와 이용자 간에 콘텐츠 이용허락계약을 체결하는 과정에서 장래의 기술혁신을 통해 새로운 콘텐츠 이용방법이 출현하는 경우 이러한 새로운 콘텐츠 이용방법이 콘텐츠 이용허락계약에서 명시적 허락이 있거나, 명시적 유보가 있는 경우에는 계약내용에 따르면 된다. 그러나 아무런 명시적 약정이 없는 경우에는 새로운 이용방법을 통해 콘텐츠를 서비스하는 것이 이용허락범위 내의 이용인지 여부를 어떻게 해석할 것인가가 문제이다. 즉 콘텐츠 이용허락계약을 해석함에 있어 일반 민법상의 해석론에 기초할 것인지 아니면 콘텐츠라고 하는 특수성을 고려하여 민법상의 해석론과는 다른 특수한 해석론에 근거할 것인지가 문제이다.

이하에서는 저작물 이용허락계약을 해석함에 있어 일반 민법상 해석론을 취한다고 보여지는 미국과 특수한 해석론을 취하고 있는 독일의 저작물 이용허락계약의 해석론을 살펴보고, 우리나라의 학설과 판례를 검토하여 보기로 한다.

1. 미 국

미국은 저작물 이용허락계약을 해석함에 있어서 저작자와 이용자가 서로 대등한 입장에 있는 것으로 보고 이용허락계약서에 명시된 내용을 부수적인 증거에 의하여 배척할 수 없다는 계약법상의 원칙에 근거하여 일반 민법상 계약해석과 동일한 원리로 해석하고 있는 것으로 보인다.[8]

미국은 저작물 이용허락계약을 해석함에 있어 이용방법이 명시적으로 표현되어 있지 않는 경우에는 저작권자에게 그 권리가 유보된 것으로 추정하는 「저작자에게 유리한 추정 원칙」[9]과 계약내용 중 그 내용이 모호한 경우에는 그 계약문안을 작성한 자에게 불리하게 추정하는 「계약문언 작성자에게 불리한 추정 원칙」[10]을 채용하고 있다. 그러나 이러한 원칙들은 저작권자가 저작물 이용허락계약의 문안 작성자일 경우에는 두 원칙이 상호 상충하게 되는데 이러한 경우 문안 작성자에게 부리하게 추정한다는 원칙이 명시적으로 허락되지 않는 한 어떠한 권리도 저작자에게 유보된 것이라고 하는 연방 저작권 정책에 우선권을 양보하여야 한다고 보아 저작자에게 유리한 추정의 원칙을 보다 우월한 것으로 보고 있는 듯하다.[11]

미국 판례 중 새로운 매체와 관련하여 가장 중요하게 논의되는 판례는 연방제2항소법원의 Bartsch v. Metro-goldwin-Mayer, Inc. 판결이다.[12] 본 사건

---

8) 이성호, "저작물 이용허락의 범위와 새로운 매체: 미국 저작권법을 중심으로", 판례월보(제311호), 1996년 8월, 54면; 오승종, 『저작권법』, 박영사, 2007, 514면.

9) 이 원칙은 저작물 이용허락계약에 있어 저작자에 의해 허락되지 아니한 모든 이용은 금지된다는 것이 연방 저작권법의 기본정책이라고 보고, 특별히 허락되지 아니하여 분쟁의 대상이 되고 있는 권리는 저작자에게 유보된 것으로 해석하여야 한다는 것이다(이성호, 위의 논문, 54면).

10) 이 원칙은 쌍방 당사자 중 직접 문안을 작성한 자가 자신의 의도를 가장 분명히 표현할 수 있는 위치에 있으므로 문안에 분명하게 표현하지 아니한 것은 문안작성자에게 불리한 쪽으로 추정함이 옳으며, 저작권계약에 있어서 일반적으로 문안을 작성하는 자가 상대방보다 더 경험이 많은 당사자이므로 문안 작성의 실패에 따른 부담도 그에게 지우는 것이 보다 공평하다는 것을 논리적 근거로 한다(이성호, 위의 논문, 55면).

11) S.O.S., Inc. v. Payday, Inc., 886 F.2d 1081(9th Cir. 1989).

12) Bartsch v. Metro-Goldwin-Mayer, Inc., 391 F.2d 150(2d Cir.), cert denied, 393 U.S. 826(1968); 이 사건은 독일의 오페라 "Einst in Mai"의 저작자들로부터 1930. 1월에 오페라를 영화촬영법 또는 그와 유사한 어느 방식으로 제작하고, 그 영화를 전세계적으로 저작권을 부여하고 판매, 이용허락, 상영할 수 있는 배타적 권리 등을 부여받은 Hans Bartsch는 1930. 5월 영화화권 및 배포권 등을 워너브라더스에 이전하였고 워너브라더스는 1935년에 다시 그 권리를 피고 MGM에게 이전하여 MGM이 흥행에 크게 성공한 영화 "Maytime"을 제작, 배포하게 되었다. 한편, Hans Bartsch

에서 연방제2항소법원은 "어느 매체에 대하여 허락된 이용권은 그 용어의 명확하고 핵심적인 의미 내에 들어가는 이용만을 포함하고 그 밖의 불분명한 영역에 해당하는 모든 사용을 배제하는 것이라고 해석하는 접근방법과 이용을 허락받은 자는 이용허락계약서에서 기술하고 있는 매체의 범위 내에 들어간다고 봄이 합리적이라고 할 수 있는 어떠한 사용도 할 수 있는 것이라고 해석하는 접근방법이 있다. 만약 사용된 용어가 새로운 사용방법을 포함하는 것으로 볼 수 있을 만큼 광범위할 경우에는 거기에 포함되지 않는 예외를 분명히 설정하여야 하는 부담은 이용을 허락하는 자가 지도록 하는 것이 보다 공평하다고 할 수 있다. 만약 Bartsch측에서 전통적인 극장 스크린을 통한 영화의 상영권만을 부여하는 것으로 제한하기를 원하였다면, 그들은 그렇게 약정할 수 있었을 것인데도 그러한 약정을 하지 아니하였다. 더욱이 이 사건과 같은 사안에서 후자의 견해를 선호하게 되는 또 하나의 이유는, 그것이 허락 여부가 불분명한 영역에 속하는 매체를 통하여서도 공중이 저작물을 이용할 수 있도록 하는, 적어도 한 사람의 제작자를 제공한다는 점이다. 반면에 전자의 견해를 취하면 저작권자와 이용권자 사이에 협상이 교착상태에 빠질 경우 새로운 매체를 통한 저작물의 이용 자체가 전면 금지되는 결과가 될 것이다."라고 하여 극장에서 영화를 상영할 권리에는 새로운 매체인 TV를 통한 방영권까지 포함된다고 보았다. 본 판결에서 유의하여야 할 점은 Bartsch가 경험이 많은 사업가였다는 점이다. 따라서 저작물 이용허락계약에서 포괄적인 이용허락 문구를 사용한 경우라 하더라도 쌍방이 대등한 지위에서 적정한 대가를 지급받기로 하고 계약을 체결하고, 저작자가 그 문구의 구체적 의미를 제대로 이해할 수 있는 정도의 경험을 가지고 있는 위치에 있었다고 한다면, 공평의 원칙에 비추어 새로운 매체에 대한 예외조항을 명시

는 1938년에 다시 위 오페라의 저작자들로부터 그 저작권 일체를 양도받았던바, 이 사건 분쟁은 1958년부터 MGM이 위 영화에 대한 TV 방영권을 타인에게 허락하자, Hans Bartsch를 상속한 미망인인 원고가 그가 양수받은 저작권에 대한 침해임을 주장하면서 발생하였다.

하지 아니한 책임은 저작자가 부담하는 것이 바람직하다는 것이다.

미국 판례법은 저작물 이용허락계약에서 그 이용허락범위가 불분명한 경우 이를 어떻게 해석하여야 하는지에 관해 통일된 입장을 취하고 있지 않고 있다. 이러한 미국의 판례에 대하여 분석한 Alben은 문제된 새로운 매체가 기존의 배포방법의 연장선상에 있는 경우13)에는 법원은 일반적으로 계약 당사자들이 기존의 매체에 대한 이용권에 새로운 매체에 대한 것도 포함시키기로 의도하였던 것으로 보고 있는 반면, 새로운 매체가 새로운 배포방법과 새로운 경제적 시장을 창출해내는 혁신적 기술을 내포하고 있는 경우14)에는 일반적으로 기존의 매체에 대한 이용허락에 새로운 매체에 관한 것이 포함되지 않는 것으로 보고 있다고 한다.15)

2. 독 일

독일은 미국과 같이 일반 민법상의 계약원칙에 따른 해석론과는 다른 특수한 해석론을 취하고 있다. 독일 저작권법 제31조 제4항에서는 아직 알려져 있지 아니한 방식에 관한 이용권 및 이를 위한 의무부여는 무효라고 규정하고 있으며, 동조 제5항에서는 이용권 부여시 이용의 종류가 개별적·명시적으로 표시되어 있지 않은 경우에는 이용권의 범위는 양 당사자에 의하여 기초가 된 계약의 목적에 의하여 결정된다고 규정하고 있다.16)또한, 제37조에

---

13) 예를 들면 무성영화와 유성영화[L.C. Page & Co. Inc. v. Fox Film Corp., 83F.2d 196(2d Cir.1936)], 일반 TV 방송과 케이블 TV 방송[Bartsch v. Metro-Goldwin-Mayer Inc., 391F. 2d 150(2d Cir), cert. denied, 393 U.S.826(1968)]을 들 수 있다.

14) 예를 들면 영화를 TV로 방영하거나 VTR로 배포하는 것([Rey v. Lafferty, 990 F. 2d 1379(1st Cir.1993)]을 들 수 있다.

15) Alex Alben, Future Technology Clauses and Future Technologies Legal Roadblocks to New Media Uses Along the Information Super Highway, Ent. L. Rep., Vol.15, No.12(May 1994)(이성호, 앞의 논문, 59면에서 재인용).

16) 본 규정은 독일의 저작권 관련 계약 해석방법인 목적양도론을 입법화한 조항이다.

서는 저작자가 타인에게 저작물에 관한 이용권을 부여하는 경우 의심스러운 때에는 저작물의 공표 또는 그 이용에 관한 동의는 저작자에게 유보되는 것으로 규정하고 있다.

독일 저작권법 제31조 제5항에 입법화되어 있는 목적양도론[17]은 저작권 계약에 있어서 권리부여 범위에 관하여 명시적 합의가 되어 있지 않는 한 그 권리부여범위는 당해 계약상 추구되는 목적에 의하여 결정된다는 것이다.[18] 목적양도론은 법정책적으로 저작자의 저작물의 경제적인 과실에 대해 가능한 한 넓은 관여라는 구호의 현실적인 실현에 기여하려는 것이었다.[19]

목적양도론의 적용범위와 관련하여, 동 이론은 저작자와 저작물 이용자 사이에서 저작권에 관한 이용계약을 둘러싸고 목적양도이론이 논하여지는 것이었지만, 통설에 의하면 저작자로부터 저작물 이용을 허락받은 저작물 이용자가 다시 제3자에게 자신의 권한 내에서 다시 저작물 이용을 허락함에 있어서도, 즉 저작물 이용사업자들 사이에서의 행하여지는 저작권 이용에 관한 법률행위에도 준용되었다.[20]

저작물 이용허락계약상 그 이용허락범위가 구체적으로 계약에 나타나 있지 않으면 이용허락범위는 계약상의 목적에 따라 그 권리부여범위를 파악하게 된다. 여기서, 계약상의 목적이란 일면적인 목적 설정이 아닌 양 당사자에 의하여 공동적이며 주관적으로 추구되는 것을 의도하는 것이다.[21] 양 당

---

17) 목적양도론은 1920년대에 원래 저작자의 권리보호를 위하여 학설상 논의되었으며, 1927년 라이히 법원에 의해 최초로 인정된 이후 이러한 태도는 독일연방대법원에 의하여도 계속 이어졌으며, 1965년의 독일 저작권법 전면 개정시 성문법적으로 조문화하게 되었다. 목적양도론에 관한 보다 자세한 내용은 박익환, "저작권 계약의 해석에 관한 일고찰(1)", 『저작권(제22호)』, 1993년 여름호 및 박인환, "저작권 계약의 해석에 관한 일고찰(2)", 『저작권(제24호)』, 1993년 겨울호 참조.

18) Fromm/Nordemann/Hertin, Urheberrecht, Kommentar, 6.Aufl.(1986), §§31/32 Rn.6 [박익환, 위의 논문(1/여름호), 45면에서 재인용].

19) Schricker/Schricker, Urheberrecht, Kommentar, 1987, §§31/32 Rn.32.

20) Schricker/Schricker, a.a.O., §31/32 Rn.36.

21) Schricker/Schricker, a.a.O., §§ 31/32 Rn.39.

사자가 저작물 이용허락계약을 체결하는 과정에서 추구하려고 하였던 주관적인 사정으로는 사전교섭과정, 수반되는 사정, 유사한 계약관계, 통상적인 활동행위양식 및 관례적인 행위과정 등이 고려되는데, 이와 같은 상황을 기초로 하여 계약목적으로는 당사자들이 계약체결시에 객관적으로 하려고 하던 기준에 따라 이용범위를 설정하게 된다. 계약당사자들이 기존의 관행에 따르려고 하였다는 점을 인정할 만한 특단의 사정이 인정된다면, 계약상의 필요를 넘어서는 묵시적인 권리부여가 있었다고 하겠으나, 그 이외의 경우에 저작물 이용계약에 있어서 저작자가 이용자에게 부여하는 권리의 범위는 당해 계약수행에 필요로 되지 않았거나 계약상 명시적으로 부여되지 않는 권리는 저작자에게 유보된다.[22]

독일 판례는 이용방법이 계약체결 당시에 평균적인 저작자에게 상세하게는 아니더라도 실질적으로 실행가능한 것으로 익히 알려져 있다면, 그것은 알려진 이용방법으로 볼 수 있다. 그러나 오직 전문가들만이 알고 있는 이용방법, 이론적으로는 가능하지만 확실하지 않은 이용방법은 알려지지 않은 이용방법으로 해석한다.[23] 따라서 저작물에 대한 이용을 허락받은 자는 자신의 목적 수행을 위하여 필요한 범위 내에서 저작물 이용권을 취득하며, 그러한 범위 내에서 저작자의 허락의사가 존재한다는 것이다.

3. 우리나라

계약의 해석은 계약내용을 확정하는 것으로서 통설과 판례[24]는 의사표시 해석에 있어서 당사자의 진정한 의사를 알 수 없다면, 의사표시의 요소가 되

---

22) Fromm/Mordemann/Hertin, a.a.O., §§31/32 Nr.9(박익환, 앞의 논문(겨울호), 31면에서 재인용).
23) 오승종, 앞의 책, 512면.
24) 대법원 2002.6.28.선고 2002다23482 판결.

는 것은 표시행위로부터 추단되는 효과의사, 즉 표시상의 효과의사이고 표의자가 가지고 있던 내심적 효과의사가 아니므로, 당사자의 내심의 의사보다는 외부로 표시된 행위에 의하여 추단된 의사를 가지고 해석하고 있다.

저작물 이용허락계약 체결 당시 계약의 대상이 되는 매체의 범위를 명확하게 정하지 아니하고 계약체결 이후 저작물을 이용할 수 있는 새로운 매체가 출현한 경우 판례와 학설은 이용허락범위를 제한하여 해석하여야 한다는 입장과 계약체결 동기, 목적, 거래관행 등을 종합적으로 고려하여 판단하여야 한다는 입장으로 나뉘어져 있다.

먼저, 저작물 이용허락범위를 제한하여 해석하여야 한다는 입장에서는 본래 계약해석에 있어서 묵시적 계약조건이 너무나도 애매모호하고 계약당사자들의 의사가 전혀 상이한 경우에는 계약당사자들의 의사의 합치가 없기 때문에 당해 조건에 관한 계약부분은 성립되지 아니한 것으로 볼 수 있다는 것이다. 따라서 이용허락계약의 경우에도 특정매체, 이용방법, 기간연장 등에 관한 합의가 성립되지 아니한 경우에는 그러한 한도에서 이용허락이 이루어지지 아니한 것으로 보는 이용허락범위의 제한적 해석의 원칙은 그러한 맥락에서도 당연한 것이라고 한다.[25] 대법원은 방송극작가와 한국방송사업단 사이에 체결된 극본공급계약의 이용허락의 범위가 문제가 된 사안에서 영상저작물의 하나인 TV드라마가 극본을 변형 및 복제하여 만든 2차적저작물이라는 점을 재확인하면서 방송극작가의 허락이 없는 한 본래의 이용목적인 방송 이외의 목적에 해당하는 비디오테이프 제작의 형태로 동 드라마를 복제·판매하는 것은 이용허락범위를 벗어난 것으로 저작권 침해에 해당한다고 판시하고 있다.[26] 또한, 편집앨범의 제작자는 원반 등의 음반제작자의 그 저작인접물에 대한 이용허락 이외에 저작권자로부터 음악저작물에 대한 이용허락을 얻어야 하는지가 문제가 된 사안에서 음악저작물의 저작권자가 음

---

25) 정상조, "저작물 이용허락의 범위,"『판례실무연구(Ⅰ)』, 박영사, 1997, 54면.
26) 대법원 1985.5.28.선고 84다카2514 결정.

반을 제작하고자 하는 음반제작자에게 음악저작물의 이용을 허락하는 것은 특별한 사정이 없는 한 음반제작자가 음반의 원반原盤을 제작하고 이를 보통의 음반으로 복제하여 판매·배포함을 허락하는 범위에 한정되는 것이므로, 저작권자가 이러한 이용허락의 범위를 넘어 자신의 저작재산권 중 복제·배포권의 처분권한까지를 음반제작자에게 부여하였다거나, 또는 음반제작자로 하여금 저작인접물인 음반 이외에 저작권자의 저작물에 대하여까지 이용허락을 할 수 있는 권한 또는 저작물의 이용권을 제3자에게 양도할 수 있는 권한을 부여하였다는 등의 특별한 사정이 인정되지 않는 한, 음반제작자에 의하여 제작된 원반原盤 등 저작인접물에 수록된 내용 중 일부씩을 발췌하여 이른바 '편집앨범'을 제작하고자 하는 자는 그 음반제작자의 그 저작인접물에 대한 이용허락 이외에 저작권자로부터 음악저작물에 대한 이용허락을 아울러 얻어야 한다고 해석된다고 하여 저작권자의 명시적 의사표시가 없는 한 그 이용허락범위는 제한적으로 해석하여야 한다고 판시하고 있다.[27]

이러한 저작물 이용허락범위의 제한 해석과는 달리 당해 저작물 이용허락 계약 체결시 제반사정의 종합적인 고려를 통해 판단하여야 한다는 입장에서 음반제작 계약시에는 상용화되지 않은 새로운 매체인 CD음반으로 제작·판매한 것이 이용허락범위 내에 포함되는지가 문제가 된 사안에서 저작권에 관한 이용허락계약의 해석에 있어서 저작권 이용허락을 받은 매체의 범위를 결정하는 것은 분쟁의 대상이 된 새로운 매체로부터 발생하는 이익을 누구에게 귀속시킬 것인가의 문제라고 전제하고, 녹음물 일체에 관한 이용권을 허락하는 것으로 약정하였을 뿐 새로운 매체(CD음반)에 관한 이용허락에 대한 명시적인 약정이 없는 경우 과연 당사자 사이에 새로운 매체에 관하여도 이용을 허락한 것으로 볼 것인지에 관한 의사해석의 원칙을 다음과 같은 사정을 고려하여 판단하여야 한다고 하고 있다.[28]

---

27) 대법원 2002.9.24.선고 2001다60682 판결.
28) 대법원 1996.7.30.선고 95다29130 판결.

첫째, 계약 당시 새로운 매체가 알려지지 아니한 경우인지 여부, 당사자가 계약의 구체적 의미를 제대로 이해한 경우인지 여부, 포괄적 이용허락에 비하여 현저히 균형을 잃은 대가만을 지급받았다고 보여지는 경우로서 저작자의 보호와 공평의 견지에서 새로운 매체에 대한 예외조항을 명시하지 아니하였다고 하여 그 책임을 저작자에게 돌리는 것이 바람직하지 않은 경우인지 여부 등 당사자의 새로운 매체에 대한 지식, 경험, 경제적 지위, 진정한 의사, 관행 등을 고려하여야 한다.

둘째, 이용허락계약 조건이 저작물 이용에 따른 수익과 비교하여 지나치게 적은 대가만을 지급하는 조건으로 되어 있어 중대한 불균형이 있는 경우인지 여부, 이용을 허락받은 자는 계약서에서 기술하고 있는 매체의 범위 내에 들어간다고 봄이 합리적이라고 판단되는 어떠한 사용도 가능하다고 해석할 수 있는 경우인지 여부 등 사회일반의 상식과 거래의 통념에 따른 계약의 합리적이고 공평한 해석의 필요성을 참작하여야 한다.

셋째, 새로운 매체를 통한 저작물의 이용이 기존의 매체를 통한 저작물의 이용에 미치는 경제적 영향, 만일 계약 당시 당사자들이 새로운 매체의 등장을 알았더라면 당사자들이 다른 내용의 약정을 하였으리라고 예상되는 경우인지 여부, 새로운 매체가 기존의 매체와 사용, 소비방법에 있어 유사하여 기존 매체시장을 잠식, 대체하는 측면이 강한 경우이어서 이용자에게 새로운 매체에 대한 이용권이 허락된 것으로 볼 수 있는지 아니면 그와 달리 새로운 매체가 기술혁신을 통해 기존의 매체시장에 별다른 영향을 미치지 않으면서 새로운 시장을 창출하는 측면이 강한 경우이어서 새로운 매체에 대한 이용권이 저작자에게 유보된 것으로 볼 수 있는지 여부 등 새로운 매체로 인한 경제적 이익의 적절한 안배의 필요성 등을 종합적으로 고려하여 사회정의와 형평의 이념에 맞도록 해석하여야 한다.

또한, 편집음반 제작이 문제가 된 사안에서 음반제작자와 저작재산권자 사이에 체결된 이용허락계약을 해석함에 있어 이용허락의 범위가 명백하지

아니한 경우에는 당사자가 이용허락계약을 체결하게 된 동기 및 경위, 이용
허락계약에 의하여 달성하려는 목적, 거래관행, 당사자의 지식, 경험 및 경제
적 지위, 수수된 급부가 균형을 유지하고 있는지 여부, 이용허락 당시 당해
음악저작물의 이용방법이 예견 가능하였는지 및 그러한 이용방법을 알았더
라면 당사자가 다른 내용의 약정을 하였을 것이라고 예상되는지 여부, 당해
음악저작물의 이용방법이 기존 음반시장을 대체하는 것인지 아니면 새로운
시장을 창출하는 것인지 여부 등 여러 사정을 종합하여 그 이용허락의 범위
를 사회 일반의 상식과 거래의 통념에 따라 합리적으로 해석하여야 한다29)
고 하여 계약체결 당시의 제반사정을 종합적으로 고려하여 판단하여야 한다
는 입장을 취하고 있다.

V. 풀 브라우징 방식이 콘텐츠
이용허락범위에 포함되는지 여부

전술한 바와 같이 포털사이트들은 자체 서비스를 통해 직접 이용허락을
득한 콘텐츠와 콘텐츠제공자(CP)와의 이용허락계약을 통해 콘텐츠를 서비스
하고 있다. 이러한 콘텐츠 이용허락계약에서는 통상 포털사이트 내에서 당해
콘텐츠를 서비스하는 것을 전제로 한다.30) 풀 브라우징 방식은 WAP 브라우
징 방식과는 달리 휴대단말기 이용자가 유선 인터넷에서와 같이 직접 해당
사이트의 URL을 직접 입력하고 포털사이트에 접속하여 일반PC에서와 동일

---

29) 대법원 2006.12.22. 선고 2006다21002 판결; 대법원 2007.2.22.선고 2005다74894
   판결.
30) 통상은 포털사이트 예를 들어 www.naver.com, www.daum.net 또는 www.nate.com
   이라는 URL을 특정하고 특정된 URL에서의 콘텐츠를 서비스하게 된다.

하게 콘텐츠를 이용할 수 있다. 따라서 콘텐츠 이용허락계약에서 콘텐츠 이용범위를 포털사이트의 URL(예를 들면 www.naver.com 또는 www.nate.com 등)로 특정한 경우에는 콘텐츠 이용허락범위에 포함된다고 볼 수도 있을 것이다. 왜냐하면, 이용허락을 얻은 콘텐츠는 유선인터넷상에서 서비스되고 있고 단지 이러한 유선인터넷에 접속할 수 있는 접속방식이 무선인터넷이 가능한 휴대단말기를 통해 유선인터넷상의 웹페이지에 접속하여 콘텐츠를 이용하는 것이기 때문이다. 즉 유선인터넷에 접속할 수 있는 접속도구로 일반PC가 아닌 휴대단말기를 사용하였기 때문이다.

그러나 포털사이트는 기본적으로 유선 인터넷에서 콘텐츠를 서비스하는 것을 전제로 하기 때문에 무선인터넷을 통해 휴대단말기에서 콘텐츠를 이용하는 것은 콘텐츠 이용허락범위를 벗어난 이용이라고 볼 수 있어 이용허락범위에 포함되지 않는다고도 볼 수 있을 것이다. 콘텐츠 저작권자 또는 이용허락권자의 입장에서는 WAP 브라우징 방식이냐 풀 브라우징 방식이냐라고 하는 콘텐츠를 서비스하는 기술적 요소가 중요한 것이 아니라, 최종적으로 콘텐츠를 이용하는 단말기가 어떤 형태이냐 하는 것이 중요하다고 볼 수 있을 것이다. 따라서 통상적인 유선인터넷이 아닌 무선인터넷으로 콘텐츠를 이용할 수 있는 경우에는 콘텐츠가 서비스되는 단말기가 달라지는 것이고, 일반 PC와 휴대단말기는 그 특성과 이용형태, 기능, 주된 용도 등에 있어서 차이가 존재하므로, 콘텐츠를 휴대단말기를 통해 서비스하는 것은 별도의 이용허락계약이 필요하다는 인식 아래 콘텐츠 이용허락계약을 체결하였다고 볼 수도 있을 것이다. 또한, 현실적으로 유선인터넷과 무선인터넷은 서로 다른 시장으로 구분되고 있고, 수익구조도 다른 형태를 취하고 있고 유선인터넷과 무선인터넷의 이용자들이 상당부분 중복되기도 하지만, 상호 다른 이용자층을 가지는 경우도 있을 수 있다. 따라서 이들은 서로 다른 시장으로 볼 수도 있을 것이다.

그러나 풀 브라우징 방식을 이용한 콘텐츠 서비스는 WAP 브라우징 방식을 통한 콘텐츠 서비스가 이루어지고 있는 상황에서도 그 서비스가 완벽하지는 않더라도 기술적으로 가능하였다. 따라서 콘텐츠 저작권자의 입장에서는 이용허락계약 당시 풀 브라우징 방식을 통한 콘텐츠 서비스가 가능할 수도 있을 것이라고 예상할 수 있을 것이다. 또한, WAP 브라우징 방식의 경우 유선인터넷에서 이용 가능하도록 HTML로 제작된 콘텐츠를 WML로 변환하여야 하고, 이러한 변환은 저작권자의 2차적 저작물 작성권을 침해하는 것이라고 볼 수 있어 저작권자로부터 별도의 허락을 얻어야 한다. 그러나 풀 브라우징 방식은 저작권자로부터 이용허락을 얻은 HTML로 작성된 콘텐츠를 WML로 변환할 필요 없이 휴대단말기에 내장된 브라우저를 통해 콘텐츠를 이용할 수 있는 방식이다.

콘텐츠 이용허락계약상 콘텐츠의 이용허락범위를 불분명하게 정한 경우라 하더라도 계약체결 당사자가 대등한 지위에서 적정한 대가를 지급받기로 하고 계약을 체결한 것이 아니라, 콘텐츠 저작권자가 그 문언의 구체적 의미를 제대로 이해하지 못한 경우이었다든가, 콘텐츠 이용료가 현저히 균형을 잃은 대가만을 지급받았다고 보여지는 경우에는 콘텐츠 저작권자의 보호와 공평의 원칙에 비추어 새로운 매체에 대한 예외조항을 명시하지 아니한 책임을 콘텐츠 저작권자의 부담으로 돌리는 것은 바람직하지 않다.[31] 그러나 포털사이트와 콘텐츠 이용허락계약을 체결하는 대부분의 콘텐츠 저작권자 또는 콘텐츠제공자(CP)는 콘텐츠 제공을 사업적으로 영위하는 자이며, 콘텐츠의 이용허락범위를 포털사이트의 URL로 한정하였다 하더라도 콘텐츠 이용자가 풀 브라우징이 가능한 휴대단말기를 통해 포털사이트에 접속하여 콘텐츠를 이용할 수 있을 것을 예상할 수 있었을 것이다. 또한, 풀 브라우징 방식의 콘텐츠 서비스는 포털사이트가 이동통신사와의 제휴계약을 통해 이동통신사의 무선포털에 입점하여 콘텐츠를 서비스하는 방식이 아닌 이러한 제휴계약 없이 휴대단말기에 내장된 브라우저를 통해 유선인터넷상의 콘텐츠에 접속하

---

31) 이성호, 앞의 논문, 61면.

여 콘텐츠를 이용할 수 있는 기술구조를 취하고 있어 WAP 브라우징 방식의 무선콘텐츠 시장을 대체하는 성격을 지니고 있다고 볼 수 있다. 따라서 이러한 제반사정을 종합하여 고려하여 본다면, 포털사이트와 콘텐츠 저작권자 또는 콘텐츠제공자(CP)와 체결한 유선인터넷상의 콘텐츠 이용허락계약을 통해 풀 브라우징 방식으로 콘텐츠를 서비스하는 것은 기존 유선인터넷상의 콘텐츠 이용허락계약상의 콘텐츠 이용허락범위를 벗어난 것이라고 보는 것은 무리가 있다고 보여진다.

VI. 결론

계약의 해석은 계약체결 당사자간의 약정이 계약체결 당시 양 당사자가 어떤 상황을 예측하지 못하고 중요한 상황에 관하여 의사표시를 명확하게 하지 못한 경우에 발생하게 된다. 유선인터넷에서 서비스되는 콘텐츠를 휴대단말기에서 풀 브라우징 방식을 통해 이용하는 것도 콘텐츠 이용허락계약 체결시 발생한 약정의 간극이라고 볼 수 있을 것이다. 이러한 약정의 간극은 계약의 보충적 해석을 통해 채워지게 된다. 보충적 해석을 함에 있어서는 계약 체결 당시 간과된 사정을 당사자들이 알았더라면 무엇을 의욕하였을 것인가를 신의성실의 원칙과 거래관행, 이익상황 등 모든 사정을 고려하고 경우에 따라서는 계약을 통하여 당사자들이 추구한 경제적 목적도 고려하게 된다.

풀 브라우징의 본질은 휴대단말기를 통해 유선인터넷상의 웹사이트에 접속하여 유선인터넷에서 서비스되고 있는 콘텐츠를 이용하는 것이다. 따라서 풀 브라우징 방식은 이용허락된 콘텐츠를 제공하기 위한 기존의 접속경로(유선 인터넷) 외에 추가적인 접속경로를 제공한 것에 불과하고 휴대단말기에 콘

텐츠를 서비스하는 것이라고 볼 수 없으며 콘텐츠 이용허락범위 내라고 볼
수 있을 것이다.

제5절 불공정경쟁행위와 디지털정보의 보호

I. 서 론

우리는 매일 같이 인터넷을 통해 수많은 디지털정보를 접하게 된다. 이러한 디지털정보들 중에는 저작권법에 의해 보호되는 정보가 있는가 하면 그렇지 못한 정보도 존재한다. 디지털기술과 정보통신기술의 발전은 그동안 경제재로서의 가치를 인식하지 못하던 저작권법상의 보호를 받지 못하는 디지털정보에 대한 가치를 새롭게 인식하는 결과를 초래하였다. 경제재로서의 디지털정보는 "정보의 본질적인 성질로서 복제가 가능하며 복제해도 원래의 형태가 파괴되지 않는다는 점에서 사회적 한계비용이 제로이고 거래가 불가결적이며, 어느 개인에게 있어서의 정보의 유용도는 다른 개인의 보유량에 의하여 좌우되므로 강한 외부효과가 일어나며, 분할할 수 없는 것이 많고 소비에서 불확실성이 있는 등의 특징을 갖고 있다."고 분석되고 있다.[1] 또한 디지털정보는 소비되어 없어지거나 감소되는 성질을 가지지 않는다는 점, 정보를 이전한 경우에도 동일한 정보가 판매자에게 그대로 남아 있게 된다는 점에서 종래의 유체물과는 다른 특성을 지니며, 더욱이 정보는 복제를 통하여 동시에 다수의 사람이 이용할 수 있다는 점(소비의 공동성)과 무임승차자(free-rider)를 완전히 배제하기 어렵다는 점에서 공공재적 성격을 가지고 있다.[2]

이러한 디지털정보가 저작권법상 저작물성을 갖고 있다면 저작권법에 의해 보호를 받을 수 있으나, 저작물성을 갖추지 못하였다면 이러한 정보의 저

---

1) 野口悠紀雄, 『情報の經濟理論』, 東京經濟新報社, 1974[上田修一·倉田敬子 共著(남태우·최희곤 공역), 11면에서 재인용].
2) 최경진, "민법상 정보의 지위", 「산업재산권(제15호)」, 2004년 5월, 19면.

작권법상 보호는 불가능하다. 그러나 저작권법상 보호를 받지 못하는 디지털 정보라 하더라도 이러한 정보를 생산하기 위해서는 정보생산자의 많은 인 적·물적 자본이 투여되고 이를 활용한 다양한 산업이 발전하고 있다. 또한, 인터넷을 통한 디지털정보의 유통이 활성화 되면서 그동안 그 경제적 가치 에 대해 도외시 되었던 또는 창작성 등의 요건을 갖추지 못하여 저작권법에 의해 보호를 받지 못하던 정보들에 대해 저작권법 이외의 법리 즉 민법상 불 법행위법리 또는 부정 경쟁방지법리를 통해 보호하는 판결들이 나오고 있으 며 또 이러한 법리를 채용한 법률이 제정되어 시행되고 있다.[3]

이하에서는 디지털정보를 보호하기 위한 방법론으로서 권리부여형과 행위 규제형의 방법론을 간략하게 살펴본 후 저작권법상 저작물의 요건을 갖추지 못하였지만, 민법상 불법행위법리를 통해 이러한 비저작물 또는 디지털정보 가 어떻게 보호되어져 왔는지를 판례를 중심으로 검토하고[4] 이를 통해 비저 작물의 보호와 저작권법과 조화를 모색하여 보기로 한다.

Ⅱ. 디지털정보의 보호방법론

디지털정보는 누군가의 점유가 타인의 이용을 방해하지 않기 때문에 동시 에 이용할 수 있으며 소멸하지 않는다는 객체적 특성을 지니고 있다. 이렇듯

---

3) 온라인디지털콘텐츠산업발전법은 저작권법상 저작물성을 갖추지 못한 정보를 부정 경쟁방지법리를 통해 보호하는 입법방식을 취하고 있다.

4) 만약, 디지털정보가 저작권법상 저작물성을 갖추었다만 저작권법에 의해 보호를 받 을 수 있기 때문에 본고에서 사용하는 "디지털정보"는 저작권법상 저작물성이 없 는 비저작물을 의미한다. 다만, 부정경쟁방지법리를 통해 디지털정보를 보호하는 입법방식을 취하고 있는 온라인디지털콘텐츠산업발전법을 통한 디지털정보의 보 호에 관해서는 별도로 검토하여 보기로 한다.

점유할 수 없고 현실적으로 이용을 통제할 수 없는 디지털정보를 법적으로 보호하기 위해서는 정당한 권원없이 디지털정보를 이용하는 행위를 금지시킬 수 있는 지위가 주어져야 하며, 제3자의 부당한 이용행위에 대하여 위법성이 인정되어야 한다. 이러한 정당한 권원없는 제3자의 이용행위를 규제하는 방법으로는 디지털정보 생산자에게 당해 디지털정보에 대하여 소유권 유사의 준물권을 부여하여 디지털정보에 대한 전면적인 사용·수익·처분의 권한을 부여하고 정당한 권한없이 이용하는 경우 이를 권리침해로 이론을 구성하는 물권적 보호방법(권리부여형 접근방법, Property Rule)5)과 경쟁자의 부당한 이용이라는 부정경쟁적 행위를 규제하는 방법(행위규제형 접근방법, Liability Rule)6)이 있다. 전자에 있어서는 자신이 디지털정보에 대한 권리자라는 것을 누구에 대해서나 주장할 수 있으나, 후자에 있어서는 경쟁사업자에 대해서만 주장할 수 있다. 이하에서는 디지털정보 생산자 보호방법론으로서 사전적 보호방법인 물권적 보호방법과 사후적 보호방법인 불법행위적 보호방법 특히, 부정경쟁방지적 보호방법으로 나누어 살펴보기로 한다.

1. 권리부여형 보호방법

디지털정보 생산자를 보호함에 있어 그 방법론으로서 가장 효과적이며 강력한 보호방법은 디지털정보 생산자에게 디지털정보에 대한 사용·수익·처분 권한인 배타적 재산권을 설정하여 주는 것이다. 권리부여형 보호방식은 본인의 의사에 의하지 않고는 그 권리를 박탈할 수 없도록 하는 원칙을 말한다. 오직 본인의 의사에 기초한 교환 내지 거래를 통해서만 권리의 이전이 가능한 경우이다. 그 외의 방법에 의한 권리의 이전은 불가능하다. 본인의 의사

---

5) 저작권법이 이러한 입법방식을 취한 예라고 볼 수 있다.
6) 부정경쟁방지법상의 표지권자 및 온라인디지털콘텐츠산업발전법상의 디지털콘텐츠제작자는 이러한 행위규제형 접근방법을 통해 보호되고 있다.

에 반하여 권리의 이전을 강제하는 경우에는 형사법적 제재를 받거나 민사법상의 강제이행의 문제를 발생시킨다. 이러한 보호방식에 있어서 법은 누구에게 권리를 부여할 것인가 만을 결정하며, 국가의 개입의 정도가 비교적 적은 권리보호방식이라고 한다.7)

그러나 이러한 재산권을 설정하여 줌에 있어 기본적으로 고려하여야 할 사항은 디지털정보에 대한 재산권 설정을 통하여 사회가 얻게 되는 이익과 재산권 설정에 필요한 사회적 비용을 비교하여 재산권 설정비용보다 사회적 이익이 커야한다는 것이다. 사회적 자원에 대한 재산권 설정에 있어 필요한 비용은 크게 재산권 측정비용, 감시비용 및 강제비용으로 구분된다. 재산권 측정비용이란 재산권 설정의 대상이 되는 재산의 가치와 범위를 측정하는 비용을, 감시비용이란 재산권의 침해여부를 감시하는 비용을, 강제비용이란 재산권이 침해된 경우 재산권의 강제비용을 의미한다.8) 이상의 비용들이 재산권 설정으로 인한 사회적 이익보다 적을 경우에만 재산권이 설정되어야 한다.9)

2. 행위규제형 보호방법

디지털정보 생산자를 보호하는 방법론으로 전술한 권리부여형 보호방법은 한정된 수의 당사자들이 개별적으로 계약을 통해 도움을 주고 받는 상황에서 사용하게 되면 경제적 효율을 높을 수 있다.10) 그러나 당사자들이 너무

---

7) 허성욱, "권리남용금지의 법리에 관한 법경제적 고찰", 「법조(제591호)」, 2006. 1., 212~213면.

8) Douglass C. North, *Institutions, Institutional Change and Economic Performance*, 1990, p.27~33.

9) 정상조·남요순·박성호·최순용·박준석·박준우, 「데이터베이스 보호방안 연구보고서」, 한국데이터베이스진흥센터, 2000, 65면.

10) 방석호, "DB의 보호범위를 둘러싼 법적 방법론 소고", 『21세기 한국상사법학의 과

많거나 미리 특정할 수 없는 정도의 높은 거래비용이 발생할 경우 또는 사회적으로 유용한 자원의 이동에 높은 거래비용이 발생할 수 있는 경우에는 권리부여형 보호방법이 적절한 보호방법이라고는 볼 수 없다. 이러한 경우 취할 수 있는 보호방법이 소위, 일정한 행위를 규제하는 행위규제형 보호방법이다.

행위규제형 보호방법은 권리자의 의사를 묻지 않고서도 경우에 따라서는 그 의사에 반해서도 그 권리를 박탈 내지 침해할 수 있으나, 객관적으로 평가되는 손해액을 배상하도록 하는 원칙을 말한다. 여기서 손해액의 객관적 결정은 국가가 담당하게 된다. 따라서 그 권리의 가치는 개인적 평가 내지 시장적 평가가 아닌 제도적 평가에 의하여 결정된다. 이러한 보호방식은 권리부여형 보호방식보다 국가의 개입의 정도가 큰 권리보호방식이다.[11]

영업에 있어서 자유로운 경쟁은 자본주의 시장경제질서의 기본이다. 그러나 공서양속이나 신의칙에 반하는 경쟁행위까지 허용되는 것은 아니다. 따라서 이를 금지하는 사법적 수단인 불법행위에 관한 규정이 있으나, 이러한 불법행위규정에 따라 책임을 묻기 위해서는 행위자의 가해행위, 행위자의 고의 또는 과실, 손해의 발생 및 이에 대한 인과관계, 행위의 위법성 및 책임능력이 인정되어야 한다. 그러나 이러한 인정요건을 입증하는 것이 용이하지 않고, 입증한다 하더라도 그 손해의 배상은 과거 행위로 발생한 손해배상이지 장래를 향해 이를 금지시킬 수 있는 것은 아니기 때문에 위법성이 인정되는 행위를 제한하는 데에는 일정한 한계를 지니고 있다. 행위규제형 보호방법에

제와 전망(심당 송상현선생 화갑기념 논문집)』, 2002, 987면.
11) 허성욱, 앞의 논문, 213면 ; 물권적 또는 불법행위적 보호방법외에 제3의 보호방식으로 양도불가적 보호 방법(Inalienable Rule)이 있다. 양도불가적 보호방법은 권리의 양도 내지 교환 자체를 일정한 경우에 금지시키는 방식으로 보호하려는 원칙이다. 이러한 보호방식은 금치산자 또는 미성년자와 같이 개인 스스로 권리 보호에 관한 의사결정을 할 수 없다고 인정되는 경우에 국가가 후견적으로 개입하여 권리의 양도를 제한하는 방식으로 국가의 개입정도가 가장 큰 권리보호방식이다(허성욱, 앞의 논문, 214면).

서 채용하고 있는 부정경쟁방지의 법리는 중세 길드(Guild)적 질서의 폐지와
더불어 광범위한 기반위에서 경쟁질서가 출현하면서부터이다. 이러한 부정
경쟁방지의 법리는 영업의 자유를 전제로 하는 자본주의적 경제질서의 산물
이라고 볼 수 있다.12) 부정경쟁방지의 법리는 근대 시민사회로의 전개가 앞
섰던 영국과 프랑스에서 형성되기 시작하였으나 그 형성의 전개는 상이하였
다. 프랑스에서는 부정경쟁이라는 개념을 구성하고, 이러한 개념하에 불법행
위의 한 유형으로 전개되었으나, 영국에서는 부정경쟁에 해당하는 특별한 개
념을 구성하지 않고, 여러 유형의 불법행위를 다양하게 인정하는 형태로 전
개되었다. 한편, 미국에서는 영국법의 원리를 계수하고 부정경쟁(Unfair
Competition)의 사법적 규제는 성문법의 규정이 있는 경우를 제외하고는 주법에
속하고 각주에서 부정경쟁행위는 주로 보통법(common law)에 의해 규제되고 발
전되었다.

영미 보통법에서는 혼동초래행위(passing off)와 부정이용행위(misappropria- tion)를
대표적인 부정경쟁행위로 보고 있다.13) 전자는 자기의 것을 잘 알려진 사업
자의 이름·표지 등을 빌어 사칭함으로써 생산자의 동일성에 대한 소비자의
혼동을 일으키고, 아울러 부당하게 훼손되는 신용을 보호하고자 하는 법리로
서 상표제도와 같이 기망을 방지하기 위한 뿌리에서 출발하였다. 한편, 후자
는 International News Service v. The Associated Press 사건(이하 "INS사건"이라 한
다)14)에서 유래된 것으로,15) "어떤 재산권 소유자의 명성을 불공정하게 사용
하여 이득을 취할 목적으로 그 재산권을 사용하는 것"16)을 의미한다. 이러한
부정이용방지의 법리는 어느 일방이 타방에 대하여 무엇인가 불공정한 행위

---

12) 정호열, 『부정경쟁방지법론』, 삼지원, 1993, 20면.
13) 방석호, 앞의 논문, 990면.
14) 248 U.S. 215; 39 S. Ct. 68; 1918 U.S. LEXIS 1664; 63 L. Ed. 211; 2 A.L.R. 293
    (Supreme Court, 1918). 본 판결에 관한 자세한 사항은 후술하기로 한다.
15) 정호열, 앞의 책, 37면.
16) Pocket Books, Inc. v. Dell Publ'g Co., 267 N.Y.S.2d 269, 272(App. Div. 1966).

를 하였음에도 저작권법, 특허법, 상표·출처의 허위표시 법리에 의하여 이를
제한하지 못하는 경우 그 효용을 발휘하게 된다.[17]

Ⅲ. 디지털정보의 저작권법상 보호 요건

디지털정보가 저작권법상 저작물에 해당되기 위해서는 인간의 사상과 감
정을 표현한 창작물이어야 한다.[18] 따라서 디지털정보가 저작물이 되기 위
해서는 디지털정보가 "사상이나 감정의 표현"이어야 한다. 즉 저작권법상 저
작물이란 독창적인 사상과 감정의 외부적 표현이므로 저작권의 보호대상은
저작자의 사상과 감정 그 자체가 아니라 그 "표현"이다. 이는 소위 '아이디
어 표현 이분법'에 의하여 구체화된다. 아이디어·표현이분법은 미연방대법
원의 Baker v. Selden 사건[19]에서 인정된 이래 판례법으로 확립되었고, 현행
미국 저작권법 제102조(b)[20]에 그 주요취지가 반영되어 있다. 또한, WIPO저
작권 조약 제2조[21] 및 TRIPs 제9조 제2항[22]에서도 이를 명시하고 있다. 우
리 판례도 "저작권의 보호대상은 아이디어가 아닌 표현에 해당하고 저작자
의 독창성이 나타난 개인적인 부분에 한하므로 저작권의 침해 여부를 가리

---

17) United States Golf Association v. St. Andrews System, 749 F.2d 1028(3d Cir. 1984).
18) 구법에서는 "문학·학술 또는 예술의 범위에 속하는 창작물"로 정의하고 있었다.
19) 101 U.S. 99, 25 L. Ed. 841(1879).
20) 미국 저작권법 제102조 (b) : 어떠한 경우에도, 독창적인 저작물에 대한 저작권 보
　　호는 그것이 당해 저작물에 기술·설명·예시 또는 수록되는 방법에 관계없이 관념·
　　절차·공정·체제·조작 방법·개념·원칙 또는 발견에는 미치지 아니한다.
21) WIPO 저작권 조약 제2조(저작권 보호의 범위) : 저작권 보호는 표현에는 미치지만
　　사상, 절차, 운용 방법 또는 수학적 개념에는 미치지 아니한다.
22) TRIPs 제9조(베른협약과의 관계) 제2항 : 저작권 보호는 표현에는 적용되나 사상,
　　절차, 운용방법 또는 수학적인 개념 그 자체에는 적용되지 아니한다.

기 위하여 두 저작물 사이에 실질적인 유사성이 있는가의 여부를 판단함에 있어서도 표현에 해당하고 독창적인 부분만을 가지고 대비하여야 한다."[23] 라고 하여 아이디어·표현이분법을 수용하고 있다.[24] 이러한 아이디어·표현이분법이 국제적으로 통설적 견해가 되고 있는 이유는 표현의 자유와 학문의 자유 등을 확보하면서 후발주자의 창작의 여지를 남겨두는 것에 의하여 정보의 풍부화 즉 문화의 다양성을 도모한다는 점에 있다.

또한, 저작물에 해당되기 위해서는 창작성이 있어야 한다.[25] 저작권법상 창작성은 상대적 개념으로 저작자 스스로의 능력과 노력에 의하여 만든 것이면 충분하며, 학술적·예술적 가치의 높고 낮음은 문제가 되지 않는다.[26] 다만, 편집저작물의 경우에는 소재를 선택하고 배열하는 구성으로 이루어지기 때문에 이 두 요건이 창작성의 성립에 필수적인 요건이다. 즉 "소재의 선택이나 배열"에 창작성이 있는 경우에 저작물로서 보호받을 수 있다. 기존의 저작물을 토대로 하여 그것에 새로운 창작성이 가하여져 작성되는 새로운 형태의 저작물인 2차적저작물(번역, 편곡, 변형, 각색, 영상제작 등)의 경우에는 원저작물과 비교하여 변형된 부분에 있어서 보통의 저작물보다 더 높은 정도의 창작성이 요구된다. 이와 같이 2차적저작물에 높은 창작성을 요구하는 것은 2차적저작물이 필연적으로 원저작물과 유사할 수밖에 없기 때문이다.

---

23) 대법원 1993. 6. 8. 선고 93다3073, 93다3080 판결 ; 대법원 2000. 10. 24. 선고 99다10813 판결.

24) 저작권의 권리범위 획정과 관련하여 독일 등 대륙법계에서는 저작물을 '유형적 저작물'과 '정신적 저작물'로 구분한 피이테의 이론에 기초하여 저작물의 구성요소를 내용과 형식으로 구분하는 '내용·형식이분법론'을 발전시켜 왔다(내용·형식 이분법론에 관한 자세한 사항은 이상정, "저작물의 보호범위", 「저작권(제45호)」, 1999년 봄호, 11~19면 참조.

25) 대법원 2003. 10. 23. 선고 2002도446 판결.

26) 대법원 2005. 1. 27. 선고 2002도965 판결.

Ⅳ. 디지털정보의 보호

1. 온라인디지털콘텐츠산업발전법을 통한 보호

가. 온디콘법상의 디지털정보 보호요건

디지털정보가 저작권법상의 비저작물에 해당되어 저작권법으로 보호를 받을 수 없는 경우 디지털정보 생산자는 부정경쟁방지법리를 채용하고 있는 온라인디지털콘텐츠산업발전법(이하 "온디콘법"이라 한다)을 통해 보호를 받을 수 있다.[27] 온디콘법은 타인이 상당한 노력으로 디지털화한 디지털콘텐츠를 정당한 권원없이 이용하는 일정한 행위 즉 디지털콘텐츠의 복제·전송행위를 부정경쟁행위로 규정하여 그 위반행위에 대하여 중지 또는 손해배상을 청구할 수 있도록 하고 있다. 온디콘법은 디지털콘텐츠제작자에게 배타적 권리를 부여하지 아니하면서도 디지털콘텐츠의 이용은 원칙적으로 자유로운 것으로 하되, 불법복제된 디지털콘텐츠의 배포·전송행위로 인하여 불공정한 경쟁 또는 부당한 무임승차를 함으로서 디지털콘텐츠제작자에게 손해를 입히는 경우에 한하여 이를 금지할 수 있도록 하고 있다.

온디콘법은 제18조 제1항에서 누구든지 정당한 권한없이 타인이 상당한 노력으로 제작하여 표시한 온라인콘텐츠의 전부 또는 상당한 부분을 복제 또는 전송하는 방법으로 경쟁사업자의 영업에 관한 이익을 침해하여서는 아니된다고 규정하고 있다. 따라서 디지털정보 생산자는 자신의 허락없이 경쟁사업자가 디지털정보를 복제 또는 전송의 방법으로 이용하고 있는 경우에는 온디콘법 제19조 제1항에 근거하여 위반행위의 중지 또는 손해배상을 청구할 수 있다. 다만, 이러한 중지청구 내지 손해배상을 청구하기 위해서는 온

---

27) 디지털정보는 온디콘법상 디지털콘텐츠에 해당되며, 디지털정보 생산자는 온디콘 법상 온라인디지털콘텐츠제작자에 해당된다.

디콘법 제17조 및 동법 시행령 제22조에서 요구하는 표시사항인 온라인콘텐츠의 명칭 또는 제호, 온라인콘텐츠의 제작 및 표시 연월일, 온라인콘텐츠제작자의 성명(법인인 경우에는 법인의 명칭)·주소·전화번호, 온라인콘텐츠의 이용조건을 온라인콘텐츠의 이용초기 화면이나 그 포장에 이용자가 알기 쉽도록 표시하여야 한다. 만약 디지털정보에 이러한 표시를 하지 아니한 경우에는 온디콘법의 보호객체에 포함되지 않기 때문에 온디콘법에 의한 보호를 받을 수 없다.

나. 온디콘법을 통한 디지털정보 보호 및 부정 사례

(1) 온라인 만화 사건[28]

본 사건은 온라인디지털콘텐츠제작자인 (주)엔조이삼육오가 서적으로 출판된 만화를 인터넷상에서 서비스하면서 만화에 'www.comicplus.com'이라는 회사의 URL과 서적으로 출판된 만화책의 출판일만 표시하고 서비스하고, 피고가 이를 복제하여 인터넷만화로 서비스한 것이 문제가 된 사안이다. 본 사건에서 대법원은 "온라인디지털콘텐츠산업발전법 제18조 제1항, 부칙 제1항, 제2항 등의 규정에 의하면 위 법이 보호하려는 온라인콘텐츠는 정보통신망에서 유통되고 있는 모든 온라인콘텐츠가 아니라 타인이 상당한 노력으로 제작하여 표시한 온라인콘텐츠 중 위 법 시행(2002. 7. 15.) 후 최초로 제작된 것으로서 최초로 제작하여 표시한 날부터 5년이 경과되지 아니한 것만을 그 보호의 대상으로 하고 있다 할 것이고, 온라인콘텐츠가 위 법 제18조 제1항에 의하여 보호를 받으려면 같은 법 제17조 제1항 소정의 표시를 하여야 하며, 온라인콘텐츠의 제작 및 표시 연월일에 대한 표시를 생략한 채 온라인콘텐츠의 원저작물 출판일을 표시한 것만으로는 그에 대한 온라인콘텐츠가 위 법 시행 이후에 제작되었는지, 언제 그 보호기간이 만료되는 것인지를 알 수

---

28) 대법원 2006. 2. 10. 선고 2004도9073 판결.

없으므로 위 법 제17조 제1항에 의한 표시를 하였다고 할 수 없다 할 것이
니, 위 법 제18조 제1항에 의하여 보호를 받는 온라인콘텐츠라고 할 수 없
다.”고 판시하여 피고인이 만화 온라인콘텐츠를 복제하여 전송한 행위는 온
디콘법 제18조 제1항 위반죄에 해당하지 않는다고 보았다.

본 판결은 온디콘법상 디지털콘텐츠제작자 보호요건인 온라인콘텐츠의 제
작 및 표시 연월일 등이 온라인디지털콘텐츠에 표시되지 아니한 경우, 온라
인디지털콘텐츠산업발전법 제18조 제1항의 보호대상에서 제외된다고 본 최
초의 판례이다.

(2) 아바타 아이템 사건[29]

본 사건은 신청인이 제작·판매하는 아바타 장식에 필요한 아이템을 피신
청인이 신청인의 아이템을 복제, 변형한 후 판매하여 신청인이 가처분을 신
청한 사건이다. 법원은 신청인이 제작·판매하는 아이템은 창작성 있는 컴퓨
터프로그램으로 보아 신청인의 가처분을 인용하였으나, 신청인의 아이템이
창작성이 없다하더라도 신청인의 아이템은 신청인이 운영하는 인터넷사이트
에서 사용되는 디지털콘텐츠로서 온디콘법상의 온라인디지털콘텐츠에 해당
되고, 신청인과 같이 아이템 판매로 수익을 올리고 있는 피신청인이 신청인
의 상당한 노력으로 제작하여 표시된 아이템을 복제, 변형하여 인터넷 등을
통하여 일반인에게 전송하는 행위는 경쟁사업자인 신청인의 영업에 관한 이
익을 침해하는 행위에 해당된다고 보았다.

---

29) 서울중앙지방법원 2003. 11. 4. 2003카합2639 결정 ; 서울중앙지방법원 2004. 3.
   19. 선고 2003카합3852 판결 : 본 가처분 결정문 및 가처분이의 판결문에는 온디콘
   법상의 보호요건인 표시사항이 아이템에 표시되어 있었는지는 나타나 있지 않아 아
   이템이 온디콘법상의 보호대상인 온라인디지털콘텐츠에 해당되는지는 불명확하다.

(3) 인터넷 쇼핑몰 사건[30]

본 사건은 피신청인이 해외 온라인쇼핑 구매대행 서비스를 제공하는 신청인의 웹페이지의 상당부분은 복제하여 신청인의 서비스와 동일 또는 유사한 서비스를 제공하는 것이 문제가 된 사건으로 법원은 인터넷 홈페이지도 그 구성형식, 소재의 선택이나 배열에 있어 창작성이 있는 경우에는 이른바 편집저작물에 해당하여 독자적인 저작물로 보호받을 수 있다고, 피신청인이 피침해 사이트로부터 복제하여 침해사이트에 게시하거나 피신청인의 회원들에게 전자메일을 이용하여 전송한 신청인의 상품정보 등은 온디콘법상의 '온라인디지털콘텐츠'에 해당한다고 보아 가처분을 인용하였다. 이에 피신청인이 제기한 가처분 이의에서도 법원은 채무자가 피침해사이트로부터 복제하여 침해사이트에 게시하거나 채무자의 회원들에게 전자메일을 이용하여 전송한 채권자의 상품정보 등은 온디콘법상의 온라인디지털콘텐츠에 해당되며, 채무자가 피침해사이트상의 온라인디지털콘텐츠 중 일부에 변경을 가한 바 있다하더라도 그로 인하여 변경된 온라인디지털콘텐츠 전체가 채무자의 새로운 창작인 것으로 인정할 정도에 이르렀음이 인정되지 아니하는 이상 채무자의 복제행위는 온디콘법 위반이라고 볼 수 있다. 또한, 피침해사이트의 하단에 채권자의 상호, 주소, 전화번호 등을 기재하여 두면 이로써 온디콘법이 요구하는 표시요건을 모두 갖춘 것이고, 동일한 사이트내의 개개의 온라인디지털콘텐츠마다 위와 같은 사항을 표시함이 요구되는 것은 아니다라고 하여 가처분 결정을 인가하였다.

본 판결은 인터넷홈페이지가 편집저작물에 해당되지 않는다 하더라도 온디콘법상의 온라인디지털콘텐츠에 해당될 수 있다고 볼 수 있다는 것에 대해서는 타당하다고 보여지나, 홈페이지 하단에 온디콘법상의 표시사항을 표시한 것만으로 온디콘법상이 표시요건을 구비하였다고 본 것은 온디콘법 제

---

30) 서울중앙지방법원 2003. 8. 19. 2003카합1713 결정 ; 서울중앙지방법원 2004. 2. 20. 선고 2003카합3544 판결.

17조에서 명확하게 개별 온라인디지털콘텐츠에 표시사항을 표시하도록 규정하고 있음으로 수긍하기가 어렵다고 보여진다.[31]

2. 불법행위법리를 통한 보호

가. 민법상 불법행위의 성립요건

불법행위라 함은 법률의 근본목적에 어긋나고 법률질서를 깨드리는 행위로서 법률이 그 본질상 허용할 수 없는 것으로 평가되는 행위이다. 즉 타인에게 손해를 주는 위법한 행위이다.[32] 민법 제750조는 "고의 또는 과실로 인한 위법행위로 타인에게 손해를 가한 자는 그 손해를 배상할 책임이 있다."고 규정하고 있다. 따라서 불법행위가 성립되기 위해서는 가해자의 고의 또는 과실, 가해자의 책임능력, 가해행위의 위법성 및 가해행위에 의한 손해발생이 있어야 한다. 여기서, 전단의 2가지 요건은 주관적 요건, 후자2가지 요건은 객관적 요건이라고 할 수 있다.

객관적 요건의 하나인 가해행위의 위법성은 어떤 행위가 법체계 전체의 입장에서 허용되지 않아 그에 대하여 부정적 판단을 받음을 의미한다.[33] 그리고 위법행위는 권리침해가 존재하는 경우에는 당연히 불법행위가 성립한다는 것을 의미할 뿐만 아니라 권리침해가 없더라도 그 행위가 반사회성을 띠는 경우에는 불법행위가 성립될 수 있다는 것을 의미한다. 즉 전통적으로 권리(절대권)로 지칭된 경우 외에 단순한 이익을 침해하는 경우에도 불법행위

---

31) 온디콘법상의 표시요건의 문제점에 대한 사항은 본 논문의 주제를 벗어난다고 생각되어 언급하지 않는다. 온디콘법상의 표시요건에 관한 자세한 사항은 신재호, "온라인디지털콘텐츠산업발전법에 관한 검토", 「산업재산권(제11호)」, 2002년 5월, 257~285면 참조.

32) 곽윤직 편집대표, 「민법주해(XVIII)-채권(11)」, 박영사, 2005, 1면.

33) 지원림, 「민법강의(제5판)」, 홍문사, 2007, 1405면.

의 성립이 가능하다는 것이다.[34]

어떤 행위가 위법한지 여부는 당해 행위에 의하여 침해된 법익의 성질에 의하여 또는 그와 그 침해행위의 모습 사이의 상관적 관계에 의하여 개별적으로 결정된다. 즉 위법성을 판단함에 있어서는 우선 피침해이익이 얼마나 중대한 것인지 또는 어느 정도 침해되었는지 등 결과불법적 요소를 고려하여야 한다. 또한, 침해행위의 태양에 발현된 악성이 얼마나 중대한지 등 행위불법적 요소를 고려하여야 한다. 양자의 고려는 상호보완적 관계에 있다. 따라서 전자가 강한 경우에는 후자가 약하더라도 위법성이 인정될 수 있으며, 반면에 전자가 약하더라도 후자가 강한 경우에는 위법성이 인정될 수 있다.[35]

나. 불법행위법리를 통한 디지털정보 보호 사례

(1) 국내

(가) 성형외과 홈페이지 사건[36]

본 사건은 원고가 피고에 대하여, 주위적(主張)으로 피고가 TV프로그램에 출연하여 원고가 치료하고 홈페이지에 올린 환자들의 사진을 무단으로 이용하고, 원고의 홈페이지 온라인 상담코너에 올린 원고의 상담내용을 이용하여 피고 운영의 병원 홈페이지에 게시함으로써 원고의 사진과 상담내용에 대한 저작권(복제권, 방송권, 동일성유지권)을 침해하였다고 하여 그 손해배상을 청구하고, 예비적(主張)으로 원고의 사진과 상담내용에 대하여 저작물성이 인정되지 않더라도 피고의 위와 같은 행위는 불법행위를 구성한다는 이유로 민법 제750

---

34) 김성룡, "불법행위의 요건으로서의 위법성의 문제", 「민사법학(제30호)」, 2005년 12월, 42면.

35) 권영준, "인터넷상 정보에 대한 접근 및 취득행위의 위법성", 「비교사법(제14권 제3호)」, 2007년 9월, 264면 각주 67.

36) 서울중앙지방법원 2007. 6. 21. 선고 2007가합16095 판결.

조에 기초하여 손해배상을 구하는 사안이다.

본 사건에서 서울중앙지방법원은 "일반적으로 홈페이지를 통하여 인터넷에 공개된 정보는 저작권법에 따라 배타적인 권리로 인정되지 않는 한 제3자가 이를 이용하는 것은 원칙적으로 자유이다. 그러나 불법행위가 성립하기 위해서는 반드시 저작권 등 법률에 정해진 엄밀한 의미에서의 권리가 침해되었을 경우에 한하지 않고, 법적으로 보호할 가치가 있는 이익이 위법하게 침해된 것으로 충분하다. 따라서 부정하게 스스로의 이익을 꾀할 목적으로 이를 이용하거나 또는 원고에게 손해를 줄 목적에 따라 이용하는 등의 특별한 사정이 있는 경우에는 홈페이지를 통하여 인터넷에 공개한 정보를 무단으로 이용하는 행위가 법적으로 보호할 가치가 있는 상대방의 이익을 침해하는 위법한 행위에 해당하여 불법행위가 성립할 수도 있다."고 전제한 후 "원고가 사진 촬영, 환자들에 대한 상담내용을 작성한 것은 원고의 연구, 노력에 따른 성과이고, 또한 이와 같이 촬영, 작성된 사진, 상담내용을 홈페이지에 게시하여 운영하는 것은 원고 병원 운영의 일환으로서 경제적 가치 있는 활동이므로, 원고가 인터넷에 공개한 사진들과 상담내용이 비록 저작물성이 인정되지 않아 저작권법상의 보호를 받지 못한다고 하더라도 이는 당연히 법적 보호의 가치가 있는 이익에 해당하고[37], 피고가 영리의 목적으로 피고와 영업상 경쟁관계에 있는 원고가 노동력과 비용을 들이고, 전문지식을 사용하여 환자의 동의를 받아 촬영하고 작성한 원고의 사진들과 상담내용을 무단으로 도용해서 사용한 것은 공정하고 자유로운 경쟁원리에 의해 성립하

---

37) 서울중앙지방법원은 본 사건에서 원고의 사진, 상담내용은 원고가 수년간 모발이식 수술을 전문으로 연구, 시술한 임상경력과 지식을 활용하여 모발이식 수술을 시술하여 그 수술 경과가 좋은 환자들의 수술 전후 사진을 촬영하여 환자들의 동의를 받고 원고 병원의 홈페이지에 게시하고, 홈페이지 온라인 상담코너에 모발이식수술에 관하여 질문하는 사람들에게 원고의 의학지식과 다년간의 임상경험에 기초한 상담내용을 작성하여 이를 게시한 것은 모두 소비자들에게 정확한 정보를 전달하기 위해서 원고가 많은 노동력과 비용을 들이고, 임상경험과 전문지식에 기초하여 노력한 산물이라는 것을 보호법익 여부를 판단하기 위한 정황증거로 본 듯 하다.

는 거래사회에 있어서 현저하게 불공정한 수단을 사용함으로써 사회적으로 허용되는 한도를 넘어 원고의 법적으로 보호할 가치 있는 영업활동상의 신용 등의 무형의 이익을 위법하게 침해하는 것으로서 평가할 수 있으므로 피고의 위와 같은 행위는 민법 제750조의 불법행위를 구성한다."고 보았다.

(나) 지도 프레임링크 사건38)

피고 신세기통신은 원고의 허락없이 전자지도를 포함한 피고 넥스텔의 지도검색서비스 일체를 자신의 인터넷 사이트에 프레임 링크하여 전자지도 서비스를 제공하였다. 이러한 프레임 링크는 인터넷 사이트 이용자들로 하여금 전자지도가 신세기 통신의 인터넷 사이트에서 제공되는 외관을 갖게 된다. 법원은 이러한 신세기 통신의 전자지도 프레임 링크 행위는 "피고 신세기통신이 원고의 허락없이 … 이 사건 전자지도를 자신의 컴퓨터 서버에 복제하여 이를 자신의 인터넷 홈페이지 이용자들에게 전송한 행위와 마찬가지로, 이 사건 전자지도의 저작권자로서 전자지도 등 데이터베이스 판매업을 영위하는 원고로 하여금 위 전자지도와 같은 데이터베이스를 판매할 수 있는 기회를 상실하게 하는 손해를 입게 하여, 원고의 저작권에 기한 정당한 이익을 침해하므로, 이는 원고의 이 사건 전자지도에 관한 저작권을 침해하는 행위와 마찬가지로 선량한 풍속 기타 사회질서에 반하여 타인의 정당한 이익을 침해하고 이로 인하여 이익을 얻는 위법한 행위에 해당한다."고 보았다.

---

38) 서울지방법원 2001. 11. 9. 선고 2000가합54067 판결 : 본 사건은 피고 넥스텔이 원고와의 이용계약을 통해 서비스하고 있던 전자지도 서비스를 피고 신세기 통신의 웹사이트에서 프레임 링크를 통해 동일하게 전자지도서비스를 이용할 수 있게 한 것이 문제된 사건이다.

(다) 광고문안 사건[39]

피고 회사가 온도감응 잉크로 인쇄된 상표를 부착한 하이트 맥주를 생산하여 이를 광고함에 있어 그 사용한 문구 중 '가장 맛있는 온도가 되면 암반천연수 마크가 나타나는 하이트, 눈으로 확인하세요.'라는 부분은 원고가 제안한 광고 문구 중 '최상의 맛을 유지하는 온도 눈으로 확인하십시오.'라는 부분과 유사하거나 동일하다 할 것인바, 위 인정과 같이 피고 회사가 원고의 위 광고문구가 기재된 제안서를 소지하고 있는 상황에서 피고 회사가 사용한 광고문구의 일부가 원고의 제안 내용과 동일하거나 유사하다면 비록 위 광고를 소외 주식회사 제일기획에서 제작하였다 하더라도 피고 회사가 위 제안서를 보여 주는 등으로 하여 피고 회사의 위 광고문구의 작성에 원고의 제안이 참작되었다고 봄이 상당하다 할 것이므로, 피고 회사는 원고의 광고문구에 관한 제안을 사용하면서 원고로부터 승낙을 받지 아니하여 원고의 위 광고문구에 관한 아이디어를 침해함으로써 원고가 입은 손해를 배상할 의무가 있다고 하여 광고문구의 도용에 따른 불법행위를 인정하였으나, 구체적인 불법행위 인정근거를 설시하지 않고 있다.

---

39) 서울지방법원 1997. 2. 14. 선고 96가합7170 판결 : 본 사건은 원고가 피고에게 제안한 "잘 익었을 때 드십시오. 최상의 맛을 유지하는 온도 눈으로 확인하십시오. 맥주 영상 7~9도 사이가 아닌 맥주는 깊은 맛을 느낄 수 없습니다. 미지근한 맥주와 너무 차가운 맥주를 비교 산뜻한 맥주를 즐기는 방법 광고, 8도에 가장 깊은 맛이 숨어 있었다. 이제 가장 깊은 맛일 때 즐기십시오."라는 광고문안을 피고의 허락없이 원고의 맥주의 용기 표면에 부착되는 보조 상표에 온도감응잉크로 암반천연수 마크를 인쇄하여, 맥주의 온도가 7~8도가 되면 암반천연수 마크가 선명하게 드러나는 맥주를 생산·판매하고, 맥주를 광고함에 있어서는 T.V에는 '가장 맛있는 온도에서 암반천연수 마크가 나타난다. 온도계가 달린 맥주'라는, 라디오에는 '국내 최초 하이트가 온도계를 달았습니다. 가장 맛있는 온도가 되면 맥주병에 암반천연수 마크가 나타나는 하이트, 가장 신선한 하이트의 맛, 눈으로 확인하세요! 온도계가 달린 맥주'라는 문구를 사용하여 문제가 된 사건이다. 다만, 본 사건의 항소심(서울고등법원 1998. 7. 7. 선고 97나15229 판결)에서는 원고의 제출한 광고문안은 아이디어의 독창성이 없으므로 불법행위 성립하지 않는다고 판시하였다.

(2) 국외

(가) 요미우리신문 사건[40]

일본 지적재산고등재판소는 "뉴스기사 표제는 원고가 막대한 노력과 비용을 투입하여 보도기관으로서의 일련의 활동의 결과물이라는 점, 저작권법상 보호를 받을 수는 없지만 이에 상응하는 노력에 의해 작성된 것이라는 점, 간결한 표현에 의해 그 자체로부터 보도되는 사건 등의 뉴스의 개요에 대해 일응 이해를 할 수 있게 되어 있다는 점, 뉴스기사 표제 그 자체가 유료의 거래대상으로 여겨지는 등 독립된 가치를 가진다는 점에 비추어 보면, 원고의 뉴스기사 표제는 법적보호에 적합한 이익이 될 수 있는 것이라고 할 수 있을 것이다."라고 하면서, 피고는 "무단으로 영리목적을 가지고, 반복적이며 계속적으로 원고의 뉴스기사 표제가 작성되어 얼마 되지 않은 말하자면, 정보로서의 가치가 높은 시점에 요미우리 온라인에서 특별한 노력을 기울이지 않고 복제하여 링크 표제로 만들어 이것들을 피고가 운영하는 홈페이지에 게재하는 등 실질적으로 링크 표제를 전달하고 있으며, 이러한 라인토픽 서비스는 요미우리 온라인의 업무와 경합하는 면이 있다는 점도 부정할 수 없는 것이다. 그렇다면, 피고의 라인토픽 서비스의 일련의 행위는 사회적으로 허용되는 한도를 넘은 것이며, 원고의 법적보호에 적합한 이익을 침해한 것으로서 불법행위를 구성하는 것이라고 하여야 할 것이다."라고 하여 뉴스

---

40) 지적재산고등재판소 평성17년(2005년) 10. 6. 평성17(ネ)10049 : 피고 디지털얼라이언스는 라인토픽 서비스를 운영하면서, 평성14년 10월 8일부터 평성16년 9월 30일까지 원고 요미우리 신문이 운영하는 웹사이트의 신문기사 표제(제목) 365개를 복제하고, 이를 클릭하면 Yahoo! 뉴스에 게재된 뉴스기사 본문에 직접링크되는 서비스를 제공하였다. 이에 원고가 저작권, 부정경쟁 및 불법행위에 해당된다고 하여 소를 제기하였고, 동경지방재판소(평성16년 3. 24. 평성14(ワ) 28035)는 원고의 청구를 기각하였다. 그러나 지적재산고등재판소에서는 피고의 이러한 행위는 저작권 침해 및 부정경쟁에 해당되지 않는다고 보았으나 민법상 불법행위에 해당된다고 보았다.

기사 표제 서비스 그 자체는 신문사의 저작권을 침해하지 않는다 하더라도 이러한 행위는 민법상 불법행위에 해당된다고 보았다.

(나) International News Service v. The Associated Press사건[41]

본 사건은 International News Service(INS)는 Associated Press(AP)와 같이 뉴스를 취재, 수집하여 이를 미국 전역에 있는 각 신문사에 이를 공급하는 회사로 AP가 취재하여 동부지역의 신문사들에게 공급한 신문과 속보게시판에서 기사를 뽑아 이를 다시 작성하여 서부지역의 신문사들에게 공급하자 AP가 이러한 INS의 행위에 대해 금지청구를 신청한 사건이다.

미연방대법원은 "당사자들은 이 분야에 있어 경쟁자들이다. 어느 일방의 권리나 특권이 상대방의 그것과 충돌할 가능성이 있는 경우 각 당사자는 상대방에게 불필요하게 또는 불공정하게(unnecessarily or unfairly) 해를 입히지 않도록 행동할 의무를 진다."고 판시하였다. 본 판결은 미국에서 부정이용에 관한 이론을 최초로 정립시킨 것으로 평가받고 있다. INS 판결 당시 Pitney 판사의 다수의견에 따르면, AP는 그가 수집한 자료에 대하여 재산권에 준하는 (quasi-property) 권리를 가진다. 그러한 자료들은 저작권 등에 의하여 통상 보호받지 못하는 사실을 취합한 것이므로 공중에 대하여 주장할 수는 없지만, 경쟁사에 대하여는 주장할 수 있는 것이다. 이러한 결론을 위하여 Pitney 판사는 "AP사는 자료들을 모으기 위해 시간, 노력, 돈을 들였고 이러한 투자를 어떤 형태로든 회수하여야 한다. 이러한 자료들은 시장 가치를 가지고 있다는 점에서 다른 재산권에 유사하며 어느 정도의 보호를 받아야 한다. 만약 AP에 대해 어떠한 보호도 부여하지 않는다면 공중에 유익한 이러한 정보는 더 이상 생산되지 않을 것이다."는 세가지 논거를 들고 있다.[42]

---

41) 248 U.S. 215; 39 S. Ct. 68; 1918 U.S. LEXIS 1664; 63 L. Ed. 211; 2 A.L.R. 293(SUPREME COURT, 1918)

42) 이에 대하여 Holmes 판사는 이러한 금지 명령은 원고가 투자를 회수할 수 있는 정도의 시간, 이 사안에서는 수시간에 대하여만 그 효력을 제한적으로 인정하여야 한

(다) The National Basketball Assoc. v. Motorola, Inc.사건[43]

본 사건은 원고 The National Basketball Association과 NBA Properties는 피고 Sports Team Analysis and Tracking Systems과 Motorola가 제작·판매하는 SportsTrax라는 pager(삐삐) 및 Stats의 American Online이 NBA경기에 관한 실시간 정보(real-time information)를 제공하고 있는 점에 대해 문제를 제기하여 SportsTrax의 판매금지청구를 제기한 사건이다.

이 사건에서 연방지방법원은 피고들은 NBA 게임 정보를 실시간으로 전달함으로써 NBA의 가장 귀한 가치라 할 수 있는 진행 중인 게임의 박진감을 마음대로 사용한 것으로 보았다. 원고들은 피고들의 씨앗을 심지 않고도 결실을 거두려는(reap where they have not sown)행위를 금지시킬 권한이 있으므로 연방민사소송규칙 제52조 (a)에 의하여 금지명령에 의한 구제(injunctive relief)를 청구할 수 있다고 판시했다. 즉 연방지방법원은 SportsTrax 및 AOL 사이트에 관련된 피고들의 행위는 부정이용(misappropriation)을 구성하고 이를 금지하지 않는 이상 이러한 행위는 계속되어 원고들에게 금전적 구제(monetary relief)로는 적당하지 않은 회복불가능한 손해를 입게 될 것이라고 보고 원고들의 부정이용에 기한 청구를 인용했다.[44]

이러한 연방지방법원의 판결에 대해서 원고 NBA는 연방순회항소법원에 항소했다. 항소법원은 부정이용의 법리는 최신뉴스에만 제한적으로 적용되어야 하며, 그 요건으로 ①원고가 비용을 들여 그 정보를 수집하였을 것, ② 그 정보의 가치가 신속한 보도에 있을 것(time-sensitive), ③그 정보를 피고가 이

다고 오히려 AP측에 지나친 권리를 주는 것을 경계하고 있으며, Brandeis 판사는 이러한 영역은 입법적으로 규율되어야 할 것이지 법원이 금지명령을 내려서는 안 된다고 주장하였었다.

43) 105 F.3d 841, 41 U.S.P.Q.2d (BNA) 1585(2d Cir. 1997); 41 USPQ2d 1549(DC SNY, 1996)

44) The National Basketball Assoc. v. Motorola, Inc., 41 USPQ2d 1549 (DC SNY, 1996)

용하는 것이 원고의 정보생산 노력에 대한 무임승차행위일 것, ④원고와 피고가 직접적인 경쟁관계에 있을 것, ⑤피고의 무임승차행위가 원고의 생산의욕이나 동기를 감소시켜 결과적으로 문제의 상품·서비스의 생산이나 품질에 상당한 위협이 되어야 한다는 점을 명백히 한 후, 그러나 이 사건에서는 피고의 무임승차행위와 원고와 피고간의 경쟁관계가 없고 피고가 원고의 시장에 악영향을 미쳤다고 볼 수 없다는 점을 강조하면서 부정이용의 법리가 적용될 수 없다고 판시했다.45)

이 사건에서는 부정이용법리가 적용되지는 않았지만, 저작권법의 보호대상으로 될 수 없는 일련의 정보의 경우에도 무단이용시 손해배상청구 또는 금지청구의 대상이 될 수 있다고 하는 주장과 그러한 주장을 받아들인 하급심판결을 탄생시킨 좋은 사례이다.

(라) eBay, Inc., v. Bidder's Edge, Inc. 사건46)

eBay사는 2000년 4월 캘리포니아 북부 지방법원에 Bidder's Edge사를 상대로 동산침해(trespass to chattel), 부정경쟁(unfair competition) 등 9가지 소인을 근거로 예비적 금지명령(preliminary injunction)을 신청하였다. 이에 캘리포니아 북부 지방법원은 동산침해가 성립하려면, Bidder's Edge사가 eBay사의 컴퓨터시스템의 점유이익(possessory interest)을 고의적으로 무단방해 하였어야 하고, Bidder's Edge사의 이러한 무단이용이 eBay사에 손해를 발생시켜야한다고 전제하고, 전자신호의 발송도 점유간섭에 필요한 물리적 접촉요건을 충족하기에 충분

---

45) The National Basketball Assoc. v. Motorola, Inc., 105 F.3d 841, 41 U.S.P.Q. 2d(BNA) 1585(2d Cir. 1997)

46) 100 F.Supp. 2d 1058, 54 U.S.P.Q. 2d 1798(N.D. Cal., May 24, 2000). : 본 사건은 부정경쟁방지법리를 적용하지 아니하고, 동산침해법리를 적용한 사건으로 본 논문의 주제와는 부합되지 않는 측면은 있으나, 디지털정보 보호방법론상 참고할 만한 사건으로 판단되어 기술한다. 본 사건에 관한 자세한 사항은 권영준, 앞의 논문, 249~260면 참조.

하다는 thrifty판결[47])을 원용하여 Bidder's Edge사의 자동적이고 반복적인 정보수집행위가 eBay사의 컴퓨터시스템에 대한 점유간섭을 구성한다고 보았다. 또한, Bidder's Edge사의 검색로봇이 eBay사의 컴퓨터 시스템에 하루 10만번 정도 접속하는 것이 eBay사의 컴퓨터 시스템의 용량의 1.53% 정도를 점유한다 하더라도 이러한 이용으로 인하여 eBay사가 그 부분을 다른 용도로 이용할 수 있는 기회를 상실하였다는 점, eBay사의 반대에도 불구하고 계속하여 Bidder's Edge사의 정보수집행위를 용인한다면, 이는 Bidder's Edge사와 유사한 다른 경매정보 수집주체들이 eBay사의 웹사이트에 접속하여 정보를 수집하는 것을 조장하는 것으로서 궁극적으로 eBay사의 진정한 소비자들의 효율적인 접근권을 부정하는 결과로 이어지게 될 것이라는 점을 들어 eBay사의 현실적인 손해가 발생하였다는 점을 인정하여 예비적 금지명령결정을 내렸다.

다. 불법행위법리를 통한 디지털정보 보호 사례 분석

저작권법상 보호를 받을 수 없는 디지털정보의 무단이용이 민법상 불법행위에 해당되기 위해서는 그러한 이용행위에 위법성이 있어야 한다. 이러한 위법성의 구체적인 판단은 피침해이익의 성질과 침해행위의 태양사이의 상관관계에 따라 판단하여야 한다. 침해행위 측면에서는 디지털정보의 복제 및 이용이 법규위반이거나 공서양속에 반하는 행위이어야 한다. 피침해이익 측면에서는 디지털정보가 보호할 가치가 있는 법익에 해당되는지 여부이다.

저작권법상 보호를 받을 수 없는 디지털정보가 불법행위법상 보호 법익에 해당되는지와 관련하여, 법원은 성형외과 홈페이지 사건[48])에서 "원고의 사

---

47) Thrifty Tel. Inc. v. Bezenek et al., 47 Cal. Rptr. 2d 469(Cal. Ct. App. 1996) : 본 사건에서 법원은 전화회사의 컴퓨터 시스템을 해킹하는 과정에서 컴퓨터 시스템에 과도한 부하를 일으킨 행위가 동산침해에 해당된다고 판시하였다.
48) 서울중앙지방법원 2007. 6. 21. 선고 2007가합16095 판결.

진 및 상담내용은 원고의 연구, 노력에 따른 성과이고, 상담내용 등을 원고의 홈페이지에 게시하여 운영하는 것은 원고의 병원 운영의 일환으로 행한 경제적으로 가치가 있는 활동으로……상담내용 등은 법적보호의 가치가 있는 이익에 해당되고, 원고와 경쟁관계에 있는 피고가 원고의 상담내용 등을 무단으로 복제하여 이용한 것은 거래계에서 성립되는 공정경쟁의 원리에 반하는 수단을 사용한 것이며, 이는 사회적으로 허용되는 한도를 넘어 원고의 영업활동상의 신용 등의 무형이 이익을 위법하게 침해한 것이다"라고 하여 디지털정보가 불법행위법상 보호법익에 해당된다고 보았다. 또한, 일본 지적재산고등재판소도 요미우리 신문 기사 사건[49]에서 "뉴스기사 표제는 원고가 막대한 노력과 비용을 투입하여 보도기관으로서의 일련의 활동의 결과물이라고 저작권법상 보호를 받을 수는 없지만 이에 상응하는 노력에 의해 작성된 것으로서 뉴스기사 표제 그 자체가 유료의 거래대상으로 여겨지는 등 독립된 가치를 가진다고 보아 뉴스기사 표제는 법적 보호에 적합한 이익이 될 수 있는 것이다"라고 하여 성형외고 홈페이지 사건과 동일하게 보호 법익에 해당된다고 보았다.

이러한 판례들에 비추어본다면, 저작권법상 보호되지 않는 디지털정보가 법적인 보호 대상이 되기 위해서는 디지털정보 생산자가 디지털정보를 생산함으로 인하여 얻게 되는 이익이 사회통념상 독자적인 이익으로 승인될 정도가 되어야 한다.[50] 전술한 불법행위법리를 통해 디지털정보의 무단이용을

---

49) 지적재산고등재판소 평성17년(2005년) 10. 6. 평성17(추)10049.

50) 대법원은 조망이익이 법적인 보호의 대상이 되기 위해서는 "어느 토지나 건물의 소유자가 종전부터 향유하고 있던 경관이나 조망이 그에게 하나의 생활이익으로서의 가치를 가지고 있다고 객관적으로 인정된다면 법적인 보호의 대상이 될 수 있는 것인바, 이와 같은 조망이익은 원칙적으로 특정의 장소가 그 장소로부터 외부를 조망함에 있어 특별한 가치를 가지고 있고, 그와 같은 조망이익의 향유를 하나의 중요한 목적으로 하여 그 장소에 건물이 건축된 경우와 같이 당해 건물의 소유자나 점유자가 그 건물로부터 향유하는 조망이익이 사회통념상 독자의 이익으로 승인되어야 할 정도로 중요성을 갖는다고 인정되는 경우에 비로소 법적인 보호의 대

불법행위로 본 사례들은 디지털정보생산자가 디지털정보를 생산함에 있어 많은 인적·물적 자본을 투자하여 당해 디지털정보를 생산하였고, 이렇게 생산된 디지털정보를 이용하여 경제적 이익을 직·간접적으로 얻고 있다는 점을 들어 디지털정보가 법적인 보호를 받을 수 있는 경제적 가치를 가지고 있다고 보았다. 즉 디지털정보의 무단이용에 따라 받게 되는 디지털정보 생산자의 피침해이익은 디지털정보 그 자체에서 발생하는 이익이라기보다는 그러한 디지털정보를 통해 이루어지고 있는 디지털정보 생산자의 영업활동으로부터 발생하는 이익, 즉 영업이익이라고 볼 수 있으며 영업이익도 불법행위법상 보호할 가치가 있는 법익에 해당된다.[51]

침해행위측면에서 저작권법상 보호되지 않는 디지털정보 무단이용이 부정하게 스스로의 이익을 꾀할 목적으로 이용되거나 디지털정보 생산자에게 손해를 줄 목적에 따라 이용하는 경우 등 선량한 풍속 기타 사회질서 위반[52] 또는 경쟁질서 위반[53]으로 보아 그 행위의 위법성을 인정하고 있다.

상이 되는 것이라고 할 것이고, 그와 같은 정도에 이르지 못하는 조망이익의 경우에는 특별한 사정이 없는 한 법적인 보호의 대상이 될 수 없다"고 하고 있다(대법원 2007. 6. 14. 선고 2005다72058 판결 ; 대법원 2004. 9. 13. 선고 2003다64602 판결).

51) 대법원 2004. 3. 25. 선고 2003다20909, 20916 판결 ; 대법원 2003. 9. 5. 선고 2001다68358 판결 ; 대법원 2001. 7. 13. 선고 98다51091 판결.
52) 서울지방법원 2001. 11. 9. 선고 2000가합54067 판결.
53) 대법원 2003. 3. 14. 선고 2000다32437 판결 ; 서울중앙지방법원 2007. 6. 21. 선고 2007가합16095 판결 ; 경쟁질서가 민법 제103조 및 제105조의 사회질서에 포함된다고 볼 수 있는가와 관련하여, 권오승, 「민법특강」, 홍문사, 1994, 82~83면 ; 홍대식, "독점규제법상 불공정거래행위의 사법적 효력", 「사법논집(제30집)」, 법원행정처, 1999, 142~144면에서는 경쟁질서를 사회질서에 포함된다고 보고 있다.

V. 불법행위법리를 통한 디지털정보의 보호와 저작권법과의 조화

불공정 경쟁행위를 자유로운 경쟁의 과정에서 행한 행위로서 선량한 풍속 또는 사회질서에 반하는 일체의 행위로 넓게 본다면, 저작권법상 보호대상에 해당되지 않는 디지털정보를 디지털정보 생산자가 많은 인적·물적 자본을 투자하여 생산하고, 이렇게 생산된 디지털정보가 시장에서 상당한 시장가치 를 가지는 경우에 이를 경쟁업자가 무단으로 복제하거나 이용하는 것을 금 지하는 것은 타당하다고 할 것이다. 또한, 이러한 금지는 디지털정보의 증가 와 디지털정보 이용을 통한 소비자후생의 증가를 가져다 줄 수 있기 때문에 사회 전체적으로도 바람직한 경우 전통적인 저작권법 이외의 별도의 법리를 찾아내거나 개발해서 디지털정보 생산자의 영업상의 이익을 보호하는 것이 필요하다고 할 수 있다. 이러한 보호의 필요성에 비추어 본다면, 불공정 경 쟁행위의 규제에 있어서 민법상 불법행위에 관한 규정은 기술의 발전으로 인해서 등장한 새로운 유형의 분쟁이 현행 저작권법, 부정경쟁방지법 또는 독점규제법 등에 의해서 적절히 규제되지 못하는 경우에도 그 불공정 경쟁 행위가 위법한 행위로서 불법행위에 해당될 수 있고 민법상의 불법행위 관 련 규정에 의해서 규제될 수 있다는 점에서 중요한 의미를 갖는다.[54]

그러나 저작권법적 측면에서 본다면, 디지털정보 생산자가 생산한 디지털 정보가 저작권법상 저작물성을 구비하지 못한 경우 그러한 디지털정보는 일 반 공중이 자유롭게 이용할 수 있게 하는 것이 저작권법의 입법목적에 부합 된다. 이러한 저작물성이 없는 디지털정보의 이용이 저작권 등을 침해에 해 당되지 않지만, 민법상 불법행위에 해당된다고 보아 그에 대한 법적인 구제

---

54) 양창수, "불법행위법의 변천과 가능성 : 그 제도 목적과 관련 하여", 「민법연구(제3 권)」, 박영사, 1995, 399면.

를 부여하는 것은 표현의 자유와 학문의 자유 등을 확보하면서 후발주자의 창작의 여지를 남겨두는 것에 의하여 정보의 풍부화 내지 문화의 다양성을 도모하고 저작물 이용에 있어 공·사익간의 균형을 추구하고자 하는 저작권법의 입법목적과 일정부분 모순되거나 상충되는 결과를 초래할 수도 있을 것이다.[55] 따라서 문제된 경쟁행위가 권리침해 또는 그에 상응하는 보호할 만한 가치 있는 법익의 침해가 있거나 또는 상도덕이나 관습에 반하여 행위태양 자체의 불공정성이 명백한 경우 등과 같이 제한된 경우에 한해서 민법의 불법행위규정에 의한 불공정경쟁행위의 규제가 이루어져야 할 것이다.[56]

VI. 결 론

인터넷이 디지털정보의 주요한 유통경로로 활용되면서 저작권법상 보호를 받을 수 없는 디지털정보의 경제적 가치가 인정되고 이를 보호하기 위한 일련의 노력들 즉 저작권법 이외의 법리에 의한 보호 또는 입법을 통한 해결이 모색되어져 왔다.

저작권법상 보호를 받을 수 없는 디지털정보를 보호함에 있어 민법상 불

---

55) 정상조, "창작과 표절의 구별기준", 「서울대 법학(제44권 제1호)」, 2003. 3., 111면에서도 "특허법이나 저작권법의 보호대상이 될 수 없는 아이디어의 경우에 그 무단이용이 불법행위에 해당된다고 보기 위해서는 특허법이나 저작권법상 적법한 행위가 어떠한 이유나 요소가 추가되어서 위법성을 인정할 수 있게 되는지를 분명히 해야 하고, 그러한 위법성의 추가적 요소를 밝혀낼 수 없다면 아이디어의 무단이용을 불법행위로 해석하는 것이 특허법이나 저작권법과 상충될 수도 있다"고하여 불법행위법리를 통한 비저작물의 보호에 있어 위법성 요건을 명확하게 판단하는 것이 필요하다고 보고 있다.
56) 정상조, "혁신과 경쟁 : 정보통신 기술과 시장의 변화에 따른 불공정경쟁행위의 규제", 「Law&Technology(제2권 제1호)」, 2006년 1월, 52면.

법행위법리는 기술의 발전과 디지털정보 시장의 변화에 따른 디지털정보 이용의 불공정성을 둘러싼 분쟁해결을 해결하는 방안이 될 수 있을 것이다. 디지털정보를 생산함에 있어 디지털정보 생산자는 디지털정보를 생산하기 위해 많은 인적·물적 자본을 투자하고 이를 이용하여 경제적 이익을 얻게 된다. 이러한 디지털정보를 경쟁사업자가 무단으로 복제하여 이용하는 것은 디지털정보 생산자의 영업상의 이익을 침해하는 것이고, 영업이익도 불법행위법에서 보호되어야할 법익에 해당됨으로 불법행위법리를 통해 이를 구제하는 것은 당연하다고 할 수 있다.

그러나 자유경쟁경제에서 특정주체의 영업이익을 지나치게 보호하면, 반경쟁적 효과가 야기된다. 그러므로 영업이익의 침해에 대한 위법성 판단은 자유경쟁이라고 하는 가치와의 상호관계 안에서 이루어지는 것이 바람직하다. 이러한 자유경쟁이라고 하는 가치와의 상호관계측면에서 본다면, 저작권법 등에 의하여 보호되지 않는 디지털정보를 영리목적으로 제공하여 사실상의 이익을 얻고 있다고 하더라도 그러한 행위가 법적으로 보호할 가치가 있는 이익으로 되기 위해서는 사회통념상 독자적인 이익으로 인정되어야 하며, 구체적으로는 디지털정보의 종류와 내용, 작성목적, 이용현황 및 그 경제적 가치 등의 제반사정을 종합하여 결정하여야 한다. 특히, 디지털정보가 법적으로 보호할 가치가 있는 이익인지 여부는 사회적 평가에 의해 영향을 받게 됨으로 이를 무단으로 이용하는 자의 이용목적 및 현황 등이 고려되어져야 할 것이다.[57] 또한, 이러한 행위의 위법성을 판단함에 있어서는 미연방 제2항소법원이 NBA사건에서 저작권법상 보호되지 않는 디지털정보의 이용이 부정경쟁행위에 해당되기 위한 요건으로 제시한 원고가 비용을 들여 그 정보를 수집하였을 것, 그 정보의 가치가 신속한 보도에 있을 것, 그 정보를 피고가 이용하는 것이 원고의 정보생산 노력에 대한 무임승차행위일 것, 원고

---

57) 이종구, "인터넷 홈페이지에 공개된 정보의 부정이용과 일반불법행위책임", 「저작권(제79호)」, 2007년 가을호, 66면.

와 피고가 직접적인 경쟁관계에 있을 것, 피고의 무임승차행위가 원고의 생산의욕이나 동기를 감소시켜 결과적으로 문제의 상품·서비스의 생산이나 품질에 상당한 위협성 등은 큰 시사점을 제시한다고 보여진다.

제6절 온라인게임과 아이템 현금거래

Ⅰ. 서론

현재 게임과 관련해 많은 문제점이 제기되고 있다. 특히 온라인게임은 산업·경제적 측면에서 괄목할 만한 성장을 이룩하였을 뿐만 아니라 우리나라가 국제 경쟁력을 가지고 있는 몇 안되는 미래 성장동력의 하나로 주목받고 있음에도 불구하고,[1] 온라인게임의 아이템 현금거래[2]에 따른 각종 부작용으로 인해 그에 대한 시선이 곱지만은 않다.[3] 이는 게임이 더 이상 단순한 오락으로서의 '게임'에 그치지 아니하고 '돈벌이'의 수단으로 전락해 가고 있고, 나아가 사행성 조장 및 그에 따른 청소년문제와 각종 범죄의 온상이 되고 있다는 점에서 더욱 그러하다. 따라서 이에 대한 규제가 필요하다는 목소리가 높다. 또한 우리나라 온라인게임(특히 MMORPG)의 수익구조가 너무 아이템 방식에 대해 의존적이지 않느냐는 지적과 함께 향후 발전 가능성의 한계

---

1) 게임산업의 경제적 분석에 대해서는 이철규외 8인, 「게임산업지원의 경제적 효과 분석 연구」, 한국게임산업개발원, 2005.3 참조.

2) 온라인게임아이템의 현금거래 규모는 약 8,307억원으로 추정되며, 이 중 중개거래가 6,692억원(80.6%), 직거래가 1,615억원이다(19.4%)(자세한 것은 「온라인게임아이템현금거래실태조사」, 한국게임산업개발원, 2006; 「아이템현금거래 대책 토론회」 자료집(2006.12.27), 한국게임산업개발원, 5면 참조). 오차범위를 생각하면 9,000억이 넘는다고도 볼 수 있을 것이다.

3) 이에 대해 자세한 것은 김종훈외 4인, 「게임 관련 소비자 피해 실태 및 개선방안 연구-온라인게임서비스 중심으로」, 한국게임산업개발원, 2006.1; 김민규외 8인, 「온라인게임 역기능 실태조사 및 대처방안」, 문화관광부, 2004.4; 최병록, "온라인게임시장에서의 소비자 보호", 「게임산업 진흥에 관한 법률과 게임업계의 소송현황 및 전망」 세미나 자료집, 게임분쟁연구소, 2006.7.8, 5면 이하 참조. 참조.

를 우려하는 견해도 적지 않은 것이 사실이다. 반면, 아이템 현금거래를 디지털·사이버 시대의 새로운 패러다임으로 파악하고 그 경제적 효용성과 산업적 가치에 착안해 이를 양성화함은 물론 더욱 진흥시켜 국가발전의 계기로 삼아야 한다는 견해 또한 제기되고 있다. 따라서 우리는 '아이템(넓게는 사이버머니까지도)'이라는 디지털재산의 등장과 이의 현금거래 행위가 가지고 있는 문화사회적·산업경제적·법적인 함의를 세심히 살펴보아야 할 것이며, 그에 따른 규제 또는 양성화·진흥 여부가 검토되어야 할 것이다.

　온라인게임 아이템의 환금성과 그로 인한 현금거래는 이미 전술한 바와 같이 긍정적, 부정적인 측면을 모두 가지고 있다. 그리고 그 각각은 아이템 현금거래의 규제론과 양성화론의 근거로 제시된다. 지금도 여전히 아이템 현금거래와 관련해 규제론과 양성화론이 첨예하게 대립 중이며, 이에 대한 다각적이고도 구체적인 정책적 판단이 요구되고 있는 실정이다. 이하에서는 아이템 현금거래에 대한 규제론과 양성화론[4]을 비교 검토함으로써 그에 대한 개선방안을 도출하고자 한다.

II. 규제론과 양성화론

1. 규제론

　규제론의 기본적인 시각은 아이템 현금거래가 약관위반·불법행위이며 사회악이라는 입장이다. '아이템=현금'이라는 인식이 확산될 경우 사행성을 조장하고 각종 범죄등의 사회적 문제를 초래할 수 있다고 본다.

---

4) 게임에 대한 두 가지 시각의 대표적인 예로 「불법 사행성 게임 근절 대책 대토론회」 자료집, 문환광광부·디지털타임스, 2006.2.13, 3면 이하; 김동현외 4인, 「경품게임 활성화 및 건전화 방안에 관한 연구」, 한국게임산업개발원, 2005.10 참조.

첫째, 사회·문화적 측면에서 아이템 현금거래로 인한 사행성 조장과 중독성의 심화 그리고 그로 인한 각종 청소년 문제의 발생을 우려한다. 또한 노동윤리의 왜곡과 건전한 게임문화의 조성을 저해하게 될 것이라는 견해이다. 더불어 소비자 보호 특히 미성년자의 결제등과 관련하여 몇몇 문제가 지적되고 있다.

둘째, 법적인 측면에서 아이템 현금거래는 이를 금지하는 약관을 위반한 것이며 이의 거래를 조장하는 각종 영업(매매 및 대여의 중개 또는 알선) 행위 등을 포함하여 불법적인 것이라고 한다. 그리고 법리적으로도 아이템에 대한 권리는 기본적으로 게임사가 가지는 것으로 파악한다. 따라서 당해 권리를 침해하는 행위는 금지되어야 한다고 주장한다. 또한 아이템의 환금성으로 인해 각종 범죄가 유발되고 있으므로 역시 이를 규제하여야 한다고 한다.

셋째, 산업·경제적 측면에서는 양성화론자들의 경제적 효용성과 산업발전 논리를 부정하면서 오히려 현금거래 양성화로 인해 발생하는 사회적 비용을 감안하면 오히려 경제적 손실이 더 크다고 한다, 그리고 아이템 현금거래 중심의 온라인게임은 결국 그 발전에 한계가 있다는 주장이다.

넷째, 게임·운영측면에서는 아이템의 현금거래로 인해 게임의 밸런싱이 깨지고 그에 따라 게임의 재미가 반감되고 결국 게임성을 해치게 된다는 입장이다. 또한 원활한 게임서비스를 위해서는 일정한 통제가 필요하며 아이템의 현금거래를 허용하였을 경우에 벌어질 예상치 못한 문제의 책임소재와 그 범위와 대해서도 간과할 수 없는 사안이라고 한다.

이하에서는 이를 보다 구체적으로 살펴보도록 한다.

가. 사회·문화적 측면

(1) 사행성의 조장

아이템 현금거래가 가지는 가장 대표적인 부작용이 사행성 조장일 것이다. 이는 아이템이 가지는 환금성에 기인한 것이다. 단순한 게임상의 거래에

서 벗어나 아이템의 현금화가 가능해지면서 게임의 사행성을 부추기고 있다
(아이템 현금거래 실태에 대해서는 이미 앞에서 상술하였으므로 그 구체적인 유형과 내용에 대한 언급
은 생략한다). 이제는 게임을 '게임' 그 자체로서 즐기는 것이 아니라 적극적인
영리행위의 수단으로 생각하기에 이른 것이다. 나아가 그로 인한 각종 사이
버범죄 발생의 온상이 됨으로써 결국 중대한 사회 문제로 대두되었다. 따라
서 이러한 사회적 부작용을 해소하기 위해서는 어떠한 형식으로든 아이템
현금거래에 대한 규제가 필요하다는 입장이다. 더욱 문제되는 것은 게임의
사행성을 조장하는 것은 아이템 현금거래에만 한정되는 것이 아니라는 점이
다. 아이템과의 교환가치를 가지는 사이버머니를 통해서도 실질적인 현금화
가 가능하며, 심지어는 상품권에 의해서도 간접적인 환전이 이루어질 수 있
다는 점에서 문제의 심각성은 보다 깊고 광범위하다고 할 수 있다. 이와 같
이 온라인 게임의 아이템등이 현금 획득·거래의 중간단계로 악용되고 사행
성을 조장하도록 방치하는 것은 사회적으로 바람직한 일이 아니며 따라서
조속히 이에 대한 규제가 필요하다고 한다.

그러나 이것이 온라인게임에 대한 편견이라는 주장도 있다. 즉 온라인게
임이 사행성을 조장한다고 보는 것은 그 기본적인 입장이 아이템 현금거래
와 도박이 같다고 추정하는데서 출발하기 때문이라고 한다. 그리고 아이템
현금거래로 인해 손해를 보는 사람이 없다는 점에서 도박이 아니며, 그것은
게임의 한 방법론에 불과한 것이지 이를 사행성 도박과 동일시하여 매도하
여서는 안된다고 한다.

(2) 중독성의 심화

가상공간에서도 마치 현실세계에서처럼 그 나름대로의 시장경제 질서에
의해 이용자간에 아이템 등의 자유로운 거래가 가능하다고 한다면 당해 온
라인 게임의 재미는 보다 배가될 것이고 대부분의 이용자들이 이를 선호하
게 될 것이라는 것은 충분히 짐작이 가는 바이다. 그런데 이에 더하여 아이

템의 거래가 단순히 게임에 머물지 아니하고 실제 현금으로까지도 거래가능 하다고 하면 이때 게임에 대한 선호는 오락 그 이상의 의미를 갖게될 가능성 이 높으며, 그로 인한 중독성도 더욱 심각한 정도에 이를 것이다. 그리고 이는 결국 사행성을 보다 심화시키고 각종 사회적 문제를 야기하게 될 것이다. 실제로 MMORPG류의 온라인게임을 하는 상당수의 게이머들은 주로 아이템 현금거래 때문에 재미를 느끼며, 당해 게임이 인기를 얻고 큰 수익성을 올릴 수 있는 것도 바로 아이템의 현금거래 때문이라고 생각한다. 따라서 사회적 부작용을 예방·감소시키기 위해서는 게임에 대한 중독성을 가중시키는 아이 템의 현금거래와 같은 요소를 가급적 최소화하거나 금지하는 것이 바람직하 다는 견해이다.

그러나 이에 대해서도 아이템 현금거래로 인한 게임 중독성 문제가 상당 부분 과장되거나 왜곡되어 있다고 보는 견해가 있다. 즉 중독성이 있다라는 것은 달리 말하면 그만큼 재미있다라는 의미이며, 이는 비단 게임의 문제만 은 아니라는 것이다. 단순히 몰입의 정도가 높다고 하여 이를 다 비판과 규 제의 대상으로 삼는다는 것은 비합리적이라고 할 수 있다. 예를 들어 누구나 가끔 자신이 많은 흥미를 느끼는 공부나 취미생활을 위해 밤샘을 하는 경우 가 있을텐데 이를 단순히 중독성의 잣대로 보아 그 행위 자체를 무조건 제재 하는 것은 올바른 선택이 아닐 것이다. 더군다나 중독성이라는 것은 기본적 으로 개별적이고 주관적인 것일 수 밖에 없어 아무리 객관적인 기준을 제시 한다고 하여도 이에는 한계가 있다고 보여진다. 결국 명확히 제시될 수 없는 기준에 의해 부정적으로 다루기 보다는 매력적이고 경쟁력있는 게임 요소 중 하나라는 측면에서 아이템 현금거래를 바라보는 시각이 필요하다고 하겠 다. 다만, 게임에 대한 지나친 몰입으로 정신·신체상의 건강에 해가 되거나 정상적인 생활에 장애가 오지 않도록 지도·교육·권고 등을 통해 이를 유도 할 필요는 있을 것이다. 즉 게임의 중독성은 아이템 현금거래 그 자체의 문 제가 아니라 이용자에 대한 문제이며, 따라서 아이템 현금거래 그 자체를 규제하기 보다는 이용자로 하여금 중독성에 노출되지 않도록 하는 방안을 강구해야 한다는 견해이다. 이에는 계몽이나 홍보뿐만 아니라 시스템·제도적인 측면에서의 접근도 가능하리라 본다.

(3) 폭력성 유발

게임아이템이 현금거래를 통해 실질적인 경제적 가치를 갖게 되자 아이템의 획득·판매를 목적으로 일부 게임이용자에 의한 무차별적인 PK 또는 현피(현실PK)가 발생하기도 한다. 이는 결국 게임 이용자로 하여금 폭력성을 유발하게 하는 것으로 건전한 게임이용 문화의 형성을 저해하는 요소라고 할 수 있다. 따라서 이러한 부작용을 방지하기 위해서라도 게임아이템의 현금거래를 규제하여야 한다고 한다.

(4) 청소년 보호

온라인게임을 하는 상당수의 이용자는 청소년들이다. 따라서 당해 온라인게임이 혹시 가지고 있을 지 모르는 사행성·폭력성·음란성 등에 접할 기회가 많을 것이다. 그러나 청소년은 정신적인 면에서 혹은 신체적으로도 아직은 미성숙 상태에 있으므로 그러한 온라인게임을 하는 경우에 건전한 정신적·신체적 발달에 유해할 가능성이 높으며, 나아가 청소년들로 하여금 각종 사이버 범죄의 위험에 노출시키기 쉽다고 하겠다. 아이템 현금거래 역시 사행성·폭력성·중독성 등의 면에서 청소년의 건전한 발전을 위해할 수 있는 요소들이 다분하며, 특히 온라인게임의 파급속도와 영향력에 비춰 볼 때 청소년에 의한 아이템 현금거래의 위해성은 생각보다 더 심각할 수도 있을 것이다. 예를 들어 아이템의 현금거래가 청소년의 온라인게임에 대한 중독을 강화시켜 사회적으로 몰가치한 일에 시간·노력·비용을 허비하거나 탈선하게 된다면 이는 사회적·경제적으로도 큰 손실이 될 뿐만 아니라 청소년 자신의 미래를 위해서도 바람직한 일이 아니라고 할 것이다. 따라서 아이템 현금거래를 규제하는 것은 청소년 보호를 위해 마땅할 것이다. 더군다나 아이템의 현금거래가 게임중독의 주요인이라고 한다면 게임 이용자의 상당수가 청소년이라는 점에서 더욱 청소년 보호 차원의 규제가 필요하다고 한다.

(5) 노동윤리의 왜곡

온라인게임 아이템의 환금성은 온라인게임 이용자들의 노동가치에 대한 인식조차 바꾸어 놓고 있다. 청소년들은 물론 직장인이나 가정주부들도 아르바이트 또는 부업으로 아이템 현금거래를 하고 있을 정도이다. 그 중에는 아예 본업을 포기하고 아이템 현금거래에 전업으로 나서는 경우까지 있다. 예를 들어 PC방이나 자신의 집을 아예 소위 '작업장'으로 운영하는 사례 등이 그러하다. 이는 결국 아이템 현금거래만으로도 돈벌이가 될 만큼 시간과 노력의 투자 가치가 있다는 것을 의미한다. 그러므로 자칫 게임이용자들로 하여금 손쉬운 돈벌이 수단으로 치부되어 기존의 정상적인 노동활동마저 포기하고 아이템 현금거래 행위를 통해 사행적 생활을 영위하고자 하는 분위기가 만연할 수도 있을 것이다. 그리고 청소년의 경우에는 정상적인 직업사회에 편입되기도 전에 이러한 현실에 접하게 됨으로써 건전한 노동윤리를 형성하지 못하게 될 수도 있다. 따라서 정상적인 노동윤리의 형성을 저해하는 아이템 현금거래는 규제되어야 한다고 보는 것이다.

또한, 일례로 청소년들이 하루 12시간 이상의 노동을 통해 획득한 아이템은 결국은 지불능력이 있는 어른들에 의해 주로 구매되어질 텐데, 이는 일종의 노동착취이고 불법행위이므로 당연히 규제되어야 한다는 견해도 있다.

(6) 이용자간 위화감 조성

온라인게임(특히 MMORPG)상에 존재하는 가상사회는 어찌보면 또 하나의 내가 살아가는 가상현실이며 좀 더 의미를 담는다면 일종의 자아 실현 공간이기도 하다. 경우에 따라서는 게임속 캐릭터와 실제의 자신을 동일시하기도 한다. 즉 게임이용자들은 게임속의 캐릭터를 통해 현실세계와는 또 다른 자기 만족을 찾고 있는 것이다. 이때 만약 그러한 만족을 얻기 위해 또는 원하는 바대로 게임을 진행하기 위해 특정 아이템의 확보가 필수적이라고 한다면, 당해 게임을 즐기는 자는 누구나 그 아이템을 얻기 위해 수고를 아끼지 않을 것이다. 그리고 이용자는 그 아이템을 얻거나 임무를 완성함으로써 또 하나의 성취감을 맛볼 수 있을 것이다. 그런데 아이템의 획득이 게이머의 노력이나 기술보다는 구매능력(즉 재정상태)에 의해 주로 결정된다고 한다면, 이는 결국 가진 자만이 보다 좋은 아이템을 구할 수 있게 될 것이고, 게임에서조차 부익부 빈익빈 현상을 낳아 오히려 이용자간의 위화감만 조성하게 될 것이다. 따라서 게임 아이템의 현금거래는 규제되어야 한다는 것이다.

나. 법적 측면

(1) 계약위반, 불법행위

아이템 현금거래 행위는 온라인게임사들이 약관을 통해 금지하고 있는 것이므로 온라인게임 이용 약관에 동의한 자로서 이를 어기고 게임아이템을 현금거래하는 것은 계약위반이다. 따라서 아이템 현금거래를 규제하는 것은 당연하다는 견해이다. 그리고 아이템 현금거래를 중개하는 영업 역시 불법행위를 조장하는 것으로 정상적인 영업이라 할 수 없으므로 규제되어야 타당하다고 한다.

(2) 법리적 문제

게임아이템 및 그 거래행위의 법적 성질에 관한 것으로,[5] 결국 게임아이

---

5) 특히 아이템 현금거래와 관련해 아이템 유사소유권 매매설, 아이템 사용권 양도설, 아이템 계약설 등이 있다. 온라인 게임 아이템 및 현금거래의 법적 성질에 대해서는 정해상, "인터넷게임아이템 거래에 관한 법리", 「중앙법학」 제5집 제3호, 2003, 2-3면; 최경진, "민법상 물건에 관한 연구", 성균관대학교 박사학위 논문, 2003,

템에 대한 권리 내지는 법익은 게임사에게 있고 이를 침해하는 행위로부터 보호를 주장하는 것은 당연한 것이므로, 그러한 견지에서 아이템의 현금거래는 규제되어야 한다는 주장이다.

(3) 각종 범죄의 유발

경찰청 통계자료에 따르면 사이버 범죄의 거의 절반 정도가 온라인게임에 관한 범죄이며 그 원인의 대부분은 게임아이템과 관련되어 있다고 한다. 즉 게임아이템을 매개로 사기, 폭력(협꾀), 성매매, 개인정보침해, 해킹, 명예훼손 등 각종 현실 및 사이버상의 범죄가 발생하고 있다는 것이다. 결국 온라인게임이 즐거움을 주기보다는 범죄의 온상으로 전락하고 있으며, 이와 관련된 범법자들이 크게 늘어나고 있는 것이다. 더욱이 범죄조직들까지도 아이템 현금거래에 관여하는 경우가 있다고 하니 이에 대한 대책마련이 요구된다고 하겠다. 그리고 사이버머니등과 더불어 불법적인 자금의 조성이나 소위 '돈세탁'의 수단으로도 악용될 소지가 있다는 점에서 문제가 더욱 심각하다고 하겠다. 그리고 이러한 문제는 아이템 현금거래를 중개 사이트를 통해 양성화한다고 하더라도 여전히 사각지대가 존재할 수 밖에 없다는 점에서 더욱 규제의 필요성이 있다고 한다.

(4) 중국 작업장 문제

아이템 현금거래는 이제 국내만의 문제가 아니다. 현재 아이템 현금거래

99-102면, 2003; 최경진, "민법상 정보의 지위", 「산업재산권」(제15호), 한국산업재산권법학회, 2004, 19면 이하; 신재호, "지적재산의 보호방법론에 관한 연구", 한양대학교 박사학위 논문, 2004, 17-18면; 윤웅기, "MMORPG게임 아이템 현금거래에 대한 법정책적 고찰", 게임문화연구회, 2005, 7면 이하; 김윤명, "온라인게임의 법률문제", 「한국지적재산권학회지」(제6집), 2002, 229면 이하; 김형렬외, 「게임과 저작권」, 저작권심의조정위원회, 2001.12, 16-17면, 62-74면; 이정훈, "온라인 도박의 형사책임", 「중앙법학」(제6집 제3호), 2004, 176면; 윤선희, "아이템의 법적 성격", 「아이템현금거래 대책 토론회」자료집 13면 이하 참조.

를 위한 전문적인 작업장은 국내뿐만 아니라 중국에도 거점을 두고 있다. 이러한 국제적인 아이템 현금거래는 언젠가는 국제적 분쟁이나 국가의 명예나 신뢰도의 실추를 가져올 개연성이 높다고 하겠다. 따라서 이를 사전에 규제하는 것이 바람직하다는 견해이다.[6]

다. 산업·경제적 측면

(1) 경제적 효용성 부정

아이템 현금거래는 청소년들을 비롯한 온라인게임 이용자들에게 경제적 가치가 없는 일에 몰두케 함으로써 시간·노력·비용 등의 직접적인 경제적 손실을 입게 함은 물론 각종 범죄의 유발과 사회적·문화적 갈등 및 부작용을 양산함으로써 간접적으로도 불필요한 사회적 비용을 지불케 한다는 점에서 역시 규제되어야 한다고 한다. 즉 간접적 비용까지 포함하면 총비용적인 측면에서 경제적 효용성 논리는 타당하지 않다는 것이다.

(2) 산업발전 논리 부정

온라인게임이 아이템 거래에 의존하는 시스템으로는 일부 국가는 몰라도 미국·유럽·일본 등의 게임선진국에서는 경쟁력을 갖기가 어려울 것이라고 한다. 그리고 중장기적인 측면에서도 게임아이템 거래에 대한 과도한 의존은 온라인게임산업 발전을 위한 적절한 모델이 될 수 없다는 견해이다. 따라서 아이템 현금거래 허용의 근거로 게임산업진흥의 논리를 내세운 주장은 타당하지 않다고 한다. 또한 아이템 현금거래의 양성화로 말미암아 경제활동인구가 아이템 현금거래에 집중됨으로써 오히려 건전한 국가산업기반 형성에 부정적인 영향을 미칠 것이라고 우려한다. 따라서 산업발전 논리는 부정되어야 마땅하며 아이템 현금거래는 규제되어야 한다고 한다.

---

6) 중국게임산업에 대해서는 「중국게임산업보고서」, 한국게임산업개발원, 2005 참조.

라. 게임·운영 측면

(1) 게임성 저해

한마디로 게임아이템 현금거래가 게임의 본질을 해칠 것이라는 견해이다. 아이템 현금거래라는 게임외적 요소의 개입으로 말미암아 게임의 밸런싱을 저해하고 나아가 게임 그 자체를 통해 즐거움을 얻는다는 게임의 본질을 흐리게 한다. 게이머의 실력과 무관하게 좋은 아이템만 있으면 게임을 잘 할 수 있다고 한다면 이는 게임의 진정한 재미를 반감시키는 결과를 낳게 될 것이다. 그리고 게임을 게임으로서 즐기지 아니하고 아이템을 획득·판매하기 위해 오로지 영리만을 목적으로 게임을 하는 자들로 인해 게임의 룰이 하나둘씩 파괴되고 이용자간의 건전한 게임문화 형성이 방해될 것이다. 이로 인해 게임이용자들은 점점 그 게임에 대한 흥미를 잃고 떠나게 될 것이며, 결국 게임사도 수익구조의 악화로 손실을 입게 될 것이다. 그렇다고 한다면 게임산업 전체를 보더라도 이는 바람직한 모습이 아닐 것이다. 그러므로 규제가 필요하다는 주장이다.

(2) 원활한 게임서비스를 위한 통제 필요

게임서비스의 원활한 이용과 혼란 방지를 위해 게임 내 모든 플레이에 대한 통제권은 게임업체가 가지고 있어야 한다는 주장이다. 온라인게임 이용자들에게 상당한 자유를 인정한다고 하더라도 의도하지 않은 여러 문제가 게임사의 책임으로 돌아올 수 있다는 점에서 일정한 정도의 게임 플레이에 대한 통제는 필요하며, 아이템 현금거래 역시 그 대상이 되어야 한다는 것이다.

2. 양성화론

양성화론의 기본적인 입장은 아이템의 현금거래가 디지털·사이버 시대의 도래와 함께 등장한 새로운 경제 패러다임의 하나라는 것이다. 따라서 이를 기존의 오프라인 중심의 아날로그적 사고방식의 틀을 가지고 그대로 단순 대입·평가하는 것은 부적절한 접근방식이라고 한다. 오히려 온라인게임의 파생시장으로서의 발전가능성에 주목하는 입장이다.

첫째, 사회·문화적인 측면에서는 아이템 현금거래를 새로운 디지털·사이버 경제의 패러다임으로 파악한다. 이미 보편화된 현실이므로 아이템 현금거래를 완전히 막는다는 것은 사실상 불가능한 측면이 있다고 한다. 규제가 힘들다면 양성화 방안을 찾아야 한다는 입장이다. 아이템 현금거래를 양성화하여 음성적으로 방치함으로써 나타날 사회적 부작용을 방지해야 한다고 한다. 또한 규제의 강화가 오히려 역기능을 낳을 것으로 우려한다.

둘째, 법적 측면에서 아이템 현금거래 금지약관은 불공정한 것이며, 게임 이용자도 자신이 취득한 아이템에 대한 일정한 권리가 있다고 본다. 아이템 현금거래 중개 행위는 약관의 구속을 받지 않으며 불법이 아니라고 본다.

셋째, 산업·경제적 측면에서는 아이템 현금거래의 경제적 효용성과 게임 및 그 파생산업의 발전가능성을 고려하건대 이를 양성화하는 것이 국가경제에 이롭다고 한다.

넷째, 게임·운영적인 측면에서는 당해 온라인 게임이 아이템 거래 시스템을 채택한 이상 아이템의 현금거래는 허용되는 것이 마땅하며, 아바타(아이템)·웹보드게임 등에 대한 규제와의 형평성상 온라인게임 아이템의 현금거래도 이를 양성화하는 것이 타당하다고 한다.

가. 사회·문화적 측면

(1) 새로운 디지털·사이버 경제의 패러다임

온라인게임의 아이템 현금거래를 사이버 시대의 새로운 디지털 패러다임으로 파악한다. 이는 사이버 사회가 도래하면서 나타나는 자연적인 경제현상이며, 패러다임이 바뀌었으므로 기존 사회의 잣대로 아이템 현금거래 문제를 규제하려고 하는 것은 부적절하다고 한다. 포털사이트를 통해 아바타를 사고 파는 것처럼 게임아이템의 현금거래도 본질적으로는 그와 같은 속성이며, 디지털·사이버 시대의 새로운 경제 시스템으로 본다.

(2) 규제의 현실적 한계

아이템의 현금거래는 그 불법성 여부는 별론으로 하더라도 이미 보편화되어 있으며, 현실적으로도 이를 막을 방법이 없어 보인다. 즉 현금거래가 너무 광범위하게 행해지고 있고, 각종 규제에도 불구하고 관련 시장이 여전히 성장하고 있다는 점에서 그 해결이 쉽지는 않을 것이다. 결국 문제는 아이템 현금거래를 막을 수 있는 현실적인 대안이 있느냐 인데, 아이템거래를 모델로 하는 게임이 존재하는 한 아이템의 현금거래는 사라지지 않는다고 보는 것이 옳을 것이다. 그러므로 아이템 현금거래를 하는 이용자들을 일일이 가려내어 그 책임을 묻는 것은 현실적으로 한계가 있다고 하겠다. 아이템의 현금거래를 막을 수 없다면 이를 적극적으로 양성화해 주는 것이 오히려 현실적일 수도 있다. 현실을 무시하고 무조건 규제만 하려는 것은 오히려 문제를 방치하는 것과 다름없다고 할 것이다. 따라서 아이템 현금거래를 양성화하는 것이 필요하다고 한다.

(3) 사회적 부작용 방지

게임아이템 현금거래 시장 규모의 확대에도 불구하고 이에 대한 양성화 방안이 없어 사기, 해킹, 과도한 거래가격 등의 사회적 부작용이 더욱 양산되고 있다. 시장이 더 크게 성장하기 전에 아이템거래를 양성화함으로써 사회적 부작용이 더 이상 심화되는 것을 방지해야 한다고 한다. 예를 들어 안전성이 검증된 중개 사이트를 통한 거래를 양성화함으로써 문제를 해결할 수 있다는 견해이다.

(4) 규제강화에 따른 역기능 우려

아이템의 현금거래에 대한 규제강화는 정부의 규제완화 지향 정책에 위배되며, 그로 인해 혹시 현금거래 자체는 방지할 수 있다고 하더라도 온라인게임 강국으로서의 기대는 포기하는 것과 다를 바 없고, 결국 게임산업을 고사시킬 수도 있다고 한다. 너무 사회적 부작용 측면만을 고려한다면 게임산업의 발전을 기대하기는 힘들다고 할 것이다. 또한 아이템이 누구의 권리에 속하는지도 법적으로 불분명한데, 아이템 현금거래를 지나치게 규제하는 것은 부당하다고 한다. 그리고 규제의 역기능으로 인한 관련 범죄의 심화를 우려한다.

나. 법적 측면

(1) 약관의 불공정성

아이템의 현금거래를 금지하는 약관은 법리적으로 타당하지 않을 뿐만 아니라 불공정하여 무효라고 한다. 그 이유로는 다음과 같은 견해가 제시되고 있다.

(i)당해 게임이 본래 아이템 거래 시스템을 채택하고 있고, 그로 인해 현금거래가 발생한 것임에도 불구하고 약관을 통해 이를 다시 금지하는 것은 금반언의 법칙에 반하는 것이며,[7] (ii)아이템 거래는 정상적인 게임 이용행위일 뿐만 아니라 아이템의 현금거래가 게임사와 무관하게 게이머간의 사적 영역에서 발생하는 것임에도 불구하고 이를 금지하는 것은 사적자치의 원칙에도 위배되는 것이다. 나아가 (iii)게임이용자가 자신의 노력과 투자로 만들어 낸 무형의 가치에 대해 정당한 권리를 가지고 있음에도 불구하고 그 권리행사를 약관으로 금하는 것은 오히려 이용자의 권리를 침해하는 것이므로 이 역시 무효라고 한다.

---

7) 그러나 이를 두고 금반언의 법칙을 위반한 것이라고 단정할 수 있는지에 대해서는 의문의 여지가 있다고 한다. 아이템 거래 시스템을 채택하고 있다는 것과 아이템 현금거래를 금지한다는 것은 별개의 문제로 다루어야 한다는 지적이다.

(2) 법리적 문제

양성화론의 기본입장은 게임을 통해 획득한 아이템의 소유권은 게이머들에게 있으므로 아이템 거래는 당연히 허용되는 것이라고 한다. 이는 온라인게임의 속상상 이용자간의 수많은 상호작용을 통해 게임이 만들어지고, 이때 게이머는 소비자이기도 하지만 동시에 생산자(즉 프로슈머)라는 점에서 온라인게임을 만들어 가는 또 하나의 주체로서 아이템에 소유권을 인정해 줘야 한다고 주장한다. 따라서 이를 근거로 아이템의 현금거래는 양성화되어야 한다고 한다.

다. 산업·경제적 측면

(1) 아이템 현금거래의 경제적 효용성

사이버·디지털 경제 시스템의 도래는 아바타·아이템·사이버머니 등의 디지털 이미지가 훌륭한 경제적 가치를 지닌 상품이 될 수 있음을 보여주었다. 그리고 향후 새로운 비즈니스 모델과 부가가치를 창출할 것이라는 점에서 게임아이템의 현금거래 등이 양성화돼야 한다는 견해이다. 예를 들어 아이템 현금거래가 게임사들의 우려에도 불구하고 중개업체들은 물론 온라인게임사들의 매출증대에 기여하는 바가 클 것으로 예상된다고 한다.

(2) 게임산업발전에 기여

온라인게임은 우리나라의 주요 수출상품이며, 비교적 국가 경쟁력을 가지고 있는 분야이므로 이를 보호·육성해야 하는 것은 당연하다. 특히 게임 아이템의 현금거래라는 새로운 비즈니스 모델의 선점을 통해 향후 국제적 경쟁력 확보와 국가적 부가가치 창출에 기여하는 바가 클 것으로 기대되고 있다. 또한 아이템 현금거래로부터 새로운 파생시장이 계속적으로 형성되어 갈 것으로 예상되는 바 게임산업의 외연이 넓어지고 관련산업의 발전에도 기여할 수 있다는 점에서 아이템의 현금거래를 양성화해야 한다고 한다.

라. 게임·운영 측면

(1) 게임 시스템상의 한계

아이템의 현금거래가 MMORPG류의 온라인게임을 즐기는 게이머에게 가장 매력적인 게임적 요소라는 것은 누구나가 인정하고 있는 바이다. 따라서 온라인게임의 성공여부를 결정짓는 가장 중요한 요인의 하나로 받아들여지고 하다. 그로 말미암아 우리나라 온라인게임의 상당수는 여전히 아이템 거래 시스템을 채택하고 있다. 즉 게임 시스템 본래의 특성이 아이템 거래가 가능하도록 만들어져 있는 것이다. 그러므로 당해 시스템을 그대로 유지하는 한 아이템 거래의 완전한 금지는 현실적으로 한계가 있는 것이며, 그럼에도 불구하고 이용자로 하여금 아이템의 현금거래 금지를 요구하는 것은 앞뒤가 맞지 않는 주장이라고 한다. 따라서 아이템 거래 시스템을 채택한 이상 아이템의 현금거래를 금지하기 보다는 양성화하는 것이 타당하다는 견해이다.

(2) 규제의 형평성

아바타 등의 현금거래는 인정하면서 아이템은 규제하려는 것은 모순이라고 한다. 따라서 규제의 형평성을 고려한다면 아이템의 현금거래도 인정되어야 한다고 한다.

3. 소결

새로운 사이버·디지털 경제 패러다임의 등장에도 불구하고 아이템의 현금거래에 대한 우리 사회의 인식은 아직도 산업사회적 패러다임과 오프라인·아날로그적 사고수준에 머물고 있다고 할 수 있다. 이는 법률과 제도, 일반 거래 관행에 있어서도 마찬가지이다. 따라서 아이템 현금거래의 긍정적 측면과 부정적 측면을 형평성을 잃지 아니하고 객관적으로 파악한다는 것은 그

만큼 어려운 일이라고 할 수 있다. 즉 아이템의 현금거래 문제를 어떠한 시
각으로 접근하느냐가 매우 중요한 관건이 된다고 하겠다. 다음의 표는 앞서
거론된 규제 및 양성화의 논거들을 정리한 것이다. 앞으로 전개될 규제 및
양성화·진흥방안은 이를 면밀히 비교·검토함으로써 합리적인 대안이 도출될
수 있을 것이다.

〈표〉 규제론과 양성화론의 비교

구분	규제론	양성화론
사회·문화적 측면	- 사행성 조장 - 중독성의 심화 - 폭력성 유발 - 청소년에 위해 - 노동윤리의 왜곡 - 이용자간 위화감 조성	- 새로운 디지털·사이버 경제의 패러다임 - 규제의 현실적 한계 - 사회적 부작용 방지 - 규제강화에 따른 역기능 우려
법적 측면	- 계약위반, 불법행위 - 법리적 문제 - 각종 범죄의 유발 - 중국 작업장 문제	- 약관의 불공정성 - 법리적 문제
산업·경제적 측면	- 경제적 효용성 부정 - 산업발전 논리 부정	- 아이템 현금거래의 경제적 효용성 - 게임산업발전에 기여
게임·운영적 측면	- 게임성 저해 - 원활한 게임서비스를 위한 통제 필요	- 게임 시스템상의 한계 - 규제의 형평성

Ⅲ. 개선 방안

1. 서설

아이템 현금거래 시장은 이제 연 1조원 내외의 규모로까지 성장한 것으로 추정되고 있다. 이는 아이템 현금거래가 더 이상 사회적 가십거리 정도의 문제가 아니라 산업의 범주에서 정책적으로 다루어져야 할 대상이 되었음을 뜻하는 것이기도 하다. 따라서 이에 대한 정부차원의 대책이 요구되고 있다. 문제는 아이템에 대한 규제론과 양성화론이 첨예하게 대립하고 있으나 그 각각의 장·단점을 객관적·종합적으로 판단하여 구체적인 개선방안을 제시할 만큼 그간의 조사나 연구가 충분히 뒷받침되고 있지 못하다는 점이다. 보다 세심한 연구가 이후에도 지속적으로 축적되어야 할 것으로 생각한다.[8] 아무튼 전술한 규제론과 양성화론을 바탕으로 그 각각에 대한 규제 및 양성화·진흥방안의 마련이 필요하다고 하겠다. 그러나 현실적인 고려가 없는 감정적 규제는 또 다른 사회적 부작용을 낳거나 기존이 문제마저 해결하지 못할 것이며, 종합적·체계적 대안 없는 양성화·진흥책 역시 예상치 못한 사회적 혼란과 손실을 가져올 것이라는 점에서 신중을 요한다고 하겠다. 그리고 온라인게임은 그 특성상 게임 이용자들도 중요한 만큼 게임사나 중개사 뿐만 아니라 소비자인 게이머들의 주장과 권익도 더불어 고려되어야 할 것으로 생각한다, 이해당사자들에 대한 보호는 물론 문화 및 산업발전에도 기여할 수 있는 최적의 개선방안이 마련되어야 할 것이다. 이하에서는 온라인게임 아이템 현금거래 관련 법제 개선방안을 (i)규제적 측면에서의 접근(규제방안), (ii)양성화·진흥적 측면에서의 접근(양성화·진흥방안), (iii)절충적 측면에서의 접근(절충적 개선방안) 등의 세 가지의 입장으로 대별하여 살펴보도록 한다.

---

8) 정해상, "인터넷 게임 아이템 거래에 관한 법적 문제", 「게임산업의 법·정책적 과제」, 기술과 법 연구소. 2004, 103면 이하 등이 참고할 만하다.

2. 규제적 측면에서의 접근

규제방안으로는 크게 (i)자율적 규제의 강화, (ii)심의제도의 강화, (iii)약관에 의한 규제, (iv)입법에 의한 규제를 고려해 볼 수 있을 것이다. 이를 구체적으로 살피면 다음과 같다.

가. 자율적 규제 강화

가급적 모든 사적영역에서의 활동은 특별한 경우를 제외하고는 정부의 간섭이나 통제로부터 벗어나 자유로운 경쟁과 자율에 의하는 것이 바람직하며 그것이 오히려 당해 분야의 발전에도 더욱 유익하다. 이는 온라인게임에 있어서도 마찬가지일 것이다. 따라서 규제방안으로서 가장 먼저 고려되어야 할 것은 제기된 문제가 자율적 규제를 통해 충분히 해결가능한가를 따져 가능성이 있다면 가급적 그에 따르는 것이 최선의 방안이 될 것이다, 그 이후에 보완이 필요한 부분이 있다면 비로서 법과 제도에 호소하는 것이 순서일 것이다. 그러한 이유로 아이템 현금거래의 규제방안으로 자율적 규제 강화가 우선 고려되었다. 예를 들어 온라인게임에서 지나친 사행성·폭력성 등을 조장하는 아이템 거래 시스템의 채택을 지양하거나 이를 채택하더라도 아이템의 현금거래나 그로 인한 부작용을 최소화할 수 있는 기술적 또는 경영적 방안을 적극적으로 강구·시행하는 등의 자율적 규제 강화 노력이 지속적으로 경주되어야 할 것이다.

나. 심의제도 강화

심의제도를 강화하는 방안은 크게 (i)심의기구의 권한 내지는 역할을 강화시키는 방법과 (ii)심의기준을 강화하는 방법이 고려될 수 있다. (i)은 예를 들어 심의기구로 하여금 등급분류 심의기능외에 사후관리나 수사·단속의 기능도 부여하는 방안을 말한다. (ii)는 심의기준을 가급적 규제중심으로 마련하고 이를 보수적으로 해석하는 경우를 말한다. 일반적으로 심의제도 강화라 함은 주로 후자를 의미하는 것이라고 하겠다. (ii)에 의한 심의제도 강화방안을 취한다면 예를 들어 아이템이 현금거래되는 게임의 경우에는 18세등급을 부여하거나 또는 사행성이 지나친 것으로 보아 이용불가 결정을 하는 방안이 제시될 수 있을 것이다.9) 또는 아이템 취득 및 현금거래 방법, 거래연령·금액·횟수 등의 제한 정도에 따라 등급분류에 차등을 두는 방안도 생각해 볼 수 있을 것이다.10)

다. 약관에 의한 규제

이는 게임사의 약관에 의해 게임이용자의 아이템 현금거래를 규제하는 경우로, 이미 거의 모든 게임사들이 채택하고 있는 방법이다. 즉 게임이용자가 게임사의 약관에 동의한 이상 아이템 이용권에 대한 재판매 금지 조항을 따르도록 하는 방법이다.

그러나 이에 대해 첫째, 현금거래를 금지하는 약관은 이용자간의 사적자치를 침해하는 등 법리적으로 불공정성의 소지가 있고, 둘째, 약관규제의 형식으로 일률적으로 현금거래 금지를 강제할 사항은 아니며 그 경우 가상공간의 발전이 왜곡될 가능성이 크다는 이유를 들어 약관에 의한 규제를 반대하는 견해도 있다.

반면, 약관에 의한 아이템의 현금거래 규제를 찬성하는 견해는 첫째, 사적자치를 침해한다는 이유만으로 약관이 잘못됐다고 하는 것은 납득이 안되며

---

9) 그러나 이 경우에 아이템 현금거래에 대한 '사행성' 개념 적용의 타당성 및 그 판단, '이용불가'의 위헌성 여부 등이 문제될 수 있어 신중을 요한다. 이에 관해 자세한 것은 김형렬, "게임 관련 법제의 주요 쟁점 검토", 「2003 미래게임포럼 보고서」, 한국게임산업개발원, 2004, p.107 이하 참조.
10) 이에 관해 자세한 것은 「게임물등급분류제도개선방안」, 문화관광부, 2004.9.7, 7면 이하 참조.

둘째, 아이템의 현금거래를 인정하는 경우에 게임사가 현실적으로 이용자 보호에 대한 책임을 다할 수 없을 뿐만 아니라 과중한 운영부담을 안게 될 것이라고 한다.

한편, 온라인게임 약관의 불공정성과 관련하여 공정거래위원회는 약관심사를 통하여 "온라인 게임에 등장하는 캐릭터와 아이템의 매매를 금지하는 현행 게임 이용약관은 적법하다"라는 판정을 내린 바 있다.

그리고 아이템거래중개사이트를 대상으로 게임사의 아이템거래중개금지 가처분을 신청한 사건에서 법원은 게임사와 게임이용자 사이의 약관을 근거로 게임이용계약의 당사자가 아닌 중개사이트에 대하여 게임이용자의 권리를 제한하는 약관의 효력을 주장할 수는 없다고 하여 가처분 신청을 기각하는 결정을 한 바 있다.11)

라. 입법에 의한 규제

(1) 규제입법의 필요성

아이템 현금거래로 인한 사회적 부작용이 점차 커지고 있음에도 불구하고 심의제도나 약관에만 의지해서는 효과적인 규제를 기대하기 힘들게 되었다. 따라서 관계법의 의한 규제의 필요성이 요구되는 바, 종래에는 아쉽게도 온라인게임 아이템의 현금거래를 효과적으로 금지할 만한 법적 근거가 없었다. 다만, 심의규정에 의해 간접적으로 규제하고 있을 뿐이다. 저작권법이나 온라인디지털콘텐츠산업발전법을 고려해 볼 수 있으나 그 적용이 매우 제한적이어서 현금거래를 규제하기에는 충분하지 아니한 것으로 보인다. 형법상으로는 게임아이템을 재산상의 이익으로 파악해 공갈죄를 인정한 사례가 있으나 이 또한 적절하지 아니하다. 그러니 현금거래 당사자는 물론, 더 나아가 아이템 중개자를 처벌하거나 규제하기는 더욱 어렵다고 하겠다. 따라서 게임

---

11) 서울지방법원 2002.10.24선고, 2002카합1031 판결.

의 사행성을 방지하고 게임산업의 발전을 위해 조속히 아이템의 현금거래를 규제하는 입법이 이루어져 한다는 입장이다.

(2) 찬성 및 반대 견해

규제입법화에 찬성하는 견해는 다음과 같은 이유를 제시한다. (i)새로운 경제 패러다임과 급변하는 게임기술 및 산업환경에 부응하는 법규정의 마련이 시급하다. (ii)영상물등급위원회, 정보통신윤리위원회, 청소년보호위원회, 경찰청 사이버수사대 등의 기관들이 아이템 현금거래 규제에 관한 명확한 근거 법령이나 통일된 지침이 없어 업무에 혼란을 겪고 있으므로 조속한 규제입법의 마련이 요구된다. (iii)아이템 현금거래 문제를 계속 방치하여 두는 것은 오히려 사회적 부작용을 더욱 키우는 일이므로 이에 대한 입법적 규제가 필요하다. (iv)게임 아이템 현금거래 시장의 괄목할 만한 성장에도 불구하고 이에 대한 법제 정비가 없어 각종 부작용의 양산이 우려된다. (v)아이템의 현금거래와 관련하여 많은 청소년들이 해킹·사기·현피 등의 각종 온라인게임 관련 범죄에 노출되어 있으며, 이러한 문제점들을 줄이고 올바른 게임문화 정착을 위한 노력으로서 규제법규의 마련이 시급하다.

이에 반대하는 견해는 다음의 이유를 든다. (i)아이템 현금거래에 대해 반사회성을 인정하기 어렵기 때문에 아이템 현금거래 금지 법안을 제정하는 것에 반대한다. (ii)오히려 심의를 통해 아이템 현금 거래 가능 여부를 판단하여 이용 등급을 제한하는 방법을 강구하는 것이 타당하다. (iii)법적 규제는 어느 정도 현실적인 한계가 있으며, 오히려 게임사 스스로 게임의 특성에 맞게 그 수위를 조절할 수 있도록 하는 탄력적인 심의가 필요하다. (iv)법적인 문제를 제기하기 전에 먼저 유니크 아이템 등의 문제를 해결하여야 한다. (v) 아이템에 대한 가치는 게임사에서 정할 수 없는 것이며, 아이템 거래는 기본적으로 게임이용자의 자유이다. (vi)게임 내에서 이루어지는 거래를 게임 외적인 것으로 규율하려고 하는 것 자체부터가 적법한지 의문이다. 게임 내 계정간 아이템 거래 여부는 개발사의 자유이며, 사회적 부작용이 있다고 해서 게임 속의 세상을 법이 규제하는 것 불합리하다. (vii)아이템만 좋으면 게임을 잘할 수 있는 온라인 게임의 구조와 허술한 실명관리, 무료계정 배포 등은 외면하고, 실효성도 없는 법률만 만들어 달라는 것은 난센스이다.

(3) 규제 입법시 고려사항

규제 입법시 고려되어야 할 사항으로는 첫째, 규제하고자 하는 대상이 무엇인지가 정해져야 할 것이다. 예를 들어 게임아이템에 한정할 것인지 아니면 사이버머니나 아바타등도 포함할 것인지의 여부를 결정하여야 할 것이다. 둘째, 규제범위를 어디까지로 할 것인가가 정해져야 할 것이다. 당사자간의 현금거래에 한정할 것인지, 매매·대여 중개행위까지 포함할 것인지 등이다. 셋째, 어떤 방식으로 규제할 것인지 즉 규제방법에 대한 검토가 있어야 할 것이다. 이에는 크게 권리부여 방식과 행위규제 방식의 두 가지가 고려될 수 있을 것이다. 넷째, 어느 법에 의할 것인가가 결정되어야 할 것이다. 기존의 법을 개정할 것인지 아니면 제정법을 통해 입법화할 것인지가 검토되어야 할 것이다.

현재 제안되고 있는 대표적인 규제 내용은 온라인게임 아이템을 유상으로 양도·대여 및 처분하는 것을 금지하고 유상 중개행위를 제한함으로써 이용자간의 아이템 현금거래를 근절하는 방안 등이다.

3. 양성화·진흥적 측면에서의 접근

양성화·진흥방안은 크게 (i)게임문화의 개선, (ii)심의제도의 개선, (iii)약관의 개선, (iv)입법에 의한 양성화·진흥으로 나누어 볼 수 있을 것이다. 이를 구체적으로 살피면 다음과 같다.

가. 게임문화의 개선

먼저 게임산업에 대한 인식 제고 및 게임문화 확산에 주력하여야 한다. 게임산업에 대한 부정적 인식을 불식시킴과 아울러 게임산업의 중요성과 순기능에 대한 사회적 인식이 제고될 수 있도록 하기 위해서는 게임문화를 활성화시켜야 할 것이다. 즉 온라인 게임산업의 발전을 위해서는 게임문화의 정착이 선행되어야 하며, 게임에 대한 접근도 가급적 문화적·산업적 측면에서 이루어져야 할 것이다.

나. 심의제도 개선

(1) 심의기관

종래에는 영상물등급위원회로 하여금 심의를 계속 하게 할 것인지 아니면 다른 기관 또는 지정받은 별도의 심의기관에 의해 그 업무를 하게 할 것인지가 문제되었다. 현재는 「게임산업진흥에 관한 법률」[12]에 의한 게임물등급위원회가 새롭게 심의를 맡게 되었다. 그러나 종전의 문제는 여전히 남아 있다. 결국 어떤 방식을 택하든 심의의 공정성·투명성·객관성·전문성이 확보되어야 할 것이다. 그러기 위해서는 인적구성에 있어서 신뢰성이 담보되어야 할 것이며, 조직구성에 있어서도 민주적 절차성이 보장되도록 편성·운영되어야 할 것이다.[13]

(2) 심의기준의 개선

심의는 규제 위주가 아닌 가급적 이용자에게 선택의 여지를 줄 수 있는 방향으로 운영되어야 할 것이다.[14] 훌륭한 게임은 심의의원이 아닌 이용자

---

12) 이하 "게임법"이라 한다.
13) 이에 관해 자세한 것은 김형렬, 등급분류제도개선(안), 게임물등급분류 제도개선방안, 문화관광부, 2004, p.7 이하 참조.
14) 이에 관해 자세한 것은 김형렬, 게임물심의제도의 법적 검토 및 제언, 게임산업 발

의 선택으로부터 탄생한다는 점을 간과해서는 안 될 것이다. 시장원리를 통해 경쟁력 있는 게임을 검증받고 자연 정화과정을 거쳐 불량 게임이 근절되도록 하는 것이 바람직하다.

따라서 게임산업의 진흥을 위해 심의기준에서 아이템 현금거래 가능 여부를 완전히 제외하거나 그 허용범위를 확대하는 것이 필요하다고 한다.

(3) 자율심의제의 도입

궁극적으로 게임에 대한 심의는 민간자율에 의해서 이루어지는 것이 바람직할 것이다. 다만, 현재 우리나라의 여건상 당장 완전자율심의제로의 이행은 어려울 것으로 보인다. 민간기구가 적어도 공정성·투명성·객관성·전문성이 확보될 정도의 역량을 가질 때까지는 과도기적인 체제로 운영되는 것이 바람직하다고 보여진다. 예를 들어 게임물내용정보제공제(내용기술제)를 도입하여 적극활용하는 것도 좋은 방법이 될 것이다.[15]

(4) 중복심의 문제의 해결

온라인게임의 중복 심의 문제는 관계부처·기관간의 합의에 따라 일단 정리된 것으로 보인다. 그러나 이는 언제든 다시 불거져 나올 수 있는 문제라는 점에서 기본원칙을 가지고 임할 필요가 있다. 즉 중복심의의 문제는 기본적으로 행정낭비와 업체들의 피해를 최소화하고 게임산업의 경쟁력을 높이는 차원에서 해결되어야 할 것이다.[16]

전을 위한 공개 토론회(게임물 심의제도에 대하여), 전자신문사, 2003, p.19 이하;
김형렬, 게임물심의제도의 현황과 문제점, 2004년 동계한국게임학회 총회 및 학술발표대회, 한국게임학회, 2004, p.37 이하 참조.
15) 이에 관해 자세한 것은 김형렬, 게임저작물의 법적 보호 방안, 2004 저작권세미나-게임저작물의 보호방안과 분쟁사례, 한국저작권협회, 2004, p.3 이하 참조.
16) 이에 관해 자세한 것은 김형렬, "게임산업진흥법 제정안 논의에 대한 검토(심의제도와 기금설치를 중심으로)", 「게임산업저널」, 한국게임산업개발원, 2004, p.51 이하 참조.

(5) 약관의 개선

약관의 개선을 통한 아이템 현금거래 양성화 방안은 아이템 현금거래 금지 약관을 불공정한 것으로 보아 이를 전면허용토록 하는 방안이 고려될 수 있을 것이나 이에 대해서는 이미 전술한 바와 같이 불공정하지 아니하다는 공정거래위원회의 판단이 있었다. 따라서 당해 결정이 번복되거나 별개의 사법적 판단이 내리진 경우가 아니라면 현재로서는 게임사 스스로 아이템 현금거래를 허용하는 방법외에는 별다른 방법이 없어 보인다.

(6) 입법에 의한 양성화·진흥

게임관련법의 제·개정을 통해 가급적 최대한 또는 전면적으로 아이템 현금거래 행위를 법적으로 허용해 주는 방안이 고려될 수 있을 것이다. 즉 아이템 현금거래의 양성화를 온라인 게임산업 활성화를 위한 기본 전제로 이해하고, 규제 중심의 게임법을 개정하는 것이다. 이는 과거「음반·비디오물 및 게임물에 관한 법률」[17]을 대폭 개정하거나 새로운 게임산업진흥법으로 분리·입법해야 한다는 견해의 연장선상에 놓여 있는 것이다. 결국 새로운 게임법이 제정된 지금에 있어서도 여전히 게임법을 새로운 환경에 맞도록 법체계를 바꾸는 것은 물론 내용적으로도 구체적인 양성화·진흥안이 마련되어야 할 것이라는 요구는 유효하다고 할 것이다. 특히 아이템에 대한 권리 관계를 명확히 하고 이용자등의 권리 인정 요구에 대한 입법정책적 해결의 타당성 여부가 다각적으로 검토되어야 할 것이다. 그리고 아이템 현금거래를 자유화하는 경우에 현행 웹보드게임(화투, 포커 등 관련 충전, 사이버머니 거래 문제)을 사행성·도박성 등의 측면에서 어떤 식으로 규율해야 하는가에 대해서도 신중한 접근이 있어야 할 것이다.

---

17) 이하 "음비게법"이라 한다.

4. 절충적 측면에서의 접근

가. 규제적 접근의 문제점

(1) 새로운 게임시장의 확대 기회 상실

아이템 거래시장을 규제하는 경우에 이는 결국 새로운 게임시장을 포기하는 것이 될 수도 있다. 신대륙을 가장 먼저 발견하여 첫발을 내딛고도 이를 개척하지 아니하고 그냥 돌아가는 것과 같다고 할 수 있을 것이다. 그리고 음성적인 시장이 만연하게 될 것이며, 이는 결국 분쟁과 범죄의 상존 가능성이라는 짐을 온라인게임산업이 안고 갈 수 밖에 없다는 것을 의미하는 것이다. 또 우리가 규제에 발이 묶여 있는 사이에 다른 나라가 그 시장을 선점해 버릴 경우에 경쟁력을 잃고 세계 온라인게임 시장에서 도태될 가능성도 배제할 수 없을 것이다. 따라서 규제적 접근에 있어서 면밀한 조사·연구가 반드시 선행되어야 할 것이다.

(2) 아이템거래 시스템 관련 문제

(가) 창작·영업의 자유 침해 여부

게임을 어떤 방식으로 만들지는 게임사의 기술·영업전략에 관한 문제이므로 이를 규제하는 것은 게임개발자의 창작과 영업의 자유를 직·간접적으로 침해하는 것일 수 있다. 게임을 구현함에 있어 어떤 기술방식을 선택할 것인지 또는 어떤 게임적 요소를 포함시킬 것인지는 게임사의 자유에 맡겨져야 하며 이를 규제의 대상으로 삼는 것은 타당하지 못하다. 문제는 게임이용자가 그러한 게임(시스템)을 악용하는데 있는 것이다. 따라서 아이템 거래 시스템과 아이템 현금거래는 별개의 문제이며 규제의 대상으로 삼아야 할 것은 아이템 거래 시스템 자체가 아니라 아이템 현금거래이어야 한다는 견해이다. 즉 아이템 거래 시스템 자체를 등급분류 등의 심의사항으로 삼아서는 안 된다고 한다.

(나) 현금거래만 금지하는 것은 미봉책에 불과(게임 선 수정 후 규제론)

아이템 거래 시스템은 그대로 둔 채 현금거래만을 금지하는 경우에 대해 다음과 같은 문제점이 지적되고 있다.

아이템에 의해 게임이 좌우되는 방식의 게임구조와 허술한 실명관리, 무료 계정 배포 등이 현금거래를 부추겨 온 것이며, 게임사가 아이템 의존적인 게임구조와 아이템 거래 시스템을 수정없이 계속 고수하는 한 아이템의 현금거래를 근절하는 것은 현실적으로 불가능하다. 아이템에 대한 권리를 주장하며 현금거래 금지를 운운하기 이전에 현금거래를 부추기지 않는 온라인게임을 개발하기 위한 노력을 먼저 해야 할 것이다.

나. 양성화·진흥적 접근의 문제점

이하에서는 아이템 현금거래를 양성화할 경우에 발생할 수 있는 주요 문제점 내지는 고려되어야 할 사항을 중심으로 살펴본다.

(1) 사행성의 만연 등

아이템 현금거래를 전면 양성화하는 경우에 사행성의 만연과 함께 각종 사회적 부작용이 우려된다(이에 관해선 이미 앞에서 설명하였으므로 자세한 것은 생략한다). 그리고 관련 법제의 미비로 효과적인 대처가 곤란하고, 법의 해석과 적용에 있어 많은 혼선을 겪을 수도 있을 것이다. 예를 들어 아이템 현금거래의 전면 양성화가 화투·포커등의 웹보드게임의 경우에도 그대로 적용되는 것인지, 그 경우에 사이버상 도박류의 게임에 대한 사행성 규제는 어떻게 되는지 등의 문제가 제기될 수도 있을 것이다. 따라서 다각적이고도 종합적인 법제의 정비가 먼저 이루어져야 할 것이다.

(2) 국부유출 문제

중국 현지의 작업장과 같이 국외에서의 아이템 현금거래가 가능하므로 자칫 아무런 제재도 없이 국부가 국외로 유출될 수도 있음을 유의할 필요가 있다. 이에 대한 법적 제재가 어느 정도까지 가능한지, 분쟁이 발생했을 경우에 국가간의 법적용과 재판관할은 어떻게 될지 등이 연구되어야 할 것이다. 그리고 우리가 아이템 현금거래를 규제 또는 양성화하는 경우에 국가간 규제 또는 보호의 불균형 문제는 어떤 식으로 해결할지 등에 대한 검토도 요구된다. 따라서 국제적 아이템 현금거래에 대한 실효적인 규제 또는 통제 수단확보 가능성 여부 등이 함께 고려되어야 할 문제라고 하겠다.

(3) 유사통화와의 문제

아이템·사이버머니가 환금성·환가성을 가지고 있음으로 해서 금전은 물론 전자화폐나 마일리지·포인트 등과도 교환·유통될 수 있다는 점에서 이를 향후 어떻게 통제할 것인가가 문제된다. 먼저 게임사의 경우에 아이템이나 사이버머니를 자체 판단에 따라 필요한 경우에 원하는 만큼 발행할 수 있고 이것은 얼마든지 현금화가 가능하므로(물론 이 경우 실물시장에서와 마찬가지로 그 발행량은 시장가격에 영향을 미치게 될 것이다) 실질적으로는 한국은행과 같은 기능을 가짐으로써 마치 유사통화발행기관의 지위를 갖게 될 것이다. 그렇다고 한다면 이를 통화정책적 차원에서 어떻게 볼 수 있는지가 검토되어야 할 것이다. 게임사가 발행하는 아이템·사이버머니가 실물경제와 통화량에 미치는 영향의 정도가 어느 정도가 될 것인지 지금으로서는 짐작하기 어렵지만 이 또한 문제가 될 소지가 높다는 점에서 검토되어야 할 사안이라고 하겠다. 따라서 이와 같은 경우라고 한다면 아이템의 현금거래가 가능한 게임의 게임사에 대해 별도의 지정·허가·등록 등의 규제나 국가적 관리·통제 시스템에 편입될 필요성은 없는지도 따져보아야 할 것이다. 아이템 중개사의 경우도 아이템·사이버머니 중개 기관으로서의 공신성 등의 요건을 필요로 하게 될 것으로 보이며 그렇다면 중개사도 게임사에 준하는 허가·등록·신고 등의 일정한 규제와 관리·통제가 예상될 수 있을 것이다. 다만, 게임사와 그 기능이 상이하므로 규제의 정도와 범위는 달리 보아야 할 것이다. 그리고 아이템·사이버머니가 전자화폐나 현금등과의 관계에 있어서 향후 어떤 법적 지위를 갖게 되는지도 연구되어야 할 것으로 본다. 결론적으로 아이템의 현금거래를 양성화하는 경우에 통화정책적 차원의 검토가 선행되어야 할 것으로 본다.

(4) 파생시장 문제

아이템·사이버머니의 거래시장은 본래의 게임시장으로부터 파생되어 형성된 별개의 시장이다. 그러나 아이템·사이버머니의 거래가 양성화된다고 하면 이후 그로부터 또 다른 파생시장의 탄생이 예상된다. 이는 마치 주식시장이나 선물거래시장 등의 예로부터 충분히 짐작이 가능하다고 본다. 나아가 기존의 마일리지나 포인트, 상품권, 전자화폐 등과 연계된 거래시장의 탄생도 생각해 볼 수 있을 것이다. 이와 같이 또 다른 파생시장의 탄생이 예측 가능하다고 할 때 이에 대한 통제 여부나 그 방법에 대한 논의가 있어야 할 것으로 본다. 즉 아이템·사이버머니의 현금거래를 양성화하는 경우에 이와 같은 파생시장의 문제를 사전에 충분히 검토하여야 할 것이다.

(5) 조세부과 문제

아이템 현금거래 시장이 양성화된다면 이에 대한 조세부과 문제가 대두될 것으로 보인다. 조세 사각지대로 남겨 둘 것인지, 게이머들에게 과세를 할 것인지 등의 문제가 검토되어야 할 것이다.

다. 절충적 개선방안

이는 규제방안과 양성화·진흥방안을 절충한 입장으로서 일종의 제한적 규제방안 또는 제한적 양성화·진흥방안이라고 할 수 있겠다. 주요내용만 간단히 살펴보면 다음과 같다.

첫째, 양성화를 하되 사행성 등의 문제가 최소화되도록 일정한 제한을 두는 경우이다. 다시 말하면 아이템 현금거래가 사행성에 치우치지 않는 선에서 양성화하는 방안이라고 할 수 있다.

둘째, 규제를 전제로 일정범위 내에서 아이템 현금거래를 허용하는 방안이다.

결국 약간의 차이는 있겠으나 위의 두 가지 방안은 실질적으로 같은 내용이 될 것이다. 따라서 이하에서 언급하는 구체적인 방법은 모두 위 두 방안에 공통적으로 적용가능하다고 보면 될 것이다.

전술한 바와 같이 현금거래 규제와 관련해 고려 가능한 유형은 (i)현금거래 자체를 전면 금지하는 방안, (ii)어떠한 제한도 두지 않고 전면적으로 현금거래를 자유화하는 방안, (iii)일정한 기준에 따라 현금거래에 제한을 두는 방안의 세 가지가 있다. 이하는 (iii)의 경우를 중심으로 살펴본 것이다.

(1) 아이템 현금거래의 제한
현금거래 주체를 기준으로 제한하는 방법

현금거래 주체를 기준으로 규제를 차별화하는 방법이다. 주체를 성인과 청소년으로 구분하여 (i)성인에게만 현금거래를 허용하는 경우(청소년에게만 허용하는 경우도 이론적으로는 생각해 볼 수 있으나 현실적으로 그 구분의 실익이 없으므로 여기서는 다루지 않도록 한다), (ii)성인은 물론 청소년에게도 현금거래를 허용하는 경우, (iii)성인과 청소년 모두에 대해 현금거래를 금지하는 경우를 말한다. 이때 각 경우에 있어 어떠한 제한도 두지 않는다. 따라서 (i)을 제외한 (ii)와 (iii)은 논의의 대상이 아니다. 제한을 두지 않는 경우에 (ii)는 전면 양성화론에 해당하므로 본 논의와 무관하고, (iii)역시 전면 금지론에 해당하므로 본 논의에서 제외될 것이기 때문이다. 다만, (ii)의 경우에는 후술하는 각 제한기준들과 결합하게 되면 다시 논의의 대상에 포함될 수 있을 것이다. 그러므로 (ii)는 성인과 청소년의 구분없이 현금거래 금액등의 기준에 의해 일정한 제한이 따르는 경우가 될 것이다. 결국 현금거래 주체를 기준으로 제한하는 방법은 실질적으로는 아이템 현금거래를 성인에게만 허용할 것인가의 여부에 한정되는 문제라고 하겠다. (i)은 다시 현금거래에 어떠한 제한도 두지 않는 경우와 일정한 제한을 두는 경우로 나눌 수 있을 것이다.

(가) 현금거래 금액 등을 기준으로 제한하는 방법

현금거래가 허용되는 상한의 (i)금액, (ii)수량, (iii)횟수, (iv)시간 등의 기준을 설정하여 제한하는 방안이다. 즉 일정한 월 구매한도액이나 아이템 거래 수량·횟수·시간 등의 기준에 따라 현금거래를 제한하는 경우이다.

(나) 게임이용시간·서버 등을 제한하는 방법

먼저, 온라인게임 이용시간에 제한을 두는 방법이다. 즉 이용시간대나 총 이용시간을 설정하는 경우이다. 이에는 일정시간 게임을 못하게 하는 '페널티 제도'나 게임내에 이용가능시간을 제한하도록 프로그래밍 하는 것 등이 고려될 수 있을 것이다.

다음으로 게임서버를 성인용과 청소년용으로 구분하여 이용토록 하는 방법이다. 이것은 청소년에게만 현금거래를 금지하거나 제한을 하는 경우에도 같은 서버를 이용하여 게임을 한다면 그 차별적 규제가 무의미할 수 있기 때문에 처음부터 서버를 달리하여 이용토록 한 것이다.

(다) 복합적 기준에 의한 제한 방법

상기의 기준들을 조합하여 적용하는 경우이다. 대표적인 예로 연령 기준을 중심으로 현금거래의 허용범위를 상기 기준 중의 하나 또는 그 이상을 결합시켜 적용하는 것이다. 즉 현금거래 주체를 성인과 청소년으로 구분하고, 그 각자에 대해 현금거래가 가능한 일정한 금액·수량·횟수·시간, 게임이용시간, 접근·이용가능한 서버 등을 제한하는 것이다. 결국 복합적 기준에 따라 차별 규제하는 방안이다. 이것이 가장 일반적인 형태의 제한적 규제 또는 양성화 방안이 될 것이다.

(3) 기타 개선방안

(가) 아이템 현금거래 금지약관의 면책한계 입법화

약관과 관련하여 입법정책적 차원에서 게임사등에게 일정한 책임범위나 면책요건을 설정하여 주는 방안이 고려될 수 있을 것이다. 예를 들어 약관에 아이템 현금거래를 금지하고 있다고 하더라도 게임 자체가 아이템 거래 시스템을 채용하고 있다면 그 경우에 당해 약관의 금지조항은 무효이거나 아이템 현금거래로 인한 책임으로부터 게임사가 면책될 수 없다는 규정을 입법화하는 방안이다.

(나) 아이템 현금거래 관련 게임사·중개사의 진입규제등

기본적으로 아이템의 현금거래를 허용하되 관련 게임사·중개사 등에게 일정한 규제를 가하는 방안이다. 규제의 내용은 최소한의 공공성(또는 공신력)과 전문성 등을 확보하기 위한 신고·등록·허가·지정 등의 진입규제와 건전한 아이템 현금거래 시장질서 유지를 위해 필요한 일정한 행위제한이나 의무부과 등의 영업규제가 고려될 수 있을 것이다.

Ⅲ. 기타 고려사항

1. 사회적 합의의 필요성

아이템 현금거래 관련 법제의 개선방안을 마련함에 있어 무엇보다 중요한 것은 바로 사회적 합의의 도출이다. 사회적 공감대 형성을 통해 마련된 개선 방안은 그만큼 더 큰 추진력을 얻게 될 것이다.

2. 지속적·종합적인 연구의 필요성

가상의 디지털재산 및 그 거래행위에 대해 어떠한 법적 보호 또는 규제를 가할 것인가를 판단하기 위해서는 보다 충분한 논의와 연구가 이뤄져야 한다. 현재 아이템 현금거래에 대해서는 관련 기관에서조차 그 연구가 일천하고 미흡한 실정이다. 이는 규제를 주장하는 측이나 양성화를 주장하는 측이나 모두 과거의 규제·양성화 논리를 답습하는데 그치고 있다는 점에서 역시 마찬가지인 것으로 보인다. 이제는 개별적으로 자기논리 개발을 위한 연구 차원을 넘어서 이해 당사자 모두가 참여하는 공동연구의 접근도 모색해 볼 필요가 있지 않을까 한다.

3. 아이템 현금거래에 대한 규제 또는 진흥 입법의 신중한 접근 필요

아이템 거래 실태조사와 관련 법제의 개선에 대해 정부차원의 종합적이면서도 중·장기적인 연구가 체계적으로 이루어져야 하며, 이를 바탕으로 규제 또는 진흥안이 도출되어야 할 것이다. 따라서 이와 같은 절차를 거치지 아니하고 규제·진흥 입법안이 마련된다면 이는 불필요한 시행착오를 범하기 쉬우며 졸속 입법이라는 비난을 면하기 어려울 것이다. 따라서 아이템 현금거래에 대한 직접적인 규제 또는 양성화·진흥 규정을 입법하는 것이 지금으로서는 시기상조가 아닌가라는 견해에 유의할 필요가 있다. 보다 면밀한 조사·연구가 선행되어야 하리라 본다.

4. 게임사·중개사의 사회적 책임 문제

가. 게임사의 사회적 책임

(1) 이중적 태도 문제

아이템 현금거래와 관련해 게임사의 이중적 태도가 비난의 대상이 되고 있다. 즉 게임사들이 아이템의 희소성을 높이거나 게임사용자를 늘리기 위해 아이템거래를 방관하는 등 오히려 아이템 현금거래를 조장하고 있으면서도 사회적 비난과 책임을 면하기 위해 약관에 아이템 현금거래를 금지하는 조항을 두거나 회사와는 무관하다는 듯이 아이템 현금거래를 규제하는 법률 규정의 신설을 요구하는 등의 이중적 태도를 보이고 있다는 지적이다. 결국 게임사가 근본적인 문제의 원인을 제공하였음에도 불구하고 그 책임에 대해서는 회피하려는 자세로 일관하고 있어 문제가 되고 있다. 이에 대해 게임사가 그 모든 것을 알고 있으면서도 이중적 태도를 보이는 것은 사실상 영리를 목적으로 소비자들을 기만하고 있다고 밖에 볼 수 없다고 한다. 게임사가 이에 대해 납득이 갈 만한 해명이나 그 본래의 원하는 바를 분명히 밝히지 않는다면 앞으로도 계속 이중적 태도에 대한 비난을 면하기 어려울 것이다.

(2) 적극적인 사회적 책임 인식 필요

아이템 현금거래가 사회적으로 대단히 민감한 사안임에도 불구하고 이를 의도적으로 방치함으로써 책임은 회피하면서도 이윤 추구는 극대화하려고 한 것은 아닌가에 대한 의구심이 계속 제기되고 있다. 게임사는 이러한 문제가 제기될 수밖에 없는 배경에 대해 심사숙고하여야 하며 보다 적극적인 사회적 책임에 대한 인식이 필요하다고 보여 진다. 예를 들어 소비자를 보다 배려하여 원활하고 용이한 분쟁 해결을 위한 약관의 정비나 자율적인 분쟁 해결기구 구성, 주고객인 청소년 등의 게임중독 예방·치료·상담 등을 위한 게임중독센터 운영이나 지원, 게임의 악용과 그로 인한 사회적 부작용을 예방하는 교육·홍보 활동 등을 고려해 볼 수 있을 것이다.

나. 중개사의 사회적 책임

중개사 역시 사회적 책임으로부터 완전히 자유로울 수는 없을 것이다. 게임사의 도전과 희생으로 일궈낸 온라인게임의 성공에 별다른 노력이나 투자도 없이 무임승차하고 있다거나 아이템 현금거래로 인한 각종 사회적 부작용(사행성, 청소년 문제 등)과 계속되는 불법행위 조장여부 논란에도 불구하고 이를 도외시하고 자사 이익 창출에만 관심을 보인다는 비판이 있음을 간과해서는 안 될 것이다. 부정한 영업행위라는 지적과 의혹을 불식시키기 위해서라도 적극적으로 사회적 책임을 인식하고 역기능 해소를 위한 다각적인 노력을 기울여야 할 것이다. 물론 관건은 문제해결을 위한 이해관계자들의 공감대 형성여부와 공동노력의 의지 정도에 달려 있다고 할 것이다.

5. 이용자의 책임 문제

아이템 관련 문제는 오히려 게임이용자들의 문제라고도 볼 수 있다. 게임은 그저 게임일 뿐이며, 이로부터 발생하는 문제는 이용자가 스스로 감수해야 할 문제인 것이다. 따라서 이러한 견해에 따른다면 아이템 현금거래에 있어 문제되는 것은 전적으로 게임이용자 본인의 행위에 한하는 것이며 아이템 거래 시스템 그 자체는 가치중립적인 것이고, 이를 규제대상으로 삼는 것은 적절하지 않다고 볼 것이다. 결국 게임과 관련하여 이용자의 책임을 보다 강조하고 있는 것이라 하겠다.

6. 이해관계자들의 공동 노력 필요

온라인게임 문화·산업을 진흥시키기 위해서는 이해관계자들 간에 서로 비난하고 배척하기 보다는 공동의 이익을 보호하고 발전시키기 위해 함께 노력해야 할 것이다. 명확한 기준도 없이 무조건 규제를 하려고 하거나 사회적 부작용은 무시하고 발전 논리만을 내세우기보다는 상호간에 이해를 위한 노력과 더불어 소비자가 온라인 게임에 대해 올바른 인식을 가질 수 있도록 공익 캠페인이나 교육·홍보활동을 전개하는 것 등이 필요하다고 하겠다.

7. 정부의 역할과 그 한계

온라인 게임산업의 활성화와 지속적인 발전을 위해서는 법제도의 정비와 더불어 보다 체계적인 정책적 지원이 이뤄져야만 할 것이다. 그러나 이것이 지원을 빌미로 한 또 다른 행정규제이어서는 곤란하다. 게임관련 사업자와 이용자들의 자율성이 최대한 보장될 것을 전제로 적극적인 정책의 수립과 시행이 필요하다고 하겠다.

V. 결론

게임은 영화등과 더불어 차세대 핵심 문화산업일 뿐만 아니라 신성장동력으로서 부가가치가 높은 산업이다. 그런 점에서 게임산업의 진흥은 국가적 관심사이자 반드시 달성해야 할 정책적 과제이기도 하다. 이를 위해서는 우선 급변하는 기술과 게임환경에 대한 유기적인 대응이 필요하다. 그 중 하나가 바로 종합적·체계적인 정책의 마련과 이를 효율적이고도 지속적으로 추진할 수 있는 법·제도적 기반의 조성이라고 할 수 있다. 그러나 종전 「음반·비디오물 및 게임물에 관한 법률」은 게임물을 음반·비디오물과 함께 규정하고 있어 게임물 나름의 특성이 적절히 반영되어 있지 못하고, 게임산업·문화의 진흥 보다는 규제 위주의 규정을 두고 있어 그 한계가 있었다. 이에 게임물 관련 법체계를 대폭적으로 개편할 것이 논의되기 시작하였으며, 음비게법의 분법화18)와 더불어, 2006년 4월 마침내 「게임산업진흥에 관한 법률」이 제정되기에 이르렀다.19) 동 법은 게임산업의 기반을 조성하고 게임물의 이용에 관한 사항을 정하여 게임산업의 진흥 및 국민의 건전한 게임문화를 확립함으로써 국민경제의 발전과 국민의 문화적 삶의 질 향상에 이바지함을 목적으로 하고 있다(제1조). 게임법이 음비게법과 크게 다른 점은 '게

---

18) 음비게법의 분법화는 그 대상이 되는 음반·비디오물·게임물의 특성이 상이할 뿐만 아니라 각 분야의 시장이 괄목할 만큼 성장하였음에도 불구하고 이를 계속 단일법에 의해 규율하는 것은 긍정적인 면보다는 부작용이 많아 현실에 맞지 않고, 관련 산업·문화의 보다 효율적인 발전을 위해서는 규제 일변도에서 벗어난 진흥중심의 개별법 제정이 필요하다는 문제제기로부터 시작된 것이다(더 직접적으로는 기존 게임물의 등급분류 제도에 대한 전면적인 개선과 게임산업의 진흥책 마련요구로부터 비롯된 것이라 할 수 있다. 그에 따라 게임법의 분법화가 논의되었고 나머지 음반과 비디오물 분야도 그 추세에 따른 것이다). 이에 기존의 음반 분야는 「음악산업진흥에 관한 법률」(제정 2006.4.28 법률 제7942호, 시행일 2006.10.29), 비디오물은 영화진흥법과 통·폐합되어 「영화 및 비디오물의 진흥에 관한 법률」(제정 2006.4.28 법률 제7943호, 시행일 2006.10.29), 게임물은 「게임산업진흥에 관한 법률」(제정 2006.4.28 법률 제7941호, 시행일 2006.10.29)에 의하도록 한 것이다.

19) 입법논의는 2004년 12월 9일 박형준의원이 대표발의한 "게임산업진흥에관한법률안"을 시작으로 2005년 3월 10일 정청래의원이 대표발의한 "게임진흥법안", 2005년 4월 11일 강혜숙의원이 대표발의한 "음반·비디오물및게임물에관한법률 일부개정법률안", 2005년 6월 28일 정부가 제출한 "게임물 및 게임산업에 관한 법률안" 등 다수의 제·개정안이 마련되었다. 그러나 동 법안들은 본회의에 부의되지 아니하였고, 대신 문화관광위원회 법안심사소위원회가 심사보고한 단일안을 대안으로 제안하였다.

임산업의 진흥'[20]과 '게임문화의 진흥'[21]에 관하여 별도의 장을 두어 규정하고 있다는 것이다.[22] 그리고 "게임제공업"에 오프라인뿐만 아니라 온라인게임 분야도 포섭하고 있다는 점이다.[23] 이것은 그간 위상이 높아진 온라인게임의 산업적·문화적 중요성을 적극 반영한 것이라고 할 수 있다.[24]

그러나 '바다이야기' 사태를 계기로 게임법에서 사행성을 어떻게 취급해야 하는가, 다시 말해서 게임과 사행행위의 구별문제가 게임법의 핵심과제로 제기되었다.[25] 이에 2007년 1월 게임법을 일부개정(법률 제8247호) 하게 되었는바,[26] 그 이유에 대해 사행성 게임물의 확산과 게임제공업소의 경품용 상품

---

20) 창업등의 활성화, 전문인력의 양성, 기술개발의 추진, 협동개발 및 연구, 표준화 추진, 유통질서의 확립, 국제협력 및 해외진출 지원, 실태조사 등에 관한 규정을 두고 있다.

21) 게임문화의 기반조성, 지적재산권의 보호, 이용자의 권익보호, 이스포츠의 활성화 등에 관한 규정을 두고 있다.

22) 게임법 제정의 경과와 내용에 대해서는 윤선희, "입법추진 배경과 취지", 「게임산업의 진흥에 관한 법률 제정(안)」 공청회 자료집, 문화관광부, 2004.9.21, 4면 이하; 박형상, "법률 제정(안)의 주요내용(1)", 「게임산업의 진흥에 관한 법률 제정(안)」 공청회 자료집, 문화관광부, 2004.9.21, 10면 이하; 김형렬, "법률 제정(안)의 주요내용(2)", 「게임산업의 진흥에 관한 법률 제정(안)」 공청회 자료집, 문화관광부, 2004.9.21, 20면 이하; 참조; 조현래·이경천, 「게임산업진흥에 관한 법률 시행령 및 시행규칙(안) 공청회」자료집, 문화광광부, 2005.5.1, 2면 이하 참조.

23) 이 외에도 '게임물내용정보' 제도를 신설하였다. 등급분류를 현행 영상물등급위원회가 아닌 게임물등급위원회에 의하도록 하였으며, '이용불가'와 '등급분류보류' 제도를 폐지하였다. 그러나 '등급분류거부'제도를 두었다.

24) 김형렬, "「게임산업진흥에 관한 법률」의 내용과 문제점-'온라인게임제공업'을 중심으로", 한국디지털재산법연구, 제5권제1호, 세창출판사, 2006.6, 225-226면.

25) 황승흠, "개정 게임산업진흥법의 환전금지 조항과 게임아이템 현금거래 문제", 「아이템 현금거래 대책 토론회」자료집, 문화관광부. 2006.12.27, 57면.

26) 그 주요내용은 다음과 같다. ①사행성게임물의 정의(법 제2조제1호의2 신설)와 관련해, 사행성게임물은 베팅이나 배당을 내용으로 하는 게임물, 우연적인 방법으로 결과가 결정되는 게임물 등에 해당하는 게임물로서 그 결과에 따라 재산상 이익 또는 손실을 주는 게임물로 정의하였다. ②게임물 등급분류의 세분화 및 사후관리 강화(법 제21조제2항, 법 제21조제3항 및 제5항 신설)를 위해, (i) 게임물의 등급을

권의 불법 환전 등에 따른 사행성 조장 등으로 도박중독자가 양산되고 사행성 PC방 등으로 사행행위가 확산됨에 따라, 사행성 게임물을 정의하고, 게임물 등급분류를 세분화하여 사후관리를 강화하며, 사행성 게임물에 해당하는 경우 등급분류를 거부할 수 있도록 하여 시장에서 유통되지 않도록 하며, 일반게임제공업을 허가제로, 인터넷컴퓨터게임시설제공업(PC방)을 등록제로 전

전체이용가, 12세이용가, 15세이용가, 청소년이용불가 4단계로 분류하되, 청소년게임제공업과 일반게임제공업에 제공되는 게임물은 전체이용가와 청소년이용불가 게임물로 분류하도록 하고, (ii) 등급분류를 받은 게임물의 내용을 수정할 경우 게임물등급위원회에 신고하도록 하되, 등급 변경을 요할 정도로 수정된 경우에는 새로운 등급분류를 받도록 하였다. ③사행성게임물에 대한 등급분류 거부(법 제22조 제2항)와 관련해, 게임물등급위원회가 등급분류 신청한 게임물이 사행성게임물에 해당되는 경우 등급분류 거부결정을 할 수 있도록 하였다. ④게임제작업·게임배급업을 등록제도로 변경(법 제25조제1항)과 관련해서는, 게임제작업 또는 게임배급업을 영위하려는 경우 시·도지사에게 신고하도록 하던 것을, 시장·군수·구청장에게 등록하도록 하는 것으로 변경하였다. ⑤일반게임제공업의 허가제도 등(법 제26조)에 있어서는, 일반게임제공업을 영위하려는 자는 시장·군수·구청장의허가를 받도록 하고, 청소년게임제공업과 인터넷컴퓨터게임시설제공업은 시장·군수·구청장에게 등록하도록 하였다. ⑥청소년이용불가 등급의 게임물에 대해 경품 제공을 금지하였다(법 제28조제3호 단서 및 법 제28조제5호 신설). 다만, 청소년게임제공업의 전체이용가 게임물에 대해서는 현금, 상품권 및 유가증권을 제외한 대통령령이 정하는 경품의 종류 등에 따른 경품을 지급할 수 있도록 하고, 일반게임제공업소에는 청소년이 출입할 수 없도록 하였다. ⑦게임 결과물의 환전업 등을 금지(법 제32조제7호 신설)하였다. 즉 누구든지 게임의 이용을 통해 획득한 점수, 경품, 게임머니 등 유·무형의 결과물을 환전 또는 환전 알선하거나 재매입하는 행위를 업으로 할수 없도록 하였다. ⑧게임물에 대하여 내용정보 외에 경품제공 등 사행심을 조장하는 내용을 광고하거나 선전물을 배포·게시하는 행위를 할 수 없도록 하였다(법 제34조제1항제4호 신설). ⑨신고포상제도 도입하였다(법 제39조의2 신설). 이는 게임물을 이용하여 도박 그 밖의 사행행위를 하게 하거나 경품 등을 제공하여 사행성을 조장하는 자 등을 신고 또는 고발하거나 검거한 자에 대하여 포상금을 지급할 수 있도록 한 것이다. ⑩게임물등급위원회와 관련하여서는 사무국의 기능에 등급분류 사후관리에 관한 사항 점검을 명시하는 한편, 게임물의 사행성 여부 등을 확인하기 위하여 기술심의를 할 수 있도록 하였다(법 제16조제3항·제17조제2항·제18조제1항 및 법 제21조제8항 신설).

환하여 관리를 강화하고, 청소년이용불가 게임물의 경품제공을 금지하며, 게임결과물의 환전업 등을 금지함으로써 사행성을 근절하고 건전한 게임문화를 조성하려는 것이라고 밝히고 있다. 특히 온라인게임 아이템의 현금거래와 관련해서는 개정법 제32조(불법게임물 등의 유통금지 등) 제1항 제7호에 "누구든지 게임물의 이용을 통해 획득한 유·무형의 결과물(점수, 경품, 게임 내에서 사용되는 가상의 화폐로서 대통령령이 정하는 게임머니 및 대통령령이 정하는 이와 유사한 것을 말한다)을 환전 또는 환전 알선하거나 재매입을 업으로 하는 행위"를 금지하였다. 이에 대해 당해 규정이 게임과 사행행위간의 경계선을 명확히 [하려는] 의도에서 도입된 것이지만, 그 효과 중의 하나는 게임아이템 현금거래 문제[에 대한] 논의를 전혀 새로운 차원으로 변경시켜 놓았다고 하면서 적어도 이 조항 도입 이전의 게임아이템 현금거래에 대한 논의는 완전한 의미를 상실하였다고 해도 과언이 아니라는 견해가 있다.[27] 수긍이 가는 주장이지만, 반드시 그렇다고만 할 수도 없는 것이 아닌가 한다. 향후 제도의 시행과 더불어 문제점이 나타나면 그 때 충분히 재론의 여지가 있을 수 있다는 점에서 그러하다(참고로 최근 대법원은 '리니지' 게임의 게임머니 현금거래자에 대해 무죄 판결을 내린 바 있다. 그러나 그 해석을 둘러싸고 입장의 차이가 있다). 그 경우 규제강화론, 현행유지론, 규제반대론(내지는 폐지론), 규제완화론 등의 견해가 분분할 수 있을 것이다. 그러므로 게임 아이템의 현금거래에 대한 논의가 완전히 의미를 상실하였다고 단정하기는 어려워 보인다. 종전의 논의는 여전히 입법론으로서의 의미를 가지는 것이고 다만, 해석론의 차원에서 논의의 폭이 좀 더 제한적일 수 있다는 점에서는 위 견해를 긍정할 수 있다고 본다. 따라서 앞에서 논의되었던 개선방안 등은 게임법이 시행되고 있는 현 시점에서도 나름의 의의를 가진다고 보아야 할 것

---

27) 황승흠, 전게서, 57면(동 견해는 환전금지 조항은 게임 아이템 현금거래 문제를 게임의 사행행위화의 방지하는 측면에서 접근해야 한다고 지시하고 있는 것이며, 앞으로의 게임아이템의 현금거래 문제는 환전금지 조항을 거론하지 않고서는 그 논의가 불가능하게 되었다고 한다. 다시 말해서 게임아이템 현금거래의 성격, 효과, 양성화 문제 등등은 환전금지 조항의 해석 문제로 포섭될 수밖에 없다고 한다).

이다. 향후 제기될 문제에 있어서 입법론의 선행 기초자료로서의 역할을 담당할 수 있을 것으로 생각된다.

요컨대 최근 일련의 개정은 '바다이야기'로 인해 사회적 분위기가 사행성과 관련된 게임의 규제 쪽으로 급속히 바뀌게 되었고, 이를 급히 게임법에 반영한 것이라고 하겠다. 그러나 결과적으로 게임법은 그 제정 취지에도 불구하고 과거 규제법 일변도로의 회귀가 우려되는 상황에 이르렀다. 사행행위는 근절되어야 마땅한 것이다. 그러나 게임과 사행행위는 구분되어야 할 것이다. 게임(산업)의 외연을 확장한다라는 명목으로 자꾸 사행행위를 게임(산업)에 포함시켜서는 곤란하다. 게임은 게임으로서 존재해야만 그 생명력을 유지할 수 있다고 본다. '사행성 게임'과 같은 애매한 용어를 통해 게임을 오염시키는 것은 '바다이야기'를 통해 경험하였듯이 결국 게임산업의 진흥이나 게임문화 발전에 걸림돌이 될 수 있다. 게임이 가지는 긍정적인 측면에도 불구하고 소위 '사행성 게임' 때문에 본의 아니게 비난을 받아야 한다는 것은 너무 억울한 일일 수 있다. 사회의 부정적 인식은 결국 법과 제도를 통해 규제라는 모습으로 나타나기 마련이다. 그렇다면 모처럼 마련된 게임산업 '진흥법'의 취지가 너무 쉽게 퇴색되어 버릴 수 있다는 점을 간과하지 말아야 할 것이다.

마지막으로 몇 가지 제언을 덧붙이는 것으로 결론을 맺고자 한다. 첫째, 소비자 보호 강화 방안의 강구이다. 특히 미성년자의 결제 문제가 검토되어야 할 것이다. 예를 들어 아이템 현금거래시 미성년자가 부모등의 명의를 도용하거나 과도한 결제를 하는 경우 등이 그러하다. 둘째, OSP 책임과 관련해 게임서비스사업자(GSP)와 중개사이트의 책임 범위 또는 면책 요건에 대한 검토가 있어야 할 것이다. 셋째, 계정거래 문제도 아이템 현금거래 문제와 연계해 재검토될 필요성이 있어 보인다. 넷째, 이미 전술하였지만 시장에 의한 규제의 타당성을 고려해 볼 필요가 있을 것이다. 예를 들어 시장규제에 의한 실효성 확보 가능성 또는 그 수단·범위 등이 검토될 수 있을 것이다. 다섯째,

이용자의 게임내 창작행위(예를 들어 캐릭터·아바타·아이템, 음악저작물 등의 창작)에 대한 연구도 병행되어야 할 것이다. 게임속 창작물에 대한 권리는 누구에게 속하는 것이며 이용자와 게임사(개발자)와의 권리관계는 어떤 식으로 해석하고 규율하는 것이 적절한지에 대한 검토가 있어야 할 것이다. 여섯째, 최근 외국 게임사의 경우에 아이템 현금거래를 허용하거나 직접 현거래 시장에 진출하려는 사례가 속속 나타나고 있어 이에 대한 예의 주시가 필요하다. 그 경제적·정책적·법적 배경이 무엇이며 그로 인해 나타나거나 나타날 것으로 예상되는 문제점과 효과 등을 면밀히 살펴야 할 것이다. 그러나 이들 몇몇 외국 사례를 이유로 충분한 조사·분석·연구도 없이 조급히 정책에 반영하는 것은 경계되어야 할 것이다. 분명히 우리나라와 외국의 게임 문화·산업·경제·경영·사회·법적 환경은 다른 것이며, 그 차이점과 특수성을 명확히 읽어내지 못하고 이를 따라가기에만 급급한다면 자칫 감당하기 어려운 수업료를 내야 할 상황이 발생할 지도 모를 일이다. 따라서 적극적이면서도 신중한 접근을 요한다고 하겠다. 그럼에도 불구하고 당해 사례들이 향후 우리나라의 게임문화·산업의 방향성을 결정함에 있어 중요한 참고 자료가 될 것임은 분명하다고 하겠다.

제7절 UCC의 법률 문제

I. 서 언

인터넷의 발전과 정보기기의 보급확산은 누구나 정보를 생성하고, 이를 유통시킬 수 있는 주체적인 역할을 할 수 있는 환경을 마련해줌으로써 이용자는 직접 정보의 제작과 유통 및 이용에 참여하는 새로운 정보문화를 형성해가고 있다. 즉 인터넷을 통하여 형성된 가상공간으로서 사이버스페이스(cyberspace)는 이용자에게 자신의 공간이나 영역을 제공하고, 이를 통하여 자신이 보유하고 있는 지식이나 정보를 공유하도록 유도하고 있는 것이다.[1] 이용자는 단순한 이용자의 위치가 아닌 적극적인 정보생성자이자 또한 이용자의 지위를 겸하게 된 것이다. 이로써 정보의 생성은 소수의 전문가 내지 매니아만이 아닌 인터넷이나 정보기기를 이용할 수 있는 사람이면 누구나 가능하게 되었고,[2] 정보의 양적 측면에서 본다면 가히 폭발적이라고 할 수 있다. 그렇지만 정보의 생성에 적극적인 측면과 달리 이면에서는 여러 가지 문제가 동시에 발생하고 있다. 인터넷 자체가 공유라는 측면에서 진화하고 있는 것도 하나의 특징이지만 의도하지 않는 공유나 저작권의 침해, 정보가 가지는 명예훼손이나 법률에서 금하고 있는 내용과 행위태양은 상당한 사회적 문제가 될 수 있다.

최근 웹2.0 환경에서 이슈로 떠오르고 있는 UCC(user-created contents)는 새로운

---

1) SK커뮤니케이션즈의 싸이월드, 네이버의 지식인 등 인터넷 포털 사이트에서 제공하는 서비스의 경우가 이러한 예라고 볼 수 있다.
2) prosumer라는 새로운 개념이 형성되고 있다. 즉 기존의 전문가는 일방적인 정보의 생성자에 불과했지만 지금의 전문가는 생산과 소비를 동시에 하기 때문이다.

개념라기 보다는 기존의 정보나 콘텐츠를 UCC로 포장함으로써 거대한 흐름처럼 인터넷을 주도하고 있다.[3] 기존의 정보나 콘텐츠와 달리 UCC가 특별하게 문제되는 것은 아니며, 단지 UCC가 인터넷을 통하여 미치는 사회적 영향력이 크기 때문에 관심도가 높아지고 있는 것이다. 다만 차이점이라고 할 수 있는 것은 UCC는 정보이용환경이 기존의 공급자 중심에서 이용자 중심으로 패러다임이 변하는 개념이라고 볼 수 있다.

본고에서는 UCC가 가지는 여러 가지 의미와 사회적인 태양 등을 고찰하고, 관련 법률에 따른 문제점들을 검토하고자 한다. 그리고 실제 UCC가 유통되거나 이용되고 있는 곳이 인터넷과 포털사이트이기 때문에 OSP로써 포털사업자가 가지는 책임문제에 대해서도 같이 살펴보기로 한다. 아울러 UCC에 대한 관심이 커지고 있지만 이것이 실질적으로 산업계에서 받아들여지는 부분은 문제점의 형태로 이루어지고 있기 때문에 산업계에 제시될 수 있는 가이드라인과 몇가지 법제도적 방안에 대해 살펴보기로 한다.

Ⅱ. UCC의 의의

1. 정의

가. UCC의 개념

UCC는 이용자가 제작한 정보를 통칭하는 개념이라고 하겠다. 즉 인터넷이나 인터넷상의 정보 내지 콘텐츠를 이용하는 이용자(user)가 당해 정보를 바탕으로 또다른 형태로서 생성한(created) 정보(information)나 콘텐츠(contents)를 이용

---

3) '새롭지 않다'라는 표현을 사용한 것은 이미 존재하는 정보 자체는 이용자가 생성한 정보, 즉 UCC이기 때문이다.

자 제작정보라고 하여 이를 약어로 UCC라고 하는 것이다. 그렇기 때문에 UCC는 고유의 개념이나 범위를 형성할 수 있는 것은 아니며, 이용자가 어떠한 형태로든 생성한 정보를 통칭하는 개념이라고 하겠다. 따라서 UCC의 개념에는 저작권법에서 요구하는 창작성 있는 저작물에서부터, 창작성이 없는 단순한 아이디어의 표현이나 저작권이 소멸한 저작물 및 이를 통칭하는 퍼블릭도메인(public domain)에 이르기까지 그 범위가 다양하다고 볼 수 있다. 그렇지만 최근에는 불법복제된 UCC를 패러디한 개념으로써 user-copied contents (이용자 복제 콘텐츠)가 UCC의 새로운 개념으로 대두되고 있다.

결국 UCC는 그 자체가 창작성 있는 표현이라면 저작물이라고 할 수 있으며, 여러 가지 UCC가 집합물의 형태나 데이터베이스형태로 제작된 경우라는 데이터베이스로써 법적 지위를 가지게 되며, 디지털화되거나 온라인디지털콘텐츠산업발전법상 온라인디지털콘텐츠의 경우라면 온라인콘텐츠로써 법적 지위를 가지게 될 것이다.

UCC의 내용에 있어서 학술적, 사실적 표현이나 특정 주제를 담고 있는 내용이나 음란물이나 영화나 영상 등 다양한 유형의 것도 포함된다고 하겠다. 음란물의 경우는 형법이나 「정보통신망 이용촉진 및 정보보호 등에 관한 법률」(이하 '정보통신망법'이라 한다)에서 금지하고 있기는 하지만 그 자체가 창작성이 있는 경우라고 한다면 저작권법의 보호를 부인할 수 없다고 하겠다.

나. 창작인지 제작인지 여부

앞서 살펴본 바와 같이 UCC는 일반적으로 이용자가 창작한 콘텐츠를 의미함을 알 수 있다. 그렇지만 UCC가 창작성이 없이 단순하게 가공의 형태로 만들어진 경우라고 한다면 가공되거나 제작된(generated) 것으로 보는 것이 타당할 것이다. 실제 UCC는 그 자체가 창작성이 있는 것이지만 그렇지 않고 단순하게 복제하는 형태라면 저작권법상 요구하는 창작성이 있다고 보기는 어렵기 때문이다. 따라서 'created' 및 'copied'를 포함한 개념으로써 UCC는

'generated' 형태의 UGC로 표현하는 것이 타당하다고 본다.4)

창작성에 대한 판단여부는 저작권법상 창작성을 기준으로 할 수밖에 없다. UCC의 보호범위에 있어서 중요한 부분은 창작성이기 때문이다. 다만, 그 내용이 다른 법률과의 저촉관계에 있는 지는 관련 법률의 검토가 요구된다고 하겠다.

저작권법은 창작성에 대해서 별도로 정의해놓고 있지는 않다. 다만, 저작물의 정의를 "인간의 사상 또는 감정을 표현한 창작물"로 정의하면서 '창작'이라는 표현을 쓰고 있을뿐이다. 판례는 "창작물이라 함은 저자 자신의 작품으로서 남의 것을 베낀 것이 아니라는 것과 최소한도의 창작성이 있다는 것을 의미하고, 따라서 작품의 수준이 높아야 할 필요는 없지만 저작권법에 의한 보호를 받을 가치가 있는 정도의 최소한의 창작성은 요구되므로, 단편적인 어구나 계약서의 양식 등과 같이 누가 하더라도 같거나 비슷할 수밖에 없는 성질의 것은 최소한도의 창작성을 인정받기가 쉽지 않다 할 것이다. 또한 작품 안에 들어 있는 추상적인 아이디어의 내용이나 과학적인 원리, 역사적인 사실들은 이를 저자가 창작한 것이라 할 수 없으므로, 저작권은 추상적인 아이디어의 내용 그 자체에는 미치지 아니하고 그 내용을 나타내는 상세하고 구체적인 표현에만 미친다"고 판시하고 있다.5) 따라서, 이러한 창작성의 요건에 들지 아니한 UCC는 'created'라는 표현의 UCC로 볼 수 없다고 하겠다.

궁극적으로 콘텐츠의 보호라는 측면에서 볼 때, 'generated'와 'created' 및 'copied'라는 측면은 현행법이나 약관을 통하여 합법적으로 이용가능한 경우라고 볼 수 있는 것까지 모두 포함되기 때문에 'generated'라는 표현이 현행

---

4) 스위스 다포스포럼에서 UCC관련 발표를 한 유현오 SK커뮤니케이션즈 사장도 "전통적인 일방향 미디어의 저작권보호 관점에서 한참 성장하는 쌍방향 미디어인 UCC의 발목을 잡아서는 안된다"면서 "해외에서는 창작이 아니라 편집과 유통을 강조하는 UGC(User Generated Contents), 즉 이용자생성콘텐츠라는 말을 주로 사용한다"고 말한 바 있다. 문화일보 2007.2.2일자.
5) 대법원 1997.11.25. 선고 97도2227판결.

UCC의 개념을 포괄할 수 있다고 본다. 따라서, 지금의 인터넷환경에서 볼 때 UCC라는 표현보다는 UGC가 적합한 표현이라고 생각된다.[6]

2. 유형

물리적 범위를 보면 UCC는 인터넷을 통하여 유통되는 정보나 콘텐츠를 토대로 확대되고 있는 개념이기는 하지만 온라인은 물론 오프라인을 통하여 유통되는 정보나 콘텐츠까지도 그 범위에 포함되는 것이라고 하겠다. 따라서, 물리적 범위에 대해서는 지구상에 현존하는 어떠한 정보나 콘텐츠도 UCC의 범주에 해당되지 않는 것이 없다고 해도 과언은 아닐 것이다.[7]

UCC는 ⅰ) 창작성 유무에 따라 저작권법의 대상이 되는 것과 그렇지 아니한 것이 있으며, ⅱ) 제작자가 자연인지 법인이나 단체인지에 따라서 UCC와 CCC(corporate-created contents)로 나뉘어질 수 있으며, ⅲ) 물리적인 형태에 따라 데이터베이스(이하 'DB'라 한다)나 편집저작물 또는 온라인콘텐츠 등으로 구분될 수 있으며, ⅳ) UCC가 표현되고 있는 플랫폼에 따라 홈피형, 블로그형, 지식형, 게시물형, 동영상 등으로 분류될 수 있으며, ⅴ) 디지털화 유무에 따라 아날로그형 UCC와 디지털형 UCC로 나뉘어질 수 있을 것이다.

먼저 UCC는 제작주체에 따라서 개인에 의한 UCC가 있으며, 기업이나 단체에서 제작한 CCC(corporate-created contents)가 있을 수 있다. 전자는 우리가 통상적으로 얘기하고 있는 UCC이며, 후자는 단체명의 저작물이나 직무저작물의 형태가 이에 포함될 수 있다. 그렇지만 이러한 구분은 당해 UCC가 창작성이

---

6) 다만 UCC라는 표현을 주로 사용하고 있기 때문에 본고에서도 UGC 대신 UCC라는 표현을 우선으로 하나 UGC라는 표현이 필요한 경우에 한하여 UGC라고 표기하기로 한다.
7) 다만, 본고에서는 인터넷을 중심으로 이루어지고 있는 정보공유의 형태에 한정하여 그 범위를 제한하고자 한다.

있는 경우를 전제로 한다. 즉 저작권법상 논의되는 UCC는 창작성 유무를 판단하여 창작성이 있는 저작물인 UCC의 경우는 저작권법의 보호를 받는 대상이 되지만, 그렇지 아니할 경우는 저작권법의 보호대상이 아니기 때문에 누구나 자유롭게 이용할 수 있는 형태의 UCC가 되는 것이다.[8]

물리적인 형태에 따라 볼 때, 일반적인 정보의 집합인 DB[9]나 편집저작물[10] 형태의 UCC나 창작성 유무와 상관없이 온라인디지털콘텐츠산업발전법상의 디지털콘텐츠[11]의 경우에는 디지털화에 따른 UCC로 나누어질 수 있다. 그리고 디지털화되지 않은 상태의 정보나 콘텐츠도 UCC에 포함된다. 실상, UCC는 지구상에 존재하는 모든 정보나 콘텐츠를 포함하는 포괄적인 개념이라고 할 수 있다. 다만, 인터넷상에서 유통되는 UCC만을 논의하면서 그 범위를 제한하여 이해하고 있는 것으로 판단되나 실상은 그렇지 않다고 하겠다.

3. 기능

가. 순기능

앞에서 간략히 살펴본 바와 같이 UCC가 가지는 기능은 다양하다고 할 수

---

8) 그러나 저작권이 없다고 하더라도 그 내용이 음란물이거나 명예훼손 또는 선거관련 법률에 저촉이 되는 경우에는 당해 법률에 의해서 규율될 수 있음은 물론이다.
9) 저작권법 제2조 12의4. 데이터베이스 : 소재를 체계적으로 배열 또는 구성한 편집물로서 그 소재를 개별적으로 접근 또는 검색할 수 있도록 한 것을 말한다.
10) 저작권법 제2조 12의2. 편집물 : 저작물이나 부호·문자·음성·음향·영상 그 밖의 형태의 자료(이하 "소재"라 한다)의 집합물을 말하되, 데이터베이스를 포함한다.
제2조 12의3. 편집저작물 : 편집물로서 그 소재의 선택·배열 또는 구성에 창작성이 있는 것을 말한다.
11) 온라인디지털콘텐츠산업발전법 제2조 1. "디지털콘텐츠"라 함은 부호·문자·음성·음향·이미지 또는 영상 등으로 표현된 자료 또는 정보로서 그 보존 및 이용에 있어서 효용을 높일 수 있도록 전자적 형태로 제작 또는 처리된 것을 말한다.

있다. 누구나 정보의 제작자가 될 수 있다는 점과 자신만의 정보를 바탕으로 이를 공유함으로써 사회적인 정보의 양적 팽창은 물론 질적 팽창도 동시에 가능하게 할 수 있다. 특히, 포털사이트를 중심으로 이루어지고 있는 UCC의 확대는 정보의 공유라는 측면에서 더욱 그 의미를 가치있게 만든다. 포털사이트는 해당 사이트내에서는 스크랩[12)을 통하여 UCC를 공유할 수 있도록 하는 기능을 제공하고 있다. 이러한 기능은 이용자들 사이에 가치있다고 스스로 판단하는 정보를 자신의 사이트 내지 공간으로 복제함으로써 원래의 UCC와 새로운 관계를 형성하게 만든다. 이로써 스크랩을 한 이용자는 새로운 포인터로써 원래의 UCC 게시자의 사이트를 링크함으로써 다양하고 확대된 정보관계를 형성하게 만듦으로써 사회적 관계는 확대되고 이용자는 당해 정보에 대한 접근점을 다양화시킬 수 있게 되는 것이다.

더욱이, 포털사이트는 정보검색 기능을 제공함으로써 정보의 접근을 확대시킴으로써 다양한 정보생활을 영위할 수 있는 기회를 제공하게 되는 것이다. UCC는 그 내용에 있어서 다양한 내용의 정보를 제공함으로써 이용자의 표현의 자유를 더욱 확대시키고 있으며, 특정 이슈를 패러디함으로써 사회적인 공감대를 형성하기도 한다. 또한 UCC는 문화의 다양성을 확보할 수 있을 것이다.[13) 즉 인터넷을 매개로 하여 다양한 위치에서 자신만의 문화 내지 전

---

12) 스크랩은 "옮김, 복사 또는 삭제 마크가 붙어 있는 문서 데이터의 보전을 위해 유지되는 응용 파일이나 시스템 파일. 스크래치(scratch)와 유사하지만, 스크래치가 프로그램이 사용한 데이터를 보존하기 위한 임시 기억 영역인 데 비해 스크랩은 보통 사용자가 복사하거나 삭제한 데이터의 보존을 위한 임시 기억 영역"으로 보나(엠파스 IT 사전 2007.2.9 검색), 실제로는 인터넷상의 게시물을 특정 주소로 복제해주는 방식(method)으로 볼 수 있을 것이다. 즉 일례로 포털사이트에서 제공 중인 갤러리 서비스에 사진을 게시함에 있어서 사진 게시자는 그 게시된 사진을 다른 사람이 자신의 블로그, 카페, 포토데스크 등에 옮겨가는 것을 보통 스크랩이라고 한다(서울중앙지방법원 2006. 3. 3. 선고 2005가단283641 판결).

13) 황지연·성지환, "융합시대 사회문화 트렌드와 UCC 활용전망", 정보통신정책 제18권 제17호, 2006, 29면[이하, 황지연·성지환, "융합시대 사회문화 트렌드와 UCC 활용전망"].

문적 영역을 가지고 있는 이용자가 생성해 내는 UCC는 새로운 문화적 흐름을 형성할 수 있기 때문에 문화의 다양성과 다원적 형태의 결과를 유도할 수 있을 것이다.[14)]

이처럼 UCC는 정보의 다양한 이용가능성을 제공함으로써 정보에 대한 보편적 접근을 가능하게 함으로써 정보소외를 어느정도 해소할 수 있다는 점에서 의미있는 개념이라고 볼 수 있다. 또한 사회적 역할이라는 측면에서 볼 때, 사회적 이슈에 대한 참여, 고발 및 다양한 문제에 대한 공유를 통하여 당해 문제를 어느 일개인의 문제가 아닌 공동체적 의식을 통하여 해결하거나 상호 보완할 수 있는 체제를 갖출 수 있다는 점에서 순기능적 요소를 갖는다고 하겠다.

나. 역기능

UCC는 그 자체가 가지는 장점에도 불구하고 그 내용이나 이용형태에 있어서 법률적인 이슈를 제기하기도 한다. 대표적인 예가 타인의 저작물을 침해하는 형태의 UCC라고 할 수 있다. 타인의 저작물을 이용허락없이 이용하여 만드는 UCC는 저작권 침해가 이루어질 수 있으며, 여기에는 불법 복제의 형태로써 저작재산권의 침해는 물론 타인의 저작물이나 UCC에 원래 이용자의 성명이 아닌 자신의 성명을 표기함으로써 저작인격권을 침해하는 경우도 발생하게 되는 것이다. 저작권보호센터에서는 UCC의 상당량이 불법복제된 형태라고 주장하는 것을 볼 수 있다.[15)] 만약 그것이 사실이라고 한다면 UCC의 문제는 저작권의 문제라고 볼 수 있을 것이나 UCC가 단지 저작권만의 문

---

14) 인터넷은 초기 소수에 의한 일방적 정보의 생성의 형태에서 이제는 다양한 유형의 이용자가 참여할 수 있는 열린공간으로서 그 역할을 수행하게 됨으로써 다양성을 더욱 확대할 수 있게 되었다.

15) 저작권보호센터가 2006.10월 총 1000개의 신규 콘텐츠를 조사해 분석한 UCC 현황에 따르면 순수 창작물은 16.4%에 그쳤다고 한다. 중앙일보 2007.2.10일자.

제는 아니라고 본다. 또한 표현의 자유의 극대화를 가져오는 순기능에 따른 역기능으로써 UCC의 내용적인 측면에서 볼 때 타인의 명예와 관련된 것이라면 명예훼손이나 프라이버시의 침해의 문제가 발생하고 있기 때문이다.[16] 최근에는 인터넷을 통한 다양한 정치참여가 가능해짐으로써 불법 선거운동처럼 선거관련 법률의 저촉에 대한 문제가 제기되고 있는 실정이다.[17]

UCC는 그 순기능적 역할도 하지만 그 내용이나 용도 및 의도가 일반적인 사회적 관념에서 벗어나는 경우는 또다른 사회문제의 도구가 될 수 있음은 부인할 수 없다고 하겠다. 그렇지만 그러한 문제점이 UCC 전체에 미치는 영향이나 차지하는 비중이 크지 않다면 UCC를 올바른 형태로써 이용될 수 있도록 사회적 합의를 도출시키는 것이 바람직하다. 즉 역기능에 대한 법률검토를 통해 UCC가 적법하게 제작, 배포되어 이용될 수 있는 환경을 마련할 필요가 있는 것이다.

III. UCC관련 법률 문제

UCC는 다양한 법률과의 긴장관계를 형성하기는 하지만 본고에서는 특히 문제가 될 수 있는 저작권법, 정보통신망법, 약관법 및 선거관련 법률 등을

---

16) "선정적인 콘텐츠, 저작권이나 프라이버시를 침해하는 콘텐츠가 무분별하게 범람하고 인기를 끌고 있지만 이는 UCC 활성화의 걸림돌로 작용한다"고 한다. 황지연·성지환, "융합시대 사회문화 트렌드와 UCC 활용전망", 31면.

17) 보도자료에 의하면, "현행 선거법상 선거운동을 할 수 없는 10대 미성년자는 후보자 지지 혹은 반대 동영상 UCC를 만들어 올릴 수 없고 19세 이상 네티즌도 법정 선거운동 기간인 23일간만 동영상 UCC를 올릴 수 있다"고 하며(헤럴드생생뉴스 2007.1.19일자), 중앙선거관리위원회가 "대선주자들의 UCC(사용자 제작 콘텐츠) 동영상을 게재한 인터넷 포털사이트에 삭제를 요청했다"고도 한다(서울신문 2007. 2.2일자).

중심으로 살펴보기로 한다. 그렇지만 이러한 법률이외에도 상당수의 법률과도 관련성을 가지기 때문에 향후 가능하다면 보다 다양한 법률적인 측면에서 UCC의 문제를 살펴볼 필요가 있다고 하겠다.

1. 저작권법과 UCC

가. 저작권 침해

타인의 저작물을 임의로 이용하는 경우는 저작권 침해로써 책임을 면할 수 없을 것이다. 무단 복제하거나 이를 전송하는 경우에는 저작재산권 중 복제 및 전송권을 침해할 소지가 크기 때문이다. 이용자가 특정 사이트에 있는 UCC를 복제하여 자신의 사이트에 게재하는 것이 대표적인 위법행위의 예라고 할 수 있다.[18] 다만, 그러한 이용형태가 저작권법에서 허용하고 있는 공정한 이용의 형태라고 한다면 그 행위는 면책될 수 있겠지만 그러한 경우가 아니라고 한다면 그에 따르는 책임을 벗어나지 못하게 된다.

저작권 침해문제는 제작자에 의한 경우, 이용자에 의한 경우, OSP에 의한 경우 등 크게 3가지 형태로 구분할 수 있을 것이다. 먼저, 제작자에 의한 경우는 제작자가 타인의 저작물이나 UCC를 임의로 이용하여 또다른 UCC를 만들어낸 경우이다. 이 경우에는 2차적저작물 작성권의 침해가 될 수 있으며, 그것자체가 편집물이나 데이터베이스라고 한다면 편집저작물이나 데이

---

18) UCC와 관련되어 소송이 진행 중인 국내 사례는 없으나 2006년과 2007년 2월 경에 KBSi, iMBC, SBSi 등 인터넷기업들이 포털사업자에 대해 동영상콘텐츠의 유통에 대해 적극적인 조치를 요청하는 공문을 송부한 바 있다. 그렇지만 이러한 것은 저작권법상 규정되어 있는 OSP책임 규정을 형해화시킬 수 있는 주장이라고 본다. 또한, 포털사업자에 대해 위 방송사업자들은 '침해사례'라는 표현과 '방조책임'이 있는 것처럼 발표함으로써 구체적인 법적 고찰 없는 일방적인 주장으로 보여지는 경우도 있다. 하동근, "방송분야 불법 복제물 침해 사례발표", UCC가이드라인 컨퍼런스 토론자료집, 2007, 6면이하 참조.

터베이스제작자의 권리를 침해한 것이 될 수 있다. 둘째로 이용자에 의한 침해는 이용자가 직접 제작하지는 않고 이미 제작된 UCC를 자신의 홈피 등으로 복제하여 전송하는 경우이다. 따라서, 저작권이 유보되거나 복제·전송이 허락되지 아니한 UCC를 임의로 복제하는 경우는 저작재산권의 침해가 될 수 있다는 점이다. 또한, 복제된 UCC의 성명이나 내용을 임의로 변경하는 경우에는 성명표시권이나 동일성유지권의 침해가 됨은 물론이다. 마지막으로 OSP의 경우는 UCC가 유통되는 인터넷공간에서 이루어지는 저작권침해행위에 대한 간접책임 내지 OSP 책임문제와 관련이 있다고 할 것이다. 다만 OSP의 경우는 저작권법이나 판례의 일반적인 원칙이 주의의무를 다한 경우에는 그 책임을 면책하는 것이 일반적인 원칙 내지 경향이기 때문에 이에 따른 처리를 통하여 침해책임을 벗어날 수 있을 것이다.

나. 공정사용 등을 포함한 퍼블릭도메인의 항변

UCC의 이용형태가 타인의 저작물을 무단으로 이용한 경우는 침해에 따르는 책임을 지게 되지만 당해 UCC가 저작권법상 보호받지 못하는 저작물이라고 한다면 그 행위자체는 저작권법의 위반이라고 볼 수 없다. 따라서 이용자는 자신의 이용행위가 저작권법상 허용되는 이용이라는 점을 입증함으로써 자신의 책임을 면책할 수 있을 것이다. 우리 저작권법은 저작권자의 권리 이외에 저작물의 공정한 이용도 저작권법의 목적으로 규정하고 있기 때문에 저작권법상 다양한 형태의 예외적 규정을 통하여 이용자는 자신의 행위에 대해 항변할 수 있을 것이다. 인용을 포함한 퍼블릭도메인의 항변이 인터넷상에서 가장 적절한 경우라고 생각된다. 인터넷상의 공정한 이용은 여러 가지 사항을 고려하여 판단될 수밖에 없다고 본다.[19]

---

19) 저작권법 제28조는 공표된 저작물은 보도·비평·교육·연구 등을 위하여는 정당한 범위 안에서 공정한 관행에 합치되게 이를 인용할 수 있다고 규정하고 있는바, 정당한 범위 안에서 공정한 관행에 합치되게 인용한 것인가의 여부는 인용의 목적,

저작권법은 저작권자의 권리는 물론 저작권의 공정한 이용을 목적으로 하고 있다. UCC의 경우도 공정한 이용의 형태라고 한다면 저작권법의 위반에 대한 문제는 없을 것이다. 그렇지만 실제 공정한 이용에 대한 사항을 일반 이용자는 물론 저작권자가 인지하고 있는 경우는 드물다고 본다. 이는 권리자 측면에서 저작권법을 이해하고 해석한 결과라고 하겠다. 저작권법은 저작권자만의 법률이 아닌 공정한 이용을 통하여 이용자가 저작물을 자유롭게 이용할 수 있는 환경을 제공해주고 있다.

권리제한이라는 측면에서 UCC와 관련하여 이용자를 위해 주장할 수 있는 경우는 저작권법에서 여러 가지로 유형화하고 있다. 먼저, 저작권이 소멸된 저작물이나 저작권은 있으되 법정책적으로 이를 배제하고 있는 경우나 권리가 포기되거나 상속자 없이 사망한 자의 저작물은 저작권이 소멸되도록 하고 있다. 또한, 권리자체가 소멸된 경우와는 달리 법정허락이나 저작재산권이 제한되는 경우를 통하여 이용자는 당해 저작물을 제한적인 형태이지만 권리자의 이용허락없이 이용할 수 있도록 하고 있다. 이처럼 자유롭게 저작물을 공정하게 이용할 수 있는 저작물이나 정보 등을 포괄하여 퍼블릭도메인(public domain)이라고 한다.[20] 따라서 퍼블릭도메인 UCC를 이용함에 있어서 권리자로부터 법률적인 이의를 제기받는 경우 이용자는 '퍼블릭도메인의 항변'을 주장할 수 있을 것이다.

저작물의 성질, 인용된 내용과 분량, 피인용저작물을 수록한 방법과 형태, 독자의 일반적 관념, 원저작물에 대한 수요를 대체하는지 여부 등을 종합적으로 고려하여 판단하여야 할 것이고, 이 경우 반드시 비영리적인 이용이어야만 교육을 위한 것으로 인정될 수 있는 것은 아니라 할 것이지만, 영리적인 교육목적을 위한 이용은 비영리적 교육목적을 위한 이용의 경우에 비하여 자유이용이 허용되는 범위가 상당히 좁아진다. 대법원 1997.11.25. 선고 97도2227 판결.

20) 퍼블릭도메인에 관한 일반적인 사항은 김윤명, 『저작권법상 퍼블릭도메인에 관한 연구』, 경희대학교 박사학위논문, 2007 참조.

다. 인용권에 대한 논란

1) 저작권법상 인용

권리가 소멸된 경우는 문제가 없지만, 저작재산권의 제한의 형태를 일정한 요건을 갖추어야한다. 인터넷상에서 문제되는 경우는 특히 저작권법 제28조의 인용의 경우라고 하겠다. 즉 저작권법 제28조는 공표된 저작물의 인용에 있어서 "보도·비평·교육·연구 등을 위해서는 정당한 범위 안에서 공정한 관행에 합치되게 이를 인용할 수 있다"고 규정하고 있다.

저작권법 제28조 소정의 보도, 비평 등을 위한 인용의 요건 중 하나인 '정당한 범위'에 들기 위하여서는 그 표현형식상 피인용저작물이 보족, 부연예증, 참고자료 등으로 이용되어 인용저작물에 대하여 부종적 성질을 가지는 관계(즉 인용저작물이 주이고, 피인용저작물이 종인 관계)에 있다고 인정되어야 할 것이다.[21]

2) 인용권의 주장

주지의 사실과 같이, 비즈니스 측면에서 인용권이라는 개념이 제기 되었다. 인용권의 구체적인 내용을 보면, UCC제작자와 저작권자의 관계에 있어서 제작자에게 저작권의 이용허락을 하고 이용의 대가를 저작권자에게 지불하는 방식이다. 다만, 이용자가 직접적으로 이용료를 지불하는 개념이 아닌 이를 중개하는 사업자인 동영상 UCC를 중개하는 OSP가 이용자가 제작한 UCC를 매개로 광고나 유료 서비스를 제공하고 이로 발생한 수익의 일부를 권리자에게 제공하는 개념이다.

다만, 그 이용허락의 범위를 제한하는 것을 제시하고 있다. 즉 비영리적 사용을 목적으로 하고 있으며, 5분 미만에 대한 편집을 합법화 하도록 하고

---

21) 대법원 1990.10.23. 선고 90다카8845 판결.

있으며, 원본 출처 및 라이선스 표기 및 인용권 사용료의 대납을 그 요건으로 하고 있다.[22]

제안자에 의한 인용권을 도입함으로써 얻을 수 있는 이익으로는 ⅰ)명확한 기준 제시로 저작권자의 재산권 보호에 기여, ⅱ)합법적 창작을 통한 부가가치 창출로 문화발전에 기여, ⅲ)UCC를 산업의 한 분야로 육성하는데 기여할 수 있다고 주장한다.[23]

3) 동영상 UCC와 인용권

실제 동영상 UCC가 유행을 이끌면서 실제 UCC의 비중이 적음에도 불구하고 UCC는 동영상이 주된 것으로 인식되고 있다. 많은 이슈를 제기하는 곳이 방송콘텐츠의 권리자측이거나 실제 이용되는 콘텐츠가 방송콘텐츠이기 때문이라고 본다. 특히 방송콘텐츠를 이용한 UCC가 UCC의 많은 비중을 차지하면서 동영상 포털사이트 운영자가 '인용권'이라는 새롭게 보이는 권리의 설정을 주장하고 있다. 동영상 포털사에서 주장하고 있는 인용권이라는 개념은 무척 생소하지만,[24] 저작권법은 공정한 형태로 저작물을 인용하는 것에 대해 권리제한의 형태로 규정함으로써 일정한 경우에는 저작권자의 이용허락없이 저작물을 이용하도록 하고있다.

인용권이라는 개념보다는 저작권법상의 인용에 대한 해석과 적용을 통하여 해결해나가는 것이 현행법제의 테두리에서 가능한 방법이며, 다른 법정허락 내지 비즈니스 모델을 저작권자와 공유하면서 해결방법을 찾는 것도 하나의 방법이라고 생각된다.[25] 저작권법 제28조에서 의도하는 인용은 하나의

---

22) 김경익, "동영상 UCC와 저작권", UCC 가이드라인 컨퍼런스 토론자료집, 2007,41면[이하, 김경익, "동영상 UCC와 저작권"] 이하 참조.

23) 김경익, "동영상 UCC와 저작권", 42면.

24) 동영상UCC 전문사이트인 판도라TV는 2일 한국 인터넷진흥원과 지상파 3개 방송사에 일정분량의 방송영상편집을 누리꾼들이 할 수 있는 '인용권' 보장을 요청했다. 문화일보 2007.2.2일자.

25) 상당수의 UCC가 기존 방송콘텐츠를 편집해서 공유하고 있는 상황에서 UCC를 불

권리로써 이용자에게 부여된 것은 아니라고 보는 것이 다수적 견해이다. 이처럼 제한규정이 반사적 이익이라는 견해로 볼 때, 인용권 내지 이용권은 권리로써 인정될 수 없는 것이다. 그렇지만 이용자의 입장에서 볼 때 적극적으로 공정한 이용을 위하여 지분권과 같은 권리 또는 권한으로써 인용권과 유사한 개념으로서 이용자가 가질 수 있는 권리로써 이용자권(user's right) 내지 이용권에 관한 논의가 시도되고 있는 것은 사실이다. 그렇지만 이용자권이 무엇이며 어느 범위까지 포함되는 것인지에 대한 구체적인 선행연구가 없는 상태에서 이용자권의 한 형태라고 할 수 있는 인용권에 대한 논의는 유보될 수밖에 없으며, 기존의 저작권법의 해석을 통하여 해결될 수밖에 없다고 본다.

이처럼 인용권은 UCC에 대한 사업적 측면에서 보는 것과 같이 UCC에 대한 이용이 거의 이용자의 입장에서 이루어지고 있기 때문에 이용자 및 OSP의 면책 또는 UCC의 원저작물을 좀더 자유롭게 이용할 수 있는 인터넷 산업적 측면에서 이용자권을 의도한 것이라고 본다.

라. 저작권자 확인의 한계

인터넷상 저작물의 이용관계에서 문제가 되는 것은 원래의 저작물의 유래를 쉽게 찾을 수 없다는 점이다. 스크랩이나 불법적인 형태 또는 OSP가 제공하는 서비스를 통하여 복제하는 경우 수많은 복제나 스크랩이 이루어짐으로써 원래의 출처를 확인할 수 없는 경우가 발생하게 된다. 결국 이러한 출처확인의 문제는 이용자에게 부담이 될 수밖에 없다. 어느정도 공식적인 출

법의 온상으로 몰아 무조건 단속하는 것이 능사가 아니라는 주장이다. 황승익 판도라TV 이사는 "인용권은 편집을 일종의 UCC 생성 행위로 보는 것"이라며 "이용자가 기존의 동영상을 5분 이내로 편집해 UCC로 제작하면 규제하지 말아야 한다"고 말했다. 판도라TV는 저작권 단속을 하지 않는 조건으로 지상파 방송을 편집한 UCC를 네티즌이 1회 조회 할 때마다 발생하는 2원의 광고료 중 50%인 1원을 방송사에 지불하겠다는 조건을 제시했다고 한다. 문화일보 2007.2.2일자.

판이나 발행과 같은 절차를 거치지 아니한 인터넷상의 UCC는 그 출처를 확인할 수 없을 정도로 복잡한 관계라 형성되는 경우는 원본의 진정성은 물론 이후에 복제·배포·전송되는 UCC 자체의 진정성도 담보할 수 없는 결과를 가져오게 되는 문제가 발생하게 된다.

특히 원저작권자의 확인의 한계는 저작권 이용환경에서 새로운 틀로써 작용할 수 있다는 Creative Commons License(이하 'CCL'이라 한다)26)의 도입에 있어서도 문제가 아닐 수 없다. 왜냐하면, 1차 게시자가 정당한 저작권자라면 당해 저작물이나 UCC에 대해 CCL을 적용하는 데에 문제가 없으나 1차 게시자의 게시물이 스크랩이나 복제 등의 형태로 게시된 것임에도 불구하고 CCL을 적용하여 배포하는 경우, 이에 대한 저작권법상의 권리관계 내지 책임소재까지 복잡하게 얽힐 수 있기 때문이다.

2. 정보통신망법과 UCC

가. 음란물 배포죄

인터넷상에서 유통되는 UCC의 내용이 문제되는 것이라고 하면, 음란물배포죄의 적용을 받게 된다. 음란이란 개념이 일반 보통인의 성욕을 자극하여 성적 흥분을 유발하고 정상적인 성적 수치심을 해하여 성적 도의관념에 반하는 것이라고 정의될 수 있을 것이다.27) 음란물배포죄의 구성요건으로써 음란물을 판단할 수 있는 형법 제243조의 음화 등의 반포등 죄에 규정한 음란한 물건이라 함은 성욕을 자극하거나 흥분 또는 만족케 하는 물품으로서 일반인의 정상적인성적 수치심을 해치고 선량한 성적 도의관념에 반하는 것

---

26) Creative Commons라는 기관에서 제공하는 이용약관을 말한다. 본 내용에 대해서는 www.creativecommons.or.kr 참조.

27) 대법원 1995. 6.16. 선고 94도2413 판결.

을 가리킨다.[28] 따라서 UCC가 음란한 내용을 담고있다면 음란물로써 처벌 가능하다고 하겠다. 즉 정보통신망을 통하여 음란한 부호·문언·음향·화상 또는 영상을 배포·판매·임대하거나 공연히 전시한 자에 대해서는 1년 이하의 징역 또는 1천만원 이하의 벌금에 처하도록 규정하고 있다.[29]

또한 실제 음란한 내용이 담긴 UCC를 제작하지 않았다고 하더라도, 당해 UCC를 다른 사이트에 링크하여 게시하였다면 음란물배포죄의 적용을 받을 수 있다. 즉 대법원은 "음란한 부호 등으로 링크를 해 놓는 행위자의 의사의 내용, 그 행위자가 운영하는 웹사이트의 성격 및 사용된 링크기술의 구체적인 방식, 음란한 부호 등이 담겨져 있는 다른 웹사이트의 성격 및 다른 웹사이트 등이 음란한 부호 등을 실제로 전시한 방법 등 모든 사정을 종합하여 볼 때, 링크를 포함한 일련의 행위 및 범의가 다른 웹사이트 등을 단순히 소개·연결할 뿐이거나 또는 다른 웹사이트 운영자의 실행행위를 방조하는 정도를 넘어, 이미 음란한 부호 등이 불특정·다수인에 의하여 인식될 수 있는 상태에 놓여 있는 다른 웹사이트를 링크의 수법으로 사실상 지배·이용함으로써 그 실질에 있어서 음란한 부호 등을 직접 전시하는 것과 다를 바 없다고 평가되고, 이에 따라 불특정·다수인이 이러한 링크를 이용하여 별다른 제한 없이 음란한 부호 등에 바로 접할 수 있는 상태가 실제로 조성되었다면, 그러한 행위는 전체로 보아 음란한 부호 등을 공연히 전시한다는 구성요건을 충족한다고 봄이 상당하며, 이러한 해석은 죄형법정주의에 반하는 것이 아니라, 오히려 링크기술의 활용과 효과를 극대화하는 초고속정보통신망 제도를 전제로 하여 신설된 구 전기통신기본법 제48조의2 규정의 입법 취지에

---

28) 대법원 1987.12.22. 선고 87도2331 판결.
29) 정보통신망법 제65조(벌칙) ①다음 각 호의 어느 하나에 해당하는 자는 1년 이하의 징역 또는 1천만원 이하의 벌금에 처한다.
　 1. 제8조제4항의 규정을 위반하여 표시·판매 또는 판매할 목적으로 진열한 자
　 2. 정보통신망을 통하여 음란한 부호·문언·음향·화상 또는 영상을 배포·판매·임대하거나 공연히 전시한 자

부합하는 것이라고 보아야 한다"[30]고 판시한 바 있다. 이러한 것으로 보건데 음란물 UCC를 링크하는 것 자체도 그 책임을 면하기는 어려울 것이다.[31]

나. 명예훼손의 경우

타인에 대한 명예훼손은 사실을 적시하는 방법으로 행해질 수도 있고, 의견을 표명하는 방법으로 행해질 수도 있는바, 어떤 의견의 표명이 그 전제로서 사실을 직접적으로 표현한 경우는 물론 간접적이고 우회적으로 표현한 경우에도 그 표현의 전취지에 비추어 어떤 사실의 존재를 암시하고 또 이로써 특정인의 사회적 가치 내지 평가를 침해할 가능성이 있으면 그와 같은 의견의 표명은 타인에 대한 명예훼손이 된다.[32]

정보통신망법상 타인의 명예를 훼손하는 내용의 UCC에 대해서 명예훼손죄의 적용을 받게 된다. 정보통신망법은 사실을 적시하는 경우와 허위의 사실을 적시하는 경우로 나누어서 규정하고 있다. 사실을 적시하는 경우에는 그 적시 내용 자체가 사실이기 때문에 어느정도 그 책임이 감경도록 하며, 사람을 비방할 목적으로 정보통신망을 통하여 공연히 허위의 사실을 적시하여 타인의 명예를 훼손한 자는 사실의 적시에 따른 벌칙과는 달리 강화된 내용으로 그 책임을 묻고 있다. 다만, 명예훼손죄는 인격적인 내용이기 때문에 피해자의 의사를 확인한 후에 공소가 제기된다고 하겠다.[33]

---

30) 대법원 2003. 7. 8. 선고 2001도1335 판결.
31) 다만, 서보학 교수(유해정보사이트에 링크해 놓은 경우의 형사책임, 법률신문 2003.9.25일자) 및 오영근 교수(인터넷상 음란정보 '전시'의 개념, 법률신문 2003. 10.23일자) 등은 판례평석을 통하여 음란물링크에 대해 정보통신망법상 음란물배포죄를 적용하는 것은 문제가 있다는 주장을 제기한 바 있다.
32) 대법원 2006.11.9. 선고 2006다19795 판결.
33) 정보통신망법 제61조(벌칙) ①사람을 비방할 목적으로 정보통신망을 통하여 공연히 사실을 적시하여 타인의 명예를 훼손한 자는 3년 이하의 징역이나 금고 또는 2천만원 이하의 벌금에 처한다.

어떤 표현이 타인의 명예를 훼손하더라도 그 표현이 공공의 이해에 관한 사항으로서 그 목적이 오로지 공공의 이익을 위한 것일 때에는 진실한 사실이거나 행위자가 그것을 진실이라고 믿을 상당한 이유가 있는 경우에는 위법성이 없다고 할 것인바, 여기서 '그 목적이 오로지 공공의 이익을 위한 것일 때'라 함은 적시된 사실이 객관적으로 볼 때 공공의 이익에 관한 것으로서 행위자도 공공의 이익을 위하여 그 사실을 적시한 것을 의미하는데, 행위자의 주요한 목적이나 동기가 공공의 이익을 위한 것이라면 부수적으로 다른 사익적 목적이나 동기가 내포되어 있더라도 무방하고, 여기서 '진실한 사실'이라고 함은 그 내용 전체의 취지를 살펴볼 때 중요한 부분이 객관적 사실과 합치되는 사실이라는 의미로서 세부에 있어 진실과 약간 차이가 나거나 다소 과장된 표현이 있더라도 무방하다고 한다.[34) 따라서 UCC의 내용이 사실이라고 할지라도 타인의 명예를 훼손하는 경우를 의도한 것이라고 한다면 명예훼손에 해당하여 그 책임을 면하기 어려울 것이다. 또한 정보통신망을 통하여 링크하는 경우도 문제가 될 수 있으나 링크에 대해서까지 그 책임을 인정하는 것은 정보통신망법의 해석을 지나치게 확대하여 적용한 것이 아닌가 생각된다.

다. 크롤링과 해킹 문제

UCC에 있어서 크롤링(crawling)35)이 문제될 수 있는 지에 대해서는 포털이나 동영상 사이트에서 제작된 UCC를 로봇이 크롤링하는 경우가 과연 정당

---

②사람을 비방할 목적으로 정보통신망을 통하여 공연히 허위의 사실을 적시하여 타인의 명예를 훼손한 자는 7년 이하의 징역, 10년 이하의 자격정지 또는 5천만원 이하의 벌금에 처한다.

③제1항 및 제2항의 죄는 피해자의 명시한 의사에 반하여 공소를 제기할 수 없다.

34) 대법원 2002.1.22. 선고 2000다37524 판결.

35) 크롤링이라 함은 검색로봇이 프로그래밍된 명령체계에 따라 인터넷상에 공개된 호스트컴퓨터를 돌아다니며 정보를 수집하는 행위를 말한다.

한 접근권한 없이 또는 허용된 접근권한을 초과하여 정보통신망을 침해하지 못하도록 규정하고 있는 정보통신망법 제48조 제1조[36]의 규정을 위반한 것인지에 해당될 수 있느냐에 대해 의문이 아닐 수 없다.[37] 포털사이트의 정보는 웹로봇을 통하여 인터넷상에 공개된 정보를 수집하여 이를 가공한 후 데이터베이스화한 것을 색인작업을 거쳐 이용자에게 검색할 수 있는 상태로 제공한다. 이때 웹로봇은 프로그래밍된 내용에 따라 크롤링하기 때문에 사람에 의한 작업이라고 보기는 어렵다. 다만, 웹로봇을 운용하는 주체가 사람이기 때문에 그 결과물이나 그 행위과정에 있어서 운영주체가 웹로봇의 운영자라고 볼 수 있는 것이다. 그러나 엄밀히 말하면 크롤링하는 정보는 이용자가 제작한 정보라기 보다는 로봇이 수집(제작)한 정보 즉 CGC(corporate- generated contents)라고 해야할 것이다.

인터넷상에서는 수많은 웹로봇이 돌아다니면서 정보를 수집하기 때문에 특정 서버에서는 과부하로 서버의 운영상 문제가 발생할 소지도 있다. 따라서 사업자는 로봇배제원칙(robot.txt)[38]을 도입하여 로봇이 서버에 접근하는 것을 차단하기도 한다. 그렇지만 로봇배제원칙은 사업자의 자율규제이기 때문에 법적 강제력을 갖는다고 보기는 어렵다.[39] 사람이 웹서핑을 통하여 접근

---

36) 정보통신망법 제48조 (정보통신망 침해행위 등의 금지) ①누구든지 정당한 접근권한 없이 또는 허용된 접근권한을 초과하여 정보통신망에 침입하여서는 아니된다.
37) 김윤명, 『정보기술과 디지털법』, JinhanM&B, 2005, 516면 이하 참조.
38) robots.txt에는 다음과 같은 내용이 기술된다.
   UserAgent: *
   Disallow: /orizine/
   UserAgent에 이름이 들어간 스파이더는 아래 명시된 orizine라는 디렉토리에 접근이 불가능하게 된다. 예를 드면, 스파이더 이름에 별표(*) 모양을 입력하면 모든 검색로봇들이 orizine이라는 특정 디렉토리로의 접근을 막을 수 있다.
39) 이에 대해서 "로봇배제표준을 적용시켰음에도 불구하고 데이터베이스의 정보를 복제해 가는 것은 정보통신망법 제48조 제1항의 규정을 충족시킬 수 있다"고 보는 견해도 있다. 이대희, "웹 2.0 시대 UCC 저작권 문제의 핵심과 해결방안", 2006년 대한민국 인터넷정책 진단과 전망 세미나, 2006, 48면.

하는 것과 로봇을 통한 접근의 차이를 설명할 수 없기 때문이다. 더욱이 서버의 부하를 문제삼는 것과는 달리 접근가능성에 대해서는 로봇이나 일반 이용자에게 차이가 있다고 보기어렵기 때문이다. 그러나 로봇배제원칙을 두고 있음에도 당해 서버에 접근하는 것이 해킹 또는 무권한의 접근이라고 볼 수 있는 것인지의 논란이라고 할 것이다.[40]

로봇배제원칙을 무시한 크롤링이 정보통신망법의 위반인지의 여부는 논란의 대상이 되고 있으나 앞에서 살펴본 바와 같이 일반인에게 공개된 정보를 로봇이라는 형태의 접근에 대해서 달리 볼 수 있는 것인지는 의문이라고 본다. 따라서 이러한 경우에 대해서 정보통신망법위반으로 보는 것은 무리라고 하겠다.[41]

3. 약관을 통한 이용계약과 UCC

가. 이용약관과 이용허락

포털사이트에 이용자가 회원으로써 가입하는 경우 포털은 전자적 형태의 약관인 전자약관[42]으로 계약내용을 고지하고 이용자가 이를 동의하는 경우에 가입계약이 체결되는 법률행위를 하도록 하고 있다. 그리고 반드시 이용자는 당해 약관을 인지하였음을 확인하는 절차를 거치게 된다. 이 경우 이용자는 자신이 게시하는 정보 즉 UCC에 대한 이용을 다른 회원에게 허락하는

---

40) 정보통신망법 제48조 제1항에서는 이와 관련된 규정을 두고 있다. 그렇지만 동 규정이 어떠한 의도를 두고 입법화 과정을 거쳤는지는 명확하지 않다.

41) 同旨; 한봉조, "UCC 저작권 쟁점 사안", UCC 가이드라인 컨퍼런스 토론자료집, 2007, 30면.

42) 전자약관이라 함은 거래의 일방 당사자에게 사전에 작성된 전자적 기록의 형태로 된 약관을 말한다. 전자문서에 대한 효력은 일반 종이문서와 같은 효력으로 인정하고 있기 때문에 일반적인 약관과 차이는 없다고 할 것이다. 김윤명·신재호·김형렬·유대종, 『사이버스페이스법』, 법률서원, 2001, 144면.

경우도 있으며 특정한 서비스에서 자신의 게시물 등 UCC가 이용될 수 있도록 이용허락을 하고 있는 약관에 동의하게 된다.

약관은 계약의 일유형이기 때문에 이용자의 가입약관에 대한 동의행위는 유효한 법률행위로서 UCC의 채권적 이용허락에 대해서는 유효한 법률행위로써 인정된다고 할 것이다. 이용약관을 통해 제3자에게 자신의 UCC를 이용하는 것에 동의토록 하고 있는 규정은 '제3자를 위한 채권계약'으로 공서양속에 반하는 규정이 아니라고 한다면 당연히 법률행위로서 효력을 갖는다. 물론, 이러한 경우는 이용자가 자신의 UCC가 보다 많은 이용자를 통하여 이용되도록 함으로써 새로운 기회를 얻는다는 장점을 가지게 된다. 결국, 약관은 계약의 일유형이기 때문에 이용자의 가입약관에 대한 동의행위는 유효한 법률행위로써 UCC의 채권적 이용허락에 대해서는 유효한 법률행위로 인정된다고 할 것이다.

나. 스크랩 등 이용자의 복제 행위

이용약관에 동의한 후, 이용자는 자신의 UCC를 공개하면 다른 이용자의 반응에 따라 반복되어 스크랩되거나 복제되어 다른 사이트에 게시된다. 이 경우 복제가 이루어지고 다시 공개된 사이트에 게시되는 경우는 전송까지 이루어지게 된다. 이용자의 복제행위는 동일한 포털사이트 내에서는 문제가 되지 않는다고 할 것이다. 왜냐하면, 이미 UCC를 게시한 이용자는 가입약관에서 자신이 게시한 정보에 대해서 다른 회원이 스크랩할 수 있도록 허락하고 있기 때문이다.

일례로, 이용자가 포털사이트의 갤러리에 사진을 게시함에 있어서 사진 게시자는 그 게시된 사진을 다른 사람이 자신의 블로그, 카페, 포토데스크 등에 옮겨가는 것을 허락하였으나 이를 영리적인 목적으로 사용한 사건에서 피고는 "원고가 이 사건 사진을 이 사건 갤러리에 게시하면서 다른 사람들이 자유롭게 스크랩해갈 수 있도록 승낙하였으므로, 저작권침해에 해당하지 않는다"고 주장하였다. 그러나 법원은 피고의 스크랩 행위는 "이 사건 갤러리를 이용하는 사람들이 자신의 블로그, 카페 등에 비영리적인 목적으로 사진을 옮기는 범위에서 승낙을 한 것으로 볼 것이고, 이 사건의 경우와 같이 피고가 자신의 회사 홈페이지에서 영리의 목적으로 이 사건 사진을 사용하는 것까지 허락한 것으로 볼 수는 없으므로 피고의 위 주장은 받아들이지 아니한다"고 판시한 바 있다.[43] 즉 해당 사이트가 아닌 제3의 영역에서 이용하는 것은 이용허락의 범위를 벗어난 것이며, 내부적인 이용이라고 하더라도 영리적인 목적은 계약위반이 되며, 외부적인 이용의 형태라면 영리적인 목적은 물론 비영리적인 목적의 경우까지 계약위반에 따른 저작권 침해책임을 지게된다는 것을 확인하는 사안이라고 하겠다.

따라서, 이용자의 복제행위는 문제가 되지 않겠지만 당해 포털사이트가 아닌 다른 사이트에 복제하는 경우에는 당해 약관이 적용될 수 없기 때문에 당해 이용자의 행위는 면책될 수 없다고 하겠다.

4. 공직선거법과 UCC

인터넷은 접근성이 용이하기 때문에 자신의 정치적 의견을 자유롭게 제기할 수 있다. 그렇지만 인터넷의 여론형성은 기존의 매체와 달리 대중적이고 확대 재생산의 과정을 거칠 수 있다. 따라서 특정인이나 특정 정당에 대한 정치적 의견은 선거의 중립성을 훼손할 수 있기 때문에 선거법 등에서는 이를 규제하고 있는 것이다. 특히, 이용자가 특정 포털사이트에 가입하는 시점부터 본인확인이나 실명제를 도입하여 규제하도록 하고있다는 점에서 표현의 자유 등에 대한 이슈가 없는 것은 아니나 엄격하게 규제되고 있는 것은 사실이다.

---

43) 서울중앙지방법원 2006. 3. 3. 선고 2005가단283641 판결.

선거법관련 이슈에 있어서 단순하게 정치적인 의사표시를 하는 것은 선거법 위반이라고 보기는 어렵다. 선거관련 UCC가 선거법상 규제를 받는 것은 그 표현이 특정 정당이나 후보자의 당선 내지는 낙선에 유리하거나 불리하게 하기위한 의도가 포함된 경우이기 때문에 선거에 관한 단순한 의견개진과 의사표시를 포함하는 것은 규제대상이 아니라고 한다.44) 그러나 선거와 관련된 유권자의 의사표시는 헌법상 보장된 표현의 자유와 참정권 등에 의해 보호되는 것이기 때문에 과도하게 규제되는 것은 아닌지 하는 의문이 들 수도 있을 것이다.

아울러 공직선거법은 유권자의 경우에만 선거운동을 할 수 있도록 규정하고 있기 때문에 선거권을 갖지 못하는 자는 선거관련 UCC를 제작하여 배포할 수 없으며, 이를 위반할 경우 공직선거법을 위반하게 된다.45)

IV. UCC에 대한 OSP 책임문제

1. OSP 책임 일반

UCC가 만들어지고 배포되는 공간은 주로 포털사이트를 통해서 이다. 포털사이트는 물론 전문적인 동영상 포털을 중심으로 이루어지고 있는 것이다. 현행 저작권법에서는 포털사이트를 포함한 인터넷서비스제공자를 OSP라고 하여 그 책임을 일정 경우에 면제하거나 감경하도록 규정하고 있다. 이는 공

---

44) 선거관리위원회, "'선거 UCC' 운용기준 안내", 2007, 1면.
45) 공직선거법 제60조에서는 선거운동을 할 수 없는 자에 대해 ⅰ)국민이 아니자, ⅱ)미성년자(19세 미만), ⅲ)선거권이 없는 자, ⅳ)공무원, 사립학교교직원 등, ⅴ)향토예비군 소대장급 이상, ⅵ)주민자치위원회 위원, ⅶ)특별법에 의한 국민운동단체 등의 대표자 등으로 규정하고 있다.

공적인 역할을 하는 OSP의 사회적 책임을 인정하는 것이라고 하겠다. 그렇지만 반대로 볼 때, 일정 경우에는 그 책임을 인정하겠다는 점으로 해석될 수 있는 것도 사실이다. 따라서, UCC에 관한 OSP에 대한 책임문제는 저작권법을 통하여 어떻게 해석되고 적용될 수 있는 지 살펴보는 것도 OSP의 입장에서 중요한 문제라고 생각된다. 아울러, UCC는 저작물 이외에 그 자체가 타인의 명예를 훼손할 수 있는 내용도 아울러 담고있기 때문에 정보통신망법을 검토하기로 한다.

2. 저작권법상 OSP 책임문제

가. 일반적인 OSP 책임 문제

저작권법은 OSP가 저작물이나 실연·음반·방송 또는 데이터베이스 등 저작물의 복제·전송과 관련된 서비스를 제공하는 것과 관련하여 다른 사람에 의한 저작물의 복제·전송으로 인하여 그 저작권 그 밖에 이 법에 의하여 보호되는 권리가 침해된다는 사실을 알고 당해 복제·전송을 방지하거나 중단시킨 경우에는 다른 사람에 의한 저작권 그 밖에 이 법에 의하여 보호되는 권리의 침해에 관한 OSP의 책임을 감경 또는 면제할 수 있도록 규정하고 있다. 또한, OSP가 저작물의 복제·전송과 관련된 서비스를 제공하는 것과 관련하여 다른 사람에 의한 저작물의 복제·전송으로 인하여 그 저작권 그 밖에 이 법에 의하여 보호되는 권리가 침해된다는 사실을 알고 당해 복제·전송을 방지하거나 중단시키고자 하였으나 기술적으로 불가능한 경우에는 그 다른 사람에 의한 저작권 그 밖에 이 법에 의하여 보호되는 권리의 침해에 관한 OSP의 책임은 면제된다.

나. 특수한 유형의 OSP 책임문제

일반적인 OSP책임규정과 달리 P2P[46], 웹하드 등 특수한 유형에 해당하는 OSP책임에 대한 규정은 2006년 저작권법 전면 개정시에 도입된 조항이다.[47] 즉 다른 사람들 상호 간에 컴퓨터등을 이용하여 저작물을 전송하도록 하는 것을 주된 목적으로 하는 OSP를 "특수한 유형의 OSP"로 규정하고 있으며, 특수한 유형의 OSP는 권리자의 요청이 있는 경우 당해 저작물의 불법적인 전송을 차단하는 기술적인 조치 등 필요한 조치를 하도록 의무를 부여하고 있다. 그러나 실상 "특수한 유형의 OSP"의 범위가 일반적인 OSP와 어떠한 차이가 있는 지 등에 대해서는 본법에 규정하지 아니하고 시행령을 통하여 고시할 수 있도록 규정하고만 있을 뿐이다.[48] 시행령에서는 제104조에

---

46) P2P와 관련된 대법원 판례는 소리바다 5와 관련된 사건으로 동 판결에서 대법원은 소리바다에 대해 저작권 침해에 대한 방조책임을 인정한 바 있다. 즉 저작권법이 보호하는 복제권의 침해를 방조하는 행위란 "타인의 복제권 침해를 용이하게 해주는 직접·간접의 모든 행위를 가리키는 것으로서, 복제권 침해행위를 미필적으로만 인식하는 방조도 가능함은 물론 과실에 의한 방조도 가능하다고 할 것인바, 과실에 의한 방조의 경우에 있어서 과실의 내용은 복제권 침해행위에 도움을 주지 않아야 할 주의의무가 있음을 전제로 하여 이 의무에 위반하는 것을 말하는 것이고(대법원 2000. 4. 11. 선고 99다41749 판결, 2003. 1. 10. 선고 2002다35850 판결 등 참조), 위와 같은 침해의 방조행위에 있어서 방조자는 실제 복제권 침해행위가 실행되는 일시나 장소, 복제의 객체 등을 구체적으로 인식할 필요가 없으며 실제 복제행위를 실행하는 자가 누구인지 확정적으로 인식할 필요도 없다"고 판시하였다(대법원 2007.1.25 2005다11626 판결). 그렇지만 동 판결은 소리바다라는 특수한 프로그램을 이용한 P2P환경을 전제한 것이기 때문에 모든 P2P서비스에 동일하게 적용될 수 있는 것은 아니라고 하겠다.

47) 법률 제8101호로 전면 개정된 저작권법은 2006.12.28일 국회 본회의를 통과하여 2007.6.29일자로 시행되었다.

48) 개정 저작권법 제104조(특수한 유형의 온라인 서비스제공자의 의무 등) ①다른 사람들 상호 간에 컴퓨터등을 이용하여 저작물등을 전송하도록 하는 것을 주된 목적으로 하는 온라인서비스제공자(이하 "특수한 유형의 온라인서비스제공자"라 한다)는 권리자의 요청이 있는 경우 당해 저작물등의 불법적인 전송을 차단하는 기술적인 조치 등 필요한 조치를 하여야 한다. 이 경우 권리자의 요청 및 필요한 조치에

서 '당해 저작물 등의 불법적인 전송을 차단하는 기술적 보호조치 등 필요한 조치'를 OSP의 서비스를 중단시키지 않는 범위내에서 ⅰ) 저작물 등의 제호 등과 특징을 비교하여 저작물등을 인식할 수 있는 기술적인 조치, ⅱ) ⅰ)에 따라 인지한 저작물등의 불법적인 송신을 차단하기 위한 검색제한 조치 및 송신제한 조치, ⅲ) 해당 저작물등의 불법적인 전송자를 확인할 수 있는 경우에는 그 저작물등의 전송자에게 저작권침해금지 등을 요청하는 경고문구의 발송으로 규정하고 있다.49) 그러나 검색제한조치를 하도록 하는 것은 극단적인 경우에 자칫 검색사이트 자체를 부인하는 결과를 가져올 수 있다는 점에서 OSP의 서비스를 중단시키지 않는 범위내에서라고 한정을 하고있지만 보통명사와 같은 통상의 검색결과까지 제한조치를 하도록 한다면 이는 심대한 표현의 자유와 정보의 자유권을 인정하고 있는 위헌까지 확대될 소지가 있음을 부인할 수 없다고 본다.

일반적인 OSP와 달리 개인간의 통신이 가능하게 하는 P2P, 웹하드 등 기존의 공개된 형태의 서비스와는 그 형태가 다른 폐쇄형 서비스 제공자에 대해서는 일반적인 OSP 책임원칙과는 달리 강화된 책임과 의무를 부여하고 있는 것이다. 그러나 특수한 유형의 OSP라고 하더라도, 일반적인 OSP의 서비스가 보다 다양하고 보편화 되고있기 때문에 지금은 특수한 유형의 OSP

관한 사항은 대통령령으로 정한다.

②문화관광부장관은 제1항의 규정에 따른 특수한 유형의 온라인서비스제동자의 범위를 정하여 고시할 수 있다.

49) 개정 저작권법 제46조 (불법적인 전송을 차단하는 기술적 조치 등 필요한 조치)

①법 제104조제1항에서 "당해 저작물등의 불법적인 전송을 차단하는 기술적인 조치 등 필요한 조치"란 다음 각 호의 모든 조치를 말한다.

1. 저작물등의 제호등과 특징을 비교하여 저작물등을 인식할 수 있는 기술적인 조치

2. 제1호에 따라 인지한 저작물등의 불법적인 송신을 차단하기 위한 검색제한 조치 및 송신제한 조치

3. 해당 저작물등의 불법적인 전송자를 확인할 수 있는 경우에는 그 저작물등의 전송자에게 저작권침해금지 등을 요청하는 경고문구의 발송

②제1항제1호 및 제2호의 조치는 권리자가 요청하면 즉시 이행하여야 한다.

에 일반적인 OSP가 포함되지 않는다고 그 취지를 밝히고 있지만[50] 해석상 포함될 수 있기 때문에 법적 안정성은 물론 예측가능성도 담보할 수 없어 OSP의 사업은 위축될 것이며, 그로 인하여 정보의 유통이나 퍼블릭도메인이 그 영역을 확대해나가는 것에 지장을 줄 수 있을 것이다.[51] 따라서 지금과 같이 예측하지 못한 기술적 제한을 가져올 수 있는 OSP 책임제한 규정은 재고되어야할 것이다.[52]

3. 정보통신망법상 OSP 책임문제

가. OSP의 주의의무에 대한 법원의 판단

OSP는 실질적으로 이용자가 유통시키는 UCC에 대한 기술적 조치가 가능한 위치에 있다고 본다. 그렇지만 그러한 위치에 있다는 것이 UCC의 내용 및 유통에 대한 통제권을 가진다고 보기는 어렵다. 더욱이 OSP가 제공하는 설비를 통하여 유통되는 정보의 양은 산술할 수 없을 정도로 방대하기 때문에 이를 일일이 통제하는 것도 사실상 불가능에 가깝기 때문이다.[53] 만약 통

---

50) 즉 이메일이나 메신저 등 사적 커뮤니케이션은 일반공중의 이용에 제공하는 것이 아니기 때문에 저작권법상 전송서비스라고 할 수 없으므로 개정 저작권법 제104조의 적용대상이라고 보기 어렵다고 한다. 문화관광부,『개정 저작권법 해설』, 2007, 40면 참조.

51) 특수한 유형의 OSP에 대한 책임론을 제기한 당사자인 우상호 의원은 비판에 대해 반박하는 글을 기고한 바 있다. 우상호, "저작권법 개정안 쟁점조항의 이해",『지적재산권』, 2006.1, 28면 이하 참조.

52) 특히, 특정한 기술을 제한할 수 있는 규정은 그것이 적극적이든 소극적이든 기술중립성원칙을 해할 수 있기 때문에 이러한 규정은 제한되어야 한다. 물론 특수한 유형이 무엇인지 명확하게 하지는 않고 있지만 그것이 의도하는 바가 입법의도에서 명확하게 드러난다면 이는 소극적 형태로써 기술중립성원칙을 해하는 것이 되기 때문이다.

53) OSP에게 그의 정보통신망을 통하여 유통되고 있는 막대한 양의 정보에 대해 모든 자료를 사전에 점검하여 적절한 조치를 미리 취하는 것은 사실상 불가능한 일이고

제권을 행사하게된다면 표현의 자유는 상당부분 위축되며 인터넷산업 자체도 새로운 산업영역으로 포함될 수 없는 상태에 이를 수도 있을 것이다.

이러한 견지에서 대법원은 "온라인 서비스 제공자인 인터넷상의 홈페이지 운영자가 자신이 관리하는 전자게시판에 타인의 명예를 훼손하는 내용이 게재된 것을 방치하였을 때 명예훼손으로 인한 손해배상책임을 지게하기 위하여는 그 운영자에게 그 게시물을 삭제할 의무가 있음에도 정당한 사유 없이 이를 이행하지 아니한 경우여야 하고, 그의 삭제의무가 있는지는 게시의 목적, 내용, 게시기간과 방법, 그로 인한 피해의 정도, 게시자와 피해자의 관계, 반론 또는 삭제 요구의 유무 등 게시에 관련한 쌍방의 대응태도, 당해 사이트의 성격 및 규모·영리 목적의 유무, 개방정도, 운영자가 게시물의 내용을 알았거나 알 수 있었던 시점, 삭제의 기술적·경제적 난이도 등을 종합하여 판단하여야 할 것으로서, 특별한 사정이 없다면 단지 홈페이지 운영자가 제공하는 게시판에 다른 사람에 의하여 제3자의 명예를 훼손하는 글이 게시되고 그 운영자가 이를 알았거나 알 수 있었다는 사정만으로 항상 운영자가 그 글을 즉시 삭제할 의무를 지게 된다고 할 수는 없다"[54]라고 판시한 바 있다.

나. 제한적 본인확인제도

제한적 본인확인제도란 일정 기준 이상의 OSP가 게시판을 설치·운영시 이용자가 본인인지 여부를 확인하는 것을 말한다. 개정 정보통신망법에서는 10만명이상 기준의 OSP에 대해서 제한적 본인확인제도를 도입하도록 하고 있다. 적용대상이 되는 서비스는 자유 게시판, 커뮤니티 게시판, 댓글 등을 포함하는 게시판 서비스에 해당한다. 즉 정보통신망법에서는 게시판에 대해 "그 명칭과 관계 없이 정보통신망을 이용하여 일반에게 공개할 목적으로 부

그에 대한 기대가능성도 없다고 보아야할 것이라고 한다. 백광훈, 『사이버범죄에 대한 ISP의 형사책임에 관한 연구』, 한국형사정책연구원, 2003, 183면.
54) 대법원 2003. 6.27. 선고 2002다72194 판결.

호·문자·음성·음향·화상·동영상 등의 정보를 이용자가 게재할 수 있는 컴퓨터 프로그램 또는 기술적 장치"로 정의하고 있다.[55]

개정법에서는 본인확인의 방법에 대해서 규정하지 않고 시행령에 그 사항을 두도록 하고있기 때문에 구체적인 방법에 대해서는 확인할 수 없다. 다만, 그 동안 논의하여왔던 방식은 아이핀(i-PIN)[56] 이나 공인인증제도 등의 방법을 시행령에 구체화할 것으로 예견된다. 본인확인방법이 법제화되면 법에서 규정하고 있는 본인확인 방법을 도입하여야 할 것이며, 이로 인하여 경제적 비용 및 기술적 결함에 대한 책임이 OSP에 전가될 우려가 크다고 하겠다. 다만, 정보통신망법에서 규정하는 본인확인방법을 도입하는 경우에는 방법과 절차에 대한 대통령령의 규정을 준수하게 되면 OSP로서는 본인확인의무를 충분히 이행한 것이 되므로 인터넷사업 전반에 퍼져있는 'OSP의 명의도용방조 혐의'라는 문제점이 해소될 수 있다는 장점을 갖는다.[57] UCC라는 측면에서 볼 때, 본인확인제도는 실제 문제있는 UCC를 배포하는 이용자에 대해 실명확인을 할 수 있기 때문에 이에 대한 적극적인 대처가 가능하다는 데에 그 의의를 가질 수 있을 것이다.[58]

다. OSP의 임시조치제도

개정 정보통신망법은 권리를 침해받은 자의 삭제 요청이 있는 경우 그 피해확산을 방지하기 위하여 이용자의 접근을 정보통신서비스제공자가 임시적

---

55) 개정 정보통신망법 제2조 제1항 제9호.
56) 아이핀이라 함은 인터넷상 개인식별번호로써 대면확인이 어려운 온라인에서 본인을 확인받을 수 있는 수단을 말한다. 정보통신부·한국정보보호진흥원, 『개인정보보호와 i-PIN』, 한국정보보호진흥원, 2007, 8면.
57) 개정 정보통신망법 제44조의5(게시판이용자의 본인확인).
58) "2007년 7월부터 제한적 본인확인제도가 도입된다. 이는 UCC(사용자제작콘텐츠)의 사생활 침해와 사회문제가 되고 있는 악플 등의 부작용을 막기 위한 것"이라고 한다. 노컷뉴스 2007.2.15일자.

으로 차단할 수 있도록 하는 임시조치제도를 도입하고 있다.[59] 즉 권리의 침해를 받은 자가 유통되는 정보의 삭제요청을 한 경우로서 그 침해여부를 판단하기 어렵거나 이해당사자 간에 다툼이 예상되는 경우, 정보통신서비스제공자가 해당 정보에 대한 일반이용자의 접근을 임시적으로 차단할 수 있는 임시조치제도를 도입하고, 이해당사자의 요청이 없는 경우에도 타인의 권리를 침해한다고 판단되는 정보에 대하여는 정보통신서비스제공자가 임의로 임시조치를 취할 수 있도록 하며, 임시조치를 취한 경우에는 이로 인한 정보통신서비스제공자의 배상책임을 면제할 수 있는 근거를 마련한 것이다. 임시조치제도는 OSP에 대해 일종의 책임감경이나 면책규정으로써 권리를 침해받는 자가 당해 정보의 삭제요청이 들어오는 경우 이를 임시적으로 차단하여 더 이상 당해 정보가 확대되는 것을 방지하도록 함으로써 이용자 내지 제3자의 명예훼손을 방지하는 것을 목적으로 한다. 따라서, 이해당사자의 요구가 들어오는 경우 접근을 차단하기만 함으로써 OSP는 정보의 게시에 따른 문제에 대해서 책임을 줄일 수 있게 된 것이다.

V. UCC의 활성화를 위한 법제도적 개선방안

1. 인터넷산업적 측면에서 UCC의 이해

UCC는 웹이라는 개방적 환경에서 이루어지는 일종의 사회적 현상이지만 그 바탕이 되는 곳은 OSP의 관할이라는 점에서 인터넷산업이라는 측면에서 접근이 요구된다. 즉 OSP는 이용자가 자신만의 UCC를 게재하도록 공간을 허락하고 있으며, 다만 OSP는 특정 포털사이트 내에서 특정인이 만들어 놓

---

59) 개정 정보통신망법 제44조의2(정보의 삭제요청 등) 및 제44조의3(임의의 임시조치).

은 UCC를 그 자체로 이용하도록 하는 것을 의도하고 있는 것이다. 따라서, 앞에서 살펴본 바와 같이 이용자는 특정인이 만들어 놓은 UCC를 자신의 공간으로 스크랩하여 복제하거나 이를 다시 다른 이용자가 이용할 수 있도록 전송의 형태로 제공하게 된다. 이는 인터넷의 개방성과 이용자를 위한 포털의 서비스지향성에 기인한 것이라고 하겠다. 이처럼 OSP는 UCC를 그 자체로써만 머무르게 하지않고 누구나 이용할 수 있도록 기회를 제공하고 다만 그 대가로 간접적인 형태의 광고수익을 얻을 수 있는 방안을 강구하고 있는 것이다.

결국, OSP에게 있어서 UCC는 공간을 제공해주고 이용활성화를 통하여 직접적인 형태는 아닐지라도 간접적인 형태로 광고라는 시스템을 도입하여 유료화함으로써 수익을 발생시키고 있는 것이다. 이는 인터넷산업이 가지는 특이성이라고 할 수 있다. 인터넷산업이 직접적으로 수익을 얻는 것은 그리 많지 않기 때문이다. 따라서, 간접적인 형태의 광고를 통하여 수익을 창출하고 이를 바탕으로 이용자에게 새로운 서비스를 제공해주는 것으로써 OSP는 그 수익을 환원하고 있는 것이다. 더욱이 최근에는 UCC 자체에 광고를 삽입하는 비즈니스모델이 강구되고 있다는 점에서 UCC는 인터넷산업의 중요한 부분을 차지하게 될 것은 자명하다고 할 것이다. 이처럼 UCC는 인터넷서비스제공, 콘텐츠, 광고 등 콘텐츠산업을 활성화시킬 수 있는 인터넷산업의 다양한 유형을 포함하기 때문이다.

2. UCC 가이드라인을 통한 자율규제

가. 가이드라인의 필요성

UCC는 인터넷산업과 콘텐츠산업의 중요한 요소로써 그 역할을 하고 있는 것은 사실이지만 그 역기능이나 저작권법 등 관련 법률문제들로 인하여 산업계는 물론 이용자의 입장에서도 문제가 될 수 있다. 즉 이용자의 예측가능성이 떨어지거나 사업자의 법적 안정성이 약화될 수 있으며, 일정한 경우에 있어서는 공정거래의 형성을 저해할 수 있는 결과도 도출될 수 있기 때문이다. 따라서, 다양한 이해관계인이 관련된 UCC에 있어서 일정한 가이드라인을 제시하는 것이 필요하다고 하겠다.

물론 당해 가이드라인이 법적인 구속력을 갖기는 어렵겠지만 사업자, 이용자 및 저작권자에게 있어서 스스로의 권리를 행사하거나 또는 저작권의 예외의 경우에 해당하는 이용에 있어서 이용자의 면책이나 항변 등을 주장할 수 있는 경우를 알려주는 것으로도 그 의미가 있다고 하겠다. 따라서, 이용자나 사업자는 물론 저작권자에게도 UCC에 대한 가이드라인을 작성하는 데 있어서 참여하는 것이 필요하다고 본다. 그렇지 않으면 나중에 가이드라인이 만들어진다고 하더라도 법적인 구속력은 아니더라도 이해관계인의 사실적 합의조차도 도출되기 어려울 수 있기 때문이다.

나. UCC 가이드라인의 대강

1) 자율적 규제

UCC의 내용이 저작권의 침해나 음란물의 형태로 확대됨에 따라 제작자나 OSP가 이에 대한 자율적인 규제를 통하여 윤리의식을 강화하거나 자정노력을 통하여 양질의 UCC가 제작되거나 유통될 수 있도록 할 필요가 있다.[60] 그렇지만 OSP 등에게 부과되는 책임은 정보내용을 통제하는 필터링의무라고 볼 것은 아니라고 하겠다.

따라서 UCC의 활성화를 위해서는 OSP가 제공하는 UCC를 위한 서비스 자체가 서비스 중립성 및 표현의 자유의 보장하는 것이어야 한다. 그렇지 않으면 OSP가 당해 UCC의 내용 및 유통에 대한 전반적인 책임을 지게되는 문

---

60) 황지연·성지환, "융합시대 사회문화 트렌드와 UCC 활용전망", 31면

제가 발생하기 때문이다. 그러나 무엇보다 중요한 것은 이용자의 올바른 인식이 선행되어야 한다는 점이다. 이용자가 어떠한 인식도 없이 타인의 UCC를 자기 것인양 복제하거나 전송하는 경우는 저작권 침해이전에 정보에 대한 도덕과 윤리의 문제이기 때문이다. 따라서, UCC환경에서 이용자에게 정보윤리와 저작권에 관한 교육이 선행되거나 병행될 필요가 있다. 자율규제는 사업자의 의지만이 아닌 이용자의 인식도 요구된다고 하겠다.

2) 통합 가이드라인

최근에는 저작권, 온라인콘텐츠, 선거, 음란물이나 불법정보 등 다양한 형태의 UCC가 만들어지고 있기 때문에 관련된 부처나 기관에서 가이드라인을 만들고 있다고 한다. UCC 자체가 다양하기 때문에 이 또한 가능하다고 하겠지만 실제 적용되는 사업자와 이용자의 영역이 서로 상이하지 않기 때문에 통합 UCC가이드라인이 만들어지는 것이 바람직하다고 본다. 왜냐하면 UCC에 대한 규제가 이용자의 정보공유의 저해에 따라 인터넷 자체는 물론 인터넷산업을 위축시키는 결과를 가져올 것이기 때문이다. 더욱이 동일한 OSP의 사이트에서 이루어지고 있는 UCC에 대해 다중적인 규제 내지 관여가 이루어질 수 있다는 점에서 UCC가 가지는 산업적 측면에서의 가능성과 이용자의 적극적인 표현 및 정보생활이 제한될 수 있을 것이다. 따라서 범부처적인 통합 가이드라인을 제시하여 OSP, 이용자 내지 권리자가 절충점을 찾아 UCC가 새로운 패러다임을 형성할 수 있도록 지원되어야할 것이다.

3. CCL과 UCC

자발적 공유 또는 기부를 통하여 저작권제도가 권리자 지향적으로 편향되는 현상을 제어하고자 하는 운동이 Creative Commons이며, 이들에 의하여 제안된 라이선스가 CCL이다. Creative Commons는 "모든 사람이 법률에서 인정한 지적재산권을 행사하고 싶은 것은 아니다"라는 인식에 근거하여 설립된 비영리 단체이다.[61] 이들이 추구하는 이념은 'All rights reserved'가 아닌 'Some rights reserved' 형태라는 점이다.[62] 즉 CCL을 통하여 권리자가 허용하는 라이선스에 따라서 제한되거나 허용되는 형태의 라이선스를 통하여 이용자는 당해 저작물을 이용할 수 있다는 점이다. 물론, 이 경우에도 저작권법이 적용되는 것은 당연하다고 할 것이다. Creative Commons는 라이선스를 통하여 저작권자의 의사표시를 하게되며, 이러한 의사표시는 여러 가지 유형을 규정하고 있다. 또한, 이러한 유형은 서로 조합하여 사용할 수도 있다. Creative Commons 라이선스는 저작권자가 자유이용영역에 자신의 권리 일부를 기탁하는 것을 목적으로 하는 무상계약으로 볼 수 있다.[63]

Creative Commons는 기존의 저작권제도를 근본으로 하는 라이선스이며, 인터넷상에서 창작물의 유통과 이용을 촉진하기 위하여 설계된 것으로, 저작권제도를 무시한 것이 아니며 오히려 상호 공존 또는 보완적인 역할을 하는 시스템이라고 할 수 있다. 왜냐하면, 그 자체가 저작권을 부인하는 것이 아니며, 라이선스 형태로 저작권의 보유를 전제로 하는 것이기 때문이다. 또한, Creative Commons는 일종의 무상계약의 형태에 관한 의사표시로써 자신의 저작물을 이용허락한 것이기 때문에 민법의 일반원칙의 적용을 받게 된다. 이처럼 Creative Commons는 정보나 저작물에 대한 생각과 사용방식을 바꾸어 합리적인 저작권 사회를 만들기 위해 설계된 하나의 사회운동 또는 일종의 메커니즘으로 볼 수 있다.[64]

---

61) Creative Commons에 대한 개요는 허희성·김병일, 『저작물 이용허락 표시제도 연구』, 문화관광부, 2004, 44면 이하 참조[이하 허희성·김병일, 『저작물 이용허락 표시제도 연구』].

62) Creative Commons는 "저작권 체제 자체는 부정하지 않지만 현재의 저작권법이 지나치게 강화되어 저작권자의 배타적 독점권만을 보장함으로써 오히려 시장에서의 자유로운 경쟁과 창작의 활성화를 제약하고 있다고 비판하고 있다". 남희섭, "지적재산권과 정보공유 운동", 『지식과 권리』(여름호), 2005.6, 103면.

63) 허희성·김병일, 『저작물 이용허락 표시제도 연구』, 47면.

이러한 특성 때문에 CCL이 UCC의 문제를 해결할 수 있는 방안으로써 그 가능성이 제기되고 있다.[65] 그렇지만 UCC에 있어서 CCL의 적용의 한계는 UCC 자체의 원본성 내지 진정성을 확보할 수 있는 방안이 강구되어야 한다는 점이다. 그렇지 않고서 CCL을 적용하는 것은 또다른 이용자에게 리스크로 이어질 수 있기 때문이다. 따라서 이러한 것이 선행되어야만이 처음 의도하였던 CCL의 이념이 달성될 수 있을 것이다.

VI. 결 론

UCC는 실제 인터넷상에서 이루어지고 있는 가장 활발한 정보활동을 대표하는 이슈가 아닌가 생각된다. 지금까지 인터넷의 수동적인 이용에서 벗어나 이용자가 적극적으로 참여하고 공유하는 형태의 매개체로써 UCC가 활용되고 있는 것이다. 즉 저작행위가 이제는 재미라는 새로운 문화적 요소가 가미되고 있는 것이다. 이러한 현상은 포털사이트에서 이루어져왔고 최근에는 동영상 형태로 더욱 확대되고 있음을 알 수 있다.

인터넷 이용자는 적극적인 자기표현 방법을 기술적인 수단을 이용하는 것에 익숙해있지 사회적인 규범에 대해서 많은 관심을 기울이지 못하고 있는 것또한 사실이다. 앞에서 살펴보았던 이슈들의 중심은 저작권문제, 명예훼손이나 음란물의 유통, 정치적 관심 등이 자칫 의도하지 않았던 법률문제를 가

---

64) Glenn Otis Brown, 장성환 역, "일부 권리 제한: Creative Commons와 합리적인 저작권의 토대 쌓기", 『계간저작권』(제63호), 2003.9, 97-98면. 즉 Creative Commons 라이선스는 이용허락계약의 일부이지만 당사자들의 법률관계를 설정하기 위한 단순한 도구는 아니며, 오히려 실천적 사회운동이자 문화운동으로 보는 것이다. 윤종수, "저작물의 공유와 과제 Ver. 0.9", 『계간저작권』(제74호), 90면.

65) 황지연·성지환, 전게 논문, 50면.

져올 수 있다는 사실에는 많은 관심을 가지지 못하고 있다는 점이다. 그러나 인터넷이 또다른 사회라는 점에서는 기존의 규점이 그대로 적용될 수 있는 지는 논란이 있으나 해석론을 통하여 가능하다는 견해가 주류가 아닌가 생각된다.

따라서 UCC의 중심에 있는 저작권에 대한 교육과 이해가 선행되어야 할 것이다. 그러나 저작권법이 저작권자만을 위한 법제가 아닌 이용자의 공정한 이용을 도모하는 법제이기 때문에 이에 대한 관심도 요구된다. 즉 이용자의 공정한 이용의 포괄적 형태라고 볼 수 있는 퍼블릭도메인에 대한 확대가 필요하다고 할 것이다. 이러한 확대의 방법으로써 제한적 이용허락제도나 표시제도가 강구되고 있으나 CCL이 가장 매력적인 방법이 아닌가 생각된다. 그러나 앞에서 지적한 바와 같이 CCL의 한계는 원본의 진정성 확보 문제이다. 이는 인터넷상에 공개된 정보에 있어서 모두 해당되는 문제라고 할 것이다. 따라서, UCC의 진정성 내지 원본성이 확보되지 않은 상태에서 CCL을 적용하는 것은 또다른 사회적 문제를 가져올 수 있다. 이를 해결할 수 있는 방안은 새로운 이해와 이에 따른 패러다임의 형성이 필요하다고 하겠다.

지금까지 입법 및 법원의 판단에 있어서 OSP의 책임에 대해 일관되지 못한 면이 있다고 본다. 그렇지만 이제부터라도 일관된 OSP의 책임원칙은 유지되어야할 것이다. UCC 자체가 도구이자 매체이기 때문에 UCC에 포함된 내용이 문제가 있으면 문제있는 UCC를 규제해야지 UCC라는 새로운 패러다임에 대해서 규제하는 것은 기술중립성원칙을 해하고, 새로운 참여와 공유문화를 형성하는 UCC의 순기능을 희석화하는 결과를 가져올 수 있다. 따라서 UCC를 새로운 놀이문화하는 것에 머무르지 않고 다양한 전문적인 지식과 정보의 공유 수단으로 확대하여 정보리터러시(information literacy)의 확대를 가져올 필요가 있다고 본다.

제3장
정보검색과 저작권법

제8절 포털사업자의 검색서비스에 관한 법률 문제

I. 서 언

인터넷, 정보검색, 전자상거래 등 정보기술의 발전은 인류의 발전과 진보에 있어서 상관을 가지는 사회현상으로 볼 수 있다. 지금까지 인류는 신체적인 한계를 극복하고자 많은 기술을 개발해 왔고 그로 인하여 새로운 기회를 창출해 왔다. 기술의 개발에는 인간의 지적인 노력이 들어가고 그에 대한 투자가 또한 이루어진다. 투자에 대한 급부의 회수는 인간의 원초적인 본능과 가까운 것이기 때문에 투자에 대한 결과물의 보호는 다양한 방법으로 강구되어왔다.[1] 인터넷은 보호는 물론 공유를 확대시키고 있으며, 검색서비스는 인터넷을 더욱 활성화시키고 있는 것이 사실이며, 정보기술의 발전은 인터넷 정보검색분야에 있어서도 많은 영향을 미치고 있다.[2]

특히, 정보기술의 급속한 발전은 새로운 법체계의 도입을 촉진하고 있음

---

[1] 표시를 통한 보호방법이 상표법을 창출시켰고, 기술에 대한 독점적 권리의 보장이 특허법을 창출시켰다. 그리고 특정한 집단에 대해 서적출판의 독점권을 허락하면서 저작권법이라는 법제를 탄생시키기도 하였다. 이러한 측면에서 볼 때, 기술의 발전은 법이나 제도에 미치는 영향은 상당하다고 볼 수 있다. 기술이 법에 미치는 영향을 살필 때 가장 대표적인 예가 '저작권법'이라고 할 수 있다.

[2] 인터넷을 기반으로 한 정보검색은 데이터베이스의 구축과 초고속 인터넷 회선의 확보가 관건인데, 기술의 발전에 따른 인터넷의 확산과 속도의 증대는 정보검색 데이터베이스의 구축을 용이하게 하였고, 인터넷상의 방대한 정보를 크롤링하여 저장할 수 있는 스토리지의 가격을 인하시켰기 때문에 지금과 같은 검색 비즈니스가 인터넷의 중요한 산업군으로 자리매김할 수 있었다고 본다.

은 주지의 사실이다. 그렇지만 과연 입법이 추구해야 할 기본적인 원칙과 방향은 무엇인지 생각해 볼 필요가 있다. 법의 사회적 역할 또는 사회성이라는 측면에서 볼 때, 과연 어떠한 원칙과 방향에 따라 입법 작업이 이루어져야 할 것인지에 대한 고려없이 단순히 사회적 현상에 대한 흐름만을 잡아내기 위한 입법은 문제가 아닐 수 없다. 최근 발의된 검색서비스를 제공하는 검색사업자에 대한 규제를 위한 '검색서비스사업자법(안)'이 대표적이라고 하겠다.

기술에 대한 법적 가치로의 접근에 있어서 중요한 기준은 '기술중립성 원칙'이라고 할 수 있다. 기술이 사회의 진보를 가져온 것은 사실이나 그 기술의 발전을 법이 가로막거나 특정 기술을 법적 규제나 보호의 대상으로 할 수 없다는 것이 기술중립성 원칙이다. 이러한 기준은 입법의 해석이나 법률문제에 대한 고찰에 있어서도 필요하다. 왜냐하면 기술의 발전은 당해 기술에 대한 평가가 아닌 기술의 적용에 대한 평가여야하기 때문이다. 따라서 이러한 원칙에 따라 최근 많은 논란이 되고있는 포털사이트를 통해 제공하는 인터넷 정보검색과 관련된 법률문제에 대해 시론적 검토를 하고자 한다.

Ⅱ. 정보검색과 포털사업자의 검색서비스

1. 포털의 개념 및 변화

인터넷의 비즈니스 모델을 기반으로 하는 정보검색서비스제공자(information retrieval service provider)인 포털사업자의 서비스를 대표하는 포털(portal)이란 인터넷 사용자들이 인터넷을 이용할 때 관문(gateway)의 역할을 하는 사이트를 칭하는 말이다.3) 초기 야후(yahoo.com)의 경우에는 디렉토리 검색을4) 제공하여 왔으나

---

3) 권남훈 외, 『인터넷 포탈 비즈니스의 진화과정 및 경쟁구도』(연구보고 01-18), 정보통신정책연구원, 2001, 18면[이하 권남훈 외, 『인터넷 포탈 비즈니스의 진화과정

지금의 포털사업자는 통합검색, 랭킹검색, 전자우편, 뉴스, 영화 등 전문 콘텐츠 서비스, 온라인 쇼핑 서비스 등 다양한 서비스를 추가함으로써 초기의 단순한 관문의 역할에서 벗어나 하나의 거대 커뮤니티로써 발전하고 있다.[5]

초기 포털사이트는 다른 사이트로 연결시켜주는 관문으로서의 역할을 하였으나 지금은 포털사이트 내에서 모든 정보를 찾고, 커뮤니티를 형성하고, 전자우편을 통하여 다른 사람과 정보를 주고받으며, 쇼핑몰을 통하여 물품을 구매하고, 영화나 방송 등 전문콘텐츠를 이용함으로써 하나의 세계를 형성하고 있는 개념으로 변모하고 있다.[6] 즉 초기 관문의 역할에서 지금은 포털사이트 자체가 최종적인 정착지의 역할을 수행하는 형태로 변화하고 있는 것이다. 왜냐하면, 검색결과를 제공하고 해당 사이트로 연결만 시켜주던 통로의 역할에서 최종 목적지로 역할을 변화하는데 있어 이용자의 로열티를 확보하는 것이 중요하게 되었기 때문이다.[7] 이러한 차이를 자료의 검색에 치

및 경쟁구도』].
4) 디렉토리검색은 초기에 야후에서 서비스하던 방식으로, 특정 웹사이트에 대해 주제 분류에 따라 배열하고, 해당 사이트의 URL의 링크와 설명을 부가하여 이용자가 클릭하여 해당 사이트를 찾을 수 있도록 하는 단순한 형태의 검색서비스라고 할 수 있다.
5) 김윤명, 『정보기술과 디지털법』, 진한M&B, 2005, 504-505면 참조[이하 김윤명, 『정보기술과 디지털법』].
6) 이처럼 포털의 성격이 변하게 된 것은 소비자 측면과 환경적 측면의 요인을 이유로 한다. 전자는 단순하게 포털의 검색결과만 이용하고 다른 사이트로 이동해버리기 때문이고 후자는 전자의 결과적 요인으로 이용자가 다른 사이트로 이동함으로써 포털의 수익원인 배너광고의 실효성을 담보할 수 없게되고, 결과적으로 광고수익을 기대할 수 없기 때문이다(강웅, 『인터넷 포털[탈]사이트의 핵심서비스 및 성공전략 연구』, 건국대학교 정보통신대학원 석사학위논문, 2004.12, 10면). 실질적으로 이러한 요인의 대응으로써 포털은 점점 거대화된 DB가 되고, 이를 바탕으로 키워드 광고의 수익원을 창출할 수 있었다고 본다. 물론, 구글과 같은 경우에는 이용자바탕이 아닌 구글이 가지고 있는 검색DB와 같은 규모의 경제를 통하여 키워드 광고를 확대시키고 있는 것이라고 본다.
7) 권남훈 외, 『인터넷 포탈 비즈니스의 진화과정 및 경쟁구도』, 10면.

중하는 국외 포털사이트가 가지는 차이점으로 보기도 한다.[8]

정보검색서비스를 제공하는 포털사업자는 다양한 서비스를 상호 유기적으로 체계화하고 있으며, 검색을 중심으로 이용자에게 정보를 제공하는 역할을 한다. 이와 같이 포털사이트는 정보검색 서비스를 통하여 정보접근성을 확대함으로써 정보공유를 확대하고 있으며, 정보격차[9]의 해소에 어느정도 기여하고 있는 것이다. 이러한 면에서 포털사이트가 가지는 공공성을 인정하지 않을 수 없는 것이다.

2. 정보검색

가. 개념

정보검색은 "사람들이 자신의 욕망을 키워드에 담아 검색창에 입력한다"[10]라는 말로 함축될 수 있다. 물론, 이는 정보의 입력이나 의도에 대한 표현이지만 이러한 의도가 지금과 같은 검색을 하나의 패러다임으로 만들었다고 볼 수 있다.

정보검색은 정보를 검색하는 것 그 자체이다. 다만, 정보검색은 우리가 특정한 자료를 찾는 것을 기계적인 수단이나 방법을 차용하는 것을 통하여 보

---

8) 박소연·이준호, "웹 검색 분야에서의 로그 분석 방법론의 활용도",『한국문헌정보학회지』(제41권 제1호), 2007, 236면[이하 박소연·이준호, "웹 검색 분야에서의 로그 분석 방법론의 활용도"]. 그러나 이러한 내용이 국내외 포털이 갖는 차이점이라고 단정할 수 있는 것은 아니라고 본다. 왜냐하면, 포털의 서비스 형태는 인터넷의 발전과 더불어 변화하고 있기 때문에 초기의 포털이 갖는 모델이 모든 포털의 규범이라고 볼 수 없기 때문이다.

9) 정보격차해소에 관한 법률 제2조 제1호에서는 정보격차를 "경제적·지역적·신체적 또는 사회적 여건으로 인하여 정보통신망을 통한 정보통신서비스에 접근하거나 이용할 수 있는 기회에 있어서의 차이"로 정의하고 있다.

10) 존 바텔 지음, 이진원·신윤조 옮김,『구글스토리』, 랜덤하우스중앙, 2005, 36면[이하, 존 바텔 지음,『구글스토리』].

다 쉽고 간편하게 할 수 있게 해준다. 지금의 정보검색은 단순한 정보의 검색 이상 이용자가 찾고자 하는 정보에 대한 의도까지 파악하는 형태의 검색 결과를 보여주고 있다. 이는 네이버(naver.com)나 구글(google.com)의 랭킹 알고리즘에 의한 검색방식이 대표적인 예가 될 것이다. 엠파스(empas.com)에서는 자연어 검색을 통하여 이용자가 입력한 문장을 통하여 검색의도를 파악하는 형태의 서비스를 포털 서비스 초기 단계에서 제공한 바 있다.

검색은 다양한 정보 중에서 자신이 원하는 정보를 찾아주는 역할이라는 점은 기본적인 명제이다. 기본적인 명제에 더하여 인터넷상에 존재하는 정보 중에서 보다 빠르고 확률 높은 결과를 이용자에게 제공해주는 것이 검색의 존재가치라고 볼 수 있다. 왜냐하면 지금까지 국내외에서 수많은 검색엔진이 존재했다 사라져가는 과정을 거쳤기 때문이다.[11) 나름대로 각각의 특색을 가진 검색엔진은 시장에서 이용자의 수요나 요구를 충족시키지 못하였기 때문에 지금은 그 존재를 역사에서 확인할 수밖에 없는 것이다.[12) 이러한 역사적 교훈을 따라 검색엔진 또는 검색서비스 제공자는 다양한 기능을 부가하여 품질 높은 결과가 나올 수 있도록 기능을 제공하려고 노력한다. 물론, 검색자체에만 집중하는 경우도 있지만 그것을 위하여 보다 높은 가공형태의 결과를 제공하기도 한다.

---

11) 초기의 검색은 지금처럼 웹기반이 아닌 텍스트 형태의 검색구조를 가지고 있었다. 고퍼(gopher)나 베로니카(veronica)처럼 계층적 검색구조를 가지는 것이었기 때문에 일부 이용자에 제한되었으나 웹기반 구조의 인터넷이 형성되고 야후의 디렉토리 형태의 검색서비스가 제공되면서 이용자 지향의 검색 UI(user interface)를 확보하게 되었다. 그리고 알타비스타의 검색엔진은 인덱스를 갖춘 최초의 검색엔진으로써 의미를 갖게 되었다.

12) 검색사이트의 성장과 관련해서 아이러니한 것은 다음에서는 네이버의 검색엔진을 사용한 적이 있었고, 야후에서도 구글의 검색엔진을 사용한 적이 있었다는 점이다. 처음에는 경쟁관계에 놓여있지 않았던 검색엔진이 이제는 제휴사보다 더 큰 규모의 성장을 가져왔다는 점에서 구글이나 네이버 등은 검색이라는 기본적인 서비스에 집중한 결과가 아닌가 생각된다.

이처럼 검색은 이용자가 원하는 정보를 정확하고 빠르게 제공하는 것이라고 하겠다. 따라서, 검색의 개념도 또한 정보의 제공에 있어서 보다 빠르고 정확한 정보를 찾는 과정과 결과라는 의미에서 크게 벗어나는 것은 아니라고 본다.

최근 정부에서는 정보검색을 서비스라는 측면에서 정보통신망법에 포함하려고 하고 있다. 즉 정보통신망법 개정안에서는 정보검색서비스를 "이용자가 정보통신망에 입력한 특정한 기호·단어·문장 등에 대하여 정보통신서비스제공자가 그 기호·단어·문장 등과 관련된 글·그림·동영상 등의 정보를 제공하거나 그 정보의 위치를 알려주는 서비스"로 정의내리고 있다.13) 그렇지만 본 정의는 "정보의 위치를 알려주는 서비스"라는 검색서비스의 기능을 포함하고 있으나 "정보를 제공"하는 것까지 포함하기 때문에 정보검색이 가지는 기술적 특성을 제대로 반영한 것이 아닌 정보통신사업자가 제공해주는 모든 서비스 영역까지 포함될 수 있다. 따라서, 개정안이 검색사업자에 대한 규제논리를 위한 것이라면 검색뿐만 아니라 포털사업자가 제공하는 모든 정보에 대한 규제까지 외연이 확대될 수도 있을 것이다.

검색이 가지는 가치는 이용자가 원하는 결과를 찾아주고 이용자가 그 결과에 대해 만족함으로써 그 가치를 인정받을 수 있다. 다만, 검색 자체가 가지는 의미와 가치는 이용자의 주관적 가치에 달라지기 때문에 그 품질의 평가는 어떠한 형태가 되어야할 지는 판단하기 어렵다고 본다.14) 그렇기 때문에 정보검색을 법적인 개념으로 포섭하는 것은 더욱 어려운 것이 아닌가 생각된다.

---

13) http://www.mic.go.kr/user.tdf?a=common.HtmlApp&c=1001&page=partin/
   discussion_epeople.html&mc=P_01_03[2007.8.24 방문]
14) "모든 검색엔진의 궁극적인 목표는 당신의 진정한 의도, 당신이 무엇을 찾고 어떤 맥락에서 그것을 찾는 지를 파악하는 일이다"라고 한다. 존 바텔 지음, 『구글스토리』, 60면 참조.

나. 구성

검색결과가 이용자에게 제공되기 위해서는 다양한 기능과 프로그램이 요구된다. 개략적으로 보면, 인터넷상에 공개된 정보에 관한 인덱스를 구성하고, 이를 위해서 크롤링을 통하여 정보의 위치정보를 찾고, 그 정보에 대한 대략의 정보를 데이터베이스화 한다. 보다 나은 품질을 제공하기 위하여 인위적 가공이 이루어지고, 검색알고리즘을 통하여 보다 선호도 높은 정보를 검색할 수 있도록 하기도 한다.

이러한 기능을 수행하는 검색서비스의 구성은 크게 직접 웹사이트를 서핑(surfing)하면서 인덱스(index)를 만들어주는 검색로봇과 이 로봇이 수집한 인덱스를 데이터베이스로 구성해 놓은 웹데이터베이스(web DB), 마지막으로 웹데이터베이스에서 해당 키워드를 검색해주는(query) 검색 프로그램인 검색엔진(search engine)으로 구성된다.15)

(1) 검색로봇

검색에이전트 또는 웹로봇으로 불리우기도 하는 검색로봇은 인터넷상에서 공개된 정보를 검색·수집하는 프로그램을 말한다. 검색로봇은 지정한 URL(uniform resource locator)을 순회하며 각 홈페이지들의 정보를 수집하며, 검색엔진은 수집된 정보를 이용자가 편리한 방법으로 검색할 수 있도록 인덱스를 제공한다. 즉 전세계적으로 연결되어 있는 방대한 인터넷상에 공개된 정보 중에서 필요한 정보가 어디에 있는지(know-where)를 알려 주어 인터넷 정보를 유용하게 활용할 수 있도록 도와준다. 이때 검색로봇은 해당 검색엔진에서 이벤트가 발생할 때마다 실시간 크롤링을 수행하는 경우와 일정 주기를 가지고 크롤링하는 경우가 있다. 이러한 검색로봇은 로봇배제원칙(robots.txt)과 같은 특정한 제한이 없는 한 현존하는 웹사이트는 어디든지 접근이 가능하다.

---

15) 김윤명, 『정보기술과 디지털법』, 508-510면 참조.

(2) 웹데이터베이스

일반적으로 데이터베이스는 컴퓨터에서 취급하는 데이터의 구조 및 처리의 기술을 추상화하여 프로그램 작성 및 데이터의 보존을 쉽게 하기 위한 기본 소프트웨어라고 할 수 있다.[16] 그리고 실제로 데이터베이스를 구축하고 관리하는 프로그램을 포함하기 때문에 데이터베이스관리시스템(DBMS)이라고도 한다. 이러한 데이터베이스를 웹상의 정보검색에 응용하는 것을 웹데이터베이스라고 할 수 있다. 웹데이터베이스는 검색로봇이 크롤링하여 수집한 데이터를 검색엔진에 최적화되도록 인덱싱해 놓은 것을 말한다.

(3) 검색엔진

검색엔진은 인터넷에 존재하는 웹 페이지의 내용을 색인하여 놓은 웹데이터베이스로 부터 사용자가 검색어를 입력하였을 때, 그 단어를 포함하고 있는 웹서버의 주소 목록을 알려주는 역할을 한다. 인덱싱된 데이터를 얼마나 이용자에게 유용하게 보여주느냐는 검색엔진에 달려있다. 실제 이용자의 측면에서 웹로봇에 의한 크롤링이나 이를 데이터베이스화하는 것에 대해서는 관여될 것은 아니지만 키워드를 검색창에 입력하여 그 결과가 화면에 노출되는 것은 검색엔진에 의하여 이루어지기 때문에 검색엔진의 성능은 검색서비스에 있어서 가장 중요한 요소이자 기능이라고 할 수 있다.

결국, 검색엔진은 인터넷상에 무수히 존재하는 정보를 수집하고 체계적인 저장을 거쳐 사용자가 원하는 정보를 수시로 찾을 수 있도록 해주는 일종의 데이터베이스 관리시스템이라고 할 수 있다. 그러나 검색엔진은 엄밀한 의미에서 고전적인 데이터베이스와는 성격이 다소 다르다. 고전적인 데이터베이스는 데이터를 자신이 직접 보유하고 있지만 검색엔진은 그

---

16) 저작권법에서는 데이터베이스에 대해 "소재를 체계적으로 배열 또는 구성한 편집물로서 개별적으로 그 소재에 접근하거나 그 소재를 검색할 수 있도록 한 것"으로 정의하고 있다(제2조 제19호).

URL 즉 정보에 대한 연결정보만을 보유하여 제공하기 때문이다.[17] 그리고 검색엔진은 포털사업자가 제공하는 랭킹알고리즘을 통하여 이용자의 경험이 반영되도록 하고 있다. 즉 선호하는 내용이 상위 결과에 나타나도록 하는 것이다.[18]

3. 검색의 공공성

가. 검색의 역할과 책임

검색은 다양한 결과를 이용자에게 제공하고 있으며, 그 결과는 이용자가 의도하는 바를 달성하는 역할을 수행하게 된다. 그렇지만 검색결과에 대한 많은 논란이 있는 것이 사실이다. 따라서, 검색의 역할에 대한 평가가 어느 정도 필요한 것이 아닌가 생각된다. 그러나 결과의 질적 표준을 설정할 수 없기 때문에 결코 쉬운 일이라고 볼 수 없다. 왜냐하면, 정보자체에 대한 평가는 개인적 가치에 따라 달라질 수 있기 때문이다. 즉 개인은 상위 검색결과를 클릭하여 그 내용이 자신이 찾는 것이면 검색결과에 만족하겠지만 그렇지 못한 경우라면 검색결과에 만족하지 못할 것이다. 이외에도 검색의 질에 대한 평가는 쿼리에 따른 결과 출력에 따른 속도의 차이나 이용자 인터페이스(user interface; UI)에 따른 가독성의 차이 등으로 이루어질 수 있을 것이다.

기본적으로 검색엔진에 대한 법적 책임에 대하여 일반인들의 정보검색 등 정보활동을 위한 유용한 도구로서 작용을 하기 때문에 검색엔진 자체에 대해서 법적 책임을 묻기는 어렵다. 보편적 서비스인 정보검색은 FTP나 메신저와 같은 도구이기 때문에 이용자가 검색한 결과를 검색엔진에 링크나 프

---

17) 유대종, "지식정보 검색에 있어서 저작권법의 한계에 관한 소고", 『디지털재산법연구』(제3권 제2호), 2004, 195면.

18) 실제, 이러한 이유 때문에 특정 키워드나 결과에 대해 클릭을 남용하여 그 결과가 상위에 반영되도록 하는 경우도 있다. 이를 어뷰징이라고 하기도 한다.

레임방식으로 보여준다고 하더라도, 그것은 이용자가 선택할 사항이지 그 자체에 대해서 검색엔진을 운영하는 사업자에 대해서 책임을 물을 것은 아니라고 본다.[19] 포털사업자의 사회적 역할은 검색결과에 대한 가치평가의 개입없이 이용자가 찾고자하는 정보를, 이용자 입장에서 당해 정보를 공정하게 이용할 수 있는 환경을 마련해주는 데 있다. 이처럼 공정한 검색결과를 제공함으로써 포털사업자는 자신의 서비스에 대해 어느정도 사회적 책임을 다하고 있다고 본다.

나. 검색의 공공성

(1) 공공재로서의 검색

검색은 인터넷상에 공개되어있는 정보를 이용자가 쉽게 찾을 수 있도록 서비스를 제공하는 것이기 때문에 공공성을 지닌다고 하겠다. 더욱이, 직접적으로 검색에 대한 대가를 받는 것이 아니기 때문에 공공성에 대한 다툼은 크지 않을 것이다. 물론, 포털사이트에서 운영되는 검색서비스를 광고주로부터 일정한 비용을 광고의 대가로 받는다. 그렇다고 하더라도 그것자체가 검색서비스가 유료화라고 볼 수 있는 것은 아니라고 할 것이다. 공공재의 대표적인 공원의 시설을 유지보수 하기 위하여 받는 정도의 입장료를 유료화라고 하는 것과 상대적인 차이는 있겠지만 크게 다름이 없는 경우이다.

더욱이 검색서비스를 제공하기 위하여 포털사업자는 초기에 많은 투자를 한 것이 사실이며, 창업부터 지금과 같은 검색서비스를 제공하는 과정에서 많은 기업들이 생성되고 소멸되는 과정을 거쳤으며 지금의 포털사업자는 리스크가 큰 인터넷 비스니스 환경에서 그러한 과정에서 상당한 투자를 진행해온 사업자라고 볼 수 있다. 결국 광고는 이용자에게 보다 다양한 정보의

---

19) 김윤명, "포털서비스의 법률 문제에 관한 개략적 고찰", 『디지털재산법연구』(제4권 제1호), 2005, 238면[이하 김윤명, "포털서비스의 법률 문제에 관한 개략적 고찰"].

제공, 검색기술의 개발과 서비스를 제공하는 투자를 위한 수단으로써 의미를 갖는 것이라고 하겠다.

검색서비스는 인터넷의 가장 보편적인 정보검색이라는 일종의 공익적인 기능으로서 역할을 하며, 이러한 역할은 인터넷의 보편적 서비스를 가져온 중요한 사회적 공공재[20]로 볼 수 있기 때문에[21] 검색엔진을 제공하여 이용자에게 검색서비스를 이용할 수 있도록 해주는 것은 인터넷이나 정보문화의 향상에 도움을 주는 것은 자명하다. 다만, 타인의 저작물에 임의적으로 접근하여 일정부분을 검색페이지에 게시하는 것 자체가 문제가 될 수 있다.

지금까지 검색엔진에 대해 문제를 삼지 않은 것은 검색엔진에 자신의 페이지가 링크됨으로써 얻는 이득이 침해라고 생각되는 부분보다 크다는 현실적인 효율성 때문이라고 본다. 검색엔진이 인터넷의 활성화에 많은 역할을 하였고, 기업이든 개인이든 이용자가 타인의 홈페이지나 정보에 접근할 수 있는 기회를 제공해주었던 점도 부인할 수 없다는 점이다. 또한, 검색서비스를 통하여 법률이 금지하는 정보를 찾는 것은 이용자의 행위이지 검색사업자가 책임질 수 있는 성질의 것은 아니며, 그 이전에 당해 정보를 인터넷상에 게재한 자에 대해서 책임소재를 물을 수 있을 것이다. 이러한 점을 종합할 때, 검색은 가치중립적 서비스이며, 동시에 공공성을 갖는 보편적 서비스의 일유형으로 볼 수 있다.

일반적으로 P2P나 FTP, 메신저 등을 통하여 파일의 복제나 전송이 이루어지고 있는 것은 사실이지만, P2P나 FTP, 메신저 자체가 문제가 되는 것은 아

---

20) 공공재(public goods)란 많은 사람들이 동일한 재화와 서비스를 동시에 소비할 수 있으며, 그 재화와 서비스에 대하여 대가를 치루지 않더라도 소비 혜택에서 배제할 수 없는 성격을 가진 재화와 서비스를 말한다. 이러한 특성을 가진 재화와 서비스에는 국방, 경찰, 일기예보, 공원 등이 있다.

21) 다음커뮤니케이션사건에서 법원은 인터넷 검색서비스가 공공성이 있다는 점을 고려하여 사진이미지를 썸네일화하여 검색엔진을 통하여 검색가능토록 서비스한 사안에서 공정이용의 형태인지 여부를 판단한 바 있다. 2004.9.23. 선고 2003가합 78361 판결.

니라고 본다. IT환경에 있어서 FTP와 같은 정보기술 자체에 대한 문제를 삼는 것은 법이 추구해야 할 사회적 정의로서 합목적성을 갖기에는 어려움이 있기 때문이다.[22]

(2) 판례에서 본 검색 서비스

판례에서는 검색서비스를 제공하는 포털사업자에 대해 직접적인 평가를 내린 경우는 없는 것으로 보인다. 다만, 검색서비스를 통하여 나타나는 썸네일(thumbnail)을 제공하는 기능을 평가하면서, 검색자체가 가지는 공공성 측면에서 공정한 이용의 형태라고 보고있다. 즉 "현대생활에서 인터넷 이용은 사회구성원 모두에게 보편화된 생활의 일부이고, 인터넷을 통한 정보의 검색은 인터넷 사용에 있어 핵심기능으로 인터넷 검색서비스는 인터넷을 통하여 제공되는 방대한 양의 정보 중에서 그 이용자가 원하는 정보를 쉽고 빠르게 찾아갈 수 있는 도구를 제공한다는 점에서 그 공공성을 인정할 수 있는 점"[23] 이라고 판시함으로써 직접적으로 검색서비스가 가지는 역할에 대해서 평가한 것이라고 단정할 수는 없지만 간접적으로 나마 검색엔진이 가지는 사회적 역할에 대해 인식한 경우라고 하겠다.

Ⅲ. 검색(서비스)에 관한 법적 이슈

검색 또는 검색 서비스를 제공하는 포털사이트에 대한 비판은 검색내용에 대한 부분과 검색서비스와 관련된 부분으로 나누어 고찰해볼 수 있을 것이다. 검색은 이와 관련된 서비스를 제공하기 위한 선행단계 내지 그 자체를

---

22) 김윤명, "포털서비스의 법률 문제에 관한 개략적 고찰", 204-205면.
23) 서울고등법원 2005. 7.26. 선고 2004나76598 판결.

말할 수 있으며, 검색서비스는 검색을 진행하는 과정에서 포털사업자가 제공
하는 부가적인 비즈니스 모델이나 서비스를 말한다.

1. 검색엔진의 운영에 관한 이슈

검색의 내용은 검색을 제공하기위한 준비과정에서 나타날 수 있는 사항으
로써 인터넷상에 공개된 정보의 진정성이나 공개의 합법성과 정보의 수집에
대한 문제 등을 중심으로 살펴볼 필요가 있다.

가. 정보공개와 크롤링

(1) 정보공개

정보공개는 자신이 공개의 권한을 가진 정보에 대해 제3자가 인지할 수
있도록 알리는 것을 말한다. 그 장소나 방법은 제한될 것은 없으며, 인터넷
상에 공개하는 것은 물론 오프라인 형태의 방법을 사용하여 공중이 이용하
거나 접근할 수 있다면 이는 공개의 요건을 갖춘 것이라고 할 수 있다. 따라
서 인터넷 등에서 공개된 정보 그 자체는 누구나 접근할 수 있는 권한을 갖
는다고 볼 수 있다. 물론, 기술적인 오류나 공개자의 착오에 의하여 공개된
부분에 있어서는 비공개로 전환하거나 그 권한을 회수할 수 있을 것이다. 즉
공개한다고 하더라도 당해 정보에 대해서는 자기정보통제권을 갖는다고 볼
수 있을 것이다. 다만, 당해 정보내용이 법률의 저촉여부가 문제가 되는 사
항이 아니라고 한다면 한번 공개된 정보를 비공개로 전환한다고 하더라도
당해 정보를 지속적으로 공개하여 유통시키는 것에 대해서는 정보에 대한
통제권을 가질 수는 없을 것이다.[24] 그러나 공개된 정보가 영업비밀보호법

---

24) 저작권법 제93조 규정 참조. 따라서, DB의 경우 당해 DB가 사실정보의 집합이거
나 소재나 배열에 있어서 창작성이 있다고 하더라도, 상당한 양을 복제하거나 반복
적으로 복제하지 않은 이상 저작권법상 통제되는 정보로 볼 수 없을 것이다.

상의 보호대상이 되는 영업비밀 등의 범주에 포함된다면 당해 정보에 대한 통제권은 영업비밀의 소유권자에게 있다고 보아야할 것이다.[25]

(2) 크롤링과 robots.txt 원칙

정보검색을 위해서 포털사업자는 인터넷상에 공개된 정보를 로봇을 통하여 크롤링하여 데이터베이스를 구축하여야 한다. 크롤링하는 경우에는 이미 공개된 정보에 대한 접근이기 때문에 이에 대해서는 법률적인 분쟁의 대상이 될 수 있는 경우는 아니라고 본다. 그러나 수집 방법이 통상적으로 요구되는 공정한 형태의 크롤링이 아닌 해킹의 형태로 수집을 한 경우라고 한다면 이는 정보통신망법상 위법성 요건을 확인할 필요가 있다.[26] 다만, 이미 공개된 정보를 크롤링하는 경우에 문제가 된다고 보기는 어려울 것이다. 물론, 지속적이고 반복적으로 크롤링을 수행하도록 함으로써 상대방의 서버의 운영을 방해하는 경우에는 업무방해 등의 책임을 물을 수도 있을 것이다. 그렇지만 그러한 형태의 크롤링이 아니라면 위법성이 조각될 것으로 판단된다.[27]

---

25) 영업비밀이라 함은 공연히 알려져 있지 아니하고 독립된 경제적 가치를 가진 것으로서 상당한 노력에 의하여 비밀로 유지된 생산방법·판매방법 기타 영업활동에 유용한 기술상 또는 경영상 정보를 말한다. 따라서, 영업비밀로 유지되기 위한 요건은 ⅰ)비밀성이 있어야 하며, ⅱ)비밀로 관리 유지되어야 하며, ⅲ)영업상, 기술상 유용한 정보이어야 한다. 따라서, 상당한 노력을 들여 비밀로 유지하였으나 신의칙이나 공서양속에 반하는 위법한 침해가 있을 경우에 한하여 법익의 보호를 받게 된다. 송영식·이상정·황종환, 『지적소유권법』(하), 육법사, 2005, 457면.

26) 정보통신망법 제48조(정보통신망 침해행위 등의 금지) ①누구든지 정당한 접근권한 없이 또는 허용된 접근권한을 초과하여 정보통신망에 침입하여서는 아니된다.

27) 크롤링과 관련하여 문제가 되었던 사안은 국내에서 확인할 수 없으나 미국의 경우 eBay v. Brider's Edge 사건에서 법원은 Brider's Edge의 클롤링 행위가 chattle to trepass라는 동산 무단침해 법리에 저촉된다는 판결을 내려서, eBay가 Brider's Edge에 제기한 금지청구를 인용한 바 있다. 본 사건에 대해 국내에서 비교적 상세히 소개된 자료는 권영준, "인터넷상 정보에 대한 접근 및 취득행위의 위법성", 『과학기술의 발전과 사법의 대응』, 비교사법학회·서울대기술과법센터 세미나 자료집, 101면 이하 참조.

또한, IP차단 등의 방법을 통하여 제한할 수 있었음에도 기술적인 접근제한 없이 서비스를 제공하였다면 이는 묵시적 이용허락이라고 보기도 한다.[28]

크롤링과 관련되어 논란의 여지가 있는 로봇배제원칙(robot exclusion)은 크롤링하는 특정 로봇의 접근을 제한하는 기술적 방식이다. 당해 기술적 방식을 적용한 서버에는 로봇의 접근이 제한되기 때문에 크롤링 자체가 이루어질 수 없게 된다. 다만, 이 원칙은 강제성을 부여한 것으로 보기어렵기 때문에 로봇배제원칙이 적용된 서버에 로봇을 접근시켜 크롤링하는 것이 위법한 것인 지에 대한 논란이 있다. 특히, 정보통신망법의 해석에 있어서 로봇배제원칙을 벗어난 크롤링은 해킹의 한 유형으로 보는 견해[29]가 있는 가하면 그렇지 않다는 견해[30]도 있다. 그러나 로봇배제원칙을 무시한 크롤링이 정보통신망법의 위반인지의 여부는 논란의 대상이 되고 있으나 일반인에게 공개된 정보를 로봇이라는 형태의 접근에 대해서 달리 볼 수 있는 것인지는 의문이라고 본다.[31] 따라서 이러한 경우에 대해서 정보통신망법위반으로 보는 것은 무리라고 하겠다. 왜냐하면, 크롤링의 목적이 인터넷을 이용하는 이용자가 찾고자하는 정보의 접근점에 쉽게 도달할 수 있도록 하기 위하여 특정 정보의 주소를 포함한 정보를 데이터베이스화하기 위한 것이라는 점에서 크롤링이라고 해서 그 접근을 제한하는 것은 불합리하다고 볼 수 있기 때문이다.

---

28) 유대종, "뉴스기사 검색 서비스의 저작권법상 문제", 『인터넷 포털 서비스의 법적 제문제』(2007년도한국디지털재산법학회 학술세미나 자료집), 한국디지털재산법학회, 2007, 6면[이하 유대종, "뉴스기사 검색 서비스의 저작권법상 문제"].

29) 이에 대해서 "로봇배제표준을 적용시켰음에도 불구하고 데이터베이스의 정보를 복제해 가는 것은 정보통신망법 제48조 제1항의 규정을 충족시킬 수 있다"고 보는 견해도 있다. 이대희, "웹 2.0 시대 UCC 저작권 문제의 핵심과 해결방안", 2006년 대한민국 인터넷정책 진단과 전망 세미나, 2006, 48면.

30) 한봉조, "UCC 저작권 쟁점 사안", UCC 가이드라인 컨퍼런스 토론자료집, 2007, 30면.

31) 김윤명, "UCC의 법률 문제에 관한 소고", 『인터넷법률』(통권 제38호), 2007.4, 175면.

나. 검색의 제공

검색 DB가 구축되고 검색엔진이 구축되면 인터넷 브라우저(browser)를 통하여 이용자는 특정 포털사이트에서 정보검색을 하게 된다. 이러한 과정에서 포털사업자는 이용자에게 정보검색 이외에 다양한 서비스를 제공하게 된다. 검색결과나 이용자가 입력한 키워드와 관련된 형태의 서비스인데, 이러한 유형에는 실시간 키워드, 유행키워드, 키워드 자동 제시, 키워드 자동 조합, 대안 키워드의 제시 등 다양한 형태의 서비스를 제공하는 것이다.

이러한 형태는 이용자의 검색 편의성을 제공하는 것이지 특정 키워드를 부정하게 제시하는 것이라고 볼 수는 없을 것이다. 그렇지만 최근에는 특정 키워드를 제시하는 서비스가 검색을 통하여 나타나는 문제점들에 대한 방조 책임이 있다는 주장을 제기하기도 한다.[32] 그렇지만 당해 서비스는 이용자의 편의를 제공하는 것이기 때문에 이에 대해서 법적 책임을 물을 수는 없을 것이다.[33]

2. 검색서비스 제공에 따른 이슈

검색서비스는 이용자가 정보를 검색할 수 있도록 시스템을 제공하여 이용

---

32) 검색사이트에서 제공해주는 자동키워드 제공방식에 대해 침해조장이라는 표현을 쓰고 있다(하동근, "방송분야 불법 복제물 침해 사례발표", UCC 가이드라인 컨퍼런스 토론자료집, 2007.3.21, 9-10면 참조). 그렇지만 이러한 표현은 누구나 선택할 수 있는 키워드를 좀 더 편리하게 이용자가 검색창에 입력할 수 있도록 검색사이트를 운영하는 포털사업자가 이용자에게 제공하는 이용자 편의지향적인 서비스임에도 불구하고 이를 침해를 조장하는 도구로 표현한 것은 납득하기 어렵다.

33) 동영상 검색을 할 수 있는 검색창과 키워드 기능을 제공하는 것은 가치중립적인 서비스를 제공하는 것에 불과하기 때문에 그 자체만으로 '저작권 침해를 용이하게 해주는 직, 간접의 행위'라고 볼 수 없다는 가능성이 크다고 한다(조정욱, "동영상 서비스와 UCC에 대한 저작권법상 쟁점", 기술과법센터 제2회 워크샵자료, 2007.3, 10면.

자가 검색을 수행할 수 있도록 하는 것을 말한다. 여기에서는 검색의 결과에 나타나는 광고의 형태와 포털사이트의 한 섹션이나 또는 검색에서 이루어지는 결과로써 뉴스서비스의 법률적 문제에 대해 살펴보기로 한다. 광고는 그 결과가 정보와 구별되지 않을 경우의 오인혼동과 기술적인 방식을 통한 부정클릭의 문제가 될 수 있을 것이다. 또한, 타인의 상표권과 관련된 키워드를 판매하여 나타나는 결과에 대해 상표권 침해할 수 있다는 주장이 제기되기도 한다.

가. 검색 광고

(1) 키워드 광고

키워드 광고란 검색결과의 검색 결과화면을 위주로 하는 텍스트나 배너 이미지로 구성된 맞춤형 광고로써, 특정 키워드에 대해서 포털사업자가 광고주로부터 일정한 대가를 받고 당해 키워드를 입력하여 검색하는 이용자의 결과화면에서 광고주와 계약한 사이트나 텍스트 형태의 광고 내용을 보여주는 광고를 말한다.[34] 반면, 배너광고란 신문기사나 웹사이트의 특정 위치에 배너의 형태로 작게 만들어진 광고를 말한다.[35] 키워드광고는 관심있는 네티즌에게만 노출됨으로써 클릭률이 높은반면, 저렴한 광고비용, 전문 포털사이트를 통한 마켓 선점효과, 다양한 활용성 등으로 인하여 소액 광구주들이 선호하는 인터넷광고라고 한다.[36]

이러한 특성 때문에 인터넷을 통한 광고의 점유율을 높이고 있는 키워드 광고에 있어서 문제는 타인의 상표권과 동일하거나 유사한 키워드를 광고상품으로 판매하는 경우이다. 키워드 자체가 상표적 기능을 수행할 수 있기 때

---

34) 김윤명, "포털서비스의 법률 문제에 관한 개략적 고찰", 223면.

35) 문삼섭, 『상표법』(제2판), 세창출판사, 2004, 1201면.

36) 김병일, "인터넷 검색엔진의 진화와 법적 쟁점", 『정보법학』(제9권 제2호), 2005, 79면[이하, 김병일, "인터넷 검색엔진의 진화와 법적 쟁점"].

문에 광고주의 의한 상표에 대한 키워드의 광고상품화는 지속될 것이다.[37] 이러한 이유 때문에 광고대행사에서는 이용약관 또는 구글의 상표권정책[38]이나 오버추어의 상표관련정책[39]을 통하여 타인의 상표권을 침해하는 키워드의 구매는 허용하되, 실제 광고문안에 상표적 사용의 형태로 표시하는 것은 금하고 있다. 특히, 구글의 상표권정책은 상표권자들에게 상표키워드의 사용에 대한 배타적 권리를 인정하지 않겠다는 것으로서 등록상표의 사용이 소비자의 혼동가능성을 초래하지 아니하는 경우에는 상표권 침해가 없다라는 확신을 갖고 있는 것으로 보기도 한다.[40]

---

37) 키워드광고에 있어서 직접적으로 검색서비스제공자가 책임을 질 것은 아니나 당해 키워드광고의 결과에 있어서 타인의 상표 등이 노출되면 방조의 책임을 물을 소지가 있기 때문에 상표 등의 직접적으로 광고문구에 나타나지 않도록 조치하여야할 것이다. 다만 광고문구가 상표적인 사용이 아닌 기술적인 사용(descriptive use)이나 공정이용(fair use)의 경우라고 한다면 당해 결과가 상표권을 침해한 것이라고 보기는 어려울 것이다. 김윤명, "포털서비스의 법률 문제에 관한 개략적 고찰", 224-225면 참조.

38) 구글의 상표권정책은 다음과 같다. "Google은 상표권 위반 행위를 매우 심각한 문제로 여기고 있으며, 관례에 따라 상표권 소유자가 이의를 제기할 경우 이를 조사해 드립니다. 또한 Google 이용약관에 따라 광고주는 지적재산권을 침해할 수 없으며, 광고작성 시 선택한 키워드와 해당 광고에서 사용하기 위해 선택한 광고문구에 대해 책임을 져야 합니다. 상표권자가 Google 애드워즈 광고주가 아닌 경우에도 이의를 제기할 수 있습니다. 아울러 해당 조사는 Google에 게재되는 Google광고에만 영향을 미칩니다. 도메인용 애드센스에서 상표권 분쟁이 발생할 경우 도메인용 애드센스 프로그램 사이트의 도메인 이름에 대해서만 조사가 수행됩니다." https://adwords.google.co.kr/support/bin/answer.py?answer=6118[2007.6.9일 방문].

39) 오버추어 상표관련정책 에서는 다음과 같은 경우에 한하여 키워드 광고에 대해 입찰을 허용하고 있다. "(가) 광고주의 웹사이트가 소비자의 혼란을 유발하지 않으면서 용인될 수 있는 명시적으로 상표나 상표의 소유자 또는 상표 관련 제품을 언급한 경우 (예를 들면, 상표권이 있는 제품의 판매, 상품에 대한 논평이나 비평 또는 상표권자나 그 상품에 대한 용인될 수 있는 기타 정보를 포함한다); (나) 광고주의 웹 사이트가 일반적인 의미로 검색어를 사용하거나 설명을 하기 위해 검색어를 사용하는 경우" http://www.overture.co.kr/ko_KR/legal/trademarks.php[2007.6.9일 방문].

40) 김병일, "인터넷 검색엔진의 진화와 법적 쟁점", 83면.

실제, 법원에서 키워드광고에 있어서 상표권자의 권리를 침해한 것이라고 판시한 경우는 거의 없는 것으로 보인다. 피고 Netscape Communication 사와 Excite사에 대해 원고 Playboy Entertainment사는 원고의 상표인 Playboy와 Playmate를 키워드로 사용한 것은 상표권 침해라고 주장하였으나 이에 대해 법원은 원고가 상표권을 가지고 있는 Playboy나 Playmate라는 단어를 키워드로 사용한 것은 상표로서의 사용이 아니라 일반적인 명칭의 기술적인 (descriptive) 사용에 해당한다고 판시하였으며, 혼동가능성이나 희석화에 따른 침해에 대해서는 그에 대한 입증이 없다는 이유로 인용하지 아니하였다.[41] 그 후에 원고는 항소하였으나 연방순회항소법원은 지방법원의 판결을 유지하였다.[42]

키워드광고에 있어서 타인의 상표를 사용하는 것이 과연 우리법상에서 어떠한 법익의 침해가 이루어진 것인지는 논란의 여지가 있다. 광고주의 상표권 침해행위에 대해 포털사이트가 공동으로 책임을 져야할 것인지는 논란이 있으나 상표적 사용이 전제되어야하기 때문에 이에 대한 논의는 지속적으로 요구된다.[43] 그렇지만 실제 키워드를 판매하였으나 결과로 나타나는 광고내용이 상표적 사용이 아니라면 상표권 침해라고 보기는 어려울 것이다.[44]

(2) 광고의 진정성

광고에 있어서 또다른 문제는 광고 내용에 대해서 포털사업자가 당해 광고의 진정성을 판단할 수 있느냐에 대한 점이다. 광고의 내용에 대해서 알

---

41) 55 F. Supp. 2d 1070 (C.D. Cal. 1999).

42) 202 F. 3d 278(9th Cir. 1999).

43) 이와 관련하여 인터넷광고 관련 부정경쟁행위를 포괄하는 부정경쟁행위의 유형을 추가하는 부정경쟁방지법을 개정하거나 상표권침해 등과 관련한 OSP 책임 및 면책 규정을 도입하는 방안을 제안하기도 한다. 김병일, "인터넷 검색엔진의 진화와 법적 쟁점", 96면.

44) 同旨; 유대종, "검색광고의 법적 문제에 관한 소고", 『인터넷법률』(제34호), 2006. 3, 7면 이하 참조.

수 없는 경우라고 한다면 포털사업자가 당해 광고의 내용에 대해서까지 판단할 필요가 있는 것인지에 대한 것이다.[45)]

실제 포털사이트의 카페(cafe)나 블로그(blog) 서비스를 통하여 불법적인 광고가 진행되는 경우가 있다. 사이트 개설에 있어서 절차적 제한이 없기 때문에 누구나 개설이 가능한 점을 이용하여 불법행위나 위법행위를 하는 것이다. 불법적인 상품을 거래하거나 이를 광고형태로 유인하는 것이다. 그러한 내용에 대해서 까지 포털사업자는 관여할 수 없기 때문에 실제 신고를 통하여 인식하게 된 경우에 약관이나 정보통신망법 등에 근거하여 처리하게 된다. 그러나 문제는 키워드광고나 스폰서링크를 통하여 이러한 불법광고가 게재되는 경우라는 점이다. 물론, 포털사업자는 당해 광고 내용에 대해서 확인할 수 없으며, 구글이나 오버추어와 같은 광고대행사를 두고있는 포털사이트인 다음, 엠파스, 네이버는 스폰서링크를 통하여 광고만을 집행하는 경우에는 당해 내용에 대해서 확인하기가 어렵다. 실제 광고내용에 문제가 있다면 기본적으로 광고주의 책임이 있다고 보며, 광고주의 책임에 대해 특별한 경우 광고대행사인 구글이나 오버추어에게 그 관리책임을 물을 수 있을 것이다. 따라서, 계약관계의 확인이나 법률적 책임소재의 확인없이 포털사업자에게 모든 책임이 있는 것처럼 주장하는 것은 바람직한 것이라고 볼 수는 없다고 본다.[46)] 다만, 포털사업자는 불법행위를 인식하는 경우에 적절하고 합리적으로 처리해야 할 것이며, 그렇지 않은 경우에는 책임을 부인할 수는 없을 것이다. 통상적인 주의의무는 그 사실을 알거나 실제 처리할 수 있는 권한이 있는 경우에 가능하다고 하겠다.

---

45) 실제 광고내용은 포털사업자에 의하여 이루어지는 것이 아닌 광고대행사를 통하여 이루어지게 된다.

46) 일요경제, 2007.4.24일자.

(3) 부정 클릭

검색서비스에서 문제되고 있는 것 중 하나가 검색광고에 대한 부정클릭에 관한 사항이다. 부정클릭은 검색사이트에서 특정 키워드 검색을 통하여 자신이 사이트를 방문한 것으로 기록된 방문자가 실제 구매의사를 갖고 있는 실수요자가 아닌 가상의 IP에 접속을 통하여 부당하게 클릭함으로써 더 많은 광고비를 지출하도록 하는 것이다.[47]

키워드 검색광고 산정방식은 크게 클릭한 만큼 비용을 지불하면 되는 CPC(Cost Per Click) 방식과 이전의 노출(임프레션) 횟수를 1,000회 기준으로 비용을 책정하는 CPM(Cost Per Millennium) 방식으로 나누어질 수 있다. CPC 방식은 고객 스스로 입찰에 참가해 입찰을 통해 가격을 결정하고, 일반 이용자가 클릭한 만큼 비용을 지불하는 개념이다. 따라서, 구글이나 오버추어와 같은 광고대행사는 키워드광고방식을 CPC의 형태로 하고있기 때문에 부정클릭에 대한 지적은 지속적으로 이루어지고 있다. CPC 방식이 보편화됨으로써 클릭률이 높은 광고일수록 상위 위치에 놓이게 되므로 광고주들은 클릭률을 높이고자 노력할 수밖에 없다. 이러한 경쟁 때문에 부정클릭 문제가 제기되고 있다. 따라서, 실제 광고주는 클릭률이 높아짐으로써 비용은 추가로 지출되지만 광고효과는 더 낮아지는 문제가 발생하게 된다.

이와같은 문제 때문에 부정하게 이루어진 클릭에 대해서는 컴퓨터이용 사기죄의 적용을 검토할 수 있을 것이다. 현행, 형법상 컴퓨터이용 사기죄[48]는 컴퓨터 등의 정보처리장치에 허위의 정보 또는 부정한 명령을 입력하여 정보처리를 하게 함으로써 재산상의 이익을 취득하거나 제3자로 하여금 취득하게 함으로써 성립하는 범죄이기 때문이다.[49] 따라서, 자동화된 프로그램을

---

47) 아이뉴스24, 2005.2.27일자.
48) 형법 제347조의2 (컴퓨터등 사용사기) 컴퓨터등 정보처리장치에 허위의 정보 또는 부정한 명령을 입력하거나 권한 없이 정보를 입력·변경하여 정보처리를 하게 함으로써 재산상의 이익을 취득하거나 제3자로 하여금 취득하게 한 자는 10년 이하의 징역 또는 2천만원 이하의 벌금에 처한다.

통하여 광고를 클릭하도록 하여 광고비를 높이 청구하여 재산상의 이익을 취득하거나 제3자에게 취득하도록 하였다면 컴퓨터이용 사기죄의 적용이 가능하다고 본다. 아울러, 광고대행사가 이러한 행위를 한 것으로 밝혀진다면 불법행위에 의한 손해배상 등의 청구도 또한 가능할 것이다.[50] 물론, 이러한 부정클릭은 클릭 로그에 나타난 정보를 통해 추적이 가능하며, 동일시간대에 동일 IP를 통하여 지속적으로 이루어진 클릭에 대해서는 기술적 방법을 통하여 어느정도 필터링이 이루어질 수 있을 것이다.[51]

나. 뉴스검색서비스

(1) 뉴스서비스의 의의

포털사이트를 통하여 제공되는 뉴스서비스는 크게 두가지 방식이 있다. 먼저, 구글방식의 서비스가 있으며, 국내포털에서 제공하는 콘텐츠로써 제공하는 방식과 구글방식이 혼재된 아웃링크(out link) 방식의 서비스가 있다. 구글방식의 서비스는 뉴스사이트만을 크롤링하여 이를 일반적인 검색의 결과와 같이 제공해주는 방식으로써 아직까지 국내에서 문제 제기된 경우는 없다. 반면, 국내 포털방식은 직접 언론사와 제휴를 통하여 뉴스를 온라인으로 공급받아 포털사이트를 통하여 전문서비스를 하는 경우이다. 이러할 경우에 뉴스는 원래의 언론사 사이트를 통하여 제공됨과 동시에 포털의 뉴스섹션을 통하여 제공된다.

국내 포털방식의 서비스에 있어서 포털사업자는 당해 뉴스에 대한 편집권

---

49) 이재상, 『형법각론』(제4판), 박영사, 2001, 336면.
50) 김윤명, "포털서비스의 법률 문제에 관한 개략적 고찰", 225-256면.
51) 검색결과에 있어서 자동클릭을 통하여 이루어진 것에 대해서는 IP주소 분석, 문서가 클릭된 시간대 또는 문서가 클릭된 시간 간격 분석 등을 통해 프로그램에 의해 자동으로 클릭되었을 가능성이 높은 문서 파일들을 추적하고 결과 순위에서 배제할 수 있다고 한다. 박소연·이준호, "웹 검색 분야에서의 로그 분석 방법론의 활용도", 238면 참조.

이 없기 때문에 수정이나 가감을 할 수가 없다.[52] 따라서, 제공되는 뉴스를 단순하게 제공하는 형태에 머무르게 된다. 이러한 단순한 정보중개 방식의 문제점은 원래 뉴스가 가지는 하자를 중개자인 포털사업자가 치유할 수 없다는 점이다. 예를들면, 원래의 뉴스에서 특정인의 명예를 훼손하는 기사가 게재되었다면 그 기사의 내용은 포털사이트에서 확인할 수 없기 때문에 그로 인하여 나타는 문제에 대해서는 일차적으로 포털사업자에게 책임을 묻게 된다.[53] 이처럼 포털사업자가 관여할 수 있는 여지가 없는 사항에 대해서까지 법적 책임을 정보중개자의 입장에 있는 포털사업자에 묻는 것에 대해 많은 비판이 있는 것이 사실이다.

(2) 뉴스검색서비스

포털사업자의 뉴스서비스에 대해서는 많은 논란이 있는 것이 사실이다. 뉴스서비스 자체가 언론의 기능을 갖는다고 보는 견해가 있으며, 전통적인 언론으로 직접 보는 것은 아니지만 유사언론의 형태라고 보는 견해가 있다. 물론, 단순하게 뉴스라는 정보를 매개하는 경우로 보는 견해도 있다. 그렇지

---

52) 통상 뉴스서비스 제공계약의 경우 뉴스 기사에 대한 편집이나 수정에 관한 권한은 언론사에 유보되기 때문에 포털사업자가 당해 뉴스를 수정하거나 편집할 수 있는 권한을 행사할 수 없다고 할 것이다.

53) 실제 기사제목의 오류로 인하여 문제된 사건에 법원은 "제휴언론사가 전송해 주는 기사의 오보 가능성, 인터넷포털사이트가 언론매체로서 갖는 막강한 영향력과 그로 인하여 발생하는 침해행위의 중대성 등을 고려할 때, 인터넷포털사이트 운영자가 언론사로부터 송신받아 자신이 운영하는 인터넷포털사이트에 게재한 기사가 타인의 명예나 명예감정을 침해하는 내용을 가진 경우에는, 당해 송신기사가 정평 있는 언론사로부터 송신된 것이고, 그 기사를 문면상 일견하여 내용이 진실하지 않다고 알 수 없거나 인터넷포털사이트 운영자 자신이 별도의 확인작업 없이는 그것이 오보라는 것을 알 수 없다는 사정만으로, 그 기사를 게재한 인터넷포털사이트 운영자가 당해 기사에 적시된 사실이 확실한 자료 내지 근거에 기초한 것으로서 진실하다고 믿은 데 아무런 과실이 없어 위법성이 조각된다고 할 수는 없다."고 판시한 바 있다(서울고법 2008.1.16. 선고 2006나92006 판결).

만 포털사업자는 뉴스서비스를 서비스의 일유형으로 보아 발생하고 있는 문제에 대해 적극적으로 대처하고 있는 것이 사실이다. 또한, 기존의 언론사의 입지가 약해지는 것에 대해서 뉴스서비스를 개편하여 아웃링크(out-link) 형태로 트리픽을 전이하도록 하고 있으며, 이용자에 대한 책무를 염두에 두고있는 정책과 서비스를 지향하고 있다.

아웃링크 형태의 서비스에 대해서는 저작권법적 측면에서 법적 이슈가 제기될 수 있으나 기본적으로 링크는 인터넷이 운영되는 기술적 매커니즘에 불과하기 때문에 링크 자체는 문제가 될 것은 아니다. 다만, 링크를 위해서 특정 페이지의 복제 등이 이루어지는 경우에는 논란이 제기될 수 있다.[54] 또한, 저작권법 위반과 더불어 광고에 대한 불법행위 책임을 제기할 수도 있다. 그러나 불법행위에 있어서 광고수익을 저해하는 경우를 예를 들고있으나 인터넷은 최종적인 정보에 대해서 접근할 수 있는 방법이 바로 이용자의 클릭을 통한 계층적 접근이나 정보검색을 통한 직접적 접근이나 모두 가능한 방식이다. 이러한 과정에서 이용자가 광고를 인지여부를 일괄적으로 단정할 수 있는 것은 아니라고 할 것이다. 따라서, 불법행위 책임을 링크제공자에게 부담하는 것은 인터넷이 가지는 기술적 속성을 이해하지 못하는 결과가 아닌가 생각된다. 이러한 기술적 환경에서 볼 때, 뉴스서비스의 아웃링크는 직접적으로 해당 언론사에게 트래픽을 제공하는 것이기 때문에 이에 대한 법적인 논란은 없을 것이다. 구글방식의 크롤링을 통한 뉴스검색서비스 방식도 아웃링크의 일 유형이라는 점에서 현재 언론사와 포털의 긴장관계에서 볼

---

54) 실제, 저작권법은 인용에 관한 규정을 두고있기 때문에 인용규정을 통하여 저작권 문제를 해결할 수 있을 것이다. 즉 저작권법 제28조(공표된 저작물의 인용)는 "공표된 저작물은 보도·비평·교육·연구 등을 위하여는 정당한 범위 안에서 공정한 관행에 합치되게 이를 인용할 수 있다"라고 규정함으로써, 정당한 범위와 공정한 관행의 경우에는 책임을 제한하고 있다. 특히, 정보검색의 경우는 일부분을 복제하는 것이기 때문에 충분히 인용의 요건에 해당할 것으로 보며, 법원에서도 이러한 형태에 대해서는 저작권 침해를 부인하고 있다. 서울중앙지법 2006.7.21 선고 2004가합76058 판결.

때, 순수한 정보검색과 정보서비스라는 방식에서 고려해볼 여지가 있는 방식이라고 본다.

3. 검색결과에 대한 책임

가. 정보내용에 대한 통제

포털사이트의 정보유통은 단순하게 온라인서비스제공자(online service provider, 이하 'OSP'라 한다)로서 역할이외에는 가질 수 있는 권한이 없다. 그것도 최근에는 엄격하게 책임을 묻는 판례의 흐름으로 보건데 OSP는 면책규정이 아닌 책임규정으로 성격을 지울 수 있을 것이다. 특히, 검색 결과나 뉴스의 댓글에 대해 그 통제를 엄격하게 수행하도록 함으로써 포털사업자는 정보의 내용에 대한 통제의 의무를 부담하도록 사회적인 흐름이 유지되고 있는 상태에서 헌법상 자유권에 대한 충돌이 이루어질 수 있으며, 전통적인 언론에서 유지되고 있는 편집권을 엄격하게 행사하도록 하는 것과 다름이 없어진다. 즉 내용에 대한 통제가 가능한 출판형과 내용통제가 불가능하고 단순하게 서적으로 유통하는 중개자형인 서점형으로 구분할 수 있을 것이다.

최근에는 서비스 형태는 서점형지만 그 책임에 대해서는 출판형으로 묻는 경향이 강하게 대두되고 있다. 이러한 사회적인 흐름은 포털사업자에 대해 정보검색의 결과에 대해 편집권과 같은 통제권을 행사하도록 하는 결과를 가져오게 된다. 왜냐하면, 정보에 대한 편집권은 결국 포털사업자에게 정보검색에 대한 법적 필터링 의무를 부과하는 것과 다름이 없기 때문이다.

나. OSP 책임

(1) OSP 입법 취지

저작권법은 OSP가 저작물이나 실연·음반·방송 또는 데이터베이스 등 저작물의 복제·전송과 관련된 서비스를 제공하는 것과 관련하여 다른 사람에 의한 저작물의 복제·전송으로 인하여 그 저작권 그 밖에 이 법에 의하여 보호되는 권리가 침해된다는 사실을 알고 당해 복제·전송을 방지하거나 중단시킨 경우에는 다른 사람에 의한 저작권 그 밖에 이 법에 의하여 보호되는 권리의 침해에 관한 OSP의 책임을 감경 또는 면제할 수 있도록 규정하고 있다. 또한, OSP가 저작물의 복제·전송과 관련된 서비스를 제공하는 것과 관련하여 다른 사람에 의한 저작물의 복제·전송으로 인하여 그 저작권 그 밖에 이 법에 의하여 보호되는 권리가 침해된다는 사실을 알고 당해 복제·전송을 방지하거나 중단시키고자 하였으나 기술적으로 불가능한 경우에는 그 다른 사람에 의한 저작권 그 밖에 이 법에 의하여 보호되는 권리의 침해에 관한 OSP의 책임은 면제된다.[55]

(2) OSP 책임에 대한 강화 경향

OSP 책임과 관련하여 대법원은 물론 하급심 판례에서도 OSP의 주의의무에 대해 책임여부를 판단하여 왔다. 그렇지만 최근에는 하급심 판결이지만, OSP에게 직접적인 내용에 대한 확인의무까지 부여하는 내용의 판결을 내리고 있어 OSP에게는 사실상의 내용확인의 의무를 확인하고 있다.

지금까지 OSP에 대한 판례는 OSP가 게재된 게시물에 타인의 명예를 훼손하고 있는 사항을 알 수 있었던 때부터 당해 게시물에 대한 삭제여부에 대한 주의의무가 발생한다고 보고 있다. 따라서, 그때부터 당해 게시물에 대해 처리를 하여야하면 그렇지 아니할 경우에 발생한 명예훼손에 대해 책임이 있

---

55) OSP에 대한 법적 책임을 가중하는 것은 정보에 대한 통제를 가함으로써 쉽게 인터넷상의 문제를 해결하려고 하나 이것은 정보의 자유로운 유통을 차단할 수 있으며, 가장 참여적인 민주적 표현수단인 인터넷에서의 표현의 자유를 억압하는 결과를 가져오기 때문에 사회적으로 바람직하지 않다는 취지 때문에 OSP에 대한 책임을 감면하는 규정을 둔 이유라고 한다. 김기중, "포털규제와 표현의 자유", 아이뉴스24, 2007.6.12일자 참조.

다고 보아왔다. 단순하게 공간만을 제공하거나 검색로봇을 통하여 크롤링한 경우에 있어서 OSP에 대해서는 그 책임을 묻지아니한 것이 일반적인 견해였다. 다만, 검색엔진에 의한 크롤링과 관련된 썸네일 크롤링 사건에서도 OSP에 대한 직접적인 책임이 아닌 주의의무 위반에 따른 책임을 물어왔다.

그러나 최근의 판례의 경향을 보면, 기사의 제목에 대한 사항, 댓글과 관련된 명예훼손 문제는 직접적으로 OSP에 대해 내용확인에 대한 책임을 묻고 있는 것으로 보인다. 저작권과 관련된 사건은 아니지만 OSP에 대한 책임을 물은 사례로써 본 사건은 CBS의 뉴스기사를 특정 포털사이트 를 통하여 유통함에 있어서 그 기사의 오류로 인하여 발생한 명예훼손에 대해 단순한 OSP인 포털사업자에 대해서 까지 그 책임을 물은 사안이라고 할 것이다. 그렇지만 이러한 원칙은 OSP의 역할에 대한 논란을 가져오는 사안이 될 수 있다고 본다. 물론, 최근의 경향은 인터넷 포털과 같은 OSP에 대해서도 그 책임을 강하게 묻고자하는 경향에 맞물려 내려진 판결이기 때문에 그 영향력이 크다고 할 것이다. 본 사건의 쟁점은 잘못된 보도로 인한 손해배상책임에 대한 포털사이트의 면책 여부라고 할 것이다.[56] 당사자의 주장과 법원의 판단에 대해 보면, 피고 CBS는 포털사이트인 "네이버"를 운영하는 업체로서 위 기사작성 과정에 개입하지 않고 단지 피고 노컷뉴스팀 기자가 전송해 준 기사를 그대로 게재하였을 뿐이므로, 오보게재에 따른 책임을 부담하지 않는

---

[56] 피고 CBS의 노컷뉴스팀 기자는 2005년 3월 8일 이명박 서울시장이 열린우리당 김현미 대변인이 자신에 대하여 한 이야기에 대하여 불쾌감을 표시하면서 말을 그렇게 함부로 할 수 있느냐는 취지로 이야기를 하자 이를 노컷뉴스 사이트에 올리면서 '김현미 대변인'을 '전여옥 대변인'으로 잘못 입력하였다. 위 기사가 같은 날 18:50경 포털사이트 네이버로 사진과 함께 자동 전송되었고, 피고 CBS는 같은 날 19:00경 분야별 주요 뉴스 중 시사분야란에 「이명박 시장 "전여옥, 말을 그리 함부로 하나"」라는 제목으로 기사를 게재하였다. 위 기사가 게재된 지 50여분이 지나 피고 노컷뉴스팀 기자는 같은 날 19:51경 '전여옥 대변인'부분을 '김여옥 대변인'으로 수정하였으며, 위 기사를 전송받아 그대로 게재되는 방식에 의하여 네이버에 게재된 기사도 자동으로 수정된 것이다. 서울고법 2008.1.16. 선고 2006나92006 판결.

다고 주장한다. 이에 대해 법원은 "불특정 다수가 접속하여 볼 수 있는 포털사이트를 운영하는 업체로서는 사이트에 게재되는 기사가 사실내용과 맞는지 여부를 확인하는 작업을 통하여 기사의 대상인물에게 명예훼손 등의 손해를 입히지 않도록 주의할 의무가 있다. 기사 제공 업체와의 내부관계에서 기사작성과 전송 및 게재의 체계상 포털사이트측이 기사의 진실성을 확인할 수 있는 방법의 여지가 없다고 하더라도 그와 같은 사유는 내부에서 책임의 분담을 정할 때 주장할 사유에 불과하고, 허위기사로 인하여 피해를 입은 자에 대하여 대항할 수 있는 사유가 된다고 볼 수는 없다"라고 판시하였다.

본 판결은 기사 내지 정보의 전송 체계상 포털사업자가 그 내용을 수정하거나 편집할 여지가 없더라도, 포털사이트에 게재된 보도로 인하여 손해를 입은 피해자들이 기사를 작성한 언론 외에 포털사업자에 대하여도 책임을 물을 수 있다는 것을 명확히 한 것이라고 할 것이다. 그러나 OSP로써 정보를 중개하는 입장에서 그 내용에 대해서까지 책임을 지우고 있는 본 판결은 지금까지 대법원을 비롯 하급심 법원에서 일관되게 유지해오고 있는 OSP의 책임을 인정하는 일반론에서 벗어난 결과로 판단된다.

다. 검색결과에 대한 OSP 책임

지금의 OSP에 대한 책임 강화는 정보통제의 결과로 이루어질 수 있다. 이러한 OSP 책임에 대한 강화는 최초의 OSP에 대한 입법취지를 몰각할 수도 있다. 따라서 OSP에 대해서는 기본적으로 당해 정보의 유통에 대해 면책을 부여하여야할 것이다. 실제, OSP는 직접적으로 당해 정보의 내용과 그 유통에 대해서 직접적으로 관여하는 것이 아니기 때문이다. 그럼에도 불구하고 지금까지 법원의 일반적인 원칙인 주의의무 위반에 대한 책임이 아닌 OSP의 직접적인 책임을 묻는 것은 일응 수긍할 수 있는 결론이라고 보기에 어려움이 있다. 정보중개자에 대해서까지 그 책임을 인정하는 일련의 경향은 인터넷산업 자체를 저해할 수 있을 것이다. OSP의 적극적이고 자발적인 내용통제는 표현의 자유와 정보자유권을 침해할 수 있으며, 결과론적으로 정보에 대한 자유로운 유통과 이용에 악영향을 미치게 될 것이다. 이는 검색결과에 대해서까지 동일하게 미치게 되므로 검색자체의 중립성을 유지할 수 있을지는 의문이라고 하겠다. 왜냐하면, OSP에 대한 편집권을 인정하는 것은 OSP에 대한 규제만으로 끝나는 것은 아니기 때문이다. 더욱이 편집권을 인정하는 것은 편집권에 대한 행사에 대한 작위의무를 부여하는 것과같기 때문에 OSP로써 포털사업자는 자신이 유통시키는 정보에 대해서 편집을 하거나 내용에 대한 진정성 판단 등 가치중립적인 서비스가 아닌 가치개입적인 행태를 할 수밖에 없기 때문이다. 결과적으로 그러한 편집권은 정보의 통제로 연결되며, 표현의 자유를 현저히 침해하는 결과를 인터넷을 통하여 전반적으로 일어날 것으로 예견된다. 따라서, 지금과 같이 OSP에 대해 그 책임을 강화하는 일련의 법개정이나 판례의 경향은 인터넷의 특성을 반영하는 것이라고 보기에는 어려움이 있다.[57]

IV. 검색사업자에 대한 규제론

1. 최근의 규제 논의

앞서 살펴본 바와 같이 포털사업자에 대한 최근 판례와 논의 경향은 OSP에 대해 법적 책임을 강화하자는 것으로 보인다. 포털사업자에 대한 법적 규

---

[57] 인터넷의 부정적인 측면만을 인지하려는 태도에 대한 비판으로 "인터넷의 선과 악 중에서 악을, 정직함보다 부정직함을, 가능성보다는 위험을 강조함으로써 인터넷을 인터넷답게 만들어주는 개방성을 극도로 제한하려고 한다. 현실세계에 비중을 두어 기존 질서를 유지하려고 한다"는 견해를 제시하기도 한다. 우메다 모치오 지음, 이우광 옮김, 『웹진화론』, 재인, 2007, 31면 참조.

제론은 문제에 대한 충분한 법적 검토를 통하여 이루어진 것이라기 보다는 특정 이슈에 대한 책임론의 결과로 보여질 소지가 크다. 따라서, 검색서비스에 대한 사회적 역할 등에 대해서 고민하지 않고, 나타나고 있는 현상에 대한 타결을 위한 것이라는 점에서 궁극적인 문제해결이라고 보기에는 어려움이 있는 것이다.

물론, 사회적으로 논란이 되는 이슈에 대한 궁극적인 해결방안은 법적 규제론이라고 할 수 있다. 그렇지만 사업자는 자율규제론에 대한 의지를 표명하지만, 반대 입장에서는 지금까지 자율규제론을 도입하지 아니한 것은 이에 대한 의지가 없는 것이 아니냐라는 반론을 통하여 법적 규제론을 이끄는 것이다. 물론, 양측의 입장이 모두 불합리한 것은 아니지만 쌍방이 타당한 것도 또한 아니라고 할 것이다. 사업자의 입장에 대한 고려도 또한 필요한 것이기 때문이다. 따라서, 어느 일방에 의한 규제론 보다는 사업자의 사업내용과 그 방향에 대한 이해가 아울러 필요한 것이다. 그리고 사업자만을 규제하여 해결될 수 있는 것인지, 아니면 이용자에 대한 규제 또는 대안을 제시하는 것이 해결책이 되는 것인지 등에 대해서 고려되어야하는 것이다.

정치적인 경향에 따라 실제 기술과 현상에 대한 이해없이 규제론만을 주장하는 것은 산업의 성장과 발전을 저해할 수밖에 없다. 따라서, 규제의 시각은 다양성과 합리성 및 이를 법률적 규제론의 확대시킬 때에는 명확성의 원칙이 유지되어야할 것이다. 인터넷과 같은 새로운 매체에 대한 규제는 기존의 규제론에 대한 접근과는 차이가 있기 때문이다. 최근 입법발의된 검색서비스사업자법(안)에 대해 살펴보기로 한다.

2. 검색서비스사업자법(안)에 대한 약간의 코멘트

가. 입법 취지

앞에서 검색서비스의 다양성에 대해 논의하였고, 다양성에 따른 문제점과 현행 법제하에서의 적용가능성에 대해서도 살펴보았다. 그렇지만 인터넷산업에 대한 전체적인 이해없이 언론을 통해 노출되는 이슈만을 중점으로 부각시킴으로써 포털사업자가 제공하는 다양한 서비스에 대한 평가가 이루어지지 못한 점이 있다. 그럼에도 불구하고, 포털사업자에 대한 규제지향적 입법을 진행하는 것은 문제라고 보여지나 이러한 논의과정에서 포털사업자의 입장에 대한 사회전반적인 검토가 진행될 수 있다는 점에서 그 의의를 가질 수 있다고 생각된다.

다만, 포털서비스에 대한 전반적인 현상의 이해 없이 진행되고 있는 지금의 논의는 두서없이 이루어지고 있는 느낌을 지울 수 없다. 그 대표적인 예가 '검색서비스사업자법(안)'이라고 볼 수 있다. 동법안의 제정을 위한 토론회의 발표문에서는 제안이유를 "인터넷을 통하여 정보를 연계시키는 검색서비스사업자에 대한 체계적인 법제도가 마련되지 못하여 우월적 지위를 이용한 불공정계약행위, 명예훼손, 저작권침해, 음란·불법도영상의 유포 등의 다양한 침해 사례가 검색서비스를 통하여 급증하는 등의 문제점이 나타나고 있어 검색서비스사업자에 대한 법제도를 마련함으로써 체계적인 관리 및 규제를 가능하게 하여 공정하고 원활한 인터넷 정보환경을 조성하고 건전한 인터넷정보문화의 형성에 이바지함"을 들고 있다.[58]

---

58) 검색서비스사업자법 제정을 위한 토론회 발제문, 2007.5.15. 동법안은 진수희의원에 의해 2007년 6월 발의된 바 있다(전자신문 2007.6.21일자). 이와 별도로 동법안과 유사한 형태의 검색사업자법이 같은 당 김영선 의원에 의해 발의되었으며, 위 2가지 법안은 제17대 국회 회기만료에 따라 폐기되었으나 2008년 7월 14일에 김영선 의원에 의하여 다시 발의되었다.

즉 동법안의 내용은 인터넷상에서 이루어지고 있는 사회적인 현상이 검색서비스를 통하여 일어나고 있는 것처럼 입법취지를 설명함으로써 인터넷 자체를 불법적인 공간임을 전제하고 있으며, 이를 매개하는 포털사업자에 대해서도 온전하게 그 책임이 있음을 기정 사실화하고 있다는 점에서 시작부터 온전치 못한 취지를 담고있는 것으로 보인다.

나. 주요 내용

검색서비스사업자법(안)은 검색사업자에 대해 내부편집에 의해서가 아니라 기계적 엔진을 이용한 '자동검색서비스'를 제공해야 하고, 제공되는 콘텐츠에 대해 명예훼손 등의 우려가 있을 때 원클릭으로 신고할 수 있는 '즉시 신고버튼'을 달아야 하며, 콘텐츠제공업체(CP)에 부당한 요구를 할 수 없으며, 기사편집위원회를 두는 등 언론으로서의 책임을 다해야 한다는 내용을 담고 있다. 또한 이 법안에 따르면 광고와 정보가 혼란을 줄 수 있기 때문에 광고라면 '광고'라고 표시해야 하며, 검색창에 광고를 삽입하는 행위도 할 수 없게 된다.[59]

구체적인 내용을 보면, 검색서비스사업자 등록제, 불공정거래 금지를 위한 포털의 부당요구금지, 콘텐츠제공업체의 보호를 위한 자동검색서비스 제공 의무, 명예훼손 등의 문제 해결을 위한 즉시신고버튼 설치, 뉴스제공서비스 및 인기검색어서비스 조작방지 의무, 정확한 정보 전달을 위한 광고 표시 의무, 포털의 관리 감독을 위한 정보통신부장관의 감독권, 포털로 인한 피해 발생시 시정을 위한 과태료 부과근거, 피해 보상을 위한 손해입증 책임 규정 등을 포함하고 있다.[60]

특히, 검색서비스사업자의 의무규정을 통하여 검색서비스사업자는 인터넷을 통하여 형성된 사회 각층의 다양한 의견과 정보에 관하여 정확성과 신뢰

---

59) 아이뉴스, 2007.5.15일자.
60) 세계일보, 2007.5.11일자.

성 있는 검색서비스를 균형 있게 제공하며 이용자의 알권리 및 표현의 자유가 보장될 수 있도록 노력의무를 부과하고 있다.[61] 그렇지만 이용자의 알권리와 표현의 자유를 보장토록 하고있음에도 불구하고 검색서비스사업자는 ⅰ)타인의 명예 또는 신용을 훼손하는 내용이나 표현이 담긴 콘텐츠 또는 서비스, ⅱ)개인정보를 유출 또는 유포하거나 그러한 우려가 있는 콘텐츠 또는 서비스, ⅲ)저작권을 침해하는 콘텐츠나 서비스, ⅳ)불공정한 여론을 조성하거나 조성할 우려가 있는 내용이나 표현이 담긴 콘텐츠 또는 서비스, ⅴ)범죄행위와 관련이 있다고 판단되는 콘텐츠 또는 서비스, ⅵ)공공질서 및 미풍양속에 위반되는 내용으로서 청소년에게 유해한 내용이나 표현이 담긴 콘텐츠 또는 서비스, ⅶ)그 밖에 다른 법률이 정하고 있는 규정에 위배되는 내용이 담긴 콘텐츠 또는 서비스 등의 사항이 유포되지 않게 이를 관리·감독하여야 할 책임을 지도록 하고있다.[62]

다. 코멘트

이상과 같이 입법 취지와 내용으로 보건데 검색서비스사업자법(안)은 법률이 가져야할 비례성 및 명확성원칙을 벗어난 것으로 판단된다. 그리고 기존의 법령으로 해결하지 못하는 부분에 대한 특별법의 형태라고 주장하고 있으나 포털서비스와 검색이 가지는 사회적 가치에 대한 평가가 이루어진 것으로 보이지 않으며, 내용에 있어서도 일관성을 가진 것이라고 보기 어렵다. 사업자에 대한 불공정 계약 행위 금지, 검색결과에 대한 명예훼손, 저작권 침해 등에 대한 책임 문제 등을 별도 규정하고 있는 점은 이미 기존의 저작권법이나 정보통신망법을 통하여 해결 가능함에 불구하고 별도의 입법을 통하여 해결하려는 내용 등이 그러하다. 서로 상충하는 내용이 동일 조문에 구성되어있어 사업자는 물론 이용자에게도 혼란을 야기시킬 수 있음은 자명하

---

61) 진수희 의원 발의 검색서비스사업자법(안) 제5조 제2항.
62) 진수희 의원 발의 검색서비스사업자법(안) 제5조 제3항.

다고 본다.

이처럼 몇가지 사항에 대해서 이미 기존법으로 해결가능한 점을 지적하였지만, 입법자는 전체적인 관련 법령을 검토하여 적용 가능한 법률과의 저촉여부를 검토하여야 할 것이다. 따라서, 검색에 대한 기술중립성과 결과에 대한 가치중립성 및 관련 법률의 상호견련성을 고려함이 부족한 것으로 보이는 검색서비스사업자법(안)에 대한 평가를 내리기는 어렵다고 하겠다.[63]

3. 정책적 함의: 법적 규제론과 자율규제론의 균형

가. 기술중립적 규제론

포털사업자 등 인터넷을 포함한 정보기술 산업에 대한 법적 접근은 신중할 필요가 있다. 가장 기본적인 방향은 기술중립성원칙에 따른 접근이라고 할 것이다. 기술중립성원칙(technology neutrality doctrine)이라 함은 특정 기술에 대하여 경쟁상의 혜택을 주지 않는 정책 또는 규제를 일컫는 것으로, 전자상거래 관련 정책에서 가장 빈번하게 제시되는 원칙 중 하나이다.[64]

기술에 대한 법의 중립성 원칙이 확립되고 실제에서 해석하고 적용하는 원칙으로써 확립되어야할 것이다. 왜냐하면 만약 법이 기술의 발전에 간여하게 된다면 기술자체는 중립성을 잃게 되어 법적 안정성을 담보하지 못하게 될 것이며, 순환적인 기술의 발전을 꾀할 수 없게되기 때문이다. 따라서 기술중립성원칙은 다분히 선언적인 의미로써가 아니라 실제 법정책적인 측면에서 인식되고 입법론적 측면에서 중요한 요소로써 작용하여야할 것이다.[65]

---

63) 다만, 진수희 의원이 발의한 검색서비스사업자법(안) 중 제19조 내지 제21조에 규정된 과징금 부과에 대한 부분은 행정절차법 소정의 규정을 두고있지 않아 법형식적 문제가 있음을 지적하기도 한다. 이민영, "포털사이트운영자의 법적 책임에 관한 고찰", 『정보통신정책』(제19권12호 통권419호), 2007, 23면 각주 26 참조.

64) 금융감독원, 『전자금융감독정보』, 2002.12, 27면.

이처럼 기술중립성원칙은 기술의 발전은 물론 법의 적용과 해석에 있어서도 중요한 원칙이라고 할 수 있다. 따라서 저작권법의 입법은 물론 당해 입법에 대한 해석과 적용에 있어서도 기술중립적 원칙은 중요하다고 할 것이다. 특히, 저작권법은 기술의 발전과 궤를 같이 하기 때문에 기술적인 측면에서의 접근은 상당히 조심스러울 수밖에 없다.[66]

더욱이 인터넷의 경우에는 다양한 매체가 관여될 수 있기 때문에 자칫 포괄적 규제 대상으로 하는 경우에는 정보의 자유권, 표현의 자유 등에 대한 법익의 심각한 침해가 이루어질 수 있을 것이다. 공중파방송은 전파자원의 희소성, 방송의 침투성, 정보수용자측의 통제능력의 결여와 같은 특성을 가지고 있어서 그 공적 책임과 공익성이 강조되어, 인쇄매체에서는 볼 수 없는 강한 규제조치가 정당화되기도 한다. 그러나 인터넷은 위와 같은 방송의 특성이 없으며, 오히려 진입장벽이 낮고, 표현의 쌍방향성이 보장되며, 그 이용에 적극적이고 계획적인 행동이 필요하다는 특성을 지닌다. 오늘날 가장 거대하고, 주요한 표현매체의 하나로 자리를 굳힌 인터넷상의 표현에 대하여 질서위주의 사고만으로 규제하려고 할 경우 표현의 자유의 발전에 큰 장애를 초래할 수 있다. 표현매체에 관한 기술의 발달은 표현의 자유의 장을 넓히고 질적 변화를 야기하고 있으므로 계속 변화하는 이 분야에서 규제의 수단 또한 헌법의 틀 내에서 다채롭고 새롭게 강구되어야 할 것이다.[67] 따라서, 인터넷과 같은 비교적 새로운 정보기술에 대한 접근은 자율규제가 우선되어야할 것이라고 하겠다.[68] 다만, 자율규제에 대한 사회적 인식과 실질적

---

65) 김윤명, 『정보기술과 디지털법』, 25면.
66) 즉 "저작권법의 역사가 기술로부터의 방어의 역사이므로 저작권법은 이전에도 기술로부터 많은 도전을 받아왔다"고 한다. 이상정, "인터넷환경에서의 지적소유권법제의 체계와 과제", 인터넷법연구, 2002, 419면.
67) 헌법재판소 2002. 6.27. 선고 99헌마480 결정.
68) 황주성·박선영 외, 『건전한 정보이용환경 조성을 위한 법·제도 연구』(정책연구 02-15), 정보통신정책연구원, 2002, 115면.

으로 인터넷을 이용하는 이용자 사이에는 괴리가 존재할 수 있기 때문에 그 내용의 적용과 규준의 수립에 있어서 참여할 수 있는 기회가 제공되어야할 것이며, 다양한 의견을 제시받을 필요가 있을 것이다. 그러한 과정에서 법률적인 합의를 통하여 입법화하는 과정을 거치는 것이 새로운 기술에 대한 법적 가치의 중립성을 유지하는 것이라고 본다.

나. 검색 규제에 대한 정책적 함의

인터넷과 이를 이용한 검색서비스는 OSP로써 검색사업자가 제공하는 가치중립적 서비스라고 볼 수 있기 때문에 이에 대해 고도의 작위의무를 부여하는 것은 이미 지적한 바와 같이 포털의 영업을 제한하는 것은 물론 포털사이트에서 이루어지는 정보활동에 대한 자유 및 이로써 나타날 수 있는 표현의 자유를 심대히 제한할 수 있다고 본다. 포털사업자에게 지나치게 엄격한 책임을 부과할 경우 법적 판단에 앞서 포털사업자에 의한 사적 검열이 이루어질 수 있다.[69]

이러한 이유 때문에 헌법재판소에서도 인터넷을 "가장 참여적인 시장"이나 "표현촉진적인 매체"로 보고,[70] 인터넷의 특성을 인정하고 있으며 저작권법 등 OSP 규정을 통하여 그 역할을 인정하고 있는 것이다. 따라서, 포털사업자가 제공하는 검색서비스는 가치중립적인 서비스의 영역으로 두어야하며, 그 자체에서 이루어지는 문제를 규제를 통하여 해결하는 것은 인터넷이 지금까지 자생적 또는 자율적으로 발전해온 문화를 해치는 결과를 가져올 수 있다. 이러한 이유 때문에 매체중립적인 인터넷에 대한 통제는 자율적 규제론이 우선하여야 하며, 이에 대한 보완적인 형태로써 기술적 규제를 통하여 이용자가 서비스 유형으로써 발생하는 문제를 해결할 수 있도록 유도하는 것이 정책당국의 역할이라고 본다.

---

69) 유대종, "뉴스기사 검색 서비스의 저작권법상 문제", 14면.
70) 헌법재판소 2002. 6.27. 선고 99헌마480 결정.

V. 결 론

국내에서 검색결과에 대한 법적 책임의 논란은 포털사이트에서 이루어진
것은 아니다. 음악서비스를 제공하는 P2P 서비스에 대한 책임 논의를 진행
하면서 검색 서비스가 방조행위인지 여부에 대한 논란을 통하여 검색에 대
한 책임논의가 대두되었다. 그러던 것이 이제는 검색에 대한 법적 책임 논의
가 포털서비스로 확대되고 있는 것이다.

공공성을 가진 검색서비스를 제공하는 검색사업자의 본래의 역할에 보다
충실하기 위해서는 사회적 책임에 대한 부분을 간과할 수 없다. 이러한 측면
에서 적극적인 역할이 부재했던 것이 지금 포털사업자가 비판적 평가를 받
는 원인이 아닌가 생각된다. 검색이 가지는 공공성과 검색사업자의 사회적
책임에 더하여 검색결과가 가지는 중립성도 중요한 의미를 갖는다. 검색서비
스에 대해 사회적 의혹을 제기하는 경우를 볼 때, 이에 대한 논의 내지는 평
가가 필요한 부분이 아닌가 생각된다.

검색은 특정 키워드에 대한 결과를 갖는 것이기 때문에 기술적인 알고리
즘을 통해 이용자에게 보다 합리적이고 정확한 정보를 제공하는 것을 목적
으로 하고 있다. 그렇기 때문에 검색은 그 결과에 대해 중립성을 갖는다고
하겠다. 검색결과의 중립성은 결국 검색사업자나 포털사업자의 중립성과도
같다고 볼 수 있다.[71] 검색의 중립성은 기술의 중립성과 같이 볼 수 있을 것
이다. 그 자체가 특정한 목적을 위하여 제공되는 것이 아닌 보편적으로 인터
넷을 통하여 정보를 찾도록 서비스를 제공하는 것을 목적으로 하기 때문에
내용에 있어서 문제가 되는 정보가 검색되더라도 검색서비스 자체는 공정한

---

71) 물론 검색의 중립성에 대해 반론을 제기하기도 한다. 이에 대한 사항은 Eric
    Goldman, *Search engine bias and the demise of search engine utopianism*, 8 Yale J. L. &
    Tech. 188, 2006 참조.

형태의 사용이라고 볼 수 있으며, 목적 및 용도나 방법의 비관여성을 지니기 때문에 그 책임은 있다고 볼 수 없다. 다만, 이러한 책임제한의 전제는 검색결과에 대한 공정성, 공개성, 접근가능성, 자율성 등이 보장될 때에 합리성이 담보될 수 있을 것이다. 따라서, 검색서비스에 대한 공공재로써 사회적인 역할의 인정과 공정이용에 대한 항변의 인용에 대한 판단의 확대가 필요하다.72)

포털사업자가 제공하는 검색서비스에 대한 사회적 역할은 작지 않다고 생각된다. 따라서, 포털사업자가 해온 역할 자체를 부인하는 것은 지금의 정보환경에 대한 포털사업자의 역할과 앞으로 포털사업자가 수행해야할 다양한 사회적 역할자체를 부인하는 결과를 가져올 수 있기 때문에 정보검색 및 검색 서비스를 제공하는 포털사업자에 대한 객관적 평가와 그에 따른 대우가 이루어질 필요가 있다. 포털사업자가 가지는 역할과 정보사회에 대한 진흥적 측면을 간과하게 된다면 우리가 인터넷을 통하여 얻을 수 있는 정보의 질은 낮아질 수밖에 없으며, 정보주권 자체가 외국의 헤게모니에 놓일 수 있기 때문이다. 따라서, 정부는 자율규제를 통해 포털사업자의 사회적 책임에 대한 확대를 이끌어내야할 것이다.

이상의 논의와 같이 새로운 정보환경에 대한 규제 논의는 자율규제론을 기본적으로 하여야 하며, 또한 기술규제론이 자율규제론을 보완할 수 있을 것이다. 다만, 양 규제론이 실효성을 담보할 수 없을 때 제한적으로 법적 규제론의 도입을 검토하여야 할 것이다. 왜냐하면 그것이 기술의 발전에 따라 나타나는 사회적 현상을 포용할 수 있기 때문이다.

---

72) 김윤명, "포털서비스의 법률 문제에 관한 개략적 고찰", 238면.

제9절 정보검색 서비스와 저작권 문제

I. 서언

인터넷상에서 이루어지는 검색서비스는 이용자를 위한 것으로 공개된 정보에 대한 접근점을 알려주는 역할을 한다. 검색서비스는 다양한 기술과 절차가 요구되는 비즈니스 모델이라고 할 수 있다. 검색서비스를 위해서는 먼저 공개된 정보를 수집하여 가공하여 이를 검색이 용이하도록 인덱싱기술이 필요하다. 이 과정에서 타인의 정보를 크롤링함으로써 분쟁이 발생하게 된다. 그리고 크롤링하는 정보의 성격에 따라 명예훼손 문제나 온라인서비스제공자(online service provider, 이하 'OSP'라 한다)로서 검색사업자의 책임여부가 문제된다. 대표적으로 OSP가 제공하는 검색의 결과로써 나타나는 썸네일(thumbnail)이 실제 국내에서 저작권 분쟁 또는 인터넷 관련 분쟁의 대표적인 사례가 되고 있다. 이처럼, 정보검색이 갖는 사회적 역할 및 공공적 역할을 수행하고 있지만 의도하지 않은 결과를 가져오기도 한다. 즉 검색사업자의 정보검색서비스는 중요한 비즈니스 모델이면서도 이용자의 입장에서는 정보를 찾고, 이용할 수 있는 서비스 도구로서 역할을 하지만 저작권 분쟁과 같은 새로운 문제를 가져오는 것이다. 검색사업자가 제공하는 검색서비스의 결과가 가져오는 저작권 문제, 명예훼손 문제 등 다양한 문제들을 규제하기 위하여 검색사업자를 규제하는 규제입법에 관한 논의가 진행 중에 있다. 정보검색을 통하여 이루어지는 문제의 해결이나 정리없이 인터넷이라는 거대한 정보의 바다에서 이용자는 표류할 수밖에 없다. 그렇게 되면 이용자간 정보격차는 더욱 커질 수밖에 없고, 정보리터러시(information literacy)는 더욱 약화될 것이다.

본고에서는 정보검색을 통하여 정보문화와 정보이용 촉진을 위해 검색사업자가 제공하는 검색서비스의 법적 성질과 이로 인하여 나타나는 이슈에 대해 저작권법적 측면에서 검토하고자 한다. 이를 위하여 검색사업자의 저작권법상 지위와 그 책임에 대해 살펴보며, 크롤링, 검색결과의 노출 및 링크에 따른 검색서비스에 대한 저작권법적 검토와 검색서비스제공자의 항변에 대해 OSP 책임규정, 인용 및 공정사용에 관한 실제 사례를 중심으로 살펴본다. 그리고 실제 검색사업자에 대한 규제와 이에 대한 저작권법적 대응으로써 공정이용 법리의 의의 및 그 필요성에 대해 살펴보기로 한다.

II. 저작권법상 정보검색의 의의

1. 저작권법의 목적

저작권법은 기본적으로 권리자와 이용자와의 균형을 추구하는 법제이다. 따라서 저작권법은 저작권자의 이익만이 아닌 저작물을 공정하게 사용하는 이용자의 권리도 또한 보호받아야 한다. 이는 저작권자나 이용자 자체의 보호만을 위한 것만이 아닌 문화창달을 가져오는 것을 목적으로 하기 때문이다. 따라서 저작권법의 목적은 크게 병합적으로 위의 3가지의 목적을 통하여 달성될 수 있을 것이다.[1] 저작권법의 목적은 이와 같지만, 저작권법의 목적이 담겨있는 목적규정의 해석은 동태적이고 부단히 변화하는 현실을 규율할 수 있는 포괄적·불확정적 규정으로써 저작물 이용환경의 변화로 인하여 발생하는 저작권법과 현실 사이의 괴리를 극복할 수 있는 지침을 제공한다. 따라서 입법자가 예측하지 못한 환경변화로 인하여 법규정의 적용이 불가능한

---

[1] 저작권법의 근본적인 목적은 문화의 향상발전에 있는 것이기 때문에 저작권의 보호 및 공정한 이용이 서로 상충할 때, 이를 가지고 판단하여야할 것이라고 한다. 이상경, 『지적재산소송법』, 박영사, 1998, 650면.

상황에서는 저작권법의 목적규정의 정신으로 해석하고 인식하여야 한다.2)

헌법은 제22조 제2항을 통하여 창작자 등의 권리를 입법권을 통하여 부여하도록 규정하고 있다. 즉 헌법의 수권을 통하여 저작권법이 그 근거를 가지게 된 것이다.3) 따라서 저작권법은 제한적인 기간을 저작권의 보호기간으로 설정하고 있는 것이다. 비록 구체적으로 보호기간을 설정한 것이 아니기 때문에 입법권자는 그 재량으로 보호기간을 설정할 수 있는 것이다. 그렇다고 하더라도 무제한적으로 저작권의 보호기간을 설정하는 것은 헌법이 허용한 재량을 넘어선 것이 된다.4) 또한, 헌법은 창작자의 권리를 보호하도록 입법권을 부여한 것이기 때문에 창작자가 아닌 투자자 등에 대해서는 그 보호를 허락해서는 아니된다. 이로써 저작권법은 아이디어와 사실의 보호를 배제하고 있으며, 아이디어의 경우 창작성 있는 표현으로 그 보호범위를 제한하고 있는 것이다. 이처럼 저작권법은 권리와 이용의 균형점을 모색하는 법제라고 하겠다.

---

2) 유대종, 『저작권 남용의 법리에 관한 연구』, 경희대학교 박사학위논문, 2006, 47면 [이하, 유대종, 『저작권 남용의 법리에 관한 연구』].

3) "특허법과 저작권법에 대한 수권을 규정한 미국헌법 제1조 제8항 제8절은 양법의 입법목적이 과학과 예술의 진보를 위해서라고 규정하고 있다. 여기에서 진보(progress)는 정태적인 개념이 아닌 동태적이고 지속적인 개념으로 이해될 수 있다. 따라서 통상 유사한 개념을 가진 혁신(innovation)이라는 단어가 특허법과 저작권법의 헌법적 목적을 달성하기 위하여 사용되어 왔다"고 한다. 오승한, "특허·저작권법의 기본목적과 정책에 대한 경제적 분석 및 독점금지법의 경쟁정책과의 비교", 『상사판례연구』(제18집 제3권), 2005.9, 255면 .

4) 즉 우리 헌법 제22조 제2항 자체는 저작권의 영구성을 입법권자에게 위임하고 있는 것이 아니라고 한다. 이시우, "지적재산권의 헌법적 의미에 관한 소고", 『계간저작권』(제34호), 1996.6, 11면.

2. 정보검색

가. 의의

정보검색은 존재하는 정보에 대해 보다 손쉽고, 빠르고, 정확하게 찾고자하는 욕심을 기술적 수단을 통하여 가능하게 한 것이다. 지금처럼 정보기술의 발전에 따라 대두하게 된 포털사이트 이전에 정보검색은 도서관이나 정보센터에서 사서나 정보전문가에 의하여 이루어졌다. 그렇지만 이제는 포털사이트에서 제공하는 검색엔진을 통하여 누구나 쉽게 찾을 수 있게 된 것이다.[5]

검색은 이용자가 원하는 정보를 정확하고 빠르게 제공하는 것이라고 하겠다. 따라서, 검색의 개념도 또한 정보의 제공에 있어서 보다 빠르고 정확한 정보를 찾는 과정과 결과라는 의미에서 크게 벗어나는 것은 아니라고 본다. 정보검색이 일반화됨으로써 정보의 접근성이 높아지고 있으며, 그로 인하여 정보리터러시의 확대를 가져오게 될 것이다.

인터넷상에 제공되는 정보검색 서비스는 몇가지 구성요소를 가지고 있다. 실제 정보검색을 위한 기술적 구성은 절대적이지 않지만 필요한 요소를 몇 가지로 볼 수 있다. 즉 검색서비스의 구성은 크게 직접 웹사이트 등을 크롤링하면서 인덱스(index)[6]를 만들어주는 검색로봇과 이 로봇이 수집한 인덱스

---

5) 인터넷의 특성은 인터넷서비스의 통유성, 공유성 및 관계성으로, 인터넷상의 정보는 그 생성에서부터 이용하는 단계에까지 다양한 절차를 거치게 된다. 정보는 유통과정에서 공유되고 상호 관계성을 지니게 된다. 이러한 관계성은 웹을 통한 링크라는 메커니즘을 통하여 인터넷에서 급속하게 발전하고 있다. 결국 인터넷과 이를 통한 정보검색은 관계론이라는 동양적 사상과 링크라는 서양의 기술을 통하여 지식의 공유를 통한 정보공유의 확대를 가져오고 있는 것이다. 김윤명, "포털사업자의 정보이용권에 대한 담론", 저작권문화, 2005 참조.

6) 색인(index)은 방대한 양의 정보로부터 이용자가 원하는 정보만을 걸러주는 여과기의 구실을 한다. 이러한 색인의 기능은 특정한 정보가 필요한 사람에게 그 정보의 위치를 지시해주는 역할과 방대한 정보원으로부터 가장 유사한 내용의 정보만을 선별해주는 역할을 한다. 김정은, 『자동색인의 색인어 선정기법에 나타난 색인의

를 데이터베이스로 구성해 놓은 웹데이터베이스(web DB), 마지막으로 웹데이터베이스에서 해당 키워드를 검색해주는(query) 검색 프로그램인 검색엔진 (search engine) 등으로 이루어진다.7)

나. 검색의 법적 가치

검색자체는 가치 판단이 배제된 기술중립적 기술이지만, 데이터베이스의 법적 보호에 있어서 중요한 판단요소가 된다. 현행 저작권법에서 데이터베이스는 "소재를 체계적으로 배열 또는 구성한 편집물로서 그 소재를 개별적으로 접근 또는 검색할 수 있도록 한 것"으로 정의되고 있다.8) 따라서, 데이터베이스로 보호받기 위해서는 검색이 가능한 형태의 편집물이어야 한다.9) 우리법과는 달리 EU DB지침의 경우에는 검색이 데이터베이스 보호의 요건이라는 점에서 검색 자체가 가지는 가치는 작지 않다고 하겠다. 즉 EU DB지침의 해석상 개별적인 구성 요소가 체계적이거나 조직적인 방법으로 배열되어야하지만, 그 자체의 체계적 조직적 배열이 아닌 검색 소프트웨어에 의한 방법에 의하여 검색이 가능하다면 체계적, 조직적 배열의 요건에 해당하여 데이터베이스에 해당하기 때문이다.10) 또한 미국 DMCA에서는 정보의 소재

의미』, 전남대학교 석사학위논문, 1995, 9면.

7) 정보검색의 구성에 관한 자세한 내용은 김윤명,『정보기술과 디지털법』, 진한M&B, 2005, 508-510면 참조[이하 김윤명,『정보기술과 디지털법』].

8) 저작권법 제2조 제19호.

9) 비록 하드디스크나 기타 디지털 매체에 데이터들이 어떠한 물리적 체계없이 저장되어 있더라도 검색 소프트웨어에 의해 검색이 가능하다면 체계적, 조직적 배열의 요건을 충족한다고 본다(한지영,『데이터베이스의 법적 보호에 관한 연구』, 서울대학교 박사학위논문, 2005, 25-26면 참조). 실질적으로 방대한 양의 데이터베이스 내용을 확인한다는 것은 검색기능 없이는 불가능하기 때문에 검색기능이 부가되지 않은 데이터베이스는 실제 이용자의 입장에서 의미를 갖기는 어렵다고 하겠다.

10) P. Bernt Hugenholtz, *The Sui Generis Database Right: a Gift from Europe to the World?*, 『디지틀 정보의 공유와 전유: 갈등은 존재하는가?』, KAFIL's 2003 국제심포지움, 2003, 239면.

확인 도구(information location tools)11)에 있어서 서비스 제공업자는 몇몇 경우 디렉토리, 인덱스, 레퍼런스, 포인터 또는 하이퍼텍스트 링크를 포함하는 정보의 소재확인 도구를 이용하는 것 등 정보검색에 관한 서비스제공자의 책임을 면책하고 있다.12) 즉 DMCA는 OSP의 검색서비스에 있어서 면책규정(safe harbor)으로 인정되고 있기 때문에 검색이 공익을 위한 것이라는 점에 대한 법적, 사회적 가치가 인정된 것이라고 하겠다.

검색기능은 정보사회에 있어서 정보의 활용이나 정보보호의 구체적 요건을 가지고 있기 때문에 법적으로 중요하게 다루어질 수밖에 없으며, 정보의 제공이라는 전통적인 정보서비스의 성격을 담당하고 있는 검색사업자에게 있어서 정보검색의 법적 논의가 필요한 이유이다. 더욱이 검색은 자율적 정보서비스의 중심에 있으며, 정보격차 해소와 정보문화의 확대에 있어서 중요한 매커니즘으로 작용하고 있으며, 이를 위한 역할을 수행해오고 있기 때문이다.

---

11) 본 내용은 저작권위원회의 DMCA 번역본을 옮긴 것이다. 그렇지만 이와 달리 '정보검색'이라고 번역하는 경우도 있다(박준석, 『인터넷 서비스제공자의 책임』, 박영사, 2005 참조[이하, 박준석, 『인터넷 서비스제공자의 책임』]). 실상, 개념 자체는 정보검색의 의미이기 때문에 맞는 번역이라고 생각된다.

12) 침해 자료 또는 침해행위를 담고 있는 온라인 상의 위치에 이용자들을 참조케 하거나 연결하였다는 이유로 저작권 침해에 대한 금전적인 구제, 또는 (j)항에 규정된 예외를 제외하고는 금지명령 또는 기타 형평법 상의 구제에 대하여 책임을 지지 아니하도록 하고있다(DMCA §512(d)).

Ⅲ. 검색사업자의 저작권법상 지위와 그 책임

1. 검색사업자의 법적 지위

저작권법상 OSP는 다른 사람이 저작물 또는 실연·음반·방송·편집물을 복제 또는 전송할 수 있도록 무선 또는 유선통신을 위한 설비 또는 서비스를 제공하는 자를 말한다.[13] 즉 OSP는 이용자가 직접 저작물 등을 복제하거나 전송하는 서비스로써 인터넷 게시판 서비스, P2P 서비스, 블로그, 개인 홈피, 온라인 카페 등의 서비스를 제공하는 사업자를 말하며, OSP로서 검색사업자는 정보검색(information retrieval) 서비스를 제공한다.

OSP는 인터넷 등 정보통신망을 통하여 원활하게 정보가 유통될 수 있도록 서비스하는 접근가능성을 확장시켜주는 역할을 하게 된다. 따라서 OSP를 통하여 개개의 사용자는 전자상거래나 정보거래를 하게 되며, 보다 다양한 정보생활을 하게 된다. 결국 이러한 측면에서 서비스제공자는 정보에 대한 매개행위를 하는 자이고, 헌법에서 보장하고 있는 알권리 내지 정보접근의 권리를 실현시켜 참여민주주의를 활성화시키는데 많은 역할을 하고 있으며,[14] 아울러 정보유통의 활성화에 있어서 중요한 역할을 또한 수행하고 있음은 부인할 수 없다. 이처럼 OSP는 정보유통의 활성화 내지 정보이용 활성화를 통하여 사회적인 역할과 책무를 상당 부분 담당하고 있다. OSP에게 정보의 유통에 따른 내용통제의 책임을 물으면 정보유통의 저해를 가져오기 때문에 정보활동의 저해를 받게 된다. OSP는 편집권을 가지지 아니한 정보전달자의 지위에 있기 때문에 정보내용에 대한 책임을 묻는 것 자체가 표현의 자유를 침해할 수 있을 것이다.[15]

---

13) 저작권법 제2조 제22호.
14) 이영록, 『기술조치의 보호입법에 관한 연구』(저작권연구자료 38), 저작권심의조정위원회, 2001, 25면.

2. 정보검색에 대한 OSP의 책임

가. OSP 책임 일반

OSP는 실제 저작물을 생성하는 자는 아니지만 저작권자 또는 이용자가 자신의 저작물이나 정보를 이용에 제공하거나 전송할 수 있도록 컴퓨터 환경을 제공함으로써 정보이용, 정보격차의 해소 및 인터넷 산업의 발전에 커다란 역할을 하고 있다.

OSP에 대한 규정은 인터넷과 같은 온라인 환경을 염두해 둔 규정이며, OSP는 직접적인 정보를 제공하는 것이 아닌 정보를 매개해주는 사업자라고 할 수 있다. 따라서, OSP가 제공하는 설비를 이용하여 직접적으로 정보유통을 수행하는 이용자가 일차적인 책임의 주체가 된다. 다만, 주체에 대한 직접적인 책임을 묻기에 어려움이 있기 때문에 OSP에 대해 일정한 요건을 정하여 책임을 물을 수 있도록 규정하고 있는 것이다. OSP가 실질적인 설비를 제공하여 그 설비를 통하여 이용자가 정보를 제공하는 경우에 OSP에 대한 책임을 지는 것이 저작권법상 OSP의 일반원칙이라고 할 수 있다. 그렇지만 인터넷 상에 공개된 정보에 대한 일반적인 유통에 대해서까지 OSP에 대한 책임여부를 판단할 수 있는 것인지는 의문이라고 하겠다. 왜냐하면, OSP가 직접적으로 정보유통에 관여한 것이 아니기 때문이다.[16)]

원칙적으로 OSP의 책임문제는 정보통신망에서 유통되는 정보의 이용이라

---

15) 최근 법원은 뉴스기사로 인하여 명예훼손을 받은 한나라당의 전여옥 의원이 제기한 명예훼손에 따른 손해배상 청구소송에서 원 기사의 작성 언론사인 CBS와 이를 유통시킨 검색사업자에 대해 연대책임을 인정한 판결을 내린 바 있다. 서울남부지법 2006.9.8 선고 2005가단18300 판결.

16) OSP인 검색사업자가 크롤링하여 위법성이 있는 정보를 자신의 웹데이터베이스에 구축해 놓은 것이 이용자가 게재한 것이라고 볼 수 없기 때문이다. 따라서 엄밀히 보면, 현행 저작권법상 OSP 규정을 통하여 정보검색에 대해 적용할 수 있는 것인지는 의문이라고 본다.

는 측면에서 이용자의 권리와 저작권자의 권리의 충돌문제에서 비롯된다. 실질적으로 OSP가 직접적으로 침해행위를 하는 경우가 드물기 때문에 이에 대한 논의는 그리 많지 않다. 다만 간접침해에 대한 부분으로서, OSP가 정보나 자료를 직접 제공하지 않거나 또는 타인의 저작권 등을 침해하는 자료를 인터넷에 올리는 것을 권유하지 않고 단순히 이용자의 자료를 전달하는 매개자로서의 역할을 한다면 OSP가 자신의 서비스시스템에 저장된 것이 타인의 저작물이라는 것을 알고 있다고 보기 어려울 것이다.17) 이러한 측면에서 OSP에 대한 면책논의가 이루어지고 있고, 각국에서는 일정한 경우에 한하여 OSP로서 책임을 묻도록 하고 있다. 그렇지만 인터넷은 범세계적인 특성을 지니므로, 어느 일국에서 OSP의 책임문제에 대한 법규를 제정하였다고 하더라도, 문제가 해결되는 것은 아니다. 따라서 국경을 초월하여 적용할 수 있는 책임기준에 대한 통일도 필요하다.18) 결국 국제적인 통일을 이루기 위해서는 조약을 통해서 해결할 수밖에 없을 것이다.

나. 검색에 대한 OSP 책임

(1) 현행법상 OSP 책임 규정

우리법에서는 OSP의 책임규정 등에 있어서 정보검색에 대해 구체적인 규정을 두고 있는 법제는 없다. 다만, 검색사업자를 포함할 수 있는 OSP에 대한 규정만을 두고 있을 뿐이다. 저작권법은 OSP가 저작물등의 복제·전송과 관련된 서비스를 제공하는 것과 관련하여 다른 사람에 의한 저작물등의 복제·전송으로 인하여 그 저작권 그 밖에 이 법에 따라 보호되는 권리가 침해된다는 사실을 알고 당해 복제·전송을 방지하거나 중단시킨 경우에는 다른

---

17) 안효질, 『각국의 소프트웨어 불법복제 방지대책에 관한 연구』(연구보고서 2002-3), 프로그램심의조정위원회, 2002, 135면[이하 안효질, 『각국의 소프트웨어 불법복제 방지대책에 관한 연구』].
18) 안효질, 『각국의 소프트웨어 불법복제 방지대책에 관한 연구』, 135면.

사람에 의한 저작권 그 밖에 이 법에 따라 보호되는 권리의 침해에 관한 OSP의 책임을 감경 또는 면제할 수 있도록 규정하고 있다. 다만, 권리가 침해된다는 사실을 알고 당해 복제·전송을 방지하거나 중단시키고자 하였으나 기술적으로 불가능한 경우에는 그 다른 사람에 의한 저작권 그 밖에 이 법에 따라 보호되는 권리의 침해에 관한 OSP의 책임은 면제된다.[19]

저작권법과 달리, 『정보통신망 이용촉진 및 정보보호 등에 관한 법률』(이하 '정보통신망법'이라 한다)법은 타인의 권리를 침해하는 정보를 통신망에 유통시키지 않도록 부작위의무를 부과하고 있다.[20] 정보통신망을 통하여 일반에게 공개를 목적으로 제공된 정보로 인하여 사생활의 침해 또는 명예훼손 등 타인의 권리가 침해된 경우 그 침해를 받은 자는 해당 정보를 취급한 정보통신서비스제공자에게 침해사실을 소명하여 당해 정보의 삭제 또는 반박내용의 게재를 요청할 수 있다. 정보통신서비스제공자는 정보통신망법의 규정에 따른 당해 정보의 삭제등의 요청을 받은 때에는 지체 없이 삭제, 임시조치 등의 필요한 조치를 취하고 이를 즉시 신청인 및 정보 게재자에게 통지하여야 한다. 이 경우 정보통신서비스제공자는 필요한 조치를 한 사실을 해당 게시판에 공지하는 등의 방법으로 이용자가 알 수 있도록 하여야 한다. 다만, 정보통신서비스제공자는 정보통신망법의 규정에 따른 정보의 삭제 요청에도 불구하고 권리의 침해 여부를 판단하기 어렵거나 이해당사자 간에 다툼이 예상되는 경우에는 해당 정보에 대한 접근을 임시적으로 차단하는 조치를

---

19) 저작권법 제102조.
20) 정보통신망법 제44조 (정보통신망에서의 권리보호) ①이용자는 사생활의 침해 또는 명예훼손 등 타인의 권리를 침해하는 정보를 정보통신망에 유통시켜서는 아니된다.
② 정보통신서비스제공자는 자신이 운영·관리하는 정보통신망에 제1항의 규정에 따른 정보가 유통되지 아니하도록 노력하여야 한다.
③ 정보통신부장관은 정보통신망에 유통되는 정보로 인한 사생활의 침해 또는 명예훼손 등 타인에 대한 권리침해를 방지하기 위하여 기술개발·교육·홍보 등에 대한 시책을 마련하고 이를 정보통신서비스제공자에게 권고할 수 있다.

할 수 있다. 이처럼 정보통신서비스제공자는 자신이 운영·관리하는 정보통 신망에 유통되는 정보에 대하여 필요한 조치를 한 경우에는 이로 인한 배상 책임을 줄이거나 면제받을 수 있다.[21]

(2) DMCA의 경우

미국 Digital Millennium Copyright Act(이하 'DMCA'라 한다)는 명시적으로 정 보검색에 대해서 면책규정을 두고 있다. 즉 DMCA에서는 정보의 소재 확인 도구(information location tools)에 있어서 서비스 제공업자는 몇몇 경우 디렉토리, 인덱스, 레퍼런스, 포인터 또는 하이퍼텍스트 링크를 포함하는 정보의 소재 확인 도구의 이용에 의하여 침해 자료 또는 침해행위를 담고 있는 온라인 상 의 위치에 이용자들을 참조케 하거나 연결하였다는 이유로 저작권 침해에 대한 금전적인 구제, 또는 (j)항에 규정된 예외를 제외하고는 금지명령 또는 기타 형평법 상의 구제에 대하여 책임을 지지 아니하도록 하고있다(DMCA §512(d)). 이를 위해서는 (1)(A) 서비스 제공업자가 그 자료나 행위가 침해라는 사실에 대한 실제 지식을 가지고 있지 아니한 경우, (B) 그러한 실제 지식이 없는 경우에, 서비스 제공업자가 그로부터 침해행위가 명백한 사실 또는 정 황을 깨닫지 못하고 있는 경우, 또는 (C) 서비스 제공업자가 그러한 지식이나 깨달음을 얻는 즉시 그 자료를 제거하거나 접근을 불가능하게 하기 위해 신 속하게 행동하는 경우, (2) 서비스 제공업자가 침해행위를 통제할 수 있는 권 리와 능력을 가지고 있는 경우에, 그가 그러한 행위에 직접적으로 기인한 것 으로 볼 수 있는 재정적 편익을 얻지 아니하는 경우, 그리고 (3) 서비스 제공 업자가 (c)항 (3)호에 서술된 바와 같은 침해 주장의 통지 즉시 침해된다고 또는 침해행위의 대상이라고 주장되는 자료를 제거하거나 접근을 불가능하 게 하기 위하여 신속하게 대응하는 경우 등에 해당되어야 한다. 이처럼, DMCA는 정보검색에 있어서도 OSP책임원칙에 따라 면책되도록 규정하고

---

21) 정보통신망법 제44조의 2(정보의 삭제요청 등).

있다는 점에서 정보검색은 물론 인터넷상의 정보이용에 있어서 우리의 입법에 있어서 중요한 지표가 될 것으로 보인다.[22]

3. 정리

저작권법상 검색사업자의 법적 지위와 책임을 검토하였다. OSP 책임규정을 통하여 정보유통을 활성화한다는 취지에서 볼 때, 현행 저작권법상 정보검색 서비스를 제공하는 OSP인 검색사업자의 책임이 일반적인 OSP의 책임규정을 통하여 면책될 수 있는 지는 의문이라고 하겠다. OSP의 정의는 "다른 사람들이 정보통신망을 통하여 저작물 등을 복제 또는 전송할 수 있도록 하는 서비스를 제공하는 자"로 규정하고 있기 때문에 실제 검색엔진을 통하여 웹상에 공개된 정보를 수집하여 저장해 놓은 단계까지는 OSP가 직접적으로 수행한 것이기 때문이다. 다만, 검색DB를 구축해 놓은 단계이후부터는 OSP의 면책규정을 통하여 책임이 없음 주장할 수는 있을 것이다. 따라서, DMCA와 같이 OSP 책임유형을 통하여 면책을 주장할 수 있도록 해야할 것이다. 아이러니하게도, 저작권법상 OSP 책임감면 규정은 검색사업자에게 적용될 여지가 적으며, DMCA의 OSP 면책규정은 실제 공정이용(fair use) 규정이외의 부가적인 방어수단에 불과하기 때문에 그 활용이 크지 않다고 하겠다.

---

22) 다만, 정보검색은 포섭되지만 이외의 경우에 대해서는 적용이 배제될 수 있으므로 문제에 직면할 수도 있을 것이다.

Ⅳ. 검색서비스의 저작권법적 검토

검색서비스는 검색창을 통하여 이루어지고 있는 것이지만 그 과정과 결과에 있어서 다양한 형태의 프로세스가 포함된다. 또한, 그러한 과정이나 결과는 의도하지 않게 법률적인 분쟁을 야기하기도 한다. 검색서비스의 유형에 따라 제기되고 있는 법률문제 중, 저작권법과 관련된 내용을 중심으로 살펴본다.

1. 검색서비스에 관한 검토

가. 크롤링

검색서비스를 위해서 기본적으로 서비스제공자가 다양한 정보를 수집, 가공하여 이용에 제공하게 된다. 이 경우에 콘텐츠제공자와 이용허락 계약을 통하여 콘텐츠를 제공받는 경우도 있겠지만, 웹로봇을 통하여 크롤링하여 이용에 제공하는 경우도 있다.

크롤링의 경우, 웹로봇이 인터넷 상에 공개된 웹사이트에 방문하여 당해 정보를 수집하여 원래의 서버에 전송하여 저장하는 과정을 거치게 된다. 이 경우에 발생하는 문제는 원래의 웹사이트의 성격에 대한 점, 웹사이트에 게시한 정보의 성격에 대한 점이라고 할 것이다. 웹사이트의 성격이라고 하면 우선 공개여부에 대해 웹사이트 운영자가 당해 정보의 이용허락을 어떠한 형태로 하였느냐라는 점을 살펴볼 필요가 있다. 인터넷의 특성은 누구에게나 접근이 가능하도록 공개된 것이기 때문에 접근에 대한 제한여부는 문제되지 않을 것이다. 다만, 웹로봇의 크롤링에 대한 부분이 문제가 될 수 있다. 이용자가 단순하게 접근하여 이용하는 것은 문제가 되지 않을 것이나 웹로봇처럼 복제, 전송의 과정이 거치게 되고 원래의 사이트에 있던 정보의 이전이 이루어지는 것이 과연 저작권법상의 복제, 전송 등의 권리를 침해하는 것과 같은 결과를 가져오는 경우에는 당해 행위는 저작권법의 위반이 될 수 있기 때문이다. 물론, 이 경우에도 원래의 사이트가 가지는 법적 성격의 판단이 요구된다. 특정한 웹사이트가 저작권법상 규정된 데이터베이스인지 여부, 당해 정보가 저작물성을 갖는 지 여부를 따져보아야할 것이다. 개개의 정보가 가지는 성질이 저작물성을 갖는지 여부의 판단은 일반적인 판단기준과 크게 다르지 않기 때문에 생략하기로 한다. 다만, 웹사이트가 데이터베이스인지여부는 특히 중요하기 때문에 좀더 검토가 필요하다고 하겠다.

저작권법은 데이터베이스를 "소재를 체계적으로 배열 또는 구성한 편집물로서 개별적으로 그 소재에 접근하거나 그 소재를 검색할 수 있도록 한 것"으로 정의하고 있다(저작권법 제2조 제19호). 데이터베이스의 제작 또는 그 소재의 갱신·검증 또는 보충에 인적 또는 물적으로 상당한 투자를 한 데이터베이스 제작자에게 "데이터베이스의 전부 또는 상당한 부분을 복제·배포·방송 또는 전송할 권리"를 부여하고 있다(저작권법 제93조). 따라서, 소재의 체결적 배열 또는 소재에 대한 접근이나 검색이 가능한 것이라면 데이터베이스에 범주에 포함된다.

정보에 대한 접근에 대한 논의에 있어서 크롤링이 통상적인 이용에 저촉되는 것인지는 단정할 수 없다. 검색서비스를 위해서는 인터넷상에 공개된 정보를 수집하여야 하기 때문이다. 특히 해킹과 크롤링은 구별될 필요가 있다. 해킹은 권원없는 자가 타인의 정보에 접근하는 것을 말하지만 크롤링의 목적 자체는 정보검색의 효율성을 높이기 위하여 사전에 정보를 수집하여 체계화하는 것이기 때문이다. 검색서비스를 제공하는 검색엔진이 없다면, 실제 홈페이지의 주소를 정확히 알지 않고서는 접근할 수 없을 것이다.[23] 따라

---

23) 윤경, "검색서비스를 위한 썸네일 이미지 제공이 정당한 사용인지 여부", 『계간저작권』(제76호), 2006.12, 71면[이하, 윤경, "검색서비스를 위한 썸네일 이미지 제공

서, 검색엔진을 통하여 홈페이지 운영자는 자신의 사이트에 이용자를 유인하는 역할을 한다는 점에서 권리자의 측면에서도 검색엔진의 역할을 부인할 수 없다고 본다.

크롤링과 관련되어 국내에서 소송까지 이루어진 사건은 없으나 미국의 eBay 사건에서 Bidder's Edge(이하 'BE사'라 한다)의 크롤링에 대한 사법적 판단이 이루어진 바 있다.24) 동 사건에서, 법원은 예비적 금지명령(preliminary injunction)을 위해 본안에서의 승소가능성과 회복불가능한 손해가능성을 충족한다고 보았다. 먼저, 본안에서의 승소가능성의 판단에서 BE사의 자동적이고 반복적인 크롤링이 eBay사의 컴퓨터 시스템에 대한 점유간섭을 구성한다고 보았고, BE사의 동 시스템에 대한 1.53%의 점유율이 동 시스템에 대한 질이나 가치를 감소시키는 것으로 보아 승소가능성을 인정하였다. 또한, 회복불가능한 손해가능성의 판단에 있어서, 1.53%의 점유율이 시스템의 유지비용만큼 손해를 발생시키고, 다른 유사 업체에 대해서 허용된다면 시스템의 기능장애 및 정보손실의 우려 등 회복불가능한 손해를 발생시키게 될 것이라고 판단한 것이다. 물론 미국의 사례가 국내에 바로 적용될 수는 없을 것이다. 따라서, 크롤링에 대한 법적 판단은 국내에서 별도로 이루어질 수밖에 없다고 하겠다.25)

또한, 묵시적 이용허락이라는 측면에서 볼 때, 인터넷상에 공개된 정보를 이용할 수 있는 권리를 유보한 것이라고 보기는 어려우나 일반인이 접근할 수 있는 정보를 웹로봇이 접근하는 것을 달리 보는 것은 합리성의 원칙에도 맞지않다. 물론, 로봇배제원칙(robots.txt)을 통하여 특정 로봇의 접근을 배제하기도 한다. 그렇지만 동 원칙은 강제성을 가지는 것이라고 볼 수 없기 때문

이 정당한 사용인지 여부")].

24) 100 F. Supp. 2d 1058(N.D.Cal. 2000).

25) 본 사안에 있어서 국내법적 적용에 대한 논의는 권영준, "인터넷상 정보에 대한 접근 및 취득행위의 위법성", 『과학기술의 발전과 사법의 대응』, 비교사법학회·서울대기술과법센터 세미나 자료집, 2007, 113면 이하 참조.

에 동 원칙을 벗어난 로봇의 접근이라도 위법한 것으로 볼 수는 없다. 만약, 크롤링 자체의 위법성을 인정한다면 웹로봇이 접근하는 것에 대해서 까지 위법한 것으로 판단될 것이다. 만약 그렇게 되면, 정보검색 서비스가 유지될 수 없는 결과를 가져올 수 있기 때문이다.

검색 로봇을 통한 크롤링은 논란이 있는 것이 사실이지만 크롤링 자체를 배제할 수는 없을 것으로 보며, 또한 그 자체가 위법성을 구성하는 것이라고 판단하는 것은 지양되어야할 것이다. 적어도 웹크롤링은 인터넷을 이용하는 이용자가 찾고자 하는 웹페이지 정보의 접근점에 쉽고 빠르게 도달할 수 있도록 사전에 특정 웹페이지의 URL 등을 포함한 웹페이지 정보를 DB화 하기 위한 목적으로 이루어지며, 검색사이트를 운영하기 위한 필수불가결한 행위이기 때문이다.[26]

나. 검색결과

크롤링 과정을 거쳐 검색서버에 저장된 정보를 이용자는 검색엔진을 통하여 자신이 원하는 정보를 찾게 된다. 실제 서버에 어떠한 정보가 저장되어있는 지 확인하는 것이 거의 불가능하기 때문에 서버 자체에 대한 저작권법적 문제는 크게 논란이 되지 않을 것이다. 따라서, 검색결과로 나타나는 내용이 원래 웹사이트에 있던 내용과 어떠한 관련성을 갖는 지에 대한 판단이 문제가 될 것이다. 또한, 검색결과를 링크형태로 제공하는 것이 저작권법상 복제인지 등의 문제가 될 수 있다. 먼저, 검색결과를 출력하여 나타나는 결과물이 원래의 사이트에 있던 저작물을 복제하여 이용에 제공하는 경우를 볼 수 있다. 특히, 검색과 관련되어 논란이 되고 있는 썸네일(thumbnail) 검색[27]을 중

---

26) 유대종, "뉴스기사 검색 서비스의 저작권법상 문제", 『디지털재산법연구』(제9호), 2007. 6, 30면.

27) 썸네일 검색은 로봇이 인터넷상에 공개된 이미지를 검색하여 이용자가 편리하게 볼 수 있도록 가공하여 이를 검색결과에 제공하는 형태의 서비스이다.

심으로 살펴본다. 썸네일 검색은 본래 이미지의 제공이 아닌 이미지를 축소하여 검색 및 화면 현시가 용이하도록 제공하는 작은 이미지에 관한 사항이다. 일반적으로 크롤링을 통하여 로봇은 이미지를 가공하여 서버에 복제해놓게 된다. 복제된 이미지는 내부적인 프로그램과 절차에 따라서 작은 이미지인 썸네일과 중간 단계의 썸네일로 변환되어 서버에 저장된다. 저장된 썸네일은 이용자의 검색에 의하여 결과로 노출되며, 이때 결과 화면에 나타나는 이미지의 크기 내지 형태가 문제가 되는 것이다. 만약 정말 작은 형태의 썸네일은 본래 이미지를 대체하는 결과를 가져오는 것은 아니지만 중간 정도의 이미지는 본래의 이미지가 가지는 효용을 대체할 수 있다는 것이 법원의 입장이라고 할 것이다. 따라서, 이러한 경우에는 저작권 침해가 인정되고 있다.

이미지와 달리 일반 텍스트 형태의 검색결과에 대해서는 크게 논란이 없는 것으로 보인다. 그 자체가 전체의 문장을 크롤링 한 것이 아닌, 특정 부분만을 크롤링한 것으로 저작권법의 침해를 구성하는 것으로 보기어렵기 때문이다. 검색결과는 통상적인 정보검색의 결과에서 볼 때에는 크게 문제될 사항은 아니라고 하겠지만, 이미지 검색의 결과는 본래의 이미지가 갖는 효용성을 대체할 수 있기 때문에 저작권 침해책임을 구성하게 된다.

검색결과에 따라서 나타나는 문제는 복제, 전송, 전시 등의 저작재산권 문제와 동일성유지권과 성명표시권의 저작인격권에 관한 사항이다. 복제는 실제, 다른 사이트에서 있는 이미지나 정보를 웹로봇이 복제하여 검색서버에 제공하는 것이기 때문에 복제의 범주에 포함된다고 볼 수 있으며, 전송은 자신의 서버를 통하여 이용에 제공하기 때문에 전송의 영역에서 다루어질 수 있는 문제라고 하겠다. 다만, 전시에 대한 사항이며, 사진과 같은 이미지는 전시를 목적으로 제작된 저작물이라고 볼 때, 전시권이 그 목적이 될 수 있다. 따라서, 전시권에 대한 주장이 썸네일 검색에서 다툼이 있는 부분이라고 하겠다. 저작권법상 전시에 대한 용어정의를 별도로 하고 있지는 않지만 저작물이 화체되어 있는 유형물을 일반인이 자유로이 관람할 수 있도록 진열하거나 게시하는 것으로 본다.[28] 그렇지만 이처럼 전시의 전제를 유형물로 전제되는 것으로 보기 때문에 웹상에서 이루어지는 전시가 전시의 개념에 포함되는 지는 논란이 있다. 그렇지만 전시권을 부여하는 목적이 전시에 대한 통제여부에 있는 것이기 때문에 웹상에 이루어지는 전시행위에 대해서 달리 볼 필요는 없을 것으로 본다. 물론, 현시권이라는 별도의 권리를 부여하자는 논의도 있지만 이미 전시권이 저작권법상 부여된 바 있기 때문에 전시권의 해석을 통하여 검색결과에 대한 문제를 해결하는 것이 타당하리라고 본다. 참고로, 미국의 경우는 저작권법 제101조를 통하여 별도의 전시라는 개념을 두고 있다.

썸네일 검색을 위해서 검색사업자는 서비스 효과를 높이기 위해 그 크기를 축소할 수 밖에 없다. 그러한 행위가 동일성유지권을 침해하는 것으로 볼 것인가의 논란이 있지만 저작권법 제13조 제2항 제3호는 "저작물의 성질이나 그 이용의 목적 및 형태 등에 비추어 부득이 하다고 인정되는 범위"와 같이 일정한 경우에는 저작자가 이의할 수 없도록 하고 있기 때문에 검색의 효용성을 높이기 위하여 이루어지는 축소행위를 동일성을 침해하는 것으로 보기에는 무리가 있다. 또한, 성명표시권에 대한 사항도 아울러 문제가 될 수 있을 것이나, 원래의 이미지에 표시된 바가 없다면 이미지 자체에 대해 별도의 표시를 할 필요는 없을 것이나 원래의 사이트에서 크롤링 하였다면 출처표시의 형태로 원사이트를 표시한다면 이 문제는 해결될 것으로 보인다. 문제는 전전유통되어 최초의 사이트와 달리 표시된 경우의 문제나 출처표시의 의무가 원래의 출처를 표시할 의무가 아닌 당해 이미지나 정보를 가져온 곳의 표시를 하여도 그것이 출처표시의 의무를 다한 것으로 법원은 인정하고 있기 때문에 이러한 형태로 이루어지는 표시는 문제가 없는 것으로 볼 수 있다. 그러나 전전유통 자체가 문제가 있는 것이 사실이지만, 원래의 표시가

---

28) 오승종, 『저작권법』, 박영사, 2007, 212면[이하 오승종, 『저작권법』].

아닌 전전유통된 사이트를 저작인격권의 형태로 요구하는 성명표시권이나 출처의무를 다한 것으로 보기에는 다소 무리가 있는 것으로 보인다. 기술적으로 원본에 성명을 표시한다면 전전유통의 경우라고 하더라도 저작인격권의 침해여부에 대한 문제는 적어질 것으로 생각된다.

다. 링크

링크는 단순하게 저작물이나 정보가 가지고 있는 사실정보 형태의 주소로 볼 수 있다. 인터넷을 통하여 특정한 정보에 접근하는 방식은 이용자가 클릭을 통하여 하위계층구조를 가지는 웹페이지를 하나하나 찾아가는 방식과 검색서비스를 통하여 특정 키워드가 포함된 정보를 찾아가는 방식으로 나누어 볼 수 있다. 전자는 많은 시간이 소요되며, 실제 정보를 찾을 수 있는 지도 의문인 방식이라고 볼 수 있으며 후자는 효용성을 갖지만 방대한 검색결과로 인하여 정확성을 높일 수 없는 경우도 발생한다. 후자는 검색을 통하여 나타나는 결과를 링크와 함께 일정 부분을 결과로 보여주며 이용자는 당해 결과를 클릭하여 원 정보로 이동하게 된다.

링크란 타인의 웹사이트의 일정한 부분을 HTML을 통하여 연결시켜 놓음으로써 클릭과 같은 별도 작업 없이 바로 연결된 사이트로 이동할 수 있도록 해주는 것이다.[29] 검색엔진의 검색결과에 대해서 링크로서 이용에 제공하는 경우, 이는 기술적인 차원에서 이루어진 것이기 때문에 이러한 링크 자체가 문제될 것은 없다. 검색결과를 링크의 형태로 보여주는 것은 검색의 효율성과 정보이용의 편리성을 위한 것이지, 다른 부가적인 목적을 가지고 있지는 않기 때문에 검색사업자의 링크서비스 자체가 문제될 것은 아니라고 본다. 즉 단순히 웹상의 데이터에 대한 주소를 포함하는 링크는 저작권적인 표현이 아니라, 보호받을 수 없는 운영의 방법(method of operation)에 불과하기 때문이

---

29) 지적재산권법연구회 편(김윤명 집필분), 『디지털시대 지식재산이 벤처다』, 전자신문사, 2001, 383면.

다.30) 검색엔진이 제공하는 링크서비스는 단순 링크나 직접 링크를 불문하고, 둘다 저작권 침해 사항이 아니라고 할 것이며, 또한 검색엔진 서비스의 유·무료 여부도 불문한다고 한다.31) 다만, 일반적인 링크와는 달리 음란물의 링크행위 자체를 음란물의 전시로 본 대법원 판례도 있기 때문에 검색사업자가 방조나 기여하고 있다고 주장할 수 있다.32) 그러나 본 판결은 많은 비판을 받고 있기 때문에 링크해 놓은 상태 그 자체가 타인의 권리침해가 이루어졌다고 판단할 수는 없을 것이다.

링크의 경우에 메인페이지에의 링크만 허용할 경우에 링크의 허용범위가 불명확하여 법적 안정성을 해하게 되고, 그 결과 링크의 자유를 지나치게 억제하게 될 수 있다. 더욱이 이러한 제한은 검색엔진을 이용하여 세부적인 웹사이트 검색을 할 수 있도록 제공하는 것도 위법하게 되어 인터넷 이용자의 편익을 현저히 위협하게 될 수 있다.33) 링크는 단순한 기술적 정보를 가지는 것에 불과하기 때문에 그 차제가 법률적으로 보호받을 수 있는 정보 내지 저작물이라고 볼 수는 없다고 할 것이다. 단순하게 인터넷의 운용을 위하여 개발된 기술에 불과한 것이기 때문에 링크자체는 저작권법상 보호되는 저작물이라고 볼 수 없다. 물론, 검색결과를 담고 있는 결과물이 타인의 저작물을 침해하는 내용을 담고있는 경우라고 한다면, 권리침해의 주장이 제기될 수

---

30) Jonathan Rosenoer, 『CyberLaw:THE LAW OF THE INTERNET』, Springer, 1997, p.10.

31) 최은창, 『인터넷상의 Hyperlinks, Frames, Metatags 관련 지적재산권 문제에 대한 법적 고찰』, 서울대학교 석사학위 청구논문, 2000, 101면.

32) 일명 팬티신문사건으로 음란물 링크 주소를 웹사이트에 게재하여 링크를 하는 것이 전기통신기본법상 "불특정·다수인이 실제로 음란한 부호·문언·음향 또는 영상을 인식할 수 있는 상태"를 의미하는 전시에 해당됨으로 링크주소를 웹사이트에 게재하는 행위 것은 동법의 규정하고 있는 "음란한 부호의 공연한 전시"에 해당된다고 판시하였다. 대법원 2003.7.8. 선고 2001도1335 판결.

33) 이해완, "Browsing, Caching, Linking & Framming", 『인터넷과 법률』, 법문사, 2002, 303면.

있을 것이다. 실제 구글(google)의 경우도, 캐쉬형태의 복제물을 보관하였으며 이를 제공하였기 때문에 논란이 되기도 하였다.

국내에서 링크와 관련된 사항은 저작권법상 침해라고 판단한 경우는 없었으나 전자지도사건과 음란물 관련 사건에서 그 위법성을 인정한 바 있다. 먼저, 전자지도사건[34]에서 법원은 링크와 관련 하여 판단한 바 있다. 먼저 사실관계를 보면, 피고 넥스텔은 자신의 웹사이트 이용자에게 원고 지오테크놀러지의 전자지도 및 전자지도 검색소프트웨어 판매를 위한 계약을 체결하고, 자신의 웹사이트 이용자들에게 원고의 전자지도를 이용할 수 있도록 하였다. 이후 피고 넥스텔은 신세기통신과 자신들이 전자지도를 제공하는 웹사이트에 링크(프레임 링크 방식)하여 신세기통신 이용자들이 전자지도 서비스를 이용할 수 있도록 하였다. 이에 원고가 전자지도 판매계약 위반 및 저작권 침해로 소송을 제기한 것이다.

물론 프레임 링크와 관련하여 나모웹에디터 프로그램을 와레즈사이트에서 불법복제할 수 있도록 한 사건에서 형사처벌이 내려진 경우는 있었지만[35], 본 사건이 프레임 링크와 관련된 대표적인 사례라고 할 것이다.[36] 이 사건은 원고와 계약을 체결한 피고 넥스텔이 계약에 위반하여 피고 신세기통신과 이용계약을 체결하고 원고 저작물을 이용하게 한 행위가 문제가 된 것이지만 법원은 피고 신세기통신이 원고의 허락 없이 자신의 인터넷 홈페이지에

---

34) 서울지법 2001.12.7, 2000가합54067 판결.
35) 서울지법 2000.12.21, 2000고단8321 판결.
36) 물론, 본 건에 대해 검찰은 피고1이 전자지도를 사용할 수 있는 권리를 해석함에 있어 접속자들이 피고의 인터넷사이트로 직접 들어오는 형태와 다른 피고2의 아이터치 017사이트의 접속자들이 사이트 창을 클릭하여 링크되어 있는 피고1의 사이트에 접속하는 것을 다르게 볼 수 없어 피고1이 다른 인터넷사이트에 링크하여 서비스를 개시한 것만으로는 고소인의 저작권을 침해하였다고 보기어렵다고 판단하여 피고에 대해 불기소처분 결정을 하였다고 한다. 정상조·방석호 편(송우섭 집필분), "프레임 링크의 저작권 침해 여부에 관한 고찰", 『정보통신과 디지털법제』, 커뮤니케이션북스, 2004, 334면.

이 사건 전자지도를 포함한 피고 넥스텔의 지도검색서비스 일체를 프레임 링크한 행위는, 원고의 허락 없이 이 사건 전자지도를 자신의 컴퓨터 서버에 복제하여 이를 자신의 인터넷 홈페이지 이용자들에게 전송한 행위와 마찬가지로, 이 사건 전자지도의 저작권자로서 전자지도 등 데이터베이스 판매업을 영위하는 원고로 하여금 위 전자지도와 같은 데이터베이스를 판매할 수 있는 기회를 상실하게 하는 손해를 입게 하여, 원고의 저작권에 기한 정당한 이익을 침해하므로, 이는 원고의 이 사건 전자지도에 관한 저작권을 침해하는 행위와 마찬가지로 선량한 풍속 기타 사회질서에 반하여 타인의 정당한 이익을 침해하고 이로 인하여 이익을 얻는 위법한 행위에 해당한다고 판시하였다. 아울러 법원은 인터넷 정보서비스 제공자들이 자신들의 인터넷 홈페이지에 다른 인터넷 사이트의 인터넷 홈페이지의 전부 또는 일부를 링크하는 행위가 인터넷상에서 보편적으로 행하여진다는 점만으로는, 피고 신세기통신이 원고의 허락 없이 자신의 인터넷 홈페이지에 이 사건 전자지도를 프레임 링크하여 자신의 인터넷 홈페이지 이용자들로 하여금 피고 넥스텔의 컴퓨터 서버로부터 직접 이 사건 전자지도를 전송받게 하는 행위가 정당화된다 할 수 없다고 판시하였다. 본 판결은 계약위반에 대한 사항이지만 내용은 "저작권을 침해하는 것과 같은" 상당한 위법행위를 한 것에 대한 손해배상청구에 대한 것이었다. 또한 법원은 직접적으로 저작권 침해를 인정한 것이 아니라, 위법성을 '저작권을 침해하는 행위와 마찬가지로' 선량한 풍속을 반하는 행위라고 판시함으로써 계약불이행 등에 대한 책임을 물은 것은 의미를 가진다[37].

일본의 사례이지만,[38] 뉴스의 표제를 링크형태로 제공하였던 사안에서 동경지방법원 지적재산부는 (i)요미우리 온라인(이하, '요미우리'라 한다)의 기사 표제

---

37) 이상정 외, 『디지털 시대 지적재산권과 정보공유의 국가전략적 의미』(미공간), 정보통신정책연구원, 2002, 45면.
38) 평성16년 3월 24일. 평성14(추) 28035.

어의 저작물성에 관하여, ①요미우리 표제어는 그 성질상 간단한 표현에 의하여 보도의 대상으로 된 뉴스 기사의 내용을 독자에게 전달하기 위하여 표기된 것으로서 그 표현상 선택의 폭이 넓다고는 할 수 없다는 점, ②요미우리 표제어는 25자라고 하는 자수의 제한 내에서 작성되는바, 대부분 20자 미만의 글자로 구성되며 따라서 이 점에서도 그 선택의 폭이 넓다고는 할 수 없다는 점, ③요미우리 표제어는 요미우리 기사 중의 문구를 그대로 사용하거나 이를 단축한 표현 또는 극히 짧은 수식어를 부가한 것에 지나지 않는다고 인정되는바, 이러한 점에 비추어 볼 때 요미우리 표제어는 요미우리 기사에 기재된 사실을 발췌하여 기술한 것이라고 해석하여야 하며, 따라서 일본 저작권법 제10조 제2항(우리 저작권법 제7조 제5호)에서 규정하는 '사실의 전달에 불과한 잡보 내지 시사의 보도'에 해당하는 것이라고 인정된다. 따라서, 원고가 들고 있는 구체적인 요미우리 표제어 중 어느 것도 창작적 표현이라고는 인정되지 않는다는 점, 또한 이 사건 변론에 나타난 모든 증거에 의해서도 요미우리 표제어가 요미우리 기사에 기재된 사실과 독립된 별개의 정신적 노력이 응축된 표현이 사용되고 있는 것이라고는 인정할 수 없으므로, 요미우리 표제어는 저작물이라고는 할 수 없다고 판시하였다. 다음으로 (ii)불법행위의 성립여부에 관하여서는, 요미우리 표제어는 원고 자신이 인터넷상에 무상으로 공개한 정보이고, 앞서 언급한 바와 같이 저작권법 등에 의하여 원고에게 배타적인 권리가 인정되지 않는 이상, 제3자가 이것을 이용하는 것은 본래 자유라고 하면서, 부정하게 스스로의 이익을 도모할 목적으로 이용한 경우 또는 원고에게 손해를 가할 목적으로 이용한 경우 등 특단의 사정이 있는 경우는 별론으로, 그러한 사정이 없는 한 인터넷 상에 공개된 정보를 이용하는 것이 위법하다고 할 수 없다고 하고, 피고의 행위가 그러한 부정한 이익을 도모하거나 손해를 가하고자 하는 목적으로 행하여진 것이라고 평가할 만한 특단의 사정이 존재한다고도 인정할 수 없으므로 원고의 주장은 이유가 없다고 판시하였다.[39)]

그렇지만 동 사건은 동경고등재판소에서는 피고 디지털얼라이언스는 라인 토픽 서비스를 운영하면서, 평성14년 10월 8일부터 평성16년 9월 30일까지 원고 요미우리 신문이 운영하는 웹사이트의 신문기사 표제(제목) 365개를 복제하고, 이를 클릭하면 야후!뉴스에 게재된 뉴스기사 본문에 직접 링크되는 서비스를 제공하였다. 이에 원고가 저작권·부정경쟁 및 불법행위에 해당된다고 하여 소를 제기하였고, 동경지방재판소는 원고의 청구를 기각하였다. 그러나 지적재산고등재판소는 피고의 행위는 저작권 침해 및 부정경쟁에 해당되지 않는다고 보았지만 민법상 불법행위에는 해당된다고 판단하였다.[40] 그러지만 과연 민법의 특별법인 저작권법이 보호하지 못하는 내용을 다시 민법에서 보호해줄 보호법익을 설정할 수 있는 것인지 의문이라고 할 것이다.

링크의 저작권 침해여부에 대해 우리나라 대법원은 "구 저작권법(2006. 12.28. 법률 제8101호로 전부 개정되기 전의 것. 이하 같다) 제2조 제14호는 그 법률에서 '복제'라 함은 인쇄·사진·복사·녹음·녹화 그 밖의 방법에 의하여 유형물에 고정하거나 유형물로 다시 제작하는 것을 말하며, 같은 조 제9의2호는 '전송'이란 일반공중이 개별적으로 선택한 시간과 장소에서 수신하거나 이용할 수 있도록 저작물을 무선 또는 유선통신의 방법에 의하여 송신하거나 이용에 제공하는 것을 말한다고 규정하고 있다. 그런데 인터넷에서 이용자들이 접속하고자 하는 웹페이지로의 이동을 쉽게 해주는 기술을 의미하는 인터넷 링크 가운데 이른바 심층링크(deep link) 또는 직접링크(direct link)는 웹사이트의 서버에 저장된 저작물의 인터넷 주소(URL)와 하이퍼텍스트 태그(tag) 정보를 복사하여 이용자가 이를 자신의 블로그 게시물 등에 붙여두고 여기를 클릭함으로써 위 웹사이트 서버에 저장된 저작물을 직접 보거나 들을 수 있게 하는 것으로서, 인터넷에서 링크하고자 하는 저작물의 웹 위치 정보 내지 경로를 나타낸 것에 불과하다. 따라서 이는 구 저작권법 제2조 제14호에 규정된

---

39) 본 사건에 대한 구체적인 내용은 오승종, 『저작권법』, 619-621면 참조.
40) 동경지적재산고등재판소 평성17년(2005년) 10월 6일. 평성17(ネ)10049.

"유형물에 고정하거나 유형물로 다시 제작하는 것"에 해당하지 아니하고, 또한 저작물의 전송의뢰를 하는 지시 또는 의뢰의 준비행위로 볼 수 있을지언정 같은 조 제9의2호에 규정된 "송신하거나 이용에 제공하는 것"에 해당하지도 아니한다. 그러므로 위 심층링크 내지 직접링크를 하는 행위는 구 저작권법이 규정하는 복제 및 전송에 해당하지 않는다."라고 판시하였다.[41]

2. 검색서비스 제공자의 항변

가. OSP 책임규정

현행 저작권법상 OSP 책임 규정은 OSP가 직접적으로 관여된 경우에는 그 적용이 배제되기 때문에 검색서비스를 제공하는 검색사업자에게는 무용지물이라고 볼 수 있다. 실제 썸네일 사건의 경우에 법원은 그 적용을 배제하였고,[42] 해석론을 통해서라도 OSP에 대한 규정을 검색사업자에게 적용하여 그 책임을 경감하기에는 어려움이 있다. 따라서, 현행 법규정의 적용은 배제될 수밖에 없는 것이 현행 저작권법의 한계라고 할 것이다. 왜냐하면, OSP에 대한 정의에서 보듯이 "다른 사람들이 정보통신망을 통하여 저작물등을 복제 또는 전송할 수 있도록 하는 서비스를 제공하는 자"로 정의하고 있다(저작권법 제2조 제30호). 다른 사람들이 저작물 등을 복제하거나 전송할 수 있도록 서비스 해주는 것이기 때문에 OSP의 정의에는 OSP 본인이 제공하는 경우에는 포함될 수 없다. 즉 OSP가 검색서비스를 위하여 이미지를 썸네일화하여 제공하는 경우에는 자신의 검색서비스를 위한 것이지 다른 사람의 검색서비스를 위한 것이 아니라는 점이다. 물론, 다른 사람이 이용할 수 있도록 해주는 것이라는 점에서 볼 때, OSP의 개념을 벗어난 것이 아니라는 주장도 가능하

---

41) 대법원 2009.11.26자 선고 2008다77405 판결.
42) 서울고법 2005.7.26 선고 2005나 76598 판결.

다고 볼 수 있다. 그렇지만 썸네일 검색에 있어서 법원은 OSP에 대해서 자기를 위한 서비스이기 때문에 면책을 인정하지 아니한 것이다. 물론, OSP의 책임규정 자체가 의미하는 바는 검색의 효율성과 인터넷 상의 정보이용과 유통을 활성화하고자하는 입법자의 의도를 보아 목적론적 해석을 통하여 검색에 대해서도 OSP의 면책을 인정하여야 할 것이나, 문리해석을 통한다면 해석상 OSP 책임규정의 적용가능성이 배제될 수밖에 없다.[43]

따라서, OSP에 대한 현행법상의 책임규정은 그 적용가능성을 완전하게 배제할 수는 없지만 검색사업자의 검색서비스에 대해서는 법적 안정성을 담보해줄 수 없는 규정이라고 볼 수밖에 없는 것이다.

다만 한미FTA 비준을 위한 저작권법 일부 개정안에서는 현행 제102조를 개정하여[44], 미국 DMCA와 같이 4가지 유형으로 구체화하여 일정한 요건을 충족할 경우 면책하도록 하고있어 그 실효성은 크다고 할 것이다. 즉 개정안은 검색서비스를 직접 OSP 면책의 일유형으로 규정하고 있기 때문에 현행 저작권법상 논란이 될 수 있는 여지는 소멸될 것이다. 따라서, 현행 저작권법상 검색의 면책은 제한되기 때문에 OSP의 한계를 확인하는 정도에서 그 의의를 찾을 수 있을 것이다.

---

43) 이에 대해 적용가능성이 있는 것으로 보기도 한다. 장현진, "이미지 검색서비스 제공자의 법적 책임", 한국정보법학회 2007.8 정기사례연구회, 2007.
44) 2007.9.12일 문화관광부 주최로 개최된 저작권법 일부개정(안) 공청회에서 공개된 개정안 제102조에서는 온라인서비스제공자의 행위 유형을 다음과 같이 4가지로 세분화하고 있다.
  ⅰ. 온라인상에서 저작물을 송신하는 과정에서 일시적으로 저장하는 행위
  ⅱ. 자동적인 처리를 통해서 수행되는 캐싱
  ⅲ. 서비스 이용자의 지시에 따라 저작물을 서비스제공자의 시스템에 저장하는 행위
  ⅳ. 정보검색 도구에 의하여 온라인상의 위치를 연결하는 행위

나. 인용

검색서비스는 물론 인터넷 상에서 이루어지고 있는 서비스로 인하여 발생한 문제에 대해 저작권법은 일정한 경우에 있어서 제28조의 인용규정을 통하여 책임을 제한하고 있다. 저작권법 제28조는 공표된 저작물은 보도·비평·교육·연구 등을 위하여는 정당한 범위 안에서 공정한 관행에 합치되게 이를 인용할 수 있다고 규정하고 있는데, 정당한 범위 안에서 공정한 관행에 합치되게 인용한 것인지 여부는 인용의 목적, 저작물의 성질, 인용된 내용과 분량, 피인용저작물을 수록한 방법과 형태, 독자의 일반적 관념, 원저작물에 대한 수요를 대체하는지 여부 등을 종합적으로 고려하여 판단하여야 한다.[45) 검색사업자가 제공하는 썸네일 검색에 대해 OSP가 인용규정을 항변으로 한 내용을 보면, ① 검색사업자의 검색사이트에 썸네일 이미지의 형태로 게시된 공소외인의 사진작품들은 공소외인의 개인 홈페이지에서 이미 공표된 것인 점, ② 피고인 회사가 썸네일 이미지를 제공한 주요한 목적은 보다 나은 검색서비스의 제공을 위해 검색어와 관련된 이미지를 축소된 형태로 목록화하여 검색서비스를 이용하는 사람들에게 그 이미지의 위치정보를 제공하는 데 있는 것이지 피고인들이 공소외인의 사진을 예술작품으로서 전시하거나 판매하기 위하여 이를 수집하여 자신의 사이트에 게시한 것이 아닌 만큼 그 상업적인 성격은 간접적이고 부차적인 것에 불과한 점, ③ 공소외인의 사진작품은 심미적이고 예술적인 목적을 가지고 있다고 할 수 있는 반면 피고인 회사의 사이트에 이미지화된 공소외인의 사진작품의 크기는 원본에 비해 훨씬 작은 가로 3㎝, 세로 2.5㎝ 정도이고, 이를 클릭하는 경우 독립된 창으로 뜬다고 하더라도 가로 4㎝, 세로 3㎝ 정도로 확대될 뿐 원본 사진과 같은 크기로 보여지지 아니할 뿐만 아니라 포토샵 프로그램을 이용하여 원본 사진과 같은 크기로 확대한 후 보정작업을 거친다 하더라도 열화현상으로 작품

---

45) 대법원 1998. 7. 10. 선고 97다34839 판결, 2004. 5. 13. 선고 2004도1075 판결 등 참조.

으로서의 사진을 감상하기는 어려운 만큼 피고인 회사 등이 저작물인 공소외인의 사진을 그 본질적인 면에서 사용한 것으로는 보기 어려운 점, ④ 피고인 회사의 검색사이트의 이 사건 썸네일 이미지에 기재된 주소를 통하여 박범용의 홈페이지를 거쳐 공소외인의 홈페이지로 순차 링크됨으로써 이용자들을 결국 공소외인의 홈페이지로 끌어들이게 되는 만큼 피고인 회사가 공소외인의 사진을 이미지검색에 제공하기 위하여 압축된 크기의 이미지로 게시한 것이 공소외인의 작품사진에 대한 수요를 대체한다거나 공소외인의 사진 저작물에 대한 저작권침해의 가능성을 높이는 것으로 보기는 어려운 점, ⑤ 이미지 검색을 이용하는 사용자들도 썸네일 이미지를 작품사진으로 감상하기보다는 이미지와 관련된 사이트를 찾아가는 통로로 인식할 가능성이 높은 점 및 ⑥ 썸네일 이미지의 사용은 검색사이트를 이용하는 사용자들에게 보다 완결된 정보를 제공하기 위한 공익적 측면이 강한 점 등 판시와 같은 사정 등을 종합하여 판단하였다. 그 결과 법원은 피고인 회사가 공소외인의 허락을 받지 아니하고 공소외인의 사진작품을 이미지검색의 이미지로 사용하였다고 하더라도 이러한 사용은 앞의 6가지 판단을 통하여 본 결과 정당한 범위 안에서 공정한 관행에 합치되게 사용한 것으로 본 것이다.[46] 특히, 우리법원은 검색서비스가 허용될 수 있을 것인지 여부는 결국 공표된 저작물의 인용에 관한 요건으로 판단하고 있어, 구체적으로는 인용의 목적, 주종관계, 명료구분성, 필연성, 필요최소한도 등의 관점으로부터 판단되어야할 것이다.[47]

다. 공정이용

우리법은 인터넷상에서 이루어지는 검색에 대해 OSP의 책임을 면책받기 위한 책임규정을 두고 있지 않기 때문에 인용규정을 통하여 그 내용에 대한

---

46) 대법원 2006.2.9. 선고 2005도7793 판결.
47) 오승종, 『저작권법』, 622면.

판단해 왔다. 그렇지만 미국의 경우에는 인용에 대한 별도 규정을 두지 않고 OSP 책임제한 규정과 제107조의 공정이용 규정을 통하여 접근이 가능하다. 실제 검색서비스에 적용되는 경우는 OSP에 대한 규정이 아닌 공정이용 규정을 적용하여 판단한고 있는 것으로 보인다. 즉 미국 법원은 썸네일 검색에 있어서 제107조를 적용하여 공정이용의 항변을 인정할 것인지를 판단하고 있는 것이다.

미국의 대표적인 썸네일 검색관련 사례로 알려져있는 Kelly v. Arriba Soft 판결[48]은 썸네일 검색이 공정이용에 해당한다고 판시한 바 있다. 즉 연방항소법원은 제107조의 4가지 요건을 판단함에 있어 사용목적과 관련하여 원고의 이미지는 심미적이고 예술적인 목적을 가지고 있는 반면, 피고의 썸네일 이미지는 검색결과를 목록화하여 인터넷상의 이미지에 쉽게 접근할 수 있도록 하는 목적을 가졌을 뿐인 점, 저작물의 성격과 관련하여 사진작물이 일반적으로 창작적이기는 하지만 원고의 사진작품은 피고가 이용하기 전 이미 공표된 저작물이었다는 점, 사용된 부분의 양과 관련하여 만약 원고의 사진작품의 일부만을 이용한다면 이를 알아보기 위하여 이미지 검색엔진의 유용성을 감소시킬 것이므로 전체 이미지의 사용이 필요하다는 점, 원저작물의 시장이나 가치에 미치는 영향과 관련하여 썸네일 이미지는 해상도가 낮아서 이를 확대하더라도 원저작물과 같이 사용할 수 없기 때문에 피고의 썸네일 이미지의 이용은 원고의 웹사이트 사용자를 줄이기보다는 원고 웹사이트로 사용자를 안내하고 있고 썸네일 이미지는 원고의 사진작품의 판매나 사용허락에 영향을 미치고 있지 않다는 점을 들어 저작권법상 공정이용에 해당한다고 판시하였다. 다만, 자신의 웹사이트에 인라인링크와 프레임링크를 통하여 저작권자의 전체 크기 이미지를 자신의 웹프레임에서 사용하는 것은 저작권자의 전시권을 침해하는 것이고 이는 공정이용에 해당하지 않는다고 판시하였다.[49] 두 번째 있었던 판결에서도 연방항소법원[50]은 마찬가지로 썸네

---

48) 289 F.3d 934(9th Cir. 2002).

일 이미지 검색서비스는 공정이용으로 인정한 바 있다.[51]

또다른 썸네일 관련 사건인 Perfect 10 v. Google 사건에서 Kelly v. Arriba Soft Corp 사건에서처럼 구글이 썸네일 이미지 서비스가 공정이용에 해당하는 지가 문제된 사안이다. 이용자의 검색에 따라 구글 검색엔진은 구글 서버에 이미 저장된 썸네일 이미지를 먼저 제시하고, 이용자가 그 화면에서 한번 더 클릭하면 제3자의 웹사이트에 저장된 이미지를 인라인 링킹(in-line linking) 기법으로 동일하게 제시하였다. 원고는 구글의 썸네일 이미지 제시행위와 전체크기의 이미지를 인라인 링킹으로 볼 수 있도록 한 행위가 원고의 저작권을 직접 침해하는 것이라고 주장하였다. 1심인 연방지방법원[52]은 썸네일 이미지를 제시한 피고 행위에 대하여, 피고 구글이 캐시 기능으로 스스로 저장한 것을 제공한 것임을 들어 피고의 공정이용 주장을 배척하고 전시권을 침해하였다고 인정함으로써 종전 Kelly v. Arriba Soft 판결의 결론과 반대 입장을 취하였다. 그러나 항소심에서는 피고의 썸네일 이미지 제공행위가 공정이용에 해당한다고 판단하여 원심판단을 번복하였다.[53] 피고는 원고의 이미지로부터 파생된 저작물을 전시하였다는 사실 자체는 다투지 않으면서도 그

---

49) 윤경, "검색서비스를 위한 썸네일 이미지 제공이 정당한 사용인지 여부", 78면. 이에 대한 구체적인 분석은 유대종, "지식정보 검색에 있어서 저작권법의 한계에 관한 소고", 『디지털재산법연구』(제3권 제1호), 2004, 195면 이하 참조.
50) 336 F.3d 811 (2003).
51) 다만, 검색엔진의 인라인 링크 행위가 침해라고 인정하였던 당초 첫 번째 판결[280 F.3d 934 (9th Cir. 2002)] 판결에서의 의견은 철회하고 더 심리할 것을 명하였다. 정상조·박준석, 『FTA 협상타결에 따른 저작권법 개정 관련 제안』, 서울대학교 기술과법센터, 2007 참조[이하, 정상조·박준석, 『FTA 협상타결에 따른 저작권법 개정 관련 제안』].
52) 416. F. Supp. 2d 828 (C.D. Cal. 2006). 1심에 대한 논의는 박준석, 『인터넷 서비스 제공자의 책임』, 422-424면 참조.
53) Perfect 10, Inc. v. Amazon.com, Inc., 487 F.3d 701. 앞서 1심의 피고였던 Google에 대한 여러 건의 유사사건과 인터넷소매업체인 피고 Amazon.com에 대한 사건이 항소심에서는 모두 병합되어 2007. 5. 16. 선고되었다고 한다. 정상조·박준석, 『FTA 협상타결에 따른 저작권법 개정 관련 제안』, 157면.

행위가 공정이용에 해당한다고 다투었는데, 법원은 역시 공정이용의 4가지 요소를 따라 이런 항변의 성립 여부를 분석하였다. 항소법원은 피고의 검색엔진이 썸네일을 제공하는 행위가 심미감의 만족을 위한 기능이 아니라 인터넷이용자들에게 정보의 출처를 지시하는 기능으로 제공되는 것이어서 종전 이미지를 창조적으로 변형한 것이라고 보았다.[54] 나아가 비록 앞서 Kelly v. Arriba Soft 사건과 달리 피고 구글의 썸네일 제공 때문에 원고 perfect 10의 휴대폰 이용자에 대한 축소이미지 판매가 대체된 부정적 효과가 일부 있었더라도, 피고 구글의 이용이 가진 뚜렷한 창작적 변형의 성격이 공정이용 판단에서 더 중요한 기준이라고 보았다.[55]

특히, 구글 사례에 대해 검토가 가지는 의미는 검색사업자인 구글의 서비스 형태가 국내 검색서비스와 크게 다르지 않기 때문에 국내 검색사업자에게도 중요한 이정표로서 역할을 할 수 있을 것으로 보인다. 또한 이러한 환경을 반영하여 한미FTA 및 한미FTA 타결에 따라 정부에서 발의한 저작권법 개정안에도 OSP 면책규정과 공정이용에 관한 규정을 도입함으로써 구체화하고 있다.

3. 정리

이상과 같이 검색서비스에 대해 검색사업자의 입장에서 저작권법상 문제가 될 수 있는 내용에 대해 살펴보았다. 검색은 다양한 유형의 기술과 서비스가 조합된 서비스라고 하겠다. 따라서, 어느 한가지가 문제가 된다면 인터넷상의 검색서비스는 존재가치를 상실할 수 있다. 검색서비스를 이용할 수 없게 된다면 인터넷의 효용과 가치는 크게 감소하게 될 것이다.[56]

---

54) Perfect 10, Inc. v. Amazon.com, Inc., 487 F.3d 701.
55) 정상조·박준석, 『FTA 협상타결에 따른 저작권법 개정 관련 제안』, 156-157면 참조.
56) 오승종, 『저작권법』, 621면.

한가지 의의는 현행 저작권법상 OSP 책임규정이 검색사업자에게 바로 적용될 수 있는 것은 아니라는 점이다. 반면, 인용규정을 통하여 검색사업자의 검색서비스에 대한 책임제한 또는 면책을 어느정도 달성할 수 있다는 점이다. 미국의 경우도 OSP 책임규정을 통하여 문제를 해결하는 것이 아닌 공정이용규정을 통하여 검색사업자의 책임여부를 판단하는 것은 우리가 향후 검색서비스에 대한 책임여부의 판단에 있어서 고민하여야할 문제라고 본다. 다만, 개정 저작권법안에서는 OSP에 대한 면책규정과 공정이용 규정을 두면서 검색서비스에 대해서 적용가능하도록 하고있기 때문에 저작권법적 측면에서 볼 때, 검색서비스는 활성화의 가능성을 두고있다고 평가될 수 있을 것이다.

V. 결 론

검색서비스와 관련된 사항에 대해 저작권법적 측면에서 살펴보았다. 하나의 특징이라고 할 수 있는 점은 현행 저작권법상 OSP 책임 규정은 제3자에 의하여 이루어지는 정보의 복제나 전송에 관한 방조책임의 면책을 위한 규정이기 때문에 검색서비스를 제공하는 검색사업자는 저작권법을 통하여 그 면책을 주장하기는 어렵다는 점이다. 썸네일 검색과 관련하여 미국 DMCA의 경우도 제512조 OSP 면책규정이 아닌 제107조 공정이용 규정을 통하여 적용하는 것으로 보면, 미국의 경우도 유사하게 적용되는 것으로 보인다. 따라서, 검색사업자로서 OSP에 대한 저작권법상 OSP 책임규정의 한계는 실제 그 적용가능성이 적다는 점이라고 하겠다. 다만, 한미FTA 타결에 따른 개정 저작권법은 OSP 책임유형에 정보검색서비스를 일유형으로 포함시켜놓고 있다는 점에서 검색서비스에 대한 저작권법상 면책여부는 명확하게 규정된 것으로 보인다. 검색서비스는 저작권법상 OSP 책임문제, 실제 이용자의 정보유통 문제, 그리고 OSP 책임강화에 따른 사전검열 문제 등 다양한 문제를 가지고 있다. 그렇지만 검색서비스는 정보의 이용과 유통이라는 측면에서 볼 때, 중요한 도구가 되고 있기 때문에 이를 통제하는 것은 사회전반적으로 볼 때, 손해가 아닐 수 없다. 따라서, 검색서비스에 대한 면책과 일정한 경우 공정이용을 통하여 이의 활성화를 유도할 필요가 있다고 하겠다. 최근 저작권법 개정안의 논의는 이러한 현상을 반영한 것으로 판단된다. 더욱이 인터넷상 공개된 저작물을 정보검색을 위하여 일일이 사용허락받는 것은 불가능하기 때문에 검색사업자와 검색의 대상이 되는 웹페이지의 저작권자 사이의 이해관계를 어떻게 조절할 것인가가 문제라고 할 것이다.57) 검색사업자에게 사전적인 의무를 강제하면 인터넷산업과 이용자의 정보접근성 및 표현의 자유가 저해될 수 있기 때문에 어떠한 형태로든 사전검열과 같은 의무 내지 그러한 효과를 의도할 수 있는 의무사항을 부과하여서는 아니될 것이다. 따라서, OSP에 대한 독자입법을 통하여 저작권 및 명예훼손과 같은 법익 침해에 대해 일관성 있게 정리하거나 대응할 수 있는 방안을 강구할 필요가 있다. 또한, 검색서비스는 이용자에게 다양한 정보를 찾기 쉽도록 서비스를 제공하는 것이다. 검색서비스제공 과정에서 다양한 법률적 저촉이 발생하여 사회적 이슈가 되거나 저작권법과의 충돌로 말미암아 다양한 분쟁이 이루어지기도 한다. 국가는 법률을 강화하거나 별도의 입법을 통하여 규제정책을 펴기도 한다. 검색이나 인터넷 서비스 등 사업자에게 책임을 강화하는 형태로, 의무를 부과하면 필요한 비용부담으로 인터넷 등 관련 산업의 위축을 가져오며, 그 결과 이용자가 정보에 접근하거나 정보를 이용하는 비용 상승을 가져올 수 있으며, 그 결과 의도하지 않게 정보의 자유로운 유통과 표현의 자유를 제한하는 결과를 가져올 수 있기 때문이다.

---

57) 오승종, 『저작권법』, 621면.

제10절 뉴스검색 서비스와 저작권

I. 서 론

제리 양이 1994년 전세계의 웹사이트를 백과사전처럼 주제별로 분류해주는 검색엔진 야후!를 서비스한 이후 검색 사이트는 밀림같은 인터넷에서 정보를 찾는 필수적인 도구로 자리 잡았다. 야후!, 구글, 네이버 등과 같은 검색 사이트가 인터넷상의 수많은 웹사이트 또는 웹페이지 정보를 제공하기 위해서는 소위, 검색로봇(web crawler 또는 spider)1)이라고 하는 웹페이지 수집 프로그램을 이용하여 인터넷상에 공개된 웹페이지 정보를 수집하고, 수집된 웹페이지 정보를 색인화하는 과정을 거쳐야 한다.

검색로봇은 짧은 시간에 많은 웹페이지를 볼 수 있도록 하고, 접속한 웹페이지 정보를 수집하게 된다. 이렇게 수집되는 정보들 중에는 개인정보 등 공개되면 안되는 많은 정보들이 존재할 수 있다. 이러한 정보들이 검색 사이트에서 검색되는 이유는 웹사이트 또는 웹페이지에 이러한 정보들이 게재되어 있고, 검색로봇은 웹페이지의 내용 전체를 수집하여 검색DB로 이용하기 때문이다.또한, 검색로봇은 웹페이지를 수집하는 과정에서 짧은 시간에 많은 웹페이지 정보를 수집하기 때문에 웹사이트의 호스트 서버에 과부하를 초래할 가능성도 있다. 이러한 문제들로 인하여 웹사이트 운영자는 로봇배제(robot exclusion)원칙이라고 하는 업계의 자율규정인 robots.txt규약2)을 자신의 웹사이

---

1) 검색로봇은 웹상에서 링크된 웹페이지들을 자동으로 순회하며 각 웹페이지들의 정보를 수집하는 프로그램을 말한다.

2) robots.txt는 UserAgent(검색로봇의 이름)와 Disallow(접근거부 디렉토리) 형태의 구조로 되어 있다. 예를 들어 모든(*) 검색로봇은 디렉토리로의 접근을 거부한다고

트에 적용하여 검색로봇이 접근하는 것을 제한하기도 한다.

한편, 웹페이지에 게재되어 있는 사진, 글 등은 저작권법상 저작물에 해당
될 수 있다. 검색 사이트가 웹페이지에 존재하는 이러한 사진, 글 등에 관한
정보를 검색결과로 제공하기 위해서는 사진, 글 등 해당 웹페이지를 구성하
고 있는 모든 저작물을 복제하여야 한다. 따라서 검색로봇을 통하여 웹페이
지 정보를 수집하는 행위 그 자체는 저작권자의 복제권과 공중송신권을 침
해하는 행위라고도 볼 수 있을 것이다.3)4)

그러나 검색 사이트의 검색서비스는 인터넷을 통하여 제공되는 방대한 양

할 경우 "UserAgent : * , Disallow : 디렉토리" 표시한다.

3) 웹검색 서비스에서는 이러한 문제외에 검색 사이트의 검색결과에서 웹페이지들의
"미리보기(cashing)"를 클릭하게 되면 해당 웹페이지로 이동하지 않아도 웹페이지
의 정보를 확인하는 것이 가능하다. 따라서 이러한 "미리보기"는 저작권자의 저작
재산권 중 공중송신권을 침해하는 행위인지가 문제가 되나, 본고에서는 링크와 관
련된 사항에 한정하여 검토하고, "미리보기"에 관한 사항은 향후 검토 대상으로 남
겨두기로 한다. 이러한 "미리보기"의 저작권법상 문제와 관련하여 우리나라 저작
권법에는 관련 조문이 없을 뿐만 아니라 판례도 없는 상태이다. 그러나 미국에서는
DMCA 제512(b)에 이러한 "미리보기"와 관련된 조문을 두고 있고, 구글의 검색결
과에서는 cashing이 문제된 사건(Blake A. Field v. Google Inc., 04-cv-00413-RCJ-
GWF(2006. 1. 19))에서 네바다주 연방지방법원은 구글 검색결과에서의 cashing은
DMCA 제512조(b)(1)(c)에 해당되는 행위로서 Field의 웹페이지에 대한 저작권을
침해하지 않는다고 판시하였다.

4) 미국 DMCA 제512조(b)(시스템 캐싱) : (1) 책임의 제한 : 서비스제공업자는 다음의
경우에, (2)호에 설정된 조건을 충족한다면, 그에 의하여 또는 그를 위하여 통제되
거나 운영되는 시스템 또는 네트워크에 자료를 중간적이고 일시적으로 저장하였다
는 이유로 저작권 침해에 대한 금전적인 구제 또는 (j)항에 규정된 예외를 제외하고
는 금지명령 또는 기타 형평법상의 구제에 대하여 책임을 지지 아니한다.
(A) 그 자료가 서비스제공업자 이외의 사람에 의하여 온라인으로 제공되어진 경우
(B) 그 자료가 (A)에 서술된 자로부터 (A)에 서술된 자 이외의 다른 자의 지시에 따
라 그 다른 자에게 시스템 또는 네트워크를 통해 송신되어진 경우
(C) 저장이 (B)에 서술된 바대로 자료가 송신된 후 그 자료를 (A)에 서술된 자로부
터 (송신된)자료에 대한 접근을 요청하는 시스템 또는 네트워크의 이용자들의 이용
에 제공할 목적으로 자동적인 기술적 과정을 통해 수행되는 경우

의 정보 중 이용자가 많은 관심을 갖는 정보에 대한 쉽고 빠른 접근을 제공한다는 점에서 공익적 측면을 지니고 있다고 볼 수도 있을 것이다. 따라서 검색로봇을 이용한 웹페이지 정보 수집과 수집된 정보를 검색결과로 제공하는 행위를 저작권 침해로 보는 것은 검색서비스가 지니고 있은 공익적 측면을 고려할 경우 무리가 있는 것으로 보여진다.

이하에서는 웹사이트 운영자가 자신의 웹사이트에 robots.txt규약을 적용하여 놓은 경우 검색로봇 운영자가 robots.txt규약에 반하여 웹사이트에 접속하여 웹페이지 정보를 수집하는 경우 이러한 행위가 정보통신망이용촉진 및 정보보호등에 관한 법률상의 정보통신망 부정침입죄에 해당되는지를 검토한 후 검색 사이트 이용자들의 이용빈도수가 높은 뉴스기사 검색 서비스가 저작권 및 데이터베이스제작자의 권리침해 여부를 검토하여 본다.[5][6]

II. 웹검색 서비스의 개념과 크롤링의 필요성

1. 웹검색 서비스의 개념

웹검색 서비스란 이용자가 검색어를 입력하면 검색엔진을 이용하여 인터

---

5) 세계 최대 검색 사이트인 구글은 17개 프랑스 및 독일어 신문을 발행하는 벨기에 언론사 '카피프레스'로부터 구글의 뉴스 서비스가 자사의 신문기사 제목과 기사 일부가 게재된 데 대해 저작권 침해 혐의로 구글을 고소하였다. 또한, 2006년 9월 브뤼셀 법원은 1심에서 구글의 뉴스 서비스를 중단하고 매일 100만유로의 벌금을 지급하라는 판결을 내렸다(전자신문 2006. 11. 27.).

6) 구글의 뉴스서비스 방식은 검색로봇을 이용하여 뉴스기사를 크롤링한 후 크롤링 정보를 이용하여 뉴스기사 페이지(기사제목과 기사의 첫단락 2~3줄 제공)를 구성한 후 링크정보를 제공하여 주는 형태를 취하고 있다. 그러나 우리나라의 경우 대부분의 검색사이트들은 신문사와 뉴스기사 공급계약을 체결하고 뉴스기사를 자사의 사이트에서 제공하고 있어 서비스 방식을 취하고 있다.

넷상의 웹페이지의 위치정보를 찾아주는 검색도구 또는 서비스를 의미한다. 이러한 웹검색 서비스를 제공하기 위해 검색로봇이라고 하는 웹페이지 수집 프로그램을 이용하여 인터넷상에 공개된 웹페이지들의 정보를 수집하는 행위를 소위, 크롤링(crawling)이라고 한다. 검색로봇이 웹상에서 링크된 웹페이지들을 수집하는 방식은 사람이 수동으로 웹페이지의 정보를 수집하는 방식[7]과 동일한 방식을 취하고 있다. 검색로봇은 짧은 시간에 다량의 웹페이지 정보를 수집할 수 있고 또 하이퍼텍스트 기법을 이용하여 편리하게 웹페이지를 찾아갈 수도 있다.

일반적으로 검색로봇이 인터넷상의 웹페이지를 수집하기 위해서는 먼저, 검색로봇이 수집할 웹페이지의 초기 목록을 지정하고, 검색로봇은 지정된 목록에 따라 웹사이트를 방문하여 웹페이지 정보를 수집하게 된다. 이후 검색로봇은 수집된 웹페이지에 링크되어 있는 웹페이지들에 접속하여 링크된 웹페이지 정보를 수집하면서 중복문서는 제거하고 이전에 방문한 웹페이지의 내용이 변경된 경우에는 당해 웹페이지를 재수집하게 된다.

이와 같이 검색로봇이 웹페이지를 수집하는 방식은 크게 "넓이 우선 순회(breadth - first traversal)방식"과 "깊이 우선 순회(depth - first traversal)방식"으로 구분할 수 있다. "넓이 우선 순회 방식"은 한 웹페이지에 여러 개의 링크 페이지가 있을 경우 개개의 링크 페이지들에 대해 먼저 웹페이지 정보를 크롤링한 후 한 단계 더 깊이 들어가 검색하는 방식이다. 이에 반하여 "깊이 우선 순회방식"은 한 웹페이지에 여러 개의 링크 페이지가 있을 경우 하나의 링크 페이지에 대해서 계속 따라가면서 크롤링을 하는 방식으로 새로운 웹페이지를 찾는데 주로 사용된다.

이렇게 검색로봇을 이용하여 수집된 웹페이지 정보들은 검색에 필요한 형태소 분석 등의 인덱싱 과정을 통해 검색DB로 구성한 후 서버에 저장되고

---

7) 수동방식은 사람이 웹페이지의 "소스보기"를 통해 html 등으로 구성된 웹페이지의 정보를 수집하는 방식을 의미한다.

검색 사이트 이용자의 검색요청시 검색엔진을 이용하여 검색어가 포함되어 있는 웹페이지를 추출하여 웹페이지의 내용과 위치정보를 검색결과로 제공한다. 이를 그림으로 표현하면 아래와 같다.

〈웹검색 서비스 제공 과정〉

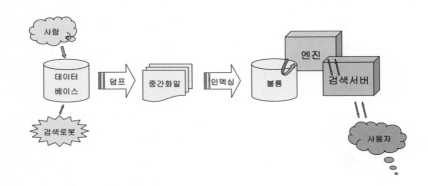

2. 크롤링의 필요성

전술한바와 같이 크롤링(crawling)은 검색로봇이 프로그래밍된 명령체계에 따라 인터넷상에 공개된 웹사이트의 웹페이지를 순회하며 웹페이지 정보를 수집하는 행위를 말한다. 크롤링은 인터넷을 이용하는 이용자가 찾고자 하는 웹페이지 정보의 접근점에 쉽고 빠르게 도달할 수 있도록 사전에 특정 웹페이지의 URL 등을 포함한 웹페이지의 정보를 DB화하기 위한 목적으로 이루어지며, 검색 사이트를 운영하기 위한 필수불가결한 행위이다. 이러한 크롤링은 인터넷상에 공개된 웹서버에 접속하여 웹페이지 정보를 수집한다는 점에서 컴퓨터를 이용하여 다른 사람의 정보처리장치 또는 정보처리조직에 침입하거나 기술적인 방법으로 다른 사람의 정보처리장치가 수행하는 기능이나 전자기록에 함부로 간섭하는 일체의 행위인 해킹과 구별된다고 보아야 할 것이다. 해킹의 핵심적 요소는 권한이나 허락을 받지 않은 자가 접근코드나 패스워드를 풀어버리는 방법을 통하여 타인의 컴퓨터시스템에 접근하는데 있어서 컴퓨터를 사용한다는 점이기 때문이다.[8]

인터넷이라는 속성이 공개된 정보를 누구나 접근하여 이용할 수 있다고 하겠지만, 스스로 정보의 공개를 거부하거나 시스템의 부하 등의 이유 때문에 웹사이트 운영자는 로봇배제라는 업계의 자율규정이라고 할 수 있는 robots.txt규약을 통하여 검색로봇의 접근을 제한하거나 크롤링에 반대하는 의사표시를 할 수 있다. 다만, robots.txt규약이 강제성을 수반하지 않기 때문에 robots.txt가 존재하는 웹사이트의 정보를 수집하지 않는 것은 아닌 것으로 보인다.[9]

III. 크롤링의 정보통신망법상 문제

정보통신망 이용촉진 및 정보보호등에 관한 법률(이하 "정보통신망법"이라 한다) 제48조 제1항은 "누구든지 정당한 접근권한 없이 또는 허용된 접근권한을 초과"하여 정보통신서비스제공자[10]의 "정보통신망[11]"에 침입"하는 것을 금

---

8) 백광훈, 『사이버테러리즘에 관한 연구』, 한국형사정책연구원, 2001. 12., 184면.
9) 구글, 야후 등 미국계 검색 사이트들은 robots.txt 규약을 가급적 준수하고 있는 것으로 보이나, 국내의 검색 사이트들은 규약 준수여부가 상이한 것으로 보인다.
10) 정보통신서비스제공자라 함은 전기통신사업법 제2조 제1항 제1호의 규정에 의한 전기통신사업자와 영리를 목적으로 전기통신사업자의 전기통신역무를 이용하여 정보를 제공하거나 정보의 제공을 매개하는 자를 말한다(정보통신망법 제2조 제3호).
11) 정보통신망이라 함은 전기통신기본법 제2조제2호의 규정에 의한 전기통신설비를 이용하거나 전기통신설비와 컴퓨터 및 컴퓨터의 이용기술을 활용하여 정보를 수집·가공·저장·검색·송신 또는 수신하는 정보통신체제를 말한다(정보통신망법 제2조 제1호).

지하고 있다.

정보통신서비스제공자(웹사이트 운영자)가 자신의 정보통신망(웹서버)에 robots. txt규약을 적용하여 검색로봇에 의한 크롤링을 금지하고 있음에도 불구하고 검색로봇 운영자(검색 사이트)가 이러한 robots.txt규약을 무시하고 검색로봇을 이용하여 웹페이지 정보를 크롤링한 경우 이러한 행위가 정보통신망법 제48 조 제1항의 "정당한 접근권한 없이 또는 허용된 접근권한을 초과하는 행위" 에 해당된다고 볼 수 있는가.

정보통신망법 제48조 제1항은 정보통신망 자체의 안정성과 정보의 신뢰 성을 보호하기 위한 규정으로서 접근권한을 부여하거나 허용되는 범위를 설 정하는 주체는 정보통신서비스제공자라고 볼 수 있다.12) 또한, 본 규정은 정 보통신망의 안정성과 신뢰성을 확보하기 위해 정보통신서비스제공자가 강구 한 정보통신망 보호조치의 침해나 훼손을 그 구성요건13)으로 하고 있지 않 으며 판례14)도 "그 보호조치에 대한 침해나 훼손이 수반되지 않더라도 부정 한 방법으로 타인의 식별부호(아이디와 비밀번호)를 이용하거나 보호조치에 따른 제한을 면할 수 있게 하는 부정한 명령을 입력하는 등의 방법으로 침입"한 경우에는 제48조 제1항에 위반되는 행위라고 보고 있다.

본 규정의 입법취지 및 판례에 비추어 본다면, 정보통신서비스제공자가 웹사이트 또는 웹페이지 정보가 존재하는 정보통신망에 대한 접근방식으로 로그인 방식 등 일정한 권한을 가진 자만이 접근할 수 있도록 하는 제한된 접근방식을 취하고 있는 경우에는 이러한 제한된 접근방식은 정보통신망법 제48조 제1항에서의 접근권한에 해당된다고 볼 수 있을 것이다. 그러나 당해 웹사이트 정보가 존재하는 정보통신망에 대한 접근방식을 비로그인 방식 즉 누구나 접근가능한 형태를 취하고 있다면, 당해 정보통신서비스제공자의 정

---

12) 대법원 2005. 11. 25. 선고 2005도870.
13) 구정보통신망이용촉진에관한법률(법률 제5986호) 제19조 제3항은 "보호조치의 침 해 또는 훼손"을 정보통신망 보호조치 침해죄의 구성요건으로 하고 있었다.
14) 대법원 2005. 11. 25. 선고 2005도870 판결.

보통신망에 대한 접근권한은 모든 사람에게 부여된 것이라고 볼 수 있을 것이다. 따라서 누구나 접근가능한 웹사이트에 검색로봇을 이용하여 접근하는 행위는 "정당한 권한없는" 접근이라고 볼 수 없을 것이다.[15]

그러나 정보통신서비스제공자의 웹사이트가 누구나 접근가능한 웹사이트임에도 불구하고 robots.txt규약을 채용하여 검색로봇만 그 접근을 제한하고 있는 경우 검색로봇 운영자가 이러한 의사표시에 반하여 검색로봇을 정보통신서비스제공자의 웹사이트 정보가 존재하는 정보통신망에 접속하였다면, 이러한 접속이 정보통신망법상의 "정당한 권한없이" 접근한 것인지 아니면 "허용된 접근권한을 초과한" 접근이라고 보아야 하는지의 의문이다. 판례는 접근권한의 초과 여부 또는 허용되는 범위는 정보통신서비스제공자가 부여한 접근권한을 기준으로 판단하여야 한다고 보고 있다.[16] 즉 접근권한의 초과 또는 허용되는 범위는 그 자체가 일정한 접근권한이 부여되었음을 전제로 하는 것이다. 따라서 누구든지 접근 가능한 웹사이트에 검색로봇의 접근을 원천적으로 배제하였다면, 접근권한 자체가 부여되지 않았다고 보아야 할 것이다. 따라서 robots.txt규약이 적용되어 있는 정보통신망에 검색로봇이 접근하는 행위의 위법성 여부는 "정당한 권한"의 부여 여부로 판단하는 것이 타당할 것이다.

한편, 정보통신망법 제48조 제1항은 정당한 권한없이 또는 허용된 접근권

---

15) Convention on Cybercrime(ETS No. 185) *Explanatory Report* 제48절에서는 "구체적인 기술도구의 이용은 예를 들어 커뮤니케이션을 위하여 정보를 검색하고, 위치를 파하는 검색로봇(bots)이나 쿠키(cookies)애플리케이션, 직접연결(deep-link)을 포함하는 하이퍼링크를 통한 링크 또는 직접연결을 통한 웹페이지의 접속은 조약 제2조의 접속에 해당될 수 있으나, 이와 같은 기술도구 그 자체는 권한없는(without right)접근은 아니다. 왜냐하면, 공연히 웹페이지를 운영하는 것은 다른 웹페이지의 운영자의 접근을 가능하게 하는 것으로서 웹페이지 운영자의 묵시적 동의를 암시한다."고 하고 있다. ; 본 조약에 관한 자세한 내용은 박희영, "사이버범죄방지조약의 발효와 한국 형법의 대응법류", 『인터넷법률(제23호)』, 2004년 5월 참조.
16) 대법원 2005. 11. 25. 선고 2005도870 판결.

한의 초과와 "침입"을 정보통신망 부정접근죄의 구성요건으로 하고 있다. 여기서, "침입"의 개념이 형법상 침입의 개념[17]으로 보아야 하는지 아니면 별도의 개념으로 보아야 하는지 명확하지 않다. 판례는 업무상 알게 된 직속상관의 아이디와 비밀번호를 이용하여 직속상관이 모르는 사이에 군 내부전산망 등에 접속하여 직속상관의 명의로 군사령관에게 이메일을 보낸 사안에서 "서비스제공자가 이용자에게 제3자로 하여금 사용할 수 있도록 승낙하는 권한을 부여하였다고 볼 수 있거나 또는 서비스제공자에게 제3자로 하여금 사용하도록 한 사정을 고지하였다면 서비스제공자도 동의하였으리라고 추인되는 경우 등을 제외하고는, 원칙적으로 그 제3자에게는 정당한 접근권한이 없고…업무상 알게 된 직속상관의 아이디와 비밀번호를 이용하여 직속상관이 모르는 사이에 군 내부전산망 등에 접속하여 직속상관의 명의로 군사령관에게 이메일을 보낸 경우에는 정보통신망법 제48조 제1항에 규정한 정당한 접근권한 없이 정보통신망에 침입한 행위"라고 보고 있다.[18] 따라서 판례에 비추어본다면, 정보통신서비스제공자가 제공하는 서비스를 이용할 수 있는 권한을 부여받지 못한 자가 당해 서비스를 이용하는 행위는 정보통신망법 제48조 제1항의 "침입"에 해당된다고 볼 수 있을 것이다.

그러나 정보통신서비스제공자가 자신이 제공하는 서비스에 대한 접근을 어떠한 제한없이 누구든지 이용할 수 있는 형태를 취하고 있음에도 불구하고 robots.txt규약을 적용하여 검색로봇만의 접근을 제한하고 있는 경우, 검색로봇 운영자가 정보통신서비스제공자의 이러한 의사표시에 반하여 정보통신서비스제공자의 정보통신망에 접근한 행위를 "침입"이라고 보아야 할 것인가.검색로봇을 통한 웹페이지 정보의 크롤링은 공개된 인터넷상의 웹페이지 정보를 수집하는 것으로 인터넷이라는 가상의 공간은 그 접근의 제한이 없

---

17) 침입이란 주거권자의 의사에 반하여 들어가는 것을 말한다. 주거권자의 의사에 반하면, 반드시 출입을 제지당하였을 것을 요하지는 않는다(이재상, 『형법각론(제5판)』, 박영사, 2005, 232면).

18) 대법원 2005.11.25. 선고 2005도870 판결.

다고 할 것이다. 또한, 검색로봇을 이용한 크롤링은 인터넷에 존재하는 수많은 정보에 쉽고 빠르게 접근할 수 있도록 하기 위해서는 필수적인 행위로서 공익적 성격도 지니고 있다. 따라서 정보통신서비스제공자가 자신의 정보통신망에 robots.txt규약을 적용하여 놓았다 하더라도 로그인의 설정, 방화벽, 암호화 등 기술적 방법으로 접근이 차단된 웹페이지에 접근하여 정보를 수집한 경우를 제외하고[19] 이러한 접근제한이 없는 웹페이지들을 robots.txt규약에 반하여 크롤링하는 행위는 정보통신서비스제공자의 의사에 반한다고 하더라도 정보통신망법 제48조 제1항의 "정당한 권한 없는 침입"의 위법성이 조각된다고 해석하는 것이 타당할 것이다.[20]

Ⅳ. 웹검색 서비스의 저작권법상 문제

1. 링크의 의의와 종류

사전적 의미에서의 링크는 HTML(하이퍼텍스트)를 사용하여 상호연관된 정보를 연결하는 것 또는 단어, 이미지 또는 정보 개체로부터 다른 곳으로 선택적인 연결을 제공하는 부분을 의미하며, 웹과 같은 멀티미디어 환경에서는 소리나 동영상 등도 링크를 통해 연결될 수 있다. 링크는 인터넷을 가치 있게 만드는 요체로서 인터넷을 의미하는 웹의 의미인 거미집 또는 거미집 모양의 망에는 다른 웹사이트들과의 광범위한 연결이라는 의미 또한 포함되어

---

19) 검색로봇은 이러한 제한이 있는 웹페이지들에 대한 접근이 불가능하다. 따라서 이러한 제한이 있는 웹페이지의 정보를 검색로봇을 이용하여 수집하는 행위는 정보통신망법 제48조 제1항의 위반이 될 가능성이 높다고 보여진다.

20) Convention on Cybercrime (ETS No. 185) *Explanatory Report* : 47절에서는 "공중에게 자유롭게 공개된 접근을 허용하는 컴퓨터 시스템에 접근하는 행위"는 정당한 접근 행위로 보고 있다.

있다. 링크는 인터넷을 다른 매체와 구별되게 하는 가장 기본적인 특징이며 링크에 의하여 인터넷 이용자는 다른 웹사이트로 쉽게 이동하는 것이 가능하다.

링크는 크게 HTML에 의하여 연결시키는 링크와 인라인 링크(inline link)로 구분할 수 있다. HTML에 의하여 연결되는 링크에는 단순링크(surface link)와 직접링크(deep link)로 구분할 수 있다.단순링크는 웹사이트 이용자를 당해 정보가 있는 웹사이트의 홈페이지로 이동시키는 링크로서 원하는 정보를 찾기 위해서는 당해 웹사이트의 내부 페이지로 이동을 해야 한다. 직접링크는 단순링크처럼 웹사이트 이용자를 당해 웹사이트의 홈페이지로 이동시키지 않고 바로 해당정보가 있는 내부 웹페이지로 이동시키는 링크로서 가장 널리 이용되는 링크방식이다.

인라인 링크(inline link)는 기존의 HTML에서 사용해 왔던 단순한 링크의 개념보다 더욱 강력해진 기능의 링크를 지원하기 위해 개발된 방법으로 통상 XML링크의 한 종류이다.[21] 인라인 링크는 웹사이트 이용자가 링크제공자의 웹페이지를 방문했을 때 링크가 자동적으로 실행되게 하는 링크로서 다른

---

21) XML링크에는 XLink와 XPointer 두 유형이 있다. XLink는 문서와 문서를 연결하는 링크로서, XML문서에 링크를 어떤 방법으로 집어넣을 것인지와 어느 위치로 연결을 시킬 것인가에 대한 정보를 지정한다. XLink를 사용하여 XML문서는 내부적으로나 외부적으로 객체나 다른 자원에 연결될 수 있으며, 자신만의 고유한 링크 요소를 정의할 수도 있다.
XPointer는 XML 문서 전체를 연결시키는 대신에 XML문서의 특정 부분을 지정할 수 있게 해준다. 즉 XPointer는 XML 문서 구조의 특정 요소를 직접적으로 사용할 수 있는 향상된 링크 기능을 제공한다. HTML에서도 문서의 일부를 지정하는 방법으로 태그에 name 속성을 사용하는 방법을 제공하고 있지만 id를 가지고 있는 문서의 일부를 지정하는 것에는 한계가 있다. XPointer는 URI과 같이 사용하여 하나의 문서 내의 특정 부분에 이르는 경로를 지정하는 방법을 제공하기도 하지만 기본적으로 URI와 함께 사용하는 식별자를 사용하여 하나의 XML 문서 내에 있는 자원들을 다른 파일들과 연결시켜준다. 이러한 XPointer는 다시 인라인링크(inline link)와 아웃오브라인링크(out of line link)로 나뉜다.

웹사이트의 정보를 링크제공자의 프레임내에서 이용한다는 측면에서는 프레임 링크와 동일하지만 링크가 이용자의 개입없이 자동적으로 실행되는 점에서 프레임 링크와 차이가 있다.22) 또한, 인라인 링크는 HTML링크에 있어서처럼 이용자를 이동시켜 주는 것이 아니라 동일한 웹페이지상의 다른 지점, 동일한 웹사이트상의 다른 페이지, 다른 웹사이트의 홈페이지(surface link), 다른 웹사이트의 어떠한 내부 페이지(deep link) 등으로부터 링크에 의하여 연결된 이미지나 텍스트 또는 음성클립 등을 가져오도록 검색프로그램에게 지시하는 것이다. 즉 HTML링크 명령어(또는 tag)는 검색프로그램으로 하여금 동일하거나 다른 서버에 있는 이미지 등을 어느 웹페이지의 특정한 위치에 나타나도록 지시한다. 따라서 인라인 링크에 의하여 HTML 링크 명령어를 읽은 검색프로그램은 이미지를 포함하고 있는 사이트를 방문하여 이 이미지를 현재 화면에 나타나 있는 웹사이트에 그 이미지를 자동적으로 합치게 해서 나타나게 하는 것이다. 따라서 인라인 링크는 마치 사진이 신문이나 잡지에 나타나는 것과 같이 동일하거나 다른 서버에 있는 이미지가 마치 그 페이지의 일부분인 것처럼 나타나기는 하나, 복제행위는 이루어지지 않는다.23)

2. 웹사이트 저작물성과 크롤링

저작권법은 편집물24)로서 그 소재의 선택·배열 또는 구성에 창작성이 있는 것은 편집저작물로서 보호하고 있다. 인터넷 웹사이트의 각 웹페이지들은 이미지, 글 등으로 구성되어져 있어 그 구성자체만으로 본다면 편집저작물이

---

22) 김현철, "링크제공자의 저작권법상 책임에 관한 소고", 『저작권(제58호)』, 2002년 여름호, 47면
23) 링크의 유형에 관한 자세한 사항은 이대희, "인터넷상 신기술과 상표법 및 저작권법", 『지적재산21』, 2000년 1월호 참조.
24) 편집물이라 함은 저작물이나 부호·문자·음성·음향·영상 그 밖의 형태의 자료의 집합물을 말하되, 데이터베이스를 포함한다(저작권법 제2조 제17호).

될 수 있으며, 각각의 구성요소들이 저작물성을 가지고 있다고 한다면 독립된 저작물로서 보호된다. 신문사가 운영하는 인터넷사이트의 경우에도 그 구성자체만으로는 편집저작물이라고 볼 수 있고, 인터넷 사이트에 게재되어 있는 개별 뉴스기사들은 하나의 독립된 저작물로 볼 수 있다. 따라서 신문사의 인터넷사이트에 게재되어 있는 개별 뉴스기사를 검색로봇을 이용하여 크롤링하는 행위는 저작권자(신문사)의 복제권을 침해하는 행위임은 명백하다.[25] 그러나 저작권자는 자신이 운영하는 웹사이트에 검색로봇이 접근하여 개별 뉴스기사를 크롤링하는 행위를 IP차단 등의 방법을 통하여 제한할 수 있었음에도 불구하고, 이를 제한하지 않았다고 한다면 저작권자의 묵시적 이용허락이 있었다고도 볼 수 있을 것이다.

그러나 웹사이트 운영자가 robots.txt규약을 적용하여 검색로봇에 의한 웹페이지의 크롤링을 제한하는 의사표시를 한 경우, 이러한 명시적인 의사표시에 반하여 계속적으로 크롤링하는 행위(저작물을 복제하는 행위)가 전술한 정보통신망법상 정당한 권한없이 정보통신망에 접근한 것인지는 별론으로 하고 크롤링 행위를 통해 개별 뉴스기사를 복제하는 것은 묵시적 이용허락을 벗어난 행위라고 보아야 할 것이다.

3. 뉴스기사 검색 서비스의 문제

검색로봇을 이용하여 신문사가 운영하는 웹사이트에 게재되어 있는 뉴스기사의 크롤링을 통하여 수집된 뉴스기사에 대한 검색서비스는 뉴스기사제목 및 출처표시만으로 서비스하는 방식(이하 "뉴스기사제목 검색 서비스"라 한다)과 뉴스기사제목, 출처 및 2~3줄의 뉴스기사의 내용을 함께 서비스하는 방식(이하 "뉴스기사제목+일부내용 검색서비스"라 한다)으로 구분하여 볼 수 있다. 이하에서

---

25) 검색로봇을 이용하여 웹페이지를 크롤링하는 경우에는 웹페이지를 구성하고 있는 이미지, 글, 메뉴 등 웹페이지 전체가 복제된다.

는 이러한 뉴스기사 검색서비스 저작권 침해에 해당되는지를 검토하여 보기로 한다.

가. 뉴스기사제목 검색 서비스

저작권법은 제호, 캐치프레이즈, 단순 표어 등에 대해서는 저작물성을 인정하고 있지 않기 때문에26) 제호에 해당될 수 있는 "뉴스기사제목"에 대해서는 특별한 경우를 제외하고는 저작물성이 인정되지 않는다고 보아야 한다.27) 따라서 뉴스기사제목 및 출처표시만을 이용한 「뉴스기사제목」 검색서비스 방식은 저작권법상 저작권자의 권리를 침해하지 않는 서비스 방식이라고 보아야 할 것이다. 이러한 「뉴스기사제목」 검색서비스가 문제가 된 사건28)에서 법원은 "피고가 원고들이 작성한 기사 및 사진을 로봇프로그램을 이용하여 원고들의 웹페이지 또는 원고들로부터 이를 제공받은 제3자의 웹페이지로부터 수집하는 과정에서 원고들의 저작권을 침해하였다는 점에 대하여 이를 인정할 아무런 증거가 없고, 피고가 자신의 웹사이트에 원고들이 작성한 기사 및 사진을 게시한 해당 웹페이지를 직접링크(deep link)한 것만으로는 피고가 원고들의 저작물을 복제·전송·전시하였다거나 이와 동일하게 볼 수 있는 경우에 해당된다고 보기 어렵다."고 하여 저작권 침해를 배척하

---

26) 송영식·이상정 공저, 『저작권법개설(제3판)』, 세창출판사, 2005, 51면 ; 오승종·이해완 공저, 『저작권법(제4판)』, 박영사, 2005, 166면.
27) 저작권법 제2조 제1호에서는 저작물을 "인간의 사상 또는 감정을 표현한 창작물"이라고 정의하고 있어 제호, 캐치프레이즈, 단순 표어 등의 저작물성을 일률적으로 부정할 수는 없을 것으로 보인다.
28) 서울중앙지방법원 2006. 7. 21. 선고 2004가합76058 판결 : 피고의 "테마가 찾은 뉴스"의 서비스 형태는 피고의 회원들이 방문한 웹사이트 정보를 수집하여 피고가 검색로봇을 이용하여 당해 웹사이트의 정보를 수집한 후 수집된 웹페이지의 기사 제목 또는 제목 및 3줄 가량의 일부내용, 썸네일로 축소된 사진을 출처를 명시하고 게재하는 형태로서 회원들이 이를 클릭하면 해당 웹페이지로 직접링크되는 방식을 취하였다. 본 사건은 항소심이 진행중이다.

였다.

  그러나 위의 사건과 유사한 사안에서 일본 지적재산고등재판소29)는 "뉴스 기사 표제는 원고가 막대한 노력과 비용을 투입하여 보도기관으로서의 일련의 활동의 결과물이라는 점, 저작권법상 보호를 받을 수는 없지만 이에 상응하는 노력에 의해 작성된 것이라는 점, 간결한 표현에 의해 그 자체로부터 보도되는 사건 등의 뉴스의 개요에 대해 일응 이해를 할 수 있게 되어 있다는 점, 뉴스기사 표제 그 자체가 유료의 거래대상으로 여겨지는 등 독립된 가치를 가진다는 점에 비추어 보면, 원고의 뉴스기사 표제는 법적보호에 적합한 이익이 될 수 있는 것이라고 할 수 있을 것이다."라고 하면서, 피고는 "무단으로 영리목적을 가지고, 반복적이며 계속적으로 원고의 뉴스기사 표제가 작성되어 얼마 되지 않은 말하자면, 정보로서의 가치가 높은 시점에 요미우리 온라인에서 특별한 노력을 기울이지 않고 복제하여 링크 표제로 만들어 이것들을 피고가 운영하는 홈페이지에 게재하는 등 실질적으로 링크 표제를 전달하고 있으며, 이러한 라인토픽 서비스는 요미우리 온라인의 업무와 경합하는 면이 있다는 점도 부정할 수 없는 것이다. 그렇다면, 피고의 라인토픽 서비스의 일련의 행위는 사회적으로 허용되는 한도를 넘은 것이며, 원고의 법적보호에 적합한 이익을 침해한 것으로서 불법행위를 구성하는 것이라고 하여야 할 것이다."라고 하여 「뉴스기사제목」 검색서비스 그 자체는 신문사의 저작권을 침해하지 않는다 하더라도 이러한 행위는 민법상 불법행

---

29) 지적재산고등재판소 평성17년(2005년) 10월 6일. 평성17(추)10049 : 피고 디지털얼라이언스는 라인토픽 서비스를 운영하면서, 평성14년 10월 8일부터 평성16년 9월 30일까지 원고 요미우리 신문이 운영하는 웹사이트의 신문기사 표제(제목) 365개를 복제하고, 이를 클릭하면 Yahoo!뉴스에 게재된 뉴스기사 본문에 직접링크되는 서비스를 제공하였다. 이에 원고가 저작권, 부정경쟁 및 불법행위에 해당된다고 하여 소를 제기하였고, 동경지방재판소(평성16년 3. 24. 평성14(추) 28035)는 원고의 청구를 기각하였으나, 지적재산고등재판소에서는 피고의 이러한 행위는 저작권 침해 및 부정경쟁에 해당되지 않는다고 보았으나 민법상 불법행위에 해당된다고 보았다.

위에 해당된다고 보았다.

「뉴스기사제목」 검색서비스 방식에 있어서의 또 하나의 문제는 뉴스기사와 결합되어 또는 뉴스기사와는 독립적으로 서비스되는 뉴스사진을 네일(thumbnail)30)화하여 뉴스기사제목과 함께 서비스하는 경우 이러한 형태로의 사진저작물을 이용하는 것이 사진저작물에 대한 저작권을 침해하는지 여부이다. 판례는 네일 이미지 검색 서비스와 관련된 사건31)에서 네일 이미지가 "갑의 개인 홈페이지에 이미 공표된 것인 점, 피고인 회사가 썸네일 이미지를 제공한 주요한 목적은 보다 나은 검색서비스의 제공을 위해 검색어와 관련된 이미지를 축소된 형태로 목록화하여 검색서비스를 이용하는 사람들에게 그 이미지의 위치정보를 제공하는데 있는 것이지 피고인들이 갑의 사진을 예술작품으로서 전시하거나 판매하기 위하여 이를 수집하여 자신의 사이트에 게시한 것이 아닌 만큼 그 상업적 성격은 간접적이고 부차적인 것에 불과한 점, 갑의 사진작품은 심미적이고 예술적인 목적을 가지고 있다고 할 수 있는 반면 피고인 회사의 사이트에 이미지화된 갑의 사진작품의 크기는 원본에 비해 훨씬 작은 크기이고…포토샵 프로그램을 이용하여 원본 사진32)과 같은 크기로 확대한 후 보정작업을 거쳐도 열화현상으로 작품으로서의 사진을 감사하기 어려운 만큼 피고인 회사 등이 저작물인 갑의 사진을 그 본질적

---

30) 네일은 그래픽 디자이너나 사진작가들에 의해 사용되는 용어로서, "엄지손톱 크기만한 그림 크기"의 의미로부터 유래된 것으로 보인다. 네일은 원래의 큰 이미지를 작은 이미지로 나타냄으로써 많은 양의 이미지를 쉽고 빠르게 보거나, 관리할 수 있도록 하기 위한 것이다. 예를 들어, 여러 개의 이미지를 관리하기 위한 소프트웨어들은 대개 각 이미지를 작게 만든 이미지를 제공하곤 하는데, 이렇게 함으로써 각 이미지의 파일이름을 기억할 필요가 없게 된다.

31) 본 사건은 풍경사진작가의 홈페이지에 게재되어 있는 사진작품을 복제하여 개인 홈페이지 운영자가 자신의 홈페이지에 게재한 동일사진작품을 포털사이트가 크롤링하여 네일화 한 후 이미지 검색 서비스에 이용하여 문제가 된 사건이다.

32) 갑의 홈페이지에 게재되어 있는 원본사진작품은 가로390픽셀(약15㎝)로 고정되어 있고, 세로는 사진마다 차이가 있으나, 피고인의 셈네일 이미지의 크기는 100픽셀×79픽셀(가로 약3㎝, 세로 2.5㎝)정도였다.

인 면에서 사용한 것이라고 보기 어려운 점, 피고인 회사의 검색사이트에서…갑의 홈페이지로 순차 링크됨으로써 이용자들을 결국 갑의 홈페이지로 끌어들이게 되는 만큼…갑의 작품사진에 대한 수요를 대체한다거나 갑의 사진저작물에 대한 저작권 침해의 가능성을 높이는 것이라고 보기 어려운 점, 이미지 검색을 이용하는 이용자들도 네일 이미지를 작품사진으로 감상하기 보다는 이미지와 관련 사이트를 찾아가는 통로로 인식할 가능성이 높은 점 및 썸네일 이미지의 사용은 검색사이트를 이용하는 이용자들에게 보다 완결된 정보를 제공하기 위한 공익적 측면이 강한 점 등을 고려할 경우 피고인 회사가 갑의 허락을 받지 아니하고 갑의 사진작품을 이미지 검색의 이미지로 사용하였다고 하더라도 이러한 사용은 정당한 범위안에서 공정한 관행에 합치되게 사용한 것으로 봄이 상당하다."[33]고 하여 피고의 저작권 침해를 배척하였다. 학설도 웹사이트에 게재되어 있는 사진저작물을 네일화하여 이를 원본 이미지가 있는 원래의 웹사이트로 링크해 주는 것은 저작권법 제28조의 인용해 해당된다는 입장을 취하고 있는 것이 다수설인 듯 하다.[34]

뉴스 사진은 상기 판례에서 문제된 사진저작물과는 달리 감상용 사진저작물이라기 보다는 시의성을 갖는 사진저작물이 대부분을 차지한다고 할 수 있다. 그러나 사진저작물이 감상용 인지 여부는 네일 이미지 검색 서비스의 저작권 침해 여부를 판단하는데 있어서 주요 판단요건이라고 보여지지 않는

---

33) 대법원 2006. 2. 9. 선고 2005도7793 판결.

34) 윤경, "검색 서비스를 위한 네일(Thumbnail)이미지 제공이 정당한 사용인지 여부 : 대법원 2006. 2. 9. 선고 2005도7793 판결(판례평석)", 『저작권(제76호)』, 2006년 겨울호. 79면. ; 최은창, "인터넷 검색엔진에 의한 이미지 링크(In-line link)와 저작권 침해 : 서울지법 2003고단4821 판결과 Kelley v. Arriba Soft 항소심 판결에 대한 비교법적 검토", 『창작과 권리(제33호)』, 2003년 겨울호, 124~125면. ; 신창환, "네일 이미지 검색 서비스의 저작권 침해 여부 : 서울중앙지방법원 2004. 9. 3. 선고 2003가합78361 판결", 『저작권(제70호)』, 2005년 여름호, 60~61면 ; 유대종, "지식정보 검색에 있어서 저작권법의 한계에 관한 소고 : Kelly v. Arriba Soft 사건을 중심으로", 『디지털재산법연구(제3권 제1호)』, 2004년 5월, 214면.

다. 네일 이미지 검색서비스는 검색 사이트 이용자가 검색을 요청한 이미지의 위치정보를 제공하고, 원본 이미지가 위치하고 있는 웹사이트로의 직접연결을 그 목적으로 하고 있다. 따라서 검색 사이트의 네일 이미지가 원본 이미지가 존재하는 웹사이트로의 이동을 차단할 수 있을 정도의 크기인지 여부가 주요판단 요건이라고 보여진다.[35] 만약, 검색 사이트의 뉴스사진 네일이미지가 신문사의 웹사이트에 게시되어 있는 뉴스사진 기사로의 이동을 차단할 정도의 크기라고 한다면 정당한 범위안에서 공정한 관행에 합치된 인용이라고 보기는 어려울 것이나, 그렇지 않다면 저작권법 제28조의 정당한 사용에 해당된다고 보는 것이 타당할 것이다.

나. 뉴스기사제목 + 일부내용 검색 서비스

「뉴스기사제목 + 일부내용」검색서비스 방식은 뉴스기사의 제목, 출처 및 검색어가 포함되어져 있는 뉴스기사 내용의 일부(기사 2~3줄 정도) 또는 첫단락 2~3줄 정도를 서비스 하는 방식이다. 이러한 서비스 방식에 있어서의 쟁점은 "뉴스기사 내용의 일부" 또는 "첫단락"을 검색결과에 반영하여 노출시키는 행위가 저작권자와 DB제작자의 복제권 및 전송권을 침해하는 것인지 여부라고 할 수 있을 것이다.

---

35) 서울고등법원 2006. 12. 16. 선고 2006나24164 판결 : 본 사건에서 원고는 자신의 홈페이지에 776×518픽셀의 사진저작물을 게시하였고, 피고는 원고의 사진저작물을 크롤링하여 100×74픽셀 및 369×278픽셀 두 가지의 네일 이미지를 서비스 하였다. 법원은 검색결과화면의 중간에 상당한 크기(그 크기는 구체적으로 기술하고 있지 않으나, 369×278픽셀을 지칭하는 것으로 보인다)로 표시함으로써 원고의 사진저작물이 주는 심미감을 상당부분 충족시킬 수 있어서 원고의 사진저작물에 대한 수요를 대체할 가능성이 높다는 점과 인터넷 검색서비스라는 공공의 목적을 달성하기 하여 네일 이미지를 게시하는 것만으로도 충분하다고 보여진다는 점을 들어 저작권 침해를 인정하였다.

1) 저작재산권 침해 여부

「뉴스기사제목 + 일부내용」검색서비스 방식에서는 검색 사이트를 이용하는 이용자들이 요청한 검색어가 수록된 웹페이지들만을 검색결과로 노출시키면서 그 검색결과에는 웹페이지의 내용 전체가 아닌 일부내용(웹페이지의 내용 중 검색어가 포함된 앞뒤단락의 일부내용)만을 제공하여 이용자들이 원하는 웹페이지로 직접연결(deep-link)되도록 하는 구조를 취하고 있다.

이와 같이 검색 사이트가 검색결과로서 "뉴스기사의 일부내용"을 노출시키는 행위는 저작물의 일부내용을 복제하는 행위로서 저작물의 일부 복제에 해당된다고 볼 수 있다. 저작권법은 기본적으로 저작물의 일부 복제도 저작권자의 복제권 침해행위로 보고 있으므로 이러한 행위는 저작권 침해에 해당되며, 이를 검색 사이트가 검색결과로 노출시키는 행위 그 자체는 저작권자의 복제권 및 공중송신권을 침해하는 행위에 해당된다고 보아야 할 것이다.[36)

그러나 전술한 바와 같이 검색 사이트는 웹페이지의 위치정보의 제공을 기본적인 목적으로 하고, 웹페이지의 위치정보 제공과정에서 이용자가 당해 웹페이지로 이동하기 전에 당해 웹페이지에 대한 기본적인 정보를 파악할 수 있도록 검색결과로 노출된[37) 웹페이지에 관한 관련정보를 간략하게 제공하는 형태를 취하고 있다. 이러한 형태의 검색결과 노출 방식은 웹검색 서비스가 처음 출현한 이후 관행적으로 서비스되는 형태로서 검색 사이트 이용자에게 보다 정확하고 완결된 웹사이트 정보를 제공하기 위해 필요한 서비스방식이라고 볼 수 있다.[38)

---

36) 일부복제의 경우 복제된 부분이 창작성이 있는 부분인지 여부가 저작권 침해 판단에 있어 또 다른 쟁점이 될 수 있을 것이나, 본고에서는 창작성이 있는 것으로 간주하여 논의를 전개하기로 한다.
37) 검색결과로는 웹페이지의 내용 중 검색 사이트 이용자가 검색을 요청한 검색어가 포함되어 있는 일부 내용이 굵은 활자체로 활성화되어 노출된다.
38) 전세계의 모든 웹검색 서비스는 거의 모두 이러한 방식의 검색결과 노출방식을 취

저작권법은 공표된 저작물을 보도·비평·교육·연구 등을 위해서 정당한 범위안에서 공정한 관행에 합치되게 인용할 수 있도록 하고 있다. 따라서 이러한 서비스 방식이 공표된 저작물의 인용에 해당될 수 있는가. 판례는 저작물의 인용이 정당한 범위 안에서 공정한 관행에 합치되는 인용인가의 여부를 판단하기 위해서는 "① 인용의 목적 ② 저작물의 성질 ③ 인용된 내용과 분량 ④ 피인용저작물을 수록한 방법과 형태 ⑤ 독자의 일반적 관념 ⑥ 원저작물에 대한 수요를 대체하는지의 여부 등의 종합적 고려"하여 판단하여야 한다고 보고 있다.[39]

검색 사이트는 인터넷 이용자들이 인터넷상에 존재하는 다양한 정보에 쉽게 접근할 수 있도록 웹페이지들의 정보를 DB화하여 보관하면서, 이용자의 검색요청에 따라 검색어가 포함되어 있는 웹페이지의 일부내용을 검색결과로 노출된 웹페이지의 사전정보로서 제공하고, 보다 상세한 정보에 관한 사항은 직접연결(deep link)을 통하여 제공하게 된다. 이러한 검색 사이트의 기능은 인터넷을 통하여 제공되는 방대한 양의 정보 중 이용자가 많은 관심을 갖는 정보에 대한 쉽고 빠른 접근을 제공한다는 점과 인터넷 이용자들에게 보다 완결된 정보를 제공한다는 점에서 공익을 위한 필수적 도구라고 볼 수 있을 것이다.

「뉴스기사제목 + 일부내용」검색서비스 방식에 있어서 인용되는 뉴스기사의 내용의 양과 형태는 검색어가 포함되어 있는 뉴스기사의 일부내용을 검색결과로 이용하고 있다. 또한, 검색 사이트 이용자는 검색결과로 노출되는 뉴스기사의 일부내용이 검색 사이트가 뉴스기사를 제공하는 것이 아니라 단순히 자신이 입력한 검색어의 검색결과로서 당해 뉴스기사에 대한 위치정보를 제공하는 과정에서 당해 웹페이지의 정보를 사전에 제공하는 것이라고

하고 있다.

39) 대법원 1997. 11. 25 선고 97도2227 판결 ; 대법원 1998. 7. 10. 선고 97다34839 판결 ; 대법원 2004. 5. 13. 선고 2004도1075 판결 ; 대법원 2006. 2. 9. 선고 2005 도7793 판결.

인식하고 있는 것이 일반적이다. 이러한 검색결과에 대한 인식에 기초하여 검색 사이트의 검색결과는 단순히 뉴스기사의 위치정보만을 제공하는 것이며, 뉴스기사의 전문을 보기 위해서는 「뉴스기사제목 + 일부내용」을 클릭하여 뉴스기사가 있는 신문사의 웹페이지로 이동하여야 하기 때문에 검색 사이트의 검색결과가 뉴스기사를 열람하는 독자층에 대한 수요를 대체한다고도 볼 수 없을 것이다.

또한, 검색 사이트의 기본적인 비즈니스 모델은 검색어와 웹사이트를 매칭시켜 노출시켜주는 소위, 키워드광고와 검색결과면의 상하좌우에 배너광고 게재를 통한 광고수입이 주류를 이루고 있다. 이러한 비즈니스 모델은 웹페이지 정보를 상업적으로 이용하는 행위에 해당된다고 볼 수도 있을 것이다. 그러나 검색 사이트 이용자가 검색을 요청하여 노출되는 검색 결과면에는 뉴스기사외에 수많은 다른 웹페이지들이 존재한다. 따라서 검색 사이트 이용자들이 신문사의 뉴스기사와 관련된 검색결과를 클릭하게 되면 신문사가 운영하는 웹사이트의 페이지뷰(방문자)가 증가하게 되어 신문사도 일정한 이익을 얻는다는 점에 비추어보면, 검색 사이트가 뉴스기사와 관련된 웹페이지 정보를 상업적으로 이용하였고 단정하기는 어렵다고 할 것이며, 상업적 이용이라고 하더라도 이러한 이용은 간접적이고 부차적인 것에 불과하다고 볼 수 있다.

이러한 점을 종합적으로 고려하여 본다면, 검색 사이트가 신문사의 웹사이트에 존재하는 뉴스기사의 제목과 그 일부내용을 웹사이트의 검색결과로 노출시켜주는 행위는 정당한 범위 안에서 공정한 관행에 합치되는 인용이라고 보아야 할 것이다.

2) 데이터베이스제작자의 권리침해 여부

데이터베이스(DB)라 함은 저작물이나 부호·문자·음향·영상 그밖의 형태의 자료(이하 "소재"라 한다)를 체계적으로 배열 또는 구성한 편집물로서 그 소재를 개별적으로 접근 또는 검색할 수 있도록 한 것을 말하며, 이러한 DB의 제작 또는 그 소재의 갱신·검증 또는 보충에 인적 또는 물적으로 상당한 투자를 한 자는 DB제작자가 된다. 신문사의 웹사이트의 뉴스기사는 취재, 원고 작성, 편집 등의 인·물적으로 상당한 투자를 통하여 작성되고, 뉴스기사의 검색이 가능하도록 구성되어져 있기 때문에 신문사의 웹사이트에 게재되어 있는 뉴스기사는 DB의 개별소재라 볼 수 있으며, 신문사는 저작권자로서의 지위와 더불어 DB제작자의 권리도 가진다고 보아야 할 것이다.

저작권법상 DB제작자는 당해 DB의 전부 또는 상당한 부분을 복제·배포·방송 또는 전송할 권리를 가진다. 또한, 당해 DB를 구성하고 있는 개별소재라 하더라도 이를 반복적이거나 특정한 목적을 위하여 체계적으로 복제 등을 함으로써 당해 DB의 통상적이 이용과 충돌하거나 DB제작자의 이익을 부당하게 해치는 경우에는 DB제작자의 복제권 등을 침해하는 행위에 해당된다. 따라서 「뉴스기사제목 + 일부내용」검색서비스 방식에 있어서 검색결과면에 이용자 요청한 검색어가 포함된 뉴스기사의 일부내용을 노출시켜주는 행위가 DB제작자의 권리를 침해하는 행위라고 볼 수 있는지가 문제가 된다.

저작권법 제2조 제17호는 저작물이나 부호·문자·음향·영상 그밖의 형태의 자료를 "소재"라는 축약어로 사용하고 있으나, 저작권법 제93조 제2항은 "소재"라는 용어를 사용하지 아니하고, "개별소재" 라는 용어를 사용하고 있다.여기서, 저작권법 제93조 제2항의 "개별소재"를 동법 제2조 제17호의 축약어인 "소재"를 구성하는 '소재' 즉 부호·문자·음성·음향·영상 등으로 본다면 신문사의 DB는 "기사의 집합물"이 아닌 부호·문자·음성·음향·영상 등의 집합물이 된다.이와 같이 저작권법 제93조 제2항의 "개별소재"를 동법 제2조 제17호의 "소재"와 달리 해석한 경우, 부호·문자만으로 이루어진 어문저작물도 "편집물"에 해당된다고 보아야 할 것이다. 따라서 제93조 제2항의 "개별소재"와 제2조 제17호의 "소재"는 동일하다고 해석하여야 할 것이다. 이와 같이 "개별소재"와 "소재"가 동일하다면, 신문사의 웹사이트의 DB를 구성하는 개별소재는 "개별 뉴스기사"를 의미하며, 이러한 개별뉴스기사의 전체를 반복적이거나 특정한 목적을 위하여 체계적으로 복제 등을 하여 이용함으로써 당해 DB의 통상적인 이용과 충돌되거나 DB제작자의 이익을 부당하게 해치는 경우에만 DB제작자의 권리침해라고 보아야 할 것이다.

대부분의 신문사의 웹사이트는 당해 신문사의 기자들이 작성한 뉴스기사를 웹사이트에서 검색할 수 있는 기능을 가지고 있다. 따라서 검색 사이트가 뉴스기사 검색결과를 검색 사이트 이용자에게 검색결과로 제공하는 행위는 DB를 구성하고 있는 개별소재를 반복적이고, 뉴스기사 검색이라고 하는 특정한 목적을 위하여 체계적으로 크롤링(복제)을 하여 제공하는 하는 것이라고 볼 수 있기 때문에 DB의 개별소재에 관한 통상적인 이용과 충돌할 수밖에 없다. 따라서 검색 사이트가 검색결과로서 뉴스기사의 일부내용을 검색결과로서 제공하는 행위는 일응 DB제작자의 권리를 침해하는 행위라고 볼 수 있을 것이다.

그러나 DB제작자의 권리도 저작권법 제28조에 의해 제한을 받게 된다. 저작권법이 DB제작자의 권리를 제한한 입법취지는 "이용자의 공정한 이용을 도모하는 차원에서…(중략)…데이터베이스 보호제도의 보호법익이 저작재산권제도의 보호법익을 초월하는 것으로 볼 수 없다는 점에서 논란의 여지가 없다. 또한 교육·학술·연구목적 또는 시사보도 목적으로 이용하는 경우에는 데이터베이스제작자의 권리가 미치지 않도록 데이터베이스제작자의 권리를 저작권자의 경우보다 다소 넓게 제한하였는데, 데이터베이스는 저작물 외의 정보집적물을 포함한다는 점에서 저작재산권보다 고도로 권리행사를 제한하는 것에 대하여 형평성 문제를 제기하는 것은 곤란하고, 정보 접근 및 이용의 원활화 차원에서 이해되어야 할 것"이라고 밝히고 있다.[40) 따라서, DB의 개별소재의 이용이 저작권법 제25조 "인용"에 해당되는 경우에는

---

40) 국회문화관광위원회, 저작권법 중 개정 법률안(의안번호 : 161222) 심사보고서, 2003. 2., 7면.

DB제작자의 권리를 제한하고 있는 저작권법 제73조의5 제1항과 입법취지 및 뉴스기사 이용자들이 좀 더 용이하게 기사에 접근하여 이를 이용할 수 있도록 하는 검색 사이트의 공공적 역할을 종합적으로 고려한다면, 「뉴스기사제목＋일부내용」검색서비스 방식에서 검색 사이트를 이용하는 이용자들이 요청한 검색어가 수록된 웹페이지들만을 검색결과로 제시하면서 그 검색결과에는 피인용된 웹문서의 전체가 아닌 일정 부분(상기 검색어가 포함된 웹문서의 문장 중 앞뒤단락 일부)만을 제공하여 이용자들이 원하는 웹페이지로 직접연결(deep-link)될 수 있도록 하고, 뉴스기사의 전문을 이용할 수 있도록 하는 행위 또한 저작권법 제28조의 "정당한 관행에 합치되는 인용"이라고 보는 것이 타당할 것이다.

V. 결 론

인터넷은 정보의 수요자이던 개인을 정보의 공급자이며 수요자로 바꾸어 놓고 있다. 개인이 정보의 수요와 공급을 결정한다는 것은 인터넷의 기본정신인 정보공유를 가능케 하는 것이기도 하다. 검색 사이트는 정보공유를 위한 도구로서 또 인터넷을 이용하는 개인들을 정보의 공급자로서의 역할을 수행하게 하는 도구로서의 역할을 수행한다. 그러나 검색 사이트들이 이러한 역할을 수행하는 과정에서 필수적으로 수반되는 크롤링과 웹페이지 정보를 검색결과로 이용하는 행위는 정보검색의 필수적 행위임에도 불구하고 전술한바와 같은 정보통신망법과 저작권법과 관련된 문제들을 가지고 있다. 따라서 이러한 문제들에 대한 올바른 해결책의 모색은 공중에게 보다 완결된 정보를 제공하기 위한 선결조건이라고도 볼 수 있을 것이다.

저작권법은 공동체의 문화의 발전을 궁극적 목적으로 하고 있다. 따라서 저작권법은 저작권 침해로 인한 저작권자의 재산적 손해를 최소화하고 정보에 대한 폭넓은 접근이 가능하도록 해석되어지는 것이 필요하다. 이렇게 측면에서 본다면, 검색사이트는 정보에 대한 접근과 공유를 통해 더 많은 가치를 창출할 수 있도록 함으로써 저작자와 공중의 이익을 조화시키는 역할도 수행하고 있다고 볼 수도 있을 것이다. 따라서 정보사회에서 검색 사이트가 수행하는 역할론 측면에서 웹페이지 정보를 검색결과로의 이용을 위한 크롤링과 검색결과로의 이용은 정당한 접근과 이용으로 해석하는 것이 타당하다고 보여진다.

제11절 지식정보 검색과 저작권법의 한계

Ⅰ. 서 론

정보의 바다라는 인터넷에서 자신이 필요로 하는 정보를 검색함에 있어 검색엔진은 나침반과 같은 역할을 한다. 자신이 원하는 정보가 어디에 위치하고 있는지를 쉽게 찾을 수 있을 뿐만 아니라 간략한 정보도 얻을 수 있다.

과거 검색엔진은 해당 키워드에 부합되는 내용이 담겨져 있는 웹사이트만을 검색하여 제공하는 수준이었으나, 근래의 검색엔진들은 검색하려는 키워드에 해당되는 이미지, 워드문서, MP3파일 등 디지털화되어 웹사이트에 존재하는 거의 모든 자료들까지 검색하여 제공하고 있다.

특히, 검색사이트들이 제공하는 이미지 검색은 웹사이트에 존재하는 사진저작물, 미술저작물 등 소위 이미지들을 복제하여 이를 thumbnail[1]이라는 작은 이미지로 변경해서 이용자들이 쉽게 찾고자 하는 이미지의 위치정보를 제공할 뿐만 아니라 인라인 링크 또는 프레임 링크를 이용하여 원본 이미지가 존재하는 웹사이트를 방문하지 않고 검색사이트에서 원래 크기의 이미지로 볼 수 있도록 하고 있다. 이러한 이미지 검색은 타인의 웹페이지에 올라와 있는 이미지들을 검색하여 일정한 크기의 thumbnail로 변환시켜 서버에 보관하고 있다가 이용자의 검색요청이 있으면 해당 키워드에 부합되는

---

1) Thumbnail은 그래픽 디자이너나 사진작가들에 의해 사용되는 용어로서, "엄지손톱 크기 만한 그림 크기"의 의미로부터 유래된 것으로 보인다. Thumbnail은 원래의 커다란 이미지를 작은 이미지로 나타냄으로써 많은 양의 이미지를 쉽고 빠르게 보거나, 관리할 수 있도록 하기 위한 것이다. 예를 들어, 여러 개의 이미지를 관리하기 위한 소프트웨어들은 대개 각 이미지를 작게 만든 이미지를 제공하곤 하는데, 이렇게 함으로써 각 이미지의 파일이름을 기억할 필요가 없게 된다.

thumbnail를 검색결과에 보여주는 형태를 취하고 있다.

현재 디지털카메라와 캠코더, 컴퓨터와 연결된 마이크, 음^音 합성장치 등과 같은 손쉬운 멀티미디어 제작도구들이 일반인들에게도 많이 보급되어 일반인들도 멀티미디어 정보의 생산자로서 많은 기여를 하고 있다.

이하에서는 정보검색에 이용되는 검색엔진에 대해 간략하게 살펴보고, Kelly Enterprises v. Arriba Soft Corporation 사건[2]을 중심으로 검색 사이트들이 웹사이트상에 존재하는 이미지를 thumbnail를 변환하여 이미지 검색서비스를 제공하는 것이 저작권자의 어떠한 권리를 침해하고 있는지, 이러한 서비스가 정보검색에 있어 어떠한 의미를 지니고 있는지를 검토하기로 한다.[3]

II. 검색엔진의 개념

1. 검색엔진의 정의

검색엔진은 인터넷상에 무수히 존재하는 제반정보를 수집하고 체계적인 저장을 거쳐 사용자가 원하는 정보를 수시로 찾을 수 있도록 해주는 일종의 데이터베이스 관리시스템이라고 할 수 있다. 그러나 검색엔진은 엄밀한 의미에서 고전적인 데이터베이스와는 성격이 다소 다르다. 고전적인 데이터베이스는 데이터를 자신이 직접 보유하고 있지만 검색엔진은 그 URL 즉 정보에

---

2) 280 F.3d 934; 2002 U.S. App. LEXIS 1786; Arriba사건에 관하여 좀더 자세한 사항은 http://netcopyrightlaw.com/kellyvarribasoft.asp 참조.

3) 본 논문이 발표(2004. 5)된 이후 국내의 네일 관련된 소송인 서울고등법원 2008. 11. 19. 선고 2008나35779 판결(본 사건은 상고심이 진행중이다) ; 서울고등법원 2007. 10. 2. 선고 2006나96589 판결(본 사건은 상고심이 진행중이다) ; 대법원 2006.2.9. 선고 2005도7793 판결 등에서도 필자의 견해와 유사한 판결이 이루어지고 있다.

대한 연결정보만을 보유하여 제공한다는 점이다.

    검색엔진은 검색되어지길 원하는 각 웹페이지 또는 모든 웹사이트의 대표페이지로 가서 그것을 읽고, 각 페이지상의 하이퍼텍스트 링크를 사용하여 그 사이트의 다른 페이지들을 읽어 오는 스파이더(크롤러crawler 또는 봇bot이라고도 한다)라는 프로그램, 읽어들인 웹페이지에 대해 거대한 색인(카탈로그)을 만드는 프로그램, 사용자의 검색요구를 받아들이고 색인내에 있는 내용과 비교한 뒤 검색결과를 구동시켜주는 프로그램으로 구성되어져 있다고 한다.

2. 검색엔진의 유형

가. 로봇 에이전트형 검색엔진

    로봇 에이전트형은 검색엔진이 로봇, 스파이더, 크롤러, 웜 등으로 불리는 정보수집 프로그램인 로봇 에이전트를 이용하여 인터넷상의 방대한 웹페이지 정보를 미리 수집하여 나름대로의 어휘체계에 따라 분류, 저장해 놓은 검색엔진이다. 능동적이고 자동적인 정보 수집으로 인하여 데이터베이스는 매우 큰 편이며 자료의 양도 방대하다. 몇개의 키워드만으로도 원하는 정보를 찾을 수 있는 장점을 지니고 있다.

나. 디렉토리형 검색엔진

    디렉토리형은 사람이 직접 웹페이지의 정보들을 분류하여 정보를 제공하는 검색엔진이다. 로봇에이전트형 검색엔진에 비하여 상대적으로 정보의 양은 적지만 정보 자체는 사람의 판단에 의하여 분류하므로 고급 정보를 제공할 수 있다는게 장점인 반면, 최종 결과를 얻기 위해 다양한 분류 등의 중간 과정을 거쳐야 한다는 점이 단점이기도 하다.

다. 메타 검색엔진

메타형은 자신에게는 데이터베이스가 없으면서 다른 검색엔진의 데이터베이스를 이용하여 정보검색을 해주는 검색엔진이다. 기술적으로는 내부에서 다른 검색엔진을 활용하는데 자신에게 넘어온 검색식을 다른 검색엔진에서 찾은 뒤 그 결과를 돌려받아 가공, 처리하는 형태이다. 다양한 정보를 검색할 수 있는 반면 검색에 걸리는 시간이 길다는 것이 단점이다.

라. 통합형 검색엔진

요즘 검색엔진들은 세가지 형식을 모두 조합하여 결과를 알려주는 방식을 취하고 있다. 로봇에이전트는 물론이고 분류, 카테고리, 디렉토리 등의 명칭을 사용해 디렉토리형 검색엔진의 기능도 지원한다. 또한, 기존 검색엔진으로는 다양한 정보를 검색할 수 있지만 전문성에서는 떨어지는 단점을 이용하여 과학, 기술 분야의 정보만을 찾아주는 검색엔진들이 나타나고 있다.

Ⅲ. 이미지 검색과 저작권법과의 관계
: Kelly v. Arriba Soft 사건을 중심으로

1. 미연방 제9항소법원의 판결

가. 사건개요

원고 켈리는 전문 사진작가로 자신이 촬영한 사진의 일부는 본인이 운영하는 홈페이지에 게재되어 있고 일부는 켈리로부터 이용허락을 받은 다른 웹사이트에 게재되어 있었다.

피고 Arriba Soft(이하 "Arriba"라 한다)4)는 웹사이트에 존재하는 이미지 검색을 전문으로 하는 검색엔진을 운영하는 업체로서 Arriba 검색엔진은 1999년 1월 켈리의 사진 35장을 웹사이트에 복제하여 thumbnail로 변환한 후 서비스하던 중 켈리의 삭제요청에 따라 서버에 보관되어 있는 원고의 사진저작물 thumbnail을 삭제하고 이후 검색엔진이 켈리의 사이트를 검색하지 않도록 하였다. 이후 검색엔진이 다른 사이트에 존재하던 켈리의 사진을 다시 thumbnail로 변환하여 검색되도록 하자 켈리가 저작권침해금지를 신청하였다.

캘리포니아 연방지방법원은 피고의 행위가 켈리의 저작권을 침해하는 행위이나, 그러한 행위는 저작권법상 공정이용에 해당된다고 판시하여 원고가 항소하였고, 연방제9항소법원은 캘리포니아 연방지방법원의 판시를 인용하였다. 이하에서는 연방제9항소법원의 판결을 중심으로 살펴보도록 하겠다.

나. 미국저작권법상 공정이용(Fair Use)요건

미국 저작권법 제107조는 비평, 논평, 시사보도, 교수(학습용으로 다수 복제하는 경우를 포함), 학문, 또는 연구 등과 같은 목적을 위하여 저작권으로 보호되는 저작물을 복제물이나 음반으로 제작하거나 또는 기타 제106조 및 제106조의 A에서 규정한 방법으로 사용하는 경우를 포함하여 공정이용 행위는 저작권침해가 되지 않는다고 규정하면서 구체적으로 저작물의 사용이 공정이용이냐의 여부를 결정하기 위해서는 ① 그러한 이용이 상업적 성질의 것인지 또는 비영리적 교육목적을 위한 것인지 등 그 이용의 목적 및 성격 ② 저작권으로 보호되는 저작물의 성격 ③ 이용된 부분이 저작권으로 보호되는 저작물 전체에서 차지하는 양과 상당성 ④ 이러한 이용이 저작권으로 보호되는 저작물의 잠재적 시장이나 가치에 미치는 영향을 참작하여 결정되어야 한다고 규정하고 있다.5)

---

4) 현재는 www. Ditto.com으로 변경되어 운영되고 있다.
5) U.S.C. 107. Limitations on exclusive rights: Fair use

이러한 미국 저작권법상의 공정이용은 1841년의 Folsom v. Marsh 판결[6]에서 시작된 보통법상의 법리가 1976년 저작권법 107조로 입법화된 것으로서, 이는 저작물 이용에 있어 공정한 이용의 판단기준을 제시한 것이지 그 법리를 정확하게 법규화 한 것은 아니다. 따라서, 공정이용 조항은 미국 저작권법의 근저에 깔려 있는 건전한 상식을 반영한 것으로서 이용자와 저작권자와의 이익균형을 유지하는 유연한 장치로 활용되고 있다.

다. 항소법원의 판단

1) 복제권

항소법원은 Arriba의 행위가 공정이용에 해당되는지를 판단함에 있어 공

Notwithstanding the provisions of sections 106 and 106A, the fair use of a copyrighted work, including such use by reproduction in copies or phonorecords or by any other means specified by that section, for purposes such as criticism, comment, news reporting, teaching (including multiple copies for classroom use), scholarship, or research, is not an infringement of copyright. In determining whether the use made of a work in any particular case is a fair use the factors to be considered shall include-

(1) the purpose and character of the use, including whether such use is of a commercial nature or is for nonprofit educational purposes;

(2) the nature of the copyrighted work;

(3) the amount and substantiality of the portion used in relation to the copyrighted work as a whole; and

(4) the effect of the use upon the potential market for or value of the copyrighted work.

The fact that a work is unpublished shall not itself bar a finding of fair use if such finding is made upon consideration of all the above factors.

6) 9 Fed. Cas. 342 : Folsom은 출판업자로서 '조지워싱턴의 저술문'이라는 12권짜리인 미국 초대 대통령의 사간문전집을 발간하였는바, 이후 2권으로 된 조지워싱턴의 전기가 Marsh에 의하여 발행되면서 Folsom의 위 전집물로부터 약350여 페이지를 이용한 사례이다.

정이용의 4가지 요건 중 "이용의 목적 및 성격"과 "저작물의 잠재적 시장 또는 가치에 미치는 영향"에 관해서는 심도 있게 판단하였으나, "저작물의 성질"과 "이용된 저작물의 양 또는 실질성"에 관해서는 간단히 언급하고 있다.

① 이용의 목적과 성격

항소법원은 첫 번째 요건인 "이용의 목적과 성격"에 관하여 "이 사건은 다른 매체를 통한 켈리의 사진저작물(이하 '이미지'라 한다. 역자 축어)의 단순한 재전송 이상을 것을 포함하고 있다. Arriba의 이미지 이용은 인터넷상에서 정보에 대한 접속을 개선시키는 기능을 수행하는 반면에 켈리의 이미지 이용은 예술적 표현으로서의 기능을 수행함으로써 양자가 상이한 기능을 수행하고 있다. 나아가 켈리의 이미지를 실질적 또는 심미적(esthetic)목적으로 이용하려고 하는 사람인 경우 thumbnail을 확대하면 원본 이미지의 순수성(clarity)이 손상되기 때문에 thumbnail을 심미적 목적으로 이용하지 않을 것이다. 따라서, Arriba가 켈리의 이미지를 이용하는 것은 켈리의 이미지 이용을 대체하는 것이 아니라 오히려, 이미지의 다른 목적을 창조해낸 것이다. 그러므로 Arriba가 켈리의 이미지를 thumbnail로 이용하는 것은 변형적(transformative)이라고 보아야"하고 "Arriba의 검색엔진에서 켈리의 이미지를 thumbnail로 변환하여 이용하는 것은 켈리의 이미지의 새로운 목적을 창조한 것이기 때문에 Nunez사건[7)]과 매우 유사하며, 켈리의 이미지가 가지고 있는 목적을 단순히 대체하는 것은 아니다. ……Thumbnail은 실질적 또는 예술적 목적으로 이용되지 않기 때문에 예술적 창작성과 충돌하지 않으며, 원저작물의 욕구(need)를 대체하지도 않는다. 나아가 thumbnail은 인터넷상에서의 정보검색 기술을 향상시켜줌으로써 공중에게 이익을 준다."고 판단하였다.

---

7) Nunez v. Caribbean International News Corp, 235 F.3d 18 (1st Cir. 2000).

② 저작물의 성질

항소법원은 두번째 요건인 "저작물의 성질"과 관련하여 "저작권은 사실적 요소에 근거한 저작물보다는 창작적 요소가 많은 저작물을 보호하는 것을 본질로 한다.사진저작물은 일반적으로 창작물이지만, 공표된 저작물을 이용하는 것은 미공표된 저작물을 이용하는 것보다 공정이용으로 분류되기 쉽다. 켈리의 이미지는 Arriba가 켈리의 이미지를 thumbnail로 이용하기 전에 공표되었다.이러한 두 가지 요소를 고려한다면 두 번째 요건인 저작물의 성질은 켈리에게 유리하다"라고 판단하였다.

③ 이용된 저작물의 양과 실질성

항소법원은 세 번째 요건인 "이용된 저작물의 양과 실질성"과 관련하여 "저작물의 전부를 복제하였다고 해서 본질적으로 공정이용이 배제되는 것은 아니며……허용되는 복제의 정도는 이용의 목적 및 성질에 따라 다양하다. 비록, Arriba가 켈리의 이미지를 그대로 복제하였지만, Arriba의 이미지 이용 목적에 비추어 보면 타당한(reasonable)것이라고 할 수 있다. 이용자들이 이미지에 대해 인지하도록 또는 켈리의 웹사이트에 관한 더 많은 정보를 취득할 것인지를 결정할 수 있도록 하기 위해서는 켈리의 이미지 전부를 복제하는 것은 필요한 것이었다. Arriba가 단순히 켈리의 이미지 일부만을 복제하였다면, 이미지의 출처를 확인하는 것은 더 어려웠을 것이며, 그렇게 됨으로써 검색엔진의 유용성은 감소되었을 것이다."라고 판단하였다.

④ 저작물의 잠재적 시장 또는 가치에 미치는 영향

항소법원은 네 번째 요건인 "저작물의 잠재적 시장 또는 가치에 미치는 영향"과 관련하여 "이용자들이 검색엔진에 켈리의 이미지와 관련된 단어를 입력하면 검색결과에 thumbnail이 보여지게 하는 것은 켈리의 웹사이트로의 접근이 가능하도록 한 것이지 그 접근을 차단한 것은 아니다. 이용자들이 웹사이트에 관한 정보보다는 이미지 그 자체에 더 많은 관심이 있다면, 이용자들은 원본 이미지를 보기 위해 켈리의 웹사이트를 방문하여야 한다. 또한, thumbnail을 확대하는 경우에는 원본 이미지의 순수성이 손상되기 때문에 원본 이미지를 대체하는 것은 아니며, Arriba가 켈리의 이미지를 이용하는 것은 켈리의 이미지 판매 또는 이용허락에 영향을 미치지 않는다. Arriba는 타인에게 thumbnail를 판매하거나 이용허락을 할 수는 없을 것이다. Thumbnail를 다운받은 이용자들은 thumbnail의 낮은 질 때문에 판매하는 것이 쉽지는 않을 것이다. 켈리의 웹사이트에 방문하지 않는 한 원본 이미지를 보거나, 만들거나, 판매할 수 있는 방법은 없다. 그러므로 Arriba가 켈리의 이미지를 thumbnail로 이용하는 것은 켈리의 이미지 시장이나 가치에 영향을 미치지 않는다."고 판단하였고, 공정이용 4가지 요건 중 3가지가 Arriba에게 유리하기 때문에 Arriba가 켈리의 이미지를 thumbnail로의 이용은 공정이용에 해당된다고 보았다.

2) 전시권 : 인라인 링크(프레임 링크)의 저작권 침해여부 포함

Arriba사건에서 항소법원은 Arriba가 켈리의 이미지를 이용하는 것은 켈리의 이미지의 복제를 수반하기 보다는 켈리의 웹사이트로부터 직접적으로 차용된 것이기 때문에 전술한 바와 같이 켈리의 복제권은 침해하지는 않았지만, 전시권(right of display)8)은 침해한다고 보았다.

항소법원은 "본 사건에서 켈리의 전시권이 침해됨을 판단하기 위해서는 Arriba가 켈리의 이미지를 켈리의 허락없이 공중이 이용할 수 있도록 전시했어야만 한다. 저작권법은 저작물의 복제본의 현시(showing)를 전시(display)로 규정하고 있다.9) 이것은 켈리가 자신의 원본 이미지를 현시하는 것이 저작권

---

8) 미국 저작권법상의 "right of display"는 우리 저작권법상의 전시권을 포함하는 광의의 개념으로서 역자에 따라 "현시권"으로 번역하기도 하나, 본고에서는 이해의 편의상 전시권으로 번역한다.

9) 17 U.S.C. § 106(5) : 영화나 기타 시청각저작물의 개별 영상을 포함한 어문, 음악,

침해라는 주장을 방해하는 것처럼 보이게 한다.

그러나 저작권법은 저작물을 최초로 고정한 대상(material object)을 포함하는 저작물의 고정물을 복제물로 규정10)하고 있고 저작권법 입법취지에서도 이를 명확하고 있다. 따라서, Arriba가 켈리의 이미지를 inline linking 또는 framing하는 것은 켈리의 허락없이 전시하고 있는 것이다." 또한 "저작권법 입법취지에서 전시는 모든 방법을 이용하여 스크린 또는 다른 표면에 이미지를 투영하는 것, 전자적 또는 다른 방법을 이용하여 이미지를 전송하는 것, 극전지관(cathode ray tube)을 이용하여 이미지를 현시하는 것, 모든 정보검색 종류와 연결된 장치로 유사하게 보여주는 것을 포함하는 것으로 언급하고 있다. 전시의 개념을 위와 같이 볼 때 컴퓨터 화면에 켈리의 이미지를 현시하는 것은 전시에 포함된다고 보아야한다. 아직까지 inline linking 또는 framing 이 저작권자의 전시권을 침해하는 것인지 여부와 관련된 문제를 언급하고 있는 판례는 없다.

그러나 Playboy Enterprises, Inc v. Webbword, Inc 사건11)에서 법원은 「피

연극 및 무용저작물과 무언극 및 회화, 도면, 또는 조각저작물의 경우에는 저작권으로 보호되는 저작물을 공개적으로 전시하는 행위; 여기서 '공개적으로 전시하는 행위'라함은 "(1) 공중에게 개방된 장소에서, 또는 가족의 통상적인 범위 및 그 사회적 지인(知人) 이외의 상당수의 사람들이 모인 장소에서 그 저작물을 실연 또는 전시하거나 또는 (2) 그 저작물의 실연이나 전시행위를 접할 수 있는 공중의 구성원이 같은 장소나 다른 장소에서, 그리고 같은 시각이나 다른 시각에 그 실연이나 전시행위를 접하느냐의 여부를 불문하고, (1)호에서 정한 장소에서 또는 어떠한 장치나 공정에 의하여 공중에게 그 실연이나 전시행위를 송신하거나 기타 전달하는 것"으로 정의하고 있다. 17 U.S.C. § 101 참조.

10) 17 U.S.C. § 101 : "복제물"이란 현재 알려졌거나 또는 장래에 개발될 방법으로 저작물이 고정된 음반 이외의 "유체물로서, 그로부터 저작물이 직접 또는 기계나 장치를 통하여 지각, 복제, 또는 달리 전달될 수 있는 것을 말한다. '복제물'이란 용어는 음반 이외에, 저작물이 최초로 고정된 유체물을 포함한다.

11) 991 F. Supp. 543 (N.D. Texas 1997), 본 사건은 Arriba사건처럼 이미지를 inline linking 또는 framing을 통해서 볼 수 있었던 것은 아니지만, 피고는 자신의 서버에 원고의 이미지를 thumbnail과 원본 이미지를 저장하여 두고 이용자가 한 웹페이지

고는 특정 뉴스그룹으로부터 자료를 다운받아 텍스트는 삭제하고 이미지는 유지하도록 하여 이미지를 웹사이트 이용자(subscriber)들이 이용할 수 있도록 하는 것은 이미지가 온라인상에서 전시되는 동안 웹사이트 이용자들이 자신의 컴퓨터 모니터상으로 이미지를 볼 수 있도록 하는 것이므로 피고는 원고의 배타적 권리인 전시권을 침해하였다」고 보았다.

비록 Arriba가 자신의 서버에 켈리의 이미지를 다운로드 시키지 않고 다른 웹사이트로부터 직접적으로 가져오기는 하였지만, 그 정황은 Webbword사건과 유사하다. 공중이 Arriba의 웹사이트에 접속하고 있는 동안 켈리의 원본 이미지를 볼 수 있도록 하는 것은 Arriba가 켈리 저작물을 전시하는 것이고 ······Arriba 사이트를 방문한 사람은 누구든지 켈리의 원본 이미지를 이용할 수 있도록 하였기 때문에······저작권침해가 성립될 가능성은 충분하다.

Arriba가 웹서핑(trolling)을 통해 켈리의 이미지를 검색한 후 자신의 웹사이트내에서 그러한 이미지들을 inline linking 또는 framing을 이용하여 켈리의 원본 이미지를 전시하는데 적극적으로 참여하였고, 그러한 검색엔진(program)가 없었다면 이용자들은 Arriba 사이트에서 켈리의 원본 이미지를 볼 수는 없었을 것이다. Arriba는 저작권 있는 이미지에 직접적으로 링크를 함으로써 Webbworld사건에서의 피고와는 달리 수동적 행위(passive conduit) 그 이상을 하였다. 그러므로 Arriba는 켈리의 허락없이 켈리의 저작물을 공개적으로 전시한 책임을 부담한다고 판단하여 Arriba가 thumbnail에 inline linking 또는 framing하여 켈리의 원본 이미지를 볼 수 있도록 한 것은 켈리의 전시권을 침해한 것" 이라고 보았다.

그러나 Arriba사건에 대한 미연방제9항소법원의 재심리에서 법원은 "양당사자가 inline linking 또는 framing을 통하여 켈리의 원래 크기의 이미지를 볼 수 있도록 하는 행위에 대한 심리를 청구하지 않았고, Arriba는 원래 크기의

에서 여러가지의 thumbnail을 볼 수 있도록 하고, thumbnail중 하나를 클릭하면 원본 이미지를 볼 수 있도록 하였다.

이미지에 대하여 선례(prima facie case)를 원하지 않기 때문에 지방법원은 Arriba 가 켈리의 원래 크기의 이미지를 전시하는 행위가 공정이용인지를 판단하지 않았어야 했다"고 판시하여 inline linking 또는 framing을 통한 켈리의 원래 크기의 이미지의 현시가 전시권 침해인지에 대한 판단을 보류하였다.

2. 현행 저작권법상의 침해 판단

인터넷상에 존재하는 사진저작물, 미술저작물 등을 thumbnail로 변환하여 저장하여 두었다가 이용자의 질의에 적합한 thumbnail을 보여주면서 해당 thumbnail을 클릭하면 원래의 이미지 크기로 볼 수 있도록 하는 행위가 저작권자의 어떠한 권리를 침해하는가를 판단하기 위해서는 사진저작물 등을 thumbnail로 변환하는 행위, 변환된 thumbnail를 이용자의 질의에 대한 결과물로 현시하는 행위 및 thumbnail을 원래의 이미지에 inline linking 또는 framing하는 행위 각각이 저작권자의 어떠한 권리를 침해하는지를 검토해보아야 한다. 이하에서는 각각의 행위를 복제권, 공중송신권, 동일성유지권 등으로 구분하여 살펴보고, inline linking 또는 framing하는 행위에 대해서는 별도로 살펴보기로 하겠다.

가. 복제권

저작권자는 자신의 저작물을 복제하여 경제적으로 이용할 수 있는 배타적 권리인 복제권을 가진다. 복제권은 "Copyright"라는 영문에서도 알 수 있듯이 권리의 다발로 이루어진 저작재산권의 가장 기본적인 권리이다.

복제권의 복제란 인쇄·사진·복사·녹음·녹화 그밖의 방법에 의하여 유형물에 고정하거나 유형물도 다시 제작하는 것이다. 복제의 방법이나 수단은 상관이 없으며 유형물이기만 하면 종이, 고무, 유리 등 어느 것에 담아도 복제에 해당된다. 디지털방식으로 제작되어 있는 경우에도 이를 CD나 플로티 디스켓에 파일형식으로 저장하는 것은 복제에 해당된다. 또한 원본 뿐만 아니라 복제물을 복제하는 것도 복제에 포함된다. 복제에 해당되기 위해서는 기존 저작물 전부의 복제를 요하는 것은 아니다. 그 복제의 양적 상당성 또는 실질적 유사성이 있다고 판단되는 경우에는 복제에 해당된다.

복제의 개념을 위와 같이 볼 때 인터넷상에 존재하는 사진저작물 등을 검색하여 저작권자의 허락없이 이를 복제하여 이용자들이 쉽게 해당 이미지를 검색할 수 있도록 thumbnail로 변환하는 것은 복제권 침해임은 명백하다.

미국과 같은 저작물이용에 관한 일반조항을 두고 있지 아니하고, 개별적 제한규정을 두고 있는 현행 우리 저작권법하에서는 Arriba사건에서와 같은 결론을 도출할 수는 없을 것이다. 그러나 후술하는 바와 같이 우리 저작권법 제28조는 공정한 관행에 합치되도록 공표된 저작물을 인용할 수 있게 하고 있어 본조가 미국 저작권법상의 공정이용과 어떠한 차이가 있는지를 살펴보고 이미지 검색행위가 본조에 해당되는지를 살펴보기로 하겠다.

나. 전시권[12]

저작자는 저작물의 원작품 또는 복제본을 스스로 전시하거나 타인으로 하여금 이를 전시할 수 있도록 허락하거나 이를 금지시킬 수 있는 배타적인 권리를 가진다. 우리 저작권법은 전시에 관한 정의 규정을 두고 있지 않지만, 통상 물건을 공중이 자유롭게 볼 수 있는 또는 관람할 수 있는 상태에 두는 것으로 보고 있다.

전시 장소는 화랑, 도서관 등과 같이 전시를 목적으로 마련된 장소 뿐만 아니라 가로, 공원, 건축물의 외벽, 그밖에 공중에 개방된 장소도 포함된다.

---

12) 우리 저작권법은 전시권의 적용대상을 미술저작물, 사진저작물, 건축저작물로 한정하고 있어 인터넷상에 존재하는 이미지들이 모두 전시권의 적용대상이 되지는 않을 것이다. 이하에서는 이런 전제하에 전시권 침해여부를 살펴보기로 하겠다.

여기서 일반인에 대한 공개의 개념은 공연의 경우와 동일하며, 공개적인 이상 전시방법, 관람료의 징수여부는 묻지 아니한다. 전시의 개념을 위와 같이 볼 때, 인터넷에 접속되어 있는 사람이라면 누구든지 볼 수 있도록 저작자가 자신의 저작물을 자신의 웹사이트에 게시하는 것을 전시라고 볼 수 있는가. 즉 웹사이트를 전시장소로 보아 디지털화된 사진저작물등을 업로드해 두는 것을 전시라 볼 수 있는가

우선 전시의 개념을 "물건을 일반공중이 자유롭게 볼 수 있는 또는 관람할 수 있는 상태에 두는 것"[13)]이라고 보고 사진저작물 등을 웹사이트에 게재하는 것이 전시의 개념에 포함된다고 본다면 우선, 디지털형식으로 되어 있는 사진저작물등을 물건으로 볼 수 있는가에 대한 의문이 생긴다. 현행 저작권법상의 미술저작물등의 전시행위에 대한 제한규정은 미술저작물등이 양도된 경우 저작권자의 전시권과 원작품 소유자의 소유권간의 조정을 도모하기 위하여 둔 규정이다. 즉 미술저작물등의 원작품은 유형물로서의 기능이 있으므로 원작품을 구입한 자가 원작품을 전시함에 있어 저작재산권자의 허락을 얻도록 하는 것은 저작물의 유통을 저해하게 되는 것이 됨으로 원작품 소유자가 자신의 소유권에 기해 전시하는 행위는 저작재산권에 저촉되지 않도록 한 것이다. 따라서 본 규정은 유체물에 대한 소유권이 저작권에 우선하는 예외 조항이라고 할 수 있다.[14)] 그러나 공중에 항시 개방된 장소에 전시할 목적으로 원저작물을 복제하는 경우에는 저작재산권자의 허락을 얻어야 한다.

본 규정은 이와 같이 디지털 개념을 상정하지 않은 개념임으로 미술저작물등의 복제물인 이미지가 전시의 개념인 "물건"으로 볼 수 있는지 의문이 존재한다. 또한, 과거 아날로그방식과는 달리 디지털 멀티미디어 기기가 널리 보급된 현상황에서 디지털방식으로 직접 제작된 사진저작물의 원작품을

---

13) 저작권심의조정위원회, 『저작권법 전면 개정을 위한 조사연구보고서(2)』, 2002. 12, 452면.
14) 허희성, 『신저작권법 축조해설(상)』, 저작권아카데미, 2000, 240면.

복제물과 구분한다고 하는 것은 거의 불가능한 것이 현실이다. 이와 같은 상황에서 "물건"의 개념을 유체물로만 한정하는 것은 지나치게 문리해석에 초점을 둔 것이라고 보아야할 것이다.

둘째, 웹사이트를 전시장소로 볼 수 있는가에 대해 전술한 바와 같이 전시의 장소에 "공중에 개방된 장소"가 포함되기 때문에 웹사이트는 회원제 유무와 상관없이 전시장소라고 보아야 할 것이다. 우리 저작권법은 전시권이 적용되는 저작물을 미술저작물, 사진저작물, 건축저작물로 한정하고 있어 이에 해당되는지 않는 저작물의 열람이나 감상에는 전시권이 적용될 수 없을 것이나, 미술저작물 및 사전자작물의 해석상 거의 대부분의 이미지들이 포함될 것이다.15)

저작권법상 일반 공중은 불특정 다수인(특정 다수인 포함)을 의미한다. 또한, 정보검색 사이트가 이용자들을 위하여 사전에 검색된 이미지를 thumbnail로 변환하여 자신의 서버에 저장하여 두었다가 이용자들의 검색요청이 있는 경우 thumbnail을 볼 수 있도록 하고, 이용자가 당해 thumbnail을 클릭하면 inline linking 또는 framing을 통하여 자신의 사이트에서 원이미지를 원래의 크기로 보여주는 행위가 공중송신권 침해인가는 별론으로 하고, 저작권자의 전시권을 침해하는 행위로 볼 수 있는가.

우리 저작권법은 가로·공원·건축물의 외벽 그 밖의 방법으로 일반 공중에게 개방된 장소에서 항시 전시되어 있는 미술저작물 등이라 하더라도 개방된 장소에 항시 전시하기 위하여 복제하는 경우에는 저작권자의 허락을 얻도록 하고 있다. 즉 웹사이트에 미술저작물 등을 업로드 시키기 위해서는 당해 미술저작물등의 저작권자의 허락을 얻어야 하는 것이다. 따라서 저작권자의 허락없이 서버에 저장된 thumbnail을 이용자들의 질의에 대한 결과물로서 현시하는 행위는 저작권자의 전시권을 침해하는 행위라고 보아야 할 것이다.

---

15) 이러한 문제로 인하여 컴퓨터 모니터에 디스플레이하는 것을 복제로 보아야 한다고 주장하는 견해도 있다(허희성, 위의 책, 243면).

다. 동일성유지권

저작권자는 저작물의 내용·형식 및 제호의 동일성을 유지할 권리를 가진
다. 저작물은 저작자의 사상과 감정의 표현물로서 원형 그대로 존재하여야
하고 제3자에 의해 무단히 변경, 삭제, 개변 등에 의해서 손상되지 않도록 할
권리가 저작권자에게 보장되어 있다.

동일성유지권은 저작물의 양도 또는 이용허락된 경우 저작물의 내용변경
권은 저작권자에게 유보되어야하며, 저작물의 소유자나 정당한 이용자라하
더라도 저작권자의 승낙없이 저작물의 원형을 손상시킬 수 없다는 학설과
판례에 의해 인정된 것이라고 한다.16) 다만, 동일성유지권도 학교교육목적상
부득이 인정되는 범위내에서의 표현의 변경, 건축물의 증개축 및 저작물의
성질이나 그 이용목적 및 형태에 비추어 부득이하다고 인정되는 범위안에서
의 변경은 인정된다.

동일성유지권은 그 입법취지에 비추어 볼 때 내용변경금지권을 본질로 한
다. 따라서, 웹사이트상에 존재하는 이미지를 thumbnail로 변환할 경우 원본
이미지의 일부 삭제 또는 외형의 변경 등이 가해진 경우에는 동일성유지권
침해로 보아야 할 것이다. 그러나 단순히 이미지를 일정한 크기로 축소하거
나, 축소과정에서 기술적 제약으로 인하여 원본 이미지가 가지고 있는 고유
한 색채들이 일부 변경되는 것은 이용의 목적 및 형태에 비추어 부득이한 경
우라고 보아 동일성유지권 침해로는 볼 수 없을 것이다.

---

16) 송영식·이상정·황종환 공저, 『지적소유권법(제8정정판)』, 육법사, 2003, 564면.

3. 인라인링크(프레임링크)와 저작권과의 관계

가. 링크의 기능과 종류

1) 링크의 기능

사전적 의미에서의 링크는 HTML(하이퍼텍스트)를 사용하여 상호연관된 정보를 연결하는 것 또는 한 단어나 그림 또는 정보 개체로부터 다른 곳으로 선택적인 연결을 제공하는 부분을 의미하며, 웹과 같은 멀티미디어 환경에서는 소리나 동영상 등도 링크를 통해 연결될 수 있다. 가장 일반적인 형태의 링크는 밑줄쳐진 단어와 마우스를 가져다대면 커서가 손바닥으로 변하는 그림이며, 사용자가 링크를 선택하는 즉시 다른 파일을 가져다 그 내용을 보여주게 된다. 강조되어 있는 개체는 앵커라고 부르는데, 앵커와 그 개체가 합쳐져 하이퍼텍스트 링크를 구성한다.

링크는 인터넷을 가치있게 만드는 요체로서 인터넷을 의미하는 웹(web)의 의미인 거미집 또는 거미집 모양의 망에는 다른 웹사이트들과의 광범위한 연결이라는 의미 또한 포함되어 있다. 링크는 인터넷을 다른 매체와 구별되게 하는 가장 기본적인 특징이며 링크에 의하여 인터넷 이용자는 다시 검색할 필요없이 다른 웹사이트로 이동하는 것이 가능하다.

링크기술의 발명과 관련하여 영국의 British Telecom은 자사에 특허권이 있다고 주장하였다.[17] 이에 대해 HTML 개념을 창안한 Ted Nelson을 비롯한 여러사람들은 이미 British Telecom의 특허출원이전에 링크의 기본개념을 구체화하였고, Stanford대학 연구소의 더글라스 엔겔바트와 연구진이 British Telecom 특허출원 이전에 HTML사이의 이동을 실제적으로 시연한 적이 있다고 한다. 이러한 점에 비추어보면 링크기술은 1970년을 전후하

---

17) British Telecom은 1976년 자사가 개발한 'Information handling system'에 대해 미국 특허청에 특허를 출원하여 1989년 특허등록(등록번호 제4,873,662호)을 받았다.

여 여러 사람들이 최소한 링크의 기본개념을 구상하고 있었던 것으로 보인다.

2) 링크의 종류

링크에는 HTML에 의하여 연결시키는 링크와 이미지링크(inline link)두가지 유형있으며, HTML에 의하여 연결되는 링크에는 단순링크와 직접링크 두가지 방식이 있다. 이하에서는 이에 대해 간략히 살펴보기로 한다.

① HTML에 의하여 연결되는 링크

㉮ 단순링크(surface link)[18]

단순링크란 [그림]에서 보는 바와 같이 웹사이트 이용자를 당해 정보가 있는 웹사이트의 홈페이지로 이동시키는 링크로서 원하는 정보를 찾기 위해서는 당해 웹사이트의 내부 페이지로 이동을 해야 한다.

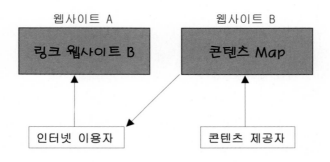

[단순링크]

---

18) 링크와 관련된 그림은 정상조, "인터넷링크의 법적 문제점", 『정보법학(제6권 제2호)』, 2002년 12월, 3~9면 참조.

㉴ 직접링크(deep link)

직접링크는 단순링크처럼 웹사이트 이용자를 당해 웹사이트의 홈페이지로 이동시키지 않고 바로 해당정보가 있는 내부페이지로 이동시키는 링크로서 가장 널리 이용되는 링크방식이라고 볼 수 있다.

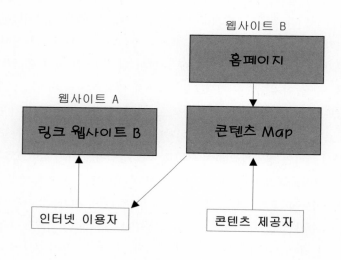

[직접링크]

② 이미지 링크(inline link)

인라인 링크(inline link)는 기존의 HTML에서 사용해 왔던 단순한 링크의 개념보다 더욱 강력해진 기능의 링크를 지원하기 위해 개발된 방법으로 통상 XML링크의 한 종류이다.19)

---

19) XML링크에는 XLink와 XPointer 두 유형이 있다. XLink는 문서와 문서를 연결하는 링크로서, XML문서에 링크를 어떤 방법으로 집어넣을 것인지와 어느 위치로 연결을 시킬 것인가에 대한 정보를 지정한다. XLink를 사용하여 XML문서는 내부적으로나 외부적으로 객체나 다른 자원에 연결될 수 있으며, 자신만의 고유한 링크 요소를 정의할 수도 있다.

인라인 링크는 웹사이트 이용자가 링크제공자의 웹페이지를 방문했을 때 링크가 자동적으로 실행되게 하는 링크로서 다른 웹사이트의 정보를 링크제공자의 프레임내에서 이용한다는 측면에서는 프레임 링크와 동일하지만 링크가 이용자의 개입없이 자동적으로 실행되는 점에서 프레임 링크와 차이가 있다.[20] 또한, 인라인 링크는 HTML링크에 있어서 처럼 이용자를 이동시켜 주는 것이 아니라 동일한 웹페이지상의 다른 지점, 동일한 웹사이트상의 다른 페이지, 다른 웹사이트의 홈페이지(surface link), 다른 웹사이트의 어떠한 내부 페이지(deep link) 등으로부터 링크에 의하여 연결된 이미지나 텍스트 또는 음성클립 등을 가져오도록 검색프로그램에게 지시하는 것이다.

즉 HTML링크 명령어(또는 tag)는 검색프로그램으로 하여금 동일하거나 다른 서버에 있는 이미지 등을 어느 웹페이지의 특정한 위치에 나타나도록 지시한다. 따라서 인라인 링크에 의하여 HTML 링크 명령어를 읽은 검색프로그램은 이미지를 포함하고 있는 사이트를 방문하여 이 이미지를 현재 화면에 나타나 있는 웹사이트에 그 이미지를 자동적으로 합치게 해서 나타나게 하는 것이다.

따라서, 인라인 링크는 마치 사진이 신문이나 잡지에 나타나는 것과 같이 동일하거나 다른 서버에 있는 이미지가 마치 그 페이지의 일부분인 것처럼 나타나기는 하나, 복제행위는 이루어지지 않는다.[21]

XPointer는 XML 문서 전체를 연결시키는 대신에 XML문서의 특정 부분을 지정 할 수 있게 해준다. 즉 XPointer는 XML 문서 구조의 특정 요소를 직접적으로 사용할 수 있는 향상된 링크 기능을 제공한다. HTML에서도 문서의 일부를 지정하는 방법 으로 태그에 name 속성을 사용하는 방법을 제공하고 있지만 id를 가지고 있는 문 서의 일부를 지정하는 것에는 한계가 있다. XPointer는 URI과 같이 사용하여 하나 의 문서 내의 특정 부분에 이르는 경로를 지정하는 방법을 제공하기도 하지만 기 본적으로 URI와 함께 사용하는 식별자를 사용하여 하나의 XML 문서 내에 있는 자원들을 다른 파일들과 연결시켜준다. 이러한 XPointer는 다시 인라인링크(inline link)와 아웃오브라인링크(out of line link)로 나뉜다.

20) 김현철, "링크제공자의 저작권법상 책임에 관한 소고", 『저작권(58호)』, 2002년 여름호, 47면.

21) 링크의 유형에 관한 자세한 사항은 이대희, "인터넷상 신기술과 상표법 및 저작권

나. 인라인 링크의 저작권 침해여부

링크는 그 기능에서 간략하게 살펴본 바와 같이 웹을 운영하는 기본적인 기능을 수행하고 있으나, 인라인링크가 저작권법상의 어떠한 권리를 침해하는 것인가에 대해서는 다양한 견해가 존재한다.

먼저, 인라인 링크가 행해지면 이용자는 웹페이지를 통하여 링크되는 웹페이지에 포함된 내용을 이용자의 개인컴퓨터에 저장할 수 있으므로 복제권 및 배포권을 간접적으로 침해한 것이라고는 견해[22], 인라인 링크(프레임 링크)는 저작물이 다른 사람에게 속하는 것처럼 보이게 하거나 저작자가 창작하지 않았던 것이 그 저작자에게 속하는 것처럼 보이게 함으로써, 결국 링크되는 웹페이지를 변경하고 수정하는 것이며, 또한 저작자가 의도하지 않았던 방법으로 재구성하고, 변형시키는 결과를 가져오게 되므로 인라인 링크(프레임 링크)는 저작권자의 2차적 저작물을 침해한다는 견해[23], 저작권 침해여부에 대한 논의는 인터넷의 본질적인 내용과 관련하여 문제해결을 위한 접근방법으로 타당하지 않으며, 상표법 내지 일반불법행위법의 관점에서 접근하는 것이 옳다고 보는 견해[24], 저작권법상 공정이용(fair use)에 해당하거나 적어도 당사자간에 묵시적인 이용계약이 있다고 보아 저작권 침해라고 볼 수 없다는 견해[25] 등 아직 인라인링크가 저작권자의 어떠한 권리를 침해하는지에 대해서는 명확하지 않다.

인라인 링크가 저작권자의 공중송신권을 침해한 것인지와 관련하여

법",『지적재산21』, 2000년 1월호 참조.

22) Ike O.Echerou, "Linking to Trouble: Legal Liability Emanating from Hyperlinks on the World Wide Web" 10 No.2 J.Proprietary Rts. 2, 3 (1998).

23) Gregory C. Lisby, "Web Sit Framing: Copyright Infringement through The Creation of an Unauthorized Derivative Work", Communication Law and Policy, Autumn, 2001

24) 배대헌, "인터넷 웹 연결에 관한 민사법적 접근",『계명법학(제3집)』, 1998, 106면.

25) Ian C.Ballon, "The Emeging Law of Internet", 507 Practising Law Institute/Patent, Copyright and Trademark(PLI/Pat) 1163, 1236 (1997).

Copyright Board of Canada가 SOCAN(Society of Composers, Authors and Publishers of Music of Canada)의 음악사용요율 결정과 관련하여 인라인 링크에 한정하여 이는 이용자의 개입없이 바로 링크된 음악이 이용자에게 전달됨으로 공중전달에 해당된다고 보았다.26) 네덜란드에서는 원고가 운영하는 전화번호부 DB에 경쟁업체인 피고가 프레임 링크한 사건에서 이는 DB추출은 아니지만 체계적 및 반복적 재이용에 해당된다고 보았다.27) 또한, 경쟁사 웹사이트의 의학정보에 프레임 링크를 한 사건에서 독일의 함부르크 항소법원은 프레임 링크행위가 저작권자의 복제권 침해를 인정하였다.28)

우리나라의 경우 인터넷 전자지도에 프레임 링크를 하여 문제된 사건29)에서 서울지방법원은 "丁이 자신의 인터넷 홈페이지 이용자들로 하여금 丁의 사이트에 링크된 乙의 컴퓨터 서버로부터 직접 전자지도를 전송받게 함으로써, 실질적으로 甲의 허락 없이 전자지도를 丁의 컴퓨터 서버에 복제하여 이를 자신의 인터넷 홈페이지 이용자들에게 제공하는 것과 같은 외관과 효과를 얻게 되었는바, 이와 같이 정이 갑의 허락없이 자신의 인터넷 홈페이지에 전자지도를 포함한 을의 지도검색서비스 일체를 프레임 링크한 행위는 갑의 허락없이 전자지도를 자신의 컴퓨터 서버에 복제하여 이를 자신의 인터넷 홈페이지 이용자들에게 전송한 행위"와 동일하다고 보면서도 저작권 침해를 인정하지 않고, 계약위반책임과 일반불법행위책임을 각각 인정하였다.

사안을 달리하기는 하나, 음란물이 게재되어 있는 홈페이지를 단순링크한 사건30)에서 법원은 "초고속정보통신망의 발달에 따라 그 마우스 클릭행위에

---

26) 본 결정의 자세한 내용은http://www.cb-cda.gc.ca/decisions/m27101999-b.pdf 참조.

27) 김현철, 앞의 논문, 53면에서 재인용.

28) OLG, Hamburg, 22 February 2001, Roche Lexikon Medizin v. www.medizinforum.org, Diete Paemen : 김현철, 앞의 논문, 51면에서 재인용.

29) 서울지방법원, 2001. 12. 7, 2000가합54067 판결.

30) 대법원 2003. 7. 8. 선고 2001도1335 판결; 그러나 원심판결에서는 "피고인A가 자신이 개설한 인터넷 신문에 음란한 부호 등이 게재되거나 음란한 부호 등이 수록된 파일들이 존재하는 홈페이지 주소를 링크시켜 두는 것은 위 홈페이지의 주소를

의하여 다른 웹사이트로부터 정보가 전송되어 오는 데 걸리는 시간이 매우 짧기 때문에, 인터넷 이용자로서는 자신이 클릭함에 의하여 접하게 되는 정보가 링크를 설정해 놓은 웹페이지가 아니라 링크된 다른 웹사이트로부터 전송되는 것임을 인식하기조차 어렵고, 점점 더 초고속화하고 있는 인터넷의 사용환경에서 링크는 다른 문서나 웹페이지들을 단순히 연결하여 주는 기능을 넘어서 실질적으로 링크된 웹페이지의 내용을 이용자에게 직접 전달하는 것과 마찬가지의 기능을 수행하고 있다고 하지 않을 수 없다. 따라서, 음란한 부호 등으로 링크를 해 놓는 행위자의 의사의 내용, 그 행위자가 운영하는 웹사이트의 성격 및 사용된 링크기술의 구체적인 방식, 음란한 부호 등이 담겨져 있는 다른 웹사이트의 성격 및 다른 웹사이트 등이 음란한 부호 등을 실제로 전시한 방법 등 모든 사정을 종합하여 볼 때, 링크를 포함한 일련의 행위 및 범의가 다른 웹사이트 등을 단순히 소개, 연결할 뿐이거나 또는 다른 웹사이트 운영자의 실행행위를 방조하는 정도를 넘어, 이미 음란한 부호 등이 불특정 다수인에 의하여 인식될 수 있는 상태에 놓여 있는 다른 웹사이트를 링크의 수법으로 사실상 지배·이용함으로써 그 실질에 있어서 음란한 부호 등을 직접 전시하는 것과 다를 바 없다고 평가되고, 이에 따라 불특정 다수인이 이러한 링크를 이용하여 별다른 제한 없이 음란한 부호 등에 바로 접할 수 있는 상태가 실제로 조성되었다면, 그러한 행위는 전체로 보아 음란한 부호 등을 공연히 전시한다는 구성요건을 충족한다고 봄이 상당하며, 이러한 해석은 죄형법정주의에 반하는 것이 아니라, 오히려 링크기술의 활용과 효과를 극대화하는 초고속정보통신망 제도를 전제로 하여 신설된 위 처벌규정의 입법 취지에 부합하는 것"이라고 보아 링크를 전기통신법상의 '공연한

전시한(알려주는) 것에 불과하고, 이를 들어 위 홈페이지에 존재하는 음란한 부호 등을 전시한 것이라고는 할 수 없으나, 피고인 B가 자신이 개설한 홈페이지에 음란 웹파일들을 링크시켜 둔 행위(프레임 링크)는 위 음란 웹파일들이 위 홈페이지와 유기적으로 통합되어 위 음란 웹파일들을 위 홈페이지에 게재하는 것과 유사"하다고 보았다.(수원지방법원 2001. 2. 15. 선고 99노4573 판결).

전시'행위로 보았다.

링크의 저작권 침해와 관련하여, 학설은 링크는 이미 인터넷상에 제공된 저작물을 대상으로 하는 것으로, 링크제공자는 저작물을 컴퓨터 서버에 직접 탑재하는 행위나 실제 저작물을 송신하는 행위를 하는 것은 아니므로 링크 제공행위를 전송에 해당되지 않는다고 보는 것이 다수설이다.[31] 판례[32]는 "인터넷 링크 가운데 이른바 심층링크(deeplink) 또는 직접링크(direct link)는 웹사이트의 서버에 저장된 저작물의 인터넷 주소(URL)와 하이퍼텍스트 태그(tag) 정보를 복사하여 이용자가 이를 자신의 블로그 게시물 등에 붙여두고 여기를 클릭함으로써 위 웹사이트 서버에 저장된 저작물을 직접 보거나 들을 수 있게 하는 것으로서, 인터넷에서 링크하고자 하는 저작물의 웹 위치 정보 내지 경로를 나타낸 것에 불과하다. 따라서 이는 구 저작권법 제2조 제14호에 규정된 "유형물에 고정하거나 유형물로 다시 제작하는 것"에 해당하지 아니하고, 또한 저작물의 전송의뢰를 하는 지시 또는 의뢰의 준비행위로 볼 수 있을지언정 같은 조 제9의2호에 규정된 "송신하거나 이용에 제공하는 것"에 해당하지도 아니한다. 그러므로 위 심층링크 내지 직접링크를 하는 행위는 구 저작권법이 규정하는 복제 및 전송에 해당하지 않는다."고 하여 링크의 저작권 침해를 부정하고 있다.

Arriba사건에서는 당사자가 인라인 링크에 대한 심리를 청구하지 않았기 때문에 그 침해여부에 대한 판단은 보류하여야 한다는 재심리 결과가 나오기는 하였으나, 인라인 링크행위가 미국 저작권법상의 전시권을 침해하였다

---

31) 송영식·이상정·황종환·이대희·김병일·박영규·신재호 공저, 『지적소유권법(하)』, 육법사, 2008, 648면; 오승종, 『저작권법』, 박영사, 2007, 618면 ; 岡村久道·近藤剛史 編著, 『インタ-ネシトの法律實務』, 1997, 91면 ; 이대희, 『인터넷과 지적재산권법』, 박영사, 2002, 417~418면 ; 이해완, 『저작권법』, 박영사, 2007, 320면에서는 "인라인 링크의 경우에는 전송에 해당하는 것으로 보게 될 가능성이 매우 높을 것이다."라고 하여 인라인 링크에 대해서는 다른 견해를 제시하고 있다.
32) 대법원 2009. 11. 26. 선고 2008다77405 판결.

고 본 것은 결국 우리법상의 공중송신권을 침해한 것이라고 보아야 한다는 견해도 있다.[33]

다. 소 결

다른 웹사이트로 이동할 수 있도록 해주기 위해서 당해 웹사이트 내용을 표시하는 어구나 제목을 이용하는 경우와는 달리 당해 웹사이트를 상징해주거나 그 속에 게재된 이미지나 사진을 표시해서 그러한 이미지나 사진을 클릭하면 당해 웹사이트로 이동할 수 있도록 하는 경우 즉 타인의 저작권 보호대상에 해당되는 이미지나 사진을 본래의 크기로 복제해서 표시하고 링크에 이용하는 것은 복제권 및 공중송신권 침해에 해당될 수 있다고 볼 수 있을 것이며, 연결이라는 미명하에 타인의 저작권보호대상인 이미지나 사진을 동일하거나 유사한 크기로 이용하는 것은 저작권자의 이익을 크기 해할 수 있기 때문에 복제권 및 공중송신권 침해로 볼 수 있는 경우가 많다고 한다.[34]

그러나 타인의 웹사이트에 게재된 이미지나 사진을 thumbnail로 축소해서 연결목적으로 이용하고 있는 경우에는 그러한 인용이 영리를 목적으로 한 것이 아니라 인터넷상의 연결을 목적으로 한 것이고, 그러한 연결로 인해서 당해 이미지나 사진의 저작권자가 입게되는 경제적 손실은 그리 크지 않을 것이다. 오히려 보다 많은 방문자를 얻는 이익을 얻을 수 있는 경우도 있을 것이다. 따라서 링크가 가지고 있는 기능적 측면을 고려한다면, 이러한 행위를 일률적으로 저작권 침해행위라고 보는 것은 저작권법의 목적인 사익과 공익의 적절한 균형을 통한 문화발전을 저해하는 요소라고 보아야 할 것이다.[35]

---

33) 김현철, 앞의 논문, 53면.
34) 정상조, 앞의 논문, 6~7면.
35) 대법원 2006.2.9. 선고 2005도7793 판결 : 피고인 회사가 썸네일 이미지를 제공한 주요한 목적은 보다 나은 검색서비스의 제공을 위해 검색어와 관련된 이미지를 축소된

Ⅳ. 저작권법의 한계와 법정책적 방향

1. 디지털 환경과 저작권법의 한계

가. 디지털환경의 특성

디지털환경을 단적으로 이야기하자면 인터넷환경을 말할 수 있을 것이다. 인터넷의 구성은 정보통신망의 전세계적 연결고리라고 하겠다. 이러한 연결고리는 네트워크와 서버의 다중적 구성을 바탕으로 한다.

형태로 목록화하여 검색서비스를 이용하는 사람들에게 그 이미지의 위치정보를 제공하는 데 있는 것이지 피고인들이 공소외인의 사진을 예술작품으로서 전시하거나 판매하기 위하여 이를 수집하여 자신의 사이트에 게시한 것이 아닌 만큼 그 상업적인 성격은 간접적이고 부차적인 것에 불과한 점, 공소외인의 사진작품은 심미적이고 예술적인 목적을 가지고 있다고 할 수 있는 반면 피고인 회사의 사이트에 이미지화된 공소외인의 사진작품의 크기는 원본에 비해 훨씬 작은 가로 3cm, 세로 2.5cm 정도이고, 이를 클릭하는 경우 독립된 창으로 뜬다고 하더라도 가로 4cm, 세로 3cm 정도로 확대될 뿐 원본 사진과 같은 크기로 보여지지 아니할 뿐만 아니라 포토샵 프로그램을 이용하여 원본 사진과 같은 크기로 확대한 후 보정작업을 거친다 하더라도 열화현상으로 작품으로서의 사진을 감상하기는 어려운 만큼 피고인 회사 등이 저작물인 공소외인의 사진을 그 본질적인 면에서 사용한 것으로는 보기 어려운 점, 피고인 회사의 검색사이트의 이 사건 썸네일 이미지에 기재된 주소를 통하여 박범용의 홈페이지를 거쳐 공소외인의 홈페이지로 순차 링크됨으로써 이용자들을 결국 공소외인의 홈페이지로 끌어들이게 되는 만큼 피고인 회사가 공소외인의 사진을 이미지검색에 제공하기 위하여 압축된 크기의 이미지로 게시한 것이 공소외인의 작품사진에 대한 수요를 대체한다거나 공소외인의 사진 저작물에 대한 저작권침해의 가능성을 높이는 것으로 보기는 어려운 점, 이미지 검색을 이용하는 사용자들도 썸네일 이미지를 작품사진으로 감상하기보다는 이미지와 관련된 사이트를 찾아가는 통로로 인식할 가능성이 높은 점 및 썸네일 이미지의 사용은 검색사이트를 이용하는 사용자들에게 보다 완결된 정보를 제공하기 위한 공익적 측면이 강한 점 등 판시와 같은 사정 등을 종합하여 보면, 피고인 회사가 공소외인의 허락을 받지 아니하고 공소외인의 사진작품을 이미지검색의 이미지로 사용하였다고 하더라도 이러한 사용은 정당한 범위 안에서 공정한 관행에 합치되게 사용한 것으로 봄이 상당하다.

디지털환경은 물론 컴퓨터나 관련 정보기기를 통한 아날로그형태의 정보를 디지털화하는 것과 태생적으로 정보자체가 디지털형태로 만들어지는 2가지의 경우가 있다. 전자는 더욱이 디지털화하는 과정이 포함되기 때문에 현실적으로 많은 자본이 투하될 소지가 큰 부분이라고 하겠다. 최근에 논란이 되고 있는 디지털콘텐츠의 법적 보호의 측면에서 본다면 이 부분은 중요하게 다루어질 수밖에 없다고 하겠다.

디지털환경에서의 법적 측면에 대해 고찰하자면, 기본적으로 기존의 틀에 맞출 수 있는 법이 존재하지 않는다는 점이다. 따라서 좀더 사실적으로 이야기하자면 법의 해석론에 있어서 상당히 주저할 수밖에 없다는 점이다. 이러한 문제점들을 해결하기 위해 WIPO를 중심으로 WCT, WPPT 등의 조약을 마련하였고, 미국에서는 DMCA(Digital Millenuim Copyright Act)를, 독일에서는 멀티미디어법을 제정하였으나, 디지털환경에 맞는 저작권법을 구성하기에는 상당한 어려움이 따르고 있다.

나. 저작권법과 기술과의 괴리

저작권법의 발전은 기술의 발전과 그 괘를 같이 하고 있다. 즉 기술의 발전에 따라 저작권법도 발전하고 있다는 말과 일맥상통한다고 하겠다. 이를 다른 측면에서 본다면, 법의 발전은 기술의 발전을 앞지르기가 어렵다는 점이다. 만약 법이 기술에 앞서 불확실한 미래를 예측하여 제정이나 개정이 된다면, 이는 사회·경제적 측면에서 심대히 법적 안정성을 해하게 될 것이다. 따라서 쉽게 법이 나설 수 없는 것이 바로 이러한 연유에 기인한다고 하겠다. 물론 디지털기술의 이용·확대에 따라 저작권보호를 강화하기 위한 수단으로 전송권, 권리관리정보, 기술적보호조치 등을 WCT나 WPPT 등에서 규정하고 있으나, 저작권보호를 위한 내용들이 기술중립적으로 규정하지 않는다면 여전히 많은 문제점들이 나타날 수 있을 것이다.

2. 법정책적 방향

인터넷상에 존재하는 이미지를 thumbnail로 변환하여 자신의 서버에 보관하면서 검색결과로 현시하는 행위가 저작권자의 복제권 및 전시권을 침해하는 행위임은 전술한바와 같다. 그러나 검색된 thumbnail을 인라인 링크하는 행위가 저작권을 침해하는 행위인가에 대해서는 아직 논란의 여지가 많은 부분이며, 이를 규제하는 것은 인터넷이 지니고 있는 정보공유정신을 훼손할 여지가 많아 좀더 신중한 검토가 필요하다고 본다.

이하에서는 정보검색 사이트의 thumbnail을 이용한 이미지 검색 결과의 제공이 저작권법상의 '인용'으로 볼 수 있는지를 살펴보고, 저작권제한에 관한 일반조항의 도입의 필요성을 검토해보기로 한다.

가. 저작권법 제28조의 해석론

우리 저작권법 제28조는 공표된 저작물을 보도·비평·교육·연구등을 위하여 정당한 범위내에서 공정한 관행에 합치되게 인용하는 경우에는 저작권이 제한됨을 규정하고 있다. 허용될 수 있는 인용인지여부는 그 목적이나 관행에 의하여 정당화 될 수 있는 범위내인지에 달려 있다. 또한, 보도·비평·교육·연구는 예시적 규정으로서 그밖에 예증, 해설, 보충, 강조를 위한 인용도 가능하다.36) 즉 공표된 저작물의 인용의 대상이 되는 분야는 본조의 입법취지인 "공익 적합성"을 고려하여 결정하여야 할 사항이다.

판례37)는 저작물의 인용이 정당한 범위 안에서 공정한 관행에 합치되는 인용인가의 여부를 판단하기 위한 요건으로 "①인용의 목적 ②저작물의 성질 ③인용된 내용과 분량 ④피인용저작물을 수록한 방법과 형태 ⑤독자의

---

36) 서울고등법원, 1997. 7. 9 96나18627 판결.
37) 대법원 1997.11. 25. 97도2227 판결.

일반적 관념 ⑥원저작물에 대한 수요를 대체하는지의 여부 등의 종합적 고려"를 제시하고 있다.

이러한 판례에 근거하여 공정이용 조항이 없는 현행 저작권법상 제25조가 사실상 공정이용에 관한 일반조항의 역할을 맡고 있다고 한다고 주장하는 견해[38]도 있다.

이와 같은 판례의 견해는 미국의 공정이용 판단기준과 비교할 경우 그 요건이 거의 유사하다고 볼 수 있다. 따라서, 검색된 thumbnail을 인라인 링크를 통해 원본 이미지가 존재하는 웹사이트로의 이동을 차단하고, 자신의 웹사이트에서 원본 이미지를 볼 수 있도록 하는 것이 저작권자의 전송권 또는 전시권을 침해하는지는 별론으로 하고, 인터넷상에 존재하는 이미지를 thumbnail 변환하여 이용자들이 필요로 이미지를 쉽고 편리하게 검색할 수 있도록 하는 행위는 정보검색기술을 향상시켜주는 것이며 공공의 이익을 증진시켜주는 것으로서 저작권법 제25조의 입법취지에 부합되며, 판례가 제시하고 있는 개별요건들이 Arriba사건 판단기준과 유사하기 때문에 본조를 적용하는 것이 가능할 것으로 판단된다.

이와 관련하여 국내에서 thumbnail 서비스가 문제된 사건[39]에서 서울지방법원은 상기 판례를 인용하면서, "피고들은 이 사건 이미지 수집프로그램을 이용하여 수집한 이미지 파일을 이용하여 이미지 검색 프로그램을 만든 후, 포털사이트에 사용료를 받고 이미지 검색 프로그램을 제공하고 있는 사실, 이 사건 프로그램에서 제공하는 견본 이미지 중 400 픽셀 x 400 픽셀 이미지는 피해자의 사이트에서 유료로 이용할 수 있는 원본 이미지와 크기가 동일하거나 유사하고, 인터넷 사용자들은 마우스 클릭만으로 간단히 위 견본 이미지를 복사·저장·전송 등이 가능하므로 구태여 피해자의 사이트까지 이동하여 유료로 원본 이미지를 이용할 필요성을 느끼지 않고 있는 사실 및 특정

38) 남효순·정상조 편저, 『인터넷과 법률』, 법문사, 2002, 320면.
39) 서울지방법원 2003. 9. 25, 2003고단4821판결.

포털사이트에서는 위 견본 이미지를 바로 메일로 전송할 수 있는 프로그램까지 운영하였던 사실이 각 인정됨으로 피고인들의 행위는 원저작물 이용의 목적, 이용된 내용과 분량, 원저작물을 수록한 방법과 형태, 사용자의 일반적 관념, 원저작물에 대한 수요 대체성 등에 비추어 저작권법 제25조 소정의 저작물의 정당한 사용에 해당한다고 볼 수는 없다"고 판시하였다.

본 사건에서 문제가 된 thumbnail은 100픽셀×100픽셀과 400픽셀 x 400픽셀 두종류의 이미지였으나, 법원은 100픽셀 이미지에 대하여는 침해여부를 판단하지 아니하여 400픽셀과 동일하게 침해로 본 것인지 불명확하나, 제28조의 적용을 배척한 근거로 추단컨대 원본 이미지를 100픽셀의 thumbnail로 변환하는 것은 제28조를 적용한 것이라고 볼 수 있을 것이다.

나. 저작권제한 일반조항의 도입 검토

우리 저작권법은 저작권 제한사유로서 전술한 저작물의 인용외 재판절차 등 및 도서관등에서의 복제, 학교교육목적등에서의 이용, 시사보도 및 비영리목적으로서의 공연방송으로의 이용, 사적이용을 위한 복제 등 개별적인 제한 규정을 두고 있다. 저작물의 자유로운 이용이 허용되는 행위유형을 법에서 구체적으로 한정하면 저작물의 사용에 관하여 새로운 유형이 나타날 때 적절한 결론을 내리기는 어렵다. 특히, 급격하게 변화하고 있는 기술환경에 유연하게 대응하는 데에는 한계가 있다.

인터넷상에서는 무수한 복제행위들이 이루어지고 있다. 예를 들어 이용자가 인터넷상에서 그림파일 하나를 내려받기 위해서는 적어도 7번의 일시적 복제행위가 이루어진다고 한다.[40] 이와 같이 디지털기술은 저작권 제도에 의하여 보호될 수 있는 법률관계 뿐만 아니라 이용자의 저작물 이용범위 또한 확대시키고 있다.

---

40) 강기중, "인터넷의 이용에 관한 미국 저작권법의 적용", 『정보법학(제4권 제2호)』, 2000, 128면.

기존의 저작권제도에서의 저작권 제한규정들은 아날로그 환경에서 인쇄·출판물을 중심으로 하여 대립하는 이해관계를 조절하는 것을 전제로 하였다. 즉 저작권자들은 자신의 배타적 권리의 실시를 위하여 자신의 저작물을 이용할 수 있는 당사자들만 통제하면 충분하였고, 이러한 통제는 유형화가 가능한 것들이었다.

그러나 디지털기술의 발달은 기존의 저작물 이용관계에 큰 변화를 가져왔다. 과거 저작물 전달의 중간매개체였던 인쇄·출판업자들을 거치지 않고 저작권자와 이용자간 직접적인 이용관계로 저작물 이용관계가 변화되고 있다. 이러한 직접적인 이용관계의 특징은 저작물 이용에 관한 법률관계를 사전에 정형화한다는 것이 어렵다는 것이며, 저작권자가 불법이용자들에 대하여 개별적으로 자신의 권리를 행사한다는 것을 불가능하게 만들었다는 것이다.

현행 저작재산권 제한규정들은 권리를 제한함에 있어 원칙조항에 대한 예외조항으로서의 예외는 엄격하게 해석되어야 한다는 일반법원칙상 한계에 부딪칠 뿐만 아니라 디지털시대의 저작물 이용과 관련된 이해관계 전체를 규정할 수 없다는 단점을 지니고 있다. 또한, 저작재산권 제한규정은 열거적인 것으로 해석되어야 하며, 유추해석은 원칙적으로 인정될 수 없다. 필연적으로 엄격한 해석에서는 예외규정들이 본질적인 의미를 넘어서 적용될 수 없으며, 예외규정으로서의 추구되는 목적은 당해 규정의 제정시 입법자가 처했던 사실 및 법적인 상황으로서만 정해질 것을 요구하게 된다고 볼 수 있다.[41]

이와 같은 엄격한 해석론상 저작재산권 제한사유에 해당되는 않는 이용행위를 판단함에 있어 저작권법 제1조와 민법 제2조의 신의성실의 원칙 및 권리남용의 법리를 채용하여 저작권제한의 일반조항을 내용으로 하는 판례이론의 정립을 기대할 수 있을 것이나, 판례이론의 정립은 많은 시간이 소요된

---

41) Schricker/Melichar, Urheberrecht, Kommetar, 2. Aufl.,1999. C.H.Beck. Vor §§45ff. Rn. 15 : 박익환, "디지털환경에서의 저작권 제한제도에 관한 검토", 『저작권(제47호)』, 1999년 가을호, 30면에서 재인용.

다는 점을 고려한다면 적절한 해결책이라고는 볼 수 없을 것이다.

이러한 이유로 미국의 저작권법상의 공정이용조항과 같은 저작권제한에 관한 일반조항의 신설하여 디지털환경에서의 이해관계를 조정하고, 신설이 필요한 예외를 적기에 입법화하는 어려움 등을 해결하자는 주장[42]과 우리의 경우 판례를 통하여 정립된 법원칙이 존재하지 않는 상황에서 이러한 일반원칙의 도입이 자칫 무규범의 상황을 초래할 수 있어 도입은 시기상조라고 하는 주장[43]이 제기되고 있다.

사회질서에 위반하는 법률행위의 내용을 구체적으로 일일이 든다는 것은 불가능하다. 윤리관이나 사회질서는 때와 장소에 따라 또는 사회와 민족에 따라 다를 뿐만 아니라 시대의 변천에 따라 변하기 때문이다. 일반조항은 개개의 경우에 이성적이며 공정·타당한 것에 대한 국민 전체의 건전한 관념에 터잡아 재판을 통하여 그 의미가 밝혀지는 진다고 보아야 한다. 따라서 후자의 주장처럼 저작권제한에 대한 일반조항의 도입이 무규범을 초래하지는 않는다고 보아야 할 것이다.

저작권제한에 관한 일반조항이 도입된다면, 일반조항은 모든 사안을 포섭할 수 있다는 점에서 그 적용영역이 극히 광범위한 반면에 자의적인 적용의 위험 소위, 일반조항으로의 도피현상이 있어 법적안정성을 해칠 수 있는 소지를 내포하고 있으므로 법관은 일반조항을 운용함에 있어 저작권법의 이념을 구체화하는 역할을 담당하여야 할 것이다.

---

42) 정찬모, "국제협정상 저작권 예외의 요건으로서 3단계 테스트와 그 시사점", 『디지털저작물과 이용자의 권리에 관한 정책토론회 발표자료』, 2003. 10. 2, 21면.
43) 임원선, 디지털저작물과 이용자의 권리에 관한 정책토론회 토론문.

V. 결 론

인터넷의 급속한 보급에 따른 사이버 공간의 확장은 현실공간의 법체계와 충돌하면서 많은 법적인 문제들을 야기하고 있다. 새로운 기술개발을 이용한 정보공유는 정보보호와 상반된 논리를 가지고 전개되고 있으며 현행법상의 정보보호 논리는 그 한계를 드러내고 있다. 즉 기술의 진보로 인하여 현행법을 적용하지 못하는 회색영역 존재하는 것이다. P2P로 대별되는 파일공유 프로그램, 이미지검색 등은 바로 이러한 회색영역을 대표하는 기술이라고 볼 수 있을 것이며 디지털기술의 발달에 따라 발생하는 다양한 문제중 하나일 것이다.

현행법상 thumbnail을 이용한 이미지 검색 뿐만 아니라 많은 문서검색이 저작권자의 복제권, 전시권을 침해하는 것은 부인할 수 없을 것이다. 그러나 인터넷은 정보의 수요자이던 개인을 정보의 공급자이며 수요자로 바꾸어놓고 있다. 개인이 정보의 수요와 공급을 결정한다는 것은 인터넷의 기본정신인 "정보공유"를 가능케 하는 것이다.

저작권법의 역사가 그러했듯이 새로운 기술의 출현과 발전은 현재의 저작권 법리를 과거의 저작권 법리로 변화로 시킬 것임은 자명하다. 그러나 이러한 변화가 저작권법의 궁극적 목적인 공동체의 문화발전을 달성할 수 있도록 하기 위해서는 저작권 침해로 인한 저작권자의 재산적 손해를 최소화하고 정보공유를 통해 더 많은 가치를 창출할 수 있도록 현행 저작권상의 문제점들을 디지털환경에 부합되게 보완하여 저작자와 공중의 이익을 조화시켜야 할 것이다.

결국, 사회문화의 발전은 기술의 진보에 기반하고 있음에도 그 기술이 제시한 문제 때문에 기술개발이 늦어질 수 있다. 따라서 개발자가 실질적으로 필요한 내용을 개발할 수 있는 환경이 될 수 있도록 법제도적인 측면에 경제력을 낭비하지 않도록 뒷받침해주는 환경이 필요하다고 하겠다.

저작권법이 기술의 발전과 그 궤를 같이 하면서 발전하여 왔다고 하지만, 기술을 선도한 적은 그 발전의 역사에 비추어 볼 때 없었던 것 같다. 항상 기술의 발전에 대응하면서 회색지대를 만들어 내기에 급급하였고, 때로는 기술발전의 발목을 잡는 경우도 있었으나 기술은 자신을 옭아매는 법의 사슬을 끊고 다시 달아나 버리기 일쑤였고, 앞으로도 그러할 것이다.

제12절 검색광고의 법적 문제

I. 서 론

인터넷과 디지털기술의 발달은 정보를 습득할 수 있는 매체의 증가와 기업들의 다양한 마케팅 방법의 발달을 가져왔다. 기업들은 인터넷 이용 인구가 증가함에 따라 공중파 TV, 케이블TV 또는 신문, 잡지 등의 전통적인 광고매체와 함께 인터넷 포털 사이트(검색엔진 사이트) 등을 광고 매체로 활용하고 있다.

인터넷 포털 사이트의 광고기법은 전통적으로 배너광고의 형태를 취하고 있었다. 그러나 배너광고는 인터넷을 이용하는 불특정 다수를 상대로 광고가 노출되기 때문에 광고효과가 크지 않았던 것이 사실이다. 이러한 문제점을 해결하기 위해서 새롭게 출현한 광고기법이 검색어의 검색결과에 광고주의 웹사이트가 검색되도록 하는 검색광고다. 검색광고는 웹사이트가 '꽃배달'과 관련이 있을 경우, 검색엔진 사이트 이용자가 '꽃배달'이라는 검색어를 입력하게 되면 검색결과에 '꽃배달'이라는 검색어를 구매한 웹사이트를 노출시켜주는 광고기법이다. 이러한 검색광고는 정액제 검색광고(Cost Per Millenium)1)와 클릭당 과금 검색광고(Cost Per Click 또는 Price Per Click)2)로 구분된다.

검색광고는 쇼핑, 영화 등 특정 검색어를 구매하여 자신의 웹사이트가 검

---

1) 정액제 검색광고는 키워드 조회수 기준으로 월별 광고단가가 정해지는 방식의 검색광고로 대부분의 검색엔진에서 노출 위치와 표현 방법이 다양한 정액제 검색광고 상품을 판매하고 있다.
2) 클릭당 과금 검색광고는 인터넷 사용자가 해당 검색광고를 클릭할 때마다, 즉 실제 발생한 클릭에 대해서만 광고비를 지불하는 방식을 취한다.

색엔진 사이트의 검색결과에 반영되도록 하는 광고기법이기 때문에 광고주의 입장에서는 가급적이면 검색 빈도수가 높은 검색어를 구매하려고 한다. 검색엔진 사이트들이 검색광고용으로 판매하고 있는 검색어 중에는 학원, 쇼핑 등 일반명사가 많은 비중을 차지하고 있으나, 저명상표 또는 등록상표를 검색어로 판매하여 상표권자의 공식 웹사이트와 함께 광고주의 웹사이트가 검색결과에 노출되게 하는 경우도 나타나고 있다.

검색광고는 과거 자신의 웹사이트의 검색빈도수를 높이기 위하여 웹페이지를 구성하는 HTML문서에 저명상표 또는 등록상표를 메타테그로 사용하는 경우와 유사한 형태를 취하고 있다. 그러나 검색광고는 메타테그와 달리 검색엔진 사이트가 특정 검색어를 구매한 광고주의 웹사이트를 검색엔진 이용자가 입력한 검색어와 부합될 수 있도록 컴퓨터 알고리즘을 이용하여 연계시키는 형태를 취하고 있어 메타테그와는 다소 차이점을 보이고 있다.

이하에서는 검색엔진 사이트들이 등록상표 또는 저명상표를 특정 웹사이트의 검색결과 노출용으로 판매하는 것이 상표법상의 상표로서의 사용에 해당되는지, 검색어로의 사용이 상표법상의 혼동이론에 비추어 상표권 침해가 될 수 있는지, 상표권침해에 해당되지 않는다면 상표의 희석화에 해당되는지를 각각 살펴보고, 끝으로 검색광고가 비교광고로서 허용될 수 있는지를 살펴보기고 한다.

Ⅱ. 검색광고와 상표법과의 관계

1. 상표법상의 "상표적 사용"의 의미

우리 상표법은 상표의 사용을 상품 또는 상품의 포장에 상표를 표시하거나 표시한 것을 양도 또는 인도하거나 그 목적으로 전시·수출 또는 수입하

는 행위 및 상표에 관한 광고·정가표·거래서류·간판 또는 표찰에 상표를 표
시하고 전시 또는 반포하는 행위로 규정[3]하고 있다. 여기서 '광고'라 함은
신문, 잡지, 팜플렛, 카탈로그, 전단지 등을 비롯하여 달력, 간판, 길거리 네
온사인, TV 등에 의한 광고를 포함한다. 또한 '표시한다'라고 하는 것은 목
적론적으로 해석하여 문리적 의미에서의 부착만을 의미하는 것이 아니라 자
기의 상품에 관한 광고 문장 중에 동종 상품에 관한 타인의 등록상표를 기재
하는 경우에도 상표의 사용에 해당된다.[4]

그러나 상표권 침해를 논함에 있어서는 당해 상표가 형식적으로 광고에
사용되었다는 것만으로는 부족하고, 자타상품의 식별표지로서 사용되어 상
표의 출처표시기능 등을 해치는 형태로 사용되어야 한다.[5] 판례는 등록상표
인 리눅스(Linux)의 상표권의 효력이 책의 제목으로 사용된 '리눅스＋내가최
고'라는 표장에까지 미치는지가 문제가 된 사안에서 "리눅스(Linux)라는 컴퓨
터 운영체계 프로그램의 사용방법 등을 설명하는 내용의 책을 출판하면서
그 제목을 '리눅스＋내가최고'라고 한 경우, 이 때의 책의 제목은 그 책의
내용을 표시할 뿐 출판사 등 그 출처를 표시하는 것은 아니어서 원칙적으로
그 상품을 다른 사람의 상품과 식별되도록 하기 위하여 사용하는 표장이 아
니므로, 그 표장과 동일 또는 유사한 등록상표의 상표권의 효력이 미치지 아
니한다."[6]라고 판시하고 있다. 또한, 판례[7]는 상표권 침해여부를 판단하기
위해서는 "타인의 등록상표를 이용한 경우라고 하더라도 그것이 상표의 본
질적인 기능이라고 할 수 있는 출처표시를 위한 것이 아니어서 상표의 사용

---

3) 상표법 제2조 제1항 제6호.

4) 송영식·이상정·황종환 공저, 「지석소유권법(제9판-하권)」, 육법사, 2005, 235면 ;
   이러한 광고와 관련하여 타인의 상표를 비교광고로서 허용되는지 여부는 후술하기
   로 한다.

5) 위의 책, 236면.

6) 대법원 2002. 12. 10. 선고 2000후3395 판결.

7) 대법원 2003. 4. 11. 선고 2002도3445 판결 ; 대법원 1997. 2. 14. 선고 96도1424
   판결.

으로 인식될 수 없는 경우에는 등록상표의 상표권을 침해한 행위로 볼 수 없다고 할 것이고, 그것이 상표로서 사용되고 있는지의 여부를 판단하기 위하여는 상품과의 관계, 당해 표장의 사용 태양(즉 상품 등에 표시된 위치, 크기 등), 등록상표의 주지저명성 그리고 사용자의 의도와 사용경위 등을 종합하여 실제거래계에서 그 표시된 표장이 상품의 식별표지로서 사용되고 있는지 여부를 종합하여 판단"하여야 한다고 보고 있다.

2. 메타테그와 상표와의 관계8)

검색광고는 메타테그를 이용한 웹사이트 검색과 유사한 방식을 취하고 있다. 메타테그(Meta Tag)는 원래 메타데이터를 정의하기 위해 고안된 것으로서 웹사이트 작성 언어인 HTML 문서의 맨 위쪽에 위치하는 테크이며, 브라우저와 검색엔진을 사용할 수 있도록 문서의 정보를 포함하고 있어 웹사이트의 내용을 표시하는 색인 또는 참고자료로서의 역할을 하는 용어의 목록이라고 할 수 있다. 따라서 메타테그는 검색엔진의 검색대상이 되는 검색어를 웹사이트 제작자가 직접 HTML문서에 태그로 삽입하여 검색엔진에 의해 색인될 수 있도록 하는 형태를 취한다. 반면에, 검색광고는 HTML 태그 없이 검색엔진 사이트가 웹사이트 운영자(광고주)의 요청에 따라 검색엔진 사이트 이용자가 특정 검색어로 검색을 하는 경우 당해 검색어의 검색결과에 인위적으로 광고주의 웹사이트를 노출시켜주는 형태를 취한다.

검색엔진들은 HTML문서에 포함되어 있어 메타테그를 읽고 당해 웹사이트의 정보를 수집하여 검색결과에 반영하게 된다. 따라서 웹사이트 운영자의 입장에서는 타인의 등록상표 또는 주지저명상표를 메타테그로 삽입할 경우

---

8) 메타테그와 상표와의 관계에 관한 자세한 사항은 김성호, "메타테그의 사용과 상표법상의 문제점", 「창작과 권리(제25호)」, 2001년 겨울호, 25~44면 ; 최성준, "인터넷상에서의 상표법상의 문제점", 「저스티스(제97호)」, 2005년 10월호, 39~42면 참조.

검색엔진 사이트에서 자신의 웹사이트의 검색빈도수를 증가시킬 수 있다. 이와 같이 등록상표 또는 주지저명상표를 메타테그로 이용하여 검색엔진의 검색을 유도하는 행위는 전통적인 의미에서 상표권 침해를 구성하는 상표로서의 사용 및 오인혼동 초래행위로 보기에는 어려움이 있다. 왜냐하면, 검색엔진 이용자가 등록상표 또는 주지저명상표를 검색어로 이용하였다고 하여 등록상표권자 또는 주지저명상표권자의 웹사이트를 찾기 위한 목적이라고는 단정할 수 없다. 또한 등록상표 또는 주지저명상표가 검색엔진의 검색결과에 검색되어졌다고 하여 검색엔진 이용자들이 메타테그를 삽입한 웹사이트와 등록상표권자 또는 주지저명상표권자간에 인적·조직적 연계가 있다고 오인할 우려가 있다고 보기도 어렵기 때문이다.9)

3. 검색광고의 상표권 침해 판단

가. '상표로서의 사용'인지 여부

검색광고는 검색엔진 사이트 이용자들이 광고주가 구매한 특정 검색어를 입력하여 검색결과를 요청하는 경우 광고주의 웹사이트를 다른 웹사이트들보다 검색결과의 상위에 노출될 수 있도록 하는 광고방법이다. 따라서 검색광고에 등록상표를 사용하는 것이 '상표로서의 사용'에 해당되기 위해서는

---

9) 서울남부지방법원 2004. 4. 29. 선고 2002가합14533 판결 : 본 사건은 등록서비표인 "메타랜드(MetaLand)"를 메타테그로 삽입하여 문제가 된 사안으로서 법원은 서비스권 침해 주장을 기각하였다 ; 미연방제9항소법원은 Broofield Communication v. West Coast Entertainment Corp., 174 F.3d 1036(9th Cir. 1999)사건에서 피고가 원고의 상표를 메타테그로 사용하는 행위는 혼동가능성에 대한 전통적인 기준으로서는 상표침해가 되기 어렵다고 보았다. 다만, 본 사건에서 항소법원은 피고가 원고의 상표를 메타테그로 이용한 것은 검색엔진 이용자의 기망을 통하여 자신의 웹사이트로 유인하는 행위로 보고 소위 "최초홍미이론"을 도입하여 피고가 원고의 상표를 메타테그로 사용한 행위를 상표권 침해 행위로 보았다.

그러한 사용이 "상품에 관한 광고" 해당되어야 한다.

전술한 바와 같이, 우리 상표법은 상품에 관한 광고에 상표를 표시하고 전시 또는 반포하는 행위를 상표의 사용으로 보고 있으며, 자기의 상품에 관한 광고 문장 중에 동종 상품에 관한 타인의 등록상표를 기재하는 경우에도 상표의 사용에 해당된다고 보고 있다.10) 따라서 광고주가 등록상표를 자신의 웹사이트를 설명하는 문구 등으로 표시하였다면, 이러한 사용은 상표법상의 "상품에 관한 광고"라고 볼 수 있을 것이다.11)

그러나 광고주가 등록상표를 자신의 웹사이트를 설명하는 문구에 표시하지 아니하고 단순히 자신의 웹사이트가 검색되게 하기 위한 검색결과 알고리즘으로만 사용하였다면, 이러한 등록상표의 사용행위는 상표법상의 '상표로서의 사용'의 개념에 해당된다고 보기에는 어렵다고 할 것이다. 미연방제9항소법원은 Playboy Enterprises v. Netscape Communication사건12)에서 피고

10) 송영식·이상정·황종환 공저, 앞의 책, 235면.

11) 미국 보험회사인 Government Employees Insurance Company(Geico)는 Google사이트에서 자사의 명칭을 사용하여 검색하면 경쟁사의 광고가 표시된다고 하여 Google을 상대로 상표권 침해, 희석화 및 부정경쟁행위로 소를 제기하였다. 버지니아동부지방법원은 Geico의 소에 대한 각하를 청구한 Google의 신청을 일부 인용하고 화해를 권고하면서, Google의 검색결과에 Geico의 경쟁사의 텍스트 광고에 Geico의 상표가 표시되는 문제에 대해서는 연방상표법 위반을 인정하였다. 다만, 본 사건은 양자간의 화해로 인하여 구체적인 내용에 대해서는 알려져 있지 않다(김병일, "키워드광고의 상표권 침해에 관한 해외 판례 동향", 「Law & Technology(제3호)」, 2005년 11월, 139면).

12) 55 F. Supp. 2d 1070(C.D. Cal. 1999), aff'd, 202 F. 3d 278(9th Cir. 1999) : 본 사건은 Netscape가 450여개의 단어로 구성된 성인용 배너광고를 연계하는 광고상품을 판매하면서, 이용자가 Playboy사의 등록상표인 'Playboy'와 'Playmate'를 검색어로 입력하면 본 단어를 구매한 광고주의 배너광고가 노출되도록 한 행위에 대해 상표권 침해 및 희석화를 주장한 사건으로 키워드 등록 및 이를 기초로 한 배너광고 사건에 대한 최초의 판결이다. 이 사건 이전에도 유명 화장품 회사인 Estee Lauder가 등록상표권자로 되어 있는 Estee Lauder, Original, Clinique 등의 키워드를 검색하게 되면 Fragrance Center, Inc.라는 다른 회사의 광고가 하이라이트 되도록 되어

인 Netscape사가 검색어로 "Playboy"와 "Playmate"를 사용한 것은 상품이나 서비스의 출처를 밝히기 위하여 사용한 것이라기보다는 보통의 영어 단어로 사용한 것으로서 상표의 상업적 사용에 해당되지 않으며, 피고의 이러한 단어의 사용이 원고와 상표간의 관련성에 대한 손상을 야기하였다는 어떠한 증거도 없고, 검색엔진 이용자는 단지 자신이 검색을 원하는 "Playboy"와 "Playmate"가 포함된 활자를 타이핑하며, 결과를 나타내는 검색결과 페이지 상의 배너광고는 그것이 원고와 관련이 있던 없던 무관심하기 때문에 피고는 원고와 무관한 "Playboy"와 "Playmate"에 대하여 소비자가 노출되는 횟수를 증가시키는 것이 아니다."라고 판단하여 원고의 주장을 배척하였다. 미연방제9항소법원은 피고가 "Playboy" 및 "Playmate"라는 단어를 검색어로 사용한 것은 "상표로서의 사용"이 아니라 "일반명칭의 기술적 사용(descriptive use of generic words)"에 해당한다고 보았다.

나. 상표권 침해 여부

상표권 침해 유형은 크게 직접침해와 간접침해로 구분할 수 있다. 전자는 다시 동일영역에서의 침해와 유사범위에서의 침해로 구분할 수 할 수 있다. 동일영역에서의 침해는 이른바 사용권에 대한 침해에 해당되는 것으로서 등록상표와 동일한 상표를 동일한 상품에 등록상표와 유사한 상표로서 색채를 등록상표와 동일하게 하면 등록상표와 동일한 상표라고 인정되는 상표를 사용하는 행위도 동일영역에서의 침해이다. 유사범위에서의 침해는 이른바 금지권에 대한 침해로서 이러한 행위들은 등록상표의 사용 그 자체가 아니므

있는 서비스하는 인터넷 검색 서비스 사업자인 Excite를 상대로 소송을 제기한 사건과 법률자료 제공서비스인 Lexis, Nexis의 상표권자인 Reed Elsevier가 Altavista를 상대로 Lexis, Nexis라는 단어를 원고의 경쟁업체들에게 키워드로 판매하는 행위에 대하여 금지청구 및 손해배상 청구소송을 제기한 적이 있으나 모두 당사자 합의로 종결되어 구체적인 합의 내용은 공개되지 않았고, 법원의 판결문이 정식으로 작성된 것은 본 사건이 최초이다.

로 상표권의 직접적인 침해는 아니지만 침해의 예비행위 내지 침해에 대한 기여행위로서의 성질을 가지고 있어 이를 방치하면 직접적 침해로 발전할 우려가 높기 때문에 특별히 침해행위로 의제하고 있는 것이다. 따라서 간접침해의 경우에는 침해자의 주관적 요소인 목적을 필요로 하며, 자신이 직접 사용하거나 위조 또는 모조할 목적뿐만 아니라 제3자로 하여금 사용하게 하거나 위조 또는 모조하게 할 목적도 포함되며, 이러한 목적은 이를 객관적으로 추인케 하는 사실이 있으면 인정된다고 보고 있다.[13]

직접침해가 성립되기 위하여서는 ①원고가 등록상표의 상표권자 또는 전용사용권자일 것 ②피고가 상품 또는 서비스에 대하여 그 상표를 사용할 것 ③그 사용이 자타상품(서비스)의 식별기능으로서의 사용일 것 즉 '상표로서의 사용'일 것 ④피고의 표장이 등록상표와 동일할 것 즉 등록상표권의 물적 보호범위에 속할 것 ⑤피고의 상품이 등록상표의 지정상품과 동일한 것일 것 등 5가지 요건이 충족되어야 한다.

전술한 바와 같이 광고주가 등록상표를 검색엔진 사이트의 검색결과에 자신의 웹사이트를 설명하는 문구로 표시하였다면, 이러한 사용은 상표법상의 "상품에 관한 광고"라고 볼 수 있고 상표권의 직접침해의 모든 요건에 충족되어 상표권 침해라고 볼 수 있을 것이다. 다만, 이러한 표시가 상거래에 있어서 부수적인 사용에 해당되는 경우에는 상표권 침해를 구성하지 않는다고 볼 수 있을 것이다.

또한, 광고주가 자신의 웹사이트를 검색엔진의 검색결과에서 검색될 수 있도록 하기 위해서 상표를 검색결과 알고리즘으로만 이용하였다면, 이러한 상표의 사용은 '상표로서의 사용'이라고는 볼 수 없을 것이다. 왜냐하면, 검색엔진 이용자들은 자신들이 찾고자 하는 웹사이트를 검색하기 위하여 검색엔진 사이트를 이용하게 되지만, 관행적으로 자신이 입력하는 검색어의 검색

---

13) 小野昌延,「注解 商標法」, 靑林書院, 1994, 604면 ; 이성호, "지적재산권에 대한 침해와 침해자의 고의·과실",「사법논집(제28집)」, 1997년 12월, 441면.

결과에는 자신의 찾고자 하는 웹사이트외 다른 웹사이트도 검색되어진다는
것을 알고 있으며, 검색엔진 사이트의 검색결과에 찾고자 하는 웹사이트가
존재하지 않을 수도 있다는 경험칙을 가지고 있다. 따라서 검색엔진의 검색
결과에 검색되어졌다고 하여 검색엔진 이용자들이 검색결과에 나타난 많은
광고주의 웹사이트가 상표권자와 후원관계에 있다고 오인하거나 출처의 혼
동이 발생한다고는 볼 수 없기 때문이다.

또한 검색어를 판매하는 검색엔진 사이트는 상기 요건 중에서 ①, ②, ④
의 요건은 충족되나 ③, ⑤요건과 관련하여, 우선 검색엔진 사이트가 등록상
표를 검색어로 사용하는 것이 '상표의 사용'에 해당되기 위해서는 자신의 판
매하는 상품 즉 검색광고에 상표를 표시하여야 하나, 검색엔진 사이트들은
당해 상표를 직접적으로 표시하지 아니하고, 단지 광고주가 구매하기를 원하
는 검색어를 판매하고 이용자가 그러한 검색어를 이용하여 검색엔진 사이트
에서 검색을 한 경우, 광고주의 웹사이트를 노출시켜주는 형태로만 상표를
사용하고 있다. 따라서 검색엔진 사이트가 검색어로서 상표를 이용하는 것은
상표의 본질적 기능인 식별기능(출처표시기능)으로 사용한 것이라고 볼 수 없을
것이다. 그러므로 검색엔진 사이트가 검색광고를 위하여 검색어를 판매하는
행위 그 자체는 상표권의 직접침해에는 해당되지 않는다고 보아야 할 것이
다.[14] 그러나 광고주가 그 광고내용에 등록상표와 동일한 표장을 인터넷 이

---

14) Louis Vuitton Malletier v. Google Inc. and Google France, TGI Paris, 4, 2. 2005
사건에서 프랑스 파리지방법원은 Google이 Louis Vuitton의 상표를 광고와 연계된
키워드로 판매한 것은 상표위조, 부정경쟁행위 및 허위광고에 해당된다고 주장한
원고의 청구를 인용하면서 Google에게 20만유로의 지급하라고 판결하였다. 또한,
프랑스 Nanterre법원은 Le Meridien Hotels and Resorts가 Google을 상대로 제기한
소송에서 Google이 Le Meridien의 경쟁자에게 동 호텔의 명칭을 이용한 키워드 입
찰을 허락하고 유사한 검색결과를 표시할 때에 동 호텔의 명칭을 사용하게 하는
것은 동 호텔의 상표권을 침해하는 행위라고 판시하였다. 그러나 독일 뮌헨지방법
원은 Nemetschek AG v. Google Deuchland, LG Munchen v. 2. 12. 2003-33 O
21461/03, CR 2004, 704. 사건에서 Google 자신이 광고에 상표키워드를 사용하지

용자들이 인식할 수 있는 방법, 즉 '상표로서 사용'으로 표시하도록 하였다면 이를 가능하도록 한 검색엔진 사이트는 상표침해의 예비적·기여적 행위인 간접침해에 해당된다고 보아야 할 것이다.

Ⅲ. 검색광고와 부정경쟁방지법과의 관계

부정경쟁 방지 및 영업비밀보호에 관한법률(이하 "부정경쟁방지법"이라 한다)에서는 부정경쟁의 행위유형을 8가지를 규정하고 있으나, 검색광고와 관련된 행위유형은 부정경쟁방지법 제2조 제1호 가목(상품주체혼동), 나목(영업주체혼동) 및 다목(희석화)의 행위유형이라고 볼 수 있다.

부정경쟁방지법 제2조 제1호 가목 및 나목은 주지·저명한 타인의 표지를 모용함으로써 일반 소비자로 하여금 당해 상품의 판매 주체나 영업상의 시설 또는 활동과 혼동을 초래하는 행위를 규제대상으로 한다. 또한 동법 제2조 제1호 다목은 국내에 널리 인식된 표지를 가목 또는 나목 이외의 비상업적 사용 등 정당한 사유없이 이용하여 타인의 표지의 식별력이나 명성을 손상시키는 행위를 규제대상으로 한다.

검색광고에 주지·저명상표가 웹사이트명 또는 웹사이트의 설명문구로 표시되는 경우는 별론으로 하고 검색엔진 사이트 또는 웹사이트 운영자가 주지·저명상표를 검색어로 이용하여 자신의 웹사이트를 검색결과에 노출될 수 있도록 하는 행위 그 자체는 부정경쟁방지법상의 상품주체 또는 영업주체의 혼동에 해당된다고 보기에는 어려움 있다고 본다.

않았으며, 판매한 키워드가 제3자의 상표인지 여부를 항상 조사할 의무가 없다고 하여 Google은 광고주의 상표키워드 사용에 대한 책임이 없다고 판시하였다(김병일, 앞의 논문, 140~101면).

그러나 검색광고에 저명표지를 검색어로 이용하는 것은 웹사이트 운영자가 저명표지권자가 쌓아온 고객흡입력 또는 신용에 편승하여 자신의 웹사이트의 접속률을 증가시킬 목적으로 이용되는 경우가 많은 것이 사실이다. 따라서 이하에서는 검색광고의 검색어로 저명표지를 이용하는 것이 희석화에 해당되는지 여부를 살펴보기로 한다.

1. 희석화의 의의

가. 희석화의 개념

상표의 희석화란 저명상표와 출처의 혼동이나 경쟁관계가 없음에도 불구하고 상표의 식별력이나 명성에 무임승차하여 저명상표의 고객흡입력, 광고선전력, 신용(goodwill) 등을 약화(blurring) 또는 손상(tarnishment)시키는 것을 말한다. 희석화 이론은 혼동의 필요 및 상업적 사용에 한정됐던 종래의 상표보호이론의 틀로부터 벗어나 혼동이 없더라도 또 비상업적 사용이라 하더라도 저명상표를 보호하려는 이론이다.15) 기존의 혼동이론이 소비자의 혼동에 주안점을 두는데 반하여 희석화 이론은 상표와 관련된 식별력 또는 신용을 약화시키는 행위에 주안점을 두며, 표장 자체가 가지고 있는 제반가치에 대한 훼손을 위법의 근거로 하고 있다는 점에서 전통적 혼동이론과 구별된다.16) 또한 상표법은 기본적으로 출처의 혼동으로부터 소비자를 보호하기 위하여 타인으로 하여금 소비자를 해하는 방법으로 상표를 사용하는 것을 금지할

---

15) 송영식·이상정·황종환 공저, 앞의 책, 416면 ; 저명상표의 희석화 이론에 관한 자세한 사항은 최순용, "상표희석화이론의 회고와 전망", 「21세기 한국민사법학의 과제와 전망(심당 송상현 선생 화갑 기념 논문집)」, 박영사, 2002 ; 김원오, "저명상표의 희석화침해이론의 실체와 적용요건", 「지적소유권법연구(제4집)」, 2000 ; 이대희, "상표법상의 희석이론에 관한 고찰", 「창작과 권리(제9호)」, 1997년 겨울호 참조.
16) 김원오, 앞의 논문, 345면.

권리를 부여하는 것임에 반하여 희석화는 상표권자에게 소비자를 혼동시키지 않더라도 상표의 식별력을 감소시킬 가능성이 있는 상표의 사용을 금지시키는 재산권을 부여하는 것이다.[17]

상표의 희석화는 "상표 약화에 의한 희석화"와 "상표 손상에 의한 희석화"로 보통 설명된다.[18] 상표 약화는 저명상표의 식별력과 명성을 업종이 전혀 다른 상품에 무단으로 사용함으로써 자신의 상품에 대해서는 소비자의 관심을 끌게 하지만, 저명상표가 가지는 신용 및 가치 등은 손상시키는 것을 의미한다. 이 경우 저명상표를 무단사용한 상품은 저명상표권자가 제조·판매하는 상품과는 종류를 달리하기 때문에 상표법상의 혼동가능성은 발생하지 않는다고 볼 수 있다. 그러나 저명상표를 이종상품에 사용하는 것은 그동안 저명상표권자가 구축해온 상표의 명성에 무임승차하는 것이며, 저명상표권자의 입장에서는 자신의 상표가 이종상품에 사용됨으로 인하여 소비자의 관심이 분산됨으로 저명성이 희박해지는 결과를 가져오게 된다.[19] 한편 상표 손상은 저명상표의 좋은 이미지 또는 가치를 부적절하거나 혐오감을 느끼게 하는 방법으로 사용함으로써 저명상표의 평판·명성을 손상시키거나 훼손하는 것을 의미한다. 희석화는 상표의 저명성을 요하기 때문에 미등록상표나 주지상표는 보호대상에서 제외되는 것이 원칙이다.

---

17) 최순용, 앞의 논문, 772면.
18) 이러한 희석화 외에 제3의 유형으로서 Skyes Lab., v. Kalvan, 610 F. Supp. 849 (C.D. Cal. 1985)사건에서는 피고의 상표사용에 의하여 원고의 상표가 일반용어화되는 경우를 일반화에 의한 희석화(Dilution by generalization)라고 보았으며, Deere & Co. v. MTD Prods., 41 F. 3d 39, 41 n.2(2d Cir. 1994)사건에서 피고는 원고의 저명한 사슴상표를 유머스럽게 변경하였는데 법원은 뉴욕주의 희석화방지법규정을 해석함에 있어 경쟁상품의 저명상표를 '놀리는 행위'는 상표를 희석시킨다고 판시하여 '저명상표의 변경 또는 축소(alteration or diminishment of a distinctive mark)' 등도 희석화의 유형으로 주장되기도 한다.
19) 조정욱, "부정경쟁방지및영업비밀보호에관한법률상 희석화에 관한 연구", 「서울대 법학(제44권 제2호)」, 2003년 6월, 102~103면.

나. 혼동과 희석화의 구별

혼동과 희석화를 구별함에 있어 우선 상표법상의 혼동과 부정경쟁방지법 상이 혼동을 구별할 필요가 있다.[20] 상표법은 유사성으로부터 혼동을 추론 하는 논리를 취하고 있으나, 부정경쟁방지법은 상품주체 및 영업주체에 대한 혼동이 문제가 되며, 상표의 유사성은 혼동의 위험성에 대한 하나의 자료적 사실 내지 보조적인 형체화된 개념에 지나지 않는다. 부정경쟁방지법상의 혼 동은 반드시 현실의 혼동을 초래함을 요하지 아니하며 혼동의 구체적인 위 험으로 족하다. 또한 상표법은 유사하면 혼동이 생길 개연성이 크기 때문에 유사라는 형식적 기준에 의해 등록상표의 간이신속한 보호를 꾀하기 위하여 이를 법적인 개념으로 끌어올려 등록상표권 침해로 정형화하고 있으나, 부정 경쟁방지법은 실질적인 혼동초래행위를 금지시키려 하는 것이므로 실질적인 혼동의 개념이 중요하며 유사하다는 것은 혼동초래행위인지 여부를 판단하 는 보조적·자료적 사실로서의 의미를 지닌다.[21]

이와 같이 상표법상의 혼동의 쟁점은 특정한 자극에서 발생하는 마음상태 가 잘못될 가능성을 판단하는데 그 본질을 두고 있다고 볼 수 있으나, 희석 화에서의 혼동은 상품의 출처나 기원에 대한 혼동이 존재하지 않는 경우에 도 발생할 수 있기 때문에 혼동이 전적으로 마음의 상태에 관한 문제일지라 도 오해나 사기 또는 혼동에 관한 문제는 아니다. 희석은 특정한 상표가 단 일한 출처로부터 생기는 단일한 것을 의미한다는 인식으로부터 그 상표가 여러 개의 출처에서 생기는 여러 개의 것을 의미한다는 인식, 즉 '잘못되지 않은 올바른 인식'으로 변할 때에 발생한다.[22]

희석이라는 개념은 혼동과 같은 강력한 정신적 연관관계를 일으키지 않는

---

20) 혼동과 희석화의 차이에 관한 보다 자세한 사항은 최순용, 앞의 논문, 774~777면 참조.
21) 송영식·이상정·황종환 공저, 앞의 책, 423~424면.
22) 이대희, 앞의 논문, 64면.

것이지만, 합리적인 구매자가 상표를 보고 저명상표를 조금이라도 연상하지 않는다면 희석화는 존재하지 않는 것이다. 따라서 희석화가 일어나기 위해서는 합리적인 구매자들의 마음에 양당사자와 상표들간에 어떤 종류의 정신적 연관관계는 있어야 한다.[23]

다. 희석화의 판단요소

희석화 이론은 혼동가능성이나 경쟁관계를 전제로 하지 않으면서 제3자가 상표를 무단사용하여 희석화 하였다는 이유로 규제할 수 있기 때문에 상표권자에게는 매우 강력한 상표 보호 수단이 된다. 따라서 희석화는 상표에 대한 독점성·유일성을 보유할 수 있을 정도의 높은 가치를 지니고 있어야 함을 전제로 하여야 하고, 상품과 영업의 종류를 불문하고 특정한 상표권자에게 귀속되는 것으로 인식될 정도의 인지도를 가지고 있어야 한다. 상표가 유일성을 가질 정도로 저명해야 한다는 필연성은 상표가 누구에게 있을 것이라는 관념을 떠올리게 하는 것과 밀접한 관련을 가진 상표약화에서 두드러지게 나타난다.[24]

따라서 희석화는 기본적으로 저명상표만을 대상으로 하며, 저명상표[25]는 거래관계자들 뿐만 아니라 일반의 소비자 대중에게 널리 알려지고 또한 양질감으로 인한 유일적 지위를 가진다는 점에서 단순히 거래관계자들 사이에 널리 알려진 주지상표와는 질적으로 다르다고 할 수 있다. 일반적으로 상표의 주지성은 '당해 상품에 관한 수요자 및 거래자 등 거래관계자 중의 압도적 다수부분에게 당해 상표의 존재가 인식되는 정도에까지 이른 것을 의미

---

23) Thomas McCarthy, McCarthy on Trademark and Unfair Competition, 4th ed, 2000, §24 : 70.
24) 조정욱, 앞의 논문, 110면.
25) 대법원 1996. 9. 24. 선고 95후2046 판결 : 상표법상의 저명성이 주지성이나 현저성보다 훨씬 주지도가 높을 뿐 아니라 나아가 오랜 전통 내지 명성을 지닌 경우를 가리킨다고 한다.

하며, 저명성은 당해 상표에 관하여 일정의 양질감이 표창되고 당해 상품에 대한 거래관계자 이외에 일반 공중의 대부분에까지 널리 알려지게 된 것을 의미한다고 보고 양자를 구별하고 있다.[26]

판례[27]는 상표가 저명상품표지인가의 여부를 판단하기 위한 기준으로 "그 표지의 사용, 공급, 영업활동의 기간, 방법, 태양 및 거래범위 등과 그 거래실정 또는 사회통념상 객관적으로 널리 알려져 있느냐의 여부 등"을 고려하여 판단하여야 한다고 보고 있다. 또한 미국 희석화방지법에서는 "①표지(mark)의 고유한 식별력이나 획득된 식별력의 정도 ②표지가 사용된 상품이나 서비스와 관련된 표지의 사용기간과 정도 ③표지의 광고와 선전의 기간과 정도 ④표지가 사용된 거래지역의 지리적 범위 ⑤표지가 사용된 상품이나 서비스를 위한 거래 경로 ⑥거래영역 및 경로에서 표지소유자와 침해자가 사용한 표지에 대한 인지 정도 ⑦제3자에 의한 동일유사 표지 사용의 성질 및 범위 ⑧표지가 1881년 및 1905년 법에 등록되었는지 또는 주등록원부에 등록되었는지 여부"를 상표의 저명성 판단 요소로 규정하고 있다.[28]

2. 부정경쟁방지법상의 희석화

우리 부정경쟁방지법 제2조 제1호 다목은 "가목 또는 나목의 규정에 의한 혼동을 하게 하는 행위 외에 비상업적 사용 등 대통령령이 정하는 정당한 사유없이 국내에 널리 인식된 타인의 성명·상호·상표·상품의 용기·포장 그밖

---

26) 송영식·이상정·황종환 공저, 앞의 책, 157면.

27) 대법원 1997. 2. 5. 자 96마364 결정 ; 대법원 2000. 5. 12. 선고 98다49142 판결.

28) 15 U.S.S. §1125 (c)(1). ; 일본도 부정경쟁방지법 제2조 제1항 제2호에 대한 실무의 해석도 주지성과 저명성의 차이를 구별하면서 저명표지에 대하여 널리 알려진 정도로 정보사회의 진전과 보조를 맞추어 80%를 크게 초월할 필요가 있다고 본다 (劑滕博·收野利秋,「裁判實務大系 知的財産權關係訴訟法」, 靑林書院, 1997, 601면).

에 타인의 상품 또는 영업임을 표시한 표지와 동일 또는 유사한 것을 사용하
거나 이러한 것을 사용한 상품을 판매·반포 또는 수입·수출하여 타인의 표
지의 식별력이나 명성을 손상하게 하는 행위"를 부정경쟁행위로 규정하고
있고, 동법 시행령 제1조의2에서는 "비상업적 사용 등 대통령령이 정하는 정
당한 사유"로 비상업적으로 사용하는 경우, 뉴스보도 및 뉴스논평에 사용하
는 경우, 타인의 성명·상호·상표·상품의 용기·포장 그밖에 타인의 상품 또
는 영업임을 표시한 표지가 국내에 널리 인식되기 전에 당해 표지와 동일하
거나 유사한 표지를 사용해온 자(그 승계인을 포함한다)가 그 표지를 부정한 목적
없이 사용하는 경우, 그밖에 당해 표지의 사용이 공정한 상거래 관행에 상반
되지 아니한 것으로 인정되는 경우로 규정하고 있다.

전술한 바와 같이 희석화 이론은 저명상표 보호이론으로서 발전된 이론으
로 학설은 그 적용대상이 되는 표지를 저명상표에 한정된다고 보고 있다.[29]
그러나 부정경쟁방지법 제2조 제1호 다목은 동조 동호 가목 또는 나목과 동
일하게 "국내에 널리 알려진…타인의…표지"로 규정하고 있어 다목이 주지
상표에도 적용될 수 있는지 의문이다.[30] 학설과 판례[31]는 부정경쟁방지법
제2조 제1호 가목 및 나목의 적용대상이 되는 표지는 주지성을 획득한 표지
로 족하다고 보고 있다. 즉 동조 동호 가목 또는 나목은 주지성의 지역적 범

---

29) 송영식·이상정·황종환 공저, 앞의 책, 288면 ; 문삼섭, 「상표법(제2판)」, 세창출판
　　사, 2004, 414면 ; 김원오, 앞의 논문, 344면 ; 부정경쟁방지법 제2조 제1호 다목의
　　해석에 관한 자세한 사항은 조정욱, 앞의 논문, 108~116면 참조.
30) 이러한 이유로 인하여 육소영, "가상공간에서의 상표침해에 대한 혼동이론 및 희석
　　화 이론의 적용", 『디지털시대의 상표보호 세미나 발표자료』, 2002년 5월 30일,
　　4~7면에서는 부정경쟁방지법 제2조 제1호 다목은 희석화 조항에 가장 근접하고
　　있으나, 미국 희석화방지법상의 희석화와는 다르다고 주장하고 있다.
31) 부정경쟁방지및영업비밀보호에관한법률 제2조 제1호의 '국내에 널리 인식된 상표·
　　상호'라 함은 국내 전역에 걸쳐 모든 사람들에게 주지되어 있음을 요하는 것이 아
　　니고 국내의 일정한 지역적 범위 안에서 거래자 또는 수요자들 사이에 알려진 정
　　도로써 족하다(대법원 2001. 4. 10. 선고 2000다4487 판결 ; 대법원 1995. 7. 14.
　　선고 94도399 판결 ; 1997. 4. 24. 선고 96마675 결정).

위를 국내 전역을 대상으로 하지 않고 적어도 경쟁관계에 있는 당사자의 영업활동이 미치는 지역내에서만 주지성을 획득한 경우에도 적용되는 것으로 보고 있다. 따라서 부정경쟁방지법 제2조 제1호 다목을 가목 또는 나목과 동일하게 해석할 경우, 상표법상으로는 타인의 주지상표와 유사한 상표라도 그 지정상품을 달리하여 상표등록을 받을 수 있음에도 불구하고, 당해 주시상표권자는 상표 사용자에 대하여 다목이 정한 부정경쟁행위임을 이유로 당해 상표의 사용금지를 청구할 수 있는 불합리한 결과를 초래하게 된다. 또한 다목의 보호대상을 주지상표로 보는 경우에는 가목 또는 나목의 존재의의를 상실하게 된다. 따라서 다목의 '국내 널리 알려진'을 가목 또는 나목과 동일하게 해석하여 적용하는 것은 무리라고 생각된다. 부정경쟁방지법 제2조 제1호 다목 신설에 대한 국회 심사보고서에서는 다목은 "종전에는 국내에 널리 인식된 유명상표 등과 혼동을 일으키는 행위만 부정경쟁행위로 규정 하였으나, 안제2조 제1호 다목에서는 전국적으로 널리 인식된 저명상표의 식별력(예 : KODAK상표를 피아노에 사용하는 행위)이나 명성(예 : OB를 살충제에 사용하는 행위)을 손상시키는 행위를 부정경쟁행위 유형으로 추가하고, 안제5조와 제6조에서는 이러한 행위는 소비자에게 직접적인 손해를 가져오는 다른 부정경쟁행위와 다르므로 고의가 있는 경우에만 손해배상과 신용회복의 책임을 묻도록 규정하고 있다."설명하고 있다. 또한 "선진외국은 저명상표의 식별력이나 명성을 손상(tarnishment)시키는 경우뿐만 아니라 희석 또는 약화(blurring)시키는 경우까지 보호대상으로 하고 있으나, 개정안은 희석이라는 용어의 모호함으로 인한 남용가능성을 고려하여 저명상표를 손상시키는 경우에만 적용되도록 제한하고 있고, 또한 개정안은 명성 등 손상행위의 보호가 이종상품에도 적용된다는 점을 감안하여 주지의 지역적인 범위를 국내에 널리 인식된(대한민국 전역일 필요는 없음)것을 요구하는 현행 유명상표와 달리 전국적으로 널리 인식된 저명상표에 한해 적용토록 하고 있음"을 설명하고 있다.

따라서 이와 같은 입법목적 및 취지를 고려한다면 부정경쟁방지법 제2조

제1호 다목은 희석화를 규정한 것으로서 저명상표에만 적용하는 것이 타당하다고 본다.

3. 검색광고의 희석화 여부

전술한바와 같이 부정경쟁방지법은 제2조 제1호 가목 및 나목에서 상품주체 및 영업주체의 혼동을, 다목에서는 저명상표에 대한 희석화를 규정하고 있다. 부정경쟁방지법상의 혼동은 반드시 현실의 혼동을 초래하지 아니하고 혼동의 구체적인 위험이 존재하는 경우에도 적용될 수 있기 때문에 상표권 침해 위험보다 그 범위가 넓다고 볼 수 있을 것이다. 즉 타인의 저명한 표장 등을 내용으로 하는 검색어를 구입한 광고주가 당해 검색어를 이용하여 자신의 웹사이트를 광고를 하면서 광고 내용 자체에 소비자들이 인식할 수 있는 형태로 저명한 표장을 기재하여 놓았다면, 그러한 내용이 표장의 '기술적 사용'에 해당한다는 등의 특별한 사정이 없는 한 소비자들에 대한 혼동의 우려가 있을 수 있고, 따라서 당해 검색어가 등록상표가 아니라 하더라도 부정경쟁방지법상 혼동의 우려가 있다고 보아야 할 것이다.

광고주에게 검색광고가 가능하도록 검색어를 판매하는 검색엔진 사이트가 부정경쟁방지법상 금지청구의 상대방이 되는지 여부와 관련하여, 부정경쟁방지법은 금지청구의 상대방으로 상품생산자, 하청업자, 판매업자(도매상, 소매상) 등을 포함하는 것으로 보고 있다. 제조업자나 하청업자는 판매·반포의 직접행위자는 아니지만 금지의 실효성 확보를 위하여 이에 포함되는 자로 보고 있으며, 도소매상·침해품 임대업자 등은 판매·반포의 공동실행 행위자로서 금지청구의 대상이 된다. 그러나 이들에게 고의 또는 과실이 없는 한 손해배상청구의 상대방은 되지 않는다.

부정경쟁방지법상의 금지청구의 상대방을 위와 같이 본다면, 검색광고가 가능하도록 광고주에게 검색어를 판매하는 검색엔진 사이트는 부정경쟁행위

의 상대방에 포함되지 않는다고 보아야 할 것이다. 다만 연혁적으로 부정경
쟁행위는 불법행위의 특수유형으로 경제적 인격 또는 재산적 이익을 침해하
는 것으로 보아 시민법적 개인보호의 원리에 기초하므로 민법상의 공동불법
행위자로서의 책임을 부담할 가능성은 있다고 보아야 할 것이다.

또한 저명상표를 검색어로 하여 검색광고에 이용하게 되면 저명상표권자
의 상품이나 서비스와 무관한 상품이나 서비스가 검색결과에 노출됨으로 장
기적으로는 저명상표의 약화 또는 손상을 초래하게 될 수 있기 때문에 희석
화에 해당된다고 볼 수도 있을 것이다. 그러나 단순히 검색결과로 현시되는
것만으로 저명상표가 식별력을 잃거나 손상을 입는다고 단정할 수는 없을
것이다.

Ⅳ. 검색광고가 비교광고로서 허용될 수 있는지 여부[32]

비교광고란 "자기 상품에 대한 광고에서 동일·유사한 상품에 관한 타인의
등록상표를 게재하는 행위"[33]로서 동일제품이나 서비스에 적어도 두개의 상
표를 명시적 또는 묵시적으로 비교하는 광고이다. 상표법은 상품의 광고에
타인의 상표를 표시하는 행위도 상표의 사용으로 보기 때문에 비교광고에
타인의 상표를 사용하는 것이 불공정행위인지는 별론으로 하고 상표권 침해

---

32) 검색광고를 비교광고로서 허용해야 한다는 견해에 대한 자세한 내용은 Mattew A.
Kaminer, "*The Limitations of Trademark Law in Addressing Trademark Keyword
Banners*", 16 Santa Clara Computer & High Tech. L. J. 35(1999) ; Gregory Shea,
"*Trademarks and Keyword Banner Advertising*", 75 S. Cal. L. Rev. 529(2002) ; G. Peter
Albert Jr. & Rita A. Abbati, "*Metatags, Keywords, and Links : Recent Developments
Addressing Trademark Threats in Cyberspace*", 40 San Diego L. Rev. 341(2003) 참조.
33) 문삼섭, 앞의 책, 679면.

행위인지가 문제가 된다.

비교광고의 경우 광고자는 자기의 상품에 관하여 타인의 상표를 모용하는 것은 아니며 타인의 상표를 표시하는 것이기는 하나, 타인의 상표품과 자기의 상품과의 가격·품질 등을 비교함으로써 상품의 오인 및 타인의 신용을 훼손할 우려가 있는 경우에는 예외적으로 상표권 침해로 본다.[34] 다만 그 광고가 진실이며 다른 상표와의 오인혼동의 우려가 없는 경우에는 비교광고로서 허용된다고 볼 수 있다.

표시·광고의 공정화에 관한 법률[35]도 사업자 등이 부당하게 소비자를 속이거나 소비자로 하여금 잘못 알게 할 우려가 있는 부당한 비교광고를 금지하고 있다. 따라서 부당한 비교광고에 해당되지 않는 한 비교광고는 가능하다고 보아야 한다. 공정거래위원회의 비교표시·광고에 관한 심사지침에서는 비교표시 및 광고가 부당한 비교 광고에 해당되는지의 여부는 비교대상, 비교기준, 비교내용, 비교방법에 따라 개별적으로 판단하는 것으로 하고 있다.[36]

미국은 우리나라와는 달리 상표법상의 상표의 '공정사용(fair use)'에 근거하

---

34) 송영식·이상정·황종환 공저, 앞의 책, 393면.

35) 표시광고의공정화에관한법률 제3조 제1항 : 사업자등은 소비자를 속이거나 소비자로 하여금 잘못 알게 할 우려가 있는 표시·광고행위로서 공정한 거래질서를 저해할 우려가 있는 다음 각호의 행위를 하거나 다른 사업자등으로 하여금 이를 행하게 하여서는 아니된다.

1. 허위·과장의 표시·광고
2. 기만적인 표시·광고
3. 부당하게 비교하는 표시·광고
4. 비방적인 표시·광고

표시광고의공정화에관한법률 시행령 제3조 제3항 : 법 제3조 제1항 제3호의 규정에 의한 부당하게 비교하는 표시·광고는 비교대상 및 기준을 명시하지 아니하거나 객관적인 근거없이 자기 또는 자기의 상품이나 용역을 다른 사업자 또는 사업자단체나 다른 사업자등의 상품등과 비교하여 우량 또는 유리하다고 표시·광고하는 것으로 한다.

36) 비교표시·광고에 관한 심사지침(제정 2001. 8. 22) 공정거래위원회 예규 제52호 참조.

여 상표를 비교광고에 사용하는 것을 허용하고 있다. 미연방제9항소법원은 비교광고는 그 광고내용이 정확한(accurate) 경우에는 원칙적으로 공정사용에 해당하여 상표권 침해가 되지 않으며, 소비자들이 잘못된 정보에 기초하여 구매결정을 하는 것을 방지하는 효과가 있으며, 기업이 경쟁기업과의 비교광고를 통하여 정보를 제공하는 것을 금지하는 것은 공중의 이익에 부합하지 않는다. 따라서 그러한 광고가 허위 또는 소비자를 오도할 우려가 없는 한 허용되어야 한다고 판시하고 있다.[37]

또한 이러한 관점에서 본다면, 비교광고에 대하여는 그 비교광고에서 특정 상표를 변형시키거나 패러디함으로써 소비자들로 하여금 그 상표를 열등한 상품과 연관시키도록 하지 않는 한 희석화로 볼 수 없을 것이다. 비교광고에 있어서 상표는 정보제공의 도구로서 사용되는 것이며, 이를 통하여 경쟁자가 일반 공중에 대하여 자신들의 상품이 상표권자의 상품에 대하여 경쟁력이 있는 상품이라는 것을 알릴 수 있는 중요한 수단이 된다. 즉 비교광고에서 타인의 등록상표를 사용하는 것은 그 상표를 사용하는 기업이나 개인에게도 이익을 주는 것이지만, 나아가서는 비싼 특정 상품과 별 차이 없는 대체품을 보다 저렴한 가격으로 구매할 수 있도록 해 줌으로써 일반 소비자들에게도 이익을 주는 장점이 있는 것이며, 이는 등록상표의 기술적 사용 (descriptive use)이 상표권 침해가 되지 않는 것과 같은 원리에서 허용되어야 한다고 한다.[38]

검색광고는 광고주가 인터넷 이용자들에게 상표권자의 상품과 그 경쟁업자의 상품이 대체상품 또는 경쟁상품임을 알릴 수 있는 가장 효과적인 방법이라고 볼 수 있다. 따라서 검색광고가 상표의 공정사용으로서 허용될 수 있

37) Smith v. Chanel Inc., 402 F. 2d 562 (9th Cir. 1968) : 본 사건은 Chanel No. 5 향수의 모조품을 개발하여 'Second Chance'라는 이름으로 출시한 Smith가 자신의 상품을 광고하면서 'Chanel No. 5' 진품과 구별하여 보라는 내용의 광고를 하여 문제가 된 사건이다.
38) Mattew A. Kaminer, *op cit.*, p.58.

는지 여부는 경쟁업자가 행한 검색광고가 상표권자의 상품과 자신의 상품을 비교하는 것인지 여부에 달려 있다. 검색광고는 광고내용 그 자체에서 소비자가 인식할 수 있는 방법으로 상표를 직접 표시하고 있지 않는 한, 그 상표권자의 상품과 경쟁업자의 상품이 서로 경쟁제품이라는 것을 알려주는 유용한 기능을 한다. 즉 이러한 검색광고는 경쟁업자의 상품의 존재를 소비자에게 알려주고, 나아가서는 경쟁업자의 상품에 대한 인지도를 높이는 중요한 기능을 수행한다고 볼 수 있다. 따라서 검색광고는 소비자들에게 선택의 기회를 폭 넓게 제공해 줌으로써 소비자들의 이익에 부합하는 역할을 수행할 뿐만 아니라 검색광고에 의하여 표시되는 것은 경쟁업체의 상품이지 상표권자의 상품 또는 그와 특정한 계약상·조직상 관련이 있는 자의 상품이 아니므로, 검색광고로 인하여 상표권자가 입는 피해는 거의 없다고 보아야 할 것이다.

검색광고의 허용성을 주장하는 견해는 그 근거로서 오프라인에서 보편화되어 있는 '전자쿠폰(electronic coupon)'을 예로 든다.39) 전자쿠폰은 미국의 많은 슈퍼마켓에서 사용되고 있는데, 특정 제품을 구매할 때 자동적으로 경쟁제품에 대한 할인쿠폰이 제공되는 형태의 마케팅 기법이다. 예를 들어 어느 소비자가 슈퍼마켓에서 Haagen Dazs 아이스크림 한 통을 구매하였다고 할 때, 출구에서 계산과 동시에 경쟁제품인 Ben & Jerry 아이스크림에 대한 할인 쿠폰이 자동적으로 제공되는 방식이다. 이는 소비자가 구매한 상품의 상표를 검색어처럼 사용함으로써 자동적으로 경쟁제품의 할인쿠폰이 전자적 형태로 제공되도록 하는 것이다.

이와 같은 전자쿠폰은 검색광고와 같이 이용자들에게 정보를 제공해 주기 위하여 상표를 '비상표적으로 사용(non-trademark use)'하는 공정사용의 한 형태라고 하고 있다. 이 경우 Ben & Jerry 쿠폰에서 Haagen Dazs 상표를 명시적으로 언급하고 있지는 않지만, 슈퍼마켓 출구의 계산기는 Haagen Dazs 상표

---

39) *ibdi*, p.59~61.

를 읽어 들여 이를 쿠폰 발행의 기초자료로 사용하고 있는 것이다. 계산기에서 Ben & Jerry 상표와 Haagen Dazs 상표를 연계시키지 않는다면 이와 같은 형태의 쿠폰발행은 기술적으로 불가능하다. Haagen Dazs 상표의 사용은 소비자들이 볼 수 없는 기계장치 내에서 이루어지는 것이며, 이 때의 기계장치(계산기)는 Haagen Dazs라는 상표를 소비자들에게 경쟁제품인 Ben & Jerry 제품에 대한 정보를 제공하기 위한 목적으로만 사용하고 있는 것이다.

검색엔진 사이트 운영자 및 광고주가 등록상표 또는 주지·저명상표를 검색어로 이용하여 검색결과에 자신의 웹사이트를 노출시키는 것과 전자쿠폰의 작동 원리는 유사하다고 할 수 있다. 그렇다면 검색엔진이 검색자의 검색행위(검색습관)에 대한 정보를 이용하여 검색어에 대한 정보를 제공하는 것과, 슈퍼마켓에서 소비자의 구매행위에 대한 정보를 이용하여 전자쿠폰을 발행하여 주는 것은 그 원리에 있어서 동일하며, 양쪽 모두 상표를 기본정보로 사용하는 것이므로 어느 한쪽이 허용되고 있는 이상 다른 한쪽이 불허되어야 한다는 논리는 성립할 수 없을 것이다.

상표권에 기초하여 검색광고를 금지하는 것은 경쟁기업으로 하여금 인터넷상에서의 고객유인 행위를 사실상 제한하게 됨으로써 결과적으로 반경쟁적(anti-competitive)효과를 가져 올 수 있을 것이며, 그로 인하여 오히려 상표법이 추구하고자 하는 목적인 산업의 발전과 수요자의 이익도모에 부합되지 않는다고 보아야 할 것이다.

V. 결 론

검색엔진 사이트들이 등록상표 또는 주지저명상표를 검색어로 판매하고 이를 구매한 광고주의 웹사이트를 우선적으로 검색결과에 노출시켜주는 검색광고는 인터넷상의 상표 사용과 관련하여 나타나는 많은 문제들 중의 하나이다. 검색광고는 상표권자가 쌓아온 고객흡입력이나 신용에 무단편승하여 부당한 이익을 취할 목적이 존재하고 있다는 것은 부인할 수 없는 사실이다. 그러나 검색광고는 비교광고에서 언급한 바와 같이 소비자에게 상품선택의 정보를 제공하는 공정사용의 측면도 존재한다고 볼 수 있다.

인터넷 이용자들은 검색엔진 사이트에서 자신이 입력한 검색어와 검색결과로 현시되는 많은 웹사이트들이 당해 검색어를 포함하고 있는 웹사이트일 뿐이라고 생각하는 것이 일반적이고, 특정 주체의 상표와 검색어를 연관시켜 인식하지는 않는다. 검색 서비스라는 특성상 이용자들은 검색을 통하여 상표권자뿐만 아니라 기타 여러 동종업체가 검색될 것을 당연히 기대하고 있으며, 이용자들은 이와 같은 여러 개의 검색결과 중에서 자신이 원하는 결과를 찾아가게 되는 것이기 때문에 혼동의 여지는 그만큼 적어진다고 보아야 할 것이다.

결론적으로, 검색광고의 허용여부는 상표를 순수한 검색어로만 사용하였는지 아니면 검색어가 검색광고를 이용하는 웹사이트의 사이트명 또는 사이트 설명문구 등에 표시되어 있는지에 따라 판단하여야 할 것이다. 즉 상표를 검색어로 이용한다고 하는 것은 당해 검색어에 자신의 웹사이트가 노출될 수 있도록 하는 행위이며, 그 검색결과에 상표권자의 상표가 그 형태를 불문하고 어떠한 형태로든 표시되어 있다고 한다면, 이러한 이용은 '상표로서의 사용'이라고 보아야 할 것이며, 그렇지 않다면 비교광고로서 허용하는 것이 상표법의 목적인 산업의 발전과 수요자의 이익도모를 실질적으로 실현시키는 방법이 될 수 있을 것이다.

제4장

저작권의 제한과 공정이용

제13절 저작권의 내재적 한계

I. 서 론

근대사법은 개인주의·자유주의를 기본으로 하고 권리본위로 구성되어 있어서 권리의 행사는 권리자의 자유에 맡겨져 있었다. 원래 법질서가 어떤 권리를 준다고 하는 것은 권리자의 이익을 위하여 그것과 대립되는 반대이익이 침해된다고 하는 것을 전제로 하고 있다고 할 수 있다[1]. 따라서 권리의 행사로 인하여 타인에게 손해가 발생한다고 하더라도 원칙적으로 그 손해를 배상할 필요가 없었다.

그러나 이러한 권리자유의 원칙은 자본주의의 발달과 더불어 부의 불평등, 노동자와 자본가의 대립 등 많은 폐해를 드러내면서 수정이 불가피해졌다. 그 수정은 19세기 말부터 점차 확대되어 권리의 근거는 사회적 승인에 있고 본래 사회적으로 인정되는 범위에서만 존재하는데 지나지 않는다는 이론에 기초하여 권리의 내재적 한계가 인식되어 권리자유의 원칙 상위에 공공복리의 원칙이 사법의 최고원리로 자리 잡게 되었다[2].

저작권법이 저작자에게 저작권을 인정하는 것은 저작자의 보호만을 위한 것은 아니다. 저작물은 저작자의 정신적 노동의 산물임에는 분명하나, 선현들의 문화유산에 기초한 산물이라는 것은 부정할 수 없는 것이다. 이러한 이유로 저작권법은 저작자에게 저작물에 대한 독점배타적인 권리를 인정하여 창작에 대한 인센티브를 제공하면서도 공중이 저작자의 허락없이 자유롭게 저작물을 이용할 수 있는 영역을 설정하고 저작물을 자양분으로 하여 새로

---

1) 곽윤직, 「민법총칙(제7판)」, 박영사, 2003, 59면.
2) 편집대표 곽윤직, 「민법주해(Ⅰ) : 총칙(1)」, 박영사, 2002, 183면.

운 저작물을 창작할 수 있도록 하고 있다.[3] 따라서 저작자에 대한 법률상의
보호는 국가의 학문·예술 또는 지식전달, 교육의 발전을 방해하거나 정보의
전달을 차단하는 형태가 되어서는 안 된다. 또한 저작권도 다른 재산권들과
같이 권리 그 자체에 내재하는 한계가 있을 뿐만 아니라 그 권리는 공공복리
에 적합하게 행사되어야 한다.

과거 저작자들은 자유경쟁 원칙이 지배하는 시장에서 직접 저작물을 이
용하여 경제적 부가가치를 창출하는 사업화는 저작자의 경제력 또는 경영
수완 등을 고려할 경우 어려운 일 이였다. 그러나 디지털 기술과 통신 기
술의 발전은 이러한 저작자들의 직접적인 사업화의 어려움을 해소시켜 주
고 있으며, 저작물의 유통과정에서 저작자의 지위를 변화시키고 있다. 특
히 이러한 지위 변화는 음악저작물에서의 저작권자와 음반제작자, 소프트
웨어 저작권자들에게서 잘 나타나고 있다. 또한 과거 사회구성원이면 누
구나 자유롭게 이용할 수 있었던 많은 정보들이 저작권법의 영역으로 편
입되고 있으며,[4] 저작물 유통방식의 변화로 저작물의 이용을 좀 더 효과
적으로 통제할 수 있게 되었다.[5]

이러한 저작권 보호범위의 확대에 따른 공유영역의 축소, 저작물에 대한
접근 및 이용통제의 강화 등은 새로운 지적창조를 자극하기 위한 보상으로
서 사회발전을 위해 필요한 것이라는 논리로 정당화되어 가고 있는 듯하다.
그러나 이러한 논리가 저작물의 권리자와 이용자라고 하는 두 개의 수레바

---

3) 저작권법 제1조 참조.
4) 저작권법이 기술발전과 그 궤를 같이 하고 있는 것과 2003년 저작권법 개정을 통
   하여 데이터베이스제작자 보호 규정을 신설한 것을 생각한다면 쉽게 이해할 수 있
   을 것이다.
5) 과거 저작물에 대한 접근 그 자체는 통제를 받지 않았으나, 통신기술의 발달로 인
   하여 저작권자들은 공중이 저작물에 접근하는 것 자체를 통제할 수 있게 되었다.
   ; "계약을 통한 정보보호는 저작권 등에 대한 배타적 지배가 불가능한 경우에 차선
   책으로 의존할 수 있는 대안이 될 수 있다"고 한다(정상조, "인터넷콘텐츠의 보호",
   「인터넷 법률(제2호)」, 2000년 9월, 13면).

퀴의 균형을 유지할 수 있게 하는 논리인지, 저작권법의 궁극적 목적인 문화
의 향상·발전에 부합되는 것인지는 의문이다.

II. 저작권의 필요성

인류는 오랫동안 저작권 제도 없이도 문화의 꽃을 피워왔고 저작권이라는
개념은 비교적 근대에 형성된 법적 개념이다. 저작권 제도의 필요성에 대한
근거는 크게 2가지 관점에서 논의가 진행되어 왔다. 하나는 저작권 제도의
필요성을 자연적 정의에 입각하여 문화적·경제적·사회적 이유에서 찾는 견
해[6]이며, 다른 하나는 노동이론과 유인이론으로 접근하여 찾는 견해[7]이다.

먼저, 자연적 정의에 입각하여 문화적·경제적·사회적 이유에서 저작권 제
도의 필요성을 찾는 입장에서는 저작권의 존재이유 또는 필요성을 첫째, 자
연적 정의의 원칙에서 찾는다. 저작자는 자신의 인격의 표현인 저작물의 창
작자이다. 그러므로 저작자는 자신의 저작물을 공표할 것인지 여부를 결정하
고, 자신의 지적 소산이 침해되거나 훼손되는 것을 방지할 수 있어야 한다.
또한 저작자는 다른 근로자와 마찬가지로 자신의 노력의 열매를 수확할 권
리가 있고, 그에게 지급되는 사용료는 그의 지적활동에 대한 임금이라고 본
다. 둘째, 경제적 이유이다. 현대사회에서 저작물을 창작하거나 창작된 저작
물을 발행 또는 배포하기 위해서는 많은 물적 투자를 필요로 하며, 비용의
보상과 합리적인 이득이 예상되지 않는 경우에는 이러한 투자는 일어나지
않을 것이다. 나아가 창작자로부터 이용자에게 저작물이 전달되는 과정에서
창조적으로 기여한 자에게 정당한 보상을 하지 않으면, 부당이득을 방조하는

---

6) 송영식·이상정·황종환 공저, 「지적소유권법(제9판-하권)」, 육법사, 2005, 521~522면.
7) 정상조, "저작물의 창작성과 저작권법의 역할", 「저작권(제17호)」, 1992년 봄호, 37면.

결과가 된다는 것이다. 셋째, 문화적 이유이다. 저작자에 의하여 창작된 저작물은 중요한 민족적 재산을 형성한다. 따라서 창작에 대한 격려와 보상은 민족문화발전에 기여한다는 공공의 이익과 합치된다는 것이다. 넷째, 사회적 이유이다. 사회구성원들에 대한 저작물의 배포는 계급·민족·연령간의 유대를 형성하고 사회적 결속을 가능케 하므로 저작자는 사회에 봉사하는 셈이다. 따라서 저작자의 사상이나 경험이 단시일 내에 많은 사람에게 나누어질수 있다면 사회의 진보에 도움이 된다는 것이다. 이러한 네 가지 이유는 사회·정치철학과 저작권 제도에 따라 그 중요성 내지 비중을 달리하여 독일, 프랑스와 같은 대륙법계에서는 자연적 정의의 원칙을 중시하고, 영국·미국등 영미법계에서는 기본적으로 경제적 이유에 터잡아 저작권 제도의 필요성을 설명한다.

둘째, 저작권 제도의 필요성 또는 존재이유를 노동이론과 유인이론이라는 관점에서 파악하는 입장에서는 노동이론은 투입한 자본과 노동에 대한 대가를 보장하여야 한다는 것이며, 유인이론은 배타적 보호권의 부여로 창작을 더욱 자극·격려하여 국가 전체의 학문·예술·과학 발전을 유인·촉진시키기위한 것이라고 한다.

노동이론은 저작자에게 저작권이 부여되는 개인적인 근거는 설명할 수 있지만, 저작권법이 국가 전체적인 차원에서 어떠한 역할을 하는가 그리고 그 경제적 기능은 무엇인가 또한 더욱 심각한 문제로서 도대체 저작자에게 저작권을 부여해줄 필요가 있는가 등에 대한 적절한 해답을 주지 못한다고 한다. 반면에 유인이론은 이러한 문제에 대한 보다 합리적인 해답을 제시해주고, 아이디어·표현이분법, 공정이용 등의 원칙이 어떻게 학문·예술 및 과학의 발전이라고 하는 저작권법의 입법목적 달성에 기여하는가를 잘 설명해 준다고 한다.

오늘날 대부분의 법학자와 경제학자들은 저작권이 잠재적 저작자로 하여금 저작물의 창작에 좀 더 많은 노력과 지식, 자본과 기능 등을 투입하도록 유인하는 인센티브의 하나라고 본다. 즉 배타적 권리인 저작권이라고 하는 인센티브가 주어짐으로써 저작자들에 의해 좀 더 수준 높은 저작물이 많이 창작되어 나오고, 그에 따라 사회 전체의 문학과 예술 및 과학 등의 문화가 발전될 것이라고 본다.

그러나 이와 같이 노동이론과 유인이론이 대립적 관계에 있는 배타적 이론은 아니며, 상호 보완적인 이론이라고 보아야 한다. 만약 개인의 정신노동에 대한 가치를 부인한다면, 어느 누구도 창작적인 정신활동을 하려고 하지 않을 것이다. 그러므로 문화국가를 지향하는 한 저작권 제도는 필수불가결한 제도라고 본다. 따라서 저작권 제도는 문화발전을 위하여 창작활동을 유인하는 제도이지만, 그 수단은 저작권자의 창의적 작업에 대한 가치를 인정하고 그 노동에 대한 보상의 개념인 금전적 소득을 보장하는 것이다.[8]

Ⅲ. 저작자의 권리와 그 행사

저작권법은 저작자에게 저작물에 대한 저작인격권과 저작재산권을 인정하고 이를 구성하는 각종 지분권을 저작자가 직접 배타적으로 행사하는 것을 기본구성으로 하고 있다.[9] 저작물은 저작자의 인격적·정신적 활동의 소산으로서 저작자의 인격이 반영됨으로 일반적인 재산권의 객체와는 달리 이러한

---

8) 이상정, 「디지털시대의 지적재산권과 정보공유의 국가전략적 의미(미공간)」, 정보통신정책연구원, 2002, 12면.
9) 일반적으로 권리는 일정한 생활이익을 누릴 수 있게 하는 "법적 힘"이다. 즉 일정한 이익을 누리기 위한 수단으로서 법에 의하여 인정되는 것이다. 따라서 어떤 주체가 권리를 가지고 있다는 것은 잠재적 가능성으로서의 힘을 가지고 있다는 것을 의미할 뿐이다. 그러므로 권리자가 목적으로 하는 이익을 실제로 누리기 위해서는 권리자의 잠재적 힘을 현실화하는 과정이 필요하게 되는데 권리의 내용을 현실화하는 과정이 권리의 행사이다(곽윤직, 앞의 책, 57면).

인격적인 특수성을 충분히 반영할 필요가 있다. 이러한 이유로 저작권법은 저작자에게 저작물의 공표여부를 결정할 권리, 저작물에 자신의 실명 또는 이명을 표시할 권리, 저작물의 내용·형식 및 제호의 동일성을 유지할 권리로 구성되는 저작인격권을 부여하고 있다. 저작인격권은 저작자의 인격과 밀접한 관련을 맺고 있으므로 일신전속적이며, 양도·상속이 불가능하고 저작자의 사망과 동시에 소멸한다. 그러나 저작자가 사망한 이후에도 그 인격적 이익은 계속 보호되어야 하기 때문에 저작권법은 저작자가 사망한 이후 그의 저작물을 이용하는 자가 저작자가 생존하였다면 그 저작인격권의 침해가 될 행위를 하는 것을 금지하고 있고 그 침해행위에 대하여 침해의 정지[10], 손해배상 및 명예회복 등의 청구를 할 수 있도록 하고 있다.

저작자는 이러한 저작인격권과 별도로 저작물을 이용하여 경제적·재산적 이익을 얻을 수 있는 권리의 다발로 구성된 저작재산권을 가진다. 저작재산권의 행사는 저작권법이 저작권자에게 부여하고 있는 저작물의 이용형태에 따라 준물권적 권리를 행사하는 것을 말한다. 저작권자는 저작권을 구성하는 지분권을 가지고 자신이 직접 저작물을 이용하여 경제적 이익을 얻을 수 있다. 그러나 저작권자는 자신이 직접 저작물을 이용하는 방법 외에 저작권은 유보한 채 저작물에 대한 이용을 허락하고 이용료라는 대가만을 받을 수 있다. 또한 저작권자는 지분권으로 구성되어 있는 저작재산권의 전부 또는 일부를 양도할 수 있으며, 출판권 또는 질권을 설정할 수도 있다. 이와는 별도로 저작자는 타인이 저작물을 자신의 허락없이 이용하는 경우에는 권리의 보전을 위한 금지 및 손해배상청구권을 행사할 수 있다.

---

10) 저작권법 제96조 참조 ; 권리의 행사와 구별되는 것으로 권리의 주장이 있다. 통상 권리의 주장이라고 하면 권리의 존재에 다툼이 있거나 권리의 행사가 방해되고 있을 경우 또는 방해당할 염려가 있을 경우에 특정인으로 하여금 권리의 존재를 인정케 하는 행위를 말한다. 이와 같은 권리의 주장은 권리의 내용을 현실화하는 것이 아니라 권리 자체의 존재를 타인으로 하여금 승인케 하는 것이다(곽윤직, 앞의 책, 57면).

Ⅳ. 저작권 제한의 필요성과 유형

1. 저작권 제한의 필요성

저작권의 기본원리는 지식의 성과를 이용하려는 공공의 필요와 저작자의 권익을 보호함으로써 지식의 탐구를 자극하려는 당연한 필요성에 입각하고 있다.[11] 이러한 기본원리는 "모든 사람은 공동체의 문화생활에 자유롭게 참여하고, 예술을 감상하며, 과학의 진보와 그 혜택을 향유할 권리를 가진다." 라고 규정하고 있는 세계인권선언[12]과 이를 좀 더 구체화하고 있는 경제적·사회적 및 문화적 권리에 관한 국제규약[13]에도 잘 나타나 있다. 우리 저작권법도 "저작자의 권리와 이에 인접하는 권리를 보호하고 저작물의 공정한 이용을 도모함으로써"라고 하여 이러한 기본원리를 제1조에 반영하고 있다.

저작물은 저작자가 속해 있는 사회의 문화유산과 그 사회의 시대정신을 반영하면서 그 사회의 문화구조에 영향을 받아 창작되어진다. 그러므로 저작권법은 저작물을 저작자만 이용하게 하는 것은 불합리하고 그 보호에 있어 일정한 한계를 설정하여 저작권자의 권리범위밖에 두어 일반 공중이 저작물 창작에 자유롭게 이용할 수 있는 소위 공유 내지 만인공유 또는 Public Domain을 설정하여 놓고 있다. 이러한 공유 내지는 만인공유라고 일컬어지는 Public Domain이라는 개념은 원래 영미법계의 재산법에서 공공재 또는 부동산에서의 공공지라는 개념에서 파생된 것으로 저작권 분야에서는 베른협약 제18조에서 사용된 이래로 사용하고 있다.[14]

---

11) 송영식·이상정·황종환 공저, 앞의 책, 523면.
12) 세계인권선언 제27조 제1항 참조.
13) 경제적·사회적 및 문화적 권리에 관한 국제규약 제15조 제1항 : 이 규약의 당사국 은 모든 사람에게 문화생활에 참여할 권리, 과학의 진보 및 응용으로부터 이익을 향유할 권리, 자기가 저작한 모든 과학적·문화적 또는 예술적 창작품으로부터 생기는 정신적·물질적 이익의 보호로부터 이익을 받을 권리를 인정한다.

우리나라에서는 베른협약 제18조 제1항 및 제2항에서의 Public Domain을 "저작권이 소멸된" 또는 "자유이용상태"라고 번역[15]하면서 강학상 Public Domain이라는 용어의 널리 사용하고 있다. 그러나 Public Domain이 구체적으로 무엇을 의미하는지에 대한 정의 또는 논의는 찾아볼 수 없다. 다만, 일부 문헌에서 Public Domain을 만인의 공유 내지 공유로 기술하고 있으며[16], 일부 하급심 판례에서는 아이디어·표현이분법에 따라 저작권법상 보호대상이 되지 않는 경우[17], 문화유산은 저작권법상 보호대상이 되지 않는다고 보는 경우[18] 또는 실질적 유사성을 판단하는 경우[19] 등 저작권의 보호범위를

---

14) 최정환, "Public Domain의 새로운 이해", 「저작권(제69호)」, 2005년 봄호, 2면.

15) 베른협약 제18조 제1항 : The Convention shall apply to all works which, at the moment of its coming into force, have not yet fallen into the public domain in the country of origin through expiry of the term of protection(이 협약은 효력 발생 당시에 본국에서 보호기간 만료에 의하여 이미 저작권이 소멸된 상태(자유이용상태)에 놓이지 아니한 모든 저작물에 적용된다).

제18조 제2항 : If, however, through the expiry of the term of protection which was previously granted, a work has fallen into the public domain of the country where protection is claimed, that work shall not be protected anew(다만, 보호가 주장되는 국가에서 어느 저작물이 종래 주어진 보호기간의 만료에 의하여 저작권이 소멸된 상태에 놓인 경우에 그 저작물은 다시 보호되지 아니한다) : 저작권심의조정위원회, 「저작권에 관한 국제협약집(개정판)」, 2007.

16) 오승종·이해완 공저, 「저작권법(제4판)」, 박영사, 2005, 45면.

17) 서울지방법원 1990. 4. 19. 선고 89가합32239 판결 : 본 사건은 한복 치마의 디자인 기법이 문제가 된 사건으로 법원은 "표현기법 자체나 그에 관한 아이디어가 아무리 독창적인 경우라 하더라도 이를 만인 공유의 지적재산으로 개방함이 타당하고 이를 특정인의 독점배타적인 사용을 허용할 수 없다"고 판시하였다. 또한, 수지침 이론서인 고려수지요법강좌와 대한수지의학강좌의 표절 사건(서울고등법원 1998. 8. 12. 선고 97나53696 판결)에서 서울고등법원은 "학술의 범위에 속하는 저작물의 경우, 그 학술적 내용은 만인에게 공통되는 것이고 누구에 대하여도 자유로운 이용이 허용되어야 하는 것으로서 그 저작권 보호는 창작적인 표현형식에 있지 학술적인 내용에 있는 것은 아니다"라 판시하였다.

18) 서울고등법원 1990. 11. 27. 선고 90나22532 판결 : 본 사건도 한복 치마의 디자인이 문제가 된 사건으로서 법원은 "저작권에 의하여 보호를 받을 필요가 있는 부분

판단할 경우에 사용하고 있다.

　이러한 Public Domain의 이용형태를 종합하여 본다면, Public Domain이라는 개념은 저작권 보호기간이 종료된 저작물뿐만 아니라 일반 공중이 저작물을 자유롭게 이용할 수 있는 저작권법상의 모든 사항들과 저작권의 보호범위 밖에 존재하는 사항들을 포함하는 개념으로 이해할 수 있을 것이다. 따라서 저작권법에서 Public Domain에 관한 언급이 없다 하더라도 저작권법에서 명백히 보호대상에서 제외하고 있는 사항들 예를 들어, 아이디어, 학술적인 내용 등 아이디어·표현이분법에 의해 보호되지 않는 구성요소들과 저작권 보호기간이 만료된 저작물 및 저작권법 제7조에서 규정하고 있는 보호받지 못하는 저작물과 저작재산권 제한사항들은 Public Domain의 영역으로 볼수 있을 것이다. 저작재산권 제한사항이 Public Domain의 영역에 포함될 수 있는가에 대한 반론이 있을 것이나, Public Domain을 저작물의 자유이용상태로 이해한다면, 새로운 저작물을 창작하기 위하여 저작권법이 허용하는 범위 내에서 저작권자의 허락없이 저작물을 이용할 수 있는 저작재산권 제한사항들도 Public Domain으로 파악할 수도 있을 것이다.[20]

　은 어떠한 부분인가 즉 저작권의 보호를 받는 부분과 저작자로부터 해방시켜 만인의 자유이용을 허용할 부분은 어떻게 구분할 것인가에 관하여 종래부터 여러 학설이 있어 왔으나 결국 저작물 중 옛날부터 있어 왔던 문화적 유산에 기한 부분과 저작자의 독창적인 기여에 의한 개인적 부분으로 나누어 후자에 대하여만 저작권법상의 보호를 부여함이 타당하다 할 것"이라고 판시하였다.

19) 서울고등법원 1994. 4. 6. 선고 93구25075 판결 : 본 사건은 서체도안의 저작물성이 문제가 된 사건으로서 법원은 "서체 도안의 창작자에게 위에서 본 바와 같은 저작권법상의 모든 권리(저작인격권, 저작재산권 등)를 인정할 경우 종래의 문화유산으로서 만인 공유의 대상이 되고 의사, 사상, 감정 등의 전달, 표현 등의 기본적 수단인 글자 내지 문자의 사용에 관하여 지나친 제약을 가하는 결과가 될 것이 명백하고 결과적으로는 서체도안의 창작자에게 일종의 문자에 대한 독점권을 부여하는 효과를 가져 올 우려가 있어 이는 문화의 향상 발전에 이바지함을 목적으로 하는 저작권법의 입법 취지에 오히려 반하게 될 것이다"라고 판시하였다.

20) 최정환, 앞의 논문, 12면.

이와 같이 저작권법은 그 권리속성에서부터 일반 공중이 자유롭게 이용할 수 있는 자유영역과 실정법상으로 저작권자의 권리를 침해하지 않으면서 저작물을 자유로이 이용할 수 있는 영역이 존재하고 있다.

또한 저작권의 제한의 필요성을 법경제학적 측면에서 본다면, 저작물은 두 가지 중요한 특징을 가지고 있다. 첫째, 저작물은 그 생산비용은 높지만 제3자에게 이전하는 비용은 아주 낮다는 것이다. 따라서 저작물을 생산하기 위해 비용을 지급한 사람 즉 저작자가 저작물을 판매하게 되면 이를 구매한 제3자는 저작물을 복제하여 판매할 수 있는 잠재적 경쟁자가 될 수 있다. 또한 저작물 소비자들은 저작물의 이전비용이 낮기 때문에 가능하다면 적은 이전비용만을 지급하고 저작물 구매자로부터 저작물을 구입하려고 할 것이다. 결국 이러한 저작물의 소비형태는 저작물이 소비에 있어 비배제성을 갖는다는 것을 의미한다. 둘째, 저작물은 그 이용자가 많으면 많을수록 저작물의 가치는 증가한다는 것이다. 저작물의 사회적 가치는 보다 많은 사람이 저작물을 이용하면 할수록 높아진다. 이는 결국 자신의 저작물 소비가 타인의 저작물 소비를 방해하지 않는다는 것을 의미한다. 즉 저작물은 그 소비에 있어서 비경쟁성이 존재한다는 것이다. 이와 같이 저작물은 소비에 있어 비배제성과 비경쟁성을 지니고 있고, 이러한 특성은 결국 저작물이 경제학에서 의미하는 전형적인 공공재적 성격을 지니고 있다고 볼 수 있다는 것이다.[21][22]

저작자는 저작물을 창작함에 있어서 선인들의 문화적 유산에 힘입은바 크다. 따라서 사회의 문화유산에 기초하여 창작된 저작물을 영구적으로 저작자에게 귀속시키는 것은 타당하지 않으며, 일정한 기간이 경과한 후에는 사회

---

21) 박세일, 「법경제학(개정판)」, 박영사, 2004, 176~177면.
22) 저작물의 공공재적 성격에서 오는 과소 생산을 해결하기 위해서는 생산에 있어 정부의 개입이 필요하고, 이러한 개입방법으로는 첫째, 정부가 저작물을 생산하는 방법 둘째, 민간의 저작물 생산 활동에 대한 보조금 지급을 통해 해결하는 방법 셋째, 저작물에 대해 재산권을 인정하는 방법 넷째, 저작물 생산에 대하여 정부가 직접 보상하고 당해 저작물을 공유화하는 방법이 있다고 한다(박세일, 위의 책, 178면).

로 환원시켜 잠재적 저작자의 문화적 자료로 활용할 수 있게 하는 것이 필요
하다. 저작권이 다른 재산권보다 한층 공공성이 강조되는 이유는 바로 이와
같이 타인의 도움을 받아 이룩한 것은 타인의 도움이 되도록 이용되어져야
한다는 원칙에서 나온 것이다.23) 또한 저작물은 보다 많은 사람이 이용하면
할수록 그 사회적 가치가 증가하는 재화 즉 공공재라는 특징을 가지고 있으
므로 가능하다면 많은 사회구성원이 이용하는 것이 바람직하다. 다만 소비에
있어서의 비배제성으로 인한 제3자의 무임승차 문제를 적절히 통제하여 저
작자의 이익을 침해하지 않도록 저작자와 이용자간의 이익균형을 유지하는
것이 필요하다고 할 수 있다.

2. 저작권 제한과 그 법적 성질

1) 저작권 제한 유형

저작재산권 제한 제도는 문학·예술 저작물의 보호를 위한 베른협약(Berne
Convention for the Protection of Literary and Artistic Works, 이하 "베른협약"이라 한다) 및 각국의
저작권법에서도 정도의 차이만 있을 뿐 이를 인정하고 있다. 우리나라, 일본,
독일 등은 개별적인 행위에 대해 구체적으로 저작재산권 제한 규정을 두고
있고, 영미법계에서는 공정이용(fair use 또는 fair dealing)이라는 개념으로 저작재산
권을 제한하고 있다.

저작권자의 권리내용에 저촉되는 형태로 저작물을 이용하고자 하는 경우
에는 기본적으로 저작권자의 허락을 얻어야 한다. 그러나 저작권은 저작물이
문화적 소산의 공정한 이용이라는 공익적 관점에서, 또는 해당 저작물의 특
성이나 이용형태에 비추어볼 때 저작권자에게 미치는 영향이 적고 오히려
저작물의 원활한 이용이라는 관점에서 저작권자의 권리행사가 타당하지 않

---

23) 황적인·정순희·최현호 공저, 「저작권법」, 법문사, 1988, 132면.

는 경우도 있다.

우리 저작권법은 이러한 이유들을 고려하여 저작권법 제23조 내지 제38조에서 저작재산권 제한규정을 두고 있다. 이러한 제한규정들은 크게 다음과 같이 분류할 수 있을 것이다. 첫째, 사적영역에서의 교양·오락·문화활동을 원활하게 수행할 수 있도록 하기 위하여 사적이용을 위한 복제의 경우에는 저작재산권의 행사를 제한하는 경우이다.[24] 그러나 복제기술이 발달하지 않은 상황에서는 사적영역에서의 복제행위로 인해 저작권자에게 미치는 경제적 이익에 대한 영향은 그다지 없다고 여겨져 왔으나 디지털 기술의 발달에 따라 사적영역에서의 저작물 이용에 대한 제한의 필요성이 제기되고 있다. 둘째, 학교교육 목적 등에서의 복제, 시험문제로서의 복제, 도서관 등에서의 복제, 영리목적이 아닌 공연·방송, 시각장애인 등을 위한 복제 등 학교교육, 사회교육 또는 평생교육 등 일반 공중의 교육·학습활동을 위하여 일정한 조건하에서 저작재산권을 제한하는 경우이다. 셋째, 공표된 저작물의 인용, 리버스엔지니어링 등 시민사회의 기초가 되는 정보의 유통과 학문 및 예술의 자유, 표현활동의 자유를 보장하기 위하여 저작재산권을 제한하는 경우이다. 넷째, 재판절차에서의 복제, 시사보도를 위한 이용, 방송사업자의 일시적인 녹음·녹화 등 공익적 측면에서 수행되는 업무의 원활한 수행에 도움을 주기 위하여 저작재산권을 제한하는 경우이다. 다섯째, 미술저작물 등의 전시 또는 복제 등 원작품과 복제물의 소유권 등 다른 권리자들과의 조정을 꾀하기 위하여 저작재산권을 제한하는 경우이다.[25]

이와 같이 저작재산권 제한이유 및 그 목적은 상이하지만, 저작재산권 제

---

24) 본 규정은 "타인의 저작물을 개인적으로 또는 가정이나 이에 준하는 소수의 한정된 범위에서 이용하는 것은 저작재산권자의 경제적 이익을 크게 해할 우려가 없고, 또한, 그러한 행위를 일일이 규제하여 저작재산권자의 이용허락을 얻는다고 하는 것도 현실적이지 못하다는 고려 하에 두었다"고 설명하고 있다(오승종·이해완 공저, 앞의 책, 358면).

25) 作花文雄, 「詳解 著作權法」, ぎょうせい, 2004, 309~310면.

한규정은 결과적으로 저작물이 문화적 소산이므로 저작물의 공정한 이용이라는 관점에서 배려한 것이라고 볼 수 있을 것이다.26)

2) 법적 성질

저작권법은 제23조 내지 제38조에서 저작권자의 저작재산권을 제한하고 있으나, 국내의 문헌에서는 이러한 제한규정들이 강행규정인지 또는 임의규정인지에 대한 논의는 찾아볼 수 없다. 저작재산권 제한규정들의 법적성질에 대하여, 저작권법은 준물권적 권리를 저작권자에게 부여하는 것이고 각각의 제한규정은 저작권법이 저작권자의 권리를 정책적으로 제한하여 사회구성원들이 저작물을 자유롭게 이용하여 제2의 창작의 매개체로써 활용할 수 있도록 한 규정들에 해당함으로 기본적으로는 강행규정성이라고 보아야 한다는 견해가 있을 수 있다. 또한, 저작권법은 저작권자에게 준물권적 권리를 부여하고, 저작물 이용자에게는 단지 저작권자의 권리제한으로 인한 반사적 이익만을 얻을 수 있게 한 입법구조로 되어 있으므로 강행규정으로 볼 수 있는 유형 중 경제적 약자 보호를 위한 사회정책적 규정에 해당되어 강행규정이라고 볼 수도 있을 것이다.

그러나 저작재산권 제한규정들은 전술한 바와 같이 학교교육 목적상의 이용이나 재판절차 등에서의 복제 등과 같이 공익적 관점에서, 인용과 같이 표현의 자유와 학문 및 예술의 자유 보장 관점에서 둔 규정이 있다. 또한, 미술저작물 등의 전시 및 복제 등 해당 저작물의 이용 특성에 비추어 저작권자의 권리를 제한하는 것이 타당하다는 관점에서, 사적이용을 위한 복제와 같이 저작권자가 입게 되는 손실의 정도와 원활한 저작물 이용의 비교형량을 통하여 사적영역에 권리를 행사하게 하는 것이 실질적 실효성 확보가 어렵다는 관점에서 제한된 규정들도 있다.27) 따라서 저작재산권 제한규정들은 하

---

26) 허희성, 「신저작권법축조해설(상)」, 저작권아카데미, 2000, 256면.
27) 저작재산권 제한조항들의 입법취지를 저작물 이용의 성질에서 저작재산권이 미치

나의 목적에 의해서 제한된 것은 아니며, 다양한 목적 내지 취지에 근거하여 제한되고 있다고 볼 수 있다.

또한, 현실세계에서 경제적 약자는 항상 존재하고 누가 경제적 약자인지 여부는 시대와 장소와 문화에 따라 항상 변화하는 상대적 개념이다. 따라서 저작권법은 저작권자나 이용자 중 어느 일방을 경제적 약자로 설정한 뒤 그 약자를 사회정책적으로 보호하기 위한 법이라고 파악하기에는 어려움 있다고 보여진다. 저작권법은 저작물이 가지고 있는 공공재적 성격에 착안하여 저작권자와 저작물 이용자간의 균형을 도모하기 위한 법으로써 이러한 점에 있어서는 중립적인 규범이라고 볼 수 있을 것이다. 따라서 저작재산권 제한 규정들을 일률적으로 또는 경제적 약자를 위한 사회정책적 규정으로 파악하여 강행규정성을 지닌다고 보는 것은 타당하지 않다고 생각된다.

저작재산권 제한규정이 강행규정이냐 임의규정이냐를 각각의 규정의 입법 목적 등에 근거하여 판단하여 볼 경우 공익적 목적을 위하여 저작재산권을 제한한 규정들 예를 들어 재판절차 등에의 복제, 학교교육 목적 등에의 이용, 도서관 등에서의 복제, 시험목적으로서의 복제, 시각장애인 등을 위한 복제와 언론 및 표현의 자유를 위한 시사보도를 위한 이용과 인용은 강행규정성을 지니고 있다고 볼 수 있을 것이다. 그러나 사적이용을 위한 복제는 규제의 실효성 확보의 곤란성과 저작재산권자의 경제적 이익침해가 크지 않기 때문에 인정된 것이라고 한다면 임의규정이라고 볼 수 있을 것이다.[28)]

는 것으로 하여서는 타당하지 않다는 것, 공익상의 이유에서 지적재산권을 제한할 필요가 있다고 인정되는 것, 다른 권리와의 조정을 위하여 저작재산권을 제한할 필요가 있다는 것, 사회적 관행으로서 행하여지고 있으며 저작재산권을 제한하여도 권리자의 이익을 부당하게 해하지 않는 것으로 인정되는 것 등 그 이유는 다양하지만, 결과적으로는 저작물이 문화적 소산이므로 저작물의 공정한 이용이라는 관점에서 배려된 것이라고 하고 있다.(허희성, 위의 책, 256면).

28) 作花文雄, 앞의 책, 313면.

V. 저작권의 내재적 한계

1. 권리속성에서의 내재적 한계

저작물이 저작권법상 보호를 받기 위해서는 인간의 사상과 감정을 표현한 것으로서 창작성이 있어야 한다. 그러나 저작물이 이와 같은 성립요건을 모두 갖추고 있다 하더라도 그 저작물을 구성하는 모든 구성요소들이 모두 저작권의 보호대상이 되는 것은 아니다.

저작권법은 저작권에 의하여 보호되는 저작물의 구성요소를 구분하여 그 권리범위를 확정하는 이론을 발전시켜 왔으며, 대륙법계와 영미법계가 서로 다른 해법을 제시하고 있다. 독일 등 대륙법계에서는 저작물을 '유형적 저작물'과 '정신적 저작물'로 구분한 피이테의 이론에 기초하여 저작물의 구성요소를 내용과 형식으로 구분하는 '내용·형식이분론'[29]을 발전시켜 왔다. 독일을 비롯한 대륙법계의 내용·형식 이분법은 '사상의 자유'에서 유래한 것이라고 한다.[30] 독일에서는 일찍이 저작물의 내용은 자유롭게 이용되고 형식만이 저작자를 위하여 보호될 수 있다는 견해가 주장되었고, 이에 따라 소설, 연극, 학술저작물의 내용은 타인이 자유롭게 이용하는 것이 허용되었다고 한다. 이러한 형식과 내용의 구별은 사상과 이론의 자유로부터 발생하여 알려지게 된 것인데, 정신적 소유권에 따른 저작권법의 논거와 더불어 조화로운 일체를 형성하였다고 한다.

영미법계에서는 아이디어·표현이분법이라는 이론에 기초하여 저작물의 구성요소를 구분하는 이론을 발전시켜 왔다. 아이디어·표현이분법은 하나의

---

29) 내용·형식 이분법론에 관한 자세한 사항은 이상정, "저작물의 보호범위", 「저작권 (제45호)」, 1999년 봄호, 11~19면 ; 오승종·이해완 공저, 앞의 책, 47~50면 참조.
30) 박성호, "저작물의 보호범위-히랍어 분석방법 사건", 「한국 저작권 판례 평석집 (1)」, 저작권심의조정위원회, 1998, 15면.

저작물을 아이디어와 표현으로 구분하여 아이디어는 저작물로 보호되지 아니하고, 표현 특히 창작적인 표현만이 저작권의 보호를 받는다고 하는 저작물 보호범위에 관한 이론이다. 이러한 아이디어·표현이분법은 연방대법원의 Baker v. Selden 사건[31]에서 인정된 이래 판례법으로 확립되었고, 현행 미국 저작권법 제102조(b)[32]에 그 주요취지가 반영되어 있다. 또한 WIPO저작권 조약 제2조[33] 및 TRIPs 제9조 제2항[34]에서도 이를 명시하고 있다. 우리 대법원도 "저작권의 보호대상은 아이디어가 아닌 표현에 해당하고 저작자의 독창성이 나타난 개인적인 부분에 한하므로 저작권의 침해 여부를 가리기 위하여 두 저작물 사이에 실질적인 유사성이 있는가의 여부를 판단함에 있어서도 표현에 해당하고 독창적인 부분만을 가지고 대비하여야 한다."[35]라고 하여 아이디어·표현이분법을 수용하고 있다.

아이디어·표현이분법의 이론적 근거를 헌법상 언론의 자유의 보장과 문화의 확대·재생산에서 찾는 견해가 있다.[36] 이 견해에 따르면 저작권법상의 아이디어 비보호의 원칙은 민주사회의 근간인 언론의 자유와 불가분의 관계에 있다고 한다. 민주적 토론은 사회구성원의 사상·감정·관념 등이 자유롭게 교환되는 이른바 아이디어의 시장을 필연적 전제로 한다. 따라서 만일 개인의 아이디어가 저작권으로 보호된다면, 다른 사람의 아이디어를 아이디어의 시장으로 끌어들이기 위해서는 일일이 허락을 얻어야만 할 것이므로 결국

---

31) 101 U.S. 99, 25 L. Ed. 841(1879)
32) 미국 저작권법 제102조 (b) : 어떠한 경우에도, 독창적인 저작물에 대한 저작권 보호는 그것이 당해 저작물에 기술·설명·예시 또는 수록되는 방법에 관계없이 관념·절차·공정·체제·조작 방법·개념·원칙 또는 발견에는 미치지 아니한다.
33) WIPO 저작권 조약 제2조(저작권 보호의 범위) : 저작권 보호는 표현에는 미치지만 사상, 절차, 운용 방법 또는 수학적 개념에는 미치지 아니한다.
34) TRIPs 제9조(베른협약과의 관계) 제2항 : 저작권 보호는 표현에는 적용되나 사상, 절차, 운용방법 또는 수학적인 개념 그 자체에는 적용되지 아니한다.
35) 대법원 1993. 6. 8. 선고 93다3073, 93다3080 판결.
36) 정상기, "편집저작물성 여부-두리두리 사건", 「한국 저작권 판례 평석집(1)」, 저작권심의조정위원회, 1998, 38면.

아이디어 시장은 극도로 위축되어 민주적 토론이 불가능해진다는 것이다. 이러한 결과는 개인의 이익(저작권)을 보호하기 위하여 보다 상위의 개념인 공익(언론의 자유)을 경시한다는 것이다. 또한, 저작물은 선대 또는 다른 사람의 아이디어와 전혀 무관하지 않기 때문에 문화의 확대·재생산이라는 거시적인 관점에서도 아이디어 시장은 개방되어야 한다는 것이다.

아이디어·표현이분법은 이론적으로보다는 저작권 침해소송과 관련하여 실무적으로 발전되어 왔고 모든 저작물은 그 많고 적음을 떠나 아이디어와 표현을 내포하고 있으며, 이 두 가지를 구분하는 것은 정도의 문제이지 절대적인 기준이 존재하지 않는다는 것이다. 또한 표현의 요건을 판단하는 것과 창작성의 요건을 판단하는 것은 상호 중첩되는 경향을 지니고 있고, 그 적용은 저작물의 분류에 따라 달라질 수 있다는 특색을 지니고 있다. 이와 같은 아이디어·표현이분법의 특징으로 인하여 법원은 저작물의 어떠한 부분이 아이디어이고 표현인지를 구분함에 있어 법리적인 판단보다는 정책적인 판단을 하는 경향이 강하다고 한다. 특히 미국을 비롯한 각국의 법원은 저작물의 어떠한 부분은 아이디어이고 어떠한 부분은 표현이라고 미리 선을 긋기보다는 오히려 저작권으로 보호함으로써 창작의욕을 고취하여야 할 것으로 보이는 부분은 표현이라고 하고, 만인공유의 영역에 두어 누구라도 자유롭게 이용할 수 있도록 해야 한다고 생각되는 부분에 대해서는 이를 아이디어라고 하여 저작권 보호를 부인하는 것이 대체적인 실무관행이라고 지적되고 있다.[37]

아이디어·표현이분법을 헌법상 언론의 자유의 보장과 문화의 확대·재생산에 필요한 요소로 이해하고 그 적용에 있어서 전술한 실무적 관행에 비추어 본다면, 아이디어·표현이분법은 잠재적 저작자들간에 또는 저작권 관련 산업 내에서 경쟁질서를 유지해 주고 문화를 확대·재생산하는 역할을 수행함으로써 저작권법이 목적으로 하고 있는 문화와 예술 및 학문의 발전을 촉진시킬 수 있다고 볼 수 있다. 또한, 아이디어·표현이분법은 문화산업이 국

---

37) 오승종·이해완 공저, 앞의 책, 51면.

가 경제에서 차지하는 비중이 지속적으로 증가하면서 저작자의 이익과 공중의 이익이 첨예하게 대립되는 상황에서 양자간의 이익충돌을 해결하기 위한 하나의 해결책으로서도 운영될 수 있을 것이다.

미연방제4항소법원은 Lasercomb사건[38]에서 "Lasercomb는 자신의 프로그램을 타인이 복제하는 것을 금지시킬 수는 있지만, 소프트웨어 이용자가 어떠한 종류의 컴퓨터 기반 형판 제조 소프트웨어를 만들 수 없도록 한 행위는 새로운 창작적 표현을 억제하는 것이 사실이며, 이와 같이 창조적 표현을 억제하는 것은 저작권법의 궁극적 목적에 반하는 것이므로 저작권의 범위를 벗어난 것이며, 이러한 저작권 행사는 저작권법에 내재된 공공정책에 반하는 것으로서 저작권 남용에 해당된다."라고 판시하였다. 또한 동 법원은 PRC사건[39]에서 "저작권자는 타인이 자신의 소프트웨어를 무단으로 이용하는 것을 금지시킬 수 있지만, 이용허락된 소프트웨어의 근거하여 장래의 독립된 아이디어의 표현의 개발을 금지하는 것은 저작권의 권리범위에 포함되지 않는다."라고 하여 저작권자의 권리행사가 아이디어의 확산과 창작적 표현의 증진이라고 하는 저작권법의 목적에 반하도록 행사된 경우에는 권리남용임을

---

38) Lasercomb America v. Reynolds, 911 F.2d 970(1990) : 피고 Holiday Steel은 판지상자의 생산을 위한 강철 룰 형판 생산분야에서 Lasercomb와 경쟁관계에 있는 회사였다. Lasercomb는 CAD/CAM소프트웨어(소프트웨어명 : Interact)를 본격적으로 판매하기에 앞서 4개의 CAD/CAM 소프트웨어를 Holiday Steel에게 이용허락 하였다. Holiday Steel은 Lasercomb의 소프트웨어에 대한 기술적 보호장치를 무력화하여 3개의 불법복제물을 만든 후 Lasercomb의 Interact와 유사한 소프트웨어(제품명: PDS-1000)를 개발·판매하였다. 이에 Lasercomb는 Holiday Steel의 이러한 행위가 저작권 침해, 계약위반, 영업비밀 침해, 부정경쟁, 사기, 성명표시권 등의 위반을 주장하면서 PDS-1000의 판매금지명령을 청구하였고, 연방지방법원은 Lasercomb의 청구를 인용하였다. 이에 피고 Holiday Steel이 항소한 사건이다.

39) PRC Realty Systems v. National Association of Realtors, 1992 U.S. App. LEXIS 18017(4th Cir. Aug. 4, 1992) : 본 사건은 PRC가 라이센시인 NAR에게 자신이 저작권을 가지고 있는 복합부동산목록 서비스의 출판을 촉진하기 위해 최선의 노력(best effort)을 다하도록 하는 계약조항이 문제가 된 사건이다.

인정하였다.

저작권의 권리범위를 획정하는 이론으로서의 아이디어·표현이분법이 우리나라를 포함한 많은 나라에서 통설적 견해가 되고 있는 이유는 표현의 자유와 학문의 자유 등을 보장하면서 잠재적 저작자들에게 창작의 여지를 남겨둠으로써 정보의 풍부화 즉 문화의 다양성을 도모한다는 점에 있다.[40][41] 또한 아이디어·표현이분법은 Lasercomb 판결 등에서 파악할 수 있는 바와 같이 저작권 행사의 내재적 한계를 설정하는데 응용되고 있다.

아이디어·표현이분법을 어떻게 해석하고 운영하느냐에 따라 저작권법의 목적을 실현시키거나 그러하지 못한 결과를 초래할 수도 있다. 따라서 이러한 의미에서 종래 권리범위를 확정하기 위한 이론으로서의 아이디어·표현이분법을 권리행사라는 측면에서 저작권이 가지는 권리의 속성으로서의 한계로 파악하여 저작권자가 잠재적 저작자들의 창작의 여지를 제한하는 형태로 행사하는 경우 이러한 행사를 저작권의 내재적 한계를 일탈한 행위로 파악할 수 있을 것이다.[42]

---

40) 中山信弘, "著作權法における思想·感情", 「特許研究(제33권 제3호)」, 2002, 13면.
41) 아이디어 보호와 관련하여 미국에서는 아이디어 무단이용(misappropriation of idea)에 대하여 판례법을 통하여 보호하고 있다고 한다. 일정한 요건을 충족시키는 아이디어의 창작자에게 일종의 재산권을 부여하는 재산권 이론과 창작자와 이용자와의 계약을 기초로 하여 계약위반에 대한 책임을 추궁하는 계약이론으로 보호하고 있다. 전자는 아이디어에 대한 독창성 이외에 신규성과 구체성(concreteness)을 요구하며, 이러한 요건을 충족한 아이디어를 어문적 재산(literary properties)라고 한다. 재산권 이론에 근거한 아이디어의 보호는 광고 문안 또는 라디오 방송의 포맷 등에 대한 제한적으로 인정되고 있을 뿐이라고 한다. 후자는 특별한 아이디어를 누군가 혼자만 알고 있을 경우 그것이 비록 저작권법에 의하여 보호를 받을 수 없는 아이디어에 불과하더라도 당해 아이디어 창출자와 이를 이용하고자 하는 자와의 계약이 존재하는 경우 그 계약에 따라 아이디어 창출자를 보호하는 방법으로서 영업비밀 또는 부정경쟁의 법리와 밀접한 관련을 가지고 있다고 한다(정상기, 앞의 논문, 42면).
42) 미국의 저작권 남용 이론은 아이디어·표현이분법을 반영한 것이라고 한다(정상조·최성근, 「경쟁질서의 유지와 지적소유권법」, 한국법제연구원, 연구보고(92-8), 1992,

2. 권리행사에 있어서의 내재적 한계

저작권법은 저작자에게 저작권이라고 하는 권리를 부여하면서도 공중이 저작권자의 권리를 해하지 않는 범위 내에서 저작권자의 허락없이 저작물을 자유롭게 이용할 수 있도록 저작권자의 권리를 제한하는 제도를 두고 있다. 이러한 저작물의 자유이용은 국가의 문화정책과 밀접한 관련을 맺고 있으며, 디지털기술과 통신기술의 발전으로 인하여 저작물의 자유이용에 대한 타당한 법리를 탐구하는 것은 저작권법이 직면하고 있는 최대의 과제이다.

저작물의 자유이용을 넓게 인정하게 되면 저작권 제도는 공동화되고 저작자의 창작의욕은 저하되어 문화의 발전은 기대할 수 없다. 반면에 저작물의 자유이용을 극도로 제한하여 저작권자의 권리를 과도하게 보호하게 되면 저작물의 다양하고 공정한 이용이 불가능하게 되어 문화의 창달은 기대할 수 없게 된다. 따라서 저작자의 이익과 저작자의 문화적 기여를 향유할 공중의 이익은 적절하게 조화되고 조정되어야 한다.

저작권자와 공중간의 조화·조정을 위한 저작물의 자유이용을 최광의로 정의하는 경우에는 저작물이 저작권법상 보호를 받는 저작물인지 여부를 불문하고 자유로이 이용할 수 있는 모든 경우로서 보호받지 못하는 저작물, 조약상 보호의무를 지지 아니하는 외국인의 저작물, 보호기간이 만료된 저작물이 포함된다. 이를 광의로 정의하는 경우에는 저작권법상 보호를 받는 저작물을 저작권자의 허락없이 이용할 수 있는 모든 경우로서 법정이용허락 또는 강제허락제도에 의한 저작물의 이용을 포함하게 된다. 협의로 정의하는 경우에는 저작권법 제23조 내지 제36조에 규정된 저작재산권 제한규정들을 의미한다. 통상 자유이용이라고 하면 광의의 자유이용을 의미한다.[43]

26~27면).

43) 오승종·이해완, 앞의 책, 329면 ; 하용득, 「저작권법」, (사)법령편찬보급회, 1988, 172면.

우리 저작권법상의 이러한 자유이용의 개념은 미국법에서는 공정이용(fair use)44)이라는 개념으로 정립되어 있다. 미국법에서의 공정이용은 저작권자 이외의 자가 저작권자의 독점적인 권리에도 불구하고 저작권자의 동의없이 저작물을 합리적인 방식으로 사용하는 특권45) 또는 저작권법을 엄격하게 적용하면 저작권법이 장려하고자 하는 창작성을 억제하는 경우 그러한 엄격한 적용을 법원이 회피할 수 있도록 하는 원리46)라고 설명되고 있다.47)

이러한 미국법에서의 이용자의 저작물 이용이 구체적인 경우에 공정이용에 해당되는지 여부는 우선 '저작물의 이용의 목적 및 성격'에서 출발한다.48) 즉 저작물의 이용이 상업적인 것인지 또는 비영리적인 교육상의 목적을 위한 것인지를 구분한다. 그러나 오늘날에는 상업적이라고 해서 공정이용이 성립되지 않는 것은 아니며, 또한, 비영리적 교육목적이라고 하여 항상

---

44) 미국 저작권법 제107조(배타적 권리에 대한 제한 : 공정사용) 제106조 및 제106조의 A의 규정에도 불구하고 비평, 논평, 시사보도, 교수(학습용으로 다수 복제하는 경우를 포함), 학문, 또는 연구 등과 같은 목적을 위하여 저작권으로 보호되는 저작물을 복제물이나 음반으로 제작하거나 또는 기타 제106조 및 제106조의 A에서 규정한 방법으로 사용하는 경우를 포함하여 공정사용하는 행위는 저작권 침해가 되지 아니한다. 구체적인 경우에 저작물의 사용이 공정사용이냐의 여부를 결정함에 있어서 다음을 참작하여야 한다.
  (1) 그러한 사용이 상업적 성질의 것인지 또는 비영리적 교육목적을 위한 것인지 등 그 사용의 목적 및 성격
  (2) 저작권으로 보호되는 저작물의 성격
  (3) 사용된 부분이 저작권으로 보호되는 저작물 전체에서 차지하는 양과 상당성
  (4) 이러한 사용이 저작권으로 보호되는 저작물의 잠재적 시장이나 가치에 미치는 영향
  위의 모든 사항을 참작하여 내려지는 결정인 경우에, 저작물이 미발행되었다는 사실 자체는 공정사용의 결정을 방해하지 못한다.
45) Paul Goldstein, Copyright, vol. Ⅰ, 2nd ed., Little Brown Company(1999). §10.1.
46) Stewart v. Avend, 495 U.S. 207(1990).
47) 미국의 공정이용의 법리에 관한 자세한 사항은 이대희, "저작권법상의 공정이용의 법리에 관한 비교법적 연구", 「경영법률(제10호)」, 2000, 341~361면 참조.
48) 미국 저작권법 제107조 (1) 참조.

공정이용이 되는 것도 아니다. 즉 공정이용 여부를 결정하기 위한 요소로서의 상업적·비상업적의 구별은 오늘날 거의 찾아볼 수 없기 때문에 사실상 그 중요성이 희박해졌다고 할 수 있다. 저작물 이용의 목적이나 성격과 관련하여 주로 검토되어야 하는 것은 저작물의 이용이 '생산적인 이용(productive use)'[49] 또는 '변형적인 이용(transformative use)'[50]에 해당하는지 여부이다. 저작물의 이용이 생산적인 이용 또는 변형적인 이용에 해당되면, 공정이용에 해당될 가능성이 크다.

저작물의 사용이 공정이용인가 여부의 두 번째 판단요소는 저작권으로 보호되는 '저작물의 성격'이다.[51] 이 판단요소는 공익을 위하여 일정한 저작물에 대하여는 다른 종류의 저작물보다 더 많이 접근할 수 있는 기회가 제공되어야 한다는 정책적 목표에 기인한 것이다. 저작물의 성격이라는 요소와 관련하여 주로 논의되는 것은 이용되는 저작물이 사실적·기능적인 것인가 아니면 창조적·문예적인 것인가 여부이다. 사실적·기능적 저작물(factual·functional works)의 경우에는 창조적·문예적 저작물(creative·artistic works)의 경우보다 공정이용을 더 광범위하게 인정된다. 저작권법의 궁극적인 목적은 지식의 축적을 증가시키는 것이기 때문에 사실적·기능적 저작물에 대하여 저작자의 권리를 강하게 집행한다면 창조적·문예적 저작물의 경우보다 정보의 자유로운 흐름을 방해하는 데 있어서 더 큰 위험성을 야기할 수 있기 때문이다.

공정이용 여부를 판단하는 세 번째 요소는 이용된 부분이 저작권으로 보호되는 '저작물 전체에서 차지하는 양과 상당성'이다.[52] 저작물의 상당부분

---

49) 생산적인 이용이라 함은 원저작물과 다른 방법으로 또는 다른 목적을 위하여 인용을 하는 것이며, 단순한 재포장 또는 재공표에 불과하다면, 원저작물을 대체하는 것에 지나지 않기 때문에 생산적인 이용이 되지 않는다.

50) 변형적인 이용이라 함은 원저작물의 가치를 증가시키는 이용 예를 들어, 원저작물을 단순한 재료로서 인용하거나 새로운 정보나 심미감 또는 식견을 창조하기 위하여 원저작물을 이용하는 경우를 말한다.

51) 미국 저작권법 제107조 (2) 참조.

52) 미국 저작권법 제107조 (3) 참조.

을 복제한다면, 저작자의 손실은 복제자의 이익에 근접할 가능성이 커지고, 소량의 부분만을 이용하는 경우와는 달리 상당부분을 이용하는 것은 공정이용에 해당될 가능성이 그만큼 적어지게 된다. 그러나 저작물의 상당부분을 이용하였다 하더라도 저작물을 복제하여 이용함으로써 발생하는 가치가 저작권자의 손실을 초과하고 저작물 이용에 관한 협상비용이 높다면, 공정이용에 해당될 가능성이 있다.53) 이와 반대로 소량의 부분만을 이용한 경우라 하더라도 저작물의 핵심적인 부분이라고 한다면, 그 이용은 공정이용에 해당되지 않을 수도 있다.54)

네 번째 요소는 이러한 이용이 저작권으로 보호되는 '저작물의 잠재적 시장이나 가치에 미치는 영향'이다.55) 저작물이 판매되는 시장이 이용자의 이용으로 인하여 손상을 받는다면, 저작권이라는 독점을 부여함으로써 장려하고자 하는 창작의 동기는 그 기능을 발휘할 수 없게 된다. 따라서 저작물의 잠재적 시장 또는 가치가 손상을 받는다면 공정이용에 해당될 가능성이 낮아진다. 오늘날 저작물의 2차적 시장은 저작권자에게 경제적으로 매우 중요한 의미를 갖기 때문에 저작물의 이용이 저작권자의 2차적저작물 시장에 영향을 미치는 경우에는 공정이용에 해당될 가능성이 작아진다. 이와 같이 공정이용의 원리는 저작물의 창조를 장려하기 위하여 저작자에게 창작의 동기를 제공하는 것과 저작물을 가능한 한 많이 이용할 수 있게 하는 상호 상반된 두 개의 목적간의 균형을 유지하게 하고 있는 원리라고 이해할 수 있을 것이다.

이러한 미국법상의 공정이용과 우리 저작권법상의 (협의의)자유이용과 동일한 개념인가와 관련하여 우리 저작권법상의 저작재산권 제한조항들은 미국법상의 공정이용을 구체적으로 명문화한 것으로서 우리 저작권법이 무체

---

53) 이대희, 앞의 논문, 343면.
54) Elsemere Music Inc., v. National Broadcating Co., 623 F. 2d 252(C. A. N. Y. 1980).
55) 미국 저작권법 제107조 (4) 참조.

계적으로 나열하고 있는 저작재산권 제한조항들에 대한 해석기준의 지침이
될 수 있으며56), 영미법은 저작재산권의 제한에 의한 자유이용을 판례를 통
하여 형성된 공정이용이라는 개념을 통하여 인정하고 있고,57) 저작물의 자
유이용은 영국법에서는 Fair Dealing, 미국법에서는 Fair Use라 부르며 입법에
따라서는 저작권의 제한(restriction) 또는 예외(exception)로 규정하고 있다고58) 하
여 (협의의)자유이용과 공정이용을 구별하고 있지 않고 동일한 개념으로 보고
있는 것이 다수설이다.59) 그러나 미국 저작권법 제107조에서 공정이용이 명
문으로 인정되어 있는 현재로서는 저작권에 대한 제한을 규정하고 있는 제
107조 내지 제119조의 규정 중에서 제107조의 경우만 공정이용에 해당되고,
기타 조항들은 면책규정(statutory exemption)에 해당된다. 따라서 일반적으로 자유
이용이라는 개념은 공정이용을 포함하는 광의의 개념으로 이해하여야 하고,
우리 저작권법상 저작재산권 제한규정 중 미국 저작권법상의 공정이용에 해
당되는 경우는 제23조·제26조·제28조 등이고, 제25조·제29조 내지 제33조·
제35조 등은 면책규정에 해당된다고 보아 자유이용과 공정이용을 구별하여
야 한다는 견해60)가 있다.

　판례61)는 저작권법 제28조를 해석함에 있어 저작물의 인용이 정당한 범위
안에서 공정한 관행에 합치되는 인용인가의 여부를 판단하기 위한 요건으로
"①인용의 목적 ②저작물의 성질 ③인용된 내용과 분량 ④피인용저작물을

---

56) 송영식·이상정·황종환 공저, 앞의 책, 614면.
57) 황적인·정순희·최현호 공저, 앞의 책, 279면.
58) 하용득, 앞의 책, 172면.
59) 우리 저작권법 제1조의 "공정이용"은 공정사용, 무상사용, 공유를 포괄하는 개념으
로 "저작물의 공정한 이용"이라는 표현을 씀으로써 공정이용의 개념을 받아들이고
있다고 설명하고 있어 두 용어를 구별하고 있다. 또한, "저작물의 공정한 이용"에
따라 저작재산권 및 저작인격권 제한, 저작물의 법정이용허락, 저작재산권 및 저작
인접권 보호기간 등이 규정된 것이라고 설명하고 있다(저작권심의조정위원회, 「저
작권용어해설」, 저작권심의조정위원회, 1988).
60) 이형하, "저작권법상의 자유이용", 「재판자료집(제57집)」, 1992, 341면.
61) 대법원 1997. 11. 25. 선고 97도2227 판결.

수록한 방법과 형태 ⑤독자의 일반적 관념 ⑥원저작물에 대한 수요를 대체하는지의 여부 등을 종합적으로 고려"하여야 한다고 하여 미국 저작권법상의 공정이용 판단기준을 준용한 듯한 인상을 주고 있으며, 학설도 판례의 이러한 판단기준에 대해 동의하고 있는 듯하다. 저작권법 제28조의 판단기준을 판례와 같이 본다면, 미국 저작권법상의 공정이용의 개념은 우리 저작권법상의 저작재산권 제한규정들을 의미하는 것이 아니라 저작권법 제28조를 의미하는 것으로도 볼 수 있을 것이다.

그러나 공정이용을 저작권자의 동의없이 저작물을 합리적인 방식으로 이용하는 특권 또는 저작권법을 엄격하게 적용하면 저작권법이 장려하고자 하는 창작성을 억제하는 경우 그러한 엄격한 적용을 법원이 회피할 수 있도록 하는 원리로 이해한다면, 다수설이 타당하다고 할 수 있을 것이다.

자유이용을 이와 같이 이해할 경우 저작재산권 제한규정 전체를 저작권 행사의 내재적 한계로 설정할 수 있는가.[62] 저작물의 창작이 무에서 이루어지는 것이 아니고 정도의 차이는 있으나 이미 선인들이 축적한 문화유산과 일정 정도 관련성을 가지고 창작된 것이라고 본다면, 제2의 창조를 위해서는 기존의 저작물을 일정한 한도 내에서 이용하는 것을 인정하여 제2의 창조를 가능케 하는 것이 필요하다. 학설은 저작재산권 제한의 근거를 저작권법 제1조의 "공정한 이용의 도모"에서 그 근거를 찾고 있다.[63] 저작권법의 목적 규정은 동태적이고 부단히 변화하는 현실을 규율할 수 있는 포괄적·불확정적 규정으로서 저작물 이용환경의 변화로 인하여 발생하는 저작권법과 현실 사이의 괴리를 극복할 수 있는 지침을 제공한다. 따라서 입법자가 예측하지 못한 환경변화로 인하여 법규정의 적용이 불가능한 상황에서는 저작권법의 목적 규정의 정신으로 해석하고 인식하여야 한다.[64] 저작권법 제1조의 "공정

---

62) 저작재산권 제한규정에 따른 저작재산권의 행사 제한은 저작권자가 수인하여야 할 권리행사의 한계로 보고 있다.(하용득, 앞의 책, 173면).

63) 송영식·이상정·황종환 공저, 앞의 책, 523면 ; 오승종·이해완 공저, 앞의 책, 12면 ; 허희성, 앞의 책, 28면 ; 하용득, 앞의 책, 21면.

한 이용의 도모"에 관한 입법목적을 살펴보면, 1984년 저작권법 개정안 초안에서는 현행 저작권법과 동일하게 "…저작물의 공정한 이용을 도모함으로써…"라고 하였으나, 본 개정안이 국회회기 만료로 자동폐기된 후 1986년 개정안에서는 "…그 권리의 행사를 공공의 이익과 조화시킴으로써…"로 변경하였다. 그러나 법률안 심사과정에서 "…권리의 행사를 공공의 이익과 조화…"가 크게 강화됨으로써 상대적으로 저작권자의 권리가 약화될 수 있다는 권리자측의 의견을 고려하여 1984년 개정안으로 수정되었다.[65]

이와 같이 현행 저작권법 제1조의 "공정한 이용의 도모"를 "그 권리의 행사를 공공의 이익과의 조화"로 이해하고, 저작권법을 저작권자와 저작물 이용자간의 균형을 도모하기 위한 가치중립적인 규범이라고 본다면, 저작권법이 저작물이 가지고 있는 공공성에 착안하여 입법정책적으로 저작재산권의 본질적 내용을 침해하지 않으면서, 사회 전체의 공공의 필요에 의하여 공익적 관점에서 저작재산권을 제한하고 있는 사항들 즉 재판절차 등에의 복제, 학교교육 목적 등에의 이용, 도서관 등에서의 복제, 시험목적으로서의 복제, 시각장애인 등을 위한 복제, 언론 및 표현의 자유를 위한 시사보도를 위한 이용 및 학문·연구 등을 위한 인용은 저작권자의 권리행사에 있어서의 내재적 한계로 보는 것이 타당할 것이다.[66]

---

64) 저작권법의 목적을 "저작자 및 저작인접권자의 이익보호, 공정한 이용의 도모, 문화의 향상발전에 이바지"로 구분하고 있다(오승종·이해완, 10~12면). ; 저작권법은 학문 등의 향상발전의 증진과 저작물에 대한 일반인의 접근보장이라는 두 가지의 공익적인 정책목표와 경제적인 이익의 부여라는 사적인 정책목표를 추구한다고 주장하고 있다. 이 견해에 따르면, 저작권법은 이와 같이 공익적 목적과 사적인 목적은 이해상충관계에 있기 때문에 저작권법은 이러한 이해관계의 균형을 위하여 저작권자에게는 저작물에 대한 독점배타적인 권리를 부여하고, 공정이용을 통하여 정보의 자유로운 흐름에 대한 공중의 이익을 보호함으로써 저작권법의 정책목표를 달성해가고 있다고 한다(이대희, 앞의 논문. 346면).

65) 제12대 국회 제131회-문화공보위원회 회의록 및 저작권법 개정법률안 심사보고서 (1986년 12월) 참조.

66) 공정이용을 저작권법이 추구하는 근본목적 즉 저작권자에게 창작의 동기를 제공함

VI. 결 론

저작권은 인간의 지적·정신적 활동의 성과에 대하여 법적인 보호를 부여하여 줌으로써 인간의 창작활동과 지적 발전을 장려하는 것이다. 저작권의 존재 의의를 그 사회의 문화발전에 필요한 필수적인 제도로 이해한다면, 저작권은 그 사회의 지적·정신적 생활의 발전을 촉진하는 근본적인 제도로서의 의의를 가진다고 볼 수 있을 것이다. 저작물은 무에서 유가 창출되는 돌연변이적인 경우는 거의 없다. 모든 저작물은 선인들의 문화유산에 기반을 두고, 사회적·문화적 배경 위에서 창작되는 것이 대부분이다. 따라서 저작물은 저작자 개인의 재산일 뿐만 아니라 저작자가 속해 있는 사회가 이루어낸 하나의 문화유산이라고 볼 수 있다. 저작물의 이러한 일 측면 즉 사회적 문화유산의 측면을 저작물의 사회성이라고 할 수 있을 것이며, 이러한 사회성은 다른 재산권들보다 상대적으로 높다 할 것이다. 따라서 저작권은 그 권리 행사에 있어서도 다른 재산권들보다 상대적으로 높은 사회성이 수반된다고 보아야 할 것이고, 이러한 사회기속성은 그 입법목적에도 잘 나타나 있다고 볼 수 있을 것이다.

저작권법과 저작권 제도는 저작물에 대한 저작자의 독점적 영역을 보장하면서도 일반 공중이 자유로이 접근하여 이용할 수 있는 영역을 보장해주는 것을 또 다른 가치로 설정하고 있다. 저작권법은 이러한 두 개의 상호 대립하는 가치의 경계선으로 저작재산권 제한규정, 저작권 보호기간의 한정 및 법정이용허락 등을 두고 사익과 공익을 조정·조화시켜왔다. 그러나 디지털 기술과 통신 기술의 발전은 저작권자가 이러한 경계선을 넘을 수 있는 단초를 제공하였고, 저작권자는 저작물 이용계약을 통하여 이러한 유형화된 경계

과 동시에 저작물을 유포시킨다는 목적을 달성하기 위하여 중요한 기능을 수행하는 저작권법상의 근본원리라고 한다(이대희, 앞의 논문, 361면).

선을 넘어 권리를 행사함으로써 저작권법이 추구하는 공·사익간의 균형을 흐트러뜨리고 있다.

인간의 지적·정신적 활동의 보호·촉진을 목적으로 하는 저작권이 일반 공중의 지적활동을 저해하는 요인으로 악용되고, 저작권법이 이러한 악용을 통제하지 않는다면 저작권 제도 자체는 형해화形骸化 된다. 이러한 저작권 제도의 형해화를 방지하기 위해서는 저작권법의 입법목적과 기본구조를 재해석하고 저작권의 내재적 한계를 재설정하여 이러한 권리행사를 통제하는 것이 필요하다.

제14절 저작권 남용의 법리

I. 서 론

국가 전체의 문학과 예술 및 과학 등의 문화가 발전하기 위해서는 수준 높은 저작물이 많이 창작되어야 할 뿐만 아니라 그러한 저작물들이 잠재적 저작자인 공중에게 널리 전파되고 이용될 수 있어야 한다. 저작물은 저작자의 정신적 노동의 산물임에는 분명하나, 선현들의 문화유산에 기초한 산물이라는 것은 부정할 수 없는 것이다. 이러한 이유로 저작권법은 저작자에게 저작물에 대한 독점배타적인 권리를 인정하여 창작에 대한 인센티브를 제공하면서도 공중이 저작자의 허락없이 자유롭게 저작물을 이용할 수 있는 영역을 설정하고 저작물을 자양분으로 하여 새로운 저작물을 창작할 수 있도록 하고 있다. 따라서 저작자의 권리행사 또는 저작자에 대한 법률상의 보호가 국가의 학문·예술 또는 지식전달, 교육의 발전을 방해하거나 정보의 전달을 차단하는 형태가 되어서는 안 된다. 또한, 저작권도 다른 재산권들과 같이 권리 그 자체에 내재하는 한계가 있을 뿐만 아니라 그 권리는 공공복리에 적합하게 행사되어야 한다.

저작권법과 저작권 제도는 저작자 보호와 저작물의 자유이용 영역의 보장하는 상호 대립하는 가치를 설정하고 이러한 두개의 가치의 경계선으로 저작재산권 제한규정, 저작권 보호기간의 한정 및 법정이용허락 등을 두고 사익과 공익을 조정·조화시켜왔다. 그러나 통신기술과 디지털 기술의 발전은 저작권자가 이러한 경계선을 넘을 수 있는 단초를 제공하였고, 저작권자는 저작물 이용계약을 통하여 이러한 유형화된 경계선을 넘어 권리를 행사함으로써 저작권법이 추구하는 공·사익간의 균형을 흐트러뜨리고 있다. 또한, 과

거 사회구성원이면 누구나 자유롭게 이용할 수 있었던 많은 정보들이 저작
권법의 영역으로 편입되고 있으며,[1] 저작물 유통방식의 변화로 저작물의 이
용을 좀 더 효과적으로 통제할 수 있게 되었다.[2]

이러한 저작권 보호범위의 확대에 따른 공유영역의 축소, 저작물에 대한
접근 및 이용통제의 강화 등은 새로운 지적창조를 자극하기 위한 보상으로
서 사회발전을 위해 필요한 것이라는 논리로 정당화되어 가고 있는 듯하다.
그러나 이러한 논리가 저작물의 권리자와 이용자라고 하는 두 개의 수레바
퀴의 균형을 유지할 수 있게 하는 논리인지, 저작권법의 궁극적 목적인 문화
의 향상·발전에 부합되는 것인지는 의문이다.

이하에서는 이러한 의문점에 기초하여 미국에서의 저작권 남용 법리를 비
교법적인 측면에서 살펴본 후 우리나라에서 저작권 남용의 법리에 관하여
살펴보기로 한다.

---

1) 저작권법이 기술발전과 그 궤를 같이 하고 있는 것과 2003년 저작권법 개정을 통
하여 데이터베이스제작자 보호 규정을 신설한 것을 생각한다면 쉽게 이해할 수 있
을 것이다.
2) 과거 저작물에 대한 접근 그 자체는 통제를 받지 않았으나, 통신기술의 발달로 인
하여 저작권자들은 공중이 저작물에 접근하는 것 자체를 통제할 수 있게 되었다.
; 정상조, "인터넷콘텐츠의 보호", 『인터넷 법률(제2호)』, 2000년 9월, 13면에서는
"계약을 통한 정보보호는 저작권 등에 대한 배타적 지배가 불가능한 경우에 차선
책으로 의존할 수 있는 대안이 될 수 있다"고 한다.

II. 미국에서의 저작권 남용의 법리에 관한 검토

1. 저작권 남용의 원칙의 형성과 전개

1) Lasercomb 판결 이전

미국에서 저작권자의 저작권 행사가 권리남용에 해당된다고 본 최초의 판례는 1948년 Witmark & Sons v. Jensen 사건3)이다. 미네소타주 연방지방법원은 본 사건에서 미국음악저작자협회(American Society of Composers, Authors & Publishers : 이하 "ASCAP"이라 한다)가 회원들로부터 배타적 이용허락을 받은 후 극장주들에게 영화에 포함된 음악외에 ASCAP이 관리하는 음악 전체에 대해 일괄이용허락(blanket licenses)계약 체결을 요구하였다. ASCAP은 극장주들이 이러한 요구에 응하지 않자 저작권 침해 소송을 제기하였고, 극장주들은 ASCAP의 이러한 행위는 저작권 남용이라고 항변하였다. 미네소타주 연방지방법원은 "ASCAP의 일괄이용허락 관행은 영화음악에 대한 독점을 창설하기 때문에 허용 불가능한 저작권 행사에 해당된다."라고 판시하면서 ASCAP의 청구를 기각하였다.4)

본 사건 이후 1990년 연방제4항소법원이 Lasercomb America v. Reynolds 사건5)에서 독점규제법 위반 여부와는 별도로 특허권 남용의 원칙 및 오염

---

3) 80 F. Supp. 843(D. Minn. 1948), *appeal dismissed sub nom.* M. Witmark & Sons v. Berger Amusement Co., 177 F2d. 515(8th Cir. 1949).

4) 미국에서의 저작권 남용의 원칙의 형성과정에 관한 자세한 사항은 ABA Section of Antitrust Law, *Intellectual Property Misuse : Licensing and Litigation*, American Bar Association(2000), pp.165~170 및 이를 번역 소개한 이문지, "저작권 남용에 관한 미국의 판례법", 『경영법률(13권)』, 2003, 211~243면 참조.

5) 911 F.2d 970(1990).

된 손의 법리(Doctrine of Unclean hands)6)에 기초하여 저작권 제도의 공공정책 위반으로 저작권 남용을 인정하기 이전까지 저작권 남용에 관한 판례는 거의 없다.7)

연방대법원이 저작권 남용에 대해 어떠한 입장인지는 명확하지는 않으나, United States v. Paramount Pictures 사건8)에서 묵시적으로 저작권 남용의 원칙을 인정하고 있는 것으로 파악되고 있다.9) 본 사건에서 연방대법원은 "장편영화의 포괄판매(Block-booking)방식은 개별 영화가 가지고 있는 독자적인 장·단점에 대한 판단에 따라 경쟁사업자들이 상영권을 취득하기 위한 입찰을 차단하게 된다. 연방지방법원은 하나의 영화가 가지고 있는 독점력은 당해 영화를 확보하기 위해서 취득하고 상영해야 하는 다른 영화에 대한 독점력을 증가시키게 된다.…저작권의 독점의 확대를 금지하는 것은 특허실시허여의 조건으로 특허를 받았거나 받지 않은 제품의 사용 또는 구매를 금지하는 원칙에 근거한 것이다. 연방지방법원은 피고들이 영화를 상영하기 위해 하나 이상의 다른 영화 상영권까지 취득해야 하는 거래방식의 실시 또는 채택을 금지시킨 것이다."라고 판시하면서 연방지방법원의 판결을 인용하였다.

본 판결 이후 연방대법원은 United States v. Loew's 사건10)에서 "Paramount

---

6) "Unclean hands"란 법원에 구제를 요청하는 자는 그 손이 오염되지 않아야 한다는 법격언으로 표현되는 원칙으로서 법원은 양심에 따라 당해 사안에 관하여 원고측에 대해 양심에 반하는 행위, 신의칙에 반하는 행위, 기타 형평의 원리에 해당되지 않는 행위를 하는 경우, 원고의 주장이 정당성이 인정된다 하더라도 그 구제를 거절해야 한다는 원칙을 말한다(田中英夫, 『英米法事典』, 東京大學出版會, 1991) ; 이 이론은 원고의 행위가 소송 당사자의 이해관계에 직접적으로 연관되지 않을 경우에는 적용되지 않으며, 그 부정행위가 소송사건과 연관하여 어느 정도 상호 영향을 미칠 때만 적용이 된다(Melville B. Nimmer & David *Nimmer, Nimmer on Copyright, Matthew* Bender and Company(1999), §13.09[B]).

7) ABA Section of Antitrust Law, *op. cit.*, p.167.

8) 334. U. S. 131(1948).

9) ABA Section of Antitrust Law, *op. cit.*, p.168.

10) United States v. Loew's, Inc., 371 U.S. 38(1962).

Pictures판결의 근거가 되는 원칙은 저작물과 관련된 끼워팔기 계약(tying arrangements)에도 일반적으로 적용된다."라고 판시하였다.

Paramount Pictures 및 Loew's 사건은 저작권 침해사건이 아닌 독점규제법 위반으로 제소된 사건으로서 끼워팔기에 대한 전통적인 법리에 충실하게 따른 판결이라고 볼 수 있다. 이러한 이유로 저작권 침해소송에서 원고의 행위에 대하여 저작권 남용을 구성한다는 주장 및 증거가 제출될 경우, 연방대법원이 저작권 남용의 원칙을 인정할 것인지 여부는 불명확하다고 할 수 있다.

2) Lasercomb 판결 이후

1990년 연방제4항소법원은 Lasercomb의 CAD/CAM 소프트웨어 라이센시인 Holiday Steel이 Lasercomb의 CAD/CAM 소프트웨어와 거의 동일한 소프트웨어를 개발·판매하자, Lasercomb가 청구한 소프트웨어 판매금지명령청구에서 "특허법과 저작권법을 보호하는 배경이라고 할 수 있는 공공정책이 매우 유사함으로 권리남용 항변이 특허법뿐만 아니라 저작권법에도 적용되어질 수 있다. …어떠한 행위가 반드시 독점규제법 위반이어야만 저작권 남용이 성립되는 것은 아니며, 원고가 자신의 저작권을 이용하는 방법이 저작권을 인정하는 배경이 되는 공공정책에 반하는지 여부를 그 성립요건으로 할 수 있다."라고 설시하면서, "Lasercomb는 자신의 프로그램을 타인이 복제하는 것을 금지시킬 수는 있지만, 소프트웨어 이용자가 어떠한 종류의 컴퓨터 기반 형판 제조 소프트웨어를 만들 수 없도록 한 행위는 새로운 창작적 표현을 억제하는 것이 사실이며, 이와 같이 창조적 표현을 억제하는 것은 저작권법의 궁극적 목적에 반하는 것이므로 저작권의 범위를 벗어난 것이며, 이러한 저작권 행사는 저작권법에 내재된 공공정책에 반하는 것으로서 저작권 남용에 해당된다."[11]라고 하여 Lasercomb의 저작권 남용을 인정하였다.

---

11) Lasercomb America v. Reynolds 911 F.2d 970(1990).

Lasercomb 판결은 항소법원으로서는 처음으로 저작권 침해에 대한 방어수단으로서 저작권 남용을 인정한 최초의 판례이다. 본 판결은 저작권자의 권리행사가 반드시 독점규제법 위반이어야만 저작권 남용이 성립되는 것은 아니며, 저작권자가 자신의 저작권을 이용하는 방법이 저작권법이 추구하는 목적인 과학·학문의 증진이라는 공공정책에 반하는지 여부를 기준으로 저작권 남용 여부를 판단함으로써 미국에서의 저작권 남용의 원칙의 인정 여부에 대한 시발점이 되었다.

Lasercomb 판결 이후 1997년 연방제9항소법원은 질료절차를 확인하기 위해 의사들이 이용하는 의료부호체계의 이용허락과 관련된 Pratice Management Information 사건[12]에서 저작권 침해에 대한 항변으로서 저작권 남용을 인정함에 있어서는 독점규제법 위반을 증명할 필요가 없다고 하는 Lasercomb 판결에 동의하면서 저작권 남용을 인정하였다. 또한, 1999년 연방제5항소법원은 장거리 전화 교환기에 사용되는 용량확대 카드 제조와 관련된 Alcatel U.S.A 사건[13]에서 원고가 피고에게 자신들의 장거리 전화교환기 운영체계 소프트웨어와 호환가능한 용량확대카드의 제조를 금지시킨 행위는 원고의 저작권의 범위를 넘는 행위로서 저작권 남용에 해당된다고 판시하였다. 본 사건에서 연방제5항소법원은 독점규제법상의 원고의 시장지배력 또는 경쟁에 대한 실질적인 효과 등을 고려하지 않고 소프트웨어 이용허락계약에 근거하여 저작권 남용 여부를 판단하였다. 이후 연방제3항소법원의 Video Pipeline 사건[14] 및 연방지방법원들의 저작권 침해 사건에서 저작권 남용의 원칙에 근거한 항변과 이에 대한 심리들이 진행되면서 독자적인 저작권 남용의 법리가 형성되어져 가고 있다.

---

12) Practice Management Information v. American Medical Association, 121 F.3d 516 (9th Cir. 1997).
13) Alcatel U.S.A v. DGI Technologies, 166 F.3d 772(5th Cir. 1999).
14) Video Pipeline v. Buena Vista Home Entertainment, 342 F.3d 191(3rd Cir. 2003).

2. 저작권 남용의 원칙의 기능

1) 교정기능(Corrective Function)

저작권 남용의 원칙은 성문법의 입법취지 및 법률 해석, 흠결보충과 밀접한 관련이 있다. 법원은 저작권법, 특허법 및 독점규제법에 근거하여 합리적인 재량권 내에서 이러한 기능을 수행하게 된다.[15] 또한, 법원은 성문법이 지니고 있는 모호성을 수정하는 역할을 한다. 특히 소프트웨어에 저작권 남용의 원칙을 적용함에 있어서는 저작권 남용의 원칙은 저작권법의 흠결 또는 모호성을 수정하는 도구가 될 수도 있을 것이다.[16]

저작권 남용의 원칙은 성문법의 흠결을 법원이 보완할 수 있도록 하고 저작권에 의하여 보호되는 표현에 일반인이 접근할 수 있도록 한다. 즉 저작권 남용의 원칙은 저작권으로 보호를 받는 표현에 대한 일반 공중의 접근과 저작권법의 흠결을 보완하는 기능을 수행한다고 볼 수 있을 것이다.[17]

2) 통합기능(Coordination Function)

저작권 남용의 원칙은 저작권법, 특허법 및 독점규제법 등 상호의존적이면서도 독립된 법체계간의 관계를 조화 및 조정하는 기능을 수행한다. 조정기능에는 교정기능(Corrective Function)과 유사한 성문법의 해석과 흠결 보충기능이 포함되어 있지만, 외적으로는 통일적이며 단일화된 법체계를 만드는 기능을 수행한다. 보통법상의 저작권 남용의 원칙은 법원으로 하여금 매우 역동적인 규범을 발전시킬 수 있도록 한다. 또한 저작권 남용의 원칙은 저작권법

---

15) Brett Frischmann & Dan Moylan, *"The Evolving Common Law Doctrine of Copyright Misuse : A Unified Theory & Its Application to Software"*, Berkeley Technology Law Journal, Fall 2000, p.872.

16) ibdi, p.873.

17) ibdi, p.874.

과 독점규제법간의 조정뿐만 아니라 저작권법과 특허법간의 조정까지도 담당할 수 있다. 저작권법과 독점규제법간의 충돌은 특허법과 독점규제법간의 관계와 유사하게 논의되어 질 수 있으나, 저작권법과 특허법간의 충돌은 양법이 서로 다른 형태로 발전을 추구하기 있기 때문에 매우 복잡한 성격을 가질 수 있다. 그러나 저작권 남용의 원칙이 저작권법, 특허법 및 독점규제법간의 관계를 조화 및 조정시킬 수 있다는 것은 부정할 수는 없을 것이다.18)

3) 공익보호기능(Safeguarding Function)

권리남용의 원칙은 "오염된 손을 가진 권리자는 법원으로부터 구제를 받을 수 없다"라는 형평법적인 관념에서 유래한 것이다. 법원은 소송당사자들이 공평하게 소송을 진행할 수 있도록 할 뿐만 아니라 권리남용의 원칙에 의하여 법률이 추구하고자 하는 공공정책을 보호하는 역할을 수행한다.19) 예를 들어 저작권 이용허락계약을 이용하여 자신의 저작권을 확장하고자 하는 경우 이러한 저작권자의 권리행사가 독점규제법을 위반할 정도가 아닐지라도 저작권 남용에는 해당될 수 있다. 저작권 남용의 원칙은 저작권법이 추구하고자 하는 공익적인 목적 즉 창의적인 저작물을 일반인에게 배포하는 것을 장려하고, 아이디어 또는 보호받지 못하는 표현은 무제한적으로 이용할 수 있게 하며, 소프트웨어의 개발에 있어서 진보와 경쟁을 자극하는 등의 공익과 관련된 이해관계를 보호하는 역할을 한다.

---

18) James A.D. White, "*Misuse or Fair Use : That is the Software Copyright Question*", 12 Berkeley Technology Law Journal 251(1997), pp.260~263.
19) Brett Frischmann & Dan Moylan, op. cit., p.877 ; Kathryn Judge, "*Rethinking Copyright Misuse*", Stanford Law Review, December 2004, p.947.

3. 저작권 남용의 판단에 관한 접근방법

1) 접근방법

(1) 독점규제법적 접근방법(Antitrust-Based Copyright Misuse)

독점규제법적 접근방법은 일정한 행위(당연위법행위)에 대해서는 그 자체가 저작권 남용이라고 보며, 그 이외의 행위에 대해서는 독점규제법상의 합리성의 원칙을 적용하여 저작권 남용 여부를 판단하는 접근방법이다.[20] 저작권자의 권리행사를 합리성의 원칙에 따라 판단하여야 하는 경우, 먼저 어떠한 행위가 저작권의 권리범위에 포함되는지 여부를 분석한다. 만약 권리범위에 포함된다면 당해 행위는 그 자체로서 적법한 행위가 되며, 권리범위에 포함되지 않는 행위라고 한다면 그러한 행위가 전체적으로 경쟁을 촉진하는지 아니면 제한하는지 여부를 분석한다. 이와 같은 분석에 따라 당해 행위 예컨대 이용허락계약의 특정내용이 경쟁을 제한한다면 저작권 남용에 해당된다. 법원은 이러한 분석을 함에 있어서 이용허락계약 내용과 같은 특정행위의 반·친경쟁적 효과에 대한 균형을 유지하고 순수한 경쟁적 효과를 결정하여야 한다.[21]

저작권 남용의 항변을 배척한 대부분의 판례는 저작권자의 권리행사를 독점규제법적 접근방법에 따라 분석하였다. 연방제7항소[22] 및 제8항소법원[23]은 저작권 남용의 반경쟁적 효과를 평가함에 있어서 합리성 원칙을 채택하여 왔다.[24] 일부 학자들은 이러한 판례는 저작권 남용의 원칙이 가지고 있는

20) Brett Frischmann & Dan Moylan, ibid, p.898 ; Neal Hartzog, "*Gaining Momentum : A Review of Recent Developments Surrounding the Expansion of the Copyright Misuse Doctrine & Analysis of the Doctrine in its Current Form*", Michigan Telecommunications and Technology Law Review, Spring 2004, p.400.

21) Mallinckrodt, Inc. v. Medipart, Inc., 976 F.2d 700(Fed. Cir. 1992).

22) Saturday Evening Post Co. v. Rumbleseat Press Inc., 816 F.2d 1191(7th Cir. 1987).

23) United Telephone v. Johnson Publishing, 855 F.2d 604(8th Cir. 1988).

형평법적 성질에 대한 오해에서 비롯된 것이라고 비판한다.[25] 그러나 Posner 판사는 저작권 남용을 평가함에 있어 동일하게 평가되는 또는 적용가능한 대안의 부재를 지적하면서 독점규제법상의 원칙에 따른 접근법이 타당하다고 한다.[26] 독점규제법적 접근방법에 따른 저작권 남용은 연방대법원에 의해 인정된 특정행위에 대해 당연위법을 적용하는 특허권 남용과 유사하다.

독점규제법적 접근방법의 이론적 근거는 독점규제법은 비합리적인 경쟁제한을 금지하는 것을 목적으로 하기 때문에 지적재산권의 다양한 이용에 적용될 수 있다는 것이다.[27] 독점규제법적 접근방법을 주장하는 학자들은 독점규제법과 저작권법은 자유로운 경쟁과 혁신을 통한 소비자 후생 증진을 목적으로 하며, 독점규제법은 공공정책보다는 명확한 특정 원칙에 근거하고 있다고 주장한다.[28] 그러나 독점규제법적 접근방법에 대한 비판론자들은 이러한 접근방법은 독점규제법과 저작권법의 목적의 혼동에서 초래된 것이라고 비판한다. 즉 저작권법은 창작물의 창작과 배포의 촉진을 목적으로 하기 때문에 시장의 경쟁촉진이라고 하는 독점규제법의 목적과는 다르며, 독점규제법 위반 여부만을 조사하는 경우에는 공중에게 손해를 입히는 모든 저작권 남용 행위를 금지할 수는 없다는 것이다.[29]

(2) 공공정책적 접근방법(Public Policy-Based Copyright Misuse)

공공정책적 접근방법은 저작권자가 저작권의 권리범위에 포함되지 않는 영역에 대한 통제권을 얻기 위하여 저작권을 행사한 경우 저작권 남용이 성

---

24) Saturday Evening Post Co. v. Rumbleseat Press, Inc., 816 F.2d. 1191(7th Cir. 1987) ; United Telephone v. Johnson Publishing, 855 F.2d 604(8th Cir. 1988).

25) 이러한 비판에 관한 자세한 내용은 James A.D. *op. cit*., pp.260~263 참조.

26) Saturday Evening Post Co. v. Rumbleseat Press, Inc., 816 F.2d 1191(7th Cir. 1987)

27) James A.D. White, *op. cit*., p.272.

28) ibid, p.268 ; Dennis S. Karjala, "*Copyright Protection of Operating Software, Copyright Misuse, and Antitrust*", 9 Cornell Journal of Law & Public Policy 161(1999), p.164.

29) James A. D. White, *ibid*, p.268.

립된다는 접근방법이다.30) 공공정책적 접근방법에 있어서 저작권 남용 여부에 대한 판단기준은 저작권자의 권리행사가 저작권에 내재된 공공정책적 목표를 위반하였는지 여부이며, 저작권 행사가 독점규제법상의 반경쟁적인 행위인지 여부는 고려하지 않는다는 것이다. 또한, 저작권 이용허락 계약조항을 정밀하게 분석하여 저작권 남용 여부를 판단하는 방식을 취하며, 저작권자에 의한 불공정한 행위는 저작권에 내재된 공공정책을 위반하는 행위로서 저작권 남용의 항변을 유발한다고 파악한다.

저작권 남용을 인정하는 항소법원들은 연방제4항소법원이 Lasercomb 사건에서 채용한 공공정책적 접근방법에 근거하여 저작권 남용을 인정하고 있다. 즉 Lasercomb 사건에서는 보호받지 못하는 아이디어까지 저작권을 확장함으로써 피고가 원고의 소프트웨어와 유사한 소프트웨어를 개발할 수 있는 능력을 제한하였고, Practice Management 사건31)에서는 피고의 경쟁제품 이용능력을 제한하는 이용허락계약 조항을 저작권의 권리범위 확대로 간주하여 저작권 남용을 인정하였다. 또한, Alcatel 사건32)에서도 원고의 보호받지 못하는 제품과 경쟁관계가 될 수 있는 피고의 제품개발능력을 제한하는 이용허락계약 조항을 저작권 남용으로 보았다.

공공정책적 접근방법하에서 저작권 남용은 저작권자가 저작권의 범위가 미치지 않는 영역을 통제하기 위하여 저작권법의 범위를 확장하는 경우에 발생한다. 이러한 공공정책 접근방법은 Video Pipeline33), Lasercomb, Alcatel 및 Practice Management 사건에서 연방제3·4·5·9항소법원의 판결에 채용되

---

30) Brett Frischmann & Dan Moylan, op. *cit.*, p.877 ; Kathryn Judge, op. cit., p.947 ; Neal Hartzog, op. *cit.*, p.401.

31) Practice Management Information Corp,. v. American Medical Association, 121 F.3d 516(9th Cir. 1997).

32) Alcatel USA, Inc. v. DGI Technologies Inc., 166 F.3d 772(5th Cir. 1999).

33) Video Pipeline Inc. v. Buena Vista Home Entertainment Inc, 342 F.3d 191(3rd Cir. 2003)

었다. 비록 이러한 분석은 저작권자가 저작권에 채화되어 있는 공공정책을 위반하면서 자신의 저작권을 행사한 것인지 여부에 중점을 두지만, 이러한 기준은 종종 그 적용이 어려우며 필연적으로 법원이 일정한 단계에서 반경쟁적인 저작권 행사에 초점을 두는 독점규제법상의 원칙 또는 표현에 의존하도록 만든다.[34] 이러한 이유로 모든 저작권 행사는 일정부분 반경쟁적 효과를 가지고 저작권 제도에 내재된 공공정책은 혁신에 대한 투자, 생산 및 배포에서 얻게 되는 장기간의 효율성과 단기기간의 독점비용간의 교환을 전제한 것이다. 따라서 공공정책적 접근방법에 있어서의 적정한 조사는 어떠한 행위가 공공정책 또는 독점규제법을 위반했느냐가 아니라, 저작권 행사로부터 발생하는 사회적 비용이 저작권 부여시의 단기간의 사회적 비용을 초과하였는지에 중점을 두어야 한다는 주장이 제기되고 있다.[35]

(3) 절충적 접근방법

저작권 남용을 평가하는 많은 법원은 저작권 남용의 항변이 가지고 있는 형평법상의 성질과 그 범위제한기능을 인정하였다. 그러나 어떠한 법원도 반경쟁적 효과의 범위에 영향을 미치지 않는 공공정책의 남용(public policy misuse)의 형태를 명백히 기술하고 있지는 않다. 법원들의 이러한 경향은 저작권 행사가 일정 정도 반경쟁적 효과를 가지고 있기 때문에 그 성질상 당연한 것일 수도 있다는 것이다.[36]

공공정책적 접근방법은 Lasercomb 및 Practice Management 판결에서 볼 수 있는 바와 같이 합리성 원칙[37]의 1단계에 중점을 두고 있고, 제2단계인 실질

---

34) Neal Hartzog, *op. cit.*, p.401.

35) Brett Frischmann & Dan Moylan, op. *cit.*, pp.865~867 ; Atari Games Corp. v. Nintendo of America Inc., 975 F.2d 832(Fed. Cir. 1992).

36) Brett Frischmann & Dan Moylan, *op. cit.*, p.901.

37) 합리성의 원칙은 1단계로 심사대상이 되는 거래제한을 정한 후, 2단계에서는 그러한 거래제한이 관련시장이나 지역에서 반경쟁적 효과를 가지는지를 분석하고, 3단계에서는 이러한 반경쟁 효과에 대해 피고가 경쟁촉진효과를 있음을 입증하는 단

적인 효과는 고려하지 않는다. 연방제4·5·9항소법원 중 어떠한 법원도 문제가 된 이용허락계약 조항의 잠재적인 긍정적 효과를 고려하지 않았다. 비록 법원들이 특정한 이용허락 관행이 명백히 당연위법에 해당된다고 판시한 바는 없으나, 추가지침의 부족은 당연위법과 합리성의 원칙을 구별할 수 있는 여지를 남기고 있다. 그러므로 이용허락계약상 저작물 이용자의 창의력을 제한하거나 저작물에 비저작물 또는 다른 저작물을 끼워파는 행위는 당연위법과 유사하다고 할 수 있다. 실질적으로 저작권 남용은 독점규제법상의 원칙에 근거한 당연위법을 보완하고, 저작권 제도에 내재된 공공정책에 근거해서 당연위법과의 통합을 통하여 특허권 남용으로부터 이끌어 낼 수 있을 것이다.38)

2) 접근방법의 장·단점

(1) 장 점

저작권 남용의 원칙은 복잡한 저작권 침해 사건을 적절하게 해결할 수 있는 많은 특성을 가지고 있다. 첫째, 형평법상의 근거, 적용형식, 입증방법 등을 고려할 경우 독점규제법에 근거한 저작물 이용자의 구제방법보다 바람직하다고 할 수 있을 것이다. 둘째, 흠결보충자(gap filler)로서의 역할을 수행하면서 독점규제법 및 공정이용을 적용할 수 없는 영역의 문제를 해결할 수 있도록 하고 있다.39) 셋째, 독점규제법, 저작권법 및 특허법을 상호연결하고, 기능을 조정하며, 공공의 이익을 총체적으로 보호하는데 도움이 된다. 넷째, 저작권 남용의 원칙은 법률생성(judicial creation)의 하나이기 때문에 기술혁신에서의 급속한 진보에 기인하여 나타날 수 있는 새로운 갈등을 해결하는데 용이

계를 거치게 된다.

38) Brett Frischmann & Dan Moylan, *op. cit.*, p.902.

39) 흠결보충기능에 관한 자세한 내용은 Dan Burk, "*Anticircumvention Misuse*", 50 UCLA Law Review 1095(2003), p.1127 참조.

하게 적용될 수 있을 것이다. 이러한 저작권 남용의 원칙의 특성과 적용의 용이성은 법률 개정의 곤란성, 이익집단에 의한 영향, 국제조약에 의한 제한, 개별사건에서의 해결방안 도출의 어려움 등이 있는 성문법 체계를 고려할 경우 저작권자의 부당한 권리행사를 해결하기 위한 좀 더 바람직한 문제해결방법이라고도 볼 수 있을 것이다.[40]

단순한 저작권 침해 사건을 복잡하게 만드는 많은 소송을 고려한다면, 저작권 남용의 원칙의 적용은 독점규제소송의 반소(counterclaim)보다 바람직하다고 할 수 있을 것이다. 독점규제소송은 당연위법 사항인 경우를 제외하고는 반경쟁성, 시장지배력 등에 대한 상세한 조사와 실증적 분석을 요하기 때문에 많은 시간과 비용이 소요된다. 이와 같은 독점규제소송의 단점을 고려한다면, 피고에게 반경쟁적 행위와 관련된 많은 증거 제출을 요구하지 않는 저작권 남용의 원칙은 가치 있는 항변으로서 도움이 될 수 있을 것이다.

(2) 단 점

저작권 남용의 원칙은 여전히 단지 항변으로서만 가능할 뿐 적극적 항변으로서는 불가능하다. 저작권 남용의 원칙은 저작권 남용의 기간동안 저작권자의 권리행사를 금지하는 원칙이다. 따라서 저작권 남용이 소멸한(purged) 이후에는 訴제기가 가능하기 때문에 항변이 얼마나 효율적인지에 대한 문제가 존재하고 있다. 또한, 저작권 남용의 항변은 너무나 주관적이라는 비판을 받고 있다. 즉 저작권 남용 여부에 대한 판단은 특허권 및 저작권의 본래적 이용을 구성하는 선험적 개념을 전제로 하기 때문에 적법행위의 경계를 획정할 수 있는 어떠한 법률적 원칙이나 기준을 결정할 수 없다.[41]

또한, 저작권 남용의 원칙에 대한 비판론자들은 저작권 남용의 원칙이 법

---

40) Dennis S. Karjala, op. *cit.*, p.178.
41) Scher, David Scher, "The Viability of the Copyright Misuse Defense", 20 Fordham Urban Law Journal 89, 95(1992~1993), p.106.

원들에게 부정적인 사회적 위험이 누적되도록 하는 불명확한 근거를 제공하고 있다고 주장한다. 특히 이러한 비평은 저작권 남용이 특정한 사실에 확고하게 적용할 수 있는 선험적 지식과 원리적 구속력(doctrinal cohesion)부족에 근거하고 있다.[42]

Ⅲ. 우리나라에서의 저작권 남용의 법리에 관한 검토

1. 저작권 남용의 의의

저작권법은 저작자에게 저작물에 독점·배타적인 권리를 부여하면서도 저작물의 공공재적 성격에 착안하여 저작자의 창작의 동기를 감소시키지 않는 범위 내에서 일반 공중이 저작물을 자유롭게 이용할 수 있도록 하고 있다. 저작권법은 아이디어·표현이분법을 통해 저작물에 혼재되어 있는 아이디어는 보호객체에서 제외하고, 일반 공중이 저작물의 표현을 자유롭게 이용할 수 있도록 저작자의 권리에 일정한 제한을 두고, 유체물에 대한 소유권과는 달리 보호기간을 한정하고 있다. 저작권법상의 이러한 제한들은 저작권법이 추구하는 두개의 가치인 저작자 보호와 일반 공중의 자유로운 저작물 이용을 조정하고 조화롭게 하기 위한 합리적이며 적절한 경계선이라고 볼 수 있을 것이다. 또한, 이러한 경계선은 저작권자와 이용자간의 균형을 이루고자 하는 입법정책적 목표라고도 볼 수 있다.

저작권의 행사가 외형적으로는 적법하다 하더라도 실질에 있어서는 권리

---

42) J. H. Richman & Jonathan A. Franklin, "Privately Legislated Intellectual Property Rights: Reconciling Freedom of Contract with the Public Good Uses of Information", 147 University of Pennsylvania Law Review 875(1999), p.919.

행사가 저작권의 사회적·경제적 목적 또는 사회적으로 허용되는 한계를 일탈하였다면, 그러한 행사에 대하여 법적인 보호를 부여하지 않는 것이 정의 관념에 부합된다고 할 것이다. 따라서 저작권자의 권리행사가 저작권법이 저작자 보호와 일반 공중의 자유로운 저작물 이용이라는 두 개의 가치의 조정과 조화를 위해 설정한 경계선을 넘어 행사됨으로써 잠재적 경쟁자로서의 일반 공중의 창작력을 제한하여 사회 전체의 문화의 다양성과 풍부화를 제한하고, 저작권법이 이룩해 놓은 공·사익의 균형을 파괴하는 형태로 행사되었다면 이러한 권리행사는 저작권 남용이라고 볼 수 있을 것이다. 이러한 저작권 남용 행위는 구체적으로 아이디어·표현이분법이라고 하는 권리속성에서 도출되는 한계를 일탈하여 저작물 이용자의 창작적 표현을 제한하는 형태로 저작권을 행사하는 경우, 학문 및 예술의 자유 보장을 위해 규정한 저작물의 인용 또는 교육목적상의 저작물 이용행위 등 공익적 관점에서 저작재산권을 제한한 사항들을 이용계약을 통하여 제한하는 경우 및 저작물 보호기간을 계약자유의 원칙에 근거하여 당사자간의 합의로 자의적으로 연장하는 경우 등이 해당될 수 있을 것이다.

2. 저작권 남용의 성립요건

1) 주관적 요건

판례는 민법상 권리가 남용되었는지 여부를 판단함에 있어 가해의사 내지 목적이라고 하는 주관적 요건을 그 성립요건으로 들고 있다.[43] 또한, 저작권

---

43) 주관적 요건을 권리남용의 성립요건으로 본 판례로는 대법원 2003. 2. 14. 선고 2002다62319, 62326 판결 ; 대법원 2002. 9. 4. 선고 2002다22083, 22090 판결 ; 대법원 1998. 6. 26. 선고 97다42823 판결 ; 대법원 1993. 5. 14. 선고 93다4366 판결 ; 1990. 5. 22. 선고 87다카1712 판결 등이 있으며, 객관적 요건을 통해 주관적 요건을 추인하는 판례로는 대법원 2003. 11. 27. 선고 2003다40422 판결 ; 대법

남용을 최초로 언급한 하급심 판례[44]에서도 저작권 남용이 성립되기 위해서는 "주관적으로 그 권리행사의 목적이 오직 상대방에게 고통을 주고 손해를 입히려는 데 있을 뿐 행사하는 사람에게 아무런 이익이 없는 경우"라고 하여 저작권자의 가해의사 내지 목적이라고 하는 주관적 요건을 저작권 남용의 성립요건으로 보고 있다.

그러나 학설은 민법상 권리남용의 성립요건으로서 가해의사 내지 목적이라고 하는 주관적 요건은 단지 객관적 요건에 부수하여 권리남용의 성립을 강화하는 부차적 요소에 지나지 않는 것으로 보고, 주관적 요건이 결여된 경우에도 권리남용이 성립될 수 있다는 데에는 이설이 없다. 따라서 저작권도 다른 일반 재산권 행사와 같이 가해의사 내지 목적이라는 저작권자의 내부심증을 입증한다고 한다고 하는 것은 지극히 곤란한 것이 사실이고, 저작권자의 객관적 사실행위에 기초하여 주관적 요건을 추정하는 것이 바람직하다고 할 것이다.

2) 객관적 요건

민법상 권리남용의 객관적 요건으로는 신의성실의 원칙, 공공복리[45], 사회질서[46], 권리의 경제적·사회적 목적[47] 등을 들고 있으며, 학설 역시 대체로 이상의 것들을 그 기준으로 들고 있다.[48] 저작권 남용을 최초로 언급한 하급심 판례[49]에서는 "권리행사가 사회질서에 위반된다고 볼 수 있어야 하

원 2003. 4. 11. 선고 2002다59481 판결 ; 대법원 1998. 6. 26. 선고 97다42823 판결 ; 대법원 1993. 5. 14. 선고 93다4366 판결 등이 있다.
44) 수원지방법원 성남지원 2003. 6. 25. 선고 2002카합280 결정.
45) 대법원 1991. 10. 25. 선고 91다27273 판결.
46) 대법원 1962. 4. 18. 61다1512.
47) 대법원 1983. 10. 11. 선고 83다카335 판결.
48) 편집대표 곽윤직, 『민법주해(Ⅰ) : 총칙(1)』, 박영사, 2002. 191면.
49) 수원지방법원 성남지원 2003. 6. 25. 선고 2002카합280 결정.

는 것이며, 이와 같은 경우에 해당하지 않는 한 비록 그 권리의 행사에 의하여 권리행사자가 얻는 이익보다 상대방이 잃을 손해가 현저히 크다 하여도 그러한 사정만으로는 이를 권리남용이라 할 수 없다."라고 하여 저작권 남용이 성립하기 위한 객관적 요건으로 사회질서 위반을 들고 있다.

그러나 저작권은 인간의 지적·정신적 활동의 성과에 대해 법적인 보호를 부여함으로써 인간의 창작활동과 지적발전을 장려하고 그 성과인 저작물을 일반 공중이 향유하도록 하여 사회전체적인 지적·정신적 발전을 촉진시키는 것을 궁극적 목적으로 하고 있다. 또한, 저작권법이 일반 공중의 저작물 향유를 위해 규정하고 있는 저작재산권 제한규정, 보호기간의 한정, 법정이용허락에 대한 이론적 근거는 저작권법 제1조의 "…저작물의 공정한 이용…"에서 찾고 있다.[50] 나아가 저작권법이 저작권자의 권리를 제한하는 이유 중의 하나는 저작자의 저작물이 선인들의 문화나 시대 등과 단절된 절대적 창작물이라기보다는 이에 바탕을 둔 것이라고 보는 것도 저작물은 창작 그 자체로 그치는 것이 아니라 공중에게 이용되어 다른 창작의 원천이 되어야 진정한 가치를 발휘된다고 보았기 때문일 것이다.

저작권법의 입법목적과 저작권자의 권리제한의 이론적 근거를 위와 같이 본다면, 저작권법의 사회·경제적 목적은 창작물에 대하여 일정한 기간동안 저작물을 창작한 자에게 독점배타적인 권리를 부여함으로써 창작의욕을 고취하면서도 저작권자의 과도한 보호로 창작물이라는 과실을 일반 공중이 충분히 향유할 수 없게 하는 것을 방지하여 국가의 문화의 향상 발전시키는 데 있다고 할 수 있을 것이다. 따라서 저작권자의 권리행사가 저작권을 인정하는 사회·경제적 목적에 반하는 행위인가에 대한 판단은 그러한 권리행사가 저작권법이 구축해 놓은 저작권자와 이용자간의 균형추가 저작권자쪽으로

---

50) 송영식·이상정·황종환 공저, 앞의 책(하권), 611~615면 ; 오승종·이해완 공저, 『저작권법(제4판)』, 박영사, 2005, 12면 ; 허희성, 『신저작권법축조해설(상·하)』, 저작권아카데미, 2000, 28면 ; 하용득, 『저작권법』, 사단법인 법령편찬보급회, 1988, 22면.

기울어지게 하는 형태로 이용되었는지 여부로 판단하여야 할 것이다. 여기서 균형추의 이동을 구체적으로 어떠한 기준에 근거하여 판단하여야 하는 문제가 발생한다. 전술한 바와 같이, 저작권법은 저작자 보호와 이용자의 저작물 이용간의 경계선을 설정하여 놓았고, 이러한 경계선 획정의 근거를 저작권법의 입법목적 중 하나인 "저작물의 공정한 이용 도모"에 두고 있다. 따라서 저작권이 남용되었는지 여부에 대한 객관적 판단기준은 저작권자의 권리행사가 "저작물의 공정한 이용"을 제한하는 형태로 행사되어 저작권을 인정하는 사회·경제적 목적의 달성을 불가능하게 하는 경우라고 보아야 할 것이다.

저작권자가 저작권 행사를 통하여 저작권법의 입법목적 중 하나인 "저작물의 공정한 이용 도모"를 제한한다고 하는 것은 결국 저작물 시장에서의 잠재적 경쟁자인 이용자와의 경쟁을 제한하는 것이라고 볼 수 있다. 이러한 경쟁제한은 일반 공중이 저작물에 표현되어 있는 사상 또는 아이디어를 이용하는 것을 제한하는 것이며, 저작권법의 기초를 이루고 있는 아이디어·표현 이분법에 반하는 것이라고도 볼 수 있을 것이다.[51] 또한, 저작권자가 저작물 이용계약을 이용하여 잠재적 경쟁자인 이용자의 저작권법상 반사적 이익 내지 특권인 저작물의 자유이용을 계약자유로 제한하는 행위는 계약자유라는 미명하에 일반 공중이 저작물을 향유할 수 있도록 하는 대가로 저작권이라는 독점배타적인 권리를 부여한 저작권법의 헌법적 목적을 파괴하는 것이라고 볼 수 있을 것이며, 국가·사회의 공공적 질서 내지 일반적 이익을 의미하는 사회질서에 반하는 행위라고도 볼 수 있을 것이다.

---

51) 정상조·최성근, 앞의 논문, 26~27면에서는 미국의 저작권 남용 이론은 아이디어·표현이분법을 반영한 것이라고 있다.

3. 저작권 남용의 유형

1) 제3자형 저작권 남용

저작권 남용은 저작권자와 어떠한 계약관계를 가지고 있지 않은 일반 공중이 저작권자의 허락없이 저작물을 이용한 경우 또는 저작권자가 저작물을 이용하려고 하는 자에 대하여 합리적인 이유없이 저작물의 이용을 거절하는 경우 등에 발생할 수 있으며, 저작물 무단이용에 따른 저작권 침해소송에서 침해자는 방어수단으로 저작물성 부정, 저작재산권 제한규정에 따른 항변 등과 함께 저작권 남용에 대한 항변을 주장하는 것이 일반적일 것이다.

일본 동경고등재판소는 「龍溪書舍 사건」[52]에서 "저작권의 목적인 저작물을 무단으로 출판·판매하거나 그러한 우려가 있는 자에 대해서 그 금지를 청구할 수 있는 것은 저작권의 핵심적 권능이기 때문에…권리남용으로서 무단출판의 금지청구가 허용되지 않는다고 하는 것은 실질적으로는 저작권 자체를 부정하는 것과 동일하고 나아가서는 법해석의 한계와도 관련된 것이다."라고 판시하여 경우에 따라서는 저작권 남용의 항변이 인정될 수 있음을 설시하고 있다. 또한, 「藤田嗣治 畵伯 사건」[53]에서 동경고등재판소는 "원고는 회화의 복제물의 게재를 거부하고 있는 것이 아니라 실제로 여러 종류의 미술 관련 출판물에 藤田화백의 작품의 복제물이 게재되고 있다고 볼 수 있기 때문에 藤田화백의 작품을 사장시키고 있다고는 볼 수 없다.…본건 서적을 출판하는 것이 문화적 의의를 가지는 것이라고 하더라도 그것이 저작권

---

52) 東京高等裁判所 昭和57年(1983년) 4. 22. 昭和52(ネ)827 : 본 사건은 원고(정부)가 종전 직후 일본인의 在外재산 보호문제 등에 대비하기 위하여 작성한 조사보고서를 피고가 무단복제하여 출판한 것이 문제가 된 사건이다.
53) 東京高等裁判所 昭和60年(1986년) 10. 17. 昭和59(ネ)2293 : 본 사건은 피고가 프랑스로 귀화한 藤田嗣治 畵伯의 회화를 저작자 사후 출판하기 위해 저작자 유족에게 이용허락을 요청하였으나 이를 거절하자 藤田畵伯의 회화를 게재한 논문을 이용하여 출판한 것이 문제된 사건이다.

침해행위에 해당하는 이상 원고가 저작권 침해를 이유로 침해의 정지 등 필요한 조치를 청구하는 것은 법률상 인정되는 정당한 권리의 행사로서 권리남용으로 할 수 없다."라고 보았다.

그러나 프랑스 베르사이유 항소법원은 「藤田嗣治 畫伯 사건」에서와 동일한 사안으로 진행된 사건에서 "藤田부인은 남편의 작품의 보급을 저지하고 있으며, 그 때문에 藤田화백 생애와 작품에 대하여 현재 저작물을 1권도 입수할 수 없고 프랑스 회화예술의 영광을 처음부터 생각하고 있는 문화부장관의 관여가 증명하는 바와 같이 부인은 생전에 이미 유명하고 사후의 영광도 바라고 있는 위대한 재능을 가진 프랑스 예술가의 명예영속을 훼손하고 있으며, 따라서 남편의 화보집의 출판을 거부하는 것은 저작물 이용권의 불행사[54]로서 분명한 남용이다"라고 판시하여 藤田부인의 저작물 이용허락 거절이 저작권 남용에 해당된다고 하였다.[55]

「龍溪書舍 사건」은 저작권자의 권리행사가 국민의 알 권리를 제한하거나 저작물의 공공성에 반하는 형태로 행사되었다면, 권리남용이 성립될 수 있음을 시사하고 있다. 본 판결에 대하여, 半田正夫 교수는 "공공기관이 작성한 저작물로서 특수성을 강조하고 개인이 작성한 저작물과 달리 공공기관이 작성한 저작물은 기밀성이 없는 한 그 공표가 의무 되어질 수 있다는 해석도 가능하다…저작권 침해에 의해 원고측이 받는 불이익은 저작물 이용료 상당액(본건 저작물의 경우 그 액은 극히 소액일 것이다)이지만, 그 발행이 금지됨으로 인한 피해 또한 그 배후에 있는 일반 연구자의 불이익이 크다는 것을 중시한다면,

---

54) 프랑스 저작권법 제20조 : 전조에 규정된 사망한 저작자의 대리인측에서 공표권 및 이용권 행사 또는 불행사의 현저한 남용이 있을 경우에 민사법원은 모든 적절한 조치를 명할 수 있다. 위와 같은 대리인들간에 분쟁이 있을 때, 인지할만한 권리자가 없을 때, 또는 상속자가 부재 또는 불명한 경우에도 같다.

55) 베르사이유 항소원(제1부), 1987년 3월 3일, RG n 7634/86(허희성, "저작권자의 권리남용에 관한 프랑스 판례", 『계간 저작권(제3호)』, 1988년 가을호, 24~29면에서 재인용).

본 판결과는 다른 판단도 가능하다"라고 하여[56] 저작권 행사로 저작권자가 얻게 되는 이익보다 공공의 손해가 큰 경우에는 저작권 남용이 성립될 수 있음을 지적하고 있다.

「藤田嗣治 畵伯 사건」에서는 동일한 사안에 대하여 일본과 프랑스에서의 각기 다른 결론에 이루고 있다. 양 사건이 서로 다른 결론에 도달하게 된 것은 藤田화백의 회화에 대한 공중의 향유 가능성의 차이에 있었다고 보여진다. 즉 일본에서는 藤田화백의 회화가 피고의 화보집에 게재되지 않는다 하더라도 이미 여러 종류의 미술 관련 출판물에 藤田화백의 작품의 복제물이 게재되어 있고 이를 통해 일반 공중이 藤田화백의 회화를 향유할 수 있다고 보았다면, 프랑스 법원은 藤田화백의 회화에 관한 작품집이 1권도 없는 상황에서 상속인이 저작물의 이용을 거부하는 것은 공중이 藤田화백의 회화를 가치를 향유할 수 없도록 하였기 때문인 것으로 보인다.

이러한 諸외국의 판례에 비추어 본다면, 저작물의 복제가 형식적으로는 저작권 침해에 해당된다고 하더라도 사회적·문화적 가치가 높은 저작물을 저작권자가 정당한 이유없이 극히 자의적으로 이용을 거절하고 금지청구 등의 권리를 행사하는 경우 단순히 저작물 이용행위를 저작권 침해로 파악하기보다는 저작권자가 받아야 할 이익의 정도와 금지의 대상이 되는 복제물이 가지는 공공적 이익 내지 금지 등의 결과로 발생하는 공공적 손실이나 침해자의 불이익의 정도를 비교형량하여 권리침해 여부를 파악하는 것이 필요하다 할 것이다. 만약 후자가 전자보다 크다고 할 경우에는 그러한 권리행사는 권리남용에 해당된다고 파악하는 것이 저작권법이 저작자의 정신적 노동에 대한 대가로 저작자에게 저작권이라는 독점배타적인 권리를 일정기간 동안 인정하고, 공중이 저작자의 저작물을 향유할 수 있도록 함으로써 문화발전을 꾀한다는 저작권법의 궁극적 목적에 부합되는 것이라고 볼 수 있을 것이다.

---

56) 半田正夫, "國の著作權に對する侵害と爭點", 『著作權法の現代的課題』, 一粒社, 1980, 104면.

2) 계약자형 저작권 남용

(1) 내재적 한계의 일탈로서의 저작권 남용

저작물은 저작자가 속해 있는 사회의 문화유산과 그 사회의 시대정신을 반영하면서 그 사회의 문화구조에 영향을 받아 창작되어진다. 그러므로 저작권법은 저작물을 저작자만 이용하게 하는 것은 불합리하고 그 보호에 있어 일정한 한계를 설정하여 저작권자의 권리범위밖에 두어 일반 공중이 저작물 창작에 자유롭게 이용할 수 있는 소위 공유 내지 만인공유 또는 Public Domain을 설정하여 놓고 있다.[57]

우리나라에서는 베른협약 제18조 제1항 및 제2항에서의 Public Domain을 "저작권이 소멸된" 또는 "자유이용상태"라고 번역[58]하면서 강학상 Public Domain이라는 용어의 널리 사용하고 있다. 그러나 Public Domain이 구체적으로 무엇을 의미하는지에 대한 정의 또는 논의는 찾아볼 수 없다. 다만, 일부 문헌[59]에서 Public Domain을 만인의 공유 내지 공유로 기술하고 있으며,

---

57) 이러한 공유 내지는 만인공유라고 일컬어지는 Public Domain이라는 개념은 원래 영미법계의 재산법에서 공공재 또는 부동산에서의 공공지라는 개념에서 파생된 것으로 저작권 분야에서는 베른협약 제18조에서 사용된 이래로 사용하고 있다(최정환, "Public Domain의 새로운 이해", 『계간 저작권(제69호)』, 2005년 봄호, 2면).

58) 베른협약 제18조 제1항 : The Convention shall apply to all works which, at the moment of its coming into force, have not yet fallen into the public domain in the country of origin through expiry of the term of protection(이 협약은 효력 발생 당시에 본국에서 보호기간 만료에 의하여 이미 저작권이 소멸된 상태(자유이용상태)에 놓이지 아니한 모든 저작물에 적용된다).

제2항 : If, however, through the expiry of the term of protection which was previously granted, a work has fallen into the public domain of the country where protection is claimed, that work shall not be protected anew(다만, 보호가 주장되는 국가에서 어느 저작물이 종래 주어진 보호기간의 만료에 의하여 저작권이 소멸된 상태에 놓인 경우에 그 저작물은 다시 보호되지 아니한다) : 저작권심의조정위원회, 『저작권에 관한 국제협약집(개정판)』, 1997. 참조.

59) 오승종·이해완 공저, 앞의 책, 45면.

일부 하급심 판례에서는 아이디어·표현이분법에 따라 저작권법상 보호대상
이 되지 않는 경우[60], 문화유산은 저작권법상 보호대상이 되지 않는다고 보
는 경우[61] 또는 실질적 유사성을 판단하는 경우[62] 등 저작권의 보호범위를
판단할 경우에 사용하고 있다.

이러한 Public Domain의 이용형태를 종합하여 본다면, Public Domain이라
는 개념은 저작권 보호기간이 종료된 저작물뿐만 아니라 일반 공중이 저작
물을 자유롭게 이용할 수 있는 저작권법상의 모든 사항들과 저작권의 보호
범위 밖에 존재하는 사항들을 포함하는 개념으로 이해할 수 있을 것이다. 따
라서 저작권법에서 Public Domain에 관한 언급이 없다 하더라도 저작권법에
서 명백히 보호대상에서 제외하고 있는 사항들 예를 들어, 아이디어, 학술적
인 내용 등 아이디어·표현이분법에 의해 보호되지 않는 구성요소들과 저작
권 보호기간이 만료된 저작물 및 저작권법 제7조에서 규정하고 있는 보호받
지 못하는 저작물과 저작재산권 제한사항들은 Public Domain의 영역으로 볼
수 있을 것이다.[63]

이와 같이 저작권법은 그 권리속성에서부터 일반 공중이 자유롭게 이용할
수 있는 자유영역과 실정법상으로 저작권자의 권리를 침해하지 않으면서 저
작물을 자유로이 이용할 수 있는 영역이 존재하고 있다. 따라서 저작권자가
그 권리를 행사하면서 저작물에 내재된 아이디어의 이용을 계약을 통하여
제한한다거나, 저작권법이 저작물이 가지고 있는 공공성에 착안하여 입법정
책적으로 저작재산권의 본질적 내용을 침해하지 않으면서 사회전체의 공공
의 필요에 의하여 공익적 관점에서 저작재산권을 제한하고 있는 재판절차
등에의 복제, 학교교육 목적 등에의 이용, 도서관 등에서의 복제, 시험목적으
로서의 복제, 시각장애인 등을 위한 복제, 언론 및 표현의 자유를 위한 시사

---

60) 서울지방법원 1990. 4. 19. 선고 89가합32239 판결.
61) 서울고등법원 1990. 11. 27. 선고 90나22532 판결.
62) 서울고등법원 1994. 4. 6. 선고 93구25075 판결.
63) 최정환, 앞의 논문, 12면.

보도를 위한 이용 및 학문·연구 등을 위한 인용을 제한하는 경우에는 권리
행사에 있어서의 한계를 일탈한 행위로서 저작권 남용에 해당된다고 보아야
할 것이다.

(2) 건축저작물에서의 저작권 남용

건축저작물은 사상 또는 감정이 토지상의 공작물에 표현되어 있는 저작물
등을 말한다. 저작권법은 건축물·건축을 위한 모형 및 설계도서 등을 건축저
작물로 예시하고 있다. 건축물을 저작물로서 보호하는 취지는 저작물성을 갖
는 건축물에 의해 표현된 심미적 외관이 모형건축에 의해 남용되는 것을 막
기 위한 것이다.[64]

우리 저작권법은 "그 건축을 위한 모형 또는 설계도서에 따라 이를 시공
하는 것"을 건축저작물의 복제로 보고 있다. 따라서 건축설계도서 그 자체를
복제하는 경우, 기존 건축물을 그대로 모방하여 동일한 건축물을 건축하는
경우에는 건축저작물의 복제에 해당된다. 또한, 건축설계도서에는 이미 관념
적인 건축물이 표현되어 있다고 볼 수 있기 때문에 설계도서에 따라 건축을
하는 것은 설사 아직 현실적인 건축물이 존재하지 않는다 하더라도 그 설계
도서에 관념적으로 표현되어 있는 건축물을 복제하는 것이 되어 복제권 침
해가 성립한다.[65]

건축저작물의 복제와 관련하여, 건축사가 건축주로부터 건축물에 대한 설
계용역을 의뢰받아 건축설계도면을 작성하여 인도한 이후 이에 따라 건축공
사가 상당히 진행된 상황에서 설계용역계약의 해지 또는 해제된 경우, 건축
주는 건축설계도면에 대해 어떠한 권리가 발생하느냐가 문제가 된다. 판례[66]

---

64) 송영식·이상정·황종환 공저, 앞의 책(하권), 537면.
65) 오승종·이해완 공저, 앞의 책, 77면.
66) 대법원 2000. 6. 13. 99마7466 결정 ; 본 판례에 대한 평석으로는 오승종, "건축저
  작물과 저작권 : 대법원 2000. 6. 14자 99마7466결정과 관련하여", 『저스티스(제33
  권 제4호)』, 한국법학원, 2000년 12월 ; 강동세, "건축설계계약의 법적 성질과 건축

는 "가분적인 내용들로 이루어진 건축설계계약에 있어서 설계도서 등이 완성되어 건축주에게 교부되고 그에 따라 설계비 중 상당 부분이 지급되었으며, 그 설계도서 등에 따른 건축공사가 상당한 정도로 진척되어 이를 중단할 경우 중대한 사회적·경제적 손실을 초래하게 되고, 완성된 부분이 건축주에게 이익이 되는 경우에는 건축사와 건축주와의 사이에 건축설계관계가 해소되더라도 일단 건축주에게 허여된 설계도서 등에 관한 이용권은 의연 건축주에게 유보된다고 할 것이다…건축설계계약이 피신청인의 귀책사유로 해제되었다 하더라도 신청인이 위 설계도서에 관한 저작재산권(복제권)자로서의 지위를 회복하는 것은 아니다"라고 보고 건축주에게 건축설계도면에 대한 이용권이 발생하는 것으로 이론을 구성하면서, 건축사와 건축주간의 설계용역계약에 따라 건축설계도면에 대한 저작재산권 중 복제권만 양도된 것으로 보았다.[67]

본 사건에서 법원은 건축사와 건축주간의 설계용역계약에 따른 건축설계도면에 대한 설계비가 상당부분 지급되었고, 설계도면에 따른 공사가 상당부분 진척되어 이를 중단하는 경우에는 사회경제적 손실이 크기 때문에 건축주에게 건축설계도면에 대한 이용권이 유보되었다는 것으로 이론을 구성한 것에 대해서는 일면 타당하다고 보여진다. 그러나 저작권자의 복제권이 설계용역계약에 따라 양도되었다고 판단한 것은 이해하기 어렵다.[68]

저작재산권 중 복제권에는 저작물의 이용이라는 개념이 내재되어 있다고

설계도서의 양도에 따른 저작권법상의 문제", 『대법원 판례해설(통권 제34호)』, 법원행정처, 2000년 6월. 참조.

67) 이 사건 설계계약 제7조에서는 신청인이 작성한 설계도서 및 참고서류에 관한 작품권, 소유권 및 모든 권리는 피신청인에게 귀속하는 것으로 약정하고 있었다.

68) 강동세, 앞의 논문, 803~804면에서는 "건축을 위한 설계도서 등의 저작물에 있어서는 설계도서에 따라 시공하는 것이 의미를 가지는 것이지 설계도서 자체의 소유권이 의미가 있는 것은 아닌 점에 비추어 다소 불분명한 점이 없지는 않지만 다른 권리는 차치하고서라도 적어도 저작재산권 중 복제권은 양도된 것으로 봄이 상당하다고 할 것이다"라고 한다.

보아야 하기 때문에 건축주에게 복제권이 양도되었다고 보았다면 굳이 건축설계도면에 대한 이용권이라는 개념을 도입할 필요는 없다고 보여진다. 우리 저작권법 제2조 제14호의 개념상 "설계도서에 따라 이를 시공하는 것"을 복제라 하고 있고, 건축설계도서에는 이미 관념적인 건축물이 표현되어 있다고 본다면, 설계도서에 따라 건축을 하는 것은 설사 아직 현실적인 건축물이 존재하지 않는다 하더라도 그 설계도서에 관념적으로 표현되어 있는 건축물의 복제에 해당된다. 따라서 설계도서의 이용권은 일반 저작물의 이용허락과 같이 건축주가 설계도서에 따라 건축물을 건축할 수 있는 것 즉 복제권에 대한 이용허락으로 보는 것이 타당할 것이며, 그 설계도서의 이용은 1회에 한한다고 보는 것이 저작권자의 보호라는 측면에서 타당할 것이다. 따라서 저작권법상의 전혀 새로운 "이용권"이라는 개념을 도입하는 것이 타당한지는 의문이다.

이러한 건축설계도서의 이용권이라는 새로운 개념을 도입하기보다는 민법상의 권리남용이론을 원용하여 이를 해결할 수도 있을 것이다. 즉 설계용역계약[69]에 따라 설계도서의 완성본이 인도되어 설계비도 상당부분 지급되고, 설계도서에 따라 건축공사가 상당부분 진행된 상태에서 설계용역계약이 해제되는 경우 계약당사자 쌍방은 원상회복 의무를 부담한다. 따라서 건축사는 기지급된 건축설계비의 반환을, 건축주는 건축공사 중지 및 건축물의 철거 등을 하여야 한다. 이러한 원상회복은 저작권자인 건축사에게는 금전의 반환이라는 금전적 손실만이 발생하나, 건축주에게는 분양계약자에 대한 분양대금반환, 건축물의 철거 등의 손실이 발생한다. 이와 같이 저작권 침해로 인

---

69) 여기서, 건축설계용역계약은 단순히, 건축설계도서만의 완성을 목적으로 하는 도급계약이 아닌, 본 사례와 같이 건축설계도서의 작성과 대관청업무 및 감리업무를 포함하는 건축설계 및 감리계약을 의미한다. 건축설계도서만을 목적으로 하는 계약은 도급계약을 성격을 가지고 있다고 보여지고, 통상 특약을 통하여 건축주가 저작권을 양도받기 때문에 이와 같은 문제는 발생할 여지가 거의 없다고 보여지기 때문이다.

하여 저작권자인 건축사가 받게는 손실은 작은 반면, 건축주가 받게 되는 손실은 비교할 수 없을 만큼 크다고 할 수 있다. 따라서 양자의 이익을 비교형량을 통하여 저작권자의 저작권 침해금지청구는 권리남용으로 보아 권리의 행사를 인정하지 안 돼, 건축주에게는 미지급된 건축설계도서 비용을 지급하는 것으로 이론을 구성하는 것이 건축설계도서에 대한 저작재산권 중 복제권만이 양도되어 건축주가 건축물을 시공할 수 있도록 하는 이론 구성보다 저작권법 체계에 따른 좀 더 합리적인 해결이라고 생각된다. 이와 같이 건축사의 권리행사를 권리남용으로 구성할 경우 건축설계 용역계약이 해제 또는 해지된다 하더라도 건축설계도서에 대한 저작재산권은 건축사에게 유보되고 건축주는 단지 건축설계도서에 따라 1회에 한하여 건축물 시공은 가능해진다.

(3) 전시권 남용

저작자는 저작물의 원작품 또는 복제본을 스스로 전시하거나 또는 타인으로 하여금 이를 전시할 수 있도록 허락하거나 금지시킬 수 있는 전시권을 가진다. 우리 저작권법은 전시에 관한 정의 규정을 두고 있지 않으나 통상 저작물의 유형물을 공중이 자유롭게 볼 수 있는 또는 관람할 수 있는 상태에 두는 것으로 보고 있다. 따라서 가정내에서의 게재 또는 진열 등은 전시에 해당되지 않는다.[70]

우리 저작권법 제35조 제1항은 미술저작물·사진저작물 등의 "원작품"의 소유주가 미술저작물 등을 전시할 수 있도록 저작권자의 권리를 제한하고 있다. 본 규정은 "원저작물"이 아닌 "원작품"이라는 용어를 사용하고 있다. 따라서 "원작품"이 "원저작물"을 의미하는지 아니면 상호 다른 개념인지가 불명확하나, 그 입법취지에 비추어본다면[71] 본 규정에서의 "원작품"은 "원

---

70) 오승종·이해완 공저, 앞의 책, 309면 ; 저작권심의조정위원회, 『저작권법 전면 개정을 위한 조사연구보고서(2)』, 2002년 12월, 452면.

저작물"을 의미한다고 보아야 할 것이다.

그러나 회화·조각·서예 등의 미술저작물은 원작품의 유일성이 존재하여 "원작품"을 "원저작물"이라고 볼 수 있을 것이나, 판화 또는 사진저작물의 경우에는 판화 그 자체 또는 필름이 원작품 내지 원저작물인지 아니면 판화 또는 필름에 근거하여 최초로 인쇄 또는 인화한 사진이 원작품인지 의문이다.

저작권법은 "寫眞 또는 이와 유사한 방법으로 작성된 것"을 사진저작물로 예시하고 있다. 여기서 "寫眞"은 "광선의 물리적·화학적 작용을 이용하여 피사체를 필름 등에 재현함으로써 제작되는 것"[72] 또는 "빛이나 복사 에너지의 작용을 통해 감광성의 물체 위에 피사체의 형태를 영구적으로 기록하는 방법"을 의미한다. 또한, 저작권법은 인쇄·사진 등 그 밖의 방법에 의하여 유형물에 고정하거나 유형물로 다시 제작하는 것을 복제로 규정하고 있다. 따라서 복제를 이와 같이 본다면, 사진저작물은 피사체가 담겨져 있는 필름 그 자체를 의미하는 것으로 보아야 하고, 필름을 인화하여 시각적으로 볼 수 있는 일반적 의미로서의 사진은 "원작품"이 아닌 사진저작물의 복제물로 보는 것이 타당할 것이다.[73] 사진저작물의 원작품(원저작물)을 필름으로 본다면, 사진저작권자가 이용허락을 하는 사진저작물은 복제물이기 때문에 원작품에만 적용될 수 있는 저작권법 제35조 제1항 본문에 의한 제한은 적

---

71) 본 규정의 입법취지는 원작품이 양도된 경우에 저작권자의 전시권과 원작품 소유자의 소유권간의 관계 조정을 위하여 원칙적으로 원작품의 소유자에 의한 전시를 허용함과 동시에 일반 공중에게 항시 개방된 장소에 항시 전시하는 경우에는 저작권자의 허락을 얻도록 한 것이다(허희성, 앞의 책, 334면 ; 하용득, 앞의 책, 212면).

72) 오승종·이해완 공저, 앞의 책, 81면.

73) 미술저작물의 일종인 판화의 경우에도 사진저작물과 동일하게 보아야 할 것이다. 즉 판화 그 자체를 원작품이라고 보아야 할 것이지, 판화로 인쇄한 인쇄물이 원작품이라고는 볼 수 없을 것이다. 그러나 허희성, 앞의 책, 335면에서는 "판화와 같이 동일한 원작품이 여러 개 일 경우에는 자신이 소유한 원작품 이외에 대하여는 전시할 수 없을 것이다"라고 하여 판화의 인쇄물이 원작품에 해당된다고 보고 있다.

용될 여지가 없다. 따라서 현행 저작권법상 사진저작자의 전시권 제한은 불가능하다고 보아야 할 것이다.

저작권자가 사진저작물을 달력, 포스터용 광고인쇄물 등에 이용을 허락하였다면, 달력 또는 포스터용 광고인쇄물을 구입 또는 취득한 자는 달력 또는 포스터용 광고인쇄물에 복제되어 있는 사진저작물을 달력 또는 광고용으로만 전시할 수 있는가 아니면 소유권에 근거하여 달력 또는 포스터용 광고인쇄물에서 날짜 및 요일 또는 광고문구를 삭제 또는 절취한 후 복제된 사진저작물만을 다른 형태로 예를 들어, 액자형태로 전시하는 것도 가능한가. 이와 같은 방법으로 사진저작물을 이용하는 것이 저작권 침해에 해당된다고 볼 수 있는가.

이러한 이용형태와 관련하여 달력에 복제되어 있는 풍경사진을 오려내어 액자의 형태로 전시한 것이 문제가 된 사건[74]에서 항소심 법원은 "①달력에 게재된 각 사진은 각 월별의 계절적 특성을 시각적으로 표현하기 위하여 날짜·요일과 함께 게재된 것인데 사진이 달력으로부터 분리될 경우에 이러한 시각적 효과를 기대할 수 없을 뿐만 아니라 분리된 사진을 통하여는 날짜와

---

74) 본 사건은 사진작가인 원고가 달력제작업자에게 자신의 풍경사진 11점에 대하여 사용기간을 2000년 1월 1일부터 12월 31일까지로 하는 이용허락을 하였고, 달력제작업자는 각 사진을 1월부터 12월까지의 해당 월에 게재한 2000년도 달력을 제작하여 거래처 및 시중에 공급 및 판매하였다. 달력에 게재된 각 사진에는 사진의 저작자 등에 관련하여 아무런 언급이 없었으며, 사진부분이 달력의 90%를 차지하고 날짜부분은 하단에 한 줄로 처리한 것이어서 일반 달력과는 차이가 있게 제작되었다. 한편, 피고 병원은 2000년 11월말경 직원들을 통하여 환경미화작업을 실시함에 있어 이 사건 달력 중 1월부터 11월까지 달력에 게재된 각 사진을 오려낸 후 액자에 넣은 다음, 원고로부터 별도의 허락을 받지 아니한 채 일반 공중에 개방되어 있는 병원복도의 벽에 걸어 두었는데, 이후 원고의 항의를 받고서 이들을 곧바로 철거하였다. 본 사건에 대한 자세한 사항은 임상혁, "달력 사진 오려서 전시하면 저작권 침해(국내판례)", 『저작권 문화』, 2005년 1월호, 14~16면 ; 허희성, "사진저작물에 대한 이용허락의 범위 : 서울중앙지법 2004. 11. 11. 선고 2003나 51230호", 『저작권(제69호)』, 2005년 봄호, 59~70면 참조.

요일을 전혀 알 수 없으므로 이는 이미 달력의 일부라 할 수 없고 단지 독자적인 사진예술품으로 인식되는 점 ②달력을 판매함에 있어 전시를 허락한 직접적인 대상은 어디까지나 달력 전체이고 그 안에 포함된 사진은 달력 전체를 하나의 저작물로 전시할 수 있는 범위 내에서 부수적으로 그 사진에 대한 전시도 허락된 것에 불과한 점 ③달력에서 사진을 분리하여 이를 독자적으로 전시하는 것은 달력의 일부로서가 아니라 새로운 사진작품을 전시하는 것에 해당되는 점 ④인쇄기술의 발달로 인하여 달력에 게재된 사진과 필름으로부터 바로 인화한 사진의 구별이 용이하지 않은 점 ⑤원고가 사진저작물을 대여함에 있어 액자로 전시하는 경우에 달력에 게재하는 경우를 구별하고 있는 점"에 비추어본다면, "원고는 각 사진을 달력에 게재하여 전시하는 용도로만 그 사용을 허락하였다고 봄이 상당하므로…달력을 구입한 사람들이 달력에 게재된 방법으로 각 사진을 전시하지 아니하고 달력에서 각 사진을 오려낸 후 액자에 넣어 일반 공중이 볼 수 있는 장소에 전시하는 행위는 허락된 범위를 넘는 것"이라고 하여 전시권 침해를 인정하였다.[75]

달력구매자는 달력의 구매로부터 달력 그 자체에 대한 소유권을 취득함으로 그 소유물을 어떠한 형태로 이용할 것인지는 달력구매자의 자유이다. 다만, 달력구매자는 달력이라는 유체물에 대한 권리만 있을 뿐이며 달력에 복제되어 있는 사진저작물에 대해서는 어떠한 권리도 취득하지 못한다. 달력에 사용된 사진저작물은 복제물이기 때문에 전술한 바와 같이 저작권법 제35조 제1항의 본문의 적용이 불가능하다. 달력제작자가 사진저작물을 달력 제작에 이용하기 위해서는 저작권자로부터 복제권, 배포권 및 전시권에 대한 이용허락이 있어야 한다. 또한, 달력은 가정과 같은 제한된 장소 외 학교·병원 등과 같은 개방된 장소에 항시 전시하는 것이 그 기본적인 이용형태이므로 이용허락계약에 전시권에 대한 언급을 하지 아니하였다 하더라도, 저작권자

---

75) 서울중앙지방법원 2004. 11. 11. 선고 2003나51230 판결 ; 본 사건 1심에서는 저작권 침해를 부정하였다(서울지방법원 2003. 9. 18. 선고 2003가단215194 판결).

는 자신의 저작물이 항시 개방된 장소에 전시되는 것을 예상하고 이용허락
하였다고 보아야 할 것이다.[76)]

생각건대, 2심 법원이 전시권 침해를 인정한 사유들에 대해서는 다음과
같은 반론을 제기할 수 있을 것이다. 통상 달력을 구매함에 있어 달력구매자
들은 달력에 표시되어 있는 날짜와 요일보다는 그러한 날짜와 요일이 어떠
한 사진 또는 그림으로 구성되어져 있느냐가 주요한 구매욕구일 것이다. 또
한, 달력에 사용된 사진과 날짜 및 요일을 분리하였다고 하여 사진저작물의
시각적 효과가 떨어진다고는 단정할 수 없다.[77)] 왜냐하면, 사진이 각 계절별
특성을 나타내고 있다면, 사진저작물 그 자체만으로도 그러한 계절별 특성을
시각적으로 인식할 수 있기 때문이다. 또한, 사진저작권자가 사진의 전시를
허락한 것은 달력에 복제되는 사진저작물이지 달력 그 자체의 전시를 허락
한 것은 아니다. 그뿐만 아니라 사진저작물의 원작품이 피사체를 담은 필름
이라고 본다면, 달력에 사용된 사진은 인쇄기술과는 무관하게 인화된 사진과
도 구별하는 것은 곤란하기 때문에 달력에 복제되어 있는 사진저작물을 오
려내어 전시하였다 하여 단정적으로 새로운 사진작품의 전시라고는 볼 수
없을 것이다. 다만, 사진저작권자가 사진의 이용허락방법을 용도별, 매체별
로 구분하여 이용허락하고 있었다고 본다면, 판례와 같이 달력에서 사진을
오려내어 액자에 넣어 전시하는 것이 이용허락범위를 넘는 것이라고는 볼

---

76) 허희성, 앞의 논문, 67면에서는 "원고가 달력제작업자에게 이 사건 달력의 제작을
위하여 이 사건 각 사진의 복제를 허락한 것이고, 이 사건 달력의 일부로 포함된
이 사건 각 사진은 달력으로서 게시 또는 전시되는 것이므로 원고는 처음부터 이
사건 각 사진이 독자적인 형태로 전시할 수 있게 달력제작업자에게 허락한 것은
아니다"라고 보고 있으나, 달력이라는 것이 기본적으로는 일반 공중에게 사진저작
물의 전시를 목적으로 하는 것이므로 복제만 허락하였을 뿐 전시는 허락하지 않았
다고 보는 것은 타당하지 않다고 생각된다.

77) 본 사건에서 달력에 게재된 각 사진에는 사진의 저작자 등에 관련하여 아무런 언급
이 없었으며, 사진부분이 달력의 90%를 차지하고 날짜부분은 하단에 한 줄로 처리
한 것이어서 일반 달력과는 차이가 있게 제작되었다.

수 있을 것이다. 그러나 사진저작권자가 사진저작물을 용도별, 매체별로 구분하면서 사진저작물의 이용허락기간 즉 전시 기간을 달력의 연도와 동일하게 허락하였다면, 달력구매자가 달력의 연도를 넘어 게재하는 경우에도 전시권 침해에 해당된다.

달력에 사용된 사진저작물은 복제물이기 때문에 저작권자와 원작품 소유주의 소유권과의 관계조정을 위해 규정한 저작권법 제35조는 적용될 여지가 없다. 달력에 사용되는 사진저작물의 이용방법 및 조건은 저작권자와 달력제작업자간에 체결된 사항으로서 달력구매자는 이러한 이용방법 및 조건을 알 수 없다. 따라서 달력구매자가 자신의 소유권에 근거하여 사진저작물을 이용하는 행위에 대하여 전시권 침해의 책임을 부담하게 된다고 한다면, 그러한 침해책임이 법률의 무지에서 오는 책임이라기보다는 저작권자의 과도한 권리행사라고 보는 것이 공중의 법감정에 부합된다고 볼 수 있을 것이다. 그러므로 사진저작권자가 사진저작물을 달력 또는 포스터용 광고인쇄물 등에 이용허락을 하였다면, 달력소유주 또는 포스터용 광고인쇄물 소유주의 소유권과의 관계를 조정을 위해서 사진저작권자의 전시권을 제한하는 것이 바람직하다 할 것이며, 입법적으로 이러한 문제를 해결하기 전까지라도 저작권 남용의 법리를 응용하여 이러한 권리행사를 전시권 남용으로 보는 것이 필요하다고 할 것이다.

(4) 동일성유지권의 남용

가. 건축저작물에 있어서의 동일성유지권의 남용

건축물은 다른 저작물과는 달리 주거 또는 사용 등 실용적인 목적을 위한 것이다. 따라서 건축물 소유자가 필요에 따라 증·개축을 하는 경우에 이를 저작권자가 거부하는 것은 부당하다 할 것임으로 소유자에 의한 건축물의 증·개축은 소유권의 내용 중 하나인 처분권의 행사로서 원칙적으로 동일성유지권 침해를 구성하지 않는다. 다만, 증·개축이 건축물을 본질적으로 변경한 경우에는 동일성유지권 침해를 구성한다. 따라서 건축저작물에 있어서의 동일성유지권 남용을 검토하기 위해서는 건축물의 저작물성과 건축물의 본질적인 변경의 범위를 설정하는 것이 쟁점일 것이다. 전술한 바와 같이, 건축물을 저작물로서 보호하는 취지는 저작물성을 갖는 건축물에 의해 표현된 심미적 외관이 모형건축에 의해 남용되는 것을 방지하기 위한 것이고,78) 어디서나 볼 수 있는 일반주택과 같은 건축물은 보호되는 것은 아니다. 다만, 이러한 일반주택이라 하더라도 사회통념상 미술범위에 속한다고 인정되는 경우에는 보호를 받을 수 있는 것이라고 할 때, 건축물의 본질적인 부분을 변경하지 않는 경우에는 건축물에 심각한 문제가 발생하는 경우에까지 본질적인 부분의 변경으로 보고 증·개축이 불가능하다고 보아야 하는지는 의문이다. 만약 건축저작물의 본질적인 부분을 변경하지 아니하는 경우에는 건축물의 사용목적에 따른 이용이 불가능하여 변경하는 경우에까지 동일성유지권 침해를 주장한다면, 이러한 경우에는 동일성유지권의 남용으로 보는 것이 타당할 것이다.

나. 어문저작물 등에서의 동일성유지권 남용

일본 동경지방재판소는 「충격의 시리즈 역시 추녀를 좋아해 사건」79)에서 저작권자가 출판계약에서 협의한 조건의 이행을 거절함으로 인하여 출판권자로서는 부득이 저작권자와의 협의사항에 근거하여 저작물을 변경하고 이를 게재한 행위에 대하여 저작권자가 동일성유지권 침해를 주장하는 것은 권리남용에 해당된다고 보았다. 또한, 동재판소는 「땅의 울림처럼 사건」80)

---

78) 송영식·이상정·황종환 공저, 앞의 책, 537면 ; 오승종·이해완 공저, 앞의 책, 73면.
79) 東京地方裁判所 平成8年(1996년) 2. 23. 平成5(ワ)8372 : 본 사건은 피고가 만화 출판계약에 따라 만화의 원화를 수정한 것이 문제가 된 사건이다.
80) 東京地方裁判所 昭和55年(1981년) 9. 17. 昭和44(ワ)6455 : 본 사건은 원고가 제2차 세계대전 전몰자의 유고집 발문의 수정을 거절하였으나, 이를 수정하여 출판

에서는 원고의 '발문' 수정 거절을 출판허락계약의 실효로 보아 피고의 권리남용 주장을 배척하였다.

그러나 저작자 내지 편집자가 출판사의 출판을 방해하기 위한 의사를 가지고 수정 신청을 거절하거나 또는 출판사가 당해 서적을 출판해야 할 급박한 필요성이 있는 경우 등에는 저작자 내지 편집자가 출판사로부터의 서문 또는 발문의 수정 신청을 거절할 수가 없는 특단의 사정에 해당될 수 있다고 하여 이러한 특단의 사정이 있음에도 불구하고, 저작자 내지 편집자가 인격권의 침해를 이유로 그 출판의 금지 등을 청구하는 것은 권리남용에 해당될 수 있음을 시사하고 있다.

우리 법원은 광고용 도안의 재수정 거절 후 제3자가 동 도안을 수정한 것이 문제가 되어 원도안 저작권자가 동일성유지권 침해를 주장한 사건[81]에서 저작권자의 도안 재수정 거절행위를 용역계약의 실효로 보지 아니하고 묵시적 동의로 파악하여 동일성유지권 침해를 부정하였으나, 학설 중 이러한 원도안 저작권자의 변경도안 사용금지 행위는 저작권 남용에 해당된다고 한다.[82]

또한, 조각 등 옥외에 설치되는 미술저작물에 있어서는 그 수선 또는 위치변경의 필요성이 발생하게 된다. 이러한, 수선 또는 위치변경을 함에 있어 미술저작물 소유자는 그 수선 또는 위치변경을 함에 있어 저작자의 동의없이 이를 행하는 경우 동일성유지권 침해가 성립될 수 있다. 미술저작물이 옥외에 설치되는 경우, 저작자로서는 당해 미술저작물이 불가항력적 사유 또는 공중의 훼손으로 인하여 수선의 필요성이 있을 수 있고, 미술저작물이 설치된 장소의 용도변경 등으로 인하여 미술저작물의 위치가 변경될 수 있음을 미술저작물 설치시에 이를 고려하여 설치하였을 것이다. 따라서 미술저작물

한 것이 문제가 된 사건이다.
81) 대법원 1992. 12. 24. 선고 92다31309 판결.
82) 김문환, "동일성유지권의 침해 여부 : 롯티사건", 『한국 저작권 판례평석집(1)』, 저작권심의조정위원회 저작권 관계자료집(23), 1998, 66면.

소유주가 미술저작물 저작자에게 수선 또는 위치의 변경에 대한 동의를 요청하였으나, 저작자가 이를 거절하여 부득이 다른 미술가의 자문을 받아 수선하거나 위치를 변경한 행위에 대하여 동일성유지권 침해를 주장하는 것은 동일성유지권 남용이라고 보는 것이 타당할 것이다.

다. 저작재산권 양도 후 동일성유지권 남용

저작재산권은 복제권, 배포권 등으로 구성되어 있어 저작재산권을 구성하는 지분권의 개별적 양도는 가능하다. 또한, 권리를 행사할 수 있는 지역이나 장소를 한정해서 또는 분할하여 양도하는 것도 가능하다. 따라서 저작재산권 양도는 저작권 남용에 해당되는 경우 거의 없을 것이다. 다만, 저작재산권을 양도한다 하더라도 일신전속성을 가지고 있는 저작인격권은 저작자에게 유보됨으로 저작자는 저작물에 대한 동일성유지권을 행사하는 것은 가능하다. 따라서 양수인이 저작물의 본질적인 부분을 변경하여 저작자가 저작물에 표현한 사상과 감정이 훼손되는 경우에는 동일성유지권 침해를 주장할 수 있다. 그러나 저작권자가 양수인의 양수목적을 알 수 있었다면, 그 후의 양수목적 범위 내에서의 양수인이 당해 저작물을 변경 행위에 대해 합리적인 이유없이 변경불가를 주장하는 것은 권리남용으로 허용되지 않는다고 할 것이다.[83]

---

83) 송영식·이상정·황종환 공저, 앞의 책(하권), 592면 ; 독일 저작권법 제39조(저작인격권에 관한 법률행위) 제4항에서는 "저작자가 신의성실에 비추어 그 승인이 거부될 수 없는 저작물 및 그 제호의 변경은 항상 허용된다"고 규정하고 있다. 여기서 "저작자의 신의성실이 비추어 그 승인이 거부될 수 없는 경우"의 고려요소로서는 이용권의 범위, 저작물 이용이 행하여지는 분야의 관습, 저작물의 개변을 행하는 자와 저작자와의 사이에 근로계약 등이 있는지 여부 등이라고 한다(송영식·이상정·황종환 공저, 앞의 책(하권), 593면 각주64-28 참조).

Ⅳ. 저작권 남용의 효과

저작권자는 자신의 권리가 침해된 경우 침해정지·예방청구권 및 침해행위로 인해 발생한 손해에 대한 손해배상 등을 청구할 수 있다. 그러나 저작권자가 저작권 침해에 따른 위와 같은 청구권들을 행사할 수 있다 하더라도 저작권자의 권리행사가 권리남용으로 인정되면, 그 권리의 행사는 위법한 것이 되어 법적 보호가 주어지지 않고 정상적인 권리행사에 따르는 법적 효과가 발생하지 아니한다.

그러나 제3자형 권리남용에 있어서 저작물 이용거절에 따른 저작권 남용이 성립되는 경우, 저작권자로서는 저작물 이용자가 자신의 저작물을 무단 이용하여 이익을 얻고 있음에도 불구하고 어떠한 권리도 행사할 수 없다고 하는 것은 형평에 부합되지 않는다고 보아야 할 것이다. 따라서 저작권자는 저작물 이용허락을 통하여 통상 얻을 수 있는 금액에 상당하는 이용료에 대한 보상청구권을 인정하는 것이 형평에 부합한다고 보아야 할 것이다. 계약자형 저작권 남용은 통상 저작물 이용허락계약의 이행과 결부되어 있다. 따라서 저작권 남용이 인정된다 하더라도 이용권자는 자신의 채무불이행으로 인하여 손해가 발생하는 경우는 거의 없다고 보아야 할 것이다. 다만, 이용권자의 채무불이행으로 인하여 저작권자가 저작물 이용허락 계약을 해지하는 경우에는 해지권 남용으로 보아야 할 것이다.

V. 결 론

인간의 지적·정신적 활동의 보호·촉진을 목적으로 하는 저작권이 일반공중의 지적활동을 저해하는 요인으로 악용되고, 저작권법이 이러한 악용을 통제하지 않는다면 저작권 제도 자체는 형해화形骸化 된다. 이러한 저작권 제도의 형해화를 방지하기 위해서는 저작권법의 입법목적과 기본구조를 재해석하고 저작권의 내재적 한계를 재설정하여 이러한 권리행사를 통제하는 것이 필요하다.

저작권법은 표현의 자유와 학문의 자유 등을 확보하면서 잠재적 저작자들의 창작의 여지를 남겨두어 정보의 풍부화 또는 문화의 다양성을 도모하고, 문화의 확대·재생산을 가능하게 하여 사회의 문화발전을 그 궁극적 목적으로 한다. 따라서 저작권자의 권리행사가 이러한 문화의 다양성과 문화의 확대·재생산을 제한하는 형태로 행사되어졌다면, 이러한 행사는 저작권 제도의 취지를 일탈한 행사라고 볼 수 있을 것이다. 이러한 일탈행위는 저작권의 속성에서 오는 한계 즉 아이디어 이용 또는 표현을 제한하는 행위와 권리행사에 있어서의 한계 즉 공익적 관점에서 공중이 저작물을 자유롭게 이용할 수 있게 한 저작재산권 제한규정을 회피하는 행위 등을 들 수 있을 것이다. 저작권 제도의 취지를 일탈행위는 저작재산권 제한과 같이 법적으로 유형화되어 있지 않다. 따라서 일탈행위를 제한하기 위해서는 권리행사의 일반적 제한이라고 할 수 있는 권리남용금지의 법리에 의해 제한할 수밖에 없을 것이다.

또한, 저작권자는 저작권을 구성하는 각 지분권을 그 지분권이 지니고 있는 사회성에 맞게 행사하여야 한다. 이러한 권리행사의 사회기속성 적합의무는 저작권을 인정하는 사회적 이유에서 오는 당연한 것이다. 따라서 저작권 행사가 신의칙에 반하거나 권리행사의 정당한 이익이 결여되어져 있거나 저작권의 사회·경제적 목적에 반하게 행사되어졌다면 저작권 남용에 해당된다고 할 것이다.

저작권자가 권리범위를 넘어 권리를 확장하는 것은 저작권법이 보장하는 이용자의 권리 내지 반사적 이익 또는 저작물의 자유로운 이용을 통한 공공의 이익을 침해하는 문제와 결부되어 있다. 따라서 저작권법의 공공성과 저작물의 공공재적 성격에 비추어 제한적으로 그 유효성을 인정하는 것이 바람직하다. 이러한 의미에서 저작권 남용의 법리는 당사자의 의사를 충분히 존중하면서도 공공의 이익과 저작권법이 추구하는 이념에 비추어 저작권의 본질적인 이념을 침해하는 저작권자의 권리행사를 효율적으로 통제하고 제한할 수 있는 원리를 재발견하고 구축해 나가는 방법이 될 수 있을 것이다.

제15절 저작권의 부당한 행사에 대한 제한과 그 한계

Ⅰ. 서 론

저작권자는 자신의 저작물에 대한 복제·배포 등 저작재산권에 근거하여 저작물을 이용허락 하거나 저작권 또는 지분권의 양도, 질권설정 등의 방법으로 저작권을 행사할 수 있다. 또한 저작물을 허락없이 이용하는 자 또는 이용허락범위를 벗어나 저작물을 이용하는 자에 대하여 금지청구 또는 손해배상청구 등을 할 수 있다. 저작권자가 이와 같이 저작권을 행사함에 있어서 저작권을 부당하게 행사할 수 있는 개연성은 저작물의 무단이용행위에 대한 권리행사보다는 저작물 이용계약의 당사자에게 행사될 가능성이 크다. 즉 저작권자가 저작물 이용계약을 체결하는 과정에서 저작권법이 저작물의 자유로운 이용을 보장하기 위하여 입법정책적으로 설정한 사항들 예를 들어, 저작재산권 제한, 저작물 보호기간 등을 계약자유에 근거하여 그 적용을 배제시키려고 하는 경우에 나타날 수 있다. 이와 같이 계약자유에 근거하여 저작권법이 이루어놓은 저작권자와 일반 공중간의 정치한 균형을 깨뜨리는 행위는 저작권 체계에 대한 도전이라고 볼 수 있다.[1] 따라서 이러한 행위들을 어떻게 규제하느냐는 저작권법의 형해화를 막는 중요한 문제이다.

이하에서는 저작권자가 저작물 이용허락계약을 체결하면서 계약자유의 원칙에 근거하여 저작재산권 제한규정들을 제외시키거나 부당하게 이용자의

---

1) 정상조, "인터넷콘텐츠의 보호", 『인터넷 법률(제2호)』, 2000년 9월호, 13면에서는 "계약을 통한 정보보호는 저작권 등에 대한 배타적 지배가 불가능한 경우에 차선책으로 의존할 수 있는 대안이 될 수 있다"고 한다.

권리를 제한하는 경우 이러한 권리행사가 계약자유의 원칙의 제한을 통해 가능한지 여부와 독점규제법상 부당한 권리행사로 보아 제한이 가능한지 여부를 살펴보고 저작권법의 형해화시키는 저작권자의 부당한 권리행사의 제한의 필요성을 검토하여 보기로 한다.

Ⅱ. 저작권 제한규정의 법적성질

1. 강행규정과 임의규정

우리 민법 제105조는 "법률행위의 당사자가 법령 중의 선량한 풍속 기타 사회질서에 관계없는 규정과 다른 의사를 표시한 때에는 그 의사에 의한다." 라고 하여 법률행위가 유효하기 위해서는 그 목적이 적법한 것이어야 한다는 원칙을 간접적으로 선언하고 있다. 통상 법률규정은 사법상의 법률효과를 중심으로 강행규정과 임의규정으로 구별된다. 여기서 강행규정이라 함은 법령 중 선량한 풍속 기타 사회질서에 관한 규정을 의미하며, 임의규정이라 함은 법령 중 선량한 풍속 기타 사회질서와 관계없는 규정을 의미한다.[2] 법령 중 어떠한 규정이 강행규정인지 여부는 법규정의 내용에 그 규정이 강행규정이라는 취지의 문언이 있는 경우에는 그 규정은 강행규정이지만, "다른 의사표시가 없으면"이란 문언이 있는 규정은 임의규정에 해당된다. 그러나 법규정 자체에 강행규정 또는 임의규정이라는 취지의 명문의 없는 경우에는 양자의 구별 표준 내지 기준에 관한 일반적인 원칙이 존재하지 않아 구체적으로 각 규정마다 그 종류, 성질, 입법목적 등을 고려하여 개별적으로 판단할 수밖에 없다. 일반적으로 강행규정으로 볼 수 있는 규정으로는 사회의 기

---

2) 곽윤직, 『민법총칙(제7판)』, 박영사, 2003, 210면.

본적인 윤리관을 반영하는 규정, 가족관계질서의 유지에 관한 규정, 법질서의 기본구조에 관한 규정, 사회 일반의 이해에 직접적으로 중요한 영향을 미치는 규정, 거래안전을 위한 규정, 경제적 약자의 보호를 위한 사회정책적 규정 등이다.[3]

2. 저작재산권 제한규정의 법적성질

저작권법은 제23조 내지 제36조에서 저작권자의 저작재산권을 제한하고 있으나, 국내의 문헌에서는 이러한 제한규정들이 강행규정인지 또는 임의규정인지에 대한 논의는 찾아볼 수 없다. 저작재산권 제한규정들의 법적성질에 대하여, 저작권법은 준물권적 권리를 저작권자에게 부여하는 것이고 각각의 제한규정은 저작권법이 저작권자의 권리를 정책적으로 제한하여 사회구성원들이 저작물을 자유롭게 이용하여 제2의 창작의 매개체로써 활용할 수 있도록 한 규정들에 해당됨으로 기본적으로는 강행규정이라고 보아야 한다는 견해가 있을 수 있다. 또한 저작권법은 저작권자에게 준물권적 권리를 부여하고, 저작물 이용자에게는 단지 저작권자의 권리제한으로 인한 반사적 이익만을 얻을 수 있게 한 입법구조를 취하고 있으므로 강행규정으로 볼 수 있는 유형 중 경제적 약자의 보호를 위한 사회정책적 규정에 해당되어 강행규정이라고 볼 수도 있을 것이다.

그러나 저작재산권 제한규정들은 학교교육 목적상의 이용이나 재판절차 등에서의 복제 등과 같이 공익적 관점에서, 인용과 같이 표현의 자유와 학문 및 예술의 자유 보장 관점에서 둔 규정이 있는가 하면, 미술저작물 등의 전시 및 복제 등 해당 저작물의 이용 특성에 비추어 저작권자의 권리를 제한하는 것이 타당하다는 관점에서, 사적이용을 위한 복제와 같이 저작권자가 입

---

3) 편집대표 곽윤직, 『민법주해(Ⅱ)-총칙(2)』, 박영사, 2002, 258면.

게 되는 손실의 정도와 원활한 저작물 이용의 비교형량을 통하여 사적영역
에 권리를 행사하게 하는 것이 실질적 실효성 확보가 어렵다는 관점에서 제
한된 규정들도 있다.[4] 따라서 저작재산권 제한규정들은 하나의 목적에 의해
서 제한된 것은 아니며, 다양한 목적 내지 취지에 근거하여 제한되고 있다고
볼 수 있다.

현실세계에서 경제적 약자는 항상 존재하고 누가 경제적 약자인지 여부는
시대와 장소와 문화에 따라 항상 변화하는 상대적 개념이다. 따라서 저작권
법은 저작권자나 이용자 중 어느 일방을 경제적 약자로 설정한 뒤 그 약자를
사회정책적으로 보호하기 위한 법이라고 파악하기에는 어려움 있다고 보여
진다. 저작권법은 저작물이 가지고 있는 공공재적 성격에 착안하여 저작권자
와 저작물 이용자간의 균형을 도모하기 위한 법으로써 이러한 점에 있어서
는 중립적인 규범이라고 볼 수 있을 것이다. 따라서 저작재산권 제한규정들
을 일률적으로 또는 경제적 약자를 위한 사회정책적 규정으로 파악하여 강
행규정성을 지닌다고 보는 것은 타당하지 않다고 생각된다.

저작재산권 제한규정이 강행규정이냐 임의규정이냐를 각각의 규정의 입법
목적 등에 근거하여 판단하여 볼 경우, 공익적 목적을 위하여 저작재산권을
제한한 규정들 예를 들어 재판절차 등에의 복제, 학교교육 목적 등에의 이용,
도서관 등에서의 복제, 시험목적으로서의 복제, 시각장애인 등을 위한 복제
와 언론 및 표현의 자유를 위한 시사보도를 위한 이용과 인용은 강행규정성
을 지니고 있다고 볼 수 있을 것이다. 그러나 사적이용을 위한 복제는 규제

---

4) 허희성, 『신저작권법축조해설(상)』, 저작권아카데미, 2000, 256면에서는 저작재산
   권 제한조항들의 입법취지를 저작물 이용의 성질에서 저작재산권이 미치는 것으로
   하여서는 타당하지 않다는 것, 공익상의 이유에서 지적재산권을 제한할 필요가 있
   다고 인정되는 것, 다른 권리와의 조정을 위하여 저작재산권을 제한할 필요가 있다
   는 것, 사회적 관행으로서 행하여지고 있으며 저작재산권을 제한하여도 권리자의
   이익을 부당하게 해하지 않는 것으로 인정되는 것 등 그 이유는 다양하지만, 결과
   적으로는 저작물이 문화적 소산이므로 저작물의 공정한 이용이라는 관점에서 배려
   된 것이라고 하고 있다.

의 실효성 확보의 곤란성과 저작재산권자의 경제적 이익침해가 크지 않기 때문에 인정된 것이라고 한다면 임의규정이라고 볼 수 있을 것이다.[5]

Ⅲ. 부당한 저작물 이용허락계약의 제한과 그 한계

1. 계약자유의 제한과 그 한계

가. 계약자유의 원칙의 의의

우리 민법은 사적자치의 원칙을 기초로 하고 있으며 이를 실현하기 위하여 계약자유, 소유권 절대 및 과실책임 원칙을 기본으로 하고 있다. 따라서 계약의 자유는 사적자치를 실현하기 위한 수단이다.[6] 계약자유는 당사자들이 그들의 법률관계를 그들의 의사에 따라 자유롭게 형성할 수 있는 것을 의미한다. 법이 이와 같이 계약의 자유를 허용하는 것은 그것이 개인적 이익뿐만 아니라 사회적 이익을 위한 것이라고 보기 때문이며, 계약의 자유는 법질서의 목적에 합치되는 한도 내에서만 허용될 뿐이다. 따라서 계약자유의 제한에 대한 정당성은 계약자유 자체의 의미와 목적으로부터 발생한다고 볼 수 있다.[7] 우리 민법은 계약의 자유를 명문으로 규정하지 않고 민법 제105조에서 당사자가 법령 중의 선량한 풍속 기타 사회질서에 관계없는 규정과 다른 의사표시를 한 때에는 그 의사에 의한다고 규정함으로써 계약자유의 원칙을 간접적으로 승인하고 있다.

---

5) 作花文雄, 『詳解 著作權法』, ぎょうせい, 2004, 313면.
6) 저작권법도 제42조 제2항에서 저작물 이용허락 계약의 자유를 간접적으로 규정하고 있다.
7) 편집대표 곽윤직, 『민법주해( ) : 채권(5)』, 박영사, 2005, 60면.

계약자유의 제한은 계약자유에 내재되어 있는 체결의 자유, 상대방 선택의 자유, 내용결정 자유, 방식의 자유를 제한하는 것으로 구분할 수 있다. 판례는 "계약자유의 원칙은 사적소유권 절대의 원칙 및 과실책임의 원칙과 더불어 근대사법의 기초를 이루고 있으나, 계약자유의 무제한적인 허용은 경제적 약자의 지위에 있는 계약당사자를 부당하게 압박하여 가혹한 결과를 초래할 수 있으므로 국가는 당사자 사이의 실질적 불평등을 제거하고 공정성을 보장하기 위하여 계약의 체결 또는 그 내용에 간섭할 필요가 생기며, 계약자유의 원칙의 제한은 민법의 지배원리인 신의성실의 원칙의 바탕 위에서 공정성 보장을 위하여 필요한 한도 내에서 이루어져야 하며 이러한 한도를 외면한 자의적인 제한은 계약자유의 본질을 침해하는 것이어서 허용될 수 없다."[8]라고 하여 계약자유의 제한에는 일정한 한계가 있음을 인정하고 있다.

나. 계약자유의 제한과 공서양속과의 관계

부당한 저작권 행사에 대한 제한과 관련된 계약자유의 제한은 계약자유의 구성요소 중 상대방 선택의 자유 및 내용결정의 자유의 제한과 관련성을 가지고 있다.[9] 계약자유의 제한 유형 중 내용결정의 자유의 제한근거로는 신의칙, 공서양속, 개별적인 강행규정 등이 있다. 이러한 제한근거 중 공서양속은 계약내용을 형성·결정함에 있어 가장 기본적이고도 중요한 지침이며 내용결정의 자유에 대한 일반적 제한이라고 볼 수 있다.[10] 우리 민법 제103조는 계약의 목적이 개별적인 강행규정에 위반되지 않는다 하더라도 선량한 풍속 기타 사회질서에 위반된 때에는 사회적으로 타당성을 결여하여 무효라

---

8) 대법원 1991. 3. 27. 선고 90다14478 판결.
9) 기타 체결의 자유 제한, 방식의 자유 제한에 관한 자세한 사항은 편집대표 곽윤직, 앞의 책(주해), 64~150면 참조.
10) 곽윤직, 『채권각론(제7판)』, 박영사, 2003, 14~15면 ; 편집대표 곽윤직, 위의 책, 71~76면.

고 규정하고 있다. 여기서 '선량한 풍속'이라 함은 사회의 일반적인 도덕관념 즉 모든 국민이 지켜야 할 최소한의 도덕률을 뜻하며, '사회질서'란 국가·사회의 공공질서 내지 일반적 이익을 가리키는 것으로 이해되고 있다.[11]

사회국가질서에서 약자보호를 위하여 공서양속을 적용하기 위해서는 계약당사자가 계약정의의 기본적 요청과 명백하게 배치되는 계약내용을 확정하기 위하여 경제적·재산적 지위 남용이 있어야 한다.[12] 판례도 "민법 제103조에 의하여 무효가 되는 반사회질서 행위는 법률행위의 목적인 권리·의무의 내용이 선량한 풍속 기타 사회질서에 위반되는 경우뿐만 아니라 그 내용자체는 반사회질서적인 것이 아니라 하더라도 법률적으로 이를 강제하거나법률행위에 반사회질서적인 조건 또는 금전적인 대가가 결부됨으로써 반사회질서적 성질을 띠게 되는 경우 및 표시되거나 상대방에게 알려진 법률행위의 동기가 반사회질서적인 경우를 포함 한다."라고 하여 지위를 남용하는경우에는 공서양속 위반이 될 수 있음을 인정하고 있다.[13]

우리나라에서는 공서양속 위반유형을 정의관념에 반하는 행위, 인륜에 반하는 행위, 개인의 자유의 심각한 제한행위, 생존권의 위협행위, 사행행위 등으로 분류하는 것이 일반적이다.[14] 그러나 저작권법의 입법목적 중 하나는 '저작물의 공정한 이용 확보'라고 하는 공익측면이 다른 일반 재산권보다 상

---

11) 곽윤직, 앞의 책(민총), 215면.
12) 편집대표 곽윤직, 앞의 책(주해), 60면 ; 계약정의와 계약자유와의 관계에 관한 자세한 사항은 지원림, "계약정의에 관한 연구 : 계약자유와의 관계를 중심으로", 『비교사법(제9권 제2호)』, 1998. 참조.
13) 대법원 2000. 2. 11. 선고 99다56833 판결 ; 대법원 1996 12. 23. 선고 95다40038 판결 ; 대법원 1992. 11. 27. 선고 92다7719 판결 ; 법률행위의 사회적 타당성을 규정하고 있는 민법 제103조와 법률행위가 유효하기 위해서는 목적의 적법성을 간접적으로 규정하고 있는 민법 제105조의 관계에 대한 통설은 각각을 별개의 요건으로 취급하는 것이 다수설이다(편집대표 박준서, 『주석민법(제3판):총칙(2)』, 한국사법행정학회, 421면).
14) 편집대표 곽윤직, 앞의 책(주해 Ⅱ), 219~221면 ; 곽윤직, 앞의 책(민총), 216~219면.

대적으로 높게 반영되어 있다. 따라서 본 논문에서는 공서양속의 위반유형을 공서양속이 누구의 이익을 보호하기 위한 것인가 하는 관점에서 공서양속이 ①공공의 이익을 보호하기 위한 경우 ②법률행위의 당사자 이외의 특정 제3자의 이익을 보호하기 위한 경우 ③법률행위의 당사자의 이익을 보호하기 위한 경우로 분류하는 방식에 따라 검토하여 보기로 한다.15)

먼저, 공공의 이익을 보호하기 위한 공서양속은 공서양속의 가장 원형에 해당되는 것으로서, 법률행위가 어느 특정인의 이익을 해하는지는 문제가 되지 않는다. 구체적으로 이러한 공서양속에는 성도덕을 침해하는 행위, 가족제도를 위태롭게 하는 행위, 도박과 같은 사행적인 계약, 시장질서에 관한 행위, 국가의 기본적인 제도의 운영을 해하는 행위 기타 사회제도의 정상적인 기능수행을 위태롭게 하는 행위 등이 포함된다. 둘째, 특정 제3자의 이익을 보호하기 위한 공서양속은 범죄행위를 하기로 하는 계약, 통정에 의한 부동산 이중양도 행위 등 제3자의 이익을 보호하기 위한 공서양속이다. 셋째, 법률행위 당사자의 이익보호를 위한 공서양속으로는 법률행위의 내용이 지나치게 당사자에게 불리하거나 그로 인하여 당사자의 존엄 내지 기본적인 인권을 침해하는 경우이다. 이는 대체로 계약의 일방 당사자를 보호하거나 상대방 있는 단독행위의 상대방을 보호하기 위한 공서양속이다. 이러한 공서양속은 일반적 의미에서의 공서양속과는 달리 이른바, 가부장적 간섭주의의 한 발현형태라고 할 수 있으며, 폭리행위의 금지와도 상통하고, 신의칙과도 유사한 기능을 수행한다고 할 수 있다.16)

다. 저작물 이용허락계약의 제한의 한계

저작물 이용계약에 있어서 저작권자의 계약자유를 제한하는 것은 상기 유형 중 법률행위의 당사자 이익보호에 해당된다고 볼 수 있다. 계약이 계약당

---

15) 이러한 분류방식에 대한 자세한 사항은 편집대표 박준서, 앞의 책, 435~466면 참조.
16) 위의 책, 436면.

사자의 이익에 어긋난다고 하여 그 계약을 무효로 하는 것은 다른 공서양속 위반으로 인한 무효의 경우보다 계약자유와 충돌할 가능성이 크다. 따라서 계약당사자의 이익보호를 이유로 그 계약을 무효로 하기 위해서는 당사자의 이익침해가 중대하여야 할 것을 요한다. 이러한 이익침해의 중대성은 그 침해되는 이익의 종류와 침해의 정도로 구분할 수 있으며, 침해의 종류로는 인격적 이익과 경제적·재산적 이익 침해로 구분할 수 있다.[17] 인격적 이익침해의 경우에는 그 침해의 정도를 불문하고 침해 그 자체가 중대한 침해로서 공서양속 위반으로 판단될 개연성이 높다고 할 수 있다. 그러나 경제적·재산적 이익 침해의 경우[18]에는 원칙적으로 당사자가 당해 법익을 자유로이 처분할 수 있으므로 침해의 정도가 중요한 문제이다. 또한, 침해의 중대성을 판단함에 있어서는 계약당사자가 대등한 지위에 있었는가, 일방당사자가 독점적 지위 내지 우월적 지위에 있었는가 하는 점 등을 고려하여 판단하여야 할 것이다.[19] 판례도 법률행위 목적의 불법의 한 유형으로서 당사자의 일방이 그의 독점적 지위 내지 우월적 지위를 악용하여 자기는 부당한 이득을 얻고 상대방에게는 과도한 반대급부 또는 기타의 부당한 부담을 과하는 법률행위는 반사회적인 것으로서 무효라고 본다.[20] 그러나 법률행위의 성립과정에서 불법적 방법이 사용된 데 불과한 때에는 그 불법이 의사표시의 형성에 영향을 미친 경우에는 의사표시의 하자를 이유로 그 효력을 논의할 수는 있을지언정 반사회질서의 법률행위로서 무효라고 할 수는 없다고 본다.[21]

---

17) 위의 책, 460면.

18) 채무불이행에 대비한 위약벌이 과도하게 무거울 때에는 그 일부 또는 전부가 공서양속에 반하여 무효라고 보고 있으며(대법원 1993. 3. 23. 92다46905 판결), 지체상금도 그것이 지나치게 과도한 경우에는 공서양속에 반하여 무효라고 보고 있다(대법원 1997. 6. 24 97다1273 판결).

19) 편집대표 박준서, 앞의 책, 460면.

20) 대법원 2000. 2. 11. 선고 99다56833 판결 ; 대법원 1996 12. 23. 선고 95다40038 판결 ; 대법원 1992. 11. 27. 선고 92다7719 판결.

21) 대법원 1996. 4. 26. 선고 94다34432 판결.

전술한바와 같이 계약자유를 제한한다고 하는 것은 특히 계약내용 결정의 자유를 제한한다고 하는 것은 극히 예외적으로 행하져 질 수밖에 없는 것이며, 그 제한사유도 아주 제한적으로 보아야 할 것이다.22) 저작물 이용계약은 어디까지나 계약당사자에게만 영향을 미치는 상대적·대인적 구속력을 가지고 있는 것에 불과하여 계약당사자가 합의에 기하여 그들만의 관계에 있어서 자유이용의 범위를 축소하거나 확장한다고 하여 그것이 곧바로 공중이 저작물에의 접근 및 이용영역이 훼손된다고 볼 수는 없을 것이다. 또한 계약당사자간의 합의가 저작권법이 이룩해 놓은 공·사익간의 정치한 형량이라는 이상을 붕괴시키는 행위라고 단정하기도 어렵다고 할 수 있다. 다만, 저작권자가 자신의 독점적 지위 내지 우월적 지위를 악용하여 자기는 부당한 이득을 얻고 이용자에게는 과도한 반대급부 또는 기타의 부당한 부담을 과하는 내용으로 저작물 이용계약을 체결하는 경우에는 반사회적인 것으로서 무효라고 볼 수 있을 것이다.

또한 저작권법을 경제적 약자를 위한 사회정책적인 법률로 파악하여 저작권법의 입법취지 또는 제한사항들에 반하는 계약은 강행법정에 위반하는 것으로서 무효라고 볼 수도 있을 것이다. 그러나 현실세계에서 경제적 약자는 항상 존재하고 누가 경제적 약자인지 여부는 시대와 장소와 문화에 따라 항상 변화한 상대적 개념이며, 저작권법은 저작권자나 이용자 중 어느 일방을 경제적 약자로 설정한 뒤 그 약자를 사회정책적으로 보호하기 위한 법이라고는 파악하기에는 어려움 있다고 보여진다.

---

22) 이재환, "New paradigms preparing new copyright era on the protection of digital information", 법원 코트넷 지적재산권법연구회 커뮤니티 자료, 22~23면에서는 계약 패러다임이 적용되는 디지털정보시대에서도 저작권을 제한하는 법리로서의 공공정책은 여전히 기본적인 원리가 되어야 하고, 공정이용의 원칙, 저작권 남용 등은 저작권법이 추구하는 사익과 공익간의 조화를 유지하는 주요한 원리로서 작용되어야 한다고 주장하고 있다. ; UCITA §105 Official Comment 2.는 기본적인 공공정책의 구체적인 내용으로 혁신(innovation), 경쟁(competition), 표현의 자유(free expression), 공정이용(fair use) 등을 들고 있다.

2. 독점규제법에 의한 제한과 그 한계

가. 저작권과 독점규제법과의 관계

저작권 등 지적재산권은 지적창작을 유인·장려하기 위하여 지적창작물의 창작자에게 독점배타적인 권리를 부여하고 있어 권리가 미치는 범위내에서의 권리행사는 경쟁을 제한하는 결과가 된다. 따라서 지적재산권의 행사가 시장의 경쟁을 제한하더라도 그러한 권리행사는 독점규제법을 위반하는 것은 아니다. 반면에 독점규제법은 시장에서의 공정하고 자유로운 경쟁[23]을 통하여 효율적인 경제활동과 소비자의 후생증진을 도모한다. 이와 같이 지적재산권과 독점규제법은 그 기본전제가 상이하고 의도적으로 경쟁을 제한하거나 경쟁제한을 금지한다는 점에서 상호 충돌할 소지가 높다.

그러나 지적재산권을 통하여 허용되는 경쟁제한은 항상 독점을 초래하지 않는다는 점과 독점규제법도 경쟁제한의 예외를 인정하고 있다는 점에서 양 법제도가 항상 충돌한다고는 볼 수 없을 것이다. 지적재산권은 지적창작물에 대한 경제적 인센티브를 제공함으로써 창작과 혁신을 촉진하고, 독점규제법은 시장에서 경쟁을 제한하는 행위들을 금지함으로써 창작과 혁신을 촉진하고 소비자 후생을 증진시킨다는 점에서 공통된 점을 지니고 있다. 지적재산권은 타인의 발명 또는 창작을 모방하거나 도용하는 불공정한 행위를 금지하고 지적재산권자의 허락을 받고 실시하도록 한다는 면에서 독점규제법의 공정경쟁의 목적과 합치된다. 또한, 지적재산권은 권리자 이외의 자가 권리자와 동일한 분야에 진입하는 것을 금지하는 것은 아니며, 단지 지적재산권

---

23) 독점규제법의 직접적 목적인 공정한 경쟁과 자유로운 경쟁이라 함은 사업자들의 경쟁이 주로 그들의 사업상의 장점을 중심으로 이루어지는 것, 즉 경쟁방법의 공정성을 보호한다는 측면이 강조되는 능률경쟁과 경쟁에 참여하려는 의사와 능력을 가진 모든 사업자에게 시장이 개방되어 불합리한 진입장벽이 없고 시장에 참여하고 있는 사업자들간에도 경쟁을 제한하는 요인이 없는 것을 의미한다.

자의 권리의 객체가 되는 발명 또는 창작을 모방하거나 도용하여 당해 분야
에 진입하는 것을 금지하는 것이라는 면에서 자유경쟁의 목적과도 합치되는
것이라고 볼 수 있다.[24]

　독점규제법은 지적재산권의 권리의 행사라고 인정되는 행위에 대해서는
독점규제법의 적용을 예외로 하고 있다. 그러나 지적재산권의 권리행사라고
인정되지 않는 행위에 대해서는 독점규제법이 적용될 수 있다는 해석론에
근거하여 "지적재산권의 부당한 행사에 대한 심사지침(이하 '심사지침'이라 한
다)"[25]을 제정하여 지적재산권의 행사 유형 중 불공정거래행위로 인정될 수
있는 행위 유형 및 위법으로 보기 어려운 행위 유형을 제시하고 있다. 그러
나 지적재산권의 행사와 관련하여 발생할 수 있는 독점규제법 위반행위의
모습은 불공정거래행위에 국한된다고는 볼 수 없을 것이다. 이러한 이유로
심사지침은 지적재산권자의 권리행사라고 인정될 수 없는 행위가 시장지배
적 지위남용, 부당한 공동행위 등에 해당되는 경우에도 독점규제법이 적용될
수 있다고 하여 독점규제법이 전면적으로 적용될 수 있도록 하고 있다. 이러
한 심사지침의 관점은 결국, 저작자 등 지적재산권자가 지적재산권 법제상으
로는 명시적·묵시적으로 금지하고 있지 않지만 반대로 허용하고 있지도 않
은 방법으로 행사되는지 여부를 지적재산권 제도의 취지남용 관점에서 파악
한 것으로 보고 있다.[26]

---

24) 服部育生,『比較 獨占禁止法』, 泉文堂, 2002, 374~375면에서는 지적재산권에
　　근거한 침해행위의 배제는 자유경쟁의 배제가 아니고 부정경쟁의 배제이므로 독점
　　금지법의 법익을 침해하지 않는다고 한다. 이러한 기본적인 사고방식에 의한다면,
　　우리 독점규제법 제59조에 상응하는 일본 독점금지법 제21조에 의한 권리의 행사
　　로 인정되는 행위는 부정경쟁을 배제하는 것을 의미하게 된다고 한다(김두진,『지
　　적재산권과 관련한 독점규제법의 적용 연구』, 한국법제연구원, 2004년 11월, 54면
　　에서 재인용).
25) 공정거래위원회지침 제2000-08-30호.
26) 김두진, 앞의 논문, 54면.

나. 독점규제법상 부당한 저작권 행사에 대한 판단기준

심사지침은 제1조 목적에서 지적재산권의 "행사가 외형상 또는 형식상으로는 지적재산권에 의한 권리의 행사로 보여지는 행위라도 발명과 창작을 장려하는 지적재산권 제도의 취지를 벗어나 정당한 권리의 행사로 볼 수 없는 행위가 기술시장이나 상품시장 등에서의 경쟁을 제한하는 경우"에는 독점규제법이 적용된다고 밝히고 있다. 이와 같이 심사지침이 "지적재산권의 취지를 벗어나 정당한 권리의 행사로 볼 수 없는 행위"에 대하여 독점규제법이 적용될 수 있다고 하고 있는 것은 일본의 사적독점금지 및 공정거래의 확보에 관한 법률 제21조에 관한 일본의 학설 중 취지일탈설[27])에 근거한 것이라고 보여진다.

심사지침은 지적재산권 이용허락계약에 있어서 불공정거래행위에 해당될 수 있는 행위 유형으로 원재료·부품 등의 구입처 제한, 거래상대방 제한, 끼워팔기 등 총17개의 행위유형을 제시하고 있다. 또한 이러한 행위유형에 해당되지 않는다 하더라도 지적재산권 양수·도가 기업의 주요 영업부분에 해당되는 경우 당해 지적재산권을 양수하거나 배타적 실시허락계약을 체결함으로써 실질적으로 양수와 동일한 효과가 발생하는 경우에는 기업결합의 제한 규정이 적용된다. 지적재산권자간 상호실시허락계약 또는 공동실시 허락계약을 체결함으로써 경쟁을 제한하는 효과가 발생하는 경우 부당한 공동행위의 금지 규정이 적용된다.

또한 심사지침은 저작권 등 지적재산권의 취지를 일탈한 행위가 불공정한 행위인지 여부는 실시허락계약 내용뿐만 아니라 경쟁에 미치는 효과, 계약기

---

27) 일본의 취지일탈설은 지적재산권법은 특별법이고, 독점규제법은 일반법이므로 지적재산권 관련분야에서는 지적재산권법이 우선하여 적용되며 적용예외규정은 이러한 취지를 명확히 한 것이라고 본다. 따라서 지적재산권 보호의 취지를 일탈하여 독점권을 행사한 경우에는 권리의 남용이 되며, 정당한 권리행사가 아니므로 독점규제법이 적용된다고 보는 설로서 '특허·노하우 라이센스 계약에 관한 독점금지법상의 지침'이 취하고 있는 설이기도 하다.

간, 관련시장의 현황 등을 종합적으로 고려하여 판단한다고 규정하고 있다.[28]

심사지침은 지적재산권자의 권리행사가 지적재산권을 인정하는 취지를 일탈하는 행위로서 그러한 행위가 관련시장에서 "경쟁을 제한하는 경우" 독점규제법이 적용되는 것으로 규정하고 있으므로 지적재산권 행사에 대한 위법성 판단기준으로 경쟁제한성을 채용한 것인지, 아니면 그 목적에서 밝히고 있는 바와 같이 지적재산권 행사에 대한 '불공정거래행위 유형'을 제시하여 법적용의 일관성 및 예측가능성을 제고하는 것이므로 독점규제법 제23조와 동일하게 공정거래저해성을 위법성 판단기준으로 채용하고 있는지가 명확하지 않다. 그러나 심사지침에서 불공정거래행위 유형으로 지정하고 있는 행위유형들의 대부분은 독점규제법 제23조의 불공정거래행위 유형과 동일함으로 심사지침에서 "경쟁제한"이라는 용어를 사용하였다고 하여 지적재산권 행사에 대한 위법성 판단기준을 경쟁제한성으로 파악하기보다는 공정거래저해성으로 파악하는 것이 타당할 것으로 보인다.

다. 독점규제법에 의한 부당한 저작권 행사의 제한의 한계

지적재산권자의 권리행사에 독점규제법이 적용되기 위해서는 우선 지적재산권자의 권리행사가 있어야 한다. 둘째, 그러한 권리행사가 지적재산권법의 입법취지를 벗어나는 행위이어야 한다. 셋째, 취지일탈행위가 당해 지적재산의 시장에서 경쟁을 제한하는 행위이어야 한다. 즉 지적재산권자의 권리행사가 독점규제법상의 규제대상이 되기 위해서는 그 권리행사가 지적재산권의 취지를 일탈한 행위인지를 먼저 판단하여야 한다. 만약 지적재산권자의 권리행사가 취지일탈행위에 해당되지 않는다면, 독점규제법의 규제대상에서 제외되고 그 자체로서는 정당한 권리행사로 볼 수 있다. 그러나 지적재산권자의 권리행사가 독점규제법상의 규제대상에 해당되는 행위라 하더라도, 당해

---

28) 심사지침 제3조 참조.

권리행사의 위법성은 다시 합리성의 원칙에 따라 판단하여 경쟁제한효과보다는 경쟁촉진효과가 크다면 독점규제법상의 규제대상이 되지 않는다. 따라서 저작물 이용허락계약에서 저작권자가 부당하게 권리를 행사한다 하더라도 즉 저작권법의 입법취지를 일탈한 행위라 하더라도 독점규제법상 위법한 행위에 해당되지 않는 경우가 있을 수 있다.

저작권법은 저작자 보호, 저작물의 공정이용 도모 및 이를 통한 문화발전을 그 입법목적으로 하고 있다. 또한 저작권법은 저작권자에게 저작물을 이용허락함에 있어 저작물의 이용방법 및 조건을 자유롭게 결정할 수 있도록 하고 있다. 따라서 저작권자가 본 규정에 따라 저작물 이용계약을 체결하면서 당해 저작물의 이용방법 및 조건이 저작물의 자유이용을 저해하거나 내재적 한계를 일탈하는 내용인 경우 또는 자유이용을 저해하는 내용은 아니지만 궁극적으로는 사회의 문화발전을 저해하는 내용인 경우, 이러한 계약체결이 계약자유의 원칙에 따른 행사인지는 별론으로 하고 심사지침상의 취지일탈설에 취할 경우 이러한 계약내용들은 취지일탈행위에 해당될 개연성이 높다고 볼 수 있을 것이다.[29]

Z!Stream 사건[30]에서 Z!Stream방식으로 소프트웨어를 이용할 수 있도록 하는 기술을 가지고 있는 업체와 이를 이용하던 대학은 소프트웨어 저작권자들에게 대학구내에서 Z!Stream방식(on-demand 스트리밍 방식)을 이용하여 소프트

---

29) 공정거래위원회는 대한건축사협회의 건축설계사무소들의 입찰제한 행위가 경쟁제한행위에 해당되는지 여부가 문제가 된 사안에서 "저작권법 등의 보호대상에 계약방법까지 포함되는 것은 아니다"라고 하여 대한건축사협회의 입찰제한행위는 불공정거래행위에 해당된다고 보았다(공정거래위원회 1986. 7. 30. 의결 제86-59호).

30) Z!Stream사건은 대학내에서 소프트웨어 저작권자로부터 이용허락된 이용허락자수만큼 소프트웨어 복제본을 설치하지 아니하고, 스트리밍 방식을 이용하여 대학내에서 이용허락자수만큼 동시접속하여 소프트웨어를 이용한 것이 문제가 된 사건이다. Z!Stream사건에 관한 자세한 내용은 최용암,『라인센스와 컴퓨터소프트웨어 저작권 남용 : 소프트웨어 Streaming기술의 사용금지와 저작권 남용을 중심으로』, 연세대학교 법무대학원 석사학위논문, 2005년 2월, 51~71면 참조.

웨어를 이용할 수 있도록 이용허락을 요청하였다. 소프트웨어 저작권자들은 이러한 이용방식이 프로그램의 복제권 및 전송권을 침해할 가능성이 높다 하여 이용허락을 거절하였다. 그러나 소프트웨어 저작권자들은 소프트웨어를 Z!Stream방식으로 이용하는 기술이 존재한다는 사실뿐만 아니라 Z!Stream방식과 유사한 기술을 채용하여 소프트웨어를 이용허락을 한 바가 있었다. 독점규제법 관점에서 소프트웨어 저작권자가 Z!Stream방식을 이용한 소프트웨어의 이용허락을 거절한 행위가 자신들의 저작권을 이용하여 새로운 소프트웨어 이용기술인 Z!Stream방식의 기술시장에 이용허락 요청자가 진입하는 것을 차단한 행위라고는 볼 수 있는가. 소프트웨어 저작권자들이 이러한 행위가 심사지침 제3조 제17호[31]상의 위법한 행위에 해당되기 위해서는 당해 소프트웨어가 필수적인 재산에 해당되고, 당해 거절로 인하여 이용허락 요청자가 소프트웨어 시장진입을 차단하는 행위에 해당되어야만 한다. 그러나 Z!Stream사건에서 Z!Stream방식을 이용한 소프트웨어 이용기술을 가지고 있는 업체는 이용허락을 요청한 소프트웨어가 자신들의 영업행위를 위한 필수적인 재산에 해당된다고 볼 수 없고, 이러한 거절로 인하여 이용허락을 요청한 소프트웨어 시장의 진입이 차단되는 것은 아니라고 볼 수 있다. 따라서 소프트웨어 저작권자들의 이용거절행위가 독점규제법 위반에 해당되지 않는다고 보아야 할 것이다.

이러한 소프트웨어 저작권자의 이용허락 거절 및 고소권 행사를 저작권 제도의 관점에서 파악하면, 소프트웨어 저작권자의 행위가 일측면으로는 저작물 이용허락 여부가 저작권자의 배타적 권리로부터 연유되는 권리임으로 정당한 권리행사라고도 볼 수 있을 것이다. 그러나 이미 Z!Stream방식의 소

---

31) 지적재산권의 부당한 행사에 대한 심사지침 제3조 제17호(실시허락의 거절) : 어떠한 산업재산에 대하여 실시허락을 받고자 하는 자가 앞의 각호의 불공정거래행위에 해당하는 사항을 수용하지 않는다는 것을 이유로 실시허락을 거절하거나 어떠한 상품이나 용역의 제공에 필수적인 산업재산에 대하여 실시허락을 받고자 하는 자가 상당기간 동안 합리적인 조건을 제시하면서 실시허락을 받기 위해 노력했음에도 불구하고 실시허락을 거절함으로써 다른 사업자의 시장진입을 차단시키는 경우.

프트웨어 이용방법이 국내를 제외한 외국에서 그 이용이 활성화되어 있었으며, 소프트웨어 저작권자들도 Z!Stream방식을 이용한 소프트웨어 이용허락방식을 채택한 바 있었다. 그러므로 소프트웨어 저작권자들의 이용허락 거절행위가 독점규제법상의 규제대상이 될 수 없다 하더라도, 이러한 거절행위는 기존의 소프트웨어 이용방식을 개선하고 효율적으로 이용할 수 있는 방식을 차단하는 것이라고 볼 수 있을 것이다. 또한, 소프트웨어 저작권자가 자신의 저작권을 이용하여 저작권을 가지고 있지 않은 기술시장의 진입을 간접적으로 통제하는 행위라고 볼 수 있을 것이다. 따라서 이러한 소프트웨어 저작권자의 이용거절행위는 저작자에게 권리를 부여한 궁극적 목적인 저작물의 공정한 이용도모를 통한 문화발전이라고 하는 목적에 반하는 형태의 권리행사이며 정의관념에도 반하는 행위라고 파악하여 일정한 통제가 이루어지는 것이 필요하다고 할 것이다.

Ⅳ. 부당한 저작권 이용허락계약의 제한의 필요성

사적자치의 원칙 특히, 계약자유의 원칙이 실현되기 위해서는 양 당사자가 평등한 지위에서 자유롭게 계약을 체결할 수 있는 상황이 전제되어야 한다. 계약자유의 원칙은 양 당사자가 충분한 정보를 가지고 자유로운 의사에 기하여 거래가 이루어지는 완전한 시장을 전제로 하는 것이다. 오늘날 통신기술과 디지털 기술의 발전은 각종 저작물들의 생성, 관리 및 유통의 효율성을 증가시키고 있으며 저작물 이용자들의 저작물에 대한 접근을 효율적으로 통제할 수 있도록 하고 있다. 네트워크를 통한 저작물의 유통 통제는 저작물에 접근하는 모든 사람들에게 정형적인 이용계약을 제시함으로써 그 조건을 수용하지 않는 사람에게는 저작물에 대한 접근을 배제하는 것이 가능하다.[32] 이러한 저작물에 대한 접근통제는 실질적으로 절대적인 권리와 유사한 배타적·독점적 지위를 인정해 주는 결과가 된다. 저작물 이용계약의 내용이 저작권법의 입법목적에 반영되어 있는 공·사익의 균형이라는 저작권 제도의 틀을 편향되게 왜곡시키는 것이라고 한다면, 이용계약이라는 미명하에 기존의 저작권법 및 저작권 제도가 추구하는 정책적 목표 내지 공·사익간의 이익균형을 완전히 흔들어 놓을 수 있게 되는 것이다. 저작권자가 저작권법에 의하여 허용되는 제한된 권리를 넘어 이용조건을 일방적으로 제시하는 불완전시장에 있어서는 오히려 계약자유의 원칙은 당사자의 이익을 해하게 될 수 있으므로 이를 제한하여 불균형을 시정하는 것이 경제적 효율성을 증가시키는 것이 될 수 있을 것이다.

저작권법과 저작권 제도는 저작권 보호뿐만 아니라 저작권에 의해 독점적으로 보장하는 영역 이외의 정보에 대해서는 일반 공중이 자유로이 접근·이용할 수 있도록 하는 것을 또 하나의 가치로 설정하고 있다. 또한, 이러한 일반공중의 자유로운 접근·이용은 저작권자와 공중간에 가장 합리적이고 적절한 경계선을 획정한 것이라고 볼 수 있다. 그러므로 저작권자가 저작물 이용계약을 통하여 이러한 경계선을 넘도록 하는 것은 저작권이 추구하는 사회적 목적을 회피할 수 있게 하는 것이라고 볼 수 있을 것이다.

저작물은 소비에 있어서 비경쟁성으로 인하여 다수가 저작물을 이용하는 경우에도 그 가치는 감소하지 않고 더욱 증가한다. 따라서 계약자유의 원칙에 근거하여 저작물 이용자들이 저작권법이 자신들에게 부여하고 있는 반사적 이익 내지 특권[33]을 제한하는데 자유로이 동의하였다고 하더라도, 이론

---

32) 이러한 정형적인 이용허락 계약은 약관에 해당된다고 볼 수 있고 약관규제에 관한 법률로 통제가 가능한 경우가 있을 수 있으나, 본 논문의 논의전개상 본 사항에 대해서는 검토하지 않기로 한다. 이러한 정형적인 이용허락 계약의 통제 가능성에 대한 자세한 사항은 황찬현, "Shrinkwrap계약", 『인터넷법률(제3호)』, 법무부, 2000년 11월 참조.

적으로는 적어도 공공의 영역에 있도록 입법자에 의하여 규정된 사항들에 대해서는 일반공중이 진입장벽 없이 최대한 활용할 수 있도록 하는 것이 사회적으로 바람직하다. 이러한 의미에서 양 당사자가 계약을 통하여 당해 저작물의 이용가능성을 제한하는 것은 사회적인 전체적인 관점에서는 손실이라고 볼 수 있다. 또한, 저작물이라고 하는 것은 무에서 유가 창조되는 것과 같이 돌연변이적으로 창작되기보다는 기존의 저작물의 기반 위에 새로운 요소를 가미하여 창작되는 것이 일반적이다. 저작물에 대한 이용가능성을 제한함으로써 저작물에 접근하고 그 내용을 탐색하거나 이용하는 비용이 상승하게 된다면, 이는 결국 새로운 저작물의 창출비용을 높이는 결과를 가져오게 되고, 이와 같은 고비용은 원래 저작권법이 추구하고자 하는 창작 동기 고취라는 공공의 목적을 달성하는 데에 주요한 장애물이 될 수도 있을 것이다. 따라서 이와 같이 계약을 통한 저작물의 이용통제는 저작권법의 입법취지를 훼손할 가능성이 높다고 볼 수 있기 때문에 저작물 이용계약에 대한 법적통제가 이루어져야 할 것이다.

V. 결 론

디지털 기술과 통신기술의 발전은 저작물의 유통과정에서 저작자의 지위를 변화시키고 있다. 특히 이러한 지위 변화는 음악저작물에서의 저작권자와

---

33) 저작권법상 저작권 제한규정들이 이용자의 특권이냐, 아니면 저작권자의 권리제한에서 오는 반사적 이익이냐에 대한 상반된 주장이 있다. 반사적 이익이라고 보는 견해는 대륙법계의 자연법론과 시장결함론에 근거하여 주장되고 있으며, 이용자의 특권이라고 보는 견해는 저작권의 공리적 목적에 근거를 두고 있다. 이에 관한 자세한 사항은 황희철, "Trusted System과 저작권의 미래", 『한국정보법학회 4차 학술심포지움 자료집』, 18~20면 참조.

음반제작자, 소프트웨어 저작권자들에게서 잘 나타나고 있다. 저작권자들은 디지털 기술을 바탕으로 하여 권리는 유보한 채 저작물 이용계약을 통하여 저작권법이 이루어 놓은 권리자와 이용자간의 정치한 균형을 깨뜨리고 있다. 또한, 과거 사회구성원이면 누구나 자유롭게 이용할 수 있었던 많은 정보들이 저작권법의 영역으로 편입되고 있으며, 저작물 유통방식의 변화로 저작물의 이용을 좀 더 효과적으로 통제할 수 있게 되었다. 그러나 이러한 저작권자들의 권리행사가 저작권을 인정하는 궁극적 목적에 반하는 형태로 행사되어 졌다 하더라도 그 제한에는 일정한 한계를 지니고 있다.

저작권법은 표현의 자유와 학문의 자유 등을 확보하면서 잠재적 저작자들의 창작의 여지를 남겨두어 정보의 풍부화 또는 문화의 다양성을 도모하고, 문화의 확대·재생산을 가능하게 하여 사회의 문화발전을 그 궁극적 목적으로 한다. 따라서 저작권자의 권리행사가 이러한 문화의 다양성과 문화의 확대·재생산을 제한하는 형태로 행사되어졌다면, 이러한 행사는 저작권 제도의 취지를 일탈한 행사라고 볼 수 있을 것이다. 이러한 일탈행위는 저작권의 속성에서 오는 한계 즉 아이디어 이용 또는 표현을 제한하는 행위와 권리행사에 있어서의 한계 즉 공익적 관점에서 공중이 저작물을 자유롭게 이용할 수 있게 한 저작재산권 제한규정을 회피하는 행위 등을 들 수 있을 것이다. 저작권 제도의 취지를 일탈행위는 저작재산권 제한과 같이 법적으로 유형화되어 있지 않다. 따라서 이러한 일탈행위를 제한하기 위해서는 미국의 일부 항소법원들에서 인정되고 있는 저작권 남용의 법리의 참조하고, 민법상 인정되고 있는 권리남용금지의 법리를 원용하여 저작권 남용의 법리의 정립을 통해 저작권자이 부당한 권행사를 제한하는 것이 필요하다고 보여진다.

제16절 접근권과 저작권 남용

I. 서론

기술의 발전은 새로운 저작물의 유형을 창출시켜왔고, 기존의 저작권을 위협하는 역할도 수행함으로써 권리자, 이용자, 또는 입법자와 긴장관계를 가져왔다. 저작권법제에 영향을 끼친 기술을 보면 대량유통이 가능하거나 대량 이용이 가능한 형태의 유형이라고 하겠다. 즉 인쇄기, 영화, 축음기, 라디오방송, 유선통신 등은 아날로그 형태의 기술의 대표적인 유형이며, MP3 플레이어, 포털(portal) 서비스 및 P2P 서비스 등 인터넷으로 대별되는 디지털 형태의 기술은 저작권자와 이용자의 관계를 새롭게 설정시키고 있다. 디지털화된 정보는 이제 유형물에 고정되지 않은 상태에서 유통될 수 있을 뿐만 아니라, 정보가 유통되고 복제되는 범위와 내용도 이전과는 비교할 수 없을 정도로 확장되고 있다. 이러한 환경을 위기로 보고 있는 권리자는 이를 극복하기 위해 과거 복사기나 팩스, VCR, TV와 같은 새로운 매체 기술이 등장했을 때와 마찬가지로 권리를 지속적으로 강화하는 방식으로 대처하고 있다.[1] 새로운 기술이 발전할 때마다 새로운 권리가 정립되었고, 그 결과물을 저작권법에 유형화시켜주기를 원했기 때문에 저작권법은 기술의 발전과 함께 그 외연外延이 확장되어왔음을 알 수 있다. 이러한 측면에서 볼 때, 저작권법은 기술에 가장 민감한 법제 중 하나라고 할 수 있으며,[2] 기술의 발전과 저작권법

---

1) 정찬모·안효질·남희섭·이규헌, 『디지털 저작물과 이용자의 권리』(정책연구 03-03), 정보통신정책연구원, 2003.12, 31면.

2) 저작권법과 달리 특허법은 기술의 수용이 아닌 기술의 발전을 도모하는 법제라고 할 수 있다. 기술의 발전을 위하여 창작성 있는 기술적 사상에 대해 독점배타적 권

또는 저작권의 발전은 그 궤를 같이 하고 있다.[3]

　사적인 권리인 저작권을 보호하기 위해 고안된 기술적 보호조치가 가지는 의미는 저작물에 대한 불법적인 이용을 통제함으로써 저작권의 법적 보호를 확보하겠다는 의도라고 본다. 즉 기술적 수단이 법적 개념으로 확립되면서 기술적 보호조치라는 개념을 사용하게 된 것이며, WIPO(세계지적소유권기구)의 저작권조약(WCT)이 낮은 수준의 기술적 보호조치를 규정하였다면 미국 저작권법인 DMCA는 보다 높은 접근 통제에 관한 사항까지 규정함으로써 접근권에 대한 논란을 가져오게 되었다. 우리나라는 저작권법에서 이용통제에 관한 규정만을 도입하고 있지만 2007년 타결된 한미FTA에서는 미국 DMCA와 마찬가지로 접근통제형 기술적 보호조치를 도입하도록 합의하였다. 그러나 미국에서도 접근통제에 대해 많은 논란이 있음에도 한미FTA에 규정한 것은 합리적인 결정이라고 보기는 어려우며, 접근통제형 기술적 보호조치에 대해 검토하고, 기술적 보호조치로 인하여 저작권의 이용이 제한될 경우, 권리남용 법리를 통하여 해결할 수 있는 방법을 모색하고자 한다.

　접근권에 대한 입법적인 논란에서는 다양한 대안을 고민할 수 있을 것이며, 해석론에 있어서는 이러한 문제를 규제할 수 있는 근거로는 재산권행사의 공공복리 적합성 및 공정한 거래를 유인하는 '권리남용법리'의 전개라고 할 수 있다. 따라서, 본 고는 접근권이 저작권법에서 역할을 행함에 있어서 발생할 수 있는 문제의 대응논리로서 권리남용법리를 적용해보고자 하였다. 실제, DMCA의 해석을 통하여 권리남용의 전개가 이루어지고 있는 점도 영향을 받았음을 밝힌다.

　리를 부여함으로써 기술개발을 촉진하고 이를 다시 보호함으로써 선순환적인 기술발전을 유도하는 법제라고 할 것이다. 따라서 직접적인 기술유형이 특허법제에 규정될 수 없으며 기술중립적 견지에서 입법이 이루어지게 된다.
3) 저작권법은 권리의 확장을 가져온 것이기 때문에 정보권법으로 성질을 변모하고 있다고 한다. 황희철, "정보통신망 발전과 저작권", 『뉴미디어와 저작권』(언론연구원총서 21), 한국언론연구원, 1996, 342면.

II. 저작권 및 기술적 보호조치의 보호

1. 저작권법의 목적

저작권법은 기본적으로 권리자와 이용자와의 균형을 추구하는 법제이다.[4] 따라서 저작권법은 저작권자의 이익만이 아닌 저작물을 공정하게 사용하는 이용자의 권리도 또한 보호받아야 하며, 이는 저작권자나 이용자 자체의 보호를 위한 것이 아닌 이를 통하여 문화창달을 가져올 수 있기 때문이라고 하겠다.[5] 저작권법의 목적은 이와 같지만, 저작권법의 목적이 담겨있는 목적규정의 해석은 동태적이고 부단히 변화하는 현실을 규율할 수 있는 포괄적·불확정적 규정으로서 저작물 이용환경의 변화로 인하여 발생하는 저작권법과 현실 사이의 괴리를 극복할 수 있는 지침을 제공한다. 따라서 입법자가 예측하지 못한 환경변화로 인하여 법규정의 적용이 불가능한 상황에서는 저작권법의 목적규정의 정신으로 해석하고 인식하여야 함을 지적하기도 한다.[6] 저작권법은 입법자가 예측하지 못한 새로운 사실의 출현으로 법규정의 적용이 어려워지는 때에는 저작권법의 목적조항의 정신으로 해석되고 인식되어야하며, 이로써 목적조항의 중요한 기능을 발견하게 된다.[7] 즉 목적조항은 권리

---

4) 박문석, 『멀티미디어와 현대저작권법』, 지식산업사, 1997, 354면; 또한, 저작권 보호는 동전의 양면과 같아서 저작권을 어느정도로 보호하여 이를 사적인 자산으로 하는 것이 적정한 가를 결정하는 것은 거꾸로 저작권을 어느정도로 보호하지 아니하여 이를 공공의 자산으로 하는 것이 적정한 가를 결정하는 것과 같다고 한다. 임원선, 『실무자를 위한 저작권법』, 저작권위원회, 2007, 27면.

5) 저작권법의 근본적인 목적은 문화의 향상발전에 있는 것이기 때문에 저작권의 보호 및 공정한 이용이 서로 상충할 때, 목적규정에 근거하여 판단하여야 한다. 이상경, 『지적재산권소송법』, 육법사, 1998, 650면.

6) 유대종, 『저작권 남용의 법리에 관한 연구』, 경희대학교 박사학위논문, 2006, 47면 [이하, 유대종, 『저작권 남용의 법리에 관한 연구』].

7) 하용득, 『저작권법』, 법령편찬보급회, 1988, 19면.

만을 확장해 나가고자 하는 저작권 강화경향에 대해 어느정도 통제적 역할을 하게 된다.[8]

2. 기술적 보호조치의 보호 근거

가. 기술적 보호조치의 의의

기술적 보호조치에 대해 저작권법은 "저작권 그 밖에 이 법에 따라 보호되는 권리에 대한 침해 행위를 효과적으로 방지 또는 억제하기 위하여 그 권리자나 권리자의 동의를 얻은 자가 적용하는 기술적 조치"로 정의되어 있다. 실제 기술의 발전에 따라 저작물을 이용하는 방법과 제공하는 방법 등이 다양해 지면서 저작권법에 의한 보호 이상의 보호수단을 강구한 것이 기술적 보호조치(technological protection measure)이다. 처음 저작자 또는 저작권자의 자구적 보호수단의 일유형으로 제기된 것이 WIPO를 중심으로 구체화 되었고, WIPO 저작권조약(WCT) 및 실연음반조약(WPPT)에서 명문화 되었다.

다만, 위 두 조약에서는 구체적으로 개념을 정의한 것은 아니고, 체약국이 기술적 보호조치에 관한 의무 사항으로 "체약 당사자는 이 조약 또는 베른협약상의 권리의 행사와 관련하여 저작자가 이용하는 효과적인 기술 조치로서 자신의 저작물에 관하여 저작자가 허락하지 아니하거나 법에서 허용하지 아니하는 행위를 제한하는 기술 조치를 우회하는 것에 대하여 충분한 법적 보호와 효과적인 법적 구제 조치에 관하여 규정"하도록 하고 있다(WCT 제11조). 실질적으로 기술적 보호조치에 대한 우회와 이에 대한 법적 보호 그리고 법

---

8) 민법상의 신의성실 및 권리남용의 원칙에 따라 저작재산권자의 권리행사를 제한함으로써 얻을 수 있는 이익으로서 제한규정을 통하여 퍼블릭도메인에 대해 구체적인 범위의 설정이 가능하다고 할 것이다. 즉 저작권자 또는 권리자라고 주장하는 자가 주장하는 내용이 헌법, 민법 또는 저작권법상의 권한없는 것이라고 한다면 이는 권리남용으로 판단하여 적용을 배제시킬 수 있을 것이다.

적 구제 조치를 의무화 하도록 하고있는 것이다. 이에 따라 우리나라를 비롯한 여러 나라에서는 기술적 보호조치를 상당히 구체적으로 규정하게 되었고, 2007년 타결된 한미자유무역협정(KORUS FTA)에서도 기술적 보호조치를 미국 저작권법과 상당한 수준으로 합의되었다. 이에 따라 정부는 저작권법 일부개정안을 국회에 제출한 바 있다.9)

나. 기술적 보호조치의 유형

기술적 보호조치는 이용되는 목적에 따라 ⅰ) 접근통제(access control)를 위한 기술적 보호조치와 ⅱ) 이용통제(use control)를 위한(저작권을 보호하기 위한) 기술적 보호조치로 구분되며, 기술적 보호조치의 입법이 금지하는 내용은 ⅰ) 기술적 보호조치의 좌절행위 자체의 금지와 ⅱ) 좌절시키기 위한 도구 등의 거래행위(예비적 행위, preparatory activity)의 금지로 구분된다.10)

다. 기술적 보호조치의 보호 근거

기술적 보호조치는 사인의 재산권에 대해 스스로 지키려는 노력의 일환으로 볼 수 있을 것이다. 창작성 있는 저작물에 대해서는 헌법적 근거에 따라 보호되며, 헌법 제22조 제2항은 "저작자·발명가·과학기술자와 예술가의 권리는 법률로써 보호한다"라고 규정하고 있다.11) 이로써 저작자·발명가·과학

---

9) 현재, 한미FTA의 비준을 위한 저작권법 개정안은 정부에 의해 2008년 10월 10일자로 국회에 발의되어 있다.

10) 이대희, "디지털환경에서의 접근권의 인정에 관한 연구", 『창작과 권리』(제34호), 2004.3, 110면[이하, 이대희, "디지털환경에서의 접근권의 인정에 관한 연구"].

11) 헌법의 지적재산권조항의 목적은 지식, 과학, 예술을 촉진하는 데에 있다. 이 목적을 위해 헌법은 지식, 과학, 예술을 촉진시키는 유용한 정보를 처음으로 생산한 자가 그 창작된 정보의 유통을 배타적으로 통제할 수 있는 사적 권리를 창설하는 권한을 입법자에게 주고있는 것이다. 이인호, "지적재산권의 헌법적 한계", 『CLIS Monthly』, 2002, 11면.

기술자 등의 특별한 보호를 명시하고 있으나 이는 과학·기술의 자유롭고 창조적인 연구개발을 촉진하여 이론과 실제 양면에 있어서 그 연구와 소산所産을 보호함으로써 문화창달을 제고하려는 데 그 목적이 있는 것이며 이에 의한 하위법률로써 저작권법, 발명보호법, 특허법, 과학기술진흥법, 국가기술자격법 등이 있는 것이다.12)

저작권 보호에 관한 헌법적 근거는 창작성 있는 저작물에 한정된다. 따라서, 창작성이 없거나 그 보호의 제한이 가하여진 저작물에 대해서는 다른 논의의 접근이 요구된다고 하겠다. 즉 저작물에 대한 권리를 부여함에 있어서 복제, 전송, 배포 등의 개별권리를 저작권자에게 부여함에 있어서 이는 창작물에 대한 권리이며, 저작권법상 보호대상이 되는 저작물에 한정된다. 저작권법 또는 헌법적 근거를 상실하거나 갖지 못한 저작물에 대해서는 창작성과 다른 논의가 필요하며, 특히 기술적 보호조치의 유형에 있어서 이용통제가 아닌 접근통제는 더욱 그러하다고 하겠다. 다만, 이용통제가 복제통제라는 개념의 다른 표현이라는 점에서 '이용'을 저작권법에서 별도로 정의하지 않고있기 때문에 혼동을 가져올 수 있겠지만 '이용'이라는 통상적인 행위에 대해서는 저작권법은 별도로 제한을 두지 않고 있다.

다만, 쉬링크랩이라는 형태로 비닐 포장을 도서 등에 부가하여 임의의 '이용'을 제한하는 경우도 있지만 이는 엄밀한 의미에서 '접근'을 통제하는 유형이라고 볼 수 있을 것이다. 그렇지만 접근통제는 쉬링크랩과 같이 이용자의 접근 자체를 금지하는 것이기 때문에 누구라도 이용할 수 있는 상태에 놓여지지 못한다는 결론에 도달하게 된다. 결국, 이러한 이유 때문에 접근통제형 기술적 보호조치는 헌법 제22조 제2항 내지 제23조를 근거로 하기보다는 제15조(직업의 자유) 등을 그 근거로 볼 수 있을 것이다.13)

---

12) 헌법재판소 1993.11.25 선고 92헌마87 결정.

13) 이규홍, 『저작권법상 기술적 보호조치의 법적 보호에 관한 연구』, 연세대학교 박사학위논문, 2009.2, 49면[이하, 이규홍, 『저작권법상 기술적 보호조치의 법적 보호에 관한 연구』].

Ⅲ. 접근통제에 따른 사실상의 권리로서 접근권

1. 접근통제에 따른 접근권의 형성

가. 의의

정보에 대한 자유로운 접근이 가지는 의미는 입법을 통해 저작권자의 권리를 제한함으로써 이용자가 반사적으로 얻는 이익으로 그 의미를 한정할 것은 아니라고 본다. 왜냐하면, 저작권법에서 명시적으로 밝히고 있듯이 저작권법은 문화창달을 목적으로 하기 때문이다. 그러나 디지털 환경에 있어서 정보의 자유로운 접근자체가 저작권자에게는 권리침해라는 형태가 많다고 판단하여, WIPO에서는 기술적 보호조치를 조약의 주요한 개념으로 규정하고 있으며, 우리나라를 비롯하여 상당수의 회원국은 기술적 보호조치를 입법화하고 있다.14)

기술적 보호조치의 범위는 복제통제에서부터 접근통제까지 다양한 스팩트럼을 형성하고 있다.15) 오래전부터 퍼블릭도메인에 대한 이용자의 접근은

---

14) 기술적 보호조치를 포함한 기술적 조치가 일정한 범위에서 법적으로 보호됨으로써 저작권보호가 강화되고 저작권 보호의 강화로 인하여 인터넷 시대에 보다 많은 정보와 지식이 생산 및 유통될 수 있기 때문에 기술적 보호조치의 법적 보호는 일반 공중의 이익에 합치된다는 견해가 입법론에 힘을 주게 되어 국제조약에 반영된 것이라고 한다(권경현, "DRM 기술의 현황과 법적 과제", 『Law & Technology』(제2권 제6호), 2006.11, 70면; 정상조, 『지적재산권법』, 홍문사, 2004, 420면[이하, 정상조, 『지적재산권법』]). 그렇지만 초기 조약에서 입법적인 의도와 현재 기술적 보호조치를 통하여 얻고자 하는 권리자 등의 의도의 차이는 많은 차이가 난다는 점은 기술환경의 변화에 '법의 예측가능성'이 쉽게 확보될 수 있는 것은 아니라는 점을 보여준다고 하겠다. 따라서 입법자의 입법적 고려가 깊어져야할 것을 보여주는 예라고 하겠다. 그렇지만 2006.12.1일자로 개정된 저작권법의 개정과정은 이러한 고려가 깊다고 볼 수 없는 것은 아닌지 하는 의문을 가진다.

자유로운 것이었으나, 기술적 보호조치의 도입과 일시적 복제의 논의가 진행
되면서부터 접근권에 대한 논의가 구체화되고 있다. 즉 저작물에 대해 기존
의 자유로운 이용에서 벗어나 저작권자의 배타적 권리의 하나로 볼 것인지,
아니면 기존과 같이 이용자가 자유롭게 저작물에 접근할 수 있는 권리로서
이용자권으로 볼 것인지에 대한 논의라고 할 것이다.[16]

다만, 현재까지는 접근권을 어떠한 개념으로 볼 것인지에 대한 합치된 결
론은 없으며, 지속적으로 논의가 진행 중에 있다. 이러한 논의의 과정에서
접근권에 대해 일반인이 저작물을 파악하는 방법을 통제할 권리[17] 또는 보
호되는 저작물에 대한 이용자의 접근을 통제할 저작자의 배타적 권리[18]로
정의하기도 한다.[19]

---

15) 기술적 보호조치에 대한 참고자료는 이영록, 『기술조치의 보호입법에 관한 연구』
(저작권연구 자료 38), 저작권심의조정위원회, 2001[이하 이영록, 『기술조치의 보
호입법에 관한 연구』]; 이상정 외, 『기술조치 및 권리관리정보의 보호 연구』, 문화
관광부, 1999; 김형렬, 『기술보호조치의 보호에 관한 고찰』, 경희대학교 석사학위
논문, 2000; 윤선희·신재호 등, 『디지털콘텐츠의 기술보호조치 보호방안에 관한 연
구』(정책연구 01-03), 한국소프트웨어진흥원, 2001 등 참조.

16) 물론, 접근권은 헌법상 억세스권(right of access to mass media)으로서의 알권리와는
차이가 있는 개념이라고 할 것이다. 즉 억세스권은 일반국민이 자신의 사상이나 의
견을 발표하기 위하여 언론매체에 자유로이 접근하여 그것을 이용할 수 있는 권리
를 말하기 때문이다. 권영성, 『헌법학원론』, 법문사, 2003, 472면.

17) The access right was implicit in the reproduction and distribution rights under
copyright in the days before mass market copying devices. The copyright owner
controlled access by choosing how to make the work available. Jane C. Ginsburg,
From Having Copies to Experiencing Works: the Development of an Access Right
in U.S. Copyright Law, 50 JCPS 113, FN27(2003).

18) Thomas Heide, Copyright in the EU and U.S.: What 'Access-Right'?, 48 J. Copy.
SOC'Y 363, 365(2001).

19) 이와 같이 접근권에 대한 정의에 관해 긴스버그 교수 및 Thomas Heide의 문헌을
통하여 이대희 교수가 인용하고 있다. 이대희, "디지털 환경에서의 접근권의 인정
에 관한 연구", 106면.

나. 접근통제와 접근권의 상관

일반적인 기술적 보호조치의 의무화에 대해 WIPO 저작권조약(WCT) 제11 조(기술 조치에 관한 의무)는 "체약 당사자는 이 조약 또는 베른협약상의 권리의 행사와 관련하여 저작자가 이용하는 효과적인 기술 조치로서 자신의 저작물 에 관하여 저작자가 허락하지 아니하거나 법에서 허용하지 아니하는 행위를 제한하는 기술 조치를 우회하는 것에 대하여 충분한 법적 보호와 효과적인 법적 구제 조치에 관하여 규정하여야 한다."라고 규정되어 있다. 그렇지만 미국은 이러한 의무에 더하여 DMCA를 입법하면서 접근통제라는 새로운 개 념을 법제화한 것이다. 즉 기존의 저작물에 대한 자유로운 접근을 허용하던 저작권법 체계와는 달리 접근 자체를 통제함으로써 저작권자의 권리영역을 확보해준 것이라고 하겠다. 이로써 접근권에 대한 논의의 중심은 저작권법이 허용하는 접근(이용)을 기술적 보호조치를 통하여 제한하면서부터 접근권이 사실상의 권리로서 저작권자에게 부여되고 있다.

실질적으로 이용자가 당해 저작물이나 퍼블릭도메인에 접근하고자할 때, 기술적 보호조치가 이루어진 저작물에 대해서 이용할 수 없게 된다. 이는 분 명 저작권법상 부여된 권리의 한 형태는 아니지만 실질적인 권리를 지난 형 태로서 접근권이 형성되고 있음을 보여주는 것이다. 그렇지만 특정한 저작물 에 접근하여 복제방식이 아닌 기술적 방법으로 이용하는 것이 과연 접근권 으로서 성립할 수 있는 지와 만약 성립될 수 있다면 당해 권리의 주체는 누 가 되어야하는가에 대한 논란이 제기된다.

접근권을 저작권자의 배타적 영역으로 존립시키는 것이 과연 타당한지는 의문이라고 할 것이다. 왜냐하면 이미 이용자는 퍼블릭도메인의 영역에서 저 작물에 대한 접근이 자유로웠다는 점에서 이를 제한당하는 것은 권리관계의 상당한 불균형을 초래하는 것이기 때문이다. 따라서 기술적 보호조치로써 간 접적인 형태의 접근권을 부여한다면, 이용자에게도 이를 해제하도록 요청할 수 있는 권리로서 이용권을 부여하는 것에 대해서 논의할 필요가 있다. 즉 접근권에 대한 권리주체를 저작권자로 볼 것인지 아니면, 이를 이용자의 이용권의 한 형태로 볼 것인지에 대한 논의라고 할 것이다. 하지만, 한미FTA에서도 접근통제를 규정하도록 되어있기 때문에 자연스럽게 접근권에 대한 논의가 구체화될 것으로 생각된다.

2. 접근권의 법적 성질

WIPO에서도 접근권에 대한 논의가 이루어진 바는 없지만 DMCA의 제정에 있어서 미국 의회는 접근권에 대한 우려에 대해 논의가 이루어진 바있다.[20] 우리 저작권법은 아직 접근통제형 기술적 보호조치에 대해 규정한 바가 없기 때문에 접근권이 입법화되었다고 보기는 어렵다. 다만, 한미FTA에서는 접근통제형 기술적 보호조치에 대해 입법화하도록 합의되었기 때문에 특별한 사정이 없는 한 접근통제는 우리법에서 규정될 수밖에 없게된다. 따라서, 접근통제는 이용자가 자유롭게 저작물에 접근하여 이용할 수 있는 접근을 통제하는 권리로서 그 역할을 하게될 것이며, 이를 무력화하는 것에 대해서는 저작권 침해와 동일한 제재가 가해지기 때문에 접근권은 저작권과 유사한 것으로 볼 수밖에 없을 것이다. 물론, DMCA에서도 접근권을 하나의 권리로 보지는 않으나 사실상의 권리로서 인정되고 있다는 점에서 그 우려가 크게 다르지 않다고 하겠다.[21]

---

20) DMCA 입법과정에서 "새로이 창조된 권리는 일반인이 정보에 접근하는 것을 상당히 감소시킴으로써 연구자, 저작자, 비평가, 학자 및 소비자들이 정보를 검색하거나 인용하거나, 기타 저작물을 공정하게 이용하는 것을 감소시킬 수 있다"는 논의가 있었다고 한다. 신도욱, 『디지털밀레니엄 저작권법상의 접근권에 관한 연구』, 서울대학교 석사학위논문, 2009, 59면 참조[이하, 신도욱, 『디지털밀레니엄 저작권법상의 접근권에 관한 연구』].

21) DMCA의 가장 큰 특징은 접근통제를 회피하는 행위 자체를 금지하고 있다는 점이다. 이것은 접근권 자체를 명문으로 인정하고 있지는 않지만 접근권을 가장 직접적으로 인정하고 있다는 평가를 받고있는 대목이라고 하겠다. 신도욱, 『디지털밀레니

그러나 이렇게 배타적 권리나 통제할 권리로서 접근하는 것이 과연 타당한 지는 의문이다. 왜냐하면, 지금까지 이용자가 자유롭게 저작물에 접근해왔기 때문에 이를 기술적인 수단을 통하여 통제하는 것은 합목적성에 반하는 것이라고 보기 때문이다. 따라서 접근권은 정보에 대한 알권리로서 언론법상의 접근권의 개념인지, 단순하게 정보를 열람할 수 있는 것인지, 아니면 법적 권원(power)22)으로 볼 것인지 등 접근권에 대한 많은 논의가 있으며, 접근권이 이용자에게 있느냐에서부터 저작권자의 배타적 권리의 하나로 볼 수 있지 않겠느냐라는 의견까지 다양하다고 하겠다.23) 또한 이러한 접근권은 기술적인 통제를 통하여 이루어질 수 있기 때문에 '유사 저작권'(paracopyright)이라고도 한다.24)

3. 접근권 인정의 한계

가. 상대적 독점권의 절대적 독점권화

독점은 경쟁을 방해할 뿐만아니라 일단 독점을 획득한 주체에 대하여서도 더 이상 자기혁신의 동기를 부여하지 못한다.25) 이러한 독점은 특허든 저작권이든 공개의 대가에 따라 부여된 독점권을 통해 행사될 수 있다. 절대적인 독점권인 특허와 같이 저작권의 경우에도 기술적 보호조치를 통하여 상대적

엄 저작권법상의 접근권에 관한 연구』, 51면.

22) 법적 권원(power)으로 보는 주장은 Thomas Heide, op.cit. at 365 참조.

23) 접근을 통제할 수 있는 배타적 권리로서 접근권에 대해 최종이용자의 정보접근에 대한 권리가 아니라 저작권자의 통제능력이 핵심적 요소라고 한다. 문제가 되고있는 접근권은 저작물의 최초 접근뿐만 아니라 반복적인 접근·이용을 허락할 수 있는 능력에 관한 것으로 볼 수 있다. 따라서 문제가 되는 것은 권리가 아니라 권능인 것에 유의할 필요가 있다고 한다. 김병일, "기술적 보호조치와 접근권 인정여부에 관한 고찰", 『디지털재산법연구』(제4권 제1호), 2005.12, 24면.

24) Dan L. Burk, Anticircumvention Misuse, 50 UCLA L. Rev. 1095, 1096(June, 2003).

25) 권영준, 『저작권침해판단론』, 박영사, 2007, 56면[이하, 권영준, 『저작권침해판단론』].

독점권인 저작권을 절대적인 독점권으로 변모시키게 된다.

접근권과의 문제는 접근권의 부여뿐만 아니라 그로 인하여 발생할 수 있는 이용자의 퍼블릭도메인에 대한 접근의 제한을 통하여 저작권법의 균형점이 깨트려질 수 있다는 점이다. 그러나 무엇보다 우선 고려해야할 사항은 접근권이 공표를 보호요건으로 하고 있는 저작권법의 목적에 합리적인지에 대한 것이다. 기술적 보호조치가 저작권자의 권리보호라는 일방의 합리성을 근거하여, 이용자체를 저해하거나 더욱이 저작권법의 목적에도 배치될 수 있는 권리를 저작권자에게 부여함으로써 사실상의 접근을 제한하는 것이 과연 창작을 유도하는 저작권법의 체계와 맞는지 의문이기 때문이다.

책자 형태의 도서나 자료는 누구나 접근이 가능한 저작물이었지만 온라인이나 전자적 매체로 전달되는 저작물에 접근통제형 기술적 보호조치가 부가된 경우는 접근 자체가 차단된다. 따라서, 접근이 차단된 경우에는 당해 저작물을 직접 인식하기에는 어려움이 생기게 된다. 이러한 차단은 결국 저작권자에게 접근을 허용할 것인지에 대한 권한을 부여함으로써 저작권자로서의 지위에 더하여 접근통제자로서의 지위를 추가적으로 부여받게 되는 결과를 가져온다. 접근통제자의 지위는 접근권을 가지는 것과 다르지 않기 때문에 저작권법은 사실상의 새로운 권리(de facto access right of copyright owner)를 저작권자에게 부여하는 결과를 가져오게 되는 것이다. 그 결과 저작권자는 자신의 저작물에 대해 저작권법상의 제한과 예외를 가지는 규정에 대해서도 구애됨이 없이 기술적으로 당해 저작물에 대한 통제를 하게 된다. 따라서, 이용자는 통제권을 벗어나지 못하는 경우에는 당해 저작물에 대한 이용자체가 불가능하며, 공정한 이용의 형태로 규정된 제반 규정에도 불구하고 저작물을 이용할 수 없는 결과를 가져오게 된다.

나. 저작권 제한규정의 실효失效

재산권은 사권이기 때문에 일정한 제한을 둘 수 있으며, 우리 헌법 및 저작권법은 저작권을 일정한 경우에 제한하는 '저작권 제한규정'을 두고 있다. 그러나 디지털 기술에 따른 저작권 침해를 통제하기 위하여 기술적 보호조치가 도입된 결과, 제한규정과 기술적 보호조치의 충돌이 예상된다. 왜냐하면, 기술을 통하여 저작권법의 목적이라고 할 수 있는 공정한 이용을 담보하는 저작권 제한규정을 배제하는 것이 과연 저작권법이 추구하는 목적에 맞는 것인지 의문이기 때문이다. 즉 저작권법은 보호와 이용을 규정하고 있으며, 문화의 창달을 목적으로 하고 있는 법임에도 불구하고, 기술적 보호조치를 통하여 저작권자를 보호하고자 하는 저작권법은 이용에 대해 배려가 있었다고 볼 수 없기 때문이다. 이러한 이유 때문에 기술적 보호조치에 대한 입법론에 대해서 재고를 주장한 경우도 있다.26)

더욱이, 저작권 제한규정은 저작권법이 보호하는 저작자의 권리를 제한하는 규정이므로 저작권법상의 권리가 아닌 기술적 보호조치에 관한 규정보다 우위에 있다고 해석해야 하며, 따라서 그 한도 내에서 기술적 보호조치의 적용이 제한되어야 한다는 것은 옳은 해석이다. 하지만 양자 사이를 규율하는 특칙이 없다고 해서 저작권제한 사유가 우선시 된다고 단정을 하는 것으로는 충분치 않으며, 저작권제한사유의 보다 확실한 관철이 법적으로 뒷받침될 필요가 있다.27) 그렇지 않고서는 디지털 영역에서는 기술적 보호조치를 포

---

26) 즉 "저작물이나 데이터베이스에 대한 기술적조치의 보호는 이용자들의 정당한 감상이나 이용을 부당하게 위축 내지 제한하는 결과를 초래하는 것으로 입법론적인 재고"를 주장하기도 한다. 정상조,『지적재산권법』, 홍문사, 2004, 276면. 그렇지만 이러한 우려나 주장에도 불구하고 이미 저작권법에서 배제할 수 없는 규정이 된 점에 대해서는 다른 대안이 없다는 점이 유감스러울 따름이다. 따라서, 기술적 보호조치에 대한 논의의 방향은 이용에 대한 합리성을 담보할 수 있는 근거를 마련해야한다. 왜냐하면, 이러한 노력이 저작권에 대해서 배타적인 권리를 부여하고 있는 헌법이념과 저작권법의 목적을 위한 최소한이라고 보기 때문이다.

27) 실제, 저작권 제한규정이 강행규정인지 임의규정인지 다툼이 있는 것은 사실이다. 그렇지만 임의규정이라고 한다면 계약을 통해서 저작권 제한규정을 형해화시킬 수 있기 때문에 이를 단정할 수 없다. 더욱이 기술적 보호조치보다 우선한다고 보는 것이 입법취지에 맞다고 보나 실제에 있어서는 기술이 법에 우위에 있기 때문에

함한 DRM 관련 기술을 무력화시킬 수 있는 능력을 가진 자만이 저작권제한 규정의 혜택을 누릴 수 있을 뿐이기 때문이다. 따라서 기술적 보호조치 규정과 저작권제한규정 사이의 상호관계를 명확히 함과 동시에 모든 이용자들이 저작권이 제한되는 한도 내에서 기술적 보호조치에도 불구하고 적절한 자유 이용을 보장받을 수 있는 입법적 수단이 강구되어야 할 것이다. 구체적으로는 저작권제한 사유에 해당하는 경우에 이용자에 의한 기술적 보호조치의 무력화를 허용하는 것뿐만 아니라, 기술적 보호조치를 장착한 권리자에게 그러한 조치를 무력화 내지 우회할 수 있는 적절한 수단을 해당 이용자에게 제공하도록 의무지우는 것이 필요하다고 본다.[28]

다. 기술 혁신의 저해

저작권법이 저작권자에게 독점권을 부여한 것은 저작행위로 발생하는 결과물의 보호를 통한 인센티브를 제공함으로써 또다른 창작을 유도하는 정책적 판단에 의한 것이다. 그렇지만 창작의 유인인 권리부여방식의 한계로 인하여 기술에 의지하여 보호가 필요하게 되어 고안된 기술적 보호조치는 이유야 어찌되었든 간에 저작물에 대해 이용을 제한하기 위하여 통제를 하게 됨으로써 이용자는 당해 저작물의 이용에 저해를 받게 된다.

그러나 앞서 살펴본 바와 같이 기술적 보호조치에 의한 저작권의 보호는 그 결과 특허와 같은 절대적 독점권의 형성을 유도하게 된다. 이로 인하여, 시장에 의하여 저작물의 시장성을 판단하게 되는 것이 아니라 저작권자의 작의적인 판단에 의하여 이루어지기 때문에 시장이 붕괴될 우려가 제기된다. 물론 역분석을 허용하고 있지만 기술을 갖지 못한 일반인의 접근은 금지된다는 점에서 저작권법의 취지와 맞지 않다.[29]

실제적인 효력을 상실할 수 있다는 문제를 갖게 된다.
28) 최성필, "DRM 시스템의 법적 보호와 그 한계", 『비교사법』(제13권 3호), 2006, 548-549면.

또한, 저작권자가 기술적 보호조치를 이용하여 접근을 통제하게 되면 본래 의도하는 불법복제의 방지보다는 경쟁관계에 있는 제품의 출현을 막기위해 남용될 수 있다는 점이다.[30] 이로써, 본래의 시장에 부수하는 저작물의 개발이나 제작이 이루어질 수 없게 된다. 그렇게 되면 2차시장(after market)이 형성될 수 없게 된다.[31] 또한, 사실상의 표준을 배제함으로써 후발사업자는 사실상의 표준을 활용할 수 없기 때문에 경쟁에 있어서 매우 불리한 입장에 서게 됨으로써 기술적 보호조치는 아이디어·표현이분법의 원칙을 훼손하게 된다. 결과적으로 저작권자에게도 불리하게 작용하게 되며, 네트워크 효과를 가져올 수 없게 될 것이다.

라. 정리

이와같이 접근통제형 기술적 보호조치는 예견치 못하거나 적어도 예측에 있어서 과실에 가까운 주의를 해태한 결과를 가져오는 것과 다름이 없기 때문에 접근통제형 기술적 보호조치에 대한 구체적인 예외가 필요로 하게된다. 그렇지 않으면, 보호기간이 만료된 경우에도 통제하는 아주 불합리한 결과를 저작권법이 조장하는 결과를 가져오게 된다. 결국, 저작권자는 새로운 기술적 수단을 통하여 이용자에 대한 접근을 제한하는 권리남용의 행태를 보여주게 될 것이다.[32] 기술적 보호조치는 저작권자의 자구책이라고 할지라도 결과적으로 발생하는 문제는 전혀 작지 않다고 볼 수 있기 때문에 이에 대한 개선방안을 찾을 필요가 있다. 우선적으로 고려할 사항은 이미 프랑스 저작권법의 입법시에 많은 논란이

---

29) 신도욱, 『디지털밀레니엄 저작권법상의 접근권에 관한 연구』, 60면.
30) 이종구, "디지털저작물과 접근권", 『산업재산권』(제20호), 2006.8, 203면.
31) 신도욱, 『디지털밀레니엄 저작권법상의 접근권에 관한 연구』, 96면.
32) 또한, 궁극적으로 기술적 보호조치는 다양한 접근 기회를 차단하고 저작권법상 권리형태로의 이용이 아닌 '열람'행위에 대해서까지 사실상의 권리화하는 문제가 발생하기 때문에 이는 국민의 표현의 자유는 물론 알권리까지 침해할 수 있다고 본다.

되었던 기술적 보호조치의 상호관련성을 확보할 수 있는 근거와 예외에 대한 구체적 적용에 관한 규정을 두는 것이 필요하다. 물론, 이 경우에 그 요건을 확인할 필요가 있다면 저작권자와 이용자의 입장을 반영하는 기구를 통하여 이를 판단할 수 있도록 해도 될 것이다. 또한 일정한 경우, 부가된 기술적 보호조치를 원권리자가 의무적으로 해제하거나 적어도 기술적 보호조치위원회에 이를 해제할 수 있는 기술을 기탁(escrow)하도록 의무규정을 두는 것도 하나의 방법이다. 그렇기 위해서는 중립적 형태의 기술적 보호조치위원회의 설치가 선행되어야 할 것이다.

Ⅳ. 접근권 남용의 구제로서 저작권 남용법리

기술적 남용의 형태는 쉬링크랩이나 클릭랩라이선스를 통하여, 저작권법이 부여한 권한 이상의 것을 부여하거나 기술적인 방법으로 기술적 보호조치의 우회를 금지하는 방법을 사용할 때 특허나 저작권 남용은 그 역할을 한다.[33) 그렇지만 "기술적 보호조치를 통하여 저작권법에 의해 저작자에게 부여된 통제범위 밖의 행위를 규제하는 내용을 담고있는 계약에 이용자가 동의하도록 강제하기 위한 수단으로 활용될 수 있는데, 이용자가 저작물을 이용하기 위해 접근하는 단계에서 기술조치를 적용하고 이용자가 저작물에의 접근을 위해 기술조치를 통과하는 조건으로 그 저작물의 이용과 관련하여 저작권법으로 보호되지 않는 저작물의 이용행위에 대해서 보호할 것을 추가적인 조건에 동의하도록 강제할 수 있다"고 한다.[34)

---

33) Dan L. Burk, op.cit. at 1132.; 지적재산권 남용법리는 원래 특허권의 남용에서 시작하여 상표권 및 저작권으로 인정범위가 확대되어 왔다고 한다. 이문지, "미국의 지적재산권 남용 규제", 『기업법연구』(제17집), 2004. 6, 288면.

그러나 기술적 보호조치의 의도가 저작권법이 보호하지 못하는 영역에 있어서 기술적 수단을 통하여 저작권자가 스스로 보호조치를 강구한 것으로 볼 수 있지만, 저작권법의 보호대상이 아닌 퍼블릭도메인에 대해서까지 보호를 요구하는 것은 기술적인 수단을 가진 저작권자 또는 권리자의 남용으로 볼 수 있을 것이다.[35]

1. 저작권에 있어서 권리남용

가. 개념

권리남용이라 함은 외형상으로는 권리의 행사인 것과 같이 보이나, 구체적인 경우에 실질적으로 검토할 때에는 권리의 공공성·사회성에 반하는 권리 본래의 사회적 목적을 벗어난 것이어서, 정당한 권리의 행사로서 인정할 수 없는 행위를 말한다.[36] 권리남용은 권리의 행사시에 적용되는 것으로, 다양한 사례에 따라서 다르게 판단될 수밖에 없다.

저작권의 경우, 저작권이라는 특수한 형태의 재산권의 행사에 있어서 민법상의 일반원칙인 권리남용원칙을 재산권의 행사나 제한에 있어서 적용이 가능할 것이라고 본다.[37] 물론, 저작권자의 권리남용 형태의 권리행사에 대해서 어떠한 통제를 할 수 있을 것인지 의문이 생기지 아니할 수 없다. 그러

---

34) 임원선, 『저작권보호를 위한 기술보호조치의 법적 보호에 관한 연구』, 동국대학교 박사학위논문, 2003, 47면.

35) Jason Sheets, Copyright Misused: The Impact of the DMCA Anti-circumvention Measures on Fair & Innovative Markets, 23 Hastings Comm. & Ent. L.J. 1, 21-22 (2000, Fall).

36) 곽윤직, 『민법총칙』, 박영사, 2002, 64면.

37) 지적재산권의 남용을 주로 불공정거래행위와 결부시켜 파악하고 있는 미국과는 달리 우리는 저작권 남용의 항변을 민법상의 권리남용의 항변의 연장선상에서 파악하고 있다고 한다. 권영준, 『저작권침해판단론』, 44면.

나 저작권이라는 권리의 행사에 있어서도 주관적, 객관적 요건을 판단함으로써 적용할 수 있음은 당연하다고 하겠다.

저작권법상 권리남용이 적용될 수 있는 경우를 보면, 저작권자가 저작물 이용계약을 체결하는 과정에서 저작권법이 저작물의 자유로운 이용을 보장하기 위하여 입법정책적으로 설정한 사항들 예를 들어, 저작재산권 제한, 저작물 보호기간 등을 계약자유에 근거하여 그 적용을 배제시키려고 하는 경우에 나타날 수 있다. 이와 같이 계약자유에 근거하여 저작권법이 이루어놓은 저작권자와 일반공중간의 정치한 균형을 깨뜨리는 행위는 저작권 체계에 대한 도전이라고 볼 수 있다. 따라서 이러한 행위들을 어떻게 규제하느냐는 저작권법의 형해화를 막을 수 있는 중요한 문제이다.[38]

나. 요건

저작권 남용이 성립되기 위해서는 저작권의 행사와 그 행사의 위법성 판단기준이 필요하다. 권리의 행사는 그 권리가 권리자에 의하여 적극적이든 소극적이든 행사되어질 것을 전제로 한다. 그러나 저작물 이용허락 거절 등 저작권의 소극적 행사가 저작권 남용으로 인정될 수 있는가에 대하여는 의문이다. 헌법상 권리자는 자신의 권리를 공공의 복리를 위하여 이용할 사회적 의무가 있는 것이므로 저작권자가 정당한 이유없이 저작권을 행사하지 아니하였을 경우 이를 저작권 남용으로 보는 것은 이론상 불가능한 것은 아니다. 학설도 권리의 불행사가 남용이 될 수 있음을 인정하는 것이 일반적이다.[39] 따라서 경우에 따라서는 저작권의 소극적 행사도

---

38) 유대종, 『저작권 남용의 법리에 관한 연구』, 178면.
39) 저작권의 불행사로 인하여 발생한 실효도 권리남용으로 제한될 수 있다고 본다. 즉 저작권자가 저작권침해가 발생하였지만 그 권리행사를 지나치게 게을리 하였고, 상대방도 저작권자가 더 이상 권리행사를 하지 않으리라고 믿을 만한 정당한 사유가 있게 된 경우에, 새삼스럽게 권리행사를 하는 것이 신의칙에 반하는 경우에는 그 권리행사는 권리남용으로서 허용되지 아니한다고 한다. 송영식·이상정, 『저작권법개설』, 세창출판사,

저작권 남용으로 볼 수 있을 것이다.[40)

1) 주관적 요건

권리남용인지 여부의 판단은 권리의 행사를 통해서 할 수 있기 때문에 먼저 권리의 행사라고 볼 수 있는 외형이 있어야 할 것이다. 저작권법과 관련된 판례로는 벅스뮤직 사건으로, 민법상 권리가 남용되었는지 여부를 판단함에 있어 가해의사 내지 목적이라고 하는 주관적 요건을 그 성립요건으로 들고 있다. 저작권 남용이 성립되기 위해서는 "주관적으로 그 권리행사의 목적이 오직 상대방에게 고통을 주고 손해를 입히려는 데 있을 뿐 행사하는 사람에게 아무런 이익이 없는 경우"라고 하여 저작권자의 가해의사 내지 목적이라고 하는 주관적 요건을 저작권 남용의 성립요건으로 보고 있다.[41) 그러나 학설은 민법상 권리남용의 성립요건으로서 가해의사 내지 목적이라고 하는 주관적 요건은 단지 객관적 요건에 부수하여 권리남용의 성립을 강화하는 부차적 요소에 지나지 않는 것으로 보고, 주관적 요건이 결여된 경우에도 권리남용이 성립될 수 있다는 데에는 이설이 없다.[42)

2007, 315면. 또한, 동 내용에 대해서는 박익환, "저작권침해소송에서의 기본 공격방어 방법", 『법학연구』, 2001, 171-172면에서도 인용하고 있다.

40) 유대종, 『저작권 남용의 법리에 관한 연구』, 193면.

41) 벅스뮤직 사건에서 채무자는 ① 현행 저작권법은 저작인접권자에게 전송권을 부여하지 않고 있는데, 저작인접권자인 음반제작자가 복제권에 기하여 방송 또는 전송 목적으로 제작되는 음악파일의 제작을 금지할 수 있다고 하면 이는 저작인접권자에게 방송권 또는 전송권을 부여하는 것과 같은 결과를 가져오게 되고 ② 저작권법 제62조는 '이 장 각 조의 규정(저작인접권에 관한 규정을 말한다.)은 저작권에 영향을 미치는 것으로 해석되어서는 아니 된다.'고 규정하고 있는데, 저작인접권자인 채권자들의 신청이 인용되면, 저작권법 제62조의 정신을 침해하여 저작자의 방송권 및 전송권을 침해하며 ③ 채권자들이 실질적으로 얻는 이익은 적은데 비해 채무자가 입는 불이익은 현저하게 커서 권리남용에 해당하므로 허용되어서는 아니 된다고 주장하였다. 수원지방법원 성남지원 2003. 6. 25. 2002카합280 음반복제등 금지가처분 결정.

42) 곽윤직, 『민법총칙』, 박영사, 2002, 66면.

상표권의 경우이지만, "상표권자가 당해 상표를 출원·등록하게 된 목적과 경위, 상표권을 행사하기에 이른 구체적·개별적 사정 등에 비추어, 상대방에 대한 상표권의 행사가 상표사용자의 업무상의 신용유지와 수요자의 이익보호를 목적으로 하는 상표제도의 목적이나 기능을 일탈하여 공정한 경쟁질서와 상거래 질서를 어지럽히고 수요자 사이에 혼동을 초래하거나 상대방에 대한 관계에서 신의성실의 원칙에 위배되는 등 법적으로 보호받을 만한 가치가 없다고 인정되는 경우에는, 그 상표권의 행사는 비록 권리행사의 외형을 갖추었다 하더라도 등록상표에 관한 권리를 남용하는 것으로서 허용될 수 없고, 상표권의 행사를 제한하는 위와 같은 근거에 비추어 볼 때 상표권 행사의 목적이 오직 상대방에게 고통을 주고 손해를 입히려는 데 있을 뿐 이를 행사하는 사람에게는 아무런 이익이 없어야 한다는 주관적 요건을 반드시 필요로 하는 것은 아니다"[43]라고 일관되게 판시한 바 있다.

따라서, 저작권도 다른 일반 재산권 행사와 같이 가해의사 내지 목적이라는 저작권자의 내부심증을 입증한다고 한다고 하는 것은 지극히 곤란한 것이 사실이기 때문에 저작권자의 객관적 사실행위에 기초하여 주관적 요건을 추정하는 것이 바람직하다고 할 것이다.[44]

2) 객관적 요건

객관적 요건으로는 그 권리의 행사가 신의성실의 원칙, 공공복리[45], 공평

---

43) 대법원 2007.1.25 선고 2005다67223 판결; 대법원 2007.2.22. 선고 2005다39099 판결 등.
44) 유대종, 『저작권 남용의 법리에 관한 연구』, 194면.
45) 권리남용이라 함은 권리자가 그 권리를 행사함으로 인하여 사회적, 경제적으로 얻는 이익 보다 상대방에게 과대한 손해를 입히는 결과가 됨에도 불구하고, 권리자가 권리행사라는 구실로 상대방에게 손해를 가할 것만을 목적으로 하거나 또는 객관적으로 우리의 통념상 도저히 용인될 수 없는 부당한 결과를 자아내는 등 공공복리를 위한 권리의 사회적 기능을 무시하고, 신의성실의 원칙과 국민의 건전한 권리의식에 반하는 행위를 하는 것을 뜻한다. 대법원 1991. 10. 25. 선고 91다

의 이념, 사회의 윤리관념, 공서양속과 도의[46], 사회질서[47], 정의, 권리의식, 권리의 경제적·사회적 목적[48] 등에 반하는 경우에 해당하며, 학설 역시 대체로 이상의 것들을 그 기준으로 들고 있다.[49] 특히, 우리 헌법 제23조 제2항에서는 "재산권의 행사는 공공복리에 적합하도록 하여야 한다"라고 규정함으로써 객관적 요건을 기준으로 하고 있음을 알 수 있다.[50]

이와같은 요건을 기준으로 하여, 권리남용의 객관적 요건이 다툼이 되었던 저작권 관련된 사건인 벅스뮤직 사건[51]에서는 "권리행사가 사회질서에 위반된다고 볼 수 있어야 하는 것이며, 이와 같은 경우에 해당하지 않는 한 비록 그 권리의 행사에 의하여 권리행사자가 얻는 이익보다 상대방이 잃을 손해가 현저히 크다 하여도 그러한 사정만으로는 이를 권리남용이라 할 수 없다"라고 하여 저작권 남용이 성립하기 위한 객관적 요건으로 '사회질서 위반'을 들고 있다.[52]

27273 판결.

46) 권리의 행사가 사회생활상 도저히 용인될 수 없는 부당한 결과를 야기하거나 또는 타인에게 손해를 줄 목적만으로써 하여지는 것과 같은 공서양속에 위반하고 도의상 허용될 수 없는 것으로 인정될 때에는 그는 권리남용이 되어 그 권리의 행사는 금지된다. 대법원 1962. 3. 22.선고 61다1392.

47) 민법이 금하고 있는 권리남용의 법리라 함은 첫째로 권리행사자의 주관적 입장에서 볼 때에 그 권리행사가 그 행사자에게 도움을 가져오게 하려는 의식 보다도 오히려 그 권리행사로 말미암아 그 행사를 받는 자에게 불이익을 주려는 의식이 농후하여야 할 것이요, 둘째로는 객관적 입장에서 볼 때에 그 권리행사가 우리의 사회질서에 어그러진다고 인정될 경우에 해당하여야 될 것이다. 대법원 1962. 4. 18. 선고 61다1512.

48) 대법원 1983. 10. 11. 선고 83다카335 판결.

49) 곽윤직 편집대표, 『민법주해(1)』, 박영사, 2002, 191면.

50) 손주찬, 『신법학통론』, 박영사, 2002, 77면.

51) 수원지방법원 성남지원 2003. 6. 25. 선고 2002카합280 결정.

52) 유대종, 『저작권 남용의 법리에 관한 연구』, 194-195면.

2. 접근권에 의한 저작권의 남용

현행 법제하에서는 기술적 보호조치에 의해 제한되거나 차단될 때에 이용자가 주장할 수 있는 방법을 제공해주지 못하고 있다. 저작권이라는 사권私權에 대해서는 일정한 경우에 자유로운 이용을 보장해주고 있음에도 기술적인 수단을 통해서 이를 차단하는 것은 사권이 존재하는 이유를 몰각하는 것이라고 하겠다.[53]

접근권의 남용은 일반적인 권리남용의 형태와 달리, 기술적인 메커니즘을 통하여 저작권의 이용을 제한하는 것을 말한다. 최근의 정보기술의 발전에 따라 저작권자 또는 디지털콘텐츠의 제작자는 자신의 저작물이나 콘텐츠에 대해 암호화, 접근통제 등 기술적 보호조치를 통하여 접근을 통한 이용자체를 금지하거나, 영구적인 사유화를 꾀하고 있는 것이다.

가. 주관적 요건

접근권의 남용에 있어서 주관적 요건에 대한 판단은 기본적으로 이용자 및 시장의 경쟁을 제한함으로써 실질적으로 당해 저작물의 이용을 배제시키는 경우에 해당한다고 할 것이다.

접근권의 남용은 저작권의 권리남용과 같이 그 요건이 필요한 것은 사실

---

53) 즉 "법은 궁극적으로 사회전체의 향상과 발전에 봉사하여야 하는 것으로 법이 사권을 인정하여 보호하는 이유도 궁극적으로는 사회전체의 향상과 발전이 그 구성원인 개개인의 발전을 통하여 가장 효율적으로 이루어질 수 있다고 보기 때문이므로 사권은 결국 사회전체의 이익에 반해서는 존재할 수 없다는 결론에 이르게 된다. 이 점에서 사권의 개념 자체에 이미 공공성 또는 사회성이 내재되어 있다고 할 수 있고, 따라서 권리의 행사가 외관상으로는 적법한 것으로 보여도 실질에 있어서는 권리의 사회적·경제적 목적 또는 사회적으로 허용되는 한계를 일탈한 것이라면 이에 대한 법적 보호, 즉 법률효과를 부여할 수 없게 된다." 곽윤직 대표집필, 『민법주해』, 박영사, 2004, 183면.

이나 이러한 행사자체를 기술적으로 차단할 필요성이 제기되고 있다. 즉 기술적 보호조치를 사적인 권리인 저작권의 행사를 제한함으로써 권리행사의 효과를 담보할 수 있다는 점에서 저작권법제 등에서 허용하고 있는 기술적 메커니즘이라고 할 수 있다. WCT 등에서 이러한 기술적 보호조치 또는 권리관리정보에 대한 의무사항을 규정함으로써 각국은 디지털 환경에 있어서 필요한 사항을 중심으로 입법하고 있다. 그렇지만 문제는 새로운 환경에 따라 등장한 기술적 보호조치가 단순히 권리자를 보호하는 기능외에 이용자가 저작물에 자유롭게 접근하는 것까지 통제함으로써 권리자의 독점적 이익의 보호와 이용자의 정당한 이용권이라는 저작권법의 균형을 깨드리고 있다는 점이다.[54)]

기술적 보호조치 등이 저작권자의 권리보호에는 효율적일지는 모르나 저작물을 이용하기 위한 이용자의 지위 또는 권리를 상당히 약화시킬 수 있다. 따라서, 이용자가 의도하는 이용 자체가 금지되는 결과를 가져오며 이로써 저작권자에게는 특별하게 이익을 가져오는 것이라고 보기는 어렵다고 하겠다. 그렇기 때문에 기술적 수단에 의해 권리없는 자, 또는 권리행사가 유보된 경우에 있는 자의 권리행사는 주관적 요건을 합치하는 저작권법상 권한의 남용이라고 볼 수 있는 것이다.[55)]

---

54) 방석호, "글로벌·디지털 시대의 저작권 문제-한미FTA를 중심으로", 『방송연구』 (2007년 겨울호), 11면.

55) 그러나 인정될 수 있는 지에 대한 의문은 기술적 보호조치가 가지는 폐해는 예측되지만 이미 저작권법을 통하여 인정되고 있는 기술적 기능이기 때문에 이를 단정적으로 권리남용으로 볼 수 있는가이다. 기술적 보호조치가 기술적남용으로 판단되기위해서는 특정 기술 내지 특정 기술이 응용된 저작물이나 퍼블릭도메인을 이용할 수 없도록 사적 규제가 이루어지는 경우를 개별적으로 판단하여야할 것이기 때문이다.

나. 객관적 요건

객관적 요건을 보면, 공익적 측면에서 이용을 제한하는 것과 다름이 없다고 하겠다. 따라서, 저작권법에 규정된 이용자의 공정한 이용이 배제되는 유형에 해당하는 경우라면 객관적 요건을 충족할 수 있을 것이다. 즉 보호기간이 만료된 저작물에 기술적 보호조치를 부여함으로써 이용자의 자유로운 이용을 배제하거나 사실 정보와 같은 누구나 이용이 가능한 정보에 대해서 접근을 제한하는 경우도 포함된다. 또한, 저작권 제한규정에 해당하는 제반 요건을 배제하는 경우도 해당한다고 본다.

더욱이, 접근권 내지 기술적 보호조치에 관한 입법이 기술적으로 보호되는 콘텐츠 자체에 대한 부당이용을 방지하기 위한 것이 아니라, 경쟁을 제한하는 등의 목적으로 사용될 수 있다는 비판이 제기되고 있으며,56) 이에 해당하는 대표적인 사례가 후술할 Lexmark 전자 카트리지 사건이라고 할 것이다.57)

다만, 저작권법에 접근제한 조치에 대한 무력화를 허용하는 경우라면 객관적 요건을 충족한 것이라고 볼 수 없으나 실제 기술적 보호조치를 해제할 수 있는 기술력을 갖고있지 못하는 이용자라면 만족할 수 있을 것이다.

3. 저작권 남용에 따른 효과

가. 일반적 효과

권리남용에 해당하는 경우에는 그 권리행사는 위법한 것으로 평가되어 법적 보호가 주어지지 아니하게 되고 정상적인 권리행사에 따르는 법적 효과가 발생하지 아니한다.58) 즉 당해 권리의 행사는 정상적인 법률효과를 가져

---

56) Dan L. Burk, "Anticircumvention Misuse," 50 UCLA A. REV. 1095, 1110 (2003).
57) Lexmark Int'l, Inc. v. Static Control Components, 387 F.3d 522, (6th Cir.2004).
58) 곽윤직 편집대표, 『민법주해(1)』, 박영사, 2004, 201면[이하, 곽윤직 편집대표, 『민

오기가 어렵다고 할 것이며, 청구권인 경우에는 법률이 강제하지 못하고, 형성권이면 효과가 발생하지 않게 되며, 그 결과 손해가 발생한 경우에는 손해배상의 책임이 있게 된다.[59]

아래에서는 기술적 보호조치 등 기술적 수단을 통하여 발생된 권리남용의 경우에 어떠한 효과가 발생하게 되는지에 대해 살펴보기로 한다. 기술적 보호조치를 이용자가 해제할 수 있는 정도의 기술력을 가지고 있는 경우와 그렇지 못한 경우를 나누어서 살펴보기로 한다. 다만, 해제할 수 없는 경우는 해제할 수 있는 경우의 요건을 포함하여, 부가적으로 기술적 보호조치의 해제를 요구할 수 있는 권한 내지 방법을 제공해주는 정도까지 되어야 저작권법이 규정하고 있는 목적과도 부합한다고 본다.

나. 이용자의 기술적 보호조치 해제기술 유무에 따른 효과

1) 이용자가 기술적 보호조치를 해제할 수 있는 경우

저작권자의 권리행사가 퍼블릭도메인에 해당하는 저작물의 이용을 제한하는 경우에는 권리남용의 요건에 합치할 수 있을 것이다. 이러한 경우에 권리행사는 실효가 될 것이고, 그에 따른 손해배상청구나 금지청구권의 행사는 유지되기 어렵다고 하겠다. 즉 저작권자가 가지고 있는 배타적인 권리에 따라 저작권법이 인정하고 있는 손해배상청구권, 금지청구권, 명예회복청구권 등을 행사할 수 있으나 저작권의 행사가 권리남용에 해당한다면 저작권의 행사자체가 실효失效되기 때문에 정상적인 권리행사에 따른 법률효과가 발생하기 어렵다는 점이다.[60]

법주해』].

59) 곽윤직, 『민법총칙』, 67면.

60) 저작권자가 저작권 침해에 따른 위와 같은 청구권들을 행사할 수 있다 하더라도 저작권자의 권리행사가 권리남용으로 인정되면, 그 권리의 행사는 위법한 것이 되어 법적 보호가 주어지지 않고 정상적인 권리행사에 따르는 법적 효과가 발생하지 아니한다. 유대종, 『저작권 남용의 법리에 관한 연구』, 224면.

결국 기술적 권리남용을 통하여 얻을 수 있는 효과는 퍼블릭도메인에 대한 자유로운 접근을 가져올 수 있다는 점이다. 그러나 적극적으로 기술적 권리남용을 조장하는 조치에 대해서 이용자나 법이 이의 해제를 요청할 수 있어야할 것이다. 물론, 현행 법제하에서는 일정한 경우에 기술적 보호조치의 해제를 허용하고 있으나, 그 이외의 경우에 사적인 해제조치가 타당한 지는 의문이라고 할 것이다.[61]

2) 이용자가 기술적 보호조치를 해제할 수 없는 경우

이용자가 기술적 보호조치를 해제하지 못한 경우에는 이용자가 권리자 또는 기술적 보호조치를 행한 자에 대하여 당해 기술적 보호조치의 해제를 청구할 수 있는 권한이 부여되어어야할 것이다. 물론, 권리남용에 해당한 경우에는 권리행사 자체가 위법한 상태로 놓이게 되면 권리행사자는 이를 제거해야할 의무를 부담하게 되고, 남용행위를 계속·반복하는 것은 허용되지 아니한다.[62]

따라서, 이용자가 직접 권리자에게 청구할 수 없거나 권리자를 확인할 수 없는 경우에 대비하여 기술적 보호조치를 해제할 수 있는 키를 에스크로우할 수 있는 제도적 뒷받침이 수반되어야할 것이다. 이는 입법적으로 해결해야할 문제이며, 현재는 기술적 보호조치를 해제할 수 있는 기술을 가지지 못한 경우에는 당해 기술적 보호조치의 해제를 청구함으로써 당해 저작물을 이용할 수 있는 상태를 마련해 주어야할 것이다.

---

61) 저작권자가 자신의 저작물에 대한 접근을 어렵게 하는 것은 금지될 수 없다. 그러나 다른 사람이 그러한 기술적 장애를 우회하는 것이 금지되어서는 않된다. 그렇지 않으면 단순히 기술조치로 저작물을 암호화하는 행위만으로 권리자들은 저작권이 부여하는 것보다 더 많은 권리를 소비자들에게 행사할 수 있게되기 때문이다. 이러한 현상을 코헨의 정리라고 한다. Julie E. Cohen, Some Reflections on Copyright Management Systems and Laws Designed to Protect Them, 12 Berkeley Tech. L.J. 161, 178, note 74(1997).

62) 곽윤직 편집대표, 『민법주해』, 201면.

사적복제의 경우이지만 최근 프랑스의 판결은 저작권에 대한 예외와 제한
은 권리가 아니라 면책특권에 불과하다며 기술적 보호조치를 무력화한 피고
의 항변에 대해 이를 '면책특권을 행사할 권리(right to exercise such privileges)'
로 보아 보호한다고 한다.[63]

V. 저작권 남용 관련 사례 및 대안

1. 기술적 보호조치의 남용사례

가. Lasercomb America v. Reynolds 사건[64]

기술적 보호조치에 의한 계약의 형태로써 연방제4항소법원의 Lasercomb
America v. Reynolds 사건이 최초로 미국에서 인정된 저작권 남용사건으로
볼 수 있다.[65] 동 사건에서 연방 제4항소법원은 Holiday Steel이 Lasercomb의

---

63) 전성태·전수정, "DRM이 저작물의 이용에 미치는 법률문제에 관한 소고", 『계간저
    작권』(제75호), 2006.9, 77면 참조.
64) Lasercomb America, Inc. v. Reynolds 911 F.2d 970(4th Cir. 1990).
65) 피고 Holiday Steel은 판지상자의 생산을 위한 강철룰 형판 생산분야에서 Lasercomb
    와 경쟁관계에 있는 회사였다. Lasercomb는 CAD/CAM소프트웨어(소프트웨어명 :
    Interact)를 본격적으로 판매하기에 앞서 1983년 4개의 CAD/CAM 소프트웨어를
    Holiday Steel에게 이용허락 하였다. Holiday Steel은 Lasercomb의 소프트웨어에 대
    한 기술적 보호장치를 무력화하여 3개의 불법복제물을 만든 후 1985년 Lasercomb
    의 Interact와 유사한 소프트웨어(제품명:PDS-1000)를 개발·판매하였다. 이에 Lasercomb
    는 Holiday Steel의 이러한 행위가 저작권 침해, 계약위반, 영업비밀 침해, 부정경
    쟁, 사기, 성명표시권 등의 위반을 주장하면서 PDS-1000의 판매금지명령을 청구하
    였고, 연방지방법원은 Lasercomb의 청구를 인용하였다. 이에 피고 Holiday Steel은
    비록 자신이 Interact를 복제하였으나 Lasercomb의 표준이용허락 계약서에서는 컴
    퓨터 기반의 강철 룰 형판 제조용 소프트웨어의 개발을 원천적으로 금지하고 있는
    데 이러한 행위는 저작권 남용에 해당된다고 주장하였다. Lasercomb의 표준이용허

기술적 보호조치를 무력화하여 Interact를 복제한 행위는 Lasercomb의 저작권을 침해하는 행위이며, 이를 변형하여 PSD-1000과 Interact간의 차별을 시도한 행위는 위법한 행위라고 보았다. 그러나 연방제4항소법원은 특허법 및 저작권법의 기원과 변천, 판례법의 발전을 검토한 후, 특허법과 저작권법을 보호하는 배경이라고 할 수 있는 공공정책(public policy)이 매우 유사함으로 권리남용 항변이 특허법뿐만 아니라 저작권법에도 적용될 수 있다고 보았다. 따라서 어떠한 행위가 반드시 독점규제법 위반이어야만 저작권 남용이 성립되는 것은 아니며, 저작권 남용은 원고가 자신의 저작권을 이용하는 방법이 저작권을 부여하는 배경이라고 할 수 있는 공공정책에 반하는지 여부를 그 성립요건으로 하여야 한다고 판시하였다.

또한, 연방제4항소법원은 Lasercomb는 타인이 Interact를 복제하는 것을 금지시킬 수는 있지만, 소프트웨어 이용자가 어떠한 종류의 컴퓨터 기반 강철 룰 형판 제조용 소프트웨어를 만들 수 없도록 한 행위는 새로운 창조적 표현을 억제하는 것이 사실이다. 따라서 이와 같이 창조적 표현을 억제하는 것은 저작권법의 궁극적 목적에 반하는 것이므로 저작권의 범위를 벗어난 것이며 이러한 저작권 행사는 저작권법에 내재된 공공정책에 반하는 것이라고 판시하였다. 나아가 연방제4항소법원은 Lasercomb는 기술적 보호조치 및 저작권을 이용하여 성문법에서 인정하는 정당한 권리범위밖에 존재하는 경쟁을 제한하고자 하였다고 판단하였다. 즉 표준이용허락 계약서상의 계약조건은 컴퓨터 기반의 강철 룰 형판 제조용 소프트웨어의 개발에 필요한 아이디어에

락 계약서에서는 Lasercomb와 이용허락계약을 체결한 회사의 임원 및 종업원은 계약기간과 계약기간 종료 후 1년 동안 즉 99년간 저작권자의 서면에 의한 동의없이 강철 룰 형판 제조용 소프트웨어를 설계, 개발, 생산 및 판매할 수 없도록 규정되어 있었다. Holiday Steel은 이러한 표준이용허락 계약에 서명한 바 없으므로 이용조건에 구속되지 않는다고 주장하였으나 연방지방법원은 피고의 주장을 인정하지 않았다. 연방지방법원은 이러한 조항의 반경쟁성 여부를 판단함에 있어서는 독점규제법상의 합리성의 원칙에 근거하여 판단하여야 하고 소프트웨어 분야의 복잡하고 난해한 특징을 감안할 때, 문제의 계약내용은 적법하다고 판시하였다. 656 F.Supp. 61.

대한 접근과 이용을 제한하는 결과를 초래하였고 보았다. 또한, Holiday Steel
이 Lasercomb의 표준이용허락 계약서에 서명하지 않았기 때문에 Holiday
Steel은 본 계약의 당사자라고 볼 수 없으며 저작권 남용으로 인한 손해가 발
생하지 않았다 하더라도 저작권 남용의 원칙은 적용될 수 있다고 판시하였
다.66) 동 사건이후로 미국 법원들은 전반적으로 저작권 남용이론으로써 인
용하기 시작하였다고 한다.67)68) 기술적 보호조치는 그 자체로는 남용이 되
는 것은 아니지만, 그것이 퍼블릭도메인에 대해서까지 독점적 권한을 확대하
는 통제장치(lock)로 사용되는 경우에는 저작권 남용이 될 수 있다. 더욱이, 경
쟁이 곤란한 상태에 대해서까지 라이선스와 결합하여 법적 보호를 받는 기
술적 보호시스템을 사용하는 것 또한 저작권 남용이 될 수 있다고 한다.69)

나. PS2 모드칩(mode chip) 사건70)

본 사건은 PS2의 모드칩을 설치하여 불법복제된 CD를 PS2가 인식하게 만

---

66) Toshiko Takenaka, Extending the new Patent Misuse Limitation to Copyright :
Lasercomb America, Inc. V. Reynolds, 5 Software L.J. 739, 749-750(December
1992); 본 사건에 대한 본문의 인용은 유대종, "미국에서의 저작권 남용의 법리에
관한 개괄적 검토", 『디지털재산법연구』(제7호), 2006.6, 128-129면 참조; 본 사건
은 대법원에 상고되지 아니하였다. 왜냐하면, Interact는 더 이상 유효한 프로그램
이 되지 아니하였고, Lasercom은 표준라이선스 계약의 반경쟁 조항을 더 이상 사용
하지 않음으로써 저작권남용을 치유하였기 때문이라고 한다. Scott A. Mkskimon,
Divorcing Public Policy from Economic Reality: the Fourth Circut's copyright Misuse
Doctrine in Lasercomb America, Inc. v. Reynolds, 69 N.C. L. Rev. 1672, 1673 FN
8(September, 1991).

67) DSC Commun. Corp. v. DGI Technologies, Inc., 81 F.3d 597 (5th Cir. 1996); Prac.
Mgt. Info. Corp. v. AMA, 121 F.3d 516 (9th Cir. 1997); Qad v. ALN, 770 F.
Supp. 1261 (N.D. Ill. 1991).

68) Jason Sheets, op.cit. at 13.

69) Jason Sheets, op.cit. at 22.

70) 대법원 2006.2.24 선고 2004도2743 판결.

드는 것에 대해 대법원은 기술적 보호조치 위반을 들어 컴퓨터프로그램보호법의 위반을 인정한 사건이다.[71)]

법원은 "엑세스 코드나 부트롬만으로 이 사건 게임프로그램의 물리적인 복제 자체를 막을 수 없겠지만, 통상적인 장치나 프로그램만으로는 엑세스 코드의 복제가 불가능하여 설사 불법으로 게임프로그램을 복제한다 하더라도 PS2를 통한 프로그램의 실행은 할 수 없는 만큼, 엑세스 코드는 게임프로그램의 물리적인 복제를 막는 것과 동등한 효과가 있는 기술적 보호조치에 해당한다고 할 것이고, 따라서 피고인이 모드칩을 장착함으로써 엑세스 코드가 없는 복제 게임 CD도 PS2를 통해 프로그램 실행이 가능하도록 하여 준 행위는 법 제30조 제2항[72)] 소정의 상당히 기술적 보호조치를 무력화하는 행위에 해당한다고 봄이 상당하다. 같은 취지인 원심의 판단은 정당하고, 거기

---

71) 당해 사건에서, 소니 엔터테인먼트사가 제작한 플레이스테이션 2라는 게임기 본체(이하 'PS2'라고 한다)에서만 실행되는 이 사건 게임프로그램은 CD-ROM이나 DVD-ROM과 같은 저장매체(이하 'CD'라고 한다)에 저장되어 판매되고 있는데, 그 정품 게임 CD에는 게임프로그램 외에도 엑세스 코드(Access Code)가 수록·저장되어 있고, PS2에는 부트롬(BOOT ROM)이 내장되어 있어 PS2에 삽입되는 게임 CD에 엑세스 코드가 수록되어 있는지를 검색한 후 엑세스 코드 없이 게임프로그램만 저장된 CD는 프로그램 실행이 되지 않도록 설계되어 있는 사실, 한편, 통상적인 장치나 프로그램에 의해서도 이 사건 게임프로그램의 복제는 가능하지만 엑세스 코드의 복제는 불가능하기 때문에 불법으로 복제된 게임 CD로는 PS2에서 프로그램을 실행할 수 없는 사실, 피고인이 PS2에 장착하여 준 모드칩(Mod Chip, 일명 '블루메시아칩'이라 한다)이라는 부품은 엑세스 코드가 수행하는 역할을 대신하는 것으로서, 엑세스 코드 없이 게임프로그램만 복제·저장된 CD가 PS2에 삽입되더라도 PS2의 부트롬으로 하여금 엑세스 코드가 수록되어 있는 정품 CD인 것으로 인식하게 함으로써 불법으로 복제된 게임 CD도 프로그램 실행이 가능하도록 하는 장치인 사실을 인정할 수 있다.
72) 컴퓨터프로그램보호법 제30조 제2항 누구든지 상당히 기술적보호조치를 무력화하는 기기·장치·부품 등을 제조·수입하거나 공중에 양도·대여 또는 유통하여서는 아니되며, 기술적보호조치를 무력화하는 프로그램을 전송·배포하거나 기술적보호조치를 무력화하는 기술을 제공하여서는 아니된다.

에 상고이유로 주장하는 바와 같은 기술적 보호조치에 관한 법리오해 등의 위법이 있다고 할 수 없다"고 판시하였다.[73]

　동일한 사안이 호주에서도 쟁점화 되었는데, 2005.10.6. 호주 최고법원은 1심 법원의 판시를 원용하면서, ⅰ) 저작권법은 기술적 보호조치를 우회하는 행위를 형사처벌하고 있으므로 해당 규정을 지나치게 넓게 해석할 경우 인권 침해 등의 문제가 발생할 수 있는 점, ⅱ) 기술적 보호조치는 저작권 침해를 방지하는 장치로 해석되어야만 하는데, 이 사건에서는 CD를 복사하는 과정에서 저작권을 침해하는 복제행위가 이미 행하여졌고 이사건에서의 기술조치는 그 후에야 접근을 차단한다는 점, ⅲ) 기술적 보호조치를 지나치게 넓게 해석하는 것은 저작권의 독점을 지나치게 넓히는 결과를 가져온다는 점 등의 이유로, 이 사건에서의 기술조치는 저작권법상의 기술적 보호조치에 해당하지 아니한다고 판시하였다.[74]

　양법원의 차이에 대해 기술적 보호조치에 관하여 호주 저작권법은 '저작권이나 기타의 보호대상에 대한 권리의 침해를 방지하거나 억제하기 위한 것'

---

[73] 헌법에 위반되는지에 관하여, "컴퓨터프로그램보호법 제30조 제2항은 프로그램의 복제품을 정당한 권원에 의하여 소지·사용하는 자가 개인적으로 프로그램저작물을 이용하는 행위를 제한하기 위한 것이 아니라, 다수의 사람이 프로그램저작물을 불법적으로 이용할 수 있도록 기술적 보호조치의 무력화장치를 전파하는 행위 등을 제한하고자 하는 것이고, 특정 프로그램저작물을 정당하게 구입한 자가 그 프로그램저작물의 원본을 보호할 목적으로 기술적 보호조치를 무력화하여 복제물을 생성하는 것은 법 제30조 제1항 제3호, 제14조에 의하여 허용되는 것이므로, 법 제30조 제2항이 프로그램저작물의 적법한 취득자의 원본 보호를 위한 복제행위를 부당하게 제한하는 것으로서 헌법 제23조, 제10조에 위반된다는 상고이유의 주장은 받아들일 수 없다"고 판시 하였다.

[74] 호주 최고법원이 이와 같은 해석을 한 이유는 다음과 같다. 첫째, 기술적 보호조치를 우회하는 행위를 형사처벌하는 점이다. 둘째, 기술적 보호조치의 정의에 대한 진정한 해석은 침해를 방지하는 장치로 해석되어야만 한다는 점이다. 셋째, 기술적 보호조치를 지나치게 확대해석하는 것은 저작권의 독점을 지나치게 넓히는 결과를 가져온다는 점이다. 강기중, 『대법원판례해설』, 법원도서관, 2006, 171면.

이라고 하여 우리나라의 컴퓨터프로그램보호법의 '이 법에 의한 권리를 보호하는 핵심기술 또는 장치'보다 구체적으로 한정하여 규정하고 있으므로, 호주 최고법원의 해석이 그대로 우리나라에서도 타당하다고는 할 수 없다고 보고 있다.75)

본 사건은 기술적 보호조치에 대해서 명확하게 규정한 컴퓨터프로그램보호법의 해석에 있어서 법리의 오해가 있는 것으로 생각된다. 왜냐하면, 기술적 보호조치를 "프로그램에 관한 식별번호·고유번호 입력, 암호화 및 기타 법에 의한 권리를 보호하는 핵심기술 또는 장치 등을 통하여 프로그램저작자에게 부여된 공표권, 성명표시권, 동일성유지권과 프로그램을 복제·개작·번역·배포·발행 및 전송할 권리 등 프로그램저작권에 대한 침해를 효과적으로 방지하는 조치"로 보고 있기 때문이다. 그럼에도 법원은 CD의 불법복제와 모드칩은 전혀 별개의 행위로 인하여 이루어진 것임에도 불구하고 이를 같은 행위로 봄으로써 그 위법성을 인정한 것이라고 하겠다. 물론, 현행 컴퓨터프로그램보호법의 기술적 보호조치의 해석은 협의의 해석과 광의의 해석으로 견해가 나뉘어질 수 있다. 전자는 기술적 보호조치를 프로그램저작권 침해행위의 발생 자체를 물리적으로 방지하는 조치로 이해하는 견해(제1설)와 후자는 프로그램저작권 침해행위의 발생 자체를 물리적으로 방지하지 않더라도 간접적으로 그러한 행위의 실행을 억제함으로써, 프로그램저작권의 보호를 도모하는 것까지도 포함하는 견해(제2설)로 나누어 볼 수 있다.76)

본 사건에서 대법원은 광의의 의미를 해석하여 적용한 것이 아닌가 생각된다. 그렇지만 입법자의 의도가 기술적 보호조치의 우회를 차단하는 것이었다고 하더라도, 처벌규정에 있어서 형벌명확성의 원칙, 죄형법정주의 등에 위배된 것이라고 볼 수밖에 없다. 죄형법정주의는 범죄와 형벌이 법률로 정

---

75) 최성준, "기술적 보호조치 무력화 행위에 관하여 - 대법원 2006.2.24. 선고 2004도 2743 판결-", 『LAW & TECHNOLOGY』(제2권 제3호), 2006.5, 123-124면.

76) 강기중, http://www.lawnb.com/lawinfo/case/pop_keyNotelist_view.asp?win_type= new&caseid=00160919[2006.5.25 방문].

하여져야 함을 의미하는 것으로 이러한 죄형법정주의에서 파생되는 명확성
의 원칙은 누구나 법률이 처벌하고자 하는 행위가 무엇이며 그에 대한 형벌
이 어떠한 것인지를 예견할 수 있고 그에 따라 자신의 행위를 결정지울 수
있도록 구성요건이 명확할 것을 의미하는 것이다.[77]

　본 판결은 저작권의 자유롭고 합리적인 이용을 과도하게 제한하는 판결이
라는 견해도 있으며,[78] 호주 대법원이 판결한 바와 같이 저작권법의 독점적
인 인정 여부 및 공정한 경쟁을 억제할 수 있는 점에서 너무 쉽게 기술적 보
호조치의 무력화를 인정한 것은 아닌지 하는 아쉬움이 남는다.[79]

---

77) 여기서 구성요건이 명확하여야 한다는 것은 그 법률을 적용하는 단계에서 가치판
　　단을 전혀 배제한 무색투명한 서술적 개념으로 규정되어져야 한다는 것을 의미하
　　는 것은 아니고 입법자의 입법의도가 건전한 일반상식을 가진 자에 의하여 일의적
　　으로 파악될 수 있는 정도의 것을 의미하는 것이라고 할 것이다. 따라서 다소 광범
　　위하고 어느 정도의 범위에서는 법관의 보충적인 해석을 필요로 하는 개념을 사용
　　하여 규정하였다고 하더라도 그 적용단계에서 다의적(多義的)으로 해석될 우려가
　　없는 이상 그 점만으로 헌법이 요구하는 명확성의 요구에 배치된다고는 보기 어렵
　　다 할 것이다. 그렇지 않으면 처벌법규의 구성요건이 지나치게 구체적이고 복잡하
　　게 정형화되어 다양하게 변화하는 생활관계를 제대로 규율할 수 없게 될 것이기
　　때문이다. 헌법재판소 1989.12.22 선고 88헌가13 결정.
78) 정준모, "PS2 모드칩 설치의 기술적 보호조치 위반여부"「저작권 문화」, 2006 5.,
　　19면.
79) 더욱이, 호주 최고법원의 판결은 법리적, 법해석적 판단도 작용을 했지만, ⅰ) 소니
　　엔터테인먼트사가 Access Code와 Boot Rom을 설치함에 있어 부당한 지역제한을
　　둔 것에 대한 소비자들의 반발, ⅱ) 다국적기업이면서 일본에 근거를 둔 소니 엔터
　　테인먼트사의 부당한 통제 및 요구에 대한 자국의 소비자보호, ⅲ) 소비자들의 정
　　당한 게임기 이용 또는 사회통념상 합리적인 게임기 이용 등에 무차별적 형사처벌
　　을 한다면 형법의 보충성에 반하여 큰 사회적 혼란을 야기할 수 있고 게임시장을
　　위축시킬 수도 있다는 사회현실 등 정책적 판단을 근거로 한 것으로 보는 견해도
　　있다. 정준모, "PS2 모드칩 설치의 기술적 보호조치 위반여부"『저작권 문화』,
　　2006 5., 19면.

다. 전자 카트리지 사건,

Lexmark Intern., Inc. v. Static Control Components, Inc.[80]

본 사건의 사실관계를 보면,[81] 원고 렉스마크(Lexmark)社는 레이저 및 잉크젯 프린터 제조사이며, 1991년부터 프린터와 자사 프린터의 리필(re-fill)用 토너 카트리지를 판매해 왔다. 렉스마크사는 회수 약정이 된 카트리지(Prebate cartridge)와 회수 약정이 되어 있지 않은 카트리지(non-Prebate cartridge)를 제조하였는데, 전자는 가격이 싸지만 일회용이며, 다 쓰고 난 후에는 다시 제조사에게 재활용하도록 돌려주어야 한다. 그리고 오직 렉스마크사가 만든 카트리지로 리필해야 하는 제약이 있으나 후자는 이러한 제약이 없다. 한편, 피고 Static Control Components는 재생토너 카트리지를 제조하는 회사에게 카트리지에 사용될 마이크로 칩을 제조·판매하는 회사이다. 문제가 된 것은 피고가 제조한 스마텍칩이다. 이 칩은 렉스마크사 외의 제3자 제조의 카트리지를 렉스마크社의 프린터에 작동할 수 있게 한다. 피고는 자사 칩과 렉스마크 프린터와의 상호호환성(interoperability)을 위해 토너로딩 프로그램 코드와 스마텍 칩을 복제했다. 결국, 원고는 (i) 스마텍 칩을 생산한 피고가 토너 로딩프로그램을 불법으로 복제한 것이 저작권 침해이고, (ii) 토너 로딩 프로그램으로의 접근을 회피함으로써 DMCA §1201(a)(1)(A)[82]를 위반했고, (iii) 스마텍 칩을 판

---

80) Lexmark Int'l, Inc. v. Static Control Components, 387 F.3d 522, (6th Cir.2004).
81) 한편, 렉스마크사는 회수 약정이 된 카트리지에 프린터와 카트리지 내 마이크로칩 간의 "비밀스런 악수(secret handshake)"를 수행하기 위한 "연속 인증(authentication sequence)"를 도입했다. 이것은 다른 회사가 리필한 카트리지는 작동하지 못하는 기능을 한다. "연속인증"과 관련된 프로그램은 토너 로딩 프로그램(Toner Loading Program)과 프린터 엔진 프로그램(Printer Engine Program)이다. 토너 로딩 프로그램의 주된 기능은 카트리지에 남아있는 토너의 양을 측정하는 것이고, 프린터 엔진 프로그램은 프린터의 다양한 기능을 조절하는 것이다. 그리고 박스에는 다 쓴 카트리지를 다시 렉스마크에게 돌려주도록 하기 위해 쉬링크랩 약정이 포함시켰다. 본 사건에 대한 판례는 신도욱, 『디지털밀레니엄 저작권법상의 접근권에 관한 연구』, 100-106면을 기본으로 하였다.

매함으로써 DMCA §1201(a)(2)[83]를 위반했다고 소를 제기했다.

이에 따라 법원은 몇가지 쟁점을 판단하였으며, 첫째, '효과적인 접근 통제의 의미'를 판단함에 있어서 렉스마크는 스마텍 칩이 DMCA §1201(a)(2)의 도구 거래 금지 위반에 해당한다고 주장했다. 즉 스마텍 칩은 렉스마크의 저작물인 토너 로딩 프로그램과 프린터 엔진 프로그램으로의 접근을 효과적으로 통제하는 장치인 연속 인증(authentication sequence)을 회피하는 것이라고 주장했다. 이에 법원은 연속 인증(authentication sequence)은 토너 로딩 프로그램으로의 접근을 통제하는 것이 아니라고 하고, 또한 프린터 엔진 프로그램으로의 접근을 통제하는 것도 아니라고 했다. 그래서 연속 인증은 DMCA에서의 효과적으로 접근을 통제하는 장치가 아니라고 판시했다.

둘째, '공정이용 항변'에 있어서, 법원은 피고가 기능적 호환성을 위해 토너 로딩 프로그램을 복제한 것이지 렉스마크사의 창조적 표현(creative expression)을 이용하기 위해서 복제한 것은 아니라고 판단해서 공정이용 법리의 첫째 요건은 충족했다고 판시했다. 그리고 공정이용의 네 번째 요건과 관련해서, 법원은 토너 카트리지 시장에 강조를 둔 것이 아니라 저작물 시장 그 자체에 중점을 두었다. 즉 토너 로딩 프로그램 자체의 시장에 한정을 두고 시장에

---

82) DMCA §1201(a)(1)(A) 누구든지 본 편 법전상 보호되는 저작물에의 접근을 효율적으로 통제하는 기술조치를 우회하여서는 아니된다. 앞 구절에 규정된 금지는 본 장의 제정일로부터 2년후에 시행된다.

83) DMCA §1201(a)(2) 누구든지 다음의 기술, 제품, 서비스, 장치, 구성품, 또는 그의 부품을 제조, 수입, 공개 제의, 또는 기타 불법 거래하여서는 아니 된다.
   (A) 일차적으로, 본 편 법전상 보호되는 저작물에의 접근을 효과적으로 통제하는 기술조치를 우회하기 위한 목적으로 디자인되거나 생산되는 것,
   (B) 본 편 법전상 보호되는 저작물에의 접근을 효과적으로 통제하는 기술조치를 우회하는 것 이외에는 단지 제한적인 상업적으로 의미 있는 목적이나 용도를 가지는 것, 또는
   (C) 본 편 법전상 보호되는 저작물에의 접근을 효과적으로 통제하는 기술조치를 우회하는 데에 사용될 것을 알면서 그에 의하여, 또는 그와의 공조 하에 움직이는 다른 사람에 의하여 판매되는 것.

미치는 영향을 판단했다. 그러나 법원은 스마텍 칩이 토너 로딩 프로그램 시장에 영향을 미치는 것에 인정하지 아니하였다.

셋째, '역분석의 예외에 해당 여부'에 있어서, 피고는 자사의 제품이 상호 호환성을 위한 것이어서 DMCA §1201(f)[84]에 규정되어 있는 역분석에 해당한다고 주장했다. 하지만 법원은 피고의 스마텍 칩은 "독립적으로 창조된 컴퓨터 프로그램(independently created computer program)"에 해당하지 않아서 위 예외에 해당될 수 없다고 판시했다.

본 사건은 DMCA의 접근 통제 규정을 이용하여 본 제품과 부품 간의 호환성(compatibility)을 위한 접근 코드를 보호함으로써 본 제품의 2차 시장에서의 제품 거래를 독점화하려는 시도의 예로 평가되며, 이렇게 2차 시장에서의 경

---

84) DMCA §1201(f) 리버스 엔지니어링 : (1) (a)항 (1)호 (A)의 규정에도 불구하고, 합법적으로 컴퓨터 프로그램의 복제물을 이용할 권리를 취득한 자는 오로지 독자적으로 창작된 프로그램의 다른 프로그램과의 호환성을 확보하기 위하여 필요한, 그렇지만 이전에는 그에게 쉽게 알려지지 아니한 프로그램의 요소를 확인하고 분석하기 위한 목적을 위하여, 그러한 확인과 분석 행위가 본 편 법전상 침해를 구성하지 아니하는 한 그 프로그램의 특정한 부분의 접근을 효과적으로 통제하는 기술적 조치를 우회할 수 있다.

(2) (a)항 (2)호 및 (b)항의 규정에도 불구하고 (1)호 상의 확인과 분석을 가능케 할 목적상, 즉 독자적으로 창작된 컴퓨터 프로그램의 다른 프로그램과의 호환성을 확보하기 위한 목적상, 기술조치를 우회하기 위하여 또는 기술조치에 의하여 제공된 보호를 우회하기 위하여, 그러한 수단이 그러한 호환성을 확보하기 위하여 필요한 경우에, 그리고 그러한 행위가 본 편 법전상 침해를 구성하지 아니하는 한, 기술적 수단을 개발하고 사용할 수 있다.

(3) (1)호상 허용되어진 행위를 통하여 습득된 정보와 (2)호상 허용되어진 수단들은 각각 (1)호와 (2)호에 언급된 자가 그러한 정보와 수단을 오로지 독자적으로 창작된 프로그램의 다른 프로그램과의 호환성을 확보하기 위하여 필요한 목적을 위하여 제공하는 경우에, 그리고 그렇게 하는 것이 본 편 법전의 침해를 구성하거나 본 조 이외의 다른 법률을 위반하지 아니하는 한 다른 사람들의 이용에 제공될 수 있다.

(4) 본 항의 목적상 '호환성'이란 정보를 교환하고, 교환된 정보를 상호 이용할 수 있는 컴퓨터 프로그램의 능력을 의미한다.

쟁을 억제하는 것은 본 제품의 시장(foremarket)에서의 경쟁에도 악영향을 미친다. 즉 2차 시장에서의 이익을 얻기 위해 본 제품의 가격을 내림으로써 본 제품에서 확고한 위치를 점하지 못한 경쟁업체의 시장 진입을 가로막는다.[85] 결국, 피고의 행위는 음악이나 기타 저작권이 있는 콘텐츠에 대하여 불법행위를 가한 것과 전혀 관계가 없으며, 접근통제에 관한 입법이 순전히 프린터의 잉크 카트리지 시장에서의 경쟁을 억압하기 위하여 사용되었다는 것을 알 수 있다.[86]

2. 기술적 보호조치 남용에 따른 대안

가. 입법정책적 측면에서의 방향

1) 이용자 보호를 위한 룰메이킹의 활용

기술적 보호조치와 같이 입법화 과정에서 많은 논란이 있었고, 기술적으로 그 영향력을 특정할 수 없는 영역에 대해서 시행 중에 나타날 수 있는 내용에 대해 대응하거나 합리적으로 수용할 수 있도록 제도화한 것이 바로 룰메이킹(rule-making)이라고 할 수 있다. 본 내용은 이미 DMCA에서 규정하고 있고, 매 3년마다 의회도서관장이 기술적 보호조치의 영향에 대해 검토받고 이를 입법화 과정에 수용할 것인지를 판단토록 하고 있다.[87]

DMCA의 룰메이킹은 기술적 보호조치의 불완전성을 반증해주는 것이라고 할 수 있으며, 이에 대한 각국의 입법화에 있어서도 충분히 고려되어야할 정책적 요소라고 생각된다. 물론, 한미FTA에서도 이에 대해 규정하고 있다.

---

85) 신도욱, 『디지털밀레니엄 저작권법상의 접근권에 관한 연구』, 95면.
86) 이대희, "디지털환경에서의 접근권의 인정에 관한 연구", 115면.
87) 룰메이킹에 대한 구체적인 내용 및 DMCA에 있어서 룰메이킹의 사례는 김현철, 『룰메이킹에 의한 기술적 보호조치 예외설정에 관한 연구』, 저작권위원회, 2008, 24면 이하 참조.

즉 한미FTA 비준을 위한 저작권법 개정안[88]은 누구든지 정당한 권한 없이 고의 또는 과실로 제2조 제28호 가목에 따른 기술적 보호조치를 제거·변경하거나 우회하는 등의 방법으로 무력화하여서는 아니 됨에도 불구하고 예외적으로 "문화체육관광부장관이 기술적 보호조치의 무력화 금지에 의하여 특정 종류의 저작물등을 정당하게 이용하는 것이 부당하게 영향을 받거나 받을 가능성이 있다고 인정하여 고시한 경우"에는 제외되도록 함으로써 룰메이킹을 규정하고 있다.[89]

따라서, 이와같은 룰메이킹 규정을 적극적으로 활용하여 우리나라가 저작권법에 대한 균형잡힌 입법정책을 펼 수 있도록 하여야할 것이며, 이용자의 이용성에 저해되는 정책적 요소나 권리자의 권리남용에 적극적으로 대응할 수 있는 정책을 개발하여야할 것이다. 그렇지 않으면 기술적 통제로 인하여 이용자의 저작물에 대한 향유가 심대히 타격을 받을 수 있을 것이다.

2) 입법과정의 기술중립성원칙

정보기술을 법적 측면에서 다룰 때 고려할 사항은 기술 중립성 원칙이라고 할 것이다. 기술중립성원칙(technology neutrality doctrine)이라 함은 특정 기술에 대하여 경쟁상의 혜택을 주지 않는 정책 또는 규제를 일컫는다. 일례로, 전자서명법에서 공개키기반구조(PKI) 전자서명만을 명시적으로 전자서명으로 인정하도록 함으로써 기술중립성원칙을 위반하여 개정법에서는 다양한 전자서명기술이 포함될 수 있도록 법문상 표현을 중립적으로 수정한 바 있다.[90]

---

88) 제104조의2 제2항 제6호.
89) 아울러, 문화체육관광부장관은 위 내용을 고시하는 경우에는 저작권위원회의 심의를 거치도록 하고 있으며, 이 경우 그 예외의 효력은 3년 이내로 하도록 규정하고 있다.
90) 디지털서명방식의 전자서명 이외에도 지문, 홍채, 음성인식 등 생체인식기술을 사용하는 전자서명 기술이 가능하게 되었으므로 이러한 전자서명도 포함될 수 있도록 기술중립성원칙에 의하여 전자서명의 개념으로 일반적인 개념으로 확대시킨 것이라고 한다. 정완용·배대헌·김윤명, 『개정 전자서명법 해설서』, 정보통신연구진

물론 전자서명법 제정 초기에도 기술중립성원칙을 고수하였으나, 제정 전자
서명법에서는 기본 원칙이 몰각(沒却)되어 공개키기반의 전자서명만을 규정하
게 되어 기술중립성원칙에 위배되었기 때문이다.[91]

물론, 우리 저작권법은 기술에 대해 직접적인 규정이 아닌 기술적 보호조
치에 대해 간접적인 형태의 규정을 두고 있다. 문제는 기술적 보호조치 그
자체가 기술중립성원칙을 해하는 것인지는 명확하지는 않지만 그로 인하여
기술의 발전은 물론, 저작권의 이용과 유통자체가 저해될 수 있다는 측면에
서 본다면 이는 광의의 기술중립성원칙을 해치는 요소가 아닐 수 없다.[92] 또
한, 기술적 보호조치가 영구적인 방법론이라고 볼 수는 없거니와 현재 발생
하는 문제의 해결을 위한 방법으로서 기능적 역할을 제대로 수행할 수 있을
지도 의문이기 때문이다.[93] 이러한 기술적 한계 때문에 룰메이킹을 규정한
것이며, 저작권법의 입법과정에서 적절하게 다루어질 수 있도록 하여야할 것
이다.

홍원, 2002, 25면.

91) 초기 전자서명법 초안작업에 있어서 전자서명 및 전자상거래가 아직 태동 단계에
   있기 때문에 향후 발전에 저해되는 요소를 포함할 수도 있는 과도한 법규정은 피한
   다는 최소의 원칙, 전자서명 및 관련 제도는 기존에 이루어지는 서명 및 관련 제도
   를 왜곡하지 않고 조화롭게 이루어져야한다는 물리적 공간과 가상공간의 조화의 원
   칙, 그리고 특정 기술의 이용을 장려하거나 이용을 방해하여서는 아니된다는 기술
   중립(neutrality)의 원칙을 천명하였다. 강경근, "전자서명법 초안의 개요", 『전자서
   명법 제정을 위한 토론회』, 정보통신정책연구원·한국정보보호진흥원, 1998, 42면.

92) 즉 "기술은 그것이 처음에 생겨날 때에는 중립적 관점에서 그 사회에서 채택되지
   만, 그것이 발전해 가는 과정에서 새로운 사회적 의미를 창출하기 때문에 일정한
   단계부터는 초기의 중립성을 유지하기 어렵다"고 한다. 정재황·전정환·이인호·임
   지봉·황성기, 『사이버공간상의 표현의 자유와 그 규제에 관한 연구』, 헌법재판소,
   2002.12, 153면.

93) 강용석, "저작권법의 한계와 극복방안 모색", 『21세기 한국민사법학의 과제와 전망
   : 심당송상현선생화갑기념논문집』, 심당 송상현선생 화갑기념 논문집간행위원회
   편, 2002.

나. 입법론

1) 기술적 보호조치의 해제권의 부여

기술적 보호조치를 통하여 본래적이거나 보호기간의 소멸에 따른 퍼블릭 도메인에 대한 이용자의 자유로운 접근이 차단된다면 이는 헌법상 인정되는 정보의 자유권에 대한 침해가 될 수 있을 것이다. 따라서 반드시 예외적으로 접근을 해소할 수 있는 조치가 마련되어야할 것이다. 이러한 방법으로 제안할 수 있는 것은 저작권법에 규정하는 방법이라고 할 것이다. 즉 저작권법의 개정을 통하여 기술적 보호조치의 해제가 가능한 키를 에스크로우 형태로 법정 기관에 예치하고, 필요시에 당해 기술적 보호조치가 이루어진 저작물을 이용할 수 있도록 키를 이용에 제공하는 방법이라고 할 것이다.[94]

일례로 독일 저작권법의 경우를 보면, 기술적 보호조치가 이루어진 저작물이라고 하더라도 권리자가 본법이 정하는 바에 따라 기술적 조치를 적용한 한도에서, 권리자는 다음에 언급된 규정으로 혜택을 입는 자를 위하여, 저작물이나 보호대상물에 적법하게 접근되었다면, 이런 규정들로부터 필요한 만큼 사용할 수 있도록 하는 필수적인 수단을 제공해야 할 의무가 있다. 또한 이러한 의무를 배제시키는 합의는 무효로 규정하고 있다. 더욱이 기술적 조치로 보호되는 저작물 및 여타 보호대상물에는 명시적으로 그 기술적 조치의 특성에 관하여 표시되어야 하며, 기술적 조치로 저작물 및 여타 보호대상물을 보호하는 자는 제95조 b 제2항[95]에 의한 청구권을 행사할 수 있도록 자신의 이름, 상호 및 송달 가능한 주소를 표시해야 한다. 이와같은 저작권자의 의무 및 이용권자의 청구권의 행사에 대해 저작권자가 그 의무를 해

---

94) 이러한 에스크로우 제도에 대해서는 임원선, "권리보호를 위한 기술장치와 그 문제점", 『계간저작권』(제36호), 1996.12 참조.

95) 독일저작권법 제95조 b ② 제1항에 의한 의무에 저촉되는 자는 혜택을 받는 자로부터 언급된 규정에 근거하여 각각의 권능에 필요되는 수단이 제공되어야 한다고 청구될 수 있다. 제공된 수단이 권리자의 단체들과 제한규정을 통해 혜택을 받는 자들 사이에 합의에 부합된다면, 그 수단은 충분한 것으로 추정된다.

태하여 필요한 수단을 제공하지 않는 경우에는 질서를 위반한 경우로써 과태료의 처분을 받게 된다.

이와 같이 기술적 보호조치에 대해서는 직접적으로 이용자가 당해 저작물의 저작권자에게 기술적 보호조치의 해제를 요구할 수 있는 청구권[96]도 제공하는 방법도 고려될 수 있을 것이다.[97]

2) 독립된 기술조치 위원회의 구성

기술적 보호조치는 그 자체가 저작권을 보호하기 위한 다양한 역량이 집약된 기술이라고 할 것이다. 따라서, 이용자가 당해 기술적 보호조치를 무력화하거나 해제하는 것은 쉬운 일이 아닐 것이다. 그렇지만 저작권 제한규정이나 정당한 이용을 배제하는 당해 기술적 보호조치를 해제하여야 하겠지만 그러한 기술력을 갖지 못한 경우에는 중립적인 누군가가 이용자를 대신하여 (또는 위하여) 해제를 하여야할 것이다. 그것이 기술적 보호조치를 담고 있는 저작권법의 목적이라고 할 수 있다. 이러한 선례가 프랑스 저작권법이라고 생각된다.[98]

---

96) 기술적보호조치의 해제를 청구할 수 있는 청구권과 관련하여 도서관법(일부개정 2009.3.25 법률 제9528호) 제20조의2 제2항이라고 할 것이다. 즉 "국립중앙도서관 은 온라인 자료가 기술적 보호조치 등에 의하여 수집이 제한되는 경우 해당 온라인 자료 제공자에게 협조를 요청할 수 있다. 요청을 받은 온라인 자료 제공자는 특별한 사유가 없는 한 이에 응하여야 한다."라고 규정함으로써 기술적보호조의 해제에 대한 협조요청을 할 수 있으며, 요청받는 자는 특별한 사유가 없는 한 이에 의하여야 하기 때문에 벌칙규정은 없지만 강행규정으로 입법화된 점은 매우 고무적이라고 하겠다.

97) 일종의 공정회피법리(fair circumvention doctrine)이라는 법리의 주장을 주장하기도 한다. 즉 사용자들로 하여금 기술적 보호조치에 의한 보호받는 저작물의 공정이용을 위해 합법적으로 기술적 보호조치에 대한 회피행위를 할 수 있도록 하는 것이다. 신도욱, 『디지털밀레니엄 저작권법상의 접근권에 관한 연구』, 84면.

98) 기술적 보호조치를 입법화한 프랑스 저작권법에 대한 헌법위원회 해석에 관한 내용은 (남궁술·신재호, "기술적 보호조치와 상호운용성", 『산업재산권』(제21호), 2006, 245면 참조[이하, 남궁술·신재호, "기술적 보호조치와 상호운용성"].

개정 프랑스 저작권법이 저작물의 무단복제를 방지하기 위한 기술적 조치가 저작권법에 의하여 법적으로 보호된다고 규정한 반면, 기술적 조치가 가질 수 있는 부작용을 예방하기 위하여 상호호환성규정을 제정하게 되었다. 지적소유권법전에서는 기술적 조치가 상호환성을 가져야 한다고 규정하고 있다. 즉 기술적인 조치가 저작물을 이용하는데 필요한 기기간의 호환성을 방해해서는 아니 된다는 것이다. 또한, 이러한 상호호환성을 보장하기 위해서 기술적 조치에 적용된 기술에 대한 정보를 기술적 조치를 사용하는 저작자 또는 서비스제공자에게 요구할 수 있도록 규정하고 있다.[99] 특히, 별도의 독립행정기관으로서 '기술적조치조정위원회'[100]는 기술적 조치에 대한 일반적인 감독권을 가진다고 규정하고 있어, 동 위원회는 기술적조치가 기기간의 호환성을 보장하고 있는지에 대한 일반적인 감독권을 가진다.[101] 특히, 컴퓨터 프로그램의 제작자, 기술적인 시스템의 제작자 및 운영자가 호환성을 위하여 기술적 조치에 대한 중요정보를 요구하였으나 이러한 기술적 조치에 대하여 권리를 가지는 자가 이를 거부하는 경우에 동 위원회에 고발할 수 있도록 규정하고 있고, 동 위원회는 2개월 내에 결정을 내려야 한다.[102] 또한, 기술적 조치로 인하여 사적복사의 권리가 충동하여 생기는 분쟁에 대하여 동 위원회가 권한을 가진다고 규정하고 있으며, 동 위원회는 우선 당사자간의 조정을 유도하고, 조정이 성립한 경우에는 조정합의서를 작성하고, 동 조정합의서는 이행강제의 효력이 있다고 규정하고 있다. 만일 조정이 이루어지

---

99) 개정 프랑스 저작권법 제13조.

100) 경우에 따라서는 기술조치조정당국이라고 번역하거나(남궁술·신재호, "기술적 보호조치와 상호운용성", 245면 참조), 기술적 보호조치 조정협회로 번역하기도 한다(이규홍, 『저작권법상 기술적 보호조치의 법적 보호에 관한 연구』, 105면 참조).

101) 그렇지만 동 의원회는 6인의 위원으로 구성되며, 음반, 영상, 또는 저작물의 다운로드를 서비스를 제공하는 회사의 임원은 협회의 위원이 될 수 없도록 규정하고 있다. 이러한 규정은 공정성을 기하기 위한 것이라고 한다. 이규홍, 『저작권법상 기술적 보호조치의 법적 보호에 관한 연구』, 106면 각주 283 참조.

102) 개정 프랑스 저작권법 제14조.

지 않은 경우에는 동 위원회는 2개월 이내에 결정해야 한다.

　프랑스 저작권법에서 특히 주목할만한 내용은 저작권에 대한 예외와 제한에 상호호환성 개념을 추가하여 기술적 보호조치의 배타적, 폐쇄적 운용에 제한을 가한다는 점이다.[103] 우리도 기술적 보호조치의 남용에 의하여 저작권법의 본래 취지가 상실될 우려가 있고, 저작권 제한규정의 실효를 담보하기 위해서 프랑스의 기술적조치조정위원회와 같은 기구를 구성하고 이를 통하여 기술적 보호조치의 해제권한을 부여한다면 저작권법상 이용자의 여러 가지 권한 및 공익목적의 취지를 살릴 수 있을 것이다.

VI. 결 론

　기술을 통한 문제해결은 그 한계에 직면할 수밖에 없으며, 기술 자체의 진보를 부인하는 결과를 가져올 수 있다. 현행 저작권법에는 저작권의 보호를 위하여 다양한 입법정책적 결단이 내려진 조항이 적지 않다. 대표적인 예가 기술적 보호조치와 간접침해 및 이에 대한 가벌 규정이다. 저작권자의 저작물에 기술적인 보호구를 부여하여 이를 통하여 보다 엄격한 보호를 강구하고 있는 것이다. 이러한 것은 자경단을 스스로 만들어 자신의 권리를 보호하는 것과 마찬가지이다. 더욱이 이러한 자경단을 국가의 공권력을 통하여 보호해주고 있다. 즉 기술적 보호조치는 3단계의 중층적 형태의 보호체계를 구축하고 있다.[104] 먼저 저작권법이 권리로서 저작권을 보호하고, 다시 이를

---

103) 이규홍, 『저작권법상 기술적 보호조치의 법적 보호에 관한 연구』, 106면.

104) "As a result of this, copyright owners now enjoy three cumulative layers of protection: the first layer is the basic legal protection of copyright law. The second layer is the technical protection of the works achieved by technological protection measures. The third and new layer is the legal protection against the circumvention

기술적 보호조치를 통하여 보호하게 되고, 재차 기술적 보호조치를 저작권법
이 보호하는 형태를 띠기 때문이다. 이처럼 저작권법은 저작권이라는 배타적
권리에 대해서 법적, 기술적 형태의 보호를 취하고 있다는 점에서 권리자의
입장이 강하게 반영된 형태라고 할 수 있다.

기술적 보호조치에 의한 또는 기술적 보호조치에 대한 보호방법의 효용에
대해서는 의문을 가지는 경우도 있을 것이며, 법에서 허용해 왔던 다양한 공
정이용 또는 권리제한 규정을 형해화 하는 경우도 발생하게 된다. 문제는 권
리자의 권리가 미치지 아니하거나 법에서 미치지 않도록 규정해왔던 부분까
지 부수적인 형태로 인하여 통제하게 되는 문제가 발생하는 것이다. 이것이
법이 의도했던 바는 아니라고 하더라도 기술은 그러한 형태로 변해가고 있
다. 실제 접근권에 대한 논의가 제기된 것은 접근통제형 기술적 보호조치가
그 중핵을 이룸은 부인할 수 없다. 즉 복제통제는 일반적인 복제권 등에 따
라 해결이 가능하다고 하겠지만 접근통제는 기존에 존재해왔던 이용의 형태
를 저작권자가 기술적인 수단, 또는 기술적인 형태의 배타적인 영역으로 포
섭시킴으로써 새로운 형태의 배타적 권리화가 될 수 있다는 것이다. 따라서,
중층적 보호체계를 갖는 기술적 보호조치에 있어서 고려되어야할 사항은 기
술적 권리남용의 확대적용을 통하여 권리자의 권리를 제한하는 것이다. 기술
적인 수단을 통하여 저작권을 제한하고, 저작권법이 규정하고 있는 보호기간
보다 연장된 기간으로 보호를 받도록 하는 것은 남용으로 볼 수밖에 없기 때
문이다.[105]

기술은 새로운 문화의 창달을 위한 수단적 역할을 하는 것으로 자리매김

---

of the technological protection measures introduced by the WIPO Treaties."
Jacques de Werra, The Legal System of Technological Protection Measures under
the WIPO Treaties, the Digital Millennium Copyright Act, The European Union
Directives and other National Laws (Japan, Australia), ALAI Congress 2001, at 3.
http://www.alai-usa.org/2001_conference/Reports/dewerra.doc[2006.8.17 방문].
105) Jason Sheets, op.cit. at 1.

을 하여야할 것이다. 인류가 저작권제도를 갖게 된 동기는 독점적 출판권의 확보에 있다고 하지만 그 이전부터 인류는 정보에 대한 자유로운 이용을 전재해 왔으며, 그러한 과정에서 인류의 문화는 확대 재생산되는 결과를 가져왔다고 하겠다. 따라서 기술의 용도를 제한할 수 없겠지만 권리자 및 입법자는 중립적으로 기술이 활용될 수 있도록 기술에 대한 이해와 배려가 필요하다고 본다.

제5장
저작권과 표현의 자유

제17절 표현의 자유를 위한 저작권법의 역할

Ⅰ. 서 언

저작권법은 인간의 사상과 감정을 외부에 표현^{表現}한 창작물에 대해 저작권이라는 독점적 권리를 부여함으로써 저작자에게 새로운 창작을 유도할 수 있는 동기를 부여한다. 그렇지만 최근 저작권법 개정 논의를 보면서, 최초 저작권법이라고 할 수 있는 1709년 영국에서 제정되었던 '앤여왕법'이 떠오른다. 앤여왕법은 인쇄술의 발달에 따른 서적의 출판이 확대됨으로써 사상에 대해 왕실의 통제 필요성이 제기되었고, 출판사는 나름대로 독점체제의 유지를 요구하는 상황에서 양 이해관계자들의 이해가 맞아떨어졌기 때문에 정책적으로 제정된 것이라고 할 수 있다.[1] 앤여왕법 이전에는 출판에 대한 독점 및 이로 인한 통제로 인하여 일반 국민들의 지적 접근은 제한될 수밖에 없었다. 이로써, 언론·출판의 자유가 상당부분 제한될 수밖에 없었을 것이다. 이러한 역사적인 천착^{穿鑿}을 갖고 있는 저작권법은 그 시행과정에서 저작권이라는 배타적 권리에 대한 해석으로 인하여 지속적인 분쟁에 휩쓸리게 되었고, 21세기 지식정보사회에서도 동일하게 저작권법은 '인터넷과 저작권'이라는 헤게모니를 둘러싼 정치적 법률로서 퇴색되고 있는 것은 아닌지 우려스럽다.[2]

---

[1] 앤여왕법에 대한 자세한 논의는 김윤명, "앤여왕법에 관한 저작권법제사적 의의", 『산업재산권』(제20호), 2006.8 참조.

[2] 저작권 보호기간의 연장, 삼진아웃제 및 사이트셧다운제 등을 통한 OSP의 규제 및 사적 검열(self-censorship)의 유도는 저작권법의 정치한 이념을 훼손시킬 수 있다고 본다.

저작권법은 일정한 경우 표현의 자유를 보장하는 법률로서 그 역할을 해 왔다. 이러한 이념을 보장하기 위한 아이디어·표현 이분법 및 공정이용법리 (fair use doctrine)와 같은 다양한 원칙들이 제시되었다. 그리고 온라인서비스제공 자(online service provider, 이하 'OSP'라 한다.)의 책임 논의가 제기되었고, 인터넷상의 표현을 자유를 위한 OSP면책 규정이 도입되면서 인터넷상의 표현의 자유에 대한 보호를 추구하기도 하였다. 이와같이 저작권법이 추구하는 이념중 하나 인 '표현의 자유'3)는 헌법이 보장하는 기본권으로서 보호되는 권리라고 할 수 있다.

그렇지만 최근 인터넷이 통신서비스의 보편적 서비스화 되면서 인터넷을 둘러싼 많은 논란이 있다. 그러한 이유 때문에 정부는 강력한 인터넷 규제를 추진하고 있는 실정이며, 다양한 입법론을 제시하고 있다. 그렇지만 인터넷 은 가장 자유로운 공간이라고 할 수 있으며, 누구나 쉽게 접근할 수 있는 공 간이며, 또한 중앙통제가 없는 공간이며, 자신이 가진 지식이나 정보에 대한 공유가 실현되는 공간이라고 할 수 있다. 즉 보편적 서비스로서 인터넷은 다 양한 논의의 공간이 되고 있으며, 이용자로서 국민은 누구나 자신의 의사를 표시할 수 있으며, 자유로운 정보활동을 보장받는 공간으로 인식되어왔다.

물론, 인터넷이 자유로운 공간이라는 측면에서 자율적인 활동을 보장받는 것이기는 하지만 그러한 자율적인 활동이 타인의 권리를 침해하는 경우도 발생하고 있는 것이 사실이다. 기존의 현실공간에서도 이루어져 왔던 것과 크게 다름이 없는 것도 또한 사실이나, 인터넷 특성에 따른 새로운 기준이 제시되는 것이 합리적이라는 주장이 제기되기도 한다. 다만, 그 기준이 합리 성을 담보하지 못한 경우에는 저항이 일어나고 이에 대한 다양한 논쟁이 일 어나게 된다. 따라서, 합리적인 기준이 제시된다면 이에 대해 누구도 반대하 지는 않을 것이다.

---

3) 표현의 자유는 자신의 의사를 외부로 표현함에 있어서 그 자유를 침해당하지 아니 할 권리는 물론 적극적인 표현을 할 수 있는 자유를 말한다.

인터넷이 기존의 매체와 다른 속성을 갖는 것은 사실이며, 기존의 매체에 적용되어왔던 규제 시스템과는 다른 시각의 규제가 필요한 것은 사실이다. 왜냐하면, 인터넷은 물리적인 공간을 OSP가 제공할 뿐 유통되는 정보에 대해서 직접 통제하는 것은 아니기 때문이다. 방송과 같은 대중 미디어는 방송의 영역에서 공익적 측면이 강조되고 내용규제가 일반적으로 인식되어온 것이기 때문에 인터넷의 규제와는 다른 규제영역이어야 한다. 인터넷의 속성과 특성을 반영하여, 헌법재판소는 2002년도에 인터넷에 대한 적확的確한 판결을 내린 바 있다. 즉 헌법재판소는 "인터넷은 공중파방송과 달리 '가장 참여적인 시장', '표현촉진적인 매체'이다. … 인터넷은 위와 같은 방송의 특성이 없으며, 오히려 진입장벽이 낮고, 표현의 쌍방향성이 보장되며, 그 이용에 적극적이고 계획적인 행동이 필요하다는 특성을 지닌다. 오늘날 가장 거대하고, 주요한 표현매체의 하나로 자리를 굳힌 인터넷상의 표현에 대하여 질서 위주의 사고만으로 규제하려고 할 경우 표현의 자유의 발전에 큰 장애를 초래할 수 있다. 표현매체에 관한 기술의 발달은 표현의 자유의 장을 넓히고 질적 변화를 야기하고 있으므로 계속 변화하는 이 분야에서 규제의 수단 또한 헌법의 틀 내에서 다채롭고 새롭게 강구되어야 할 것이다."[4] 라고 결정을 내린 것이다.

그러나 최근 입법부의 삼진아웃제나 사이트셧다운제도 논의 및 사법부의 OSP에 대한 판결의 경향을 보면, 이러한 인터넷의 속성이나 특성이 반영된 사회적 합의 내지 합리적인 결정이 내려지는 것이라고 보기에는 어려운 점이 발견된다. 그간 미국의 1996년 통신품위법(CDA) 및 1998년 디지털밀레니엄저작권법(DMCA)과 이를 반영한 각국의 법제들이 OSP에 대한 면책규정을 부여한 것은 OSP가 정보매개자로서의 지위를 가지고 있을 뿐 정보의 내용에

---

4) 구 전기통신기본법 제53조는 전기통신이용자로 하여금 공공의 안녕질서 또는 미풍양속을 해하는 내용의 통신을 금하고 있었으나 헌법재판소는 동 규정이 너무 추상적이고 포괄적이어서 표현의 자유에 제약을 줄 수 있다고 하여 위헌 결정을 내린 바 있다. 헌법재판소 2002.6.27 선고 99헌마480 결정.

대한 직접적인 관여를 하지 않도록 하려는 의도라고 할 것이다. 따라서, 본고는 저작권 문제를 둘러싼 권리자와 OSP가 가지는 가치와 그 가치를 보호하기 위한 기본권으로서 표현의 자유에 대해 저작권법을 중심으로 살펴본다.

Ⅱ. 인터넷상 표현의 자유와 저작권법과의 관계

1. 미디어로서 인터넷의 특성

인터넷은 네트웍의 네트웍이라는 개념으로 누구나 자유롭게 접속할 수 있는 가상의 공간이라고 할 수 있다. 물론, 가상의 공간이라고 하여 현실과 동떨어진 것이 아닌 현실과의 커뮤니케이션을 통해 하나의 사회 내지 생활을 구성하는 공간이라고 하겠다. 초기 인터넷은 연구 등의 목적이 주된 것이었기 때문에 상업성 내지 보편성을 갖기에는 어려움이 있었으나 현재와 같이 누구나 보편적으로 이용할 수 있는 공간이 됨으로써 자유로운 의사소통의 공간으로써 이해되고 있다. 이러한 자유로운 공간인 인터넷을 다양한 이해관계자가 이용함으로써 긍정적인 측면은 물론 부정적인 측면의 현상이 일어나고 있다. 불법행위, 명예훼손 침해, 저작권 침해, 상표권 침해 등 다양한 법익이 침해되고 있다. 인터넷상의 문화는 편집되지 않은 개인의 자유로운 의사가 반영되고 형성되기 때문에 이와같은 역기능이 나타나고 있으며, 일부 인터넷의 내용을 보면 타인에 대한 명예훼손 및 음란물의 유통이 증가하고 있는 것이 사실이다.5) 그러나 인터넷은 지금까지의 어느 매체와도 비교할 수

---

5) 명재진, "인터넷 규제제도와 헌법재판소 결정", 『헌법판례연구4』, 박영사, 2002, 140면.

없을 정도로 가장 완성된 형태의 참여적 대중매체이고, 인터넷의 이러한 기능은 인터넷 이용자가 인터넷상에서 자유롭게 활동하면서 의사소통의 시공간을 넓혀갈 수 있는 가상공간을 제공하는 '인터넷 종합 정보제공 사업자'[6]가 있음으로써 더욱 고양될 수 있다. 따라서 만약 이러한 사업자에 대하여 그가 제공한 인터넷 게시공간에서의 표현행위와 관련하여 법적 규제의 폭을 넓혀간다면 위와 같이 '1인 매체' 역할을 하는 인터넷 이용자들의 표현행위가 규제받을 수밖에 없어 결국 간접적인 형태로 인터넷 이용자들의 표현의 자유를 위축시키는 이른바 냉각효과(chilling effect)를 불러일으킬 수 있다. 인터넷 종합 정보제공 사업자의 법적 책임에 관하여 보다 신중한 접근이 요구되는 것은 바로 그 때문이다.[7] 그렇지만 인터넷상에 문제의 소지가 있는 표현물들이 범람한다고 해도 그 표현에 대한 제재는 기본적으로 일상생활에서 적용되는 법의 일반원칙, 즉 검열금지·적법절차·명확성의 원칙·과잉금지의 원칙 등 표현의 자유에 대한 제한의 법리가 법치주의원칙에 따라 준수되어야 함을 천명한 것으로 분석할 수 있다.[8] 즉 종래 전통적인 전신, 전화 등의

---

6) 대법원은 기존의 포털사업자에 대한 개념으로 인터넷 종합 정보제공 사업자라는 표현을 사용하고 있다(대법원 2009.4.16. 선고 2008다53812 판결). 현행법에서도 포털서비스나 포털사업자에 대한 법적인 개념을 정의내린 바는 없으나 정보통신망법 시행령 제30조(정보통신서비스제공자 중 본인확인조치의무자의 범위)에서는 본인확인조치 의무자를 정하는 기준으로써 포털서비스를 "다른 인터넷주소·정보 등의 검색과 전자우편·커뮤니티 등을 제공하는 서비스"라고 개념지우고 있으나, 본 개념이 정확하게 포털서비스를 의율할 수 있다고 보기는 어렵다고 본다.
7) 본 내용 대법원 2009.4.16. 선고 2008다53812 판결 중, 별개의견에서 설시한 내용이다.
8) 판례도 인터넷의 특성을 "인터넷은 종래의 언론매체가 일방적으로 제공하는 정보를 수동적으로 소비하던 사용자가 능동적인 정보생산자로 참여할 수 있는 쌍방향 의사소통을 가능하게 하고, 소유와 접근이 제한적이었던 종래의 언론매체와는 달리 컴퓨터, 모뎀, 전화선이나 케이블과 인터넷서비스 공급자만 있으면 거의 비용없이 전세계 컴퓨터와 연결하여 정보를 교환할 수 있기 때문에 보다 평등한 정보의 소유가 가능하게 되었음은 물론, 정치적 소수자들에게 발언권을 주고 공적 담론에의 민주적 참여를 가능하게끔 함으로써 힘의 불균형을 다소 해소하여 주는 강력한 수

통신은 통신의 비밀보장과 관련하여 전달되는 정보의 내용에 대한 개입은 원칙적으로 허용되지 아니하였지만, 통신산업의 발전으로 전신, 전화 등이 사적인 커뮤니케이션을 담는 데 그치지 않고 불특정 다수인에 대한 정보전달매체로서의 기능을 갖게 됨에 따라 그 영향력에 대한 규제가 불가피하게 되었음을 전제하고, 가상공간에서의 '불온통신'에 대한 규제가 불가피하다고 하더라도 표현의 자유의 제한법리인 명확성의 원칙과 과잉금지의 원칙 등은 반드시 지켜져야 한다는 것이 헌법재판소의 기본적인 입장이라고 볼 수 있다.[9]

이러한 특성을 담고있는 인터넷은 일반공중을 위한 사회간접자본으로 보아야 하고, 일반인의 자유로운 통신이용을 통제할 수 있는 권리를 특정인에게 부여해서는 안된다고 본다. 예를 들면, 인터넷을 통해서 유통되는 정보 중에는 타인의 저작물을 침해하는 정보도 포함되어있을 것이다. 그렇지만 인터넷을 통해 파일을 전송하는 행위는 인터넷을 이용하는 과정에서 필수적으로 수반되는 자연스러운 과정인데, 만일 전송권 보호를 명분으로 이를 통제하고자 한다면 개별 이용자들의 인터넷 이용과정을 일상적으로 모니터링하는 권한을 누군가에게 부여해야 한다는 결론에 도달하게 된다.[10] 따라서, 인터넷의 속성과 이를 이용하는 이용자의 인식이 초기의 인터넷 세대와는 다를 수 있겠지만 인터넷을 바라보는 시각과 이에 대한 규제시각은 인터넷 상에서 자율적으로 이루어질 수 있도록 하여야할 것이다.

단이 된다는 점에서 최초의 민주적 의사소통 수단"으로 보고 있다. 서울중앙지법 2007.5.18 선고 2005가합64571 판결. 참고로, 본 판결은 포털사이트에서 발생한 명예훼손성 게시물로 인한 손해배상청구 소송에 대한 판단이며, 본 판결은 각주6에서 인용한 대법원 판결의 1심판결이다.

9) 박선영, "인터넷상의 표현의 자유", 『인터넷과 법률 Ⅱ』, 법문사, 2005, 130-131면 [이하 박선영, "인터넷상의 표현의 자유"].

10) 강석구, "인터넷상의 음악전송행위와 정당행위", 『인터넷법률』(제27호), 2005.1, 88면[이하, 강석구, "인터넷상의 음악전송행위와 정당행위"].

2. 인터넷상의 표현의 자유와 그 한계

가. 표현의 자유

언론·출판의 자유로 불리는 표현의 자유는 전통적으로 사상 또는 의견의 자유로운 표명(발표의 자유)과 그것을 전파할 자유(전달의 자유)를 의미하는 것으로서, 오늘날 민주국가에서 개인이 인간으로서의 존엄과 가치를 유지하고 행복을 추구하며 국민주권을 실현함에 있어서 필수불가결한 요소로 인식되고 있다.[11] 현행 헌법 제21조 제1항은 "모든 국민은 언론·출판의 자유와 집회·결사의 자유를 가진다."고 규정하여 표현의 자유를 일반적으로 보장하고 있다.

헌법재판소는 "표현의 자유는 전통적으로 사상 또는 의견의 자유로운 표명과 그것을 전파할 자유를 의미하는 것으로서 개인이 인간으로서의 존엄과 가치를 유지하고 행복을 추구하며 국민주권을 실현하는 데 필수불가결한 것으로 오늘날 민주국가에서 국민이 갖는 가장 중요한 기본권의 하나로 인식되고 있는 것이다"고 하여 표현의 자유의 의의와 중요성에 대하여 강조한 바 있다.[12] 특히, 표현의 자유의 중요성은 헌법 제21조 제2항의 표현행위에 대한 허가나 검열금지원칙을 통하여 잘 드러나고 있다. 검열은 사상이나 정보의 발표 이전에 행정권에 의하여 그 내용을 심사·선별하여 일정한 사상표현을 저지하는 제도를 의미하고 있으며, 검열금지원칙은 통상적으로 표현의 자유보장의 본질적 내용을 이루고 있다. 따라서 검열금지원칙은 표현의 자유를

---

11) 박선영, "인터넷상의 표현의 자유", 120-121면.

12) 헌법재판소 1992.2.25 선고 89헌가104 결정. 본 결정은 군사기밀보호법 제6조, 제7조, 및 제10조의 내용 중 "군사상의 기밀"이라는 개념이 애매하거나 너무 광범위하여 명확성의 원칙에 위배되는지 여부와 동법 제6조 소정의 "부당한 방법으로"탐지하거나 수집한 자를 처벌하도록 하고 있는 규정이 구성요건의 구체성과 명확성을 결하고 있는지 여부 및 위 규정들이 언론·출판의 자유 내지 "알 권리"의 본질적 내용을 침해하거나 과잉규제의 우려가 있어 기본권제한입법의 한계를 벗어난 것인지 여부에 대한 위헌 여부를 다룬 사안이다.

가늠하는 척도가 되며, 검열이나 허가제가 인정되지 않는 가운데 제약받지 않고 자유롭게 의사표현을 할 수 있는 상황을 설정하고 있다.[13]

표현의 자유는 전통적으로 사상이나 의견을 외부에 표현하는 자유로서 구두나 인쇄물뿐 아니라 회화, 사진, 영화, 음악, 레코드, 연극, 라디오, TV 등 사상·의견을 발표하는 수단을 보장하고 있다.[14] 표현을 외부에 표현하는 매개체는 어떠한 형태이건 가능하며 이에 대한 제한은 없다.[15] 즉 인터넷과 같은 새로운 매체라고 하더라도 이를 통하여 표현이 발현된다면 보호받을 수 있는 매체가 될 수 있다고 하겠다. 따라서, 블로그나 카페서비스도 표현이 되는 대상이 될 수 있으며, 실제 이용자가 제작한 표현물인 UCC(user created contents, 이용자 제작 콘텐츠)[16]에 대해서도 그 자체가 콘텐츠임과 동시에 매체이기 때문에 보호받을 수 있는 매체에 포함될 수 있다고 본다. 특히 이러한 보호받는 매체에 대해 헌법재판소는 "헌법 제21조가 보장하는 표현의 자유는 전통적으로는 사상 또는 의견의 자유로운 표명(발표의 자유)과 그것을 전파할 자유(전달의 자유)를 의미하고, 그 내용으로서는 의사표현·전파의 자유, 정보의 자유, 신문의 자유 및 방송·방영의 자유 등이 있는데, 의사표현·전파의 자유에 있어서 매개체는 담화·연설·토론·연극·방송·음악·영화·가요 등과 문서·소설·시가·도화·사진·조각·서화 등 모든 형상의 의사표현 또는 의사전파의 매개체를 포함한다.[17] 현행법상 청소년 유해매체물로 결정된 인터넷 정보라

---

13) 권형둔, "인터넷에서 표현의 자유의 제한에 대한 비교고찰", 『중앙법학』(제8집제2호), 2006.8, 9-10면.

14) 권영성, 『헌법학원론』, 법문사, 2006, 487면[이하 권영성, 『헌법학원론』].

15) 헌법재판소 1998.2.27 선고 96헌바2 결정. 참고로, 본 결정은 옥외광고물등관리법 제3조가 헌법 제21조 제2항의 사전허가금지에 위반되는지 여부 및 과잉금지원칙에 위반하여 언론·출판의 자유를 침해하는지 여부에 관한 사안이다.

16) UCC에 대한 자세한 논의는 김윤명, "UCC에 대한 법률 문제", 『인터넷법률』(제38호), 2007.3 참조.

17) 헌법재판소 2002.4.25 선고 2001헌가27 결정. 참고로, 본 결정은 청소년의성보호에 관한법률(2000. 2. 3. 법률 제6261호) 제2조 제3호 및 제8조 제1항이 각 법 조항에서 정한 '청소년이용음란물'의 해석과 관련하여 죄형법정주의에 위반하는지 여부

하더라도 당연히 불법적인 것은 아니며, 청소년에게 차단되어야 하는 것일 뿐 성인에게는 일반적으로 허용되는 것이다. 청소년 유해매체물로 결정된 매체물 내지 인터넷 정보라 하더라도 이들은 의사형성적 작용을 하는 의사의 표현·전파의 형식 중의 하나이므로 언론·출판의 자유에 의하여 보호되는 의사표현의 매개체에 해당된다고 볼 것이다."[18]라고 결정한 바 있다. 따라서 인터넷은 다수의 이용자가 자신의 영역을 설정하고 미디어로서 인터넷을 활용함으로써 기존의 매체, 즉 방송이 극소수에게만 커뮤니케이션을 위한 접근을 허용하였던 것에 비추어 볼 때, 그 표현의 자유를 위한 수단으로서의 가치를 비교할 바가 아니라고 본다.

나. 표현의 자유의 한계 및 그 제한

헌법 제21조 제4항은 "언론·출판은 타인의 명예나 권리 또는 공중도덕이나 사회윤리를 침해하여서는 아니된다. 언론·출판이 타인의 명예나 권리를 침해한 때에는 피해자는 이에 대한 피해의 배상을 청구할 수 있다."라고 규정하고 있으며, 동법 제27조 제2항은 "국민의 모든 자유와 권리는 국가안전보장·질서유지 또는 공공복리를 위하여 필요한 경우에 한하여 법률로써 제한할 수 있으며, 제한하는 경우에도 자유와 권리의 본질적인 내용을 침해할 수 없다."라고 규정하고 있다. 따라서 표현의 자유가 아무런 제한없이 무제한적으로 인정된다고 볼 수는 없다.

표현의 자유가 국민의 알권리를 증진하는 역할을 하는 것은 부인할 수 없지만 표현의 자유가 추구하는 이념이 인간의 기본권 보호라는 측면에서 볼 때, 공익을 침해하면서까지 표현의 자유를 보호할 수 없다는 것으로 이해될 수 있을 것이다. 즉 표현의 자유는 정신적 자유권의 중핵(中核)이기 때문에

및 동법 제2조 제3호 및 제8조 제1항이 표현의 자유를 침해하는지 여부에 대한 위헌제청에 관한 사안이다.

18) 헌법재판소 2004.1.29 선고 2001헌마894 결정.

최대한 보장받는 것은 자명하나, 자유민주적 기본질서에 위배되는 것이나 국가의 존립 및 타인의 명예를 훼손하거나 도덕율에 위배되는 것은 문제라고 하지 않을 수 없다. 여기에 표현의 자유의 내재적 한계가 있으며, 이를 무시하는 표현은 그 자유를 남용하는 것이 된다.[19] 대법원에서도 이러한 기본적인 한계에 기반하여 판단하고 있는 것으로 보인다. 즉 "신문보도에 의한 표현의 자유가 헌법에 의하여 보장되는 권리라고 할지라도 그로 인하여 개인의 명예나 사생활의 자유와 비밀이라는 또다른 법익이 침해되는 결과를 초래하게 될 경우에는 표현의 자유로 얻어지는 이익과 인격권의 보호에 의하여 달성되는 가치를 비교 형량하여 그 위법성의 조각 여부를 판단하지 아니하면 아니되고, 이러한 이익을 비교 형량함에 있어서는 보도 목적의 공익성과 보도 내용의 공공성, 보도 매체의 성격과 보도 내용이 신속한 보도를 요하는 것인가의 여부, 보도의 근거가 된 정보원의 신빙성, 보도 내용의 진실성과 공정성 및 그 표현 방법, 보도로 인하여 피해자 등이 입게 될 피해의 정도 등 여러 사정을 종합하여 판단하여야 한다."[20]고 판시함으로써, 표현의 자유라고 하더라도 여러 가지 사항을 종합하여 판단하여 다른 법익과의 충돌이 될 수 있는 지를 살피도록 하고 있다. 그렇지만 이러한 자유의 제한은 엄격하게 적용되어야할 것으로, 표현의 자유에 대한 제한은 자칫하면 민주적인 헌법질서의 중추신경을 다치게 할 위험성이 따르기 때문에 극히 필요한 최소한의 정도에 그쳐야 한다. 따라서, 명백하고 현존하는 위험의 원리, 명확성의 원리, 과잉금지의 원리 등이 중요한 판단기준이 된다.[21]

---

19) 권영성, 『헌법학원론』, 476면.
20) 대법원 1999.1.26 선고 97다10215, 10222 판결. 참고로 본 판결은 수사기관의 피의사실 공표행위가 허용되기 위한 요건 및 그 위법성 조각 여부의 판단 기준을 설시하고 있으며, 수사 검사가 직무상 알게 된 원고에 대한 피의사실을 공표하여 그 피의사실이 언론에 보도되게 함으로써 원고의 명예를 훼손하였다고 인정한 사안이다.
21) 허영, 『헌법이론과 헌법』, 박영사, 2006, 670면.

3. 표현의 자유와 저작권법과의 관계

가. 저작권법과 표현의 자유법리와의 관계

저작권법이 보호하는 것은 표현인 반면 표현의 자유가 지키고자하는 것은 표현된 사상이라고 할 것이다. 즉 사상의 자유를 위한 시장으로서 역할을 저작권법이 추구 하고 있는 목적이기도 하다. 이러한 점에서 미국 헌법의 제정자들(founders)은 저작권 자체가 표현의 자유의 원동력이 되게 할 것을 의도했다는 점은 간과해서는 안된다. 저작권은 어떤 사람의 표현을 상업적으로 이용할 수 있는 권리를 설정함으로써 아이디어를 창조하고 또한 전파시킬 경제적 유인을 제공하기 때문이다.[22]

저작권보호를 위해서 표현의 자유에 일정한 제약을 가하는 것은 헌법에 반하지 않는다고 해도, 헌법이 표현의 자유를 보장하고 있는 취지에 맞추어 저작권도 표현의 자유와 균형조화적 해석이 되어야 한다.[23] 이러한 원칙은 저작권법이 헌법의 수권을 받아 입법화된 것과 같은 맥락이라고 할 것이다. 즉 저작권이 더 많이 보호 될수록 표현의 자유의 폭은 좁아지고, 반대로 표현의 자유를 강조하면 할수록 저작권은 이에 양보하여야 하는 것이 되므로 저작권과 표현의 자유는 일견하여 서로 반비례하는 대립관계에 있는 것처럼 보인다. 반면 저작권과 표현의 자유는 상호보완 관계에 있어서 표현의 자유가 충분히 보장되는 경우에만 저작권도 활기를 띠게 되고 또 저작권의 보호로 저작활동이 활발하게 됨으로써 언론의 자유나 알 권리도 그 혜택을 충분

---

22) Harper & Row Publishers, Inc. v. Nation Enterprises, 471 U.S. 539, 558(1985).
23) 최근의 mp3 파일을 공유할 수 있는 사이트인 소리바다 운영자에 대해 검찰이 음악 저작권 침해를 혐의로 기소한 사건과 종합 포털사이트인 다음(Daum)에 대한 인터넷영화사이트의 고소사건 등은 인터넷과 관련하여 표현의 자유와 저작권보호의 충돌문제의 대표적 사건이다. 이동훈, "사이버공간에서 표현의 자유와 저작권보호", 『헌법학연구』(제9권 제1호), 2003.5, 449-450면.

히 누릴 수 있는 것 또한 사실이다.[24)]

이러한 이유 때문에 저작권법이 표현의 자유에 있어서 중립적인 입장을 견지할 수밖에 없을 것이다. 이를 위해 저작권법은 표현의 자유와의 이익형량을 고려한 제도들을 담고 있다. 예를 들면, 아이디어 · 표현 이분법, 제한적 보호기간의 설정, 공정이용법리 등이 대표적이라고 할 수 있다.[25)]

나. 저작권의 침해법익과 표현의 자유의 침해법익의 상관

저작권 침해로 나타나는 저작권자의 이익 침해도 물론 적지 않겠지만 이러한 행위가 단순하게 저작권자의 권리침해만으로 종국을 가져오는 것이라고 단정하기는 어렵다. 인류의 역사에서 정보의 공유와 선행 기술의 학습은 새로운 정보를 창출하는 기본적인 요인으로 작용해왔다는 점이 이를 반증하는 것이라고 본다. 따라서, 저작권 침해로 인한 사회적 손실보다는 정보의 자유로운 이용을 제한하고, 표현의 자유가 침해당함으로써 발생할 수 있는 사회적 손실이 결코 적지 않을 것이다. 이렇게 되면 저작물의 이용자체가 퇴화되기 때문에 새로운 정보의 창출을 기대하기 어렵게 되고 더욱 악순환되는 결과에 이르게 될 것이라는 점이다. OSP에 대한 규제는 인터넷상의 가장 효율적이고 합리적인 유통체계를 무시하는 것으로 실제 저작권자의 사업화에 있어서도 바람직하지 못한 결과를 가져올 수밖에 없을 것이다. 따라서, 저작권 침해로 나타나는 법익의 침해와 표현의 자유의 침해로 인하여 나타나는 법익의 침해를 비교형량하여 판단하면 좋겠지만 이에 대한 정량적 판단이 쉽지 않기 때문에 고도의 정책적 판단이 필요하다고 본다.[26)] 왜냐하면

---

24) 이형하, "언론 출판의 자유와 저작권의 상충과 조정", 『헌법재판연구』, 한국사법행정학회, 1993, 254면.
25) 방석호, "사이버공간에서의 정치 패러디 허용한계에 대한 법적 고찰", 『인터넷법률』(제35호), 14면.
26) 재산권으로서 저작권과 정신적 기본권으로 표현의 자유는 상대적으로 볼 때, 기본권으로서 표현의 자유가 우위에 있다고 하겠다. 그렇지만 실제 저작권 침해는 정량

정부가 단기간에 저작권 침해의 근절이라는 결과를 의도하는 정책을 선호하는 것이 결코 사회후생적으로 유익하지 않다고 보기 때문이다. 따라서, 저작권자에 대한 '대체적 보상체계'[27]가 이루어질 수 있는 중장기적 정책을 강구하는 것이 더 합리적이라고 하겠다.

Ⅲ. 저작권법에 있어서 OSP책임과 표현의 자유

1. 정보매개자로서 OSP의 책임관련 입법 논의

OSP는 디지털 환경 및 온라인 환경에 있어서 현재의 기술로는 필요 불가결한 요소라고 하겠다. OSP는 이용자가 온라인 환경에 접근하여 타인의 저작물을 이용함으로써 다양한 의사를 표현할 수 있는 공간을 제공하게 된다. 이렇게 OSP가 제공한 온라인 공간은 자유롭게 정보가 유통되고, 유통되는 다양한 정보를 이용자가 공유함으로써 새로운 정보를 생성할 수 있는 게 된다. 만약 OSP가 없다면 이용자의 온라인에 접근은 제한될 수밖에 없으며, 다른 이용자와의 의사 교류를 통한 자아실현이나 정치적 여론형성으로서의 기능은 기대하기 어렵게 될 것이다. 결국, OSP는 정보에 대한 매개행위를 하는 자이고, 헌법에서 보장하고 있는 알 권리 내지 정보 접근의 권리를 실현시켜 참여 민주주의를 활성화시키는 데 지대한 역할을 하고 있는 자임을 부정할

적인 판단이 (객관적이라고 볼 수는 없지만) 어느정도 가능하기 때문에 이에 근거하여 정부는 정책을 수립하거나 규제입법을 추진함으로써 표현의 자유를 규제하게 된다.

27) 대체적 보상체계에 대해서는 윤종수, "UCC 저작물의 차별적 취급과 보상체계", 『저스티스』(제106호), 2009, 424면 이하 참조.

수 없다.28) 그렇지만 역설적이게도 OSP에 대한 다양한 규제 논의가 진행 중에 있다.

우리 저작권법은 OSP에 대해 일정한 경우 면책을 요건으로 하는 규정을 두고있지만, 미국의 경우에는 OSP가 배포자로서 지위에 있는 지, 편집자로서 지위에 있는 지에 따라서 불법행위 책임 여부를 판단해 왔다. 주로 명예훼손과 관련된 소송을 통해서 OSP에 대한 책임논의가 이루어져 왔으며 미국 통신품위법(CDA) 및 DMCA를 통해서 이러한 원칙은 확립된 것으로 보인다.29) 즉 CDA 제230조 (C)(1)에서 "쌍방향 컴퓨터 서비스공급자 또는 이용자는 다른 정보 콘텐츠 공급자가 제공한 정보에 대하여 그 발행자 또는 송신자(speaker)적 입장에 있는 것으로 취급되지 아니한다."고 규정하고, 같은 조 (C)(2)(A)에서는 "쌍방향의 컴퓨터 서비스 제공자 또는 이용자는 음란하거나 외설적인 정보, 선정적이거나 비속한 정보 또는 과도한 폭력성을 내포하거나 타인을 괴롭히는 내용의 정보 기타 문제 있는 정보에의 접근을 제한하기 위하여 선의를 가지고 행한 자발적인 조치를 이유로 법적 책임을 지지 아니한다." 라고 규정하고 있다.30) 이 규정은 스스로 게시물을 규제하는 ISP를 보호한다는 의미에서 선한 사마리아인조항(Good Samaritan Clause)이라고 불리는데, 이 조항의 목적은 Stratton Oakmont 판결31)을 사실상 폐기함으로써,32) ISP의 자

---

28) 이영록, 『온라인서비스제공자의 저작권 침해 책임』, 저작권심의조정위원회, 1999. 12, 25면[이하 이영록, 『온라인서비스제공자의 저작권 침해 책임』].

29) DMCA는 명시적으로 OSP에 대해 모니터링 의무가 없음을 명문화하고 있다. 이를 본받은 한미FTA에서도 모니터링 의무가 없음을 명시적으로 밝히고 있으며, 이를 반영하여 한미FTA 비준을 위한 저작권법 개정안에서도 모니터링 의무가 없음을 규정하고 있다.

30) 김민정, "Web2.0 시대에 인터넷서비스제공자(ISP)의 법적 책임문제", 『정보법학』 (제12권 제1호), 2008, 141면[이하, 김민정, "Web2.0 시대에 인터넷서비스제공자 (ISP)의 법적 책임문제"].

31) 김민정, "Web2.0 시대에 인터넷서비스제공자(ISP)의 법적 책임문제", 139면.

32) 권영준, "명예훼손에 대한 인터넷서비스제공자의 책임", 『LAW & TECHNOLOGY』 (제2권 제2호), 2006, 51면.

율규제를 권장하려는 것으로 이해된다.[33] 다만, CDA의 착한 사마리아인 조항이 배포자(distributor)로서 명예훼손적인 내용을 "알거나 알 수 있었을 때"부담하는 ISP의 책임도 배제하는 것인지에 대하여는 명확하지 않았는바, Zeran v. America Online, Inc. 판결[34]에서 착한 사마리아인조항은 ISP가 명예훼손적 내용을 인식한 경우에도 배포자로서의 책임을 면책한다고 판시함으로써, 배포자로서의 ISP의 책임도 면제하는 것임을 명백히 하였다.[35]

DMCA에 있어서도 OSP에게 모니터링 의무를 부여하고 있지않기 때문에 적어도 유통되는 저작물에 대해서도 필요적 면책규정으로 보호받는다고 하겠다. 그러나 필요적 면책규정에 관한 논의가 명확하게 국내 입법과정에서 반영된 것이라고 볼 수 없을 것이다. 더욱이 최근에는 법적 책임이외에도 OSP에 대한 '사회적 책임'을 주장하면서 이것이 법적 책임인 것처럼 호도하는 경우도 있다. 이처럼 많은 경우 OSP의 사회적 책임을 언급하지만, 이러한 사회적 책임이 바로 법적 책임으로 연결될 수 있는 것은 아니라고 본다.[36]

2. 저작권법상 표현의 자유를 위한 OSP 면책규정

가. 입법 취지

2003년 저작권법 개정시에 도입하게 된 OSP 관련 규정은 기본적으로 저작권법이 표현의 자유를 보호하는 법률로서의 역할도 염두에 둔 것이라고 할 수 있다. 즉 OSP에 대해 사전검열을 배제시킴으로써 이용자의 표현의 자

---

33) 김민정, "Web2.0 시대에 인터넷서비스제공자(ISP)의 법적 책임문제", 140면.
34) Zeran v. America Online, Inc. 129F. 3d 327(4th Cir. 1997). 김민정, "Web2.0 시대에 인터넷서비스제공자(ISP)의 법적 책임문제", 143면.
35) 김형진·한승혁·이승재, "인터넷 포털의 명예훼손 책임", 『LAW & TECHNOLOGY』(제4권 제4호), 2008.7, 4-5면 참조.
36) 권영준, "불법행위의 사상적 기초와 그 시사점", 『저스티스』(제109호), 2008, 96면.

유를 확보하고 이로써 정보의 자유로운 유통을 유도하고, 인터넷 산업의 진흥을 가져오도록 한 것이다. 이로써 저작권법이 목적으로 하고 있는 문화창달을 가져올 수 있다고 입법자는 판단한 것이라고 하겠다. 즉 OSP 면책규정의 도입에 대해 "다른 사람들이 저작물이나 실연·음반·방송 또는 데이터베이스를 무선이나 유선통신을 통하여 복제 또는 전송할 수 있도록 하는 서비스를 제공하는 자"라고 하여 OSP에 대해 정의하고,[37] OSP의 책임 제한에 대한 장을 신설한 것이라고 밝히고 있다.[38]

주요 내용은 OSP의 설비와 서비스를 통해 다른 사람이 저작물 등의 복제·전송의 방법으로 권리침해를 한 경우에도 OSP가 그 사실을 알고 당해 복제·전송을 방지하거나 중단시키려 했으나, 방지 또는 중단이 기술적으로 불가능한 경우에는 OSP의 책임을 면제하도록 하고, OSP의 책임을 감경 또는 면제할 수 있는 경우로서 첫째, 저작권등의 침해사실을 알고 당해 복제·전송을 방지하거나 중단시킨 경우, 둘째, 중단시키고자 하였으나 시간적·재정적인 이유 등으로 보아 통상적·합리적으로 이를 기대하기 어려운 경우, 셋째, 저작권 주장자의 복제·전송의 중단요구가 있는 경우 그 저작물등의 복제·전송 중단 및 복제·전송자에 대한 사실 통보, 복제·전송자가 정당성을 소명하여 그 재개를 요구하는 경우 복제·전송의 재개 및 이에 대한 권리주장자에의

---

37) 현행 저작권법 제2조 제30호에서는 "다른 사람들이 정보통신망(「정보통신망 이용촉진 및 정보보호 등에 관한 법률」 제2조 제1항 제1호의 정보통신망을 말한다. 이하 같다)을 통하여 저작물등을 복제 또는 전송할 수 있도록 하는 서비스를 제공하는 자"로 정의하고 있다.

38) 입법취지에 대해 "OSP가 저작물이나 실연·음반·방송 또는 데이터베이스의 복제·전송과 관련된 서비스를 제공하는 것과 관련하여 다른 사람에 의한 이들 권리의 침해사실을 알고서 당해 복제·전송을 중단시킨 경우에는 그 다른 사람에 의한 권리침해행위와 관련되는 책임을 감경 또는 면제하도록 하는 등 OSP의 면책요건 등을 정함으로써 오늘날의 정보화사회에서 온라인서비스제공사업자가 보다 안정적으로 사업을 영위할 수 있도록 함(안 제77조 신설)"이라고 밝히고 있다. 개정저작권법 심사보고서, 국회 문화관광위원회, 2003.2

통보, 복제·전송의 중단 및 그 재개의 요구를 받을 자에 대한 공지 등 법정 의무를 준수한 경우를 명시하고 있다.

OSP 면책규정은 최근 인터넷을 통한 저작물 유통 증가와 함께 인터넷 이용을 위해 제공되는 설비나 서비스가 불법복제물의 유통경로로 이용되는 경우가 증가하면서 제기되고 있는 OSP의 책임 부담에 대한 논의와 관계되는 것으로, 인터넷이 저작권 침해의 수단이 되는 것에 대하여 OSP가 그 방조 내지 기여행위에 대한 일정 정도 책임을 부담하지 않을 수 없는 현실에서 제 3자의 저작권 침해에 대해 OSP의 책임을 엄격하게 물을 경우 온라인서비스 제공사업을 침체시킬 수 있는 절대적 요인이 되기 때문에 OSP의 책임한계에 대한 규정은 인터넷상의 정보유통 활성화를 위해 반드시 필요하다고 본 것이다. 그러나 OSP의 의무는 구체적으로 제시하면서도 그 책임 여부에 대해서는 '감경 또는 면제'된다고 하여 OSP의 책임 한계를 불확실하게 규정하고 있는바, 'OSP가 안정적으로 영업활동을 도모할 수 있는 제도적 기반을 마련한다'는 개정 취지를 살리기 위해서는 법률에서 그 책임범위 및 면책요건을 명확하게 규정하는 것이 바람직한 것임을 밝히고 있다.[39)]

나. 현행 규정의 한계

OSP에 대한 임의적 면책요건을 갖고 있는 우리와 달리 필요적 면책요건을 갖춘 미국의 DMCA는 기여 및 대위책임에 따라 해당 서비스에 의하여 저작권 침해가 발생하였고, 이 과정에서 경제적 이득을 취하는 등 그 연결점이 인정되는 경우에만 저작권 침해 책임을 긍정하고 있다. 칵테일사건에서도 법원은 이러한 미국의 DMCA의 OSP 면책규정을 차용하여 판단한 것이라고 할 것이다. 다만, 예외적으로 이들이 이용자의 침해행위를 적극적으로 야기하였다거나 침해행위를 인식하고도 이를 방치한 경우 또는 이들이 침해행위

---

39) 개정저작권법 심사보고서, 국회 문화관광위원회, 2003.2

를 통제할 권리와 능력이 있고 그 침해행위로부터 직접적인 재산상 이익을 얻는 경우 등과 같이 이용자의 직접적인 침해행위와 동일하게 평가할 수 있을만한 특별한 사정이 있는 경우에 한하여 그 책임을 인정할 수 있다고 판시하였다.[40]

그렇지만 이러한 판단과 미국의 입법례에도 불구하고 저작권법 개정논의에서 OSP 책임에 대해 필요적 면책규정으로 입법하지 못하고 저작권법 제102조에서 저작권 책임제한만을 규정한 것은 OSP 면책규정의 입법취지를 제대로 반영하지 못한 것이라고 생각된다.

3. OSP의 표현의 자유관련 판례 검토

가. 기술적 보호조치에 대한 판단

최근 판례 동향을 보면, OSP에게 상당한 부담을 지우는 흐름을 보이고 있다. 소리바다5 사건에서 소리바다는 소리바다5 서비스를 제공함에 있어서 필터링 기술 등 저작인접권의 침해방지를 위한 가능한 기술적 조치들을 모두 이행하였으므로, 저작권법 제102조 제2항에 의하여 그 방조책임이 면제된다고 주장하였다. 왜냐하면, 소리바다5는 기존의 소리바다3과 달리 저작권 침해 방지를 위한 기술적 조치를 채택하였기 때문이다. 기존의 소리바다3 프로그램에 ①'해시(Hash) 값 대조기술'과 '음악인식(Audio Finger Printing) 기술'을 이용하여, 유료 공유파일의 권리자에 대한 금원정산과 권리자가 공유를 허용하지 아니한 파일에 대한 공유금지를 구현하는 필터링기술을 추가하고,[41]

---

40) 서울중앙지법 1999.12.3 선고 98가합111554 판결.
41) 실제 이러한 기술적 수단을 통해서 불법 저작물을 필터링하기 위해서는 음원의 해쉬값(또는 특징점)이나 해쉬값을 추출할 수 있는 음원이 필요하지만, 현시점에서 권리자는 완벽한 필터링을 요구하면서 필터링에 필요한 해쉬값의 제공을 거부하고 있다. 이는 권리의 보호를 요구하면서 권리의 보호에 필요한 협력을 하지 않으면서

②필터링기술로 거르지 못한 음원에 대하여 권리자의 보호 요청이 있을 경우 이를 보호하기 위한 파일인증시스템인 '그린파일(Green File) 시스템'을 갖추었고, 나아가 디지털 워터마크기술도 도입한 것이다. 그러나 법원은, 해쉬값 대조기술과 음악인식기술과 같은 필터링 기술 및 그린파일 시스템, 디지털워터마크와 같은 기술적 조치들만으로는 여전히 신청인들이 권리를 가진 음원에 대한 차단이 제대로 이루어지지 않고 있으며 이는 근본적으로 '소극적 필터링 방식'을 취한 것에 기인한 것이라고 지적하면서 이른바 '적극적 필터링'방식42)을 취하지 아니한 이상 면책될 수 없다는 취지로 판시하였다.43)

본 사건에서 법원이 적극적 필터링을 강요하는 것은 인터넷상 퍼블릭도메

그로 인해 나타는 문제를 OSP에게 돌리는 무책임한 행태라고 하지 아니할 수 없을 것이다. 권리자의 협력없는 불법복제의 근절은 불가능할뿐더러 기술적인 수단을 OSP가 도입한다고 하더라도 이를 달성할 수 없는 것은 누구나 알 수 있는 기술이 갖는 한계라고 할 것이다. 이러한 이유 때문에 2008.12.5일자로 변재일 의원이 발의하여 현재 국회에 계류 중인 저작권법 개정안에서는 저작권자의 협력의무를 부여하고 있다. 이러한 협력의무는 법적 강제가 아닌 적어도 기본적인 권리보호를 위한 것임에도 권리자의 협력의무를 법에 강제할 수 밖에 없는 현실은 권리자의 권리남용의 일유형이라고 보지 아니할 수 없다. 다만, 동개정안은 특수한 유형의 OSP에 대한 협력의무를 부여하고 있지만 일반적인 OSP에 대해서도 저작권자의 협력의무를 확대하는 것이 바람직하다고 하겠다.

42) 권리자들과 사이에 음원 공급계약 등, 권리자들이 이용허락을 한 음원들의 파일에 대하여만 파일공유를 허용하는 방식이라고 한다.

43) 법원은 "저작권법 제102조 제2항이 필요적 면책사유로 정하고 있는 '기술적으로 불가능한 경우'는, °온라인서비스 자체는 이를 유지하는 것을 전제로 이용자들의 복제·전송행위 중 저작권 등의 침해행위가 되는 복제·전송을 선별하여 방지하거나 중단하는 것이 기술적으로 불가능한 경우를 말하는 것이고, 따라서 비록 온라인서비스 이용자들이 해당 온라인서비스를 이용하여 저작물 등을 복제·전송함으로써 그 저작권 등을 침해하였다고 하더라도, 온라인서비스제공자가 그와 같은 침해사실을 알고 저작권 등의 침해가 되는 복제·전송을 선별하여 이를 방지하거나 중단하는 기술적 조치를 다하였다고 인정되는 경우에는, 온라인서비스제공자는 해당 침해행위에 대한 책임을 면하게 된다"라고 판시하였다. 서울고법 2007.10.10 자 2006라1245 결정.

인의 유통까지 억제하는 과잉규제로서 저작권법의 취지에 정면으로 반하는 결정이라고 생각된다. 소리바다5에서 유통되는 음원 중에는 저작권이 없거나 유효기간이 지난 음원, 이른바 UCC에 해당하는 음원, 마케팅을 위한 무료 음원 등이 있는데, 법원이 요구하는 적극적 필터링 방식을 채택하는 경우 이렇게 저작권 문제에서 자유로운 음원 파일의 공유까지 금지하게 되어 지나치게 과도한 규제에 해당된다. 또한, 적극적 필터링은 저작권법 제103조 제3항에 정한 UCC 이용자들의 복제·전송의 재개요구권을 박탈하는 결과를 초래한다고 할 것이다.44) 그렇지만 이러한 주장에 대해 법원은 저작권 등의 보호를 위한 기술적 조치로서의 적극적 필터링 방식이 UCC 등 개인의 창작물이나 기타 저작권에서 자유로운 파일의 공유까지 금지시켜 과잉금지의 원칙에 반한다거나 저작권법 제103조 제3항에 정한 온라인서비스 이용자의 복제·전송 재개요구권을 배제하는 결과를 초래한다고 볼 수 없다고 판시하였다.45)

나. 방조에 의한 저작권 침해 판단

소리바다와 관련된 대법원 사건에서는 저작권법이 보호하는 복제권의 침해를 방조하는 행위란 정범의 복제권 침해를 용이하게 해주는 직접·간접의 모든 행위로서, 정범의 복제권 침해행위 중에 이를 방조하는 경우는 물론, 복제권 침해행위에 착수하기 전에 장래의 복제권 침해행위를 예상하고 이를 용이하게 해주는 경우도 포함하며, 정범에 의하여 실행되는 복제권 침해행위에 대한 미필적 고의가 있는 것으로 충분하고 정범의 복제권 침해행위가 실행되는 일시, 장소, 객체 등을 구체적으로 인식할 필요가 없으며, 나아가 정범이 누구인지 확정적으로 인식할 필요도 없다라고 판시하였다.46) 대법원은

---

44) 정상조·박준석, "著作權法의 改正方向: OSP의 책임을 중심으로", 『LAW & TECHNOLOGY』(제4권 제4호), 2008.7, 21-22면.
45) 서울고법 2007.10.10 자 2006라1245 결정.

OSP에 대해 미필적 고의에 의한 방조책임을 인정함으로써 OSP는 사실상 자신의 서비스상에서 유통되는 게시물에 대한 적극적인 모니터링을 할 수밖에 없는 결과를 가져온 것이라고 하겠다.

다. 모니터링 의무에 대한 판단

모니터링 이슈와 관련하여 인터넷상의 전자게시판 관리자가 타인의 명예를 훼손하는 내용의 게시물을 방치함으로써 명예훼손에 대한 손해배상책임을 지기 위한 요건에 대해 대법원은 "온라인 서비스 제공자인 인터넷상의 홈페이지 운영자가 자신이 관리하는 전자게시판에 타인의 명예를 훼손하는 내용이 게재된 것을 방치하였을 때 명예훼손으로 인한 손해배상책임을 지게하기 위하여는 그 운영자에게 그 게시물을 삭제할 의무가 있음에도 정당한 사유 없이 이를 이행하지 아니한 경우여야 하고, 그의 삭제의무가 있는지는 게시의 목적, 내용, 게시기간과 방법, 그로 인한 피해의 정도, 게시자와 피해자의 관계, 반론 또는 삭제 요구의 유무 등 게시에 관련한 쌍방의 대응태도, 당해 사이트의 성격 및 규모·영리 목적의 유무, 개방정도, 운영자가 게시물의 내용을 알았거나 알 수 있었던 시점, 삭제의 기술적·경제적 난이도 등을 종합하여 판단하여야 할 것으로서, 특별한 사정이 없다면 단지 홈페이지 운영자가 제공하는 게시판에 다른 사람에 의하여 제3자의 명예를 훼손하는 글이 게시되고 그 운영자가 이를 알았거나 알 수 있었다는 사정만으로 항상 운영자가 그 글을 즉시 삭제할 의무를 지게 된다고 할 수는 없다"[47]라고 판시함으로써 OSP가 게시물에 대해 삭제할 수 있는 요건을 판단하고 있다.

---

46) 대법원 2007.12.14. 선고 2005도872 판결.

47) 대법원 2003.6.27. 선고 2002다72194 판결. 본 판결에 대한 평석은 황찬현, "전자게시판 운영자의 책임", 『정보법판례백선』, 박영사, 2006, 601면 이하 참조.

라. 모니터링에 대한 OSP의 인식요건 등의 판단

인터넷상 게시물을 통한 개인의 명예훼손 사건을 판단함에 있어서 법원은 "인터넷서비스제공자에게 지나치게 엄격한 정도의 책임을 부과할 경우 법적인 판단에 앞서 인터넷서비스제공자에 의한 사적 검열이 이루어져 여론이 왜곡되거나 정당하게 반영되지 못할 우려가 있는 점, 인터넷서비스제공자가 손해배상책임의 위험성이 있다고 여겨지는 표현물에 대하여 손쉽게 삭제하는 편을 택할 경우 인터넷의 가장 중요한 기능인 표현의 자유 및 국민의 알 권리가 위축될 염려가 있는 점, 인터넷상의 표현물에 대하여 불만이 있는 제3자가 인터넷서비스제공자에게 단지 신고함으로써 비용을 들이지 않고 위 표현물을 제거하는 방법으로 악용될 위험이 있는 점 등을 인터넷서비스제공자의 책임을 제한하는 요인으로 작용할 수 있다"48)는 우려를 나타낸 바 있다. 그렇지만 본 사건에 대해 대법원은 게시물 방치로 인한 손해배상 책임에 대하여 구체적인 요건을 제시하고 있다.49) 즉 인터넷 종합 정보제공 사업자에게 자신이 제공하는 인터넷 게시공간을 적절히 관리하여야 할 주의의무가 있다고 하더라도 위 사업자가 위 게시공간의 위험으로 인하여 초래될 수 있는 명예훼손 등 법익 침해와 그에 따른 손해배상을 우려한 나머지 그 곳에 게재되는 표현물들에 대한 지나친 간섭에 나서게 된다면 인터넷 이용자들이 가지는 표현의 자유는 위축될 수 밖에 없으므로, 위 사업자의 관리책임은 불법성이 명백한 게시물로 인한 타인의 법익 침해 가능성을 충분히 인지할 수 있고 그의 관리가 미칠 수 있는 일정한 범위 내에서 제한적으로 인정되어야 한다. 따라서, 명예훼손적 게시물이 게시된 목적, 내용, 게시기간과 방법, 그로 인한 피해의 정도, 게시자와 피해자의 관계, 반론 또는 삭제 요구의 유무 등 게시에 관련한 쌍방의 대응태도 등에 비추어, ⅰ)인터넷 종합 정보제공 사업자가 제공하는 인터넷 게시공간에 게시된 명예훼손적 게시물의 불법성

---

48) 서울중앙지법 2007.5.18 선고 2005가합64571 판결.
49) 대법원 2009.4.16 선고 2008다53812 판결.

이 명백하고, ⅱ)위 사업자가 위와 같은 게시물로 인하여 명예를 훼손당한 피해자로부터 구체적·개별적인 게시물의 삭제 및 차단요구를 받은 경우는 물론, 피해자로부터 직접적인 요구를 받지 않은 경우라 하더라도 그 게시물이 게시된 사정을 구체적으로 인식하고 있었거나 그 게시물의 존재를 인식할 수 있었음이 외관상 명백히 드러나며, ⅲ)또한 기술적, 경제적으로 그 게시물에 대한 관리·통제가 가능한 경우에는, 위 사업자에게 그 게시물을 삭제하고 향후 같은 인터넷 게시공간에 유사한 내용의 게시물이 게시되지 않도록 차단할 주의의무가 있고, 그 게시물 삭제 등의 처리를 위하여 필요한 상당한 기간이 지나도록 그 처리를 하지 아니함으로써 타인에게 손해가 발생된 경우에는 부작위에 의한 불법행위책임이 성립된다고 판단한 것이다.[50]

마. 정리

이상과 같이 OSP관련 최근 판례를 보면, 법원은 저작권법 또는 정보통신망법의 해석과 적용을 통해 OSP에게 상당히 책임을 지우는 경향을 발견할 수 있다. 이러한 경향은 지금까지 인터넷을 "가장 참여적인 시장", "표현 촉진적인 매체"라고 보아 규제에 대한 합리성을 담보할 필요가 있다고 판단한 헌법재판소의 '99헌마480결정'의 가치가 희석화되고 있는 모습이라고 하겠다.

---

50) 더욱이 본 판결은 앞에서 살펴본 대법원 2003.6.27. 선고 2002다72194 판결이 갖는 OSP의 모니터링 의무에 대한 판단기준을 보다 명확히 하고있다는 점에서 이를 대체하는 판결로 볼 수 있을 것이다.

IV. 저작권법을 통한 규제 및 이로 인한 표현의 자유와의 충돌

1. 표현의 자유를 저해하는 저작권법의 오용[51]

가. 저작권 남용

저작권법이 추구하는 목적이 저작권의 보호만을 위한 것은 아니며 공정한 이용을 도모함으로써 저작권의 활용을 통한 사회적 후생을 높이는 것을 아울러 목적으로 하고 있다. 그렇지만 여러 가지 필요에 따라서 저작권법이 강화되어왔고, 또한 권리자의 권리행사 또한 강화되고 있는 것이 사실이다. 이러한 법적 강화이외에 실제 저작권자의 저작권 행사에 있어서도 권리를 남용하는 형태를 보인다는 점이다. 저작권이라는 특수한 형태의 재산권의 행사에 있어서 민법상의 일반원칙인 권리남용원칙을 재산권의 행사나 제한에 있어서 적용이 가능할 것이라고 본다.[52] 물론, 저작권자의 권리남용 형태의 권리행사에 대해서 어떠한 통제를 할 수 있을 것인지 의문이 생기지 아니할 수 없다. 그러나 저작권이라는 권리의 행사에 있어서도 주관적, 객관적 요건을 판단함으로써 적용할 수 있음이다.

권리남용은 외형상으로는 권리의 행사인 것과 같이 보이나, 구체적인 경우에 실질적으로 검토할 때에는 권리의 공공성·사회성에 반하는 권리 본래

---

51) 저작권법이 표현의 자유를 보장하는 법률임은 확인하였으나 몇가지 경우에 있어서 표현의 자유를 제한하는 결과로서 저작권법이 추구하는 목적이 오용되는 결과를 가져오기도 한다. 이는 결코 작지 않은 영향력을 가질 수 있는 사안이기 때문에 이에 대한 검토 및 대응이 요구된다고 하겠다.

52) 지적재산권의 남용을 주로 불공정거래행위와 결부시켜 파악하고 있는 미국과는 달리 우리는 저작권 남용의 항변을 민법상의 권리남용의 항변의 연장선상에서 파악하고 있다고 한다. 권영준, 『저작권침해판단론』, 박영사, 2007, 44면.

의 사회적 목적을 벗어난 것이어서, 정당한 권리의 행사로서 인정할 수 없는 행위를 말한다.53) 물론, 저작권법상 권리남용이 적용될 수 있는 경우를 보면, 저작권자가 저작물 이용계약을 체결하는 과정에서 저작권법이 저작물의 자유로운 이용을 보장하기 위하여 입법정책적으로 설정한 사항들 예를 들어, 저작재산권 제한, 저작물 보호기간 등을 계약자유에 근거하여 그 적용을 배제시키려고 하는 경우에 나타날 수 있다. 이와 같이 계약자유에 근거하여 저작권법이 이루어놓은 저작권자와 일반공중간의 정치한 균형을 깨뜨리는 행위는 저작권 체계에 대한 도전이라고 볼 수 있다. 따라서 이러한 행위들을 어떻게 규제하느냐는 저작권법의 형해화形骸化를 막을 수 있는 중요한 문제이다.54)

저작권 제도의 강화를 통하여 저작권의 행사를 남용함으로써 이용자의 이용을 저해하는 결과를 가져오거나 또는 인터넷상의 정보 또는 저작권의 유통매개자로서 OSP에 대해 규제를 강화함으로써 이용자의 정보이용을 저해하는 결과를 가져오는 문제가 발생하게 된다. 이로써, 이용자는 물론 저작권자도 또한 표현의 자유를 침해받게 되는 결과를 가져오게 된다. 이러한 이유 때문에 저작권법은 명시적이지는 않지만 표현의 자유를 보장하는 규정을 담아내고 있는 것이다.

나. 기술적 보호조치의 오남용55)

저작권법은 기술적 보호조치에 대해 "저작권 그 밖에 이 법에 따라 보호되는 권리에 대한 침해 행위를 효과적으로 방지 또는 억제하기 위하여 그 권

---

53) 곽윤직, 『민법총칙』, 박영사, 2002, 64면.
54) 유대종, 『저작권 남용의 법리에 관한 연구』, 경희대학교 박사학위논문, 2006, 178 면[이하, 유대종, 『저작권 남용의 법리에 관한 연구』].
55) 기술적 보호조치의 오남용 등에 대한 논의는 김윤명, "접근권과 권리남용", 『인터넷법률』(제47호), 2009.7 참조.

리자나 권리자의 동의를 얻은 자가 적용하는 기술적 조치"로 정의하고 있다 (저작권법 제2조 제28호). 기술적 보호조치는 저작권 제한이나 공정이용을 배제하는 쪽으로 기능하게 될 가능성이 많고, 이에 따라 아이디어·표현이분법과 함께 전통적으로 저작권과 표현의 자유간의 상충하는 이익의 조정역할을 해온 양축 가운데 하나인 저작권 제한 및 공정이용 법리는 디지털 환경하에서 붕괴될 위험성이 높아져, 이로써 표현의 자유를 위축·침해하게 될 것이라고 한다.[56] 특히, 접근제한을 통한 사실상의 접근권이 권리자에게 부여된다면 기존의 자유권적인 형태로 저작물에 접근하였던 이용자의 이용의 제한될 수밖에 없게 된다. 이는 심대한 알권리의 침해이며, 이로써 이용자의 표현의 자유를 위해 정보접근의 차단은 결과적으로 표현을 위한 기본적인 정보행위가 제한됨으로써 악순환적으로 정보활동이 이루어지는 문제가 발생하게 된다.

2. 표현의 자유를 위협하는 OSP 규제

가. 특수한 유형의 OSP 규정

일반적인 OSP의 규제와는 달리 웹하드나 P2P 사업자에 대한 규제로써 특수한 유형의 OSP에 대해서는 권리자가 요구하는 경우에는 기술적 조치를 하도록 의무화 하고 있다. 즉 일반적인 OSP와 달리 개인간의 통신이 가능하게 하는 P2P, 웹하드 등 기존의 공개된 형태의 서비스와는 그 형태가 다른 폐쇄형 서비스 제공자에 대해 일반적인 OSP 책임원칙과는 달리 강화된 책임과 의무를 부여하고 있는 것이다. 이러한 의무화에 대해서는 저작권법 시행령에서 '불법적인 전송을 차단하는 기술적인 조치 등 필요한 조치'라는 표제로, ⅰ) 저작물등의 제호등과 특징을 비교하여 저작물등을 인식할 수 있는 기술적인 조치, ⅱ) 인지한 저작물등의 불법적인 송신을 차단하기 위한 검색제한

---

56) 박성호, 『저작권법의 이론과 현실』, 현암사, 2006, 18면.

조치 및 송신제한 조치, iii) 해당 저작물등의 불법적인 전송자를 확인할 수 있는 경우에는 그 저작물등의 전송자에게 저작권침해금지 등을 요청하는 경고문구의 발송 등을 모두 갖추도록 규정하고 있으며, i)과 ii)에 대해서는 권리자가 요청하면 즉시 이행하여야 한다.[57] 그렇지만 검색제한과 같은 조치는 검색이 갖는 공공재적 성격을 무시한 것이라고 생각된다. 검색 서비스는 인터넷 이용자들이 인터넷 종합 정보제공 장소의 검색창에 검색어를 입력하면 인터넷상의 각종 정보제공 장소에 게시된 전자문서, 이미지, 뉴스 기사 등 수많은 정보자료 게시물 가운데 원하는 정보를 찾아주는 서비스이다. 검색은 인터넷의 가장 일반적인 정보이용형태라고 볼 수 있는데, 검색을 제한하거나 금칙어 설정[58] 등을 통하여 OSP에게 특정 정보에 대해 임의적으로 차단하거나 필터링 하도록 의무화하는 것은 정보의 보편적 이용을 저해하고, 편중된 여론을 형성할 수 있기 때문이다.[59]

또한, 이러한 규정은 특수한 유형의 OSP라고 하더라도, 일반적인 OSP의 서비스가 보다 다양하고 보편화 되고있기 때문에 특수한 유형의 OSP에 일반적인 OSP가 포함되지 않는다고 그 취지를 밝히고 있지만, 해석상 포함될 여지가 크기 때문에 법적 안정성은 물론 예측가능성도 담보할 수 없어 OSP의 사업은 크게 위축될 수 있으며, 그로 인하여 정보의 유통이나 퍼블릭도메인

---

57) 저작권법 시행령 제46조.

58) 금칙어 설정이란 특정 낱말을 선정하여 그 낱말로는 검색을 할 수 없게 하거나, 그 낱말을 이용하여 검색하려 하는 경우 별도의 인증절차를 거치게 한다든지 검색결과를 제공하되 그 낱말이 포함되어 있는 검색결과를 제공하지 않게되는 것을 말한다. 본 내용은 법원이 판례를 통하여 밝히고 있는 개념이기도 하다. 서울고법 2008.7.2 선고 2007나60990 판결(본 판결은 대법원 2009.4.16 선고 2008다53812 판결의 하급심 판결이다.).

59) 그렇지만 지금과 같이 저작권자의 이익보호에 치중하고 있는 추세가 지속된다면 검색엔진에 대한 평가가 관대하기는 어려울 것이라는 견해도 있다. 오병철, "P2P 유사 스트리밍 서비스의 책임에 관한 비판적 검토", 『인터넷법률』(제31호), 2005.8, 94면.

이 그 영역을 확대해나가는 것에 지장을 줄 수 있을 것이다.[60] 따라서 지금 과 같이 예측하지 못한 기술적 제한을 가져올 수 있는 OSP 책임제한 규정은 재고되어야할 것이다. 특히, 웹하드나 p2p 등 정보기술을 제한할 수 있는 규 정은 그것이 적극적이든 소극적이든 기술중립성원칙[61]을 해할 수 있기 때문 에 이러한 규정은 제한되어야 한다. 왜냐하면 '특수한 유형'이 무엇인지 명 확하게 규정하지는 않고 있지만[62], 입법자가 특정 기술을 법에 규정하게 되 면 이는 소극적 형태로써 기술중립성원칙을 해함으로써 특정 기술을 차별적 으로 통제하거나 또는 우대하는 결과를 가져올 수 있기 때문이다.[63]

나. 이용자계정 및 게시판 정지제도

개정 저작권법은 이용자 계정이나 게시판을 정시시킬 수 있는 삼진아웃제 를 입법화하여 OSP에 대해 상당한 규제내용을 담고 있으며,[64] 이는 결과적

---

60) 특수한 유형의 OSP에 대한 책임론을 제기한 당사자인 우상호 의원은 비판에 대해 반박하는 글을 기고한 바 있다. 우상호, "저작권법 개정안 쟁점조항의 이해", 『지적 재산권』, 2006.1, 28면 이하 참조.

61) 기술중립성은 기술중립의 원칙 또는 매체중립의 원칙("media-neutral" rules)이라고 도 하며(정완용, 『전자상거래법』(개정판), 법영사, 2005, 356면), 법규정에서 현재의 컴퓨터 시스템뿐만 아니라 장래 발전될 통신기술까지도 포함한다는 원칙 내지는 개념을 말한다. 윤명선·정완용, "인터넷법학에 관한 연구 서설", 『비교법학』(제24 호), 2003, 375면.

62) 문화체육관광부는 고시를 통하여 특수한 유형의 OSP에 대해 4가지로 고시하고 있 으나, 여전히 불명확한 기준이라는 견해가 우세하다.

63) 입법자는 물론 정책결정자는 문제를 가능한 한 기술중립적으로 인식하고 분석하여 야 한다. 초점을 맞추어야하는 것은 지금 당장의 문제가 있는 기술이 아니기 때문이 다. 기술의 진보는 끊임없는 불확실성을 낳고, 마찬가지로 현재의 기술관점에서 문 제를 좁게 인식하고 처리하는 경우 정책결정자들에게는 좌절을 안겨줄 것이라고 한 다. 네셔널 리서치 카운슬(임원선 역), 『디지털 딜레마』, 한울아카데미, 2001, 53면.

64) 문화부 입법예고안 및 강승규 의원 발의안에서는 네이버, 다음 등 특정 국내 사이 트는 물론 야후나 구글과 같은 해외 사이트를 차단하는 내용의 규정을 담고 있었 으나 국회 논의시에 사이트 자체를 차단하는 규정은 삭제되었다.

으로 저작권법이 OSP에게 표현의 자유를 침해하도록 유인하는 결과를 가져
올 수 있는 규정이라고 생각된다.

먼저 '이용자계정 정지제도'를 보면, 문화체육관광부장관은 경고를 받은
복제·전송 및 정보 제공자가 3회 이상 반복적으로 불법복제물 등을 복제·전
송 및 정보를 제공하는 경우에 저작권위원회의 심의를 거쳐 OSP에게 해당
복제·전송 및 정보 제공자의 계정(account)65)을 정지할 것을 명할 수 있다. 이
경우 OSP는 해당 복제·전송 및 정보 제공자의 다른 계정의 신설을 허용하여
서는 아니 된다. 이러한 규제에 대해서는 개인의 자유를 과도하게 제한할 우
려가 있으며, 행복추구권과 통신의 자유 등을 제한할 수 있는 규정이라고 생
각된다.66)

또한 '게시판 정지제도'를 도입하여, 문화체육관광부장관은 OSP에게 정보
통신망에 개설된 영리를 목적으로 운영하는 게시판 중 제1항 제2호의 명
령67)이 3회 이상 내려진 게시판에 대하여 저작권위원회의 심의를 거쳐 OSP
에게 해당 게시판을 정지할 것을 명할 수 있도록 하고 있다. 게시판은 주로

---

65) 계정이란 특정 컴퓨터시스템이나 네트워크에서 허가받은 사용자의 식별, 관리 및
   기밀 보호를 위해 시스템이나 네트워크 관리자가 생성하는 일종의 이용 권리 계좌
   를 말한다.

66) 개인 계정에 대한 정지 또는 해지에 대해 국회 심사보고서 또한 개인의 통신의 자
   유를 과도하게 제한할 우려가 있다는 의견도 고려할 것을 주장하고 있다. 최민수,
   『저작권법 일부개정법률안(강승규의원 대표발의) 검토보고서』, 문화체육관광방송
   통신위원회, 2009.2, 18면.

67) 저작권법 제133조의2(정보통신망을 통한 불법복제물등의 삭제명령 등) ① 문화체
   육관광부장관은 정보통신망을 통하여 저작권이나 그 밖에 이 법에 따라 보호되는
   권리를 침해하는 복제물 또는 정보, 기술적 보호조치를 무력하게 하는 프로그램 또
   는 정보(이하 "불법복제물등"이라 한다)가 전송되는 경우에 위원회의 심의를 거쳐
   대통령령으로 정하는 바에 따라 온라인서비스제공자에게 다음 각 호의 조치를 할
   것을 명할 수 있다.
   1. 불법복제물등의 복제·전송자에 대한 경고
   2. 불법복제물등의 삭제 또는 전송 중단

블로그나 카페서비스가 규제대상이 될 것으로 보인다. 실제 블로그나 카페를 통하여 이용자는 자신의 저작물을 게재하며, 이로써 자신이 가지고 있는 사상이나 감정을 표현하게 되는데 그러한 표현의 근간이 되는 게시판이 정지되면 표현의 장이 소멸될뿐더러 그 동안 표현된 게시물에 대한 접근 및 이용이 제한된다. 그렇지만 개정 저작권법은 모니터링 의무가 없음을 명시적으로 규정한 한미FTA를 위반한 것으로 위법이 될 수도 있다.[68]

3. OSP의 자기검열에 따른 표현의 자유 위축

OSP에 대해 모니터링 의무를 부과하여야 한다는 논의가 정부에서 제기되고 있으며, 실제 방송통신위원회는 정보통신망법의 개정을 통해서 OSP에 대한 모니터링 의무화를 추진하고 있다. 즉 정보통신망법 개정안에서는 불법정보의 유통방지를 위하여 불특정다수에게 공개되는 정보에 대하여 모니터링을 실시하여야 한다고 규정함으로써 명시적으로 모니터링 의무를 부여하고 있는 것이다.[69] 그렇지만 본 내용은 사전 검열에 해당할 수 있는 규정이라는

---

68) 한미FTA 제18조 제30항 나 7)에서는 "서비스제공자는 자신의 서비스를 감시하거나, 침해행위를 나타내는 사실을 능동적으로 찾아야 하는 것을 조건으로 할 수 없다"라고 규정되어 있다.

69) 2008.11.28일자로 정부 발의된 정보통신망 이용촉진 및 정보보호 등에 관한 법률 전부개정안 제117조(불법정보의 유통금지 등) ① 누구든지 정보통신망을 통하여 다음 각 호의 어느 하나에 해당하는 정보를 유통하여서는 아니 된다.
1. 음란한 부호·문언·음향·화상 또는 영상을 배포·판매·임대하거나 공연히 전시하는 내용의 정보
2. 사람을 비방할 목적으로 공연히 사실 또는 허위의 사실을 적시하여 타인의 명예를 훼손하는 내용의 정보
3. 공포심이나 불안감을 유발하는 부호·문언·음향·화상 또는 영상을 반복적으로 상대방에게 도달하게 하는 내용의 정보
4. 정당한 사유 없이 정보통신시스템, 데이터 또는 프로그램 등을 훼손·멸실·변경·위조하거나 그 운용을 방해하는 내용의 정보

점에서 위헌소송의 대상이 될 수 있다.[70]

이처럼 OSP에 대한 규제강화는 인터넷 환경 및 인터넷 산업이 위축되느냐 활성화되느냐의 문제와 관련이 있을 뿐만 아니라 온라인상에서 보호되어야 할 일반공중의 표현의 자유 등 헌법상 보장된 권리의 문제와 직결된다. 따라서, 표현의 자유를 위한 면책규정은 OSP에게 과중한 책임을 부과하는 것을 차단하는 긍정적인 요인이 될 수 있음에도 불구하고, 이와 반대로 정책적 고려없이 OSP에게 과중한 책임을 부과하는 우를 범하고 있는 것으로 보인다.[71]

논란의 대상이 되는 모니터링이란 OSP가 자신의 네트워크 내지 서버에 침해물이나 침해행위가 있는지 그리고 자신의 설비나 서버를 이용하여 침해

---

    5. 「청소년보호법」에 따른 청소년유해매체물로서 상대방의 연령확인, 표시의무 등 법령에 따른 의무를 이행하지 아니하고 영리를 목적으로 제공하는 내용의 정보
    6. 법령에 따라 금지되는 사행행위에 해당하는 내용의 정보
    7. 법령에 따라 분류된 비밀 등 국가기밀을 누설하는 내용의 정보
    8. 「국가보안법」에서 금지하는 행위를 수행하는 내용의 정보
    9. 그 밖에 범죄를 목적으로 하거나 교사 또는 방조하는 내용의 정보
    ② 정보통신서비스 제공자는 제1항에 따른 불법 정보의 유통방지를 위하여 불특정 다수에게 공개되는 정보에 대하여 모니터링을 실시하여야 한다.

70) 동 개정안은 불특정 다수에게 공개되는 정보에 대한 모니터링 의무를 부여하고 있는데, '공개되는'의 의미에 대해 깊은 고민은 하지 않은 것으로 보인다. 왜냐하면, 공개되는의 의미를 정부는 계속적으로 공개된 상태를 의미한 것으로 보이지만 문리해석을 통해 살펴보면 앞으로 '공개될' 것으로 해석될 수 있기 때문에 이는 공개되기 전에 사전적으로 모니터링을 하도록 하는 의미로 해석될 수 있기 때문이다. 더욱이 저작권법은 황우석 교수와 관련 PD수첩 방송분을 회사의 공개금지 요청에도 불구하고 담당 PD가 인터넷에 공개함으로써 과연 직무저작물의 발생요건을 어떻게 보아할 것인지에 대한 논란이 있었던 바, 2006년 개정법에서는 "법인등의 명의로 공표되는 업무상저작물"이라는 개념으로 수정함으로써 공표되지는 않았지만 앞으로 공표될 저작물도 업무상 저작물로 포함시키는 입법을 진행한 바 있어 정보통신망법 개정안의 '공개되는'의 해석에 있어서 저작권법의 '공표되는'이 시사하는 바가 크다고 하겠다.

71) 이영록, 『온라인서비스제공자의 저작권 침해 책임』, 51면.

행위를 하는 자가 있는지를 사전적으로 체크하고 삭제하는 행위를 의미한다.[72] 따라서 모니터링 의무는 사전 검열의 의미로 이해될 수 있으며, 사후적으로 논란이 될 수 있는 게시물에 대해서 OSP가 법적인 수준까지 판단하여 게시물의 게시여부를 판단토록 하는 것이라고 하겠다.[73] 결국, 모니터링 의무란 OSP에게 자신의 서버나 네트워크를 이용하는 이용자를 체크할 주의의무 내지 작위의무가 있음을 상정하는 것이라고 보며, 직접적 침해행위의 결과에서 귀착되는 것이라기보다는 간접적 행위결과로 인해 발생하는 것으로 볼 수 있으나, 어쨌든 OSP에게 이러한 주의 내지 작위에 대한 보증의무가 귀속된다면 모니터링 의무가 인정될 수도 있을 것이다.[74] 그렇지만 OSP가 자신의 서버나 네트워크를 이용하여 유통되는 정보를 모니터링 한다는 것은 현실적으로 실행 불가능하다고 할 것이다. 또한, 모니터링이 기술적으로 허용될 수 없는 영역들도 생겨나고 있어, 이러한 영역에서 유통되는 정보에 대해서도 역시 현실적으로 모니터링이 실행 불가능하다고 할 수 있다. 이러한 이유 때문에 저작권법상 OSP 면책규정이 입법화된 것이라고 하겠다.[75] 우리 헌법도 검열금지의 원칙 내지 사전제한금지의 원칙으로 불리우는 제21

---

72) 이영록, 『온라인서비스제공자의 저작권 침해 책임』, 51면.

73) OSP에게 모니터링 의무를 부과하게 되면 OSP는 그 책임을 회피하기 위해 필요없이 과도한 삭제권한을 행사하게 될 것이 자명하다는 의견이 있다(안정민, "제3자의 명예훼손행위에 대한 정보통신서비스 제공자의 책임", 『한림법학 FORUM』(제19권), 78면)[이하, 안정민, "제3자의 명예훼손행위에 대한 정보통신서비스 제공자의 책임"]. 물론, 이러한 우려는 매우 현실적인 것이기는 하지만 OSP가 임의로 삭제권한을 남용하게 된다면 또다른 분쟁거리가 될 수 있기 때문에 OSP의 자의적인 삭제는 쉽게 이루어지지 아니할 것으로 보인다.

74) 이영록, 『온라인서비스제공자의 저작권 침해 책임』, 51면.

75) 더욱이 저작권법 제102조 제2항에서는 "… 복제·전송을 방지하거나 중단시키고자 하였으나 기술적으로 불가능한 경우에는 그 다른 사람에 의한 저작권 그 밖에 이 법에 따라 보호되는 권리의 침해에 관한 온라인서비스제공자의 책임은 면제된다."라고 규정함으로써, 기술적으로 불가능한 경우에는 OSP에 대해 완전면책을 주도록 하고 있다.

조 제2항을 통하여[76] 표현에 대한 사전적 검열을 금지하고 있다.[77] 따라서, 온라인상의 침해 저작물의 존재와 관련하여 OSP에게 모니터링 의무나 어떠한 책임을 지워서 이들이 모니터링을 할 수밖에 없게 되는 경우라면 사전적 검열을 의무화하는 것으로 판단될 수도 있을 것이다.[78]

　　OSP에게 모니터링 의무를 부여하는 것은 사전적으로는 게시 자체를 차단하는 것이라면 표현의 자유를 침해하는 검열에 해당할 수 있으며, 사후적으로 게시물을 검수하도록 하는 것은 검열금지의 원칙에 벗어나는 것은 아닐지라도 표현의 자유를 상당히 위축하는 결과를 가져오게 된다. 그렇기 때문에 어느 누구에게라도 모니터링 의무를 부여하는 것은 인터넷이라는 속성을 무시하는 것으로서 국민의 정신적 기본권으로서 표현의 자유를 위축하는 결과를 가져오기 때문에 이에 대한 법정책적 판단이 요구된다. 물론, 이러한 주장에 대한 반대의견으로는 "헌법 제21조 제4항에서 규정하고 있는 명예훼손적인 표현물과 같이 헌법상 보호되지 않는 의사표현이 공개된 후에 이에 대하여 사후심사를 하거나 간섭하는 것은 헌법이 금지하고 있는 검열에 해당하지 않을뿐만 아니라[79], 인터넷 종합 정보제공 사업자가 갖추어야 할 객관적인 인식능력을 기준으로 불법 게시물의 존재를 인식할 수 있었음이 외관상 명백히 드러나는 때에 한하여 그 게시물의 존재를 구체적으로 인식한 경우와 마찬가지로 그 게시물에 대한 삭제 및 차단 의무를 지운다면, 비례의 원칙에 반한다거나 인터넷 종합 정보제공 사업자가 인터넷 게시공간의 게시물들을 상시 검열함으로써 인터넷상 표현의 자유를 위축시키는 결과가 초래

---

76) 이인호, "표현의 자유와 검열금지의 원칙", 『법과 사회』, 1997, 247면.
77) 물론 검열은 사상이나 정보의 발표 이전에 행정권에 의하여 그 내용을 심사, 선별하여 일정한 사상표현을 저지하는 제도를 의미하며, 검열금지원칙은 통상적으로 표현의 자유보장의 본질적 내용을 이루고 있는 것이다. 권형둔, "UCC의 저작권 침해와 헌법상 언론의 자유의 보장", 『공법연구』(제36집 제1호), 391면.
78) 이영록, 『온라인서비스제공자의 저작권 침해 책임』, 59면.
79) 헌법재판소 1996. 10. 4. 선고 93헌가13 등 결정 참조.

될 것을 염려할 필요는 없을 것이고, 위 사업자에게 사실상 파악하기 어려운 게시물에 관한 과도한 책임을 지운다고 할 수도 없다."[80]라는 견해도 있다.

이러한 한계성 때문에 EU에서도 OSP에게 모니터링 의무가 없음을 명확하게 '전자상거래지침'으로 규정하고 있다.[81] 즉 동 지침 제15조 제1항에서는 "회원국은 서비스제공자가 제12조 내지 제14조까지의 서비스를 제공하는 경우 서비스제공자에게 송신하거나 저장하는 정보를 모니터할 일반 의무를 과해서는 안 되며, 불법한 활동을 나타내는 사실·상황을 적극적으로 탐색할 일반 의무를 과해서는 안 된다."라고 명시적으로 규정하고 있다. 이러한 입법례는 우리의 인터넷 정책에 유의미한 방향을 제시하는 것이라고 하겠다.

V. 인터넷상 표현의 자유를 위한 저작권법의 모델 정립

1. 표현의 자유를 위한 저작권법의 역할과 그 한계

가. 저작권법의 역할

저작권법은 기본적으로 권리자와 이용자와의 균형을 추구하는 법제이다.[82] 따라서 저작권법은 저작권자의 이익만이 아닌 저작물을 공정하게 사

---

80) 본 주장은 대법원 2009.4.16 선고 2008다53812 판결 중, 김영란 대법관의 보충의견이다.

81) DIRECTIVE 2000/31/EC OF THE EUROPEAN PARLIAMENT AND OF THE COUNCIL of 8 June 2000 on certain legal aspects of information society services, in particular electronic commerce, in the Internal Market (Directive on electronic commerce)(역내시장에서의 정보사회서비스, 특히 전자상거래의 일정한 법적 측면에 대한 유럽공동체 지침(일명, 전자상거래지침)) 제15조(모니터 의무 없음).

82) 박문석, 『멀티미디어와 현대저작권법』, 지식산업사, 1997, 354면; 또한, 저작권 보

용하는 이용자의 권리도 또한 보호받아야 하며, 이는 저작권자나 이용자 자체의 보호를 위한 것이 아닌 이를 통하여 문화창달을 가져올 수 있기 때문이라고 하겠다.[83] 저작권법의 목적은 이와 같지만, 저작권법의 목적이 담겨있는 목적규정의 해석은 동태적이고 부단히 변화하는 현실을 규율할 수 있는 포괄적·불확정적 규정으로서 저작물 이용환경의 변화로 인하여 발생하는 저작권법과 현실 사이의 괴리를 극복할 수 있는 지침을 제공한다. 따라서 입법자가 예측하지 못한 환경변화로 인하여 법규정의 적용이 불가능한 상황에서는 저작권법의 목적규정의 정신으로 해석하고 인식하여야 함을 지적하기도 한다.[84] 저작권법은 입법자가 예측하지 못한 새로운 사실의 출현으로 법규정의 적용이 어려워지는 때에는 저작권법의 목적조항의 정신으로 해석되고 인식되어야하며, 이로써 목적조항의 중요한 기능을 발견하게 된다.[85] 즉 목적조항은 권리만을 확장해 나가고자 하는 저작권 강화경향에 대해 어느 정도 통제적 역할을 하게 된다.[86]

호는 동전의 양면과 같아서 저작권을 어느정도로 보호하여 이를 사적인 자산으로 하는 것이 적정한 가를 결정하는 것은 거꾸로 저작권을 어느정도로 보호하지 아니하여 이를 공공의 자산으로 하는 것이 적정한 가를 결정하는 것과 같다고 한다. 임원선, 『실무자를 위한 저작권법』, 저작권위원회, 2007, 27면.

83) 저작권법의 근본적인 목적은 문화의 향상발전에 있는 것이기 때문에 저작권의 보호 및 공정한 이용이 서로 상충할 때, 이를 가지고 판단하여야할 것이라고 한다. 이상경, 『지적재산권소송법』, 육법사, 1998, 650면.

84) 유대종, 『저작권 남용의 법리에 관한 연구』, 47면.

85) 하용득, 『저작권법』, 법령편찬보급회, 1988, 19면.

86) 민법상의 신의성실 및 권리남용의 원칙에 따라 저작재산권자의 권리행사를 제한함으로써 얻을 수 있는 이익으로서 제한규정을 통하여 퍼블릭도메인에 대해 구체적인 범위의 설정이 가능하다고 할 것이다. 즉 저작권자 또는 권리자라고 주장하는 자가 주장하는 내용이 헌법, 민법 또는 저작권법상의 권한없는 것이라고 한다면 이는 권리남용으로 판단하여 적용을 배제시킬 수 있을 것이다.

나. 표현의 자유에 있어서 저작권법의 한계

저작권법은 저작권을 보호하는 법률이지만 일정한 경우에 표현의 자유도 보호하는 법제이면서 동시에 표현의 자유를 상당히 위축하는 법률이기도 하다.[87] 저작권법은 저작권을 기본적으로 보호하는 법률이기 때문에 표현의 자유와의 충돌에 있어서 저작권의 주장이 우선할 수밖에 없다. 물론 예외적으로 저작권법은 원저작자의 이용허락없이 작성된 2차적 저작물도 저작권을 인정하고 있지만, 이 경우도 원저작자의 권리침해를 면제할 수 있는 것은 아니다. 따라서, 원저작자의 이용허락을 받지 않는 이상 자신의 저작재산권을 온전히 행사할 수 없게 된다. 더욱이 원저작자의 허락없이 작성된 2차적 저작물을 인터넷 상에 공개하면 원저작자는 공중송신권의 침해를 이유로 OSP 에게 삭제요청을 하거나 민형사상의 권리구제 절차를 밟을 것이다. 이처럼 일정한 경우에 있어서 저작권법은 이용자의 표현의 자유를 상당히 위축할 수 있는 법률이라고 할 것이다. 따라서, 원저작자의 통제를 온전히 벗어나기 위해서는 2차적 저작물 정도가 아닌 하나의 독립된 창작물이 되어야 한다. 즉 표현의 자유를 누리기 위해서 이용자는 단순한 이용을 넘어서 원저작물과의 견련성을 차단할 정도로 높은 '창작성'을 요구받게 되며, 이런 높은 수준의 창작성을 요구하는 이용은 단순하게 저작물을 향수함으로써 얻는 문화창달을 기대할 수 없게 된다. 따라서 저작권법은 표현의 자유를 유도하는 것이 사실이지만 그 정도를 넘어서는 경우는 저작권의 과도한 행사로 말미암아 표현의 자유를 위축하는 결과를 가져오게 되는 것이다.[88]

---

87) 저작권은 창의성 있는 가치있는 표현의 보호를 위하여 일정 기간 내에는 저작권으로 보호받는 표현을 저작권자의 승낙없이 사용할 수 없도록 하는 것이므로 다른 사람으로 하여금 그러한 표현 자체와 그 표현물의 유통을 금지한다는 의미에서 표현의 자유를 제한하는 근거가 된다. 인터넷상의 저작권 침해 문제를 표현의 자유 측면에서도 조명하여 볼 필요가 있고 앞으로 이 분야에 관하여도 깊은 논의가 있을 것으로 생각된다(김유진, "인터넷과 표현의 자유", 『재판자료』(99집), 법원도서관, 2003, 133-134면).

물론, 사실전달에 불과한 시사보도의 경우에는 저작권법의 보호대상이 아님을 명시적으로 밝히고 있는 데, 이는 원래 저작권법의 보호대상이 되는 것은 외부로 표현된 창작적인 표현 형식일 뿐 그 표현의 내용이 된 사상이나 사실 자체가 아니고, 시사보도는 여러 가지 정보를 정확하고 신속하게 전달하기 위하여 간결하고 정형적인 표현을 사용하는 것이 보통이어서 창작적인 요소가 개입될 여지가 적다는 점 등을 고려하여, 독창적이고 개성 있는 표현 수준에 이르지 않고 단순히 '사실의 전달에 불과한 시사보도'의 정도에 그친 것은 저작권법에 의한 보호대상에서 제외한 것이라고 할 것이다.[89] 즉 헌법적 질서에 해당되는 자유민주주의의 실현 또는 그 수단으로서의 언론의 자유라고 하는 기본권의 보호를 위해서 저작권법의 보호대상에서 제외하고 있다고 볼 수 있다. 그러나 다른 한편으로 모든 시사보도가 보호대상에서 제외되는 것이 아니고 사실의 전달에 불과한 시사보도만이 보호대상에서 제외된 점을 강조해 본다면 저작권법이 사실이나 사상 자체는 보호하지 않고 그 표현만을 보호한다고 하는 아이디어·표현 이분법이라는 저작권법의 일반원칙을 확인하고 있는 규정으로 볼 수 있을 것이다.[90]

---

88) 패러디와 2차적 저작물의 경우에는 상대적으로 표현의 자유로부터 그리 자유롭지 못하다고 하겠다. 물론, 성공한 패러디의 경우는 2차적 저작물과 다른 온전한 저작물로써 대우를 받을 수 있겠지만, 반면 성공하지 못한 경우에는 저작재산권 중 복제권, 2차적 저작물작성권 및 저작인격권 중 동일성유지권의 침해책임으로부터 벗어나지 못하게 된다. 패러디에 대한 구체적인 논의는 오승종, 『저작권법』, 박영사, 2007, 608면 이하 참조.

89) 대법원 2006.9.14. 선고 2004도5350 판결. 참고로, 본 판결은 지방 일간신문의 편집국장이 연합뉴스사의 기사 및 사진을 복제하여 신문에 게재한 사안에서, 복제한 기사 및 사진 중 단순한 사실의 전달에 불과한 시사보도의 정도를 넘어선 것만을 가려내어 저작권법상 복제권 침해행위의 죄책을 인정해야 한다고 한 사례이다.

90) 정상조, 『지적재산권법』, 홍문각, 2004, 277면.

2. 저작권법의 조정 모델

가. 소극적 조정 모델

개인의 독특한 사상을 타인이 무단으로 사용하는 행위를 규제하지 않음으로써 저작자의 창작활동이 위축되고, 결과적으로 학문이나 예술이 저하될 수 있다는 의문이 제기될 수 있다. 그러나 거시적 관점에서 볼 때 타인의 사상을 자유롭게 이용함으로써 문화의 확대재생산이 가능하다고 할 것이다.[91] 이를 위하여 표현의 자유를 위해 아이디어를 이용하기 위한 기준으로써 앞에서 살펴본 바와 같이 저작권법의 일반원칙이라고 할 수 있는 아이디어·표현 이분법을 활용할 수 있다. 그렇지만 일례로 특정한 저작물을 이용하여 연설을 하거나 언론활동을 할 경우, 이용되는 내용은 직접적인 인용의 형태이지만 그것이 고정과 상관없이 당해 표현은 일반공중에게 전달될 수 있기 때문에 저작권자 입장에서는 충분히 문제제기를 할 수 있을 것이다. 그러나 아이디어 자체는 언론의 자유와 표현의 자유라는 측면에서도 허용되고, 그 기준을 판가름할 수 있는 기능을 하게된다.[92] 왜냐하면 저작물이 적극적으로 이용됨으로써 사회전체의 진보를 가져올 수 있으며, 이로 인하여 문화의 향상발전을 가져올 수 있기 때문이다.

이와 같이 아이디어·표현 이분법의 기능은 아이디어를 구체적으로 나타내고 있는 표현의 영역에 대한 보상과 공공의 영역이라고 할 수 있는 퍼블릭도메인(public domain)에 대한 보호범위를 설정할 수 있도록 적절하게 제약함으로써 저작권법의 목적이라고 할 수 있는 다양하고 풍부한 문화적 산물을 가져올 수 있도록 하는 것이다. 저작권법의 소극적 조정모델로써 아이디어·표현 이분법은 아이디어와 표현의 경계선을 탐구함으로써 보상과 퍼블릭도메인의

---

91) 정상기, "Idea/Expression 이분법에 대한 소고(1)", 52면.
92) Harper & Row Publishers, Inc. v. Nation Enterprises, 471 U.S. 539 (1985).

적절한 균형을 찾아가는 역할을 하는 것이며,[93] 이러한 균형의 탐구를 통해서 살필 수 있는 것은 표현의 자유를 위한 수단으로써 저작물의 이용이 사회 전체의 공익(또는 후생)과 비교할 때 저작권자의 개인적인 손실은 아주 작을 수 있다는 점이다.[94]

또한, 저작권 제한규정도 저작물의 자유로운 이용을 보장함으로써 표현의 자유를 위한 규정이라고 볼 수 있다.

이와 같이 저작권법이 표현의 자유를 제한할 수 있는 면도 있지만, 아이디어·표현 이분법이나 저작권 제한규정과 같이 아이디어의 독점을 배제시키거나 일정한 경우이지만 저작물의 자유로운 이용을 통하여 표현의 자유를 지원하는 면도 있기 때문에 소극적 조정으로서 그 역할을 규정지을 수 있을 것이다.

나. 적극적 조정 모델

앞에서 살펴본 바와 같이 저작권의 제한규정이 소극적 조정 모델로써 표현의 자유를 위한 역할을 하고 있음을 알 수 있다. 그렇지만 현행 저작권법은 다양한 형태의 저작재산권의 제한규정을 두고 있으나 각각의 규정 및 규정에 따른 기준 등이 상이하고, 제한적이기 때문에 법원 또는 실무에서 판단할 수 있는 규준으로써 일반규정 형태의 공정이용 규정을 도입하는 것이 필요하다.[95] 특히, 법관은 저작물 이용의 일반조항이라고 할 수 있는 공정이용 규정을 해석하여 적용하게 될 것이다. 이때 법적용자로서 법관은 구체적 사

---

93) 권영준, 『저작권 침해소송에 있어서 실질적 유사성 판단기준』, 서울대학교 박사학위논문, 2005, 93면.

94) 정상기, "Idea/Expression 이분법에 대한 소고(1)", 52면.

95) 문화체육관광부 관계자는 2000년 개정 저작권법의 해설에서 향후 저작권법의 개정시에 논의하여야할 사항에 "디지털기술의 발달에 따른 저작자 권리보호와 함께 원격교육, 장애인을 위한 저작물의 이용확대 등 저작물 공정이용의 문제"를 예로 들고 있다. 김태훈, "개정 저작권법 해설", 계간저작권, 11면.

안의 법적 해석을 위하여 일반조항을 규범적 판단의 근거로 삼을 것이며 어떠한 형식으로든 일반조항의 내용을 구체적 판단기준으로 정립해야 한다.96) 즉 구체적으로 어떻게 일반조항을 해석하고 이를 적용할 것인지는 일반조항의 추상성에 따라서 법관이 조리에 따라 판단할 수밖에 없을 것이다. 특히, 인터넷 등 디지털 환경에서 저작물의 이용은 광범위하게 요구되기 때문에 저작권자와 대면을 통한 이용허락 자체가 어렵기 때문에 이용자체를 저해하는 방법으로 기술적 제한을 하는 것은 바람직하지 않고, 일반적인 기준을 제시하면서 법원에서 구체적으로 판단하는 것이 필요하다.97)

이처럼 일반조항이 필요한 것은 저작권자의 권리남용 또는 저작물의 시장에서 실패하여 거래비용이 높은 경우에 적용될 수 있을 것이다.98) 왜냐하면, 당해 저작물이 시장을 통하여 구입하기가 어렵다면 이용자는 저작재산권의 제한규정의 요건을 통하여 이용하려고 할 것이며, 그로 인하여 발생할 수 있는 문제에 대한 해결은 저작권 침해책임을 통한 해결보다는 공정한 이용인지의 여부에 대한 일반조항, 즉 공정이용 규정을 통하여 판단하여야하기 때문이다.99)

---

96) 강희원, "이른바 일반조항(Generalklauseln)에 관한 기초법학적 이해", 『고황법학』 (창간호), 1994, 261면.
97) Harper & Rows Publisher v. Nation Enterprise, 471. U.S. 539(1985) 판결에서 오코너 판사는 공정이용법리에 대해 표현의 자유를 촉진하는 엔진이라고 한 바 있다.
98) 그렇지만 일반조항의 한계는 명확한 기준을 제시하지 못한다는 점이다. 따라서, 국내외 판례를 분석하여 적정한 가이드라인을 제시함으로써 사법적 판단이전에 일반적인 가이드라인을 통하여 이용자의 이용행위에 대한 적절한 뒷받침이 되어야할 것이다.
99) 즉 시장의 실패가 존재하고 그럼에도 이용자의 이용이 사회적으로 필수적인 경우 이른바 공정이용을 정당화하는 근거가 되기 때문이다. 오승종, "디지털시대의 사적복제: 사적복제 규정의 개정과 관련하여", 『저작권문화』(제128호), 2005.1, 7면.

3. 입법 제안

가. 기본 원칙: 자율규제를 기본으로 하는 기술중립성 원칙

정부의 인터넷에 대한 규제정책은 인터넷을 통해 발생하는 법익침해에 대해 장기적인 대책 마련보다는 단기적으로 집행이 용이한 삼진아웃제나 게시판 정지 제도와 같은 OSP 규제를 선택하고 있다.[100] OSP가 형사처벌의 위험성을 인식하는 순간 바로 표현의 자유가 위축될 것이다. 최악의 경우에 국가는 인터넷에 적용되는 특정 기준과 규칙에 대하여 영향력을 행사할 수 있고, 이때 국가기관이 의도하지 않더라도 표현의 자유는 최소한의 공통분모로 후퇴된다.

일례로, 미네르바 사건에서와 같이 적용되는 법리가 과연 타당한 것인지에 대한 논란도 있다. 물론, 위헌제청에 대해 해당 재판부에서 기각 결정을 내렸지만 이에 대해 수긍하기란 쉽지 않다. 왜냐하면, 현행 전기통신기본법의 모태가 되는 '무선전신법'[101]이 제정된 것이 1920년대라는 점이다.[102] 실제, 무선전신법은 전신 또는 전화를 규제하기 위한 법이었으며, 1920년대의

---

100) 안정민, "제3자의 명예훼손행위에 대한 정보통신서비스 제공자의 책임", 82면.
  101) 무선전신법 제22조 ①타인에게 손해를 가할 목적으로 무선전신 또는 무선전화로 허위 통신을 한 자는 2년 이하의 징역이나 500원 이하의 벌금에 처한다.
  ②공익을 해칠 목적으로 무선전신 또는 무선전화로 허위 통신을 한 자는 5년 이하의 징역이나 1000원 이하의 벌금에 처한다.
  ③선박조난의 사실이 없음에도 불구하고 무선전신 또는 무선전화로 선박조난통신을 한 자는 3월 이상 10년 이하의 징역에 처한다.
  ④무선전신 또는 무선전화의 사무에 종사하는 자가 제1항의 행위를 한 때에는 5년 이하의 징역이나 1000원 이하의 벌금, 제2항의 행위를 한 때에는 10년 이하의 징역, 제3항의 행위를 한 때에는 1년 이상의 유기징역에 처한다. [시행 1927. 6. 1] [조선총독부법률 제62호, 1921. 4. 9, 일부개정]
102) 조선총독부에서 1927년 제정하여 시행하였던 무선전신법은 1960년대 국가재건최고회의에서 전기통신법으로 개정되면서 동일한 내용을 담고 있다. 동법은 다시, 1980년대 전기통신기본법과 전기통신공사업법으로 분법되었고, 전기통신기본법은 1996년 개정 등을 거치면서 그대로 살아남은 조항이라고 하겠다.

정치적인 상황은 일본의 지배시절이었고 일본의 통치이념은 국내의 언론의
탄압과 민족문화의 말살이었다고 할 수 있다.[103] 이러한 입법의도를 가진 무
선전신법이 2009년에 살아남아 인터넷상의 표현의 자유를 논하는 것이 과연
합리성을 담보한 것이라고 볼 수 있을 지 의문이라고 하겠다.[104]

　이러한 사례로 볼 때, 법적용 및 행정지도 등 공적 규제가 과도할 경우 인
터넷 상에서의 표현의 자유가 억제되고, 시장 메커니즘이 제대로 작동하지
못해 산업이 위축되는 부작용이 따를 수 있음을 알 수 있다. 따라서, 이를 방
지하기 위해서는 시장 기능을 충분히 살려 부작용 조차도 시장에서 걸러내
는 민간 자율규제 시스템에 무게 중심을 둘 필요가 있다.[105]

　인터넷상의 거버넌스에 있어서 정부와 민간의 역할은 상호 배타적, 독점
적이라기 보다는 보완적, 균점적이라고 할 수 있다.[106] 헌법상의 보충성의
원리는 민간자치, 자율규제가 주요한 가치덕목으로 일컬어지는 인터넷 거버
넌스 분야에서 기관간 관계를 규정한 데에 특히 적합한 원리로 볼 수 있는

---

103) 물론, 동법이 규제하려고 했던 것이 무선이나 전화를 통한 내용의 허위가 아닌 다
　　른 사람의 명의로 하는 가장(假裝) 행위를 규제하는 것이라는 주장도 있다. 그렇
　　지만 입법자가 그러한 의도를 가졌는지는 확인할 수 없으나 미국 등의 통신법제
　　를 가져오면서, 원래 의도하였던 바를 명확하게 입법화한 것으로 보기는 어렵다.
　　그렇지만 1920년대 법률이 2009년에도 입법취지의 확인없이 적용되는 것은 문제
　　가 아닐 수 없다. 가장통신의 규제에 대한 견해에 대해서는 박진애, "표현의 자유
　　의 관점에서 바라본 인터넷에서의 허위사실유포", 『언론과 법』(제8권 제1호),
　　2009, 150-153면 참조.
104) 전기통신기본법 제47조 제1항(공익을 해할 목적으로 전기통신설비에 의하여 공연
　　히 허위의 통신을 한 자는 5년 이하의 징역 또는 5천만 원 이하의 벌금에 처한다.)
　　에 대한 위헌심판제청신청에서 신청을 기각한 바 있다. 서울중앙지법 2009.4.20
　　자 2009초기258 결정.
105) 주상돈 외, 『인터넷 규제의 패러다임 전환』(2008 신인터넷 보고서-02), 전자신문
　　미래기술연구센터, 2008, 171면[이하 주상돈 외, 『인터넷 규제의 패러다임 전환』].
106) 즉 사이버 공간에서 가장 바람직한 정책의 핵심은 특효처방이 아닌 규제와 자율
　　규제의 적정한 균형이라고 할 것이다. 안정민, "제3자의 명예훼손행위에 대한 정
　　보통신서비스 제공자의 책임", 83면.

것이다.107) 따라서, 정부의 규제는 특정기관의 인터넷 거버넌스에 대한 헤게모니의 설정과도 관련성이 적지 않다고 보기 때문에 이러한 헤게모니의 싸움은 지양되어야할 것이다.108)

나. OSP관련 입법론

1) 개정 저작권법의 문제점

OSP에게 과도한 책임을 부여하고 있는 현행 저작권법의 개정을 위한 입법론이 필요하다고 하겠다. 먼저, 2009년 개정된 일부 조항이 한미FTA와도 충돌될 수 있다는 논란이 예상되기 때문이다. 특히, 한미FTA에서도 모니터링 의무가 없음을 명시적으로 규정하고 있음에도 이에 대해서 규정하는 것은 위법논란에서 벗어나기 어렵다. 다음으로, 현행 저작권법이 규정하고 있는 OSP에 대한 면책규정의 희석화가 우려된다는 점이다. 즉 한미FTA에서는 OSP의 필요적 면책규정을 명시적으로 두고 있지만 개정법은 OSP에게 사실상의 모니터링 의무를 강제할 수 있는 수준에 이른다는 점이다. 이는 한미

---

107) 정찬모 외, 『사이버스페이스 법제의 법이론적 특성과 체계정립』(연구보고 01-23), 정보통신정책연구원, 2001.12, 191면.

108) 미국, 일본, 영국 등 각국 정부가 공적 규제를 행하면서도 인터넷 사업자들에 대한 면책 규정의 체계적인 적용을 깊게 고민하는 이유도 표현의 자유의 위축과 산업이 위축되는 부작용에 따른 것이라고 한다(주상돈 외, 『인터넷 규제의 패러다임 전환』, 172면). 그렇기 때문에 자율규제 등 이해관계자의 논의가 필요하다. 이를 위해 정부, 권리자 및 OSP를 아우르는 '상설협의체'의 구성을 통해 이해관계자들이 같이 저작권 이슈를 논의할 필요성이 크다. OSP와 저작권자의 공동 이해관계를 정립하고 인터넷산업을 활성화시키기 위해서는 법제도만으로는 달성하기에는 어려움이 있다. 따라서, 충분한 내용검토를 통하여 인터넷 서비스에 있어서 저작권 유통의 문제점을 해결할 수 있는 방안은 물론 저작물의 이용을 활성화 할 수 있는 방안도 아울러 마련할 수 있을 것이다. 또한, 협의체 논의속에서 OSP의 자율규제를 유도하고, OSP가 자신의 서비스에서 발생하는 문제점을 처리할 수 있는 방법을 강구하도록 함으로써 정부 또는 권리자가 의도하는 저작권 문제의 해결을 기대할 수 있을 것이다.

FTA를 위반하는 형태의 것으로 면책규정을 둠으로써 저작권 침해책임으로부터 OSP의 직접 책임을 벗어나게 함으로써 정보의 자유로운 유통과 표현의 자유 및 인터넷 산업의 활성화를 꾀하고자 하는 입법취지가 몰각되는 결과를 가져올 수 있는 것이다.[109]

2) 조정을 위한 입법 방향

이와 같은 문제점을 바탕으로 저작권법의 몇가지 조정 방향을 제시할 수 있을 것이다. 먼저, 특수한 유형의 OSP 규정의 폐기라고 하겠다. 포털사업자 등 일반적인 OSP도 특수한 유형의 OSP로 포함되면,[110] 권리자의 요청에 따라 기술조치를 이행하여야하며, 이는 통상적으로 필터링을 의미하기 때문에 문화체육관광부에서는 필터링율에 따라 과태료 처분을 하게 된다. 그렇지만 필터링은 완벽한 기술이라고 할 수 없기 때문에 100% 필터링은 불가능하다고 할 수 있으며, 소리바다 사건이나 웹하드, P2P사업자에 대한 문화체육관광부의 과태료 처분은 그것을 반증해주는 것이라고 할 것이다. 따라서, 아무리 입법취지가 웹하드나 P2P사업자를 규제하겠다는 것을 목적으로 하더라도 실제 법률의 해석이나 이의 적용시에는 의도하지 않은 결과

---

109) OSP는 게시물 게시중단의 경우에 'Notcie & Take Down' 방식을 취하고 있으며, 미국 DMCA에서 차용한 이래 각국의 저작권법 등 인터넷 게시물 처리의 기본원칙이 되고 있다. 따라서, 이와 같이 처리하는 경우에는 DMCA처럼 OSP에 대해 완전 면책하거나, 우리나라 처럼 면책 또는 감경할 수 있도록 규정하고 있다.

110) 법원은 "저작물을 전송·공유하도록 하는 것을 주요한 기능·목적으로 하는 이른바 '특수한 유형의 온라인서비스'에서는 단순히 저작물의 복제·전송이 가능한 정도에 그치는 보통의 온라인서비스에 비하여 저작재산권침해행위가 발생할 위험성이 훨씬 높고, 이 사건 각 사이트가 저작재산권 침해의 위험성이 높은 서비스를 스스로 제공하여 수익을 얻고 있으며, 나아가 서비스제공자가 중앙 서버를 관리하고 있어 효과적인 기술적 통제수단의 적용이 가능하므로, 이 사건 각 사이트의 운영자들은 그 서비스를 통해 저작재산권 침해행위가 발생하지 않도록 하여야 할 높은 수준의 법적 의무가 있다"고 판시한 바 있다. 서울중앙지법 2009.2.12 선고 2008고단3683 판결.

가 발생하게 되어, 일반적인 OSP가 쉽게 사이트차단 명령을 받을 수 있게 될 것이다.111)

다음으로 영국이나 뉴질랜드 및 프랑스의 입법례를 살펴볼 필요가 있다. 먼저 영국은 정부, 권리자 단체 및 OSP와 합의로 사이트셧다운제를 폐기하였고, 규제기관인 오프콤과 공동으로 합법적인 파일 공유방법도 개발하기로 하였다. 또한, 뉴질랜드는 저작권법 개정을 통하여 삼진아웃제를 도입하였고, 그 시행을 앞둔 상태에서 정부가 나서서 입법을 철회한 바 있어 중요한 지표가 될 것이다. 반면 프랑스의 경우도 EU의회로 부터 삼진아웃제가 이용자의 기본권을 침해할 수 있어 경고를 받은 바 있으며, 프랑스 통신위원회(ARCEP)에서도 인터넷의 차단은 판사의 몫이지 특정기구가 해서는 않된다고 반대한 바 있다.112) 이러한 논란속에서 프랑스 의회는 개정 저작권법안인 '창작과 인터넷법(일명 HADOPI법113))'을 1차 부결에도 불구하고 통과시켰으나, 개정법은 바로 헌법위원회로부터 위헌 결정이 내려졌다.114) 그렇지만 법안

---

111) 게시판 정지의 대상을 명시적으로 특수한 유형의 OSP로 한정할 필요가 있다. 처음 문화체육관광부가 입법의도와 같이 규제대상을 저작권을 침해 및 침해물의 공유를 목적으로 하는 특수한 유형의 OSP로 한정하는 것이 필요하다고 할 것이다. 현행 과태료 처분규정을 가지고 있는 특수한 유형의 OSP 규제규정에도 불구하여 발생하는 문제점의 개선이라고 한다면, 이에 대한 보완의 형태로 진행될 필요가 크다고 본다. 그러나 헌법적 측면에서 자유로울 수 없다고 본다.

112) 주상돈 외,『저작권을 보는 새로운 시각』(2008 신인터넷 보고서-01), 전자신문 미래기술연구센터, 2008, 107면[이하 주상돈 외,『저작권을 보는 새로운 시각』].

113) HADOPI는 불법복제 관련 업무를 담당할 독립 행정기구인 '인터넷상 권리보호와 저작물 배포를 위한 기구'로 기존의 '기술적 보호조치 조정국'의 기술적 보호조치에 관한 업무도 이관받도록 하고 있다.

114) 프랑스 헌법위원회에서는 삼진아웃제에 대해서 인터넷 접속권을 차단하는 것은 인권에 관련된 문제로, 표현과 통신의 자유를 보장하는 헌법을 위반하는 것이라며 인터넷 사용 제한은 오직 판사의 판결에 의해서만 결정되고 실행될 수 있을 뿐 일반 법규로 규정할 수 없다고 위헌결정을 내림으로써 삼진아웃제는 새로운 상황에 직면하게 되었다. 베타뉴스, 2009.06.11일자, http://www.betanews.net/article/460704 [2009.611자 접속].

을 수정하여 차단명령의 주체를 객관적인 '법원'으로 수정함으로써 최종 입법되었다. 따라서, 우리나라의 입법의 기본적인 아이디어로 삼았던 영국이나 프랑스의 선례를 적극적으로 검토할 필요가 있을 것이다. 왜냐하면, 인터넷 계정이나 게시판의 정지, 또는 특정 사이트나 인터넷의 접속을 차단하는 사이트셧다운제는 인터넷 자체를 이용할 수 없도록 함으로써 기본권의 침해에 관한 논란에서 자유로울 수 없는 제도이기 때문이다.

4. 인터넷 접속권 : 인터넷의 접근 및 제한에 대한 기본권적 논의

가. 보편적 서비스로서 인터넷 접속

인터넷은 전화통신의 경우와 같이 보편적 역무로서 활용되고 있다. 포털 사이트에 가입된 이용자 수를 보면 3~4천만명으로 추계된다.[115] 이는 국민이 보편적으로 인터넷을 사용하고 있음을 보여주는 것이라고 하겠다. 통상적으로 인터넷의 이용은 정보검색, 커뮤니티 서비스 및 전자우편을 통한 의사표현을 위한 것이라고 하겠다.[116]

인터넷을 보편적 역무로 보는 것은 인터넷서비스제공자는 정당한 이유 없

---

115) 인터넷 이용지수를 보면 2007년 12월 기준으로 3,428만 명이 사용 중에 있다고 한다. 한국인터넷진흥원, 『2008 한국인터넷백서』, 2008.5, 65면.
116) 이러한 용도로서 이용되는 인터넷은 누구나 이용하는 보편적 서비스인 것임을 반증하는 것이라고 할 수 있으며, 정보화촉진기본법 제16조의2 (보편적 역무의 제공과 복지정보통신의 실현) 제1항에서는 "정부는 정보통신망에 대한 자유로운 접근과 이용을 보장하고 지역적·경제적 차별이 없는 균등한 조건의 보편적 역무가 제공될 수 있도록 필요한 시책을 강구하여야" 하며, 제2항에서는 "정부는 장애인·노령자·저소득자 등 사회적 약자들이 자유로운 정보접근의 기회를 누리고 정보화의 혜택을 향유할 수 있도록 하기 위하여 정보통신요금, 정보통신기기의 사용편의성 및 정보이용능력의 개발 등에 필요한 대책을 강구"하도록 규정하고 있다.

이 역무의 제공을 거부할 수 없는 점, 실명확인 등 간단한 절차를 거쳐 누구라
도 포털사이트의 회원으로 가입하여 서비스를 이용할 수 있는 점, 인터넷의 이
용은 전기, 수도, 통신 등의 역무를 이용할 권리와 마찬가지로 보편적117)으로
누릴 수 있는 기본적 권리로 인정되어야 한다는 점을 들 수 있을 것이다.118)

또한, 인터넷은 표현의 자유와 정보의 무한한 교류를 이상으로 하고 있으
므로 정보에 대한 접근의 자유는 원칙적으로 무제한적으로 보장되어야 하는
점, 현대생활에서 인터넷 이용은 사회구성원 모두에게 보편화된 생활의 일부
이고 인터넷을 통한 정보의 검색은 인터넷 사용에 있어 핵심기능으로 인터
넷 검색서비스는 인터넷을 통하여 제공되는 방대한 양의 정보 중에서 그 이
용자가 원하는 정보를 쉽고 빠르게 찾아갈 수 있는 도구를 제공하므로 그 공
공성을 인정할 수 있는 점, 인터넷 검색서비스는 그 속성상 검색되는 사이트
에 대한 중계 및 연결 정보만을 제공하여 인터넷 이용자와 당해 정보제공자
의 접속만을 매개하는 무차별성·무색투명성의 특질을 가지는 점 등에 비추
어 볼 때,119) 인터넷의 접근은 생활의 기본적인 일부라고 할 수 있다. 그렇기
위해서는 인터넷은 일반공중을 위한 사회간접자본으로 보아야 하고, 일반인
의 자유로운 통신이용을 통제할 수 있는 권리를 특정인에게 부여해서는 안
된다고 할 것이다.120) 따라서, 시장과 이용자를 충분히 이해할 수 있는 인터
넷사업자에 의한 자율규제를 통해서 시장활성화와 저작물의 유통 및 이용촉
진을 꾀하고, 그 결과 저작권산업의 경쟁력을 강화시킬 수 있는 정책의 개발
이 필요하다고 본다.121)

---

117) 전기통신사업법 제2조 제1항 제3호에 의하면 "보편적 역무"라 함은 모든 이용자
　　가 언제 어디서나 적정한 요금으로 제공받을 수 있는 기본적인 전기통신역무를
　　말한다.
118) 서울중앙지법 2007.5.18 선고 2005가합64571 판결.
119) 서울중앙지법 2007.12.26. 선고 2005가합112203 판결.
120) 강석구, "인터넷상의 음악전송행위와 정당행위", 88면.
121) "그렇지만 현재 한국정부의 움직임은 저작권법을 지나치게 강화하는 등 저작권의
　　모든 영역에 관여하고 있다는 인상이 짙다. 그러나 저작권에 대한 정부의 역할이

나. 기본권으로서 인터넷 접속

아울러 인터넷의 접속에 대해 헌법상 기본권의 확대적용의 필요성이다. 인터넷에 대한 접속은 통신에 대한 보편적 접근권과 마찬가지로 헌법상 기본원리로 확대시킬 필요가 있다. 인터넷의 접속에 대해 통신권 및 행복추구권으로서 보호받을 수 있을 것이다. 실제, 삼진아웃제와 같은 인터넷접속을 차단하는 규정은 위헌 소지가 있다. 프랑스의 삼진아웃제도 헌법위원회에서 기본권의 침해를 이유로 위헌결정이 내려진 바 있다는 점이 이를 반증하는 것이라고 하겠다. 더욱이, 기본권으로서 인터넷 접속에 대한 논의가 필요한 것은 인터넷을 통하여 발생하는 불법복제의 해결방안으로서 정부가 제시하는 방법이 이용자의 인터넷 계정을 정지시키거나 본질적으로 인터넷을 접속할 수 없도록 특정 사이트 내지 인터넷 접속서비스의 이용을 차단하는 사이트셧다운제의 도입을 주장하고 있기 때문이다. 인터넷은 통신과 마찬가지로 보편적인 서비스로 이용되고 있으며, 인터넷을 통하여 정보활동의 대부분을 하는 경우도 있을 것이다. 대표적으로 이메일을 송수신하거나 인터넷 상에 자신의 자료를 저장하고 이용하는 웹하드 서비스[122]를 들 수 있다.

따라서, 불법복제로 인하여 침해되거나 제한되는 법익과 비교했을 때 개인의 통신의 자유가 더 제한될 수 있을 것이다. 그렇기 때문에 임의로 정부가 사법적 판단없이 보편적 역무라고 할 수 있는 인터넷을 차단하거나 이용을 제한시키는 것은 바람직하지 않다고 본다.[123] 이러한 논란 때문에 인터넷 접속권이라는 새로운 권리에 대한 논의가 제기되고 있는 것이다.[124]

한정돼 있어야 그 나라 저작권 산업이 발전한다."라고 한다. 주상돈 외, 『저작권을 보는 새로운 시각』, 135면.

122) 여기에서 말하는 웹하드 서비스는 자신의 문서를 인터넷 저장공간에 놓아두고 이를 필요에 따라서 다른 접속공간을 통해서 이용하는 서비스를 말한다. 현재는 웹하드 서비스에 대해 불법복제를 조장하는 것으로 이해되기 때문에 이에 대한 구분이 필요하다고 본다.

123) 안정민, "제3자의 명예훼손행위에 대한 정보통신서비스 제공자의 책임", 79면.

VI. 결 론

저작권법은 창작자에게 저작권이라는 배타적 권리를 부여함으로써 이를 독점적으로 활용할 수 있도록 제도적으로 보장하고, 이로써 새로운 창작활동을 유도함으로써 사회후생을 높이는 것을 목적으로 한다. 따라서, 저작권법은 저작자의 권리뿐만 아니라 이용자의 공정한 이용도 보호함으로써 저작물에 대한 이용을 의도하고 있는 것이다. 그리고 저작권법은 저작물의 창작적 표현을 보호하고 그에 포함된 아이디어는 물론 창작적이지 아니한 표현은 보호하지 않고 있다. 이로써 이용자는 보호받지 못하는 아이디어를 이용하여 자신만의 표현으로 활용함으로써 자유로운 여론을 형성하거나 다른 사람과의 커뮤니케이션을 통해 다양한 사회적 경험을 하게 되고 사회적 다원성을 높일 수 있게 되는 것이다.

이러한 역할은 저작권법이 의도한 것이라고 단정하기는 어려우나 실질적으로 저작권법을 운영하고 적용하는 과정에서 그 효용을 찾고 맥락을 재해석함으로써 얻게 된 산출물 이라고 볼 수 있다. 그렇지만 인터넷 및 디지털 환경에서 저작권의 이용은 증가하고 있지만 저작권법이 의도하지 아니한 유형의 이용행태가 나타남으로써 권리자는 저작권 침해를 호소하고 있는 실정이다. 이러한 현실적인 이유로 기술적 보호조치를 통하여 기술적 통제를 도모하는 경우도 있고, 이로써 저작자에게 새로운 권리라고 할 수 있는 접근권이 부여되거나 기술적 수단을 통한 권리남용 문제가 제기되기도 한다. 그렇지만 이러한 수단은 저작권제도가 의도했던 바의 달성을 위한 궁극적인 수단이라고 볼 수 없다. 왜냐하면 기존에 허용된 이용자의 자유로운 이용까지

---

124) 인터넷 접속의 자유가 정치적인 변화에 긍정적인 영향을 끼치는 장점이 있는데도, 더 많은 정부들이 인터넷 사용자들을 감시하고 검열하면서 처벌하기 위해 다양하고 정교한 방법을 사용하고 있다고 지적하기도 한다. 한국일보, 2009.4.14일자.

도 제한하는 결과를 가져올 수 있기 때문이다.

더욱이 인터넷 환경에서 이루어지고 있는 현상이기 때문에 규제방향을 보면, 이용자에 대한 고소, 고발과 같은 이용제한만이 아닌 OSP에 대한 규제의 용이성 때문에 OSP의 규제를 통하여 저작권의 불법적인 이용을 차단하려고 한다는 점이다. 물론 이러한 의도자체가 저작권 보호를 목적으로 하기 때문에 무조건적으로 반대할 것은 아니지만 인터넷의 속성과 OSP가 그동안 해왔던 역할이나 이념이 몰각되는 결과를 가져올 수 있어 저작권 침해보다 더 큰 사회적 법익의 손실을 가져올 수도 있다는 점에서 우려하는 바가 크다. 즉 OSP 규제결과 이용자의 표현의 자유가 위축되고 결과적으로 사회적 다원성이 약화되고 개인의 정보경쟁력이 떨어짐으로써 사회적 법익이 약화되는 결과를 가져오게 될 것이라는 점이다. 따라서, 2002년도 헌법재판소의 인터넷에 대한 판결에서와 같이 인터넷의 특성인 '가장 참여적인 시장', '표현촉진적인 매체'인 점을 감안한 저작권 및 인터넷 정책이 요구된다고 하겠다.

일정 영역에서 저작권법은 그동안 표현의 자유를 보장하는 법률로서 역할을 해왔으나 인터넷 환경하에서는 표현의 자유를 규제하는 법률로서 역할을 하게 된 것은 헌법적 가치체계에 크게 충돌하는 것이라고 보지 않을 수 없다. 따라서, 헌법적 가치를 훼손시킬 우려가 있는 법률은 개정이 요구되고 입법자는 자신의 입법의 한계 또는 문제를 인식하고 이를 철회하는 결단이 필요하다고 본다. 이와 동시에 저작권법의 지도원리인 일반조항의 도입을 통하여 표현의 자유가 좀더 합리적으로 구현될 수 있고, 저작물에 담긴 아이디어와 표현을 자유로이 이용할 수 있는 저작권제도의 선순환적 발전을 이룰 수 있기를 기대한다.[125)]

---

125) 기본권의 본질적 측면에서도 정신적 자유권인 표현의 자유가 경제적 자유권의 파생적인 자유권이라고 할 수 있는 저작재산권보다 우위라는 원칙에 더 부합되는 것이다.

인터넷서비스와 저작권법
: IT와 法律의 衝突과 調和

초판 인쇄 ㅣ 2010년 3월 20일
초판 발행 ㅣ 2010년 3월 25일

저   자 ㅣ 유대종 신재호 김형렬 김윤명
발 행 인 ㅣ 한정희
발 행 처 ㅣ 경인문화사
등록번호 ㅣ 제10-18호(1973년 11월 8일)
편   집 ㅣ 신학태 김지선 문영주 정연규 안상준 문유리
영   업 ㅣ 이화표
관   리 ㅣ 하재일 양현주
주   소 ㅣ 서울특별시 마포구 마포동 324-3
전   화 ㅣ 718-4831~2
팩   스 ㅣ 703-9711
홈페이지 ㅣ http://www.kyunginp.com
이 메 일 ㅣ kyunginp@chol.com

ISBN 978-89-499-0699-7 93360
값 35,000원